# ÍSIS SEM VÉU

## VOLUME IV – TEOLOGIA

# ÍSIS SEM VÉU

## UMA CHAVE-MESTRA
## PARA OS
## MISTÉRIOS DA CIÊNCIA E DA TEOLOGIA
## ANTIGAS E MODERNAS

de
### H. P. BLAVATSKY
FUNDADORA DA SOCIEDADE TEOSÓFICA

### VOLUME IV – TEOLOGIA

*Tradução*
MÁRIO MUNIZ FERREIRA
CARLOS ALBERTO FELTRE

*Revisão Técnica*
JOAQUIM GERVÁSIO DE FIGUEIREDO

Editora
Pensamento
SÃO PAULO

Título original: *Isis Unveiled*.

Originalmente publicada pela The Theosophical Publishing House, Adyar, Madras, Índia.

Copyright da edição brasileira © 1991 Editora Pensamento-Cultrix Ltda.

1ª edição 1991.
10ª reimpressão 2025.

*Plano desta edição*:

Vol. I    –    Ciência
Vol. II   –    Ciência
Vol. III  –    Teosofia
Vol. IV   –    Teologia

Todos os direitos reservados. Nenhuma parte deste livro pode ser reproduzida ou usada de qualquer forma ou por qualquer meio, eletrônico ou mecânico, inclusive fotocópias, gravações ou sistema de armazenamento em banco de dados, sem permissão por escrito, exceto nos casos de trechos curtos citados em resenhas críticas ou artigos de revistas.

A Editora Pensamento não se responsabiliza por eventuais mudanças ocorridas nos endereços convencionais ou eletrônicos citados neste livro.

Obs.: As Notas do Organizador aparecem ao longo do texto, marcadas com asteriscos entre colchetes, para se diferenciarem das notas de rodapé alocadas no fim de cada capítulo.

Direitos reservados
EDITORA PENSAMENTO-CULTRIX LTDA.
Rua Dr. Mário Vicente, 368 – 04270-000 – São Paulo, SP – Fone: (11) 2066-9000
E-mail: atendimento@editorapensamento.com.br
http://www.editorapensamento.com.br
Foi feito o depósito legal.

A AUTORA
DEDICA ESTA OBRA
À
*SOCIEDADE TEOSÓFICA,*
QUE FOI FUNDADA EM NOVA YORK, NO ANO DE 1875,
A FIM DE ESTUDAR OS ASSUNTOS NELA ABORDADOS.

# SUMÁRIO

## VOLUME II
## TOMO II

### CAPÍTULO VIII. - JESUITISMO E MAÇONARIA     9

O *Zohar* e o Rabino Simão
A Ordem dos Jesuítas e a sua relação com algumas ordens maçônicas
Os crimes permitidos aos seus membros
Os princípios do Jesuitismo comparados com os dos moralistas pagãos
A trindade do homem no *Livro dos Mortos* egípcio
A franco-maçonaria, não mais esotérica
A perseguição dos Templários pela Igreja
O código secreto maçônico
Jeová não é o "Nome Inefável"

### CAPÍTULO IX. - OS VEDAS E A BÍBLIA     56

Quase todos os mitos baseiam-se em alguma grande verdade
A origem do domingo cristão
A antiguidade dos *Vedas*
A doutrina pitagórica das potencialidades dos números
Os "Dias" da *Gênese* e os "Dias" de Brahmâ
A queda do homem e o dilúvio nos livros hindus
A antiguidade do *Mahâbhârata*
Eram os antigos egípcios de raça ariana?
Samuel, Davi e Salomão, personagens míticos
O simbolismo da Arca de Noé
Os Patriarcas, idênticos aos signos do zodíaco
Todas as lendas bíblicas referem-se à história universal

### CAPÍTULO X. - O MITO DO DEMÔNIO     112

O demônio oficialmente reconhecido pela Igreja
Satã, o esteio do sacerdotalismo

A identidade de Satã com o Tífon egípcio
A sua relação com o culto da serpente
O *Livro de Jó* e o *Livro dos Mortos*
O demônio hindu, uma abstração metafísica
Satã e o Príncipe do Inferno no *Evangelho de Nicodemo*

## CAPÍTULO XI. - RESULTADOS COMPARADOS DO BUDISMO E DO CRISTIANISMO — 159

A idade da filosofia não produziu ateus
As lendas dos três Salvadores
A doutrina cristã da Expiação ilógica
Por que os missionários falham ao tentar convencer budistas e bramanistas
Nem Buddha, nem Jesus deixaram relatos escritos
Os grandes mistérios da religião na *Bhagavad-Gîtâ*
O sentido da regeneração explicado no *S'atapatha-Brâhmana*
Interpretação do sacrifício do sangue
A desmoralização da Índia Britânica pelos missionários cristãos
A *Bíblia* é menos autêntica do que qualquer outro livro sagrado
Os conhecimentos sobre química exibidos pelos prestidigitadores indianos

## CAPÍTULO XII. - CONCLUSÕES E EXEMPLOS — 207

Resumo das proposições fundamentais
A vidência da alma e do espírito
O fenômeno da chamada mão espiritual
A diferença entre médiuns e adeptos
Diálogo entre um embaixador inglês e um Buddha reencarnado
O vôo do corpo astral de um lama relatado pelo Abbé Huc
Escolas de magia nas lamaserias budistas
A raça desconhecida dos Tôdas hindus
O poder da vontade dos faquires e dos yogis
A domesticação de animais selvagens por faquires
A evocação de um espírito vivo por um xamã, testemunhada pela autora
Bruxaria pela respiração de um padre jesuíta
Porque o estudo da magia é quase impraticável na Europa
Conclusão
Bibliografia

# CAPÍTULO VIII

"Os filhos cristãos e católicos podem acusar seus pais pelo crime de heresia, ainda que saibam que por isso os acusados tenham de morrer na fogueira. . . E não só podem negar-lhes até o alimento se tratam de apartá-los da fé católica, mas também podem com toda justiça dar-lhes morte." *(Preceito Jesuítico.)*

*F. Esteban Fagundez: Precepta Dacalogi. Lug-dumi, 1640.*

*"O Sapientíssimo –* Que horas são?
*"O Respeit. C. S. Guardião –* A da alba. A hora em que se rasgou o véu do templo e as trevas se derramaram pela consternada terra e se eclipsou a luz e se quebraram os utensílios da Maçonaria e se ocultou a estrela flamígera e se despedaçou a pedra cúbica e se perdeu a *palavra."*
(Do Ritual do 18º (Rosa-cruz), Rito Escocês, Jurisdição Meridional.)

*Magna est veritas et praevalebit.*

ᄃᄆᄀᄃ ᄃᄆᄱᄱ ᄱᄴᄱ ᄀᄆᄉ ᄂᄆᄴᄀᄖ— JAH-BUH-LUN.

A maior, dentre as obras cabalísticas dos hebreus – o *Zohar,* זהר – foi compilada pelo Rabino Shimon ben Yohai. De acordo com alguns críticos, esse trabalho foi feito alguns anos antes da era cristã; segundo outros, só após a destruição do templo. Todavia, ele só foi completado pelo filho de Shimon, o Rabino Eleazar, e por seu secretário, o Rabino Abba, pois a obra é tão imensa e os assuntos nela tratados são tão abstrusos, que nem mesmo a vida inteira desse Rabino, chamado o Príncipe dos cabalistas, seria suficiente para essa tarefa. Devido ao fato de se saber que ele possuía esse conhecimento, como o da *Merkabah,* que lhe assegurou o recebimento da "Palavra", sua vida foi posta em perigo e ele teve de fugir para o deserto, onde viveu numa caverna durante doze anos, cercado por discípulos fiéis, até a sua morte, assinalada por sinais e maravilhas[1].

Todavia, embora sua obra seja tão volumosa e contenha os pontos principais da tradição secreta e oral, ela não abrange tudo. É sabido que esse venerável cabalista nunca partilhou, por escrito, os pontos mais importantes da sua doutrina, a não ser oralmente, e, ainda assim, a apenas um número muito limitado de amigos e discípulos, incluindo-se aí seu próprio filho. Portanto, sem a iniciação final na *Merkabah,* o estudo da *Cabala* será sempre incompleto e a *Merkabah* só pode ser ensinada "na escuridão, num lugar deserto e após muitas provas". Desde a morte de Shimon ben Yohai, essa doutrina oculta tem sido um segredo inviolado para o mundo externo.

9

Confiada *apenas como um mistério*, era comunicada oralmente ao candidato "*cara a cara e lábios no ouvido*".

Esse preceito maçônico – "lábios no ouvido e a palavra em voz baixa" – é uma herança dos tannaim e dos antigos mistérios pagãos. Seu uso moderno deve-se certamente à indiscrição de algum cabalista renegado, embora a "palavra" em si mesma seja apenas um "substituto" para a "palavra perdida" e uma invenção relativamente moderna, como veremos a seguir. A sentença verdadeira sempre esteve em poder dos adeptos de vários países dos hemisférios oriental e ocidental. Apenas um número limitado, dentre os chefes dos Templários e alguns Rosa-cruzes do século XVII, sempre em relações estreitas com os alquimistas árabes e os iniciados, podem vangloriar-se de sua posse. Do século VII ao XV, ninguém na Europa podia dizer que a possuía; e, embora tenham existido alquimistas antes de Paracelso, ele foi o primeiro a passar pela verdadeira iniciação, a última cerimônia que conferia ao adepto o poder de se aproximar da "sarça ardente" sobre o solo sagrado e "fundir o bezerro de ouro no fogo, transformá-lo em pó e misturá-lo à água". Na verdade, então, essa água *mágica* e a "palavra perdida" ressuscitaram mais de um dos Adoniram, Gedaliah e Hiram Abiff pré-mosaicos. A palavra verdadeira, atualmente substituída por *Mac Benac* e *Mah*, foi usada muito antes que seu efeito pseudomágico fosse tentado sobre os "filhos da viúva" dos dois últimos séculos. Quem foi, de fato, o primeiro maçom ativo de alguma importância? Elias Ashmole, o *último rosa-cruz e alquimista*. Admitido ao privilégio da Companhia dos Maçons Ativos, em Londres, em 1646, morreu em 1692. Àquela época, a Maçonaria não era o que se tornou mais tarde; não era uma instituição política, nem cristã, mas uma verdadeira organização secreta, que admitia no seu seio todos os homens ansiosos de obter a dádiva inestimável da liberdade de consciência e escapar à perseguição clerical[2]. Até cerca de trinta anos após a sua morte, aquilo que atualmente se chama de moderna Franco-maçonaria havia sido instituída. Ela nasceu no dia 24 de junho de 1717, na Taverna da Macieira, na rua Charles, no Covent Garden, em Londres. Foi então que, como nos relatam as *Constitutions* de Anderson, as únicas quatro lojas do sul da Inglaterra elegeram Anthony Sayer como o primeiro Grão-Mestre dos maçons. Não obstante a sua idade, essa grande loja reivindicou o reconhecimento de sua supremacia por parte de todo o corpo da fraternidade espalhada por todo o mundo, como mostra, àqueles que a quiserem ver, a inscrição latina gravada sobre a lâmina colocada abaixo da pedra angular do Salão dos Maçons, em Londres. Porém, há mais.

Em *La Kabbale*, de Franck, o autor, seguindo os "delírios esotéricos" dos cabalistas, dá-nos, além das suas traduções, os seus comentários. Falando dos seus predecessores, diz que Shimon Ben Yohai menciona repetidamente o que os "companheiros" ensinaram nas obras antigas. E o autor cita um "Teba, o *velho*, e Hamnuna, o *velho*"[3]. Mas nada diz sobre o que significam esses dois "velhos", nem sobre quem foram, na verdade, pois também ele não sabe.

Na venerável seita dos tannaim, os homens sábios, houve aqueles que ensinaram, na prática, os segredos e iniciaram alguns discípulos no grande mistério final. Mas o *Mishnah Hagîgâh*, segunda seção, diz que o conteúdo da *Merkabah* "só deve ser confiado aos sábios anciães"[4]. A *Gemara* [do *Hagîgâh*] é ainda mais dogmática. "Os segredos mais importantes dos mistérios não eram revelados a todos os sacerdotes. Só os iniciados os recebiam"[5]. E vemos então que o mesmo grande sigilo prevalecia em toda religião antiga.

Mas, como vemos, nem o *Zohar* nem qualquer outro tratado cabalístico contém doutrina puramente judaica. A própria doutrina, sendo um resultado de milênios de pensamento, é patrimônio comum dos adeptos de todas as nações que viram o Sol. Não obstante, o *Zohar* ensina mais ocultismo prático do que qualquer outra obra sobre esse assunto; não como ele foi traduzido e comentado por vários críticos, mas com os sinais secretos de suas margens. Esses sinais contêm as instruções ocultas necessárias às interpretações metafísicas e aos absurdos aparentes em que acreditou tão completamente Josefo, que nunca foi iniciado e que expôs a *letra morta* tal como a recebera[6].

A verdadeira magia prática contida no *Zohar* e em outras obras cabalísticas só deve ser utilizada por aqueles que as podem ler *interiormente*. Os apóstolos cristãos – pelo menos aqueles que operavam "milagres" *à vontade*[7] – deviam estar inteirados desta ciência. Não convém, pois, a um cristão tachar de superstição os talismãs, amuletos e pedras mágicas com que seu possuidor consegue exercer em outra pessoa aquela misteriosa influência chamada vulgarmente "mau-olhado". Há um número muito grande desses amuletos encantados em coleções arqueológicas públicas e particulares da Antiguidade. Muitos colecionadores exibem ilustrações de pedras convexas, com legendas enigmáticas – cujo significado frustra toda pesquisa científica. King apresenta muitas delas em seu *Gnostics* e descreve uma cornalina branca (calcedônia), coberta de ambos os lados com inscrições intermináveis, que interpretar seria arriscar um fracasso – a não ser que um estudioso hermetista ou adepto o fizesse. Mas remetemos o leitor à sua interessante obra e aos talismãs descritos em suas lâminas, para mostrar que até mesmo o próprio "Vidente de Patmos" fora instruído na ciência cabalística dos talismãs e das gemas. São João alude claramente à poderosa "cornalina branca" – uma gema bastante conhecida pelos adeptos como *"alba petra"* ou pedra da iniciação, sobre a qual se gravava quase sempre a palavra *"prêmio"* e que era dada ao candidato que vencia com sucesso as provas preliminares por que um neófito deveria passar. O fato é que nada menos do que o *Livro de Jó*, bem como o *Apocalipse*, é simplesmente uma narrativa alegórica dos mistérios e da iniciação ali de um candidato, que é o próprio João. Nenhum maçom de grau superior, versado nos diferentes graus, o compreenderá de maneira diferente. Os números *sete, doze* e outros são outras tantas luzes lançadas sobre a obscuridade da obra. Paracelso afirmava a mesma coisa alguns séculos atrás. E quando vemos "o semelhante ao Filho de um homem" dizer (*Apocalipse* II, 17): *"Ao vencedor* darei de comer o *maná oculto* e uma PEDRA BRANCA com um novo nome escrito" – a palavra – "que *não conhece* senão *quem o recebe*", qual Mestre maçom titubeará em reconhecer nessa inscrição a mesma com que epigrafamos este capítulo?

Nos mistérios mítricos pré-cristãos, os candidatos que triunfavam intrepidamente das *"doze* provas", que precediam a iniciação, recebiam um pequeno bolo redondo ou hóstia de pão ázimo que simbolizava, *em um dos seus significados*, o disco solar, e era tido como pão celeste ou "maná" e que tinha figuras desenhadas sobre ele. Um *carneiro* ou um *touro* era morto e, com o seu sangue, o candidato era aspergido, como no caso da iniciação do imperador Juliano. As *sete* regras ou mistérios – representados no *Apocalipse* como sete selos que são abertos "em ordem" (ver capítulos V e VI) – eram então confiados ao "nascido de novo". Não há dúvida de que o Vidente de Patmos referia-se a essa cerimônia.

A origem dos amuletos católicos romanos e das "relíquias" abençoadas pelo

Papa é a mesma do "Conjuro Efésio", ou caracteres mágicos gravados numa pedra ou desenhados sobre um pedaço de pergaminho, dos amuletos judaicos com versículos da Lei, chamados *phylacteria*, φυλακτήρια, e dos encantamentos maometanos com versos do *Corão*. Todos eles eram usados como conjuros mágicos protetores e utilizados por todos os crentes. Epifânio, o digno ex-marcosiano, que fala desses encantamentos – quando eram usados pelos maniqueus como amuletos, isto é, coisas colocadas ao redor do pescoço (*periapta*) – e dessas "encantações e *trapaças semelhantes*", não pode lançar uma nódoa sobre a "*trapaça*" dos cristãos e dos gnósticos sem incluir aí os amuletos católicos romanos e papais.

Mas a consistência é uma virtude que tememos estar perdendo, sob a influência jesuítica, a mínima ascendência que deve ter exercido sobre a Igreja. A astuta, erudita, sem consciência e terrível alma do jesuitismo, dentro do corpo do romanismo, está lenta mas certamente tomando posse de todo o prestígio e poder espiritual que lhe é inerente. Para uma melhor exemplificação de nosso tema, será necessário contrastar os princípios morais dos tannaim e teurgos antigos com aqueles que são professados pelos jesuítas modernos, que praticamente controlam o romanismo hoje e são o inimigo oculto que os reformadores devem enfrentar e vencer. Em toda a Antiguidade, onde, em que país, podemos encontrar algo semelhante a essa Ordem ou que se aproxime dela? Devemos um capítulo aos jesuítas neste capítulo sobre sociedades secretas, pois mais do que qualquer outra, eles são um corpo secreto e têm uma velha ligação mais estreita com a Maçonaria atual – na França e na Alemanha pelo menos – do que as pessoas geralmente sabem. O clamor de uma moralidade pública ultrajada ergueu-se contra essa Ordem desde o seu nascimento[8]. Apenas quinze anos haviam passado desde a bula [papal] que promulgara a sua constituição, quando os seus membros começaram a ser transferidos de um lugar para outro. Portugal e os Países-Baixos desfizeram-se deles em 1578; a França em 1594; Veneza em 1606; Nápoles em 1622. De São Petersburgo, eles foram expulsos em 1816,[*] e, de toda a Rússia, em 1820.

Foi uma criança promissora desde os anos de sua adolescência. Todo o mundo sabe do adulto que ela deveria ser. Os jesuítas causaram mais danos morais neste mundo do que todos os exércitos infernais do mítico Satã. Toda extravagância dessa observação desaparecerá quando os nossos leitores da América, que sabem pouco sobre eles, forem inteirados dos seus princípios (*principia*) e regras que constam de várias obras escritas pelos próprios jesuítas. Pedimos licença para lembrar ao público que cada uma das afirmações que seguem foram extraídas de manuscritos autênticos ou fólios impressos por esse distinto corpo. Muitas delas foram copiadas de um grande Quarto[9] publicado, verificado e coligido pelos Comissários do Parlamento Francês. As afirmações ali reunidas foram apresentadas ao Rei a fim de que, como enuncia o *Arrest du Parlement du 5 Mars 1762*, "o filho mais velho da Igreja fosse conscientizado da perversidade dessa doutrina. (. . .) Uma doutrina que autoriza o Roubo, a Mentira, o Perjúrio, a Impureza, toda Paixão e Crime, que ensina o

---

\* Informação abrangente sobre a Ordem dos Jesuítas pode ser encontrada no volume IX dos *Collected Writings* de H. P. B., em seu famoso artigo "Theosophy or Jesuitism?" e nas notas do compilador a ele apensadas. Há uma coincidência considerável entre o artigo mencionado acima e o texto de *Ísis sem véu*. (N. do Org.)

Homicídio, o Parricídio e o Regicídio, destruindo a religião a fim de substituí-la pela superstição, favorecendo a *Feitiçaria*, a Blasfêmia, a Irreligião e a Idolatria (...), etc." Examinemos as idéias dos jesuítas sobre a *magia*. Escrevendo a esse respeito em suas instruções secretas, Antonio Escobar diz:

"É lícito (...) fazer uso da ciência adquirida *por meio do auxílio do diabo*, desde que seja preservada e não utilizada em proveito do diabo, pois *o conhecimento é bom em si mesmo e o pecado de adquiri-lo foi eliminado*"[10]. Portanto, por que um jesuíta não enganaria o Diabo, já que engana tão bem os leigos?

"*Os astrólogos e os adivinhos estão ou não obrigados a restituir o prêmio de sua adivinhação, quando o evento não se realizar?* Eu reconheço" – observa o *bom* Padre Escobar – "que a primeira opinião não me agrada de maneira alguma, porque, quando o astrólogo ou adivinho exerceu toda diligência *na arte diabólica* que é essencial a seu propósito, ele cumpriu a sua tarefa, seja qual for o resultado. Assim como o médico (...) não é obrigado a restituir os honorários (...) se o paciente morrer, tampouco o astrólogo deve devolver os seus (...) exceto quando ele não se esforçou ou ignora sua arte diabólica, porque, quando ele se empenha, ele não falha"[11].

Além disso, encontramos o seguinte sobre a Astrologia: "Se alguém afirma, por conjecturas fundamentadas na influência dos astros e no caráter, na disposição e nas maneiras de um homem, que ele será um soldado, um sacerdote ou um bispo, *essa adivinhação estará isenta de todo pecado*, porque os astros e a disposição do homem podem ter o poder de inclinar a vontade humana num determinado sentido, mas não o de constrangê-la"[12].

Busembaum e Lacroix, em *Theologia Moralis*[13], dizem: "A quiromancia deve ser considerada lícita, se das linhas e das divisões das mãos se puder avaliar a disposição do corpo e conjecturar, com probabilidade, sobre as propensões e afeições da alma (...)"[14].

Essa nobre fraternidade, à qual muitos pregadores têm negado veementemente o fato de ser *secreta*, tem provado sê-lo. Suas constituições foram traduzidas para o latim pelo jesuíta Polanco e impressas, no Colégio da Companhia, em Roma, em 1558. "Elas foram zelosamente mantidas em segredo e a maior parte dos próprios jesuítas só conhecia extratos delas. *Elas nunca foram reveladas antes de 1761, quando publicadas pelo Parlamento Francês* [em 1761, 1762], no famoso processo do Padre La Valette"[15]. Os graus da Ordem são: I. Noviços; II. Irmãos Leigos ou Coadjutores temporais; III. Escolásticos; IV. Coadjutores espirituais; V. Professos de Três Votos; VI. Professos de Cinco Votos. "Há também uma classe secreta, conhecida apenas do Geral e de alguns poucos jesuítas fiéis, que, talvez mais do que qualquer outra, tenha contribuído para o poder terrível e misterioso da Ordem", diz Nicolini. Os jesuítas reconhecem, dentre as maiores consecuções de sua Ordem, o fato de Loiola ter conseguido, por um memorial especial do Papa, uma petição para a reorganização daquele instrumento abominável e repugnante de carnificina por atacado – o infame tribunal da Inquisição.

Essa Ordem dos Jesuítas é agora todo-poderosa em Roma. Eles se reinstalaram na Congregação dos Negócios Eclesiásticos Extraordinários, no Departamento da Secretaria de Estado e no Ministério dos Negócios Estrangeiros. O Governo Pontifício esteve completamente em suas mãos durante anos, antes que Víctor Emanuel ocupasse Roma. A Companhia congrega agora 8.584 membros. Mas devemos ver quais são as suas regras principais. Pelo que vimos acima, familiarizando-nos com seu modo de ação, podemos afirmar o que todo esse corpo católico deve ser. Diz MacKenzie: "A Ordem possui sinais secretos e senhas diferentes para cada um dos graus a que os membros pertencem e, como não levam nenhuma vestimenta particular, é difícil reconhecê-los, a menos que eles próprios se revelem como membros da Ordem; eles podem apresentar-se como protestantes ou católicos, democratas ou aristocratas, infiéis ou beatos, segundo a missão especial que lhes foi confiada. Seus espiões estão por toda parte, pertencem a todas as classes da sociedade e podem parecer cultos e sábios ou simplórios e mentecaptos, conforme mandarem as regras. Há jesuítas de ambos os sexos e de todas as idades; é bastante conhecido o fato de que membros da Ordem, de família distinta e de educação refinada, trabalham como criados para famílias protestantes e fazem outras coisas de natureza similar para melhor servir aos interesses da Sociedade. Nunca nos preveniremos suficientemente contra a sua influência, pois toda a Companhia, fundada numa lei de obediência cega, pode dirigir sua força para um ponto qualquer com exatidão certeira e fatal"[16].

Os jesuítas afirmam que "a Companhia de Jesus não é uma invenção humana, *mas procedeu daquele cujo nome ela ostenta*. Pois o próprio Jesus descreveu a regra de vida que a Sociedade segue, *em primeiro lugar por seu exemplo, e depois por suas palavras*"[17].

Vejamos, então, esta "regra de vida" e esses preceitos de seu Deus, exemplificados pelos jesuítas, e que todos os cristãos piedosos deles se inteirem. Padre Alagona diz: "Por ordem de Deus, é lícito matar uma pessoa inocente, roubar ou fornicar (...) (*Ex mandato Dei licet occidere innocentem, furari, fornicari*), porque ele é o Senhor da Vida e da Morte e de todas as coisas: *e devemos cumprir as suas ordens*"[18].

"Um homem de uma ordem religiosa, que temporariamente se despoja do hábito *com algum propósito criminoso*, está livre de crime hediondo e não incorre na penalidade da excomunhão"[19].

João Baptista Taberna (*Synopsis Theologiae Practicae*) formula a seguinte questão: "Está um juiz obrigado a restituir o estipêndio que recebeu por ditar uma sentença?" *Resposta*: "*Se recebeu o estipêndio por ditar uma sentença injusta, é provável que possa ficar com ele (...) Esta opinião é mantida e defendida por cinqüenta e oito tratadistas*" (jesuítas)[20].

Abstemo-nos de seguir em frente. Esses preceitos, em sua maioria, são tão repulsivamente licenciosos, hipócritas e desmoralizadores, que é impossível pôr muitos deles em letra impressa, a não ser em latim[21]. Citaremos apenas os mais decentes, para efeito de comparação. Mas o que devemos pensar do futuro do mundo católico, se ele continuar a ser controlado por palavras e por ações por essa sociedade nefanda? Será ele muito lisonjeiro, do que duvidamos, na medida em que o Cardeal Arcebispo de Cambrai ergue a sua voz em prol dos jesuítas? A sua pastoral fez um certo barulho na França; e, embora tenham transcorrido dois séculos desde o *exposé* desses princípios infames, os jesuítas tiveram tanto tempo de sobra para arranjar manhosamente a sua defesa com mentiras, que a maioria dos católicos jamais acreditará em tal coisa. O Papa *infalível*, Clemente XIV (Ganganelli), extinguiu-os a 23 de julho de 1773 e eles reviveram; e um outro Papa igualmente infalível, Pio VII, os restabeleceu a 7 de agosto de 1814.

Mas ouçamos o que o Monsenhor de Cambrai proclamou em 1876. Citamos de uma comunicação secular:

"Entre outras coisas, ele afirma que *o clericalismo, o transmontanismo e o jesuitismo são uma coisa só – isto é, catolicismo –* e que as distinções entre eles foram criadas pelos inimigos da religião. Houve um tempo, diz ele, em que uma certa opinião teológica era amplamente professada na França, a respeito da autoridade do Papa. Ela se restringia à nossa nação e tinha origem recente. O poder civil, durante um século e meio, assumiu a instrução oficial. Aqueles que professavam essas opiniões eram chamados galicanos, e aqueles que protestaram eram chamados de transmontanos, porque o seu centro doutrinário estava além dos Alpes, em Roma. Hoje, a distinção entre as duas escolas não é mais admissível. O galicanismo teológico não deve existir, dado que essa opinião deixou de ser tolerada pela Igreja. *Ela foi solenemente condenada, no presente e no passado, pelo Concílio Ecumênico do Vaticano. Não se pode ser católico sem ser transmontano – e jesuíta"* [22].

Isto define a questão. Prescindimos dos comentários, e comparamos algumas práticas e alguns preceitos dos jesuítas, com os de castas e sociedades místicas e organizadas dos tempos antigos. Assim, o leitor imparcial pode ser colocado em posição de julgar qual tendência dessas doutrinas beneficia ou degrada a Humanidade.

O Rabino Yoshua ben Hananyah, que morreu por volta de 72 d.C., declarou publicamente que operava "milagres" por meio do *Livro do Sepher Yetzîrah* e que desafiava qualquer incrédulo [23]. Franck, citando do *Talmude* babilônico, nomeia dois outros taumaturgos, os Rabinos Hanina e Oshaia [24].

Simão, o Mago, era sem dúvida um discípulo dos tannaim da Samaria; a reputação que adquiriu com os seus prodígios, que lhe valeram o título de "o Grande Poder de Deus", testemunha eloquentemente em favor da habilidade dos seus mestres. As calúnias tão cuidadosamente disseminadas contra ele pelos autores e compiladores desconhecidos dos *Atos* e de outros escritos não podem danificar a verdade a ponto de ocultar o fato de que nenhum cristão podia rivalizar com ele em ações taumatúrgicas. É absolutamente ridícula a história de que ele, durante um vôo aéreo, teria caído e quebrado as pernas e cometido suicídio. Em vez de pedir mentalmente que isso acontecesse, por que os apóstolos não pediam que lhes fosse permitido superar Simão em maravilhas e milagres, para assim provarem facilmente a superioridade de seu poder e converterem milhões ao Cristianismo? A posteridade só ouviu um lado da história. Tivessem tido os discípulos de Simão uma única oportunidade, e acharíamos, talvez, que foi Pedro que quebrou as suas pernas, se não soubéssemos que esse apóstolo era prudente demais para se aventurar até Roma. Segundo a confissão de muitos escritores eclesiásticos, nenhum apóstolo operou essas "maravilhas sobrenaturais". Naturalmente as pessoas piedosas dirão que isso prova precisamente que foi o "Diabo" que operou por intermédio de Simão.

Simão foi acusado de blasfêmia contra o Espírito Santo, porque o apresentou como o "Espírito Santo, a *Mens* (Inteligência) ou a mãe de tudo". Mas encontramos a mesma expressão no *Livro de Enoc* [25], em que, em contraposição ao "Filho do Homem", ele diz "Filho da Mulher". No *Codex* dos nazarenos, e no *Zohar*, bem como nos *Livros de Hermes*, a expressão é usual; e até no apócrifo *Evangelho dos Hebreus* lemos que o próprio Jesus admitiu o sexo do Espírito Santo ao usar a expressão *"Minha mãe, o Pneuma Santo"* [26].

Mas o que é a heresia de Simão, ou o que são as blasfêmias de todos os hereges, em comparação com as dos mesmos jesuítas que agora dominaram tão completamente o Papa, a Roma eclesiástica e todo o mundo católico? Ouçamos novamente sua profissão de fé.

"Fazei o que vossa consciência diz ser bom e lícito: se, por erro invencível, acreditais que Deus vos manda mentir ou blasfemar, *blasfemai*."[27]

"Omiti o que vossa consciência diz ser proibido: omiti a adoração de Deus, se acreditais firmemente que ela é proibida por Deus."[28]

"Há uma lei ampliada (. . .) obedecei a um ditado errôneo invencível da consciência. Se acreditais que vos foi ordenada uma mentira, menti."[29]

"Suponhamos que um católico acredite invencivelmente que a adoração de imagens é proibida: nesse caso, nosso Senhor Jesus Cristo será obrigado a lhe dizer: *Afasta-te de mim, maldito*, etc., *porque adoraste a minha imagem*. (. . .) Assim, não há nenhum absurdo (em supor) que Cristo possa dizer: *Vem, bendito*, etc., *porque mentiste acreditando invencivelmente que eu ordenei a mentira*."[30]

Isso não – não! Não há palavras suficientemente expressivas que façam justiça às emoções que esses preceitos espantosos despertam no peito de qualquer pessoa honesta. Que o silêncio, resultante do desgosto *invencível*, seja o tributo mais adequado a essa obliqüidade moral sem paralelo.

O sentimento popular em Veneza (1606), quando os jesuítas foram expulsos daquela cidade, expressou-se violentamente. Multidões enormes acompanharam os exilados até o cais e o grito de despedida que ressoou após eles sobre as ondas foi "*Ande in malora!*" (Ide embora! E que a desgraça esteja convosco!). "Esse grito ecoou pelos dois séculos seguintes", diz Quinet, de quem tomamos essa afirmação, "na Boêmia, em 1618 (. . .) na Índia, em 1623 (. . .) e por toda a cristandade, em 1773"[31].

Como é possível, então, acusar Simão, o Mago, de ser ele um blasfemador, se ele apenas fez aquilo que a sua consciência invencivelmente lhe ordenou ser verdadeiro? E, em que aspecto os hereges, ou mesmo os infiéis da pior espécie, são mais repreensíveis do que os jesuítas – os de Caen[32], por exemplo – que dizem:

"(A religião cristã) é (. . .) evidentemente crível, mas não *evidentemente verdadeira*. Ela é evidentemente crível, pois é evidente que quem quer que a abrace é prudente. *Ela não é evidentemente verdadeira*, porque ou ela ensina obscuramente ou as coisas que ela ensina são obscuras. E aqueles que afirmam que a religião cristã é evidentemente verdadeira vêem-se obrigados a confessar que ela é evidentemente falsa (*Posição 5*).

"Donde se infere –

"1. Que *não* é evidente – que haja agora qualquer religião verdadeira no mundo.

"2. Que *não* é evidente – que, de todas as religiões existentes sobre a terra, a religião católica seja a única verdadeira; viajastes por todos os países do mundo, ou conheceis as religiões que aí se professam? (. . .)

(. . . . . . . . . . . . . . . . . . . . . . . . . . . . . . . . . . . . . . . . . . . . . . . . . . . . . . . . . . . . . .)

"4. Que *não* é evidente que as previsões dos profetas fossem fundadas por inspiração de Deus; pois que refutação faríeis contra mim, se nego que eram profecias verdadeiras, ou se afirmo que eram apenas conjecturas?

"5. Que *não* é evidente que os milagres eram reais, que foram elaborados por Cristo; embora ninguém possa prudentemente negá-los (*Posição 6*).

"Tampouco é necessária aos cristãos uma crença explícita em Jesus Cristo, na Trindade, em todos os Artigos de Fé e no Decálogo. A única crença explícita que era necessária aos últimos (os cristãos) é 1, Em Deus; 2, Em um Deus recompensador" (*Posição 8*).

Por isso, também é mais do que "evidente" que há momentos na vida do maior mentiroso do mundo em que ele pode dizer algumas verdades. Exemplo perfeito é o dos "bons padres", a ponto de podermos perceber de onde saiu a solene condenação, feita no Concílio Ecumênico de 1870, contra certas "heresias", e a definição de outros artigos de fé nos quais ninguém acreditava menos do que os que inspiraram o Papa a torná-los públicos. Talvez a História tenha de saber que o Papa octogenário, intoxicado com os vapores da sua infalibilidade recém-vigente, era apenas o eco fiel dos jesuítas. "Um velho homem ergue-se estremecido no *pavois* do Vaticano", diz Michelet, "tudo se absorveu nele e se confinou nele. (. . .) Por quinze séculos a cristandade submeteu-se ao jugo espiritual da Igreja. (. . .) Mas esse jugo não foi suficiente para eles; eles queriam que todo o mundo estivesse nas mãos de um mestre. Minhas palavras são demasiado débeis; emprestarei a de outros. Eles [os jesuítas] queriam (essa é a acusação atirada em suas faces pelo Bispo de Paris, em pleno Concílio de Trento) *faire de l'épouse de Jésus Christ une prostituée aux volontés d'un homme*"[33].

Eles se vingaram. A Igreja, daí por diante, é um instrumento inerte e o Papa é um agente servil nas mãos dessa Ordem. Mas por quanto tempo? Até que venha o fim, os cristãos sinceros recordarão as lamentações proféticas do três vezes grande Trismegisto sobre o seu próprio país: "Ai, ai, meu filho, dia virá em que os hieróglifos sagrados serão apenas ídolos. *O mundo tomará os emblemas da ciência como deuses* e acusará o grande Egito de ter adorado monstros infernais. Mas aqueles que nos caluniarão, eles adorarão a Morte em vez da Vida, a loucura em vez da sabedoria; denunciarão o amor e a fecundidade, encherão os templos com ossos de homens mortos, como relíquias, e destruirão a sua juventude em solidão e lágrimas. *Suas virgens serão viúvas [monjas] antes de serem esposas* e se consumirão em dor, porque os homens desdenharão e profanarão os mistérios sagrados de Ísis"[34].

A prova da correção dessa profecia está no seguinte preceito jesuítico, que extraímos do Relatório dos Comissários ao Parlamento de Paris:

"A opinião mais verdadeira é a de que *todas as coisas inanimadas e irracionais podem ser legitimamente adoradas*", diz o Padre Gabriel Vásquez, tratando da Idolatria. "Se a doutrina que estabelecemos for corretamente entendida, não só uma imagem pintada e toda representação de coisas santas aprovada pela autoridade pública para a adoração de Deus pode ser adorada como se fosse o próprio Deus, mas também qualquer outra coisa deste mundo, de natureza inanimada ou irracional, ou em sua natureza racional e isenta de perigo"[35].

"Por que não podemos adorar e venerar como a Deus, sem perigo algum, qualquer coisa deste mundo, posto que Deus está nela em essência [isto é precisamente o que afirmam os panteístas e a filosofia hindu] e a preserva continuamente com o seu poder? E quando nos inclinamos diante dela e a beijamos, apresentamo-nos diante de Deus, seu Autor, com toda nossa alma, considerando-a o protótipo da imagem [seguem-se exemplos de relíquias, etc.]. (. . .) A essas instâncias podemos acrescentar uma quarta. Posto que tudo que existe neste mundo é obra de Deus e Deus está sempre morando ou trabalhando nela, mais fácil será conhecer Deus pelas coisas do mundo, do que um santo pelas vestes que lhe pertenceram. E, portanto, *sem levar em consideração de maneira alguma a dignidade da coisa criada, não é vão, nem supersticioso, mas ato de religião pura, dirigir nossos pensamentos a Deus, enquanto lhe oferecemos o sinal e a marca de nossa submissão por meio de um beijo ou uma prostração"*[36].

Preceito que, fazendo honra ou não à Igreja cristã, poderia ser citado proveitosamente por qualquer gentio hindu, japonês ou qualquer outro que fosse censurado por adorar ídolos. Citamos propositadamente esse preceito para benefício de nossos respeitados amigos "gentios" que lerem estas linhas.

A profecia de Hermes é menos equívoca do que as alegadas profecias de Isaías, que facilitaram um pretexto para que se qualificasse de demônios, os deuses de todas as nações. Mas os fatos são mais fortes, às vezes, do que a fé mais robusta. Tudo que os judeus aprenderam, eles o receberam de nações mais velhas que a deles. Os magos caldaicos foram os seus mestres na doutrina secreta e foi durante o cativeiro da Babilônia que aprenderam os preceitos, tanto metafísicos, quanto práticos. Plínio menciona três escolas de magos: uma fundada em uma época desconhecida; outra, estabelecida por Osthanes e Zoroastro; a terceira, por Moisés e Jannes[37]. E todo o conhecimento possuído por essas escolas diferentes, fossem elas mágicas, egípcias ou judaicas, derivou da Índia, ou antes de ambos os lados do Himalaia. Mais do que um segredo perdido repousa sob as vastas extensões de areia do deserto de Gobi, no Turquestão Oriental e os sábios do Khotan preservam tradições estranhas e o conhecimento da Alquimia.

O Barão Bunsen demonstra que "a origem das preces e dos hinos antigos do *Livro dos Mortos* egípcio é *anterior* a Menes e pertence, provavelmente, à dinastia pré-menita de Abydos, entre 3100 e 4500 a.C." O erudito egiptólogo remonta a era de Menes, ou Império Nacional, ao ano 3059 a.C. e demonstra que "o sistema de adoração e da mitologia osiriana já estava formado" antes da era de Menes[38].

Encontramos nos hinos dessa época pré-edênica cientificamente estabelecida (pois Bunsen leva muitos séculos *para trás* o ano da criação do mundo, 4.004 a.C., fixado pela cronologia bíblica) lições precisas de moralidade, idênticas em substância e na forma e na expressão muito parecidas, com aquelas que foram pregadas por Jesus no seu Sermão da Montanha. É o que se pode inferir das investigações levadas a efeito pelos egiptólogos e hierologistas mais eminentes. "As inscrições da décima segunda Dinastia estão plenas de fórmulas ritualistas", diz Bunsen. Extratos dos *Livros Herméticos* foram encontrados em monumentos das dinastias mais antigas e "não são incomuns os trechos de um ritual *antigo,* nos da décima segunda dinastia. (...) *Alimentar* o faminto, dar de beber ao sedento, vestir o nu, cremar o *morto* (...) *constituíam a primeira tarefa de um homem piedoso.* (...) A doutrina da imortalidade da alma é tão antiga quanto este período (Tablete, *Brit. Mus.*, 562)"[39].

É mais antiga ainda, talvez. Ela data da época em que a alma era um ser *objetivo* e, portanto, não podia ser negada *por si mesma;* em que a Humanidade era uma raça espiritual e a morte não existia. Por volta do declínio do ciclo da vida, o *homem-espírito* etéreo caiu no doce cochilo da inconsciência temporária em uma esfera para despertar na luz ainda mais brilhante de uma esfera mais elevada. Mas ao passo que o homem espiritual se esforça continuamente para ascender cada vez mais à sua fonte original, passando pelos ciclos e esferas da vida individual, o homem físico tem de descer com o grande ciclo da criação universal até se revestir das vestes terrestres. Então a alma foi de tal maneira sepultada sob a vestimenta física, na tentativa de reafirmar a sua existência, exceto nos casos de naturezas mais espirituais, que, em cada ciclo, ela se tornou cada vez mais rara. Embora nenhuma das nações pré-históricas tivesse pensado em negar a existência ou a imortalidade do homem interior, o "eu" real. Devemos ter em mente os ensinamentos dos antigos filósofos: só o espírito é imortal – a alma, *per se*, não é eterna, nem divina. Quando ligada muito estreitamente ao cérebro físico do seu envoltório terrestre, torna-se gradualmente uma mente *finita*, o mero princípio da vida animal e senciente, o *nephesh* da *Bíblia* hebraica[40].

A doutrina da natureza *trina* do homem está tão claramente definida nos livros herméticos quanto no sistema platônico, ou ainda nas filosofias budista e bramânica. E este é um dos ensinamentos mais importantes e menos conhecidos das doutrinas da ciência hermética. Os mistérios egípcios, tão imperfeitamente conhecidos pelo mundo, e aos quais poucas e breves alusões são feitas nas *Metamorfoses* de Apuleio, ensinaram as maiores virtudes. Eles revelaram ao aspirante aos mistérios "mais elevados" da iniciação aquilo que muitos dos nossos estudantes hermetistas modernos procuram em vão nos livros cabalísticos e que os ensinamentos obscuros da Igreja, sob a direção da Ordem dos Jesuítas, nunca poderão revelar. Comparar, então, as antigas sociedades secretas dos hierofantes, com as alucinações artificialmente produzidas desses poucos seguidores de Loiola, por mais sinceros que eles fossem no começo de sua carreira, é um insulto para com as primeiras. Apesar disso, para lhes fazer justiça, somos compelidos a isso.

Um dos obstáculos mais difíceis para a iniciação, entre os egípcios, como entre os gregos, era ter cometido um assassinato em qualquer grau. Um dos maiores títulos para admissão na Ordem dos Jesuítas é um *assassinato* em defesa do jesuitismo. "As crianças podem matar os seus pais, se estes as compelirem a abandonar a fé católica."

"Os filhos cristãos e católicos", diz Estéban Fagundez, "podem acusar os seus pais do crime de heresia, se eles quiserem desviá-los da fé, embora saibam que seus pais possam ser queimados pelo fogo e levados à morte por essa razão, como ensina Tolet. (. . .) E não só podem recusar comida a eles (. . .) como também até podem justamente matá-los."[41]

É sabido que Nero, o imperador, *jamais se atreveu* a solicitar iniciação nos mistérios, em virtude do assassinato de Agripina!

Na Seção XIV dos *Principles of the Jesuits*, encontramos sobre *Homicídio* os seguintes princípios cristãos ensinados pelo Padre Henrique Henriquez: "Se um adúltero, mesmo que seja eclesiástico (. . .) for atacado pelo marido da mulher, matar o seu agressor (. . .) *ele não é considerado irregular* (non videtur irregularis)"[42].

"(. . .) se um pai for antipático ao Estado [estando ele banido] e à sociedade, e se não houver outro meio de se evitar essa injúria, *então eu aprovaria a opinião dos autores acima referidos* (pelo fato de um filho matar seu pai), diz a Seção XV, sobre *Parricídio e Homicídio*[43].

"Será lícito a um eclesiástico, ou a alguém da ordem religiosa, *matar um caluniador* que ameaça espalhar acusações atrozes contra ele ou a sua religião (. . .)"[44] é a regra emitida pelo jesuíta Francis Amicus.

Até aqui, tudo bem. Fomos informados pelas maiores autoridades sobre o que um homem de comunhão católica pode fazer em relação àquilo que a lei comum e a moralidade pública caracterizam como criminosos e ainda continuar a exalar o olor da santidade jesuítica. Suponhamos agora que viramos a medalha e vejamos quais princípios foram inculcados pelos moralistas egípcios pagãos antes que o mundo fosse ferido com esses progressos modernos da ética.

No Egito, todas as cidades importantes estavam separadas do cemitério por um lago sagrado. A mesma cerimônia de julgamento que o *Livro dos Mortos* descreve como ocorrendo no mundo do Espírito era realizada na terra, durante o sepultamento da múmia. Quarenta e dois juízes ou assessores reuniam-se na margem do lago e julgavam a "alma" falecida segundo as suas ações praticadas quando estava no corpo; só depois de uma aprovação unânime por parte do júri *post-mortem* é que o barqueiro, que representava o Espírito da Morte, poderia levar o corpo do defunto absolvido até o local do seu último repouso. Depois, os sacerdotes retornavam aos recintos sagrados e instruíam os neófitos sobre o provável drama solene que se desenrolava no reino invisível para o qual a alma se dirigia. A imortalidade do espírito era fortemente inculcada pelo Al-om-jah[45]. O *Crata Repoa*[46] descreve, como segue, os *sete* graus da iniciação.

Depois de um julgamento preliminar em Tebas, onde o neófito deveria passar por muitas provas, chamadas de "Doze provas", era-lhe ordenado governar suas paixões e nunca, em momento algum, devia afastar de seu pensamento a idéia de Deus. Depois, como um símbolo da peregrinação da alma impura, ele devia subir várias escadas e vagar às escuras numa caverna com muitas portas, todas fechadas. Se triunfava dessas terríveis provas, recebia o grau de *Pastophoros*, sendo que o segundo e o terceiro graus eram chamados de *Neocoris* e *Melanêphoros*. Levado a uma vasta cripta subterrânea abundantemente povoada de múmias ali colocadas com muito aparato, ele era deixado defronte a um ataúde que continha o corpo mutilado de Osíris coberto de sangue. Esse era o salão chamado "Portões da Morte" e com certeza é a esse mistério que aludem algumas passagens do *Livro de Jó* (XXXVIII, 17) e porções da *Bíblia* quando nela se fala desses portões[47]. No capítulo X, damos a interpretação esotérica do *Livro de Jó*, que é um poema da iniciação *par excellence*.

> "Os portões da morte se abriram para vós?
> Ou vistes as portas da sombra da morte?"

– pergunta o "Senhor" – isto é, o Al-om-jah, o Iniciador – de Jó, aludindo a esse terceiro grau da iniciação.

Quando o neófito vencia os terrores desse julgamento, era conduzido ao "Salão dos Espíritos" para ser por eles julgado. Entre as regras nas quais era instruído, era-lhe ordenado "*nunca desejar ou procurar vingança; estar sempre pronto a ajudar um irmão em perigo, mesmo com risco de sua própria vida; enterrar todos os mortos; honrar seus pais acima de tudo*; respeitar os anciães e proteger os mais fracos que ele e, finalmente, ter sempre em mente a hora da morte e a da ressurreição num corpo novo e imperecível"[48]. Pureza e castidade eram altamente recomendadas e *o adultério era punido com a morte*.

Então o neófito egípcio tornava-se um *Kistophoros*. Nesse grau, o nome-mistério IAÔ era comunicado a ele. O quinto grau era o de *Balahate* e então ele era instruído por Horus em alquimia, *chemi*. No sexto, era-lhe ensinada a dança sacerdotal no círculo, ocasião em que era instruído em Astronomia, pois a dança representava o curso dos planetas. No sétimo grau, era iniciado nos mistérios finais. Após uma aprovação final num edifício isolado, o *Astronomos*, como era agora chamado, emergia desses aposentos sagrados chamados *Maneras* e recebia uma cruz – o *Tao* – que, por ocasião de sua morte, devia ser colocada sobre seu peito. Ele era um hierofante.

Lemos acima as regras desses santos iniciados da Companhia *Cristã* de Jesus. Comparai-as com aquelas que foram aplicadas ao postulante pagão e com a moralidade cristã (!) que foi inculcada naqueles mistérios dos pagãos contra os quais a Igreja invoca os trovões de uma Divindade vingativa. Não teve esta última os seus próprios mistérios? Ou eram eles mais puros, mais nobres ou mais propícios a uma vida santa e virtuosa? Ouçamos o que Nicolini tem a nos dizer, em sua competentíssima *History of the Jesuits*, sobre os mistérios *modernos* do claustro cristão[49].

"Na maioria dos mosteiros, e mais particularmente nos dos capuchinhos e reformados (*Reformati*), tem início no Natal uma série de festas que prossegue até à Quaresma. Todas as espécies de jogos são realizadas, os banquetes mais esplêndidos são oferecidos e, nas cidades pequenas, o refeitório do convento é o melhor local para o divertimento de um grande número de habitantes. Por ocasião do carnaval, realizavam-se dois ou três festins magníficos; a mesa era tão profusamente posta que se poderia imaginar que Cópia, a Abundância, ali houvesse derramado todo o conteúdo do seu corno. É preciso lembrar que essas duas ordens viviam de esmolas[50]. O silêncio sombrio do claustro é substituído por um som confuso de brincadeiras, e as abóbadas tétricas agora ecoam com outras canções que não as dos salmistas. Um baile anima e termina a festa; mas antes, para torná-la ainda mais animada, e talvez para mostrar *quanto o seu voto de castidade havia extirpado deles todo apetite carnal*, alguns dos monges jovens surgem coquetemente vestidos de mulher e começam a dançar com outros, transformados em cavalheiros folgazões. *Descrever a cena escandalosa que se segue repugnaria os meus leitores*. Direi apenas que com freqüência presenciei tais Saturnais."

O ciclo está em descida e, à medida que desce, a natureza física e bestial do homem desenvolve-se mais e mais às expensas do Eu Superior[51]. Com que desgosto não afastaremos a vista dessa farsa religiosa chamada cristianismo moderno para nos voltarmos às nobres crenças da Antiguidade!

No *Ritual Funerário* dos egípcios, encontrado entre os hinos do *Livro dos Mortos*, e que é chamado por Bunsen de "esse livro precioso e misterioso", lemos um discurso do defunto, agora sob a forma de Horus, que detalha tudo o que ele realizou para seu pai Osíris. Entre outras coisas, a divindade diz:

> "30. Dei-vos *Espírito*.
> 31. Dei-vos *Alma*.
> 32. Dei-vos *poder*.
> 33. Dei-vos [força]"[52].

Em outro lugar, a entidade, chamada de "Pai" pela alma desencarnada, representa o "espírito" do homem; pois o versículo diz: "Fiz minha alma falar com *seu Pai*", seu *Espírito*.

Os egípcios consideravam o seu *Ritual* como uma inspiração essencialmente

Divina; em síntese, o mesmo que os hindus modernos em relação aos *Vedas* e os judeus modernos quanto aos livros mosaicos. Bunsen e Lepsius mostram que o termo *hermético* significa inspirado, porque é Thoth, a própria Divindade, que fala e revela ao seu eleito entre os homens a vontade de Deus e os arcanos das coisas divinas. Nesses livros há passagens inteiras que se diz terem sido "escritas pela próprio dedo de Thoth, são obra e composição do grande Deus"[53]. "Num período posterior, o seu caráter hermético ainda é mais distintamente reconhecido e, num ataúde da 26ª Dinastia, Horus anuncia ao morto que 'o próprio Thoth lhe trouxe os livros das suas obras divinas', ou escritos herméticos"[54].

Dado que sabemos que Moisés era um sacerdote egípcio, ou que pelo menos ele era versado em toda a sua *sabedoria*, não devemos nos espantar que ele escrevesse no *Deuteronômio* (IX, 10) que "E o *Senhor* me entregou duas tábuas de pedra escritas pelo dedo de DEUS"; ou que leiamos no *Êxodo*, XXXI, 18 que "E Ele [o Senhor] deu a Moisés (...) duas tábuas do testemunho, tábuas de pedra, escritas pelo dedo do Deus".

Nas noções egípcias, como nas de todas as outras fés fundamentadas na filosofia, o homem não era apenas, como afirmam os cristãos, uma união de alma e corpo; ele era uma trindade de que o espírito fazia parte. Além disso, aquela doutrina o considerava composto de *kha* – corpo; *khaba* – forma astral, ou sombra; *ka* – alma animal ou princípio vital; *ba* – a alma superior; e *akh* – inteligência terrestre. Havia ainda um sexto princípio chamado *sah* – ou múmia; mas as suas funções só tinham início após a morte do corpo[*]. Após a devida purificação, durante a qual a alma, separada do seu corpo, visitava com freqüência o cadáver mumificado do seu corpo físico, essa alma astral "tornava-se um Deus", pois ela era finalmente absorvida na "Alma do mundo". Transformava-se numa das divindades criadoras, "o deus do Phtah", o Demiurgo, um nome genérico para os criadores do mundo, traduzido na *Bíblia* como Elohim. No *Ritual*, a *alma* boa ou purificada, "em conjunção com seu espírito superior ou não-criado", é mais ou menos a vítima da influência tenebrosa do dragão Apophis. Se chegou ao conhecimento final dos mistérios celestiais e infernais – a *gnosis*, isto é, reunião completa com o espírito –, ela triunfará dos seus inimigos; se não, a alma não pode escapar à sua *segunda morte*[55]. Ela é "o lago ardente de fogo e de enxofre" (elementos) em que eles foram atirados para sofrer a "segunda morte"[56]. Essa morte é a dissolução gradual da forma astral nos seus elementos primários, aos quais já aludimos diversas vezes ao longo desta obra. Mas essa sorte terrível pode ser evitada pelo conhecimento do "Nome Misterioso" – a "Palavra"[57], dizem os cabalistas.

---

\* Os egiptólogos diferem entre si em relação a esse assunto. Muitos pontos permanecem incertos na interpretação dos textos hieroglíficos. Alguns apontaram a seguinte seqüência de porções constituintes do homem: 1. *khat* – corpo físico; 2. *sahu* – o *khat* transformado pela mumificação; 3. *ka* – o "duplo" (também "alma material"); 4. *ba* – a alma; 5. *akh* – espírito glorificado; 6. *khabit* – a sombra; 7. *ren* – o nome; 8. *sekhem* – o poder; 9. *ib* – o coração, ou consciência.

Um dos estudos mais valiosos nesse campo de pesquisa é um artigo seriado de Franz Lambert intitulado *Weisheit der Aegypter* (Sabedoria dos egípcios) e publicado em *Sphinx* (Leipzig, Alemanha; ed. pelo Dr. Wm. Hübbe-Schleim), vol. VII, janeiro, fevereiro, abril e junho, 1889, com diagramas e tabelas. (N. do Org.)

Mas, então, qual a pena vinculada à negligência do seu conhecimento? Quando um homem leva uma vida naturalmente pura e virtuosa, não há castigo algum, exceto uma permanência no mundo dos espíritos até que se encontre suficientemente purificado para recebê-la do seu "Senhor" Espiritual, um da Hoste poderosa. Por outro lado, se a "alma"[*], enquanto um princípio semi-animal, queda-se imóvel e cresce inconsciente da sua metade subjetiva – o Senhor – e proporcionalmente ao desenvolvimento sensual do cérebro e dos nervos, ela mais cedo ou mais tarde se esquecerá da sua missão divina na Terra. Como o *Vurdalak*, ou Vampiro, do conto sérvio, o cérebro se alimenta e vive e se fortifica às expensas do seu parente espiritual. Então, a alma já semi-inconsciente, agora completamente embriagada pelos vapores da vida terrena, perde os sentidos e a esperança de redenção. É incapaz de vislumbrar o esplendor do espírito superior, de ouvir as admoestações do "Anjo guardião" e de seu "Deus". Ela só pretende o desenvolvimento e uma compreensão mais completa da vida natural, terrena; e, assim, só pode descobrir os mistérios da natureza física. Suas penas e seus temores, sua esperança e sua alegria – tudo isso está estreitamente ligado à sua existência terrestre. Ela ignora tudo o que pode ser demonstrado pelos órgãos de ação ou sensação. Começa por se tornar virtualmente morta; morre completamente. Está *aniquilada*. Tal catástrofe pode ocorrer, muitas vezes, muitos anos antes da separação final do princípio *vital* do corpo. Quando chega a morte, seu férreo e pegajoso domínio se debate com a *vida*; mas não há mais alma a liberar. A única essência dessa última já foi absorvida pelo sistema vital do homem físico. A morte implacável libera apenas um cadáver espiritual; no melhor dos casos, um idiota. Incapaz de se elevar para regiões mais altas ou de despertar da letargia, ela se dissolve rapidamente nos elementos da atmosfera terrestre.

Os videntes, homens corretos que lograram a ciência mais elevada do homem interior e do conhecimento da verdade, têm, como Marco Antonino, recebido instruções "dos deuses", em sonhos ou por outros meios. Auxiliados pelos espíritos mais puros, aqueles que moram nas "regiões da bem-aventurança eterna", eles observaram o processo e advertiram repetidamente a Humanidade. O ceticismo pode provocar com zombarias; a *fé*, baseada no *conhecimento* e na ciência espiritual, acredita e afirma.

No século que atravessamos amiudam-se os casos dessas mortes de almas. A todo momento tropeçamos com homens e mulheres desalmados. Não é estranho, portanto, no presente estado de coisas, o gigantesco fracasso dos últimos esforços de Hegel e Schelling no sentido de elaborar a construção metafísica de um sistema. Quando os fatos, os fatos palpáveis e tangíveis do Espiritismo fenomenal, acontecem todo o dia e a toda hora e, não obstante, são negados pela maior parte das nações "civilizadas", existe pouca chance para a aceitação de uma metafísica puramente abstrata por parte dessa massa sempre crescente de materialistas.

---

\* Na carta XXV, em *The Mahatma Letters to A. P. Sinnett* (p. 196; 3ª ed., p. 193), recebida em 2 de fevereiro de 1883, o Mestre K. H. insere uma nota de rodapé:
"Ver *Ísis*, vol. 2, p. 368 e 369. A palavra *Alma* está ali por Alma 'Espiritul'; naturalmente que, quando abandona uma pessoa 'Sem alma', torna-se causa do quinto princípio (Alma Animal), deslizando para a oitava esfera". (N. do Org.)

No livro intitulado *La manifestation à la lumière*, de Champollion, há um capítulo sobre o *Ritual* que está cheio de diálogos misteriosos que a alma mantém com vários "Poderes".[*] Num desses diálogos é mais do que expressiva a potencialidade da "Palavra". A cena ocorre na "Câmara das Duas Verdades". O "Portal", a "Câmara da Verdade", e mesmo as várias partes do portão, dirigem-se à alma, que se apresenta para admissão. Todos lha negam, a menos que ela lhes pronuncie os nomes misteriosos. Que estudioso das Doutrinas Secretas não reconheceria nesses nomes a identidade, em significação e propósito, com aqueles que se encontram nos *Vedas*, nas últimas obras dos brâmanes e na *Cabala*?

Magos, cabalistas, místicos, neoplatônicos e teurgos de Alexandria, que ultrapassaram os cristãos em suas consecuções na ciência secreta; brâmanes ou samaneus (xamãs) da Antiguidade e brâmanes modernos; budistas e lamaístas – todos eles declararam que um determinado poder se agrega a esses vários nomes, que pertencem a uma única Palavra inefável. Mostramos, por experiência própria, quão profundamente está enraizada até em nossos dias na mente popular de toda a Rússia[58] a crença de que a Palavra opera "milagres" e está no centro de toda façanha mágica. Os cabalistas conectam misteriosamente a *Fé* com ela. Assim fizeram os apóstolos baseando as suas afirmações nas palavras de Jesus, que diz: "Se tiverdes fé, como um grão de mostarda (. . .) nada vos será impossível" [*Mateus*, XVII, 20]; e Paulo, repetindo as palavras de Moisés, afirma que "perto está a PALAVRA na tua boca e no teu coração; esta é a *palavra da fé*" (*Romanos*, X, 8). Mas quem, exceto os iniciados, pode orgulhar-se de compreender sua significação total?

Da mesma maneira que na Antiguidade, acreditar hoje nos "milagres" bíblicos exige fé; mas ser capacitado para operá-los requer um conhecimento do significado esotérico da "palavra". "Se Cristo", dizem o Dr. F. W. Farrar e Canon B. F. Westcott, "não operava milagres, então os *Evangelhos* não são dignos de confiança". Mas, mesmo que suponhamos que ele não os operou, isso provaria que os evangelhos escritos por outros que não ele são mais dignos de confiança? E, se não forem, para que serviria esse argumento? Além disso, essa linha de raciocínio asseguraria a analogia segundo a qual os milagres operados por taumaturgos de religião diferente da cristã tornariam dignos de confiança os seus evangelhos. Isto não implicaria pelo menos uma igualdade entre as Escrituras cristãs e os livros sagrados budistas? Estes últimos estão igualmente cheios de fenômenos do caráter mais espantoso. Além disso, os cristãos não operaram milagres *genuínos*, porque seus padres *perderam a Palavra*. Mas muitos dos lamas budistas e dos talapões siameses – a menos que todos os viajantes conspirassem para uma mentira – foram e são capazes de duplicar todo fenômeno descrito no *Novo Testamento*; e fazem mais: sem qualquer pretexto de suspensão da lei natural ou de intervenção divina. Na verdade, o Cristianismo prova que está morto, tanto em fé, quanto em obras, ao passo que o Budismo está pleno de vitalidade e o demonstra em provas práticas.

---

\* O título *La manifestation à la lumière* é apenas a tradução de Champollion em francês do título descritivo egípcio: "Reu nu pert em hru", que significa "Capítulo da passagem para o dia". Esses textos chegaram a ser conhecidos como o *Livro dos mortos* e esse último nome é devido a uma tradução do árabe "Kitâb al-Maggitum", nome com que alguns papiros encontrados junto às múmias foram vendidos pelos ladrões egípcios de túmulos. (N. do Org.)

O melhor argumento em favor da veracidade dos "milagres" budistas repousa no fato de que os missionários católicos, em vez de os negar ou de os tratar como simples prestidigitação – como fazem alguns missionários protestantes –, viram-se obrigados a adotar a alternativa desesperada de atribuir todos eles ao Diabo. E tão diminuídos se sentiram os jesuítas, nas presença desses genuínos servos de Deus, que, com uma astúcia sem igual, disfarçaram-se de talapões e de budistas, agindo como Maomé em relação à montanha. "E vendo que ela não se movia para ele, o Profeta dirigiu-se para a montanha." Acreditando que não poderiam atrair os siameses com a rede de suas doutrinas perniciosas em vestes cristãs, eles se disfarçaram e, durante séculos, apareceram entre as pessoas pobres e ignorantes como talapões – até que foram descobertos. Eles haviam votado e adotado uma resolução, que tem agora toda a força de um antigo artigo de fé. "Naaman, o Sírio", dizem os jesuítas de Caen, "não dissimulou a sua fé quando dobrou os joelhos com o rei na casa de Rimmon; *tampouco os Padres da Companhia de Jesus, quando adoram o instituto e o hábito de talapões do Sião* (nec dissimulant Patres S. J. Talapoinorum Siamensium institutum vestemque affectantes)"[59].

A força contida nos *Mantras* e na *Vâch* dos brâmanes é tão acreditada hoje quanto no começo do período védico. O "Inefável Nome" de todo país e de toda religião relaciona-se àquilo que os maçons afirmam ser os caracteres misteriosos que simbolizam os nove nomes ou atributos pelos quais a Divindade era conhecida pelos iniciados. A Palavra Omnífica traçada por Henoc nos dois deltas de ouro puríssimo, sobre os quais gravou dois dos caracteres misteriosos, talvez seja mais conhecida pelos "gentios" humildes e incultos do que pelos Grão-sacerdotes e Grão Z. dos Capítulos Supremos da Europa e da América. Mas não entendemos porque os companheiros da Arca Real lamentariam tão amarga e tão continuamente a sua perda. A palavra M. M., como eles mesmos dirão, só contém consoantes. Por isso, duvidamos que algum deles tenha aprendido a pronunciá-la, ou a tivessem aprendido se, em vez de a corromper, ela tivesse sido extraída da abóbada secreta". Todavia, acredita-se que o neto de Ham conduziu ao país de Mezraim o delta sagrado do Patriarca Henoc. Portanto, é só no Egito e no Oriente que a "Palavra" misteriosa deve ser procurada.

Mas, considerando-se que muitos dos segredos importantes da maçonaria já foram divulgados por amigos e por inimigos, não podemos dizer, sem suspeita de malícia ou de animosidade, que, desde a infausta catástrofe dos templários, nenhuma "Loja" da Europa, menos ainda da América, soube de algo que devesse permanecer oculto. Não estando dispostos a ser mal-compreendidos, dizemos nenhuma *Loja*, deixando alguns *irmãos* escolhidos fora da questão. As denúncias furiosas da Arte feitas por escritores católicos e protestantes parecem simplesmente ridículas, como também a afirmação do Abade Barruel de que tudo "indica que os nossos franco-maçons descendem do Templários" proscritos em 1314. As *Memoirs of Jacobinism*[60], escritas por esse Abade, testemunha ocular dos horrores da primeira revolução, tratam extensamente dos Rosa-cruzes e de outras fraternidades maçônicas. Mas só o fato de remontar os maçons modernos aos Templários e apontá-los como assassinos secretos, perpetradores de homicídios políticos, demonstra quão pouco ele conhecia a respeito deles, mas também quão ardentemente ele desejava, ao mesmo tempo, transformar essas sociedades em bodes expiatórios convenientes para os crimes e pecados de outra sociedade secreta que, desde o seu surgimento, abrigou mais de um assassino político perigoso – a Companhia de Jesus.

As acusações contra os maçons foram em sua maioria meras conjecturas, mera malícia insaciável e difamação premeditada. Não se pôde aduzir contra eles nenhuma prova conclusiva de culpabilidade. Nem mesmo o seqüestro de Morgan se constituiu em matéria de conjectura. O caso foi usado na época como conveniência política por politiqueiros. Quando um cadáver irreconhecível foi encontrado no rio Niágara, um dos chefes dessa classe inescrupulosa, ao ser informado de que a identidade era extremamente questionável, expôs descuidadamente todo o cerne dessa conspiração: "Bem, não importa, *ele é um bom Morgan para depois das eleições!*" Por outro lado, a Ordem dos jesuítas não só permitiu, em certos casos, mas também *ensina e incita à "Alta Traição e ao Regicídio"*[61].

Está diante de nós uma série de *Conferências* sobre a Franco-maçonaria e seus perigos, pronunciadas em 1862, por James Burton Robertson, Professor de História Moderna na Universidade de Dublin. Nelas, o conferencista cita profusamente como suas autoridades, o já referido Abade Barruel (um inimigo natural dos maçons, *que não pôde ser apanhado no confessionário*) e Robison, um conhecido maçon renegado de 1798. Como é usual em toda facção, tanto do lado maçônico quanto do lado antimaçônico, o traidor do campo oposto é saudado com louvação e estímulo e absolvido de toda culpa. Quão conveniente, por determinadas razões políticas, o famoso Comitê da Convenção Antimaçônica de 1830 (Estados Unidos) deve ter considerado adotar essa proposição absolutamente jesuítica de Pufendorf de que "o juramento a nada obriga quando é absurdo e impertinente" e uma outra que ensina que "um juramento não obriga a aceitar o que Deus não aceita"[62], embora nenhum homem verdadeiramente honesto possa aceitar essa sofisticaria. Acreditamos sinceramente que a melhor porção da Humanidade sempre terá em mente que existe um código moral de honra que obriga a mais do que um juramento prestado sobre a *Bíblia*, o *Corão* ou os *Vedas*. Os essênios nunca juraram sobre nada, mas seus "sins" e "nãos" valiam tanto ou mais do que um juramento. Além disso, parece extraordinariamente estranho encontrar nações que se chamam de cristãs que instituem costumes em cortes civis e eclesiásticas, diametralmente opostos à ordem de seu Deus[63], que proíbe claramente qualquer juramento, "nem pelo céu (. . .) nem pela terra (. . .) nem pela cabeça". Parece-nos ser *anticristão* no sentido pleno da palavra, além de ser um absurdo, afirmar que "um juramento não obriga se Deus não o aceita" – pois nenhum homem vivo, seja ele falível ou infalível, pode aprender coisa alguma dos pensamentos secretos de Deus[64]. Este argumento é levantado só porque é conveniente e explica o assunto. Os juramentos nunca terão força suficiente para que nos unamos enquanto o homem não compreender completamente que a Humanidade é, sobre a Terra, a manifestação mais elevada da Divindade Suprema Inobservada e que cada homem é uma encarnação de seu Deus; e quando o sentido de responsabilidade *pessoal* for tão grande no homem, que lhe repugne o perjúrio como o maior agravo a si mesmo e aos seus semelhantes. Nenhum juramento hoje obriga a nada, a menos que seja tomado por alguém que, não o considerando um juramento, tome-o apenas como palavra de honra. Por conseguinte, apoiar-se em autoridades como Barruel e Robison é simplesmente obter a confiança pública sob falsas pretensões. Não se trata do "espírito da *malícia* maçônica, em cujo coração são cunhadas as calúnias", mas o do clero católico e dos seus paladinos;

e o homem que reconciliar essas duas idéias de honra e perjúrio, em qualquer caso, não é digno de confiança.

Ruidoso é o clamor do século XIX no sentido de reivindicar a preeminência em civilização sobre os séculos precedentes e ainda mais clamorosa é a presunção das igrejas e dos seus bajuladores de que o Cristianismo redimiu o mundo do barbarismo e da idolatria. Mas nenhum deles, Igreja e século, têm razão, como tentamos provar nestes dois volumes. A luz do Cristianismo serviu apenas para mostrar quanta hipocrisia e quanto vício os seus ensinamentos trouxeram ao mundo, desde o seu advento, e quão imensamente superiores a nós eram os antigos no conceito de honra[65]. O clero, ao ensinar o desamparo do homem, sua dependência em face da Providência e a doutrina da expiação, desvaneceu nos seus seguidores fiéis todo átomo de autoconfiança e de auto-respeito. Isso é tão certo, que se está tornando um axioma o fato de que os homens mais honráveis estão entre os ateus e os chamados "infiéis". Hiparco nos conta que, na época do *gentilismo*, "a vergonha e a desgraça que resultaram da violação de seu juramento lançaram o infeliz num acesso de loucura e de desespero, que ele cortou sua garganta e morreu por suas próprias mãos, e a sua memória foi tão odiada após a sua morte, que o seu corpo repousou sobre a praia da ilha de Samos e não teve outra sepultura senão as areias da praia"[66]. Mas no nosso século vemos noventa e seis delegados da Convenção Antimaçônica dos Estados Unidos, cada um deles sem dúvida um membro de alguma Igreja protestante, que exigem o respeito devido aos homens de honra e Cavalheiros, oferecendo os argumentos mais jesuíticos contra a validade de um juramento maçônico. O Comitê, pretendendo citar a autoridade dos "guias mais distintos da filosofia da moral e solicitando o apoio mais amplo dos *inspirados*[67] (. . .) que escreveram antes que a Franco-maçonaria existisse", resolveu que, dado que um juramento era "um convênio entre o homem e o Juiz Todo-Poderoso", e como os maçons eram todos infiéis e "indignos de confiança civil", então seus juramentos deviam ser considerados ilegais e sem obrigação alguma[68].

Mas voltaremos a essas *Conferências* de Robertson e às suas cargas contra a maçonaria. A maior acusação feita contra esta última é a de que os maçons rejeitam um Deus *pessoal* (acusação apoiada na autoridade de Barruel e Robison) e de que eles afirmam possuir um "segredo para fazer os homens melhores e mais felizes do que Cristo, seus apóstolos e a Igreja os fizeram". Se essa última acusação tivesse algo de verdade, ela permitiria a esperança consoladora de que eles realmente tivessem descoberto o segredo ao se desligarem do Cristo místico da Igreja e do Jeová oficial. Mas ambas as acusações são tão maliciosas, quanto absurdas, como veremos a seguir.

Ninguém deve imaginar que estamos influenciados por qualquer sentimento pessoal em nenhuma de nossas reflexões sobre a Maçonaria. Muito pelo contrário, proclamamos resolutamente nosso maior respeito pelos propósitos originais da Ordem, à que pertencem alguns dos nossos amigos mais valiosos. Nada dizemos contra uma maçonaria que poderia existir, mas denunciamos aquilo que ela, graças ao clero intrigante – católico e protestante –, começa a ser. Dizendo ser a mais absoluta das democracias, ela é praticamente o apanágio da aristocracia, da riqueza e da ambição pessoal. Dizendo ser a mestra da verdadeira ética, está reduzida a uma propaganda da teologia antropomórfica. O aprendiz seminu, levado à presença do mestre durante a iniciação do primeiro grau, aprende que à porta da Loja é

27

abandonada toda a distinção social e que o irmão mais pobre é o par dos outros, sem distinção entre um soberano reinante ou um príncipe imperial. Na prática, a Arte, em todos os países monárquicos, bajula todo e qualquer herdeiro real que se possa dignar, para usá-lo como instrumento político e vestir um dia simbólico velocino.

A Fraternidade maçônica desviou-se muito dessa direção; podemos julgá-lo com as palavras de uma das suas maiores autoridades. John Yarker, Jr., da Inglaterra – Guardião Maior da Grande Loja da Grécia, Grão-mestre do Rito de Swedenborg, e também Grão-mestre do Antigo e Primitivo Rito da maçonaria, e sabe Deus o quê mais[69] – diz que a Maçonaria nada perderia "com a adoção de um modelo mais elevado (não pecuniário) de companheirismo e moralidade, com exclusão da 'púrpura' de todos aqueles *que inculcam fraudes, simulação, concessão de graus e outros abusos imorais*" (p. 158). E à p. 157: "Tal como é hoje governada a Fraternidade maçônica, a Arte está se tornando o paraíso do *bon vivant;* do hipócrita 'caridoso', que esquece a versão de São Paulo e decora o seu peito com a 'jóia da caridade' (tendo obtido a 'púrpura' por meio dessa despesa criteriosa, ele desdenha os irmãos dotados de mais habilidade e moralidade, embora menos ricos); do fabricante do miserável ouropel maçônico; do mercador desonesto que trapaceia centenas, e até milhares de vezes, apelando às dóceis consciências daqueles poucos que fazem caso de suas O. B.; e dos 'Imperadores' maçônicos e de outros charlatães que obtêm poder ou dinheiro graças às pretensões aristocráticas com que captam a vontade do vulgo – *ad captandum vulgus*".

Não é nossa intenção expor segredos já há muito tempo apregoados a todo o mundo por maçons perjuros. Tudo o que for vital – seja nas representações simbólicas, nas cerimônias rituais, seja nas senhas, empregadas pela Franco-maçonaria moderna – é sabido das fraternidades orientais, embora não pareça haver relação ou conexão entre estas e aquela. Se Ovídio descreve Medéia "desnuda de braços, peito e pernas e com o pé esquerdo em posição descuidada", e se Virgílio, falando de Dido, mostra essa "Rainha (...) determinada à morte, com um pé descalço, etc."[70] – porque duvidar que no Oriente existam "Patriarcas dos *Vedas* sagrados" que explicam o esoterismo da teologia hindu e do bramanismo tão completamente quanto os "Patriarcas" europeus?

Mas, se alguns maçons há que aprenderam um pouco de maçonaria *esotérica*, graças ao estudo de obras cabalísticas e ao trato pessoal com "Irmãos" do Oriente remoto, não ocorre a mesma coisa com as centenas de Lojas americanas. Enquanto trabalhávamos neste volume, recebemos imprevistamente, como gentileza de um amigo, um exemplar do volume do Sr. Yarker, do qual citamos acima algumas passagens. Ele excede em erudição e, o que é melhor, em *conhecimento*, como nos parece. É extremamente valioso nesse momento, dado que corrobora, em muitos particulares, o que temos dito nesta obra. Assim, lemos o seguinte:

"Acreditamos ter estabelecido suficientemente o fato da conexão da Francomaçonaria com os outros Ritos Especulativos da Antiguidade, bem como o da antiguidade e da pureza do antigo Rito Templário inglês de *sete graus* e o da derivação espúria de muitos dos outros ritos"[71].

Esses maçons superiores não devem ser advertidos, embora os peritos o façam, de que chegou a hora de remodelar a maçonaria e restaurar os antigos limites, tomados dos sodalícios primordiais, que os fundadores da Franco-maçonaria especulativa do século XVIII diziam ter incorporado à fraternidade. Não há segredos que não tenham sido publicados; a Ordem está degenerando numa conveniência utilizada por homens egoístas e envilecida por homens malévolos.

Só foi recentemente que a maioria dos membros do Concílio Supremo do Rito Antigo e Aceito, reunido em Lausanne, justamente revoltada contra a crença blasfema numa Divindade pessoal investida de atributos humanos, pronunciou as seguintes palavras: "A Franco-maçonaria proclama, como vem proclamando desde a sua origem, a existência de um *Princípio criador* denominado Grande Arquiteto do Universo". Uma pequena minoria protestou contra essa afirmação, dizendo que "a crença num *Princípio criador que a Franco-maçonaria exige de todo candidato* antes que ele atravesse o limiar, não é *a crença em Deus"*.

Essa confissão não soa como a rejeição de um Deus pessoal. Se tivéssemos a menor dúvida sobre o assunto, ela seria completamente desfeita pelas palavras do Geral Albert Pike, talvez a maior autoridade da época, entre os maçons americanos, que se ergue o mais violentamente possível contra essa inovação. Nada melhor do que citar as suas próprias palavras:

"Esse *Principe Créateur* não é um termo novo – trata-se de um antigo termo agora revivido. *Os nossos adversários, numerosos e formidáveis*, dirão, e terão o direito de dizer, que nosso *Principe Créateur* é idêntico ao *Principe Générateur* dos indianos e dos egípcios e pode ser perfeitamente simbolizado, como era simbolizado antigamente, pelo Linga. (...) Aceitá-lo, em vez de um Deus pessoal, é ABANDONAR O CRISTIANISMO e a *adoração de Jeová* e voltar a chafurdar nas pocilgas do Paganismo"[72].

E as do jesuitismo, por sinal, são mais limpas? "Os nossos adversários, numerosos e formidáveis". Essa frase diz tudo. São os católicos romanos e alguns presbiterianos reformados. Em vista do que as duas facções escrevem uma sobre a outra, podemos perguntar qual adversário tem mais medo do outro. Mas de que vale atacar uma fraternidade que ainda não ousa ter uma crença própria com medo de suscitar querelas? Se os juramentos maçônicos significam algo, e se as penalidades maçônicas confinam com o burlesco, podem os adversários – numerosos ou poucos, frágeis ou fortes – saber o que ocorre na Loja ou passa pelo "irmão terrível, ou o ladrilheiro, que guarda, com uma espada desembainhada, os portais da Loja"? Existe, então, um "irmão terrível", mais formidável do que o *General Boum* de Offenbach, com sua pistola fumegante, suas esporas tintilantes e seu *penacho* alto? Para que servem os milhões de homens que compõem essa grande fraternidade, que se estende por todo o mundo, se eles não podem manter-se unidos para desafiar todos os seus adversários? Será que o "laço místico" é apenas um cordel de argila e a maçonaria apenas um brinquedo que alimenta a vaidade de alguns poucos líderes que se comprazem em ostentar fitas e insígnias? Sua autoridade é tão falsa quanto a sua antiguidade? Parece, na verdade; mas como "até mesmo as pulgas têm as suas pulgas", há católicos alarmistas, aqui mesmo, que pretendem assustar a maçonaria!

Esses mesmos católicos, com toda a serenidade da sua impudência tradicional, ameaçam publicamente a América e seus 500.000 maçons e 34.000.000 de protestantes, com a união da Igreja e do Estado sob a direção de Roma! O perigo que ameaça as instituições livres dessa república, disseram-nos, virá dos "princípios do Protestantismo logicamente desenvolvidos". Tendo o atual Secretário da Marinha – R. W. Thompson, de Indiana – ousado publicar recentemente, em seu próprio país protestante, um livro intitulado *The Papacy and the Civil Power*, cuja linguagem é tão moderada quanto cavalheiresca e imparcial, um padre católico romano de Washington, D. C. – o centro mesmo do Governo – ataca-o com violência. Porém há mais: um membro representativo da Companhia de Jesus, o Padre F. X. Weninger D. D., despeja sobre a sua devotada cabeça um frasco de cólera que parece ter sido trazido diretamente das celas vaticanas. "As afirmações", diz ele, "que o Sr. Thompson tece sobre o antagonismo necessário entre a Igreja Católica e as Instituições Livres são caracterizadas por uma ignorância digna de pena e uma audácia cega. Faltam a ele lógica, história, senso comum e caridade; ele surge diante do leal povo americano como um beato de inteligência minguada. Nenhum erudito se aventuraria a repetir essas calúnias tão batidas que tão freqüentemente têm sido refutadas. (...) Em resposta às suas acusações contra a Igreja como inimigo da liberdade, digo-lhe que, se este país se convertesse em um país católico, ou se os católicos aí chegassem a ser maioria e *tivessem o controle do poder político*, então ele veria os princípios da nossa Constituição desenvolvidos amplamente; ele veria que esses Estados seriam realmente 'Unidos'. Ele contemplaria um povo vivendo em paz e harmonia, amparado por uma única fé, os corações das pessoas batendo em uníssono com o amor pela pátria, com caridade e indulgência para com tudo e respeito aos direitos de consciência mesmo dos seus caluniadores"[73].

Em benefício dessa "Companhia de Jesus", ele aconselha o Sr. Thompson a enviar o seu livro ao Czar Alexandre II e a Frederico Guilherme, Imperador da Alemanha. Poderia esperar deles, como mostra de suas simpatias, as ordens de Santo André e da Águia Negra. "De americanos de inteligência límpida, que pensam por si mesmos e são patriotas, ele só deveria esperar a *condecoração* do seu desprezo. Enquanto os corações americanos baterem nos peitos americanos e o sangue de seus pais correr em suas veias, esforços como o de Thompson não terão sucesso. Os americanos verdadeiros, genuínos, protegerão a Igreja católica desse país e *por último se unirão a ela*". Depois disso, julgando, como ele parece pensar, ter atirado sobre o chão o cadáver de seu antagonista ímpio, esvazia a borra da sua garrafa com as seguintes palavras: "Deixamos este livro, cujo argumento acabamos de matar, como uma carcaça a ser devorada pelos desprezíveis texanos – essas aves malcheirosas – isto é, essa espécie de homens que gostam de se alimentar da corrupção, de calúnias e de mentiras e são atraídos pelo seu fedor".

Essa última frase é digna de ser anexada como apêndice aos *Discorsi del Sommo Pontefice Pio IX*, de Don Pasquale de Franciscis, imortalizados no desprezo do Sr. Gladstone – *Tel maître, tel valet*!

Moral: Tudo isto ensinará aos escritores imparciais sóbrios e cavalheirescos que nem mesmo um antagonista tão bem-educado, quanto o Sr. Thompson mostrou ser no seu livro, pode escapar da única arma disponível no arsenal católico – Billingsgate. Toda a argumentação do autor mostra que, embora violento, ele pretende ser justo; mas ele poderia perfeitamente ter atacado com violência tertuliana, que o tratamento recebido não seria pior. Que lhe sirva de consolo o fato de ter sido colocado na mesma categoria dos imperadores e reis cismáticos e infiéis.

Enquanto os americanos, inclusive os maçons, estão agora avisados para se prepararem para se unirem à Santa Igreja Católica Apostólica Romana, nós nos comprazemos em saber que há algumas pessoas leais e respeitadas na maçonaria que aceitam as nossas opiniões. Notável dentre eles, o Sr. Leon Hyneman P. M., membro da Grande Loja da Pensilvânia, pertenceu por oito ou nove anos ao *Masonic*

*Mirror and Keystone* e é um autor de renome. Ele nos declara pessoalmente que combateu durante quase trinta anos a tendência de se erigir em dogma maçônico a crença num Deus *pessoal*. Na sua obra *Ancient York and London Grand Lodges*, ele diz: "A maçonaria, em vez de se desenvolver progressivamente com o avanço intelectual do conhecimento científico e da inteligência geral, afastou-se dos objetivos originais da fraternidade e se inclina aparentemente para uma sociedade sectária. Isto está evidente (...) [na] determinação persistente de não eliminar as inovações sectárias que foram interpoladas no Ritual. (...) Poderia parecer que a fraternidade maçônica deste país é tão indiferente aos antigos landmarks e costumes da maçonaria como o estiveram os maçons do século passado filiados à Grande Loja de Londres"[74]. Foi essa convicção que o levou, em 1856, quando Jacques Étienne Marconis de Nègre, Grande Hierofante do Rito de Mênfis, veio à América para lhe oferecer a Grande Mestria do Rito dos Estados Unidos e quando o Rio Antigo e Aceito lhe ofereceu o 33º Honorário – a recusar ambos.

A Ordem do Templo foi a última organização secreta européia que, como um corpo, teve em sua posse alguns dos mistérios do Oriente. De fato, existiam no século passado (e talvez ainda existam) alguns "Irmãos" isolados trabalhando fiel e secretamente sob a direção das irmandades orientais. Mas eles, quando não pertenciam a sociedades européias, invariavelmente se filiavam a elas com objetivos desconhecidos da fraternidade, embora ao mesmo tempo a beneficiassem. Foi através deles que os maçons modernos aprenderam tudo o que sabem de importante e, também, é por meio deles que se explica a similaridade que existe entre os Ritos Especulativos da Antiguidade, os mistérios dos essênios, gnósticos e hindus. Os graus maçônicos mais elevados e mais antigos provam esse fato. Se esses irmãos misteriosos tivessem possuído o segredo das sociedades, eles nunca teriam trocado entre si o segredo, embora em suas mãos tais segredos estivessem mais seguros, talvez, do que nas dos maçons europeus. Quando alguns destes últimos eram considerados dignos de se filiarem ao Oriente, eram instruídos e iniciados secretamente, sem que os outros soubessem uma palavra a mais do que sabiam.

Ninguém jamais conseguiu surpreender a atuação dos rosa-cruzes, e, apesar das pretensas descobertas de "câmaras secretas", velórios chamados "T" e de fósseis cavalheiros de lâmpadas perpétuas, essa associação antiga e os seus verdadeiros objetivos são ainda um mistério. Pretensos templários e falsos rosa-cruzes, além de alguns cabalistas genuínos, foram ocasionalmente mortos na fogueira, e alguns teósofos e alquimistas infelizes foram apanhados e submetidos a torturas; confissões enganadoras eram arrancadas deles pelos meios mais ferozes, mas a Sociedade continua a existir até hoje, como sempre existiu, desconhecida de todos, especialmente do seu inimigo mais cruel – a Igreja.

Quanto aos modernos cavalheiros templários e às Lojas maçônicas que pretendem descender diretamente dos templários antigos, a sua perseguição pela Igreja foi uma farsa desde o princípio. Eles não possuíam, nem nunca possuíram, segredos que fossem perigosos para a Igreja. Ao contrário – pois, como diz J. G. Findel, "os graus escoceses, ou o sistema templário, datam de 1735-1740 e, *seguindo a tendência católica*, estabeleceram sua residência principal no colégio jesuíta de Clermont, em Paris, e por isso foram chamados de sistema Clermont". O sistema sueco atual também possui alguns elementos templários, mas está livre da influência dos jesuítas e da interferência na política; todavia, afirma que possui o Testamento de Molay no original, pois um certo Conde Beaujeu, sobrinho de Molay, *sobre o qual nunca se ouviu nada em parte alguma*, transplantou o templarismo à Franco-maçonaria e, assim, pôde erigir para as cinzas do seu tio um sepulcro misterioso. Para provar que tudo isso não passa de uma fábula maçônica, basta a consideração de que o funeral de Molay foi realizado no dia 11 de março de 1313, ao passo que ele morreu no dia 19 de março de 1313... Esse produto espúrio, que não é nem templarismo genuíno, nem Franco-maçonaria genuína, nunca deitou raízes na Alemanha. Mas o caso foi completamente outro na França...[75]

Escrevendo sobre esse assunto, ouçamos o que Wilcke[76] tem a dizer a respeito de tais pretensões:

"Os atuais cavalheiros templários de Paris pretendem descender diretamente dos antigos cavalheiros e tentam prová-lo por documentos, regulamentações internas e doutrinas secretas. Foraisse diz que a Fraternidade de franco-maçons foi fundada no Egito, comunicando Moisés o ensino secreto aos israelitas, Jesus aos Apóstolos e por este caminho chegou aos cavalheiros templários. Essas invenções são necessárias (...) para a afirmação de que os templários parisienses são a descendência da antiga ordem. Todas essas asseverações, que não têm o apoio da história, foram fabricadas no *Alto Capítulo de Clermont* [ao amparo dos jesuítas] e preservadas pelos templários parisienses como uma herança deixada pelos revolucionários políticos, os Stuart e os jesuítas". Daí que os Bispos Grégoire[77] e Münter[78] os apóiem.

Entre os templários modernos e antigos não existe, no melhor dos casos, outra analogia senão a adoção de certos ritos e certas cerimônias de caráter puramente *eclesiástico* astutamente incorporados pelo clero à Grande Ordem antiga. Após essa desconsagração, ela foi perdendo gradualmente seu caráter primitivo e simples até a sua ruína total. Fundada em 1118 pelos cavalheiros Hugues de Payens e Geoffroy de Saint-Adhémar, com o fito nominal de proteger os peregrinos, o seu verdadeiro objetivo era a restauração do primitivo culto secreto. A versão verdadeira da história de Jesus e do Cristianismo primitivo foi revelada a Hugues des Payens pelo Grande-Pontífice da Ordem do Templo (da seita nazarena ou joanita), chamado Teocletes, que a ensinou depois a outros cavalheiros da Palestina, dentre os membros mais elevados e mais intelectuais da seita de São João, que foram iniciados nos seus mistérios[79]. A liberdade de pensamento intelectual e a restauração de uma religião universal eram seu objetivo secreto. Presos ao voto de obediência, pobreza e castidade, eles foram no início os verdadeiros cavalheiros de João Baptista, vivendo no deserto e se alimentando de mel e gafanhotos. Assim afirma a tradição e a versão cabalística verdadeira.

É um erro afirmar que a Ordem só se tornou anticatólica posteriormente. Ela o era desde o princípio e a cruz vermelha sobre manto branco, a veste da Ordem, tinha a mesma significação para os iniciados de todos os outros países. Ela apontava para os quatro pontos cardeais do compasso e era o emblema do universo[80]. Quando, mais tarde, a Irmandade foi transformada numa Loja, os templários, a fim de escapar às perseguições, tinham de realizar as suas próprias cerimônias no maior segredo, geralmente no salão de alguma corporação, mais freqüentemente em cavernas isoladas ou choças erguidas no meio de bosques, ao passo que a forma eclesiástica de culto era celebrada publicamente nas capelas pertencentes à Ordem.

Embora fossem infamemente caluniosas muitas das acusações feitas contra eles por ordem de Felipe IV, os seus pontos principais eram corretos, do ponto de vista do que é considerado como *heresia* pela Igreja. Os templários atuais, aderindo tão estreitamente como fazem à *Bíblia*, não podem pretender ser descendentes diretos daqueles que não acreditavam em Cristo, seja como homem-Deus, seja como o Salvador do mundo; que rejeitavam o milagre do seu nascimento e os que foram operados por ele; que não acreditavam na transubstanciação, nos santos, nas relíquias sagradas, no purgatório, etc. O Jesus Cristo era, em sua opinião, um falso profeta, mas o homem Jesus era um Irmão. Consideravam João Baptista como seu patrono, mas nunca o tiveram no conceito em que o tem a *Bíblia*. Reverenciavam as doutrinas da Alquimia, da Astrologia, da Magia, dos talismãs cabalísticos e seguiam os ensinamentos secretos dos seus chefes do Oriente. "No último século", diz Findel, "quando a Franco-maçonaria supôs erroneamente ser uma filha do templarismo, era muito difícil acreditar na inocência da Ordem dos cavalheiros templários. (. . .) Com essa intenção, não só lendas e acontecimentos sem registro foram fabricados, mas também se tentou sufocar a verdade. Os admiradores maçônicos dos cavalheiros templários recolheram todos os documentos da ação judicial publicada por Mohldenhauer, porque provavam a culpabilidade da Ordem"[81].

Essa culpabilidade consistia em sua "heresia" contra a Igreja Católica Romana. Enquanto os "Irmãos" verdadeiros morreram de morte ignominiosa, os irmãos espúrios formaram uma seqüela dos jesuítas. Os maçons sinceros e honestos devem rejeitar com horror toda relação com eles, deixando-os sozinhos com sua ascendência.

"Os cavalheiros de São João de Jerusalém", escreve o Comandante Gourdin, "às vezes chamados de cavalheiros hospitaleiros, e os cavalheiros de Malta não eram maçons. Ao contrário, eles parecem ter sido inimigos da Franco-maçonaria, pois, em 1740, o Grão-mestre da Ordem de Malta fez a Bula de Clemente XII ser publicada naquela ilha e proibiu as reuniões dos franco-maçons. Nesta ocasião alguns cavalheiros e muitos cidadãos abandonaram a ilha; e, em 1741, a Inquisição expulsou os franco-maçons de Malta. O Grão-mestre proscreveu as suas assembléias sob severas penalidades e seis cavalheiros foram banidos da ilha, perpetuamente, por terem participado de uma reunião. De fato, ao contrário dos templários, eles nem mesmo possuíam uma forma secreta de recepção. Reghellini afirma que lhe foi impossível encontrar uma cópia do ritual secreto dos cavalheiros de Malta. A razão é óbvia – não havia nenhum!"[82]

Contudo, o templarismo americano compreende três graus: 1, cavalheiro da cruz vermelha; 2, cavalheiro templário; e 3, cavalheiro de Malta. Foi trazido da França para os Estados Unidos em 1808 e o primeiro *Grande Acampamento Geral* foi organizado a 21 de junho de 1816, com o Governador De Witt Clinton, de Nova York, como Grão-mestre.

Essa herança dos jesuítas não deve ser motivo de orgulho. Se os cavalheiros templários desejam tornar aceitáveis as suas reivindicações, devem escolher entre uma descendência dos templários "hereges", anticristãos, cabalísticos e primitivos ou uma união com os jesuítas e estender seus tapetes marchetados diretamente sobre a plataforma do transmontanismo! Se não o fizerem, suas reivindicações não passarão de pura pretensão.

Tão impossível tornou-se para os criadores da pseudo-ordem *eclesiástica* dos Templários, inventada, segundo Dupuy, na França, pelos partidários dos Stuart, evitar ser considerada um ramo da Ordem dos Jesuítas, que não nos surpreendemos ao ver um autor anônimo, altamente suspeito de pertencer ao Capítulo Jesuítico de Clermont, publicar uma obra em 1751, em Bruxelas, sobre a ação judicial dos cavalheiros templários. Nesse volume, em várias notas mutiladas, em acréscimos e comentários, ele defende a *inocência* dos templários em face da acusação de "heresia", com o que tira desses livres-pensadores e mártires primitivos a auréola de respeito que haviam conquistado.

Essa pseudo-ordem foi instituída em Paris, a 4 de novembro de 1804, em razão de uma *Constituição forjada* e desde então "tem contaminado a Franco-maçonaria genuína", segundo declaram os maçons mais conspícuos. A *Carte de transmission* (tabula aurea Larmenii) apresenta ares de uma antiguidade tão extrema, "que Grégoire confessa que, se todas as outras relíquias do tesouro parisiense da Ordem não tivessem silenciado as suas dúvidas a respeito de sua descendência, a visão dessa carta o persuadiria de imediato"[83]. O primeiro Grão-mestre dessa Ordem espúria foi um médico em Paris, o Dr. Fabré-Palaprat, que assumiu o nome de Bernard Raymond.

O Conde M. A. Ramsay, um jesuíta, foi o primeiro a lançar a idéia de uma união entre os templários e os cavalheiros de Malta. Por essa razão é que lemos as seguintes palavras:

"Nossos ancestrais [!!!], os Cruzados, reunidos em assembléia na Terra Santa, vindos de toda a cristandade, resolveram constituir uma fraternidade que compreendesse todas as nações, com o pensamento de que, ligadas em coração e alma, se desenvolvessem mutuamente e pudessem, no curso do tempo, representar um único povo intelectual"[84].

Por esta razão uniram-se os templários aos cavalheiros de São João, constituindo uma irmandade maçônica conhecida como os maçons de São João.

Em *Le sceau rompu*, de 1745, encontramos, por essa razão, esta impudente afirmação falsa, digna dos Filhos de Loiola: "As lojas foram dedicadas a São João, porque os *cavalheiros* (!) maçons se haviam unido na Palestina aos cavalheiros de São João"[85].

Em 1743, inventou-se o grau Kadosh, em Lyon (assim o afirma Thory[86], ao menos), que "representa a *vingança dos templários*". A esse respeito, Findel afirma que "a Ordem dos cavalheiros templários foi abolida em 1311, e que, nessa época, eles tiveram de se refugiar, quando, após o banimento de alguns cavalheiros de Malta, em 1740, porque eram franco-maçons, não foi mais possível manter conexão com a Ordem de São João ou cavalheiros de Malta, que gozava da plenitude de seu poder *sob a tolerância do Papa*"[87].

Clavel, por sua vez, uma das mais prestigiadas autoridades maçônicas, diz: "É claro que a instituição da Ordem francesa dos cavalheiros templários não remonta a além de 1804 e que ela não pode reivindicar legitimamente ser a continuação da sociedade denominada *petite Réssurrection des Templiers*, nem tampouco esta última remonta à antiga Ordem dos cavalheiros templários"[88]. Por essa razão é que vemos esses pseudotemplários, sob a direção dos dignos Padres jesuítas, forjando em Paris, em 1806, a famosa carta de Larmênio. Vinte anos depois, esse corpo nefasto e subterrâneo, guiando as mãos dos assassinos, dirigiu-as contra um dos melhores e maiores príncipes da Europa, cuja morte misteriosa nunca foi – por razões políticas – investigada e anunciada ao mundo como deveria ter sido, prejudicando os interesses da verdade e da justiça. Foi esse príncipe, um franco-maçom, o último depositário dos segredos

dos verdadeiros cavalheiros templários. Esses segredos permaneceram desconhecidos e insuspeitados durante cinco séculos. Reunindo-se cada *treze* anos em Malta – revelando o seu Grão-mestre o local do *rendezvous* aos irmãos europeus apenas algumas horas antes do encontro –, os representantes desse outrora o maior e o mais glorioso corpo de cavalheiros, reuniam-se no dia fixado, vindos de vários pontos da terra. *Treze* em número, em comemoração ao ano da morte de Jacques de Molay (1313), os agora irmãos orientais, dentre os quais se faziam presentes várias cabeças coroadas, planejavam juntos o destino religioso e político futuro das nações; ao passo que os cavalheiros papistas, seus sucessores assassinos e bastardos, dormiam profundamente em seus leitos, sem um sonho sequer que perturbasse suas consciências culpadas.

"Contudo", diz Rebold, "apesar da confusão que criaram (1736-1772), os jesuítas conseguiram realizar um dos seus propósitos, qual seja o de *desnaturalizar e desprestigiar a instituição maçônica*. Tendo conseguido, como acreditavam, destruí-la de uma maneira, resolveram usá-la de outra. Com essa determinação, organizaram o sistema chamado 'Deveres dos templários', um amálgama de histórias, eventos e características diferentes dos cruzados misturado às quimeras dos alquimistas. Nesta combinação, o catolicismo governava tudo e toda a fabricação moveu-se como sobre as rodas representativas do propósito com que foi organizada a Companhia de Jesus"[89].

É por essa razão que os ritos e os símbolos da maçonaria, embora sejam "pagãos" em sua origem, foram aplicados ao cristianismo e lhe transmitiram seu sabor. Um maçom deve declarar sua crença num Deus *pessoal*, Jeová, nos graus do Acampamento e também em Cristo, antes da sua admissão na Loja, ao passo que os templários joanitas acreditavam no Princípio desconhecido e invisível, de que procedem os Poderes Criadores impropriamente chamados de *deuses*, e se mantinham fiéis à versão nazarena de que Panthera era o pai pecaminoso de Jesus, que assim se proclamou ser "o filho de deus e da humanidade"[90]. Isto também explica os terríveis juramentos dos maçons tomados *sobre a Bíblia* e a servil analogia de suas lendas com a cronologia patriarco-bíblica. Na Ordem Rosa-cruz Americana, por exemplo, quando o neófito se aproxima do altar, os "Senhores cavalheiros formam uma linha e o capitão da guarda faz a sua proclamação". "À glória do sublime Arquiteto do Universo [Jehovah-Binah?], sob os auspícios do Santuário Soberano da Francomaçonaria *Antiga* e *Primitiva*", etc., etc. Depois, o cavalheiro orador golpeia o neófito e relata a ele que as lendas antigas da maçonaria datam de QUARENTA séculos, afirmando que remontam a 622 A. M., época em que, diz ele, Noé nasceu. Nessas circunstâncias, isso deve ser visto como uma concessão liberal a preferências cronológicas. Depois, os maçons[91] são notificados de que foi por volta do ano 2.188 a.C. que Mizraim estabeleceu colônias no Egito e iniciou a fundação do Reino do Egito, cuja duração foi de 1663 anos (!!!). Estranha cronologia, que, se concorda piedosamente com a da *Bíblia*, discorda completamente da história. Os nove nomes místicos da Divindade, importados para o Egito, segundo os maçons, apenas no século XII a.C., estão em monumentos que os melhores egiptólogos reconhecem ser duas vezes mais antigos. Não obstante, devemos levar em consideração também o fato de que os próprios maçons ignoram esses nomes.

A verdade é que a maçonaria moderna difere muito radicalmente daquilo que foi uma vez a fraternidade secreta universal na época em que os adoradores bramânicos do AUM intercambiavam sinais e senhas com os devotos do TUM e em que os adeptos de todos os países da terra eram "Irmãos".

Qual era, pois, esse nome misterioso, essa "palavra" poderosa por cuja potência os hindus e os iniciados caldeus e egípcios operavam maravilhas? No capítulo CXV do *Ritual Funerário* egípcio, intitulado "O Capítulo da Vinda do Céu (...) e do Conhecimento das Almas de Annu" (Heliópolis), Horus diz: "Conheci as Almas de Annu. Os mais gloriosos não passarão (...) a menos que os deuses me dêem a PALAVRA". Em outro hino, a alma, transformada, exclama: "Que me seja aberto o caminho para Re-stau. Eu sou o Supremo, vestido como o Supremo. Eu cheguei! Eu cheguei! Deliciosos me são os reis de Osíris. Crio a água [pelo poder da *Palavra*]. (...) Não vi os segredos ocultos. (...) Confiei no Sol. Sou puro. Sou adorado por minha pureza" (CXVII-CXIX, Capítulos da ida ao Re-stau e do regresso de lá). Em outro lugar, o envoltório da múmia expressa o seguinte: "Sou o Grande Deus [espírito] que existe por si mesmo, o criador do *Seu Nome* (...) sei o nome desse Grande Deus que está aí" [cap. XVII].

Os inimigos de Jesus o acusam de ter operado milagres e os seus próprios apóstolos o apresentam como um expulsador de *demônios* por graça do poder do INEFÁVEL NOME. Os primeiros acreditam firmemente que Jesus o roubou do Santuário. "E ele expulsou os espíritos com sua *espada* e curou todos os que estavam doentes" (*Mateus*, XVIII, 16). Quando os governadores judaicos perguntam a Pedro (*Atos*, IV, 7-10) "Graças a que poder, ou graças a que *nome*, vós o fizestes?", Pedro responde: "Graças ao NOME de Jesus Cristo de Nazaré". Mas este nome significa o nome de Cristo, como os intérpretes nos querem fazer acreditar, ou ele significa "graças ao NOME que estava de posse de Jesus de Nazaré", o iniciado, que foi acusado pelos judeus de tê-lo aprendido, porém que só o aprendeu com a iniciação! Além disso, ele afirma repetidamente que tudo o que faz, ele o faz em *"Nome de Seu Pai"*, não em seu próprio.

Mas, dentre os maçons modernos, qual deles o ouviu ser pronunciado? Em seu próprio *Ritual*, confessam que nunca o ouviram. O "Senhor orador" conta ao "Senhor cavalheiro" que todas as senhas por ele recebidas nos graus precedentes são "muitas corrupções" do nome verdadeiro do Deus que está gravado no triângulo; e que, por isso, eles adotaram um "substituto" para ele. A mesma coisa acontece na Loja Azul, em que o Mestre, que representa o Rei Salomão, concorda com o Rei Hiram em que a Palavra *** "será usada em *substituição* à palavra do Mestre até que tempos mais sábios descubram qual seria a verdadeira". Que Diácono Superior, dentre os milhares que ajudaram a trazer candidatos da escuridão para a luz, ou que Mestre que sussurrou essa "palavra" mística nos ouvidos dos supostos Hiram Abiff, enquanto os firmava nos cinco pontos da fidelidade – quem suspeitou do significado verdadeiro desse substituto que eles comunicavam "em voz baixa"? Quão poucos Mestres maçons recentes continuam imaginando que ela tem alguma conexão oculta com "a medula dos ossos". O que eles sabem dessa personagem mística conhecida de alguns adeptos como o "venerável MAH", ou dos misteriosos Irmãos Orientais que obedecem a ele, cujo nome está abreviado na primeira sílaba das três que compõem o substituto maçônico – o MAH, que vive atualmente num lugar desconhecido de todos os iniciados, rodeado de desertos impenetráveis que os pés missionários ou jesuíticos não se atreverão a cruzar porque estão cheios de perigos que aterram os exploradores mais corajosos? Entretanto, durante gerações seguidas, esse *retintim* ininteligível de vogais e consoantes tem sido repetido aos ouvidos dos neófitos, como se ele ainda possuísse virtude suficente para desviar do seu curso aéreo uma lanugem de cardo! Como o Cristianismo, a Franco-maçonaria é um cadáver que o espírito abandonou há muito tempo.

A esse respeito, devemos dar espaço a uma carta do Sr. Charles Sotheran, Secretário Correspondente do Clube Liberal de Nova York, que foi por nós recebida no dia posterior àquele em que foi escrita. O Sr. Sotheran é conhecido como escritor e conferencista sobre arqueologia, mística e outros assuntos. Na maçonaria, passou por muitos graus, por ser autoridade competente em relação à Arte. É 32.˙. A. e P. R., 94.˙. Mênfis, C. R. ✠, C. Kadosh, M. M. 104, Eng., etc. É também iniciado da moderna Fraternidade Inglêsa dos Rosa-cruzes e de outras sociedades secretas e editor maçônico do *New York Advocate* [*] Eis a carta, que colocamos diante dos olhos dos maçons porque desejamos que vejam o que um dos seus próprios membros tem a dizer:

"New York Press Club, 11 de janeiro de 1877.

"Em resposta à sua carta, tenho imensa satisfação em proporcionar-lhe a informação que deseja com relação à antigüidade e à condição atual da Franco-maçonaria. Meu prazer é maior ao considerar que, dado pertencermos às mesmas sociedades secretas, pode V. Sª apreciar melhor a necessidade de me manter reservado em alguns pontos. Com muita razão diz V. Sª que a Franco-maçonaria, não menos que as teologias estéreis do dia, tem uma história fabulosa para contar. Bloqueada como tem sido a Ordem pela tolice e pelos osbtáculos de absurdas lendas bíblicas, não espanta que sua utilidade tenha sido depreciada e a sua obra civilizadora impedida. Felizmente, o grande movimento antimaçônico que se alastrou nos Estados Unidos durante parte deste século forçou um número considerável de trabalhadores a investigar a origem verdadeira da Arte e a instaurar uma situação mais saudável. A agitação ocorrida na América também se espalhou pela Europa e os esforços literários de autores maçônicos dos dois lados do Atlântico, tais como Rebold, Findel, Hyneman, Mitchell, MacKenzie, Hughan, Yarker e outros bastante conhecidos da fraternidade, agora são matéria da história. Um dos efeitos de seus labores tem sido, em grande medida, trazer à luz do dia a história da maçonaria, de sorte que seus ensinamentos, sua jurisprudência e seu ritual não mais são segredo para os 'profanos' cuja judiciosidade lhes permita compreendê-los tal como estão expostos.

Acertadamente diz V. Sª que a *Bíblia* é a 'grande luz' da maçonaria européia e americana. Em conseqüência, a concepção teísta de Deus e a cosmogonia bíblica sempre foram considerados como duas das suas grandes pedras angulares. Sua cronologia parece ter sido baseada na mesma pseudo-revelação. Assim, o Sr. Dalcho, em um dos seus tratados, afirma que os princípios da Ordem maçônica se apresentaram por ocasião da criação e são seus contemporâneos. Não espanta, pois, que esse ou aquele pândita assegure que Deus foi o primeiro Grande Mestre, Adão o segundo, e que este último tenha iniciado Eva no Grande Mistério, como eu suponho depois o foram as Sacerdotisas de Cibele e a 'Senhora' Kadosh. O Rev. Dr. George Oliver, outra autoridade maçônica, relata com toda seriedade aquilo que poderia ser denominado de pormenores de uma Loja que Moisés presidiu como Grão-mestre, Josué era seu Grão-mestre Deputado e Ahohab e Bezaleel seus Grandes Guardiães! O templo de Jerusalém – que arqueólogos recentes demonstraram ser uma estrutura que nada tem de antiguidade que se supõe e cujo nome denota seu caráter místico, pois Salomão é palavra formada de Sol-Om-On (o nome do Sol em três línguas) – representa, como V. Sª observa com acerto, um papel importante no mistério maçônico. Fábulas como esta, e a tradicional colonização maçônica do Egito antigo, deram à Arte o crédito de uma origem ilustre a que ela não tem direito, pois as mitologias da Grécia e de

---

\* Informação biográfica abrangente relativa a Charles Sotheran e seu papel nos anos formativos da Sociedade Teosófica pode ser encontrada no volume I dos *Collected Writings* de H. P. Blavatsky, p. 126, 237 r., 311-12, 369 r., 433, 525-28. (N. do Org.)

Roma resultariam insignificantes em comparação com quarenta séculos de história legendária. As teorias egípcia, caldaica, etc. de que se valeram os inventores de 'graus elevados' também tiveram curto período de proeminência. O último 'interesse pessoal' foi consecutivamente a mãe fecunda da improdutividade.

Ambos concordamos em que todos os sacerdócios antigos possuíam suas doutrinas esotéricas e suas cerimônias secretas. Da irmandade dos essênios – uma evolução dos ginósofos hindus –, procederam sem dúvida os sodalícios da Grécia e de Roma, descritos pelos escritores chamados "pagãos". Fundamentadas neles e copiando-lhes os ritos, os sinais, as senhas, etc., desenvolveram-se as guildas medievais. Como as associações obreiras atuais de Londres – relíquias das guildas comerciais inglesas –, os maçons ativos eram apenas uma guilda de operários com pretensões elevadas. Do nome francês 'maçon', derivado de 'mas', um velho substantivo normando que significa 'uma casa', proveio o nosso inglês 'Mason', um construtor de casas. Do mesmo modo como as companhias londrinas concediam de vez em quando o título de sócio livre das 'Associações' a estranhos, também fizeram a mesma coisa as guildas de maçons. Assim, o fundador do Museu Ashmole foi recebido na comunidade de maçons de Warrington, no Lancashire, na Inglaterra, a 16 de outubro de 1646. O ingresso de homens como Elias Ashmole para a Fraternidade Operativa abriu caminho para a grande 'Revolução Maçônica de 1717', quando surgiu a maçonaria ESPECULATIVA. As *Constituições* de 1723 e 1738, preparadas pelo impostor maçônico Anderson, foram escritas especialmente para a recente e primeira Grande Loja dos 'Maçons Livres e Aceitos' da Inglaterra e copiadas por todas as lojas do mundo.

"Essas *Constituições* falsas, escritas por Anderson, foram então compiladas e, a fim de impingir à Arte o seu lixo miserável chamado história, ele teve a audácia de afirmar que quase todos os documentos relativos à maçonaria na Inglaterra haviam sido destruídos pelos reformadores de 1717. Felizmente, no Museu Britânico, na Biblioteca Bodleana e em outras instituições públicas, Rebold, Hughan e outros descobriram provas suficientes acerca dos maçons operativos para rebater essa afirmação.

"Os mesmos escritores, creio eu, também demonstraram cabalmente a falsidade de dois outros documentos que escamoteiam a maçonaria, a saber, a espúria carta de Colônia, de 1535, e as questões forjadas, que se supõe terem sido escritas por Leylande, o antiquário, de um manuscrito do Rei Henrique VI da Inglaterra. Neste, Pitágoras aparece como 'fundador de uma grande loja em Crotona, à qual se afiliaram muitos maçons, alguns dos quais passaram à França, onde fizeram muitos prosélitos que, com o passar do tempo, passaram à Inglaterra. Sir Christopher Wren, arquiteto da Catedral de São Paulo, em Londres, freqüentemente chamado de 'Grão-mestre dos franco-maçons', foi apenas o Mestre ou presidente da Corporação dos Maçons Operativos de Londres. Se essa urdidura de fábula pôde ser combinada com a história das Grandes Lojas que atualmente têm a seu encargo os três primeiros graus simbólicos, não estranha que tenha ocorrido a mesma coisa com os Graus Maçônicos Superiores, que, com acerto, têm sido chamados de 'uma mescla incoerente de princípios opostos'.

"É curioso notar que a maioria dos corpos em que existem esses graus superiores – tais como o Rito Escocês Antigo e Aceito, o Rito de Avignon, a Ordem do Templo, o Rito de Fessler, o 'Grande Concílio dos Imperadores do Oriente e do Ocidente', Maçons Príncipes Soberanos, etc. – seja a progênie de Inácio de Loiola. O Barão Hundt, o Chevalier Ramsay, Tschoudy, Zinnendort e muitos outros que fundamentaram os graus nesses ritos trabalharam segundo instruções recebidas do Geral dos jesuítas. O ninho em que esses graus foram incubados, e a cuja influência estava mais ou menos sujeito todo rito maçônico, era o colégio jesuíta de Clermont, em Paris.

"Esse filho bastardo da maçonaria, o 'Rito Escocês Antigo e Aceito', que não é reconhecido pelas Lojas Azuis, foi um produto, em primeiro lugar, do jesuíta Chevalier Ramsay. Foi por ele trazido da Inglaterra em 1736-1738 para auxiliar a causa dos Stuart católicos. O rito, em sua forma atual de trinta e três graus, foi reorganizado ao final do século XVIII por meia dúzia de aventureiros maçônicos de Charleston, na Carolina do Sul. Dois deles – Pirlet, um alfaiate, e um professor de dança chamado Lacorne – foram os precursores justos de uma ressurreição posterior, levada a efeito por um certo cavalheiro chamado Gourgas, que exercia a aristocrática função de oficial de um navio que comerciava entre Nova York e Liverpool. O Dr. Crucefix, *aliás* Gross, *inventor* de alguns medicamentos de índole suspeita, introduziu a instituição na Inglaterra. Essas pessoas ilustres fiavam-se num documento que diziam ter sido assinado em Berlim por Frederico o Grande, em 1º de maio de 1786, que serviu para a revisão da Constituição e do Estatuto maçônico dos Graus Superiores do Rito Antigo e Aceito. Esse papel era uma mentira impudente e exigiu a emissão de um protocolo, por parte das Grandes Lojas dos Três Globos de Berlim, que provou conclusivamente que todo o arranjo era falso em todos os seus detalhes. Com base nesse protocolo, diz-se que o Rito Antigo e Aceito roubou os irmãos confiantes das Américas e da Europa em milhares de dólares, para vergonha e descrédito da Humanidade.

"Os templários modernos, aos quais V. S$^{a}$ se refere em sua carta, são apenas umas gralhas vestidas com plumas de pavão. O objetivo dos templários maçônicos é a sectarização, ou antes a cristianização da maçonaria, uma fraternidade que admite judeus, parsis, maometanos, budistas e todo aquele que, dentro de seus portais, aceita a doutrina de um deus pessoal e a imortalidade do espírito. De acordo com uma parte dos israelitas, se não todos eles, que pertencem à Arte na América – templarismo é jesuitismo.

"Parece estranho, agora que a crença num Deus pessoal está-se extinguindo e que até mesmo o teólogo transformou sua divindade num indefinível indescritível, parece estranho que existam aqueles que se colocam no caminho da aceitação geral do panteísmo sublime dos orientais primevos, de Jacob Boehme, de Spinoza. Na Grande Loja e nas lojas subordinadas desta e de outras jurisdições, a velha doxologia é freqüentemente louvada, com seus 'Pai, Filho e Espírito Santo', para desgosto dos israelitas e irmãos livre-pensadores, que são dessa maneira insultados desnecessariamente. Isso nunca ocorreria na Índia, onde a Grande luz de uma loja pode ser o *Corão*, o *Zend-Avesta* ou um dos *Vedas*. O espírito cristão sectário deve ser eliminado da maçonaria. Hoje existem Grandes Lojas alemãs que não permitirão que judeus sejam iniciados, nem israelitas de outros países estrangeiros serão aceitos como irmãos em sua jurisdição. Os maçons franceses, todavia, revoltaram-se contra essa tirania e o Grande Oriente de França permite agora que o ateu e o materialista ingressem na Arte. Uma prova eloqüente contra a universalidade da maçonaria é o fato de a irmandade francesa ser repudiada.

"Apesar das suas muitas culpas – e a maçonaria especulativa é humana e, portanto, falível –, não existe instituição alguma que tenha feito tanto, e ainda pode fazer, pelo desenvolvimento humano, religioso e político. No último século, os *illuminati* ensinaram 'paz à choça, guerra ao palácio' por toda a largura e por toda a extensão da Europa. No último século, os Estados Unidos foram libertados da tirania de sua terra-mãe pela ação, mais do que se imagina, das Sociedades Secretas. Washington, Lafayette, Franklin, Jefferson e Hamilton eram maçons. E, no século XIX, foi o Grão-mestre Garibaldi, 33º, que unificou a Itália, trabalhando de acordo com o espírito da irmandade fiel, com os princípios maçônicos, ou antes carbonários, de 'liberdade, igualdade, humanidade, independência, unidade', ensinados durante muitos anos pelo irmão Giuseppe Mazzini.

"A maçonaria especulativa tem, ainda, muitas tarefas a cumprir. Uma delas é aceitar a mulher como colaboradora do homem na batalha pela vida, como fizeram os maçons húngaros ao iniciarem a Condessa Haideck. Outra coisa importante é reconhecer na prática a irmandade de toda a humanidade, de modo que a cor, a raça, a posição social ou o credo não sejam obstáculos para o ingresso. O de pele escura não deve ser um irmão do de pele clara apenas teoricamente. Os maçons de cor que têm sido devida e regularmente despertados permanecem às portas de todas as Lojas da América desejando a sua admissão e são por elas recusados. E há a América do Sul, que deve ser conquistada para a participação nos deveres da Humanidade.

"Se a maçonaria há de ser, como se pretende, uma ciência progressista e uma escola de religião pura, ela deve estar sempre na vanguarda da civilização, nunca na sua retaguarda. Mas se tiver de se contentar com esforços empíricos, ser uma tentativa tosca de resolver alguns dos problemas mais profundos da humanidade, então ela deve dar lugar a sucessores mais adequados, talvez a um daqueles que a Senhora e eu conhecemos, que agiu como ponto ao lado dos chefes da Ordem, durante os seus maiores triunfos, murmurando coisas aos seus ouvidos, como o daemon fez aos ouvidos de Sócrates.

"Seu amigo sincero,
CHARLES SOTHERAN."

Assim, cai por terra o grande poema épico dos maçons, cantado por tantos cavalheiros misteriosos como um outro evangelho revelado. Como vemos, o Templo de Salomão está sendo minado subterraneamente e levado ao chão por seus próprios chefes "Mestres Maçons" deste século. Mas se, seguindo a engenhosa descrição exotérica da *Bíblia*, ainda existem maçons que persistem em considerá-lo como antes uma estrutura atual, quem, entre os estudiosos da doutrina esotérica, não considerará esse templo místico apenas como uma alegoria que incorpora a ciência secreta? Se houve ou não um templo real com esse nome – que os arqueólogos decidam; mas nenhum erudito versado no jargão antigo e medieval dos cabalistas e alquimistas duvidará de que a descrição detalhada de *1 Reis* é puramente alegórica. A construção do Templo de Salomão é a representação simbólica da aquisição gradual da sabedoria *secreta* ou magia; a ereção e o desenvolvimento do espiritual a partir do terreno; a manifestação do poder e do esplendor do espírito no mundo físico por meio da sabedoria e do gênio do construtor. Este, ao se tornar um adepto, é um rei mais poderoso do que o próprio Salomão, o emblema do sol ou a própria *LUZ* – a luz do mundo subjetivo real, brilhando na escuridão do universo objetivo. Esse é o "Templo" que deve ser edificado sem que *o som do martelo ou de qualquer ferramenta seja ouvido na casa enquanto esteja "em construção".*

No Oriente, essa ciência chama-se, em alguns lugares, o Templo "de sete pisos" e, em outros, o "de nove pisos"; cada piso corresponde alegoricamente a um grau do conhecimento adquirido. Em todos os países do Oriente, onde quer que a magia e a religião-sabedoria seja estudada, seus praticantes e estudiosos são conhecidos por Construtores – pois eles constroem o templo do conhecimento, da ciência secreta. Os adeptos ativos são chamados de Construtores operativos, ao passo que os estudantes, ou neófitos, são denominados *especulativos* ou teóricos. Os primeiros exemplificam em obras o seu controle sobre as forças da natureza inanimada e animada; os outros estão se aperfeiçoando nos rudimentos da ciência sagrada. Esses termos foram evidentemente emprestados no início pelos fundadores desconhecidos das primeiras guildas maçônicas.

No jargão agora popular, os "maçons operativos" são os pedreiros e os artesões, que compunham a Arte até a época de Sir Christopher Wren; e os "maçons especulativos" são todos os membros da Ordem, tal como está hoje constituída. A frase atribuída a Jesus – "Tu és Pedro e sobre esta pedra edificarei minha igreja; e as portas do inferno não prevalecerão contra ela"[92] –, desfigurada como está por traduções errôneas ou interpretações incorretas, indica claramente o seu significado real. Já mostramos a significação de *Pater* e de *Petra* para os hierofantes – a interpretação transmitida pelo iniciador ao futuro intérprete escolhido. Uma vez familiarizado com seu conteúdo misterioso, que lhe revelava os mistérios da criação, o iniciado tornava-se um *construtor*, pois se inteirava do *dodecahedron*, ou a figura geométrica com que o universo foi construído. Ao que aprendera em iniciações prévias a respeito do uso da regra e dos princípios arquitetônicos acrescentava-se uma cruz, cujas linhas perpendicular e horizontal se sobrepunham para formar a fundação do tempo espiritual e cuja intersecção, ou ponto central primordial, representava o elemento de todas as existências[93], a primeira idéia concreta da divindade. A partir desse momento ele podia, como Mestre-construtor (ver *1 Coríntios*, III, 10), erigir um templo de sabedoria, naquela pedra de *Petra*, para si mesmo; e, tendo-o construído, permitir que "outros ali construíssem".

O hierofante egípcio recebia um capacete quadrado, que devia vestir sempre, e um esquadro (ver as insígnias dos maçons), sem os quais não podia apresentar-se em nenhuma cerimônia. O *Tao* perfeito formado pela perpendicular (raio masculino descendente, ou espírito), uma linha horizontal (ou matéria, raio feminino) e o círculo mundano eram atributos de Ísis, e, só por ocasião da sua morte, a cruz egípcia era colocada sobre o peito da múmia do iniciado. Esses capacetes quadrados são usados até hoje pelos sacerdotes armênios. É verdadeiramente estranha a pretensão de que a cruz seja um símbolo genuinamente cristão introduzido em nossa era, quando se sabe que Ezequiel marca com o *signa thao* (como está traduzido na *Vulgata*) as testas dos homens de Judá que temiam ao Senhor (*Ezequiel*, IX, 4). No hebraico antigo, esse sinal era traçado assim: ✗ , mas, nos hieróglifos egípcios originais, como uma cruz cristã perfeita ✝ . Também no *Apocalipse*, o "Alfa e o Ômega" (espírito e matéria), o primeiro e o último, estampa o nome de seu Pai nas testas dos *eleitos*[94].

E se nossos argumentos estiverem errados, se Jesus não era um iniciado, um Mestre-construtor, ou Mestre-maçom, como agora é chamado, como é que nas catedrais mais antigas encontramos a sua efígie com as insígnias maçônicas? Na Catedral de Santa Croce, em Florença, sobre o porta principal, pode-se ver a figura de Cristo segurando um esquadro perfeito em sua mão.

Os "mestres-construtores" sobreviventes da arte operativa do Templo verdadeiro andam literalmente *seminus* e *semidescobertos* – não por causa de uma cerimônia pueril, mas porque, como o "Filho do homem", eles não têm onde reclinar a cabeça – embora sejam os possuidores vivos da "Palavra". Serve-lhes de "reboque" o cordão triplo sagrado de certos brâmanes-sannyâsins, ou o fio com que certos lamas penduram suas *pedras yu* que, embora pareçam talismãs sem valor, nenhum deles trocaria por todas as riquezas de Salomão e da rainha de Sabá. A vareta de bambu de sete nós do faquir pode tornar-se tão poderosa quanto a vara de Moisés "que foi criada no crepúsculo e sobre a qual foi gravado o grande e glorioso NOME, por cujo poder operou maravilhas em Mizraim".

Mas esses "trabalhadores operativos" não temem que seus segredos sejam revelados por traiçoeiros ex-sumo-sacerdotes de alguma corporação, pois sua geração não os recebeu de "Moisés, Salomão e Zorobabel". Se Moses Michael Hayes, o Irmão israelita que introduziu neste país (em dezembro de 1778) a Maçonaria da Arca Real[95], tivesse tido um pressentimento profético das traições futuras, ele teria instituído obrigações mais eficazes.

Verdadeiramente, a magna e omnífica palavra da Arca Real, "*por longo tempo perdida mas agora encontrada*", cumpriu sua promessa profética. A senha desse grau já não é "SOU O QUE SOU". É apenas "Fui mas não sou!"

    ⴖ ⴼⴖ⟨ⵊⴻ ⵊⴼⵞⴲ ⵂⵊⴸⴖⴲⴸ ⴲⴖⵋ ⴖⴖⴖⴼⴻ⟨· ⟨ⴖⵀ ⴲⵊⴰⴵ
    ⴖⴼⵦⴸⵦⴼⴰⵦⴲ ⟨ⴖⴷⴼ ⵂ⟨ⴸⴸⴸⴼⴻⵦⴸⴸ ⴻⵦⴸ ⴸⵋⵦⴸⴸ ⴻⴵⴸⵦⴸ ⵊⴸⴸ
    ⴸⴸⴸ!

Para que não sejamos acusados de pretensão vã, daremos as chaves para muitas das cifras secretas dos chamados graus maçônicos superiores mais exclusivos e mais importantes. Se não nos equivocamos, elas nunca foram reveladas ao mundo exterior (exceto aos maçons da Arca Real, em 1830), pois foram zelosamente guardadas pelas várias Ordens. Como não nos liga nenhuma promessa, nenhuma obrigação, nenhum juramento, não violamos, assim, a confiança de ninguém. Nossa intenção não é satisfazer nenhuma curiosidade frívola; só queremos mostrar aos maçons e aos filiados de todas as outras sociedades ocidentais – à Companhia de Jesus, inclusive – que lhes é impossível estarem seguros da posse de quaiquer segredos que interessem às Irmandades Orientais. Em conseqüência, elas podem provar que, se estas últimas podem tirar as máscaras das sociedades européias, elas tiveram êxito ao usar seus próprios visores; pois, se algo é sabido universalmente, é o fato de que os segredos reais de nenhuma irmandade antiga sobrevivente estão de posse de profanos.

Algumas dessas cifras foram usadas pelos jesuítas em sua correspondência secreta ao tempo da conspiração jacobiana e quando a maçonaria (a pretensa sucessora do Templo) era utilizada pela Igreja para fins políticos.

Findel diz que no século XVIII, "além dos cavalheiros templários modernos, vemos os jesuítas (...) desfigurando a face frágil da Franco-maçonaria. Muitos autores maçônicos, que conheceram perfeitamente aquele período e sabiam exatamente de todos os incidentes ocorridos, asseguram que os jesuítas sempre exerceram uma influência perniciosa, ou pelo menos pretenderam influenciar, sobre a fraternidade"[96]. A respeito da Ordem Rosa-cruz, ele observa, baseado na autoridade do Prof. Woog, que seu "objetivo, em primeiro lugar (...) era nada menos do que favorecer e fomentar o Catolicismo. *Quando essa religião manifestou a determinação de reprimir a liberdade de pensamento* (...) os rosas-cruzes redobraram os seus esforços para deter o quanto possível o progresso dessa instrução"[97].

No *Sincerus Renatus* (o converso sincero) de S. Richter, de Berlim (1714), lemos que leis eram comunicadas ao governo dos "Rosa-cruzes Dourados" que "oferecem provas inequívocas da intervenção jesuítica"[98].

Começaremos com os criptogramas dos "Soberanos Príncipes Rosa-cruzes", também chamados *Cavalheiros de Santo André, Cavalheiros da Águia e do Pelicano, Heredom Rosae Crucis, Cruz Rosada, Cruz Tripla, Irmão Perfeito, Príncipe Maçon*, e assim por diante. A "Heredom Rosy Cross" também reivindica uma origem templária em 1314[99].

CIFRA DOS
S∴P∴R∴C∴

CÓDIGO DOS CAVALHEIROS ROSA-CRUZES DE HEREDOM
(de Kilwining)

## CÓDIGO DOS CAVALHEIROS KADOSH
(Também da Águia Branca e Negra e do Grande Cavalheiro Templário Eleito)

| 70 | 2 | 3 | 12 | 15 | 20 | 30 | 33 | 38 | 9 | 10 | 40 |
|----|---|---|----|----|----|----|----|----|---|----|----|
| a  | b | c | d  | e  | f  | g  | h  | i  | k | l  | m  |

| 60 | 80 | 81 | 82 | 83 | 84 | 85 | 86 | 90 | 91 | 94 | 95 |
|----|----|----|----|----|----|----|----|----|----|----|----|
| n  | o  | p  | q  | r  | s  | t  | u  | v  | x  | y  | z  |

Os Cavalheiros Kadosh possuem uma outra cifra – ou antes hieróglifo – que, nesse caso, foi tomado do hebraico, e talvez seja o que mais parentesco apresenta com a *Bíblia* Kadeshim do Templo[100].

HIERÓGLIFO DOS C∴ KAD∴

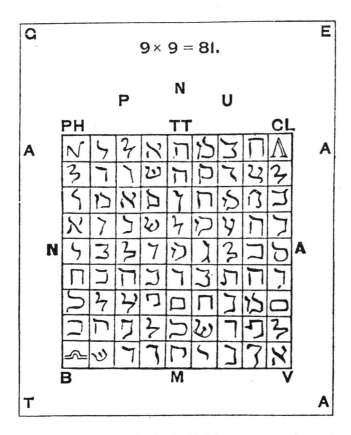

Quanto à cifra da Arca Real, ela já foi exposta anteriormente, mas nós a apresentamos de maneira simplificada.

A cifra consiste de certas combinações de ângulos retos, com ou sem pontos ou pingos. Esta é a base da sua

*Formação.*

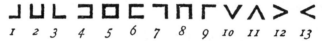

O alfabeto consiste de vinte e seis letras, formadas por esses sinais divididos em duas séries e constituindo caracteres distintos, como segue:

*primeira série:*

⌐⌐⌐⌐⌐⌐⌐⌐⌐⌐⌐⌐⌐
1  2  3  4  5  6  7  8  9  10  11  12  13

Estes mesmos sinais, com um ponto interno, formam a

*segunda série:*

⌐⌐⌐⌐⌐⌐⌐⌐⌐⌐⌐⌐⌐
1  2  3  4  5  6  7  8  9  10  11  12  13

perfazendo um total de vinte e seis, igual ao número de letras do alfabeto inglês.

Há duas maneiras, pelo menos, de combinar e usar esses caracteres para correspondência secreta. Uma delas é chamar de *a* o primeiro sinal ⌐ ; o mesmo sinal, com um ponto, ⌐ , *b*; etc. Uma outra é aplicá-los, em seu curso regular, à primeira metade do alfabeto, ⌐ *a*, ⌐ *b*, e assim por diante, até *m*; depois, repeti-la com um ponto, começando com ⌐ *n*, ⌐ *o*, etc., até ⌐ *z*.

O alfabeto, de acordo com o primeiro método, é assim:

De acordo com o segundo método, assim:

44

Além desses sinais, os maçons franceses – evidentemente sob instrução dos seus expertos mestres – os jesuítas –, aperfeiçoaram esse código em todos os seus detalhes. Assim, eles possuem sinais para vírgula, ditongos, acentos, pingos, etc., que são:

$$\text{A JL ⅂L }\gg \text{ }\flat \text{ > < } \wedge \text{ } \sqcap \text{ } \triangleright \text{ } \triangleright \text{ B } \text{B} \text{ B } \text{B}$$ etc.

&c  æ  œ  w  ç  ´  `  ∧  -  .  ,  ;  :  ∴  ?

Isso basta. Poderíamos, se quiséssemos, dar os alfabetos cifrados, com suas chaves, de outro método dos maçons da Arca Real muito semelhante a certos caracteres hindus; do G ∴ El ∴ da Cidade Mística; de uma forma bastante conhecida da escrita devanágari dos Sábios (franceses) das Pirâmides; do sublime Mestre da Grande Obra, e de outros. Mas nos abstemos; só, compreende-se, pelo fato de que alguns ramos laterais da Franco-maçonaria da Loja Azul prometem realizar trabalho útil em tempos futuros. Quanto aos demais, cairão no monte de lixo do tempo. Os maçons de grau superior entenderão o que queremos dizer.

Devemos agora fornecer algumas provas do que afirmamos e demonstrar que a palavra Jehovah, tão cara aos maçons, poderá substituir, mas nunca ser idêntica ao nome miríffico perdido. Os cabalistas sabem disso tão perfeitamente, que, em sua cuidadosa etimologia de יהוה , mostram sem sombra de dúvida que se trata de apenas um dos muitos sucedâneos do Nome real e que é composto do nome duplo do primeiro andrógino – Adão e Eva, Jod (ou Yodh), Vau e He-Va – a serpente fêmea como um símbolo da Inteligência Divina que procede do Espírito Criador[101]. Assim, Jehovah não é o Inefável Nome. Se Moisés tivesse dado ao Faraó o "nome" *verdadeiro*, este último não teria respondido como o fez, pois os Reis-Iniciados egípcios o conheciam tão bem quanto Moisés, que o aprendera com eles. *O* "Nome" era àquela época propriedade comum dos adeptos de todas as nações do mundo e o Faraó certamente o conhecia, pois é mencionado no *Livro dos mortos*. Mas, em vez disso, Moisés (se aceitarmos literalmente a alegoria do *Êxodo*) dá ao Faraó o nome *Yeva*, expressão ou forma do nome divino usada por todos os *Targums*. Donde a resposta do Faraó: "Quem é este *Yeva*[102], para que eu obedeça a sua voz e deixe Israel sair?"[103]

"Jehovah" data apenas da inovação masorética. Quando os rabinos, com temor de que pudessem perder as chaves de suas próprias doutrinas, compostas até então exclusivamente de consoantes, começaram a inserir os pontos representativos das vogais nos seus manuscritos, eles ignoravam completamente a pronúncia verdadeira do NOME. Em conseqüência, deram-lhe o som de *Adonai* e a grafia *Ja-hovah*. Assim, esta última forma é apenas uma fantasia, uma adulteração do Inefável Nome. E como eles o podiam conhecer? Certamente, em cada nação, os sumos sacerdotes o tinham em sua posse e o transmitiam aos seus sucessores, como o faz o Brahmâtma hindu antes da sua morte. Unicamente uma vez ao ano, no dia da expiação, permitia-se que o sumo sacerdote o pronunciasse num sussurro. Passando por trás do véu, indo para a câmara interior do santuário, o Santo dos Santos, com lábios trêmulos e olhos baixos – ele invocava o NOME terrível. A cruel perseguição movida contra os cabalistas, que receberam as sílabas preciosas como prêmio de toda uma vida de santidade, deveu-se à suspeita de que eles abusariam dele. No início deste capítulo contamos a história de Shimon ben Yohai, uma das vítimas desse conhecimento sem preço e vimos quão pouco ele merecia esse tratamento.

O *Livro de Jasher*, uma obra – como nos disse um teólogo hebraico de Nova York – que foi composta na Espanha no século XII como "um conto popular" e que não possuía "a sanção do Colégio Rabínico de Veneza", está eivada de alegorias cabalísticas, alquímicas e mágicas[*]. Admitindo-o, é preciso dizer que há pouquíssimos contos populares baseados em verdades históricas. *The Norsemen in Iceland*, do Dr. G. W. Dasent, também é uma coleção de contos populares, mas eles contêm a chave do culto religioso primitivo dos escandinavos. O mesmo se dá com o *Livro de Jasher*. Ele contém todo o *Velho Testamento* em forma condensada, tal como o reuniam os samaritanos, isto é, os cinco *Livros de Moisés* sem os Profetas. Embora rejeitado pelos rabinos ortodoxos, não podemos deixar de pensar que, como no caso dos *Evangelhos* apócrifos, que foram escritos antes dos canônicos, o *Livro de Jasher* é o original verdadeiro de que a *Bíblia* subseqüente foi composta em parte. Mas os *Evangelhos* apócrifos e *Jasher* são uma série de contos religiosos, em que um milagre sucede a outro milagre, e se narram as lendas populares como foram criadas pela primeira vez, sem considerar qualquer cronologia ou dogma. Ambos são pedras angulares das religiões mosaica e cristã. É evidente que existia um *Livro de Jasher* anterior ao *Pentateuco* mosaico, pois ele é mencionado em *Josué*, *Isaías* e *2 Samuel*.

Em nenhum outro lugar se mostra tão claramente a diferença entre os eloístas e os jeovistas. Jehovah é aqui aquilo mesmo que dele falam os ofitas, um Filho de Ialdabaôth, ou Saturno. Neste Livro, os magos egípcios, quando o Faraó lhes perguntou "Quem é esse de que Moisés fala como o *Eu sou*?", respondem que "temos ouvido que o Deus dos hebreus é um filho do sábio, o filho de reis antigos" (cap. LXXXIX, 45)[104]. Pois bem, aqueles que afirmam que *Jasher* é uma fantasia do século XII – e nós acreditamos firmemente nisso – deveriam explicar o curioso fato de que, ao passo que o texto acima *não* se encontra na *Bíblia* a resposta a ele *está*, e está, além disso, vazada em termos inequívocos. Em *Isaías*, XIX, 11, o "Senhor Deus" lamenta-se furiosamente ao profeta e diz: "Certamente os príncipes de Zoan *são tolos*, o conselho dos sábios conselheiros do Faraó está-se tornando estúpido; como direis ao Faraó que eu sou o filho do sábio, o filho de antigos reis?" – o que é evidentemente uma réplica. Em *Josué*, X, 13, faz-se uma referência a *Jasher*, em corroboração da asserção ultrajante de que o Sol e a Lua estavam parados até que o povo se vingasse. "Não está escrito no *Livro de Jasher*?" diz o texto. E em *2 Samuel*, I, 18, o mesmo livro é novamente citado. "Vede", diz ele, "está escrito no *Livro de Jasher*". Evidentemente, *Jasher* deve ter existido; devia ser considerado uma autoridade; deve ter sido mais velho que *Josué*; e, dado que o versículo de *Isaías* aponta infalivelmente para a passagem citada acima, temos pelo menos, com muita razão, de aceitar a edição corrente de *Jasher* como uma transcrição, um excerto ou uma compilação da obra original, como temos de reverenciar o *Pentateuco* septuagista como os anais sagrados hebraicos primitivos.

---

\* Consultar, em relação ao *Livro de Jasher*, a nota do Org., no vol. I, tomo II, de *Ísis sem véu*. (N. do Org.)

De qualquer modo, Jeová não é o Ancião dos Anciães a que alude o *Zohar*, pois o vemos, nesse livro, aconselhando-se com Deus Pai em relação à criação do Mundo. "O senhor da obra falou ao Senhor. Façamos o homem à nossa imagem" (*Zohar*, I, fol. 25). Jeová é apenas o Metatron e talvez nem seja o mais superior dos Aeôns, mas apenas um deles, pois aquele 'a quem Onkelos chama *Memra*, a "Palavra", não é o Jeová exotérico da *Bíblia*, nem Yahve, יהוה, , o Ser Supremo.

Foi o sigilo dos cabalistas primitivos, ansiosos por esconder à profanação o Nome verdadeiro, e, mais tarde, a prudência que os alquimistas e os ocultistas medievais foram compelidos a adotar para salvar suas vidas – foi isso que causou a confusão inextricável dos Nomes divinos. Foi isso o que levou o povo a aceitar o Jeová da *Bíblia* como o nome do "Deus vivente Único". Todo ancião ou profeta judeu, e até mesmo outros homens de qualquer importância, conhecem a diferença; mas, como a diferença reside na vocalização do "nome", e a sua pronúncia correta leva à morte, nenhum iniciado o revelou ao povo comum, pois não queria arriscar a sua vida ao ensiná-lo. Assim, a divindade sinaítica foi aos poucos sendo considerada idêntica a "Aquele cujo nome só é conhecido do sábio". Quando Capellus traduz "quem quer que pronuncie o nome de Johovah sofrerá pena de morte", ele comete dois erros[105]. O primeiro ao acrescentar a letra final *h* ao nome, se ele quer que essa divindade seja considerada masculina ou andrógina, pois a letra torna o nome feminino, como realmente devia ser, considerando que é um dos nomes de Binah, a terceira emanação; seu segundo erro está em afirmar que a palavra *nokeb* significa apenas pronunciar *distintamente*. Ela significa pronunciar *corretamente*. Em conseqüência, o nome bíblico Jehovah deve ser considerado apenas um *sucedâneo* que, pertencendo a um dos "poderes", veio a ser visto como do "Eterno". Há um erro evidente (um dos muitos) em um dos textos do *Levítico*, que foi corrigido por Cahen e que prova que a interdição não concernia de maneira alguma ao nome exotérico de Jehovah, cujos numerosos nomes também podiam ser pronunciados sem se incorrer em qualquer pena de morte[106]. Na viciosa versão inglesa, a tradução diz: "E aquele que blasfemar o nome do Senhor, será certamente condenado à morte", *Levítico*, XXIV, 6. Cahen traduz mais corretamente por: "E aquele que blasfemar o nome do *Eterno*, será condenado", etc. O "Eterno" é algo mais elevado do que o "Senhor" exotérico e pessoal[107].

Como nas nações gentias, os símbolos dos israelitas estavam relacionados, direta e indiretamente, ao culto do Sol. O Jehovah exotérico da *Bíblia* é um deus *dual*, como os outros deuses; e o fato de Davi – que ignora completamente Moisés – glorificar seu "Senhor" e lhe assegurar que o "Senhor *é* um grande Deus, e um grande Rei acima de todos os deuses"[108], deve ter grande importância para os descendentes de Jacó e de Davi, mas seu Deus nacional não nos interessa de maneira alguma. Para nós, o "Senhor Deus" de Israel merece o mesmo respeito que Brahmâ, Zeus ou qualquer outra divindade secundária. Mas recusamos, muito enfaticamente, reconhecer nele a Divindade adorada por Moisés ou o "Pai" de Jesus, ou mesmo o "Inefável Nome" dos cabalistas. Jehovah talvez seja um dos *Elohim*, que estavam implicados na *formação* (que não é criação) do universo, um dos arquitetos que construíram a partir da matéria preexistente, mas ele nunca foi a Causa "Incognoscível" que criou ( ברא, , *bara*) na noite da Eternidade. Esses Elohim primeiro formam e bendizem, para depois *amaldiçoar e destruir*; como um desses Poderes,

Jehovah é alternadamente benéfico e maléfico; num momento ele pune e depois se arrepende. É o contratipo de muitos dos patriarcas – de Esaú e de Jacó, os gêmeos alegóricos, emblemas do duplo princípio manifesto da Natureza. É assim que Jacó, que é Israel, é a coluna esquerda – o princípio feminino de Esaú, que é a coluna direita e o princípio masculino." Quando luta com Malach-Iho, o Senhor, é este que se transforma na coluna direita, a quem Jacó-Israel chama Deus, embora os intérpretes da *Bíblia* tenham tentado transformá-lo num mero "anjo do Senhor" (*Gênese*, XXXII). Jacó vence-o – como a matéria costuma vencer o espírito – mas seu *músculo* é deslocado na luta.

O nome de Israel deriva de Isaral ou Asar, o Deus-Sol, conhecido como Suryal, Sûrya e Sur. Isra-el significa "o que luta com Deus". "O Sol que ascende sobre Jacó-Israel" é o Deus-Sol Isaral, que fecunda a *matéria* ou Terra, representada pelo Jacó-*feminino*. Como de costume, a alegoria tem mais de um significado oculto na *Cabala*. Esaú, Aesaou, Asu também é o Sol. Como o "Senhor", Esaú luta com Jacó e não vence. O Deus-*Sol* primeiro luta contra ele e depois se eleva sobre ele em sinal de aliança.

"E quando passou por Penuel, *o Sol se ergueu sobre ele* e ele [Jacó] *coxeava de uma perna*" (*Gênese*, XXXII, 31). *Israel*-Jacó, oposto ao seu irmão Esaú, é *Samael* e "os nomes Samael e Azâzêl e *Satã*" (o opositor).

Se nos afirmassem que Moisés não estava familiarizado com a filosofia hindu e, portanto, não pôde tomar Śiva, regenerador e destruidor, como modelo para o seu Jehovah, então teríamos de admitir que havia alguma intuição universal miraculosa que propiciou que toda a nação escolhesse para sua divindade nacional exotérica o tipo dual que encontramos no "Senhor Deus" de Israel. Todas estas fábulas falam por si mesmas. Śiva, Jehovah, Osíris – todos são símbolos do princípio ativo da Natureza *par excellence*. São as forças que presidem a formação ou *regeneração* da matéria e a sua destruição. São os tipos da Vida e da Morte, sempre fecundando e decompondo sob a influência continuada da *anima mundi*, Alma intelectual Universal, espírito invisível mas onipresente que está por trás da correlação de forças cegas. Só esse espírito é imutável; portanto, as forças do universo, causa e efeito, estão sempre em harmonia perfeita com essa grande Lei Imutável. A Vida Espiritual é o princípio primordial *superior*; a Vida Física é o princípio Primordial *inferior*, mas eles são apenas uma única vida em seu aspecto dual. Quando o Espírito se desliga completamente dos grilhões da correlação e sua essência se torna pura para se reunir à sua CAUSA, ele pode – quem pode dizer se ele realmente o deseja – vislumbrar a Verdade Eterna. Até então, não construamos ídolos à nossa imagem e não confundamos a sombra com a Luz Eterna.

O maior erro do século foi tentar uma comparação dos méritos relativos de todas as religiões antigas e zombar das doutrinas da *Cabala* e de outras superstições.

Mas a verdade é mais estranha do que a ficção; e este adágio velho como o mundo aplica-se ao caso em questão. A "sabedoria" das épocas arcaicas ou da "doutrina secreta" da *Cabala Oriental*, da qual, como dissemos, a rabínica é apenas um resumo, não morreu com os filaleteus da última escola eclética. A *Gnose* ainda subsiste sobre a terra e seus fiéis são muitos, embora desconhecidos. Essas irmandades secretas foram mencionadas antes da época de MacKenzie por mais de um grande autor. Se elas foram consideradas como meras ficções do romancista, esse fato contribuiu para que os "irmãos-adeptos" mantivessem mais facilmente seu caráter incógnito. Conhecemos pessoalmente muitos deles que, para seu grande contentamento, tiveram a história de suas Lojas, as comunidades em que viveram e os poderes maravilhosos que exerceram por muitos anos, ridicularizados e negados por céticos que não sabiam sequer com quem estavam conversando. Alguns desses irmãos pertencem a pequenos grupos de "viajantes". Até o término do feliz reinado de Luís Felipe, eram pomposamente chamados pelos camareiros e pelos comerciantes parisienses de *nobles étrangers* e tidos inocentemente como "boiardos", "gospodars", valaquianos, "nababos" indianos e "margraves" húngaros, que acorriam à capital do mundo civilizado para admirar os seus monumentos e para participar das suas dissipações. Há, todavia, alguns suficientemente *insanos* para relacionar a presença de alguns desses hóspedes misteriosos em Paris com os grandes eventos políticos ocorridos logo depois. Lembramos pelo menos, como coincidências bastante notáveis, a irrupção da Revolução de 93 e a explosão da Bolha do Mar do Sul logo depois do surgimento de "nobres estrangeiros", que convulsionaram Paris por períodos mais ou menos longos, por suas doutrinas místicas ou por seus "dons sobrenaturais". Os Saint-Germain e os Cagliostro deste século, tendo aprendido amargas lições com as diatribes e as perseguições do passado, seguem hoje táticas diferentes.

Há muitas irmandades secretas que não se relacionam com os chamados países civilizados e mantêm oculta em seu seio a milenar sabedoria. Estes adeptos poderiam, se quisessem, testemunhar a incalculável antiguidade de sua origem, com documentos comprobatórios que esclareceriam muitos pontos obscuros da história, tanto sagrada como profana. Mas se os padres da Igreja houvessem conhecido as chaves dos escritos hieráticos e o significado dos simbolismos egípcio e indiano, seguramente não escaparia à mutilação nenhum monumento antigo, ainda que a casta sacerdotal tivesse tido o bom cuidado de anotar em seus secretos anais hieroglíficos tudo quanto com eles se relacionava. Estes anais se conservam ainda, por mais que não sejam do domínio público, e contêm o histórico de monumentos desaparecidos para sempre das vistas dos homens.

Das quarenta e sete tumbas reais existentes nas cercanias de Gornah, registradas pelos sacerdotes egípcios em seus anais sagrados, apenas quinze eram conhecidas do público, segundo Diodoro Sículo[109], que visitou o local por volta do ano 60 a.C. Não obstante essa evidência *histórica*, afirmamos que todas elas existem até hoje e que a tumba real descoberta por Belzoni[110], entre as montanhas arenosas de Bibân al-Mulûk (Melech?) é apenas um espécime frágil de todo o resto. Acrescentaremos, além disso, que os árabes-cristãos, os monges, espalhados ao redor de seus conventos pobres e desolados situados na fronteira do grande deserto líbio, sabem da existência dessas relíquias não expostas. Mas eles são coptas, remanescentes únicos da verdadeira raça egípcia, e, como a natureza copta predomina sobre a cristã, eles permanecem em silêncio e não nos cabe dizer por que razão. Acreditam que suas vestimentas monacais são apenas um disfarce e que escolheram esses lares desolados entre áridos desertos e cercados por tribos maometanas por intenções posteriores. Seja como for, são tidos em grande estima pelos monges gregos da Palestina – e há um rumor corrente entre os peregrinos cristãos de Jerusalém, que acodem ao Santo Sepulcro por ocasião de toda Páscoa, segundo o qual o fogo sagrado do céu nunca desce tão *miraculosamente* como quando esses monges do deserto comparecem para fazê-lo vir com suas preces[111].

"O Reino dos Céus" sofre violência, e o violento o toma pela força."[112]

Muitos são os candidatos que se postam às portas daqueles que supõem conhecer o caminho que leva às irmandades secretas. A grande maioria tem sua admissão recusada e se consola em interpretar a recusa como uma evidência da inexistência dessa sociedade secreta. Da minoria aceita, mais de dois terços fracassam prova após prova. A sétima regra das antigas irmandades rosa-cruzes – que é universal entre todas as verdadeiras sociedades secretas: "o rosa-cruz torna-se e não é *feito*" – é mais do que a generalidade dos homens pode aceitar ser aplicada a si mesmos. Mas não se acredite que os candidatos que fracassam divulguem ao mundo o pouco que aprenderam, como o fazem os maçons. Ninguém sabe melhor do que eles quão desagradável é o fato de um neófito falar sobre o que lhe foi transmitido. Assim, essas sociedades prosseguirão o seu trabalho e ouvirão a respeito de sua negação sem replicar uma única palavra, até o dia em que sairão de sua reserva e mostrarão quão completamente são os mestres os donos da situação.

# NOTAS

1.  Muitas são as maravilhas registradas como ocorridas após a sua morte, ou melhor, após o seu translado, pois ele não morreu como os outros morrem, mas desapareceu subitamente; uma luz estonteante enchia a caverna com glória, ao passo que seu corpo foi visto novamente quando a luz se apagou. Quando essa luz celeste deu lugar à semi-escuridão habitual da sombria caverna – então, diz Ginsburg –, "os discípulos de Israel perceberam que a lâmpada de Israel se apagara". [*The Kabbala*, etc., cap. I.] Os seus biógrafos contam-nos que vozes vindas do Céu foram ouvidas durante a preparação do seu funeral e do seu sepultamento. Quando o ataúde foi baixado à profunda cova escavada para ele, uma chama brotou dele e uma voz poderosa e majestosa pronunciou as seguintes palavras: "Este é o que faz a terra tremer e os reinos estremecer!" [*Zohar*, III, p. 96; edição Mântua.]

2.  Rob. Plot, *The Natural History of Staffordshire*, Oxford, 1686.

3.  *La Kabbale*, I, III, p. 132-33; edição de 1843.

4.  *Ibid.*, I, I, p. 56.

5.  [Cf. Clemente de Alexandria, *Strom.*, v, 670.]

6.  Conta ele que o Rabino Eleazar, na presença de Vespasiano e de seus oficiais, expulsou demônios de muitos homens só em aplicando ao nariz do endemoninhado uma das inúmeras raízes recomendadas pelo Rei Salomão! O famoso historiador acrescenta que o Rabino arrancou os diabos pelas narinas dos pacientes em nome de Salomão e pelo poder das encarnações elaboradas pelo rei-cabalista. – *Antiquities*, VIII, II, 5.

7.  Há milagres *inconscientes* que se produzem às vezes e que, como os fenômenos agora chamados de "espiritistas", são causados por poderes cósmicos naturais, mesmerismo, eletricidade, e pelos seres invisíveis – humanos ou espíritos elementares – que constantemente atuam ao nosso redor.

8.  Ela data de 1540. E em 1555 ergueu-se uma grita geral contra ela em algumas partes de Portugal, Espanha e outros países. [Cf. Michelet e Quinet, *Des Jésuites*, p. 194; 6ª edição, Paris, 1844.]

9.  Extratos de seu *Arrest* foram compilados numa obra de 4 volumes, 12 mo., que apareceu em Paris em 1762, conhecida como *Extraits des assertions*, etc. Numa obra intitulada *Réponse aux assertions*, os jesuítas tentaram lançar o descrédito aos fatos coligidos pelos Comissários do Parlamento Francês, em 1762, dizendo serem eles produtos maliciosos. "Para corroborar a validade das acusações", diz o autor de *The Principles of the Jesuits*, "as Bibliotecas das duas Universidades, do British Museum e do Sion College, procuraram os autores citados; e, sempre que se pôde encontrar o volume citado, estabeleceu-se a exatidão das citações." [P. v-vi.]

10. *Theologia Moralis*, Lugduni, 1663, tomo IV, livro 28, seção 1, de praecept. 1, cap. 20, nº 184, p. 25.

11. *Ibid.*, seção 2, de praecept. 1, probl. 113, nº 584, p. 77.

12. Richard Arsdekin, *Theologia tripartita universa*, Colônia, 1744, tomo II, Parte II, Tr. 5, c. 1, §2, nº 4.

13. *Theologia moralis (. . .) nunc pluribus partibus aucta à R. P. Claudio Lacroix, Societatis Jesu*, Colônia, 1757. [Coloniae Agrippinae, 1733, ed. British Museum.]

14. Tomo II, livro III, parte I, tr. 1, c. 1, dub. 2, resol. viii. Pena que o conselho para a defesa não se lembrasse de citar essa legalização ortodoxa do "engano pela quiromante ou de outra maneira", por ocasião da recente perseguição religiosa-científica movida contra o médium Slade, em Londres.

15. G. B. Nicolini, *History of the Jesuits*, p. 30.

16. *Royal Masonic Cyclopaedia*, p. 369.

17. *Imago primi saeculi Societatis Jesu*, Antuérpia, 1640, livro I, cap. 3, p. 64.

18. Pedro Alagona, *St. Thomae Aquinatis Summae Theologiae Compendium*, Ex prima secondae, Quaest 94.

19. Antonio Escobar, *Universae Theologiae Moralis receptiores, absque lite sententiae*, etc., Lugduni, 1652 (ed. Bibl. Acad. Cant.), tomo I, livro 3, seção 2, probl. 44, nº 212. "Idem sentio, breve illud tempus ad unius horae spatium traho. Religiosus itaque habitum demittens assignato hoc temporis interstitio, non incurrit excommunicationem, *etiamsi dimittat non solum ex causa turpi, scilicet fornicandi aut clam aliquid abripiendi, sed etiam ut incognitus ineat lupanar.*" – Probl. 44. nº 213.

20. Parte II, tr. 2, c. 31, p. 286.

21. Ver *The Principles of the Jesuits, Developed in a Collection of Extracts from their own Authors*, Londres, 1839.

22. Da Pastoral do Arcebispo de Cambrai.

23. Ver *Talmude* de Jerusalém, cap. 7, etc.

24. A. Franck, *La Kabbale*, 1843, p. 78.

25. [Cap. LXI, §9.]

26. [Orígenes, *Comm. Evang. in Johannis*, 59, ed. Huet.]

27. Charles Anthony Casnedi, *Crisis Theologica*, Lisboa, 1711, tomo I, disp. 6, seção 2, §1, nº 59.

28. *Ibid.*

29. *Ibid.*, §2, nº 78.

30. *Ibid.*, seção 5, §1, nº 165.

31. [Michelet e Quinet, *Des Jésuites*, p. 285-86; 6ª edição, Paris, 1844.]

32. *Thesis propugnata in regio Soc. Jes. Collegio, celeberrimae Academiae Cadomensis, die Veneris 30 Jan.*, 1693. Cadomi, 1693.

33. Michelet e Quinet (do Collège de France), *op. cit.*, p. 284-85.-

34. Champollion, *Lettres*, "Hermès Trismégiste", xxvii.

35. *De culto adorationis libri tres*, Mogúncia, 1614, livro III, disp. 1, cap. 2.

36. *Ibid.*

37. [Plínio, *Nat. Hist.*, XXX, ii.]

38. *Egypt's Place in Universal History*, vol. V. p. 94.

39. *Ibid.*, vol. V, p. 128-29.

40. "E Deus criou (. . .) todo *nephesh* (vida) que se move" (*Gênese* I, 21), querendo dizer animais; e (*Gênese*, II, 7) diz: "E o homem tornou-se um *nephesh*" (alma vivente) – o que

mostra que a palavra *nephesh* era aplicada indiferentemente ao homem *imortal* e à fera *mortal*. "E eu tomarei certamente todo o sangue de vossos *nepheshim* (vidas); eu o tomarei da mão de toda fera e da mão do homem" (*Gênese*, IX, 5). "Escapai para o *naphsheha* (traduzido por escapai para vossa vida) (*Gênese*, XIX, 17). "Não o mateis", lê a versão inglesa (*Gênese* XXXVII, 21). "Não matemos seu *nephesh*" diz o texto hebraico. "*Nephesh* por *nephesh*", diz *Levítico* (XXIV, 18). "O que matar um homem morra de morte." "O que abater o *nephesh* de um homem" (*Levítico*, XXIV, 17); e no versículo 18 e seguintes lê-se: "E o que matar uma fera [*nephesh*] dará outra em seu lugar; fera por fera", onde no texto original está "*nephesh* por *nephesh*".

*1 Reis*, I, 12; II, 23; III, 11; XIX, 2, 3 – têm *nephesh* por vida e alma. "Vosso *naphsheha* por (seus) *naphsha*", explica o profeta em *1 Reis*, XX, 39.

Na verdade, a menos que leiamos o *Velho Testamento* cabalisticamente e compreendamos o significado ali oculto, há muito pouco a aprender com ele em relação à imortalidade da alma. A gente comum, dentre os hebreus, não tinha a menor idéia do que fossem alma e espírito, e não fazia diferença entre *vida, sangue* e *alma*, chamando a esta última de "*sopro da vida*". E os tradutores do Rei James fizeram dela uma tal mixórdia, que *só um cabalista pode restituir à Bíblia a sua forma original*.

41. *In praecepta Decalogi* (ed. da Bibl. Sion), tomo I, livro 4, cap. 2, n⁰s 7, 8, p. 501.

42. *Summae Theologiae Moralis*, Veneza, 1600 (ed. Coll. Sion.), tomo I, livro XIV, *de Irregularitate*, cap. 10, n⁰ 3, p. 869.

43. Opinião de Juan de Dicastillo, *De justitia et jure*, etc., livro II, tr. 1, Disp. 10, dub. 1, n⁰ 15.

44. *Cursus Theologiae*, etc., Duaci, 1642, tomo V, Disp. 36, seção 5, n⁰ 118, p. 544.

45. Título do mais alto hierofante egípcio.

46. *Crata Repoa oder Einweihungen in der alten geheimen Gessellschaft der Egyptischen Priester*, Berlim, 1778, p. 17-31.

47. *Mateus*, XVI, 18.

48. Humberto Malhandrini, *Ritual of Initiations*, p. 105; Veneza, 1657.

49. P. 43, 44, nota G. B. Nicoli de Roma, autor de *The History of the Pontificate of Pius IX; The Life of Father Alessandro Gavazzi*, etc.

50. E pediam em nome dAquele que não tinha onde reclinar a cabeça!

51. Em *Egypt's Place in Universal History*, Bunsen fornece o ciclo de 21.000 anos, que ele adota para facilitar os cálculos cronológicos para a reconstrução da história universal da Humanidade. Ele demonstra que esse ciclo "na oscilação da eclíptica" chegou ao seu ápice no ano 1240 da nossa era. E diz:
"O ciclo divide-se (. . .) em duas metades de 10.500 (ou duas vezes 5.250) anos cada uma.
O início da primeira metade:
O ponto mais alto será . . . . . . . . . . . . . . . . . . . . . . . . . . 19.760 a. C.
O mais baixo . . . . . . . . . . . . . . . . . . . . . . . . . . . . . . . 9.260
Conseqüentemente, a metade da linha descendente
(início do segundo quarto) será . . . . . . . . . . . . . . . 14.510
A metade da linha ascendente (início do quarto quarto) . . . . . . 4.010
O novo ciclo, que começa no ano de 1240 da nossa era, terminará ao final do seu primeiro quarto, em 4.010 d. C."
O Barão explica que, "em números redondos, as épocas mais favoráveis ao nosso hemisfério, desde a grande catástrofe ocorrida na Ásia Central [Dilúvio, 10.000 a.C.], são: os 4.000 anos anteriores e os 4.000 anos posteriores a Cristo; e o início da primeira época – a única que podemos julgar, pois a temos diante de nós – coincide exatamente com o início da *nossa consciência* de existência contínua" (*Egypt's Place in Universal History*, Epílogo, p.102).
"Nossa consciência" deve significar, supomos, a consciência *dos cientistas*, que nada aceitam *com base na fé*, mas se fundamentam em hipóteses não verificadas. Não dizemos isto em relação ao autor citado acima, investigador erudito e paladino nobre que é da liberdade da Igreja Cristã, mas em geral. Bunsen sabe, por experiência própria, que um homem não pode continuar sendo um cientista honesto se agradar o clero. Mesmo as pequenas concessões que fez em favor da antiguidade da Humanidade trouxeram-lhe, em 1859, as denúncias mais insolentes, tais como "Não temos confiança alguma no julgamento do autor (. . .) ele ainda tem de aprender os princípios da crítica histórica (. . .) exagero extravagante e *anticientífico*", etc. – encerrado o pio vituperador às suas eruditas denúncias afirmando ao público que o Barão Bunsen "*não sabe sequer construir*

uma frase grega" (*Quarterly Review*, 1859, p. 382-421; ver também *Egypt's Place in Universal History*, capítulo sobre obras egípcias e resenhas inglesas, vol. V, p. 118). Quanto a nós, lamentamos que o Barão Bunsen não tenha tido oportunidade de examinar a "Cabala" e os livros bramânicos sobre o zodíaco.

52. Bunsen, *Egypt's Place*, etc., vol. V, 325.

53. Bunsen, *op. cit.*, vol. V, p. 133-34.

54. *Ibid.*, ver também Lepsius, *Denkmäler aus Aegypten, Abth.* III, bl. 276.

55. [Bunsen, *Egypt's Place*, etc., vol. V, p. 134-35.] No capítulo 81 do *Ritual*, a alma é chamada de *germe da luz* e, no 79, de Demiurgo, ou um dos criadores. [*Ibid.*, vol. V, p. 144.]

56. *Apocalipse*, XXI, 8.

57. Não podemos deixar de citar uma observação do Barão Bunsen a respeito da identidade da "Palavra", com o "Inefável Nome" dos maçons e dos cabalistas. Explicando o *Ritual* – do qual alguns detalhes "se assemelham mais aos *encantamentos de um mágico do que aos ritos solenes*, embora um significado oculto e místico "lhes possa ter sido agregado" (essa admiração honesta, é, pelo menos, digna de alguma coisa) –, o autor observa: "O mistério dos nomes, cujo conhecimento era uma virtude soberana e que, num período posterior, degenerou numa *heresia grosseira* [?] dos gnósticos e na magia dos encantadores, parece ter *existido não só no Egito, como em toda parte*. Vestígios dela são encontrados na 'Cabala' (. . .) prevaleceram na mitologia grega e asiática (. . .)" (*Egypt's Place*, etc., vol. V, pp. 135, 147).

Vemos, então, que os representantes da Ciência concordam nesse ponto, pelo menos. Os iniciados de todos os países têm o mesmo "nome misterioso". Agora só falta os eruditos provarem que todo adepto, hierofante, mágico ou encantador (Moisés e Arão inclusive), bem como todo cabalista, desde a instituição dos Mistérios até a época atual, foi um farsante ou louco por acreditar na eficácia desse nome.

58. Ver Capítulo I deste Volume, nota 84.

59. [*Thesis propugnata*, positio 9; Codoni, 1693.]

60. *Mémoires pour servir à l'histoire du Jacobinisme*, 1797, parte II, cap. XI, p. 375-77.]

61. Ver *The Principles of the Jesuits, Developed in a Collection of Extracts from their own Authors*, Londres: J. G. e F. Rivington, St. Paul's Churchyard e Waterloo Place, Pall Mall; H. Wix, 31 New Bridge Street, Blackfriars; J. Leslie, Great Queen Street, 1839. Seção xvii, "High Treason and Regicide", que contém trinta e quatro extratos do mesmo número de autoridades (da Companhia de Jesus) sobre essa questão, entre eles a opinião do famoso Robert Bellarmine. Manuel de Sá diz: "A rebelião de um eclesiástico contra um rei *não é um crime de alta traição, porque ele não é súdito do rei*" (*Aphorismi confessariorum*, Colônia, 1615, ed. Coll. Sion). "Não é só lícito", diz John Bridgewater, "ao povo, como também se lhe exige isso como dever, negar obediência e romper a fidelidade ao príncipe sempre que assim o ordene o vigário de Cristo, que é o pastor soberano de todas as nações da terra" (*Concertatio Ecclesiae Catholicae in Anglia adversus Calvino Papistas*, Resp. fol. 348).

Em *De Rege et Regis Institutione Libre Tres*, 1640 (ed. Brit. Mus.), Juán Mariana vai mais longe ainda: "(. . .) se as circunstâncias permitirem", diz ele, "será lícito destruir com a espada o príncipe que tenha sido declarado inimigo público. (. . .) *Nunca acreditarei que obra mal aquele que, satifazendo a opinião pública, tente matá-lo*" e "*matá-lo não só é lícito, mas também uma ação louvável e gloriosa*". "Est tamen salutaris cogitatio, ut sit principibus persuasum si rempublicam oppresserint, si vitiis et faeditate intolerandi erunt, *ea conditione vivere, ut non jure tantum, sed cum laude et gloria perimi possint*" (livro I, cap. 6, p. 61).

Mas a peça mais delicada do ensinamento cristão está no preceito desse jesuíta, quando ele argumenta sobre a melhor e mais segura maneira de matar reis e estadistas. "Em minha opinião", diz ele, "não se deve dar drogas deletérias a um inimigo, nem misturar um veneno mortal à sua comida ou bebida. (. . .) Mas *será lícito usar esse método* no caso em questão [*"aquele que matar o tirano será tido em alta estima, favorecido e louvado"* pois *"é glorioso exterminar essa raça pestilenta e daninha da comunidade dos homens"*]; não constranger a pessoa a ser morta a tomar ela mesma o veneno que, recebido interiormente, o privaria da vida, *mas deve-se fazer que ele seja aplicado exteriormente por outra pessoa* sem a sua intervenção; pois, quando o veneno tem muita força, basta que seja derramado pelo assento ou pelas vestes para que sua potência cause a morte" (*Ibid.*, livro I, cap. 7, p. 67). Foi assim que Squire tentou contra a vida da Rainha Elizabeth, por instigação do jesuíta Walpole. Ver É. Pasquier, *Le cathéchisme des jésuites*, etc., 1677, p. 350-52; e de Rapin-Thoyras, *Histoire d' Angleterre*, 2ª ed., 1733, tomo VI, livro XVIII, p. 145.

62. S. von Pufendorf, *Le droit dela nature et des gens*, Basiléia, 1750, vol. I, livro IV, cap. II, p. 541.

63. "Igualmente ouvirás o que foi dito aos antigos: Não jurarás falso (. . .) Eu porém vos digo que absolutamente não jureis", etc. "Mas seja o vosso falar, sim, sim; não, não; porque tudo o que daqui passa é de procedência maligna" (*Mateus*, V, 33, 34, 37).

64. Barbeyrac, em suas notas sobre Pufendorf, mostra que os peruanos não possuíam fórmula de juramento, mas apenas faziam uma declaração diante do Inca e nunca os vimos perjurar.

65. Pedimos ao leitor que se lembre de que com Cristianismo não queremos dizer *os ensinamentos de Cristo*, mas aqueles dos seus pretensos servos – o clero.

66. *Defence of Masonry*, do Dr. Anderson, citado por John Yarker em suas *Notes on the Scientific and Religious Mysteries of Antiquity*, p. 24.

67. Devemos incluir entre eles Epifânio, cujo perjúrio levou ao desterro setenta membros da sociedade secreta que havia traído.

68. Convenção Antimaçônica dos Estados Unidos: "Obligation of Masonic Oaths", comunicação proferida pelo Sr. Hopkins, de Nová York.

69. John Yarker, *Notes on the Scientific and Religious Mysteries of Antiquity*; a Gnose e as escolas secretas da Idade Média; rosa-cruzianismo moderno; e os vários ritos e graus da maçonaria livre e aceita, Londres, 1872.

70. [Ovídio, *Metam.*, VII, 180 e s.; Virgflio, *Eneida*, IV, 517 e s.]

71. John Yarker, *Notes on the Scientific*, etc., p. 150.

72. *Proceedings of the Supreme Council of Sovereign Grand Inspectory-General of the Thirty-third and Last Degree*, etc., etc. Realizado na cidade de Nova York, a 15 de agosto de 1876, p. 54 e 55.

73. [*Reply to Hon. R. W. Thompson* (. . .) *addressed to the American People*, Nova York, 1877, p. 28 e 82.]

74. *Op. cit.*, p. 169-70.

75. [*History of Freemasonry*, p. 688-89.]

76. [*History of the Order of Knights-Templars*, Halle, 1860.]

77. *Histoire des sectes religieuses*, etc., II, p. 392-428; Paris, 1828.

78. *Notitia codicis graeci evangelium Johannis variatum continentis*, Havniae, 1828.

79. Esta é a razão por que até hoje os membros fanáticos e cabalistas dos nazarenos de Basra (Pérsia) preservam a tradição de glória, riqueza e poder de seus "Irmãos", agentes, ou *mensageiros*, como os chamam em Malta e na Europa. Mas eles dizem que há alguns que mais cedo ou mais tarde restaurarão a doutrina do seu Profeta Yôhânân (São João), o filho do Senhor Jordão, e eliminarão dos corações da Humanidade todo o ensinamento falso.

80. Os dois grandes pagodes de Mathurâ e Benares foram construídos em forma de cruz, de braços de extensão igual (Maurice, *Indian Antiquities*, 1793-1800, vol. III, p. 360-77).

81. Findel, *History of Freemasonry*, Apêndice, p. 685.

82. *A Sketch of the Knights Templars and the Knights Hospitallers of St. John of Jerusalem*, de Richard Woof, F. S. A., Comandante da Ordem dos cavalheiros templários maçônicos, p. 70-1.

83. Findel, *History of Freemasonry*, Apêndice, p. 690.

84. ["Speech delivered by Mr. de R.", 1740; ver a *Encyclopädie der Freimauerei*, de Lenning, III, p. 195 e s. Cf. Findel, *op. cit.*, p. 205.]

85. [Findel, *op. cit.*, p. 206.]

86. [*Histoire de la fondation du Grand Orient de France*, Paris, 1812.]

87. [*History of Freemasonry*, p. 211.]

88. [*Ibid.*, p. 446.]

89. *Histoire générale de la Franc-maçonnerie*, p. 212 e s.

90. Ver a versão de Faggarel; Éliphas Lévi, *La science des esprits*; MacKenzie, *Royal Masonic Cyclopaedia*; *Sepher-Toledoth-Yeshu* e outras obras cabalísticas e rabínicas. A história é a seguinte: Uma virgem chamada Mariam, prometida a um jovem de nome Yôhânân, foi ultrajada por um outro homem chamado Panthera ou Pandira, diz o *Sepher-Toledoth-Yeshu*. "Seu prometido, informado de sua desgraça, abandonou-a, perdoando-a ao mesmo tempo. A criança que nasceu foi Jesus, chamado Joshua. Adotado por seu tio, o Rabino Jehoshuah, foi iniciado na doutrina secreta pelo Rabino Elhanan, um cabalista, e depois pelos sacerdotes egípcios, que o consagraram Sumo Pontífice da Doutrina Secreta Universal, em virtude de suas grandes qualidades místicas. Após o seu retorno à Judéia, sua erudição e seus poderes excitaram o ciúme dos Rabinos, que o reprovaram em público pelo seu nascimento e insultaram sua mãe. Daí as palavras atribuídas a Jesus, em Caná: 'Mulher, que tenho eu a ver convosco?' " (Ver *João*, II, 4). Como os seus discípulos o tivessem censurado por essa indelicadeza para com sua mãe, Jesus se arrependeu e, ouvindo dela os detalhes da história, declarou que "Minha mãe não pecou, ela não perdeu a sua inocência; ela é imaculada e, contudo, é mãe. (. . .) Quanto a mim, não tenho pai neste mundo, sou o Filho de Deus e da Humanidade!" Sublimes palavras de confiança e fé no Poder inobservado, mas quão fatal foi a milhões e milhões de homens mortos por elas não terem sido compreendidas completamente!

91. Falamos do Capítulo Rosa-cruz Americano.

92. [*Mateus*, XVI, 18.]

93. Pitágoras.

94. [*Apocalipse*, VII, 2, 3; XIV, 1.]

95. O primeiro *Grande Capítulo* foi instituído em Filadélfia em 1797.

96. J. G. Findel, *History of Freemasonry*, p. 253.

97. [Findel, *op. cit.*, p. 258, Cf. Prof. Woog, *Journal für Freimaurer*, Viena, 1786, vol. III, 3ª parte, p. 147.]

98. [*Ibid.*]

99. Cf. Yarker, *Notes on the Scientific and Religious Mysteries of Antiquity*, p. 153.

100. Ver *2 Reis*, XXIII, 7, texto hebraico e inglês, especialmente o primeiro. Na cerimônia de recebimento do grau de Kadosh, o orador pronuncia um discurso a respeito da descendência da maçonaria através de Moisés, Salomão, dos essênios e dos templários. Os cavalheiros Kadosh cristãos poderiam obter alguma luz a respeito da espécie de "Templo" que seus ancestrais desejavam, de acordo com essa descendência genealógica, se consultarem o versículo 13 do mesmo capítulo citado acima.

101. Ver É. Lévi, *Dogme et rituel*, etc., I, cap. II.

102. Yeva é *Heva*, a contrapartida feminina de Jehovahh-Binah.

103. [*Êxodo*, V. 2.]

104. Encontramos um ponto bastante sugestivo em conexão com essa denominação de Jehovah "Filho de antigos Reis" na seita jainista do Indostão, conhecida como os Sauryas. Eles admitem que Brahmâ é um Devatâ, mas negam seu poder criador e o chamam de "Filho de um Rei". Ver *Asiatic Researches*, vol. IX, p. 279; ed. 1807.

105. [Cf. MacKenzie, *Royal Masonic Cyclop.*, p. 538.]

106. Como, por exemplo, Shaddai, Elohim, Tsabaôth, etc.

107. S. Cahen, *La Bible*, III, p. 117; ed. 1832.

108. [*Salmos*, XCV, 3.]

109. [*Bibliotheca historica*, I, 46.]

110. [G. B. Belzoni, *Narratives of the Operations* (. . .) *in Egypt and Nubia*, etc., p. 224 e s.; 2ª ed., 1821; Kenrick, *Ancient Egypt under the Pharoahs*, vol. I, p. 165-67.]

111. Os monges gregos operam esse "milagre" para o "fiel", todo ano, na noite de Páscoa. Milhares de peregrinos estão lá aguardando com seus círios para acendê-los com este fogo sagrado, que na hora precisa desce da abóbada da capela e volteia sobre o sepulcro em línguas de fogo, até que cada um dos milhares de peregrinos tenha aceso o seu círio.

112. [*Mateus*, XI, 12.]

# CAPÍTULO IX

"Todas as coisas são governadas no seio desta Tríada."
JOANNES LYDUS, *De mensibus*, 20.

"Três vezes giram os céus em seu eixo perpétuo."
ÓVIDIO, *Fasti*, IV, 179.

"E disse Balaam a Balak, 'Edifica-me aqui sete altares, e prepara-me *sete* bezerros e *sete* carneiros."
— NÚMEROS, XXIII, 1,2

"Em *sete* dias, todas as criaturas que me ofenderam serão destruídas por um dilúvio, mas tu te salvarás numa arca miraculosamente construída. Toma, por conseguinte (. . .) e *sete* varões justos com suas mulheres, e parelhas de todos os animais, e entra na arca sem temor, porque então, verás a Deus face a face e todas as tuas perguntas serão respondidas."
— *Bhâgavata-Purâna, slokas* 32-8, Adhyâya 24, Skandha VIII.

"E disse o Senhor, "Destruirei o homem (. . .) da face da terra (. . .) Mas estabelecerei uma aliança contigo (. . .) Vai com tua família para a arca (. . .) Porque, passados ainda *sete* dias, farei chover sobre a terra."
— *Gênese*, VI, 7, 18; VII, 1.

"A Tetraktys não era venerada apenas por conter em si todas as sinfonias, mas também porque nela radica a natureza de todas as coisas."
— Téon de Esmirna, *Mathem.*, p. 147.

Nossa tarefa não terá sido bem lograda se os capítulos anteriores não tiverem demonstrado que o Judaísmo, o Gnosticismo, o Cristianismo e mesmo a maçonaria cristã foram construídos com base em mitos, símbolos e alegorias cósmicas idênticas, cuja plena compreensão só é possível àqueles que herdaram a chave original.

Nas páginas que seguem, tentaremos mostrar como tais mitos, símbolos e alegorias foram mal-interpretadas pelos sistemas totalmente diversos, mas intimamente relacionados, acima mencionados, a fim adaptá-los às suas necessidades individuais. Esta demonstração não apenas beneficiará ao estudioso, mas renderá igualmente um ato de justiça, há muito negado, mas de extrema necessidade, às gerações antigas cujo gênio merece o respeito da raça humana. Comecemos cotejando uma vez mais os mitos da *Bíblia*, com os dos livros sagrados das outras nações, para ver o que é original, e o que é cópia.

Há apenas dois métodos que, corretamente explicados, nos podem ajudar em nossa tarefa. São eles – a literatura védico-bramânica e a *Cabala* judaica. A primeira, por ser de espírito mais filosófico, concebeu esses grandiosos mitos; a segunda, emprestando-os dos caldeus e dos persas, moldou-os numa história da nação judia, na qual seu espírito filosófico foi ocultado de todos, exceto os eleitos, e sob uma forma muito mais absurda do que a que os Âryas lhe haviam dado. A *Bíblia* da Igreja cristã é o último receptáculo desse esquema de alegorias desfiguradas que foi erigido num corpo de superstições, as quais jamais integraram as concepções daqueles de quem a Igreja obteve seu conhecimento. As ficções abstratas da Antiguidade, que por séculos encheram a fantasia popular com sombras bruxuleantes e imagens incertas, assumiram no Cristianismo as formas de personagens reais e tornaram-se fatos concretos. A alegoria, metamorfoseada, transforma-se em história sagrada, e o mito pagão passa a ser ensinado às pessoas como uma narrativa revelada do relacionamento de Deus com Seu povo eleito.

"Os mitos", diz Horácio em sua *Ars Poetica*, "foram inventados pelos sábios para fortalecer as leis e ensinar as verdades morais."[*] Ao passo que Horácio procurou esclarecer o espírito e a essência dos mitos antigos, Euhemerus pretendia, ao contrário, que "os mitos eram a história legendária dos reis e dos heróis, transformados em deuses pela admiração dos povos"[1]. Foi esse último método que os cristãos seguiram inferencialmente, quando concordaram com a aceitação dos patriarcas euhemerizados, e os confundiram com homens que houvessem realmente existido.

Mas, em oposição a essa teoria perniciosa, que produziu tantos frutos amargos, temos uma longa série dos grandes filósofos que o mundo produziu: Platão, Epicarmo, Sócrates, Empédocles, Plotino, Porfírio, Proclus, Damasceno, Orígenes, e mesmo Aristóteles. Este último confirmou plenamente a verdade do que dizemos, ao afirmar que uma tradição da mais alta Antiguidade, transmitida à posteridade sob a forma de mitos variados, ensina-nos que os princípios primários da Natureza devem ser considerados como "deuses", pois o *divino* permeia toda a Natureza. Tudo o mais, detalhes e personagens, foram acrescentados posteriormente para uma compreensão mais clara do vulgo, e sempre com o objetivo de reforçar as leis inventadas no interesse comum.

Os contos de fadas não pertencem exclusivamente às amas; toda a Humanidade – exceto os poucos que em todas as épocas lhes compreenderam o sentido secreto e tentaram abrir os olhos supersticiosos – ouviu tais contos numa forma ou outra, e, depois de os transformar em símbolos sagrados, chamaram o resultado de RELIGIÃO!

Tentaremos sistematizar nosso assunto na medida em que a necessidade sempre presente de traçar paralelos entre as opiniões conflitantes que resultam dos mesmos mitos o permitir. Começaremos com o livro da *Gênese, e buscaremos seu sentido secreto nas tradições bramânicas e na Cabala* caldaico-judaica.

A primeira lição das Escrituras que nos ensinaram em nosssa infância afirma que Deus criou o mundo em seis dias e descansou no *sétimo*. Por tal motivo, acredita-se que uma solenidade peculiar esteja vinculada ao sétimo dia, e os cristãos,

---

\* O texto de *Ars poetica* de Horácio não desvenda qualquer afirmação. Deve haver aqui alguma referência errada. (N. do Org.)

adotando as rígidas observâncias do Sabbath judaico, no-lo impingiram, com a substituição do primeiro, e não do sétimo dia da semana.

Todos os sistemas de misticismo religioso se baseiam nos números. Para Pitágoras, a Monas, a unidade, emanando a Díada, e assim formando a trindade, e a quaternidade, o *Arba-il* (o *quatro* místico), compõe o número sete. A sacralidade dos números tem início no grande Primeiro – o UM –, e termina apenas com o zero – símbolo do círculo infinito que representa o universo. Todos os números intermediários, em qualquer combinação, ou mesmo multiplicados, representam idéias filosóficas, desde o esboço impreciso até o axioma científico definitivamente estabelecido, que se relacionam a um fato físico ou moral da natureza. Eles são uma chave para as antigas concepções sobre a cosmogonia, em seu sentido amplo, que inclui o homem e as coisas, e a evolução da raça humana, tanto espiritual como fisicamente.

O mundo *sete* é o mais sagrado de todos, e é, indubitavelmente, de origem hindu. Tudo que tinha alguma importância foi calculado e moldado nesse número pelos filósofos arianos – tanto as idéias como as localidades. Assim, eles tinham os:

*Sapta-Rishis*, ou sete sábios, que simbolizam as sete raças primitivas e diluvianas (pós-diluvianas, como dizem alguns).

*Sapta-Lokas*, os sete mundos inferiores e superiores, donde provinha cada um dos Rishis, e para onde retornava gloriosamente antes de alcançar a beatitude final da Moksha[2].

*Sapta-Kulas*, ou sete castas – com os brâmanes pretendendo representar os descendentes diretos da mais elevada de todas[3].

Além disso, há também *Sapta-Puras* (sete cidades sagradas); *Sapta-Dvîpas* (sete ilhas sagradas); *Sapta-Samudras* (os sete mares sagrados); *Sapta-Parvatas* (as sete montanhas sagradas); *Sapta-Aranyas* (os sete desertos); *Sapta-Vrikshas* (as sete árvores sagradas); e assim por diante.

Na Magia caldaico-babilônica, esse número reaparece de modo tão notável quanto entre os hindus. O número é *dual* em seus atributos, *i. e.*, sagrado em um de seus aspectos, torna-se nefasto sob outras condições. Tal é o caso da seguinte encantação, que encontramos gravada nas tabuinhas assírias, e agora fielmente interpretadas.

"A tarde de mau-agouro, a região do céu, que produz a desgraça (. . .)

"Mensagem da peste.
"Depreciador de Nin-Ki-gal.
"Os sete deuses do vasto céu.
"Os sete deuses da vasta terra.
"Os sete deuses das radiosas esferas.
"Os sete deuses das legiões celestes.
"Os sete deuses maléficos.
"Os sete fantasmas – maus.
"Os sete fantasmas de flamas maléficas (. . .)
"Demônio mau, *alal* mau, *gigim* mau, *tilol* mau (. . .) deus mau, *maskim* mau.
"Espírito de sete céus, lembrai-vos (. . .) Espírito de sete terras, lembrai-vos (. . .), etc."[4]

Esse número reaparece igualmente em quase todas as páginas do *Gênese* e em todos os livros mosaicos, e encontramo-lo de forma notável (ver o capítulo seguinte) no *Livro de Jó* e na *Cabala* oriental. Se os semitas hebreus o adotaram tão facilmente, devemos inferir que não o fizeram às cegas, mas com pleno conhecimento de seu sentido secreto; é por essa razão que eles devem ter adotado as doutrinas de seus vizinhos "pagãos". É, portanto, natural que busquemos na filosofia *pagã* a interpretação desse número, que reaparece novamente no Cristianismo com os *sete* sacramentos, as *sete* igrejas na Ásia Menor, nos *sete* pecados capitais, nas *sete* virtudes (quatro cardeais, e três teológicas), etc.

Teriam as *sete* cores prismáticas do arco-íris vistas por Noé outro significado além da aliança entre Deus e o homem para resfrescar a memória deste último? Para, o cabalista, pelo menos, elas têm um significado inseparável dos sete trabalhos da Magia, as sete esferas superiores, as sete notas da escala musical, os sete números de Pitágoras, as sete maravilhas do mundo, as sete eras, e os sete passos dos maçons, que levam ao Santo dos Santos, depois de passar pelos vôos do *três* e do *cinco*.

De onde procede portanto a identidade desses números enigmáticos, que se acham em todas as páginas das Escrituras judaicas, assim como em todo *ola* e *śloka* dos livros budistas e bramânicos? De onde vêm esses números que são a alma do pensamento de Pitágoras e de Platão, e que nenhum orientalista não-iluminado, e nenhum estudante da Bíblia jamais foi capaz de penetrar? Mesmo que tivessem eles a chave, não a saberiam utilizar. Em parte alguma como na Índia foi tão bem compreendido o valor místico da linguagem humana, ou tão perfeitamente entendido ou explicado o seu efeito sobre a ação humana, como pelos autores dos *Brâhmanas* mais antigos, em que, não obstante a sua remota antiguidade, se expõem de forma assaz concreta as especulações metafísicas abstratas de seus próprios ancestrais.

Tal é o respeito que os brâmanes mostravam pelos mistérios sacrificais que, segundo sua concepção, o próprio mundo veio à existência como conseqüência de uma "palavra sacrifical" pronunciada pela Primeira Causa. Essa palavra é o "Inefável Nome" dos cabalistas, que discutimos extensamente no capítulo anterior.

O segredo dos *Vedas*, por mais "Conhecimento Sagrado" que estes possam ser, é impenetrável sem a ajuda dos *Brâhmanas*. Corretamente falando, os *Vedas* (que estão escritos em verso e distribuídos em quatro livros) constituem essa porção chamada de *Mantra*, ou oração mágica, e os *Brâhmanas* (que são em prosa) contêm a sua chave. Ao passo que apenas a parte do *Mantra* é sagrada, a porção dos *Brâhmana* contém todas as exegeses teológicas, e as especulações e as explicações sacerdotais. Nossos orientalistas, repetimos, jamais farão qualquer progresso substancial na compreensão da literatura védica enquanto não derem o devido valor a obras que agora desprezam, como, por exemplo, a *Aitareya-Brâhmana* e a *Kaushîtaki-Brâhmana*, que pertencem ao *Rig-Veda*.

Zoroastro era chamado de *Manthran*, ou recitador de Mantras, e, segundo Haug, um dos nomes mais antigos para as Escrituras Sagradas dos Pârsîs era *Mânthra-speñta*. O poder e o significado do brâmane que age como Hotri-sacerdote no sacrifício do Soma, consiste na posse e no pleno conhecimento do uso da palavra sagrada – *Vâch*. Esta última é personificada por *Sarasvatî*, a esposa de Brahmâ, que é a deusa do "Conhecimento Secreto" ou sagrado. É costume representá-la sentada sobre um pavão com a cauda aberta. Os olhos sobre as penas da cauda da ave simbolizam os olhos vigilantes que vêem todas as coisas. Para aquele que tem a ambição de tornar-se um adepto das "doutrinas secretas", elas valem como lembrete para que ele tenha os cem olhos de Argos para ver e compreender todas as coisas.

E é por isso que dizemos que não é possível resolver plenamente os profundos problemas que subjazem nos livros sagrados bramânicos e budistas sem uma perfeita compreensão do sentido esotérico dos números pitagóricos. O maior poder de *Vâch*, a Palavra Sagrada, se desenvolve de acordo com a forma que é dada no mantra pelo Hotri oficiante, e essa forma consiste por inteiro nos números e sílabas do metro sagrado. Se pronunciado lentamente e num certo ritmo, produz-se um efeito; se rapidamente e com outro ritmo, obtém-se um resultado diferente. "Cada metro", diz Haug, "é o mestre invisível de alguma coisa que se pode obter neste mundo; é, por assim dizer, o seu expoente, o seu ideal. Esse grande significado da fala métrica deriva do número de sílabas que a compõe, pois cada coisa tem (assim como no sistema pitagórico) uma certa proporção numérica (. . .) Todas essas coisas, metros (*chhandas*), stomas e prishthas, conforme se acredita, são tão eternas e divinas como as próprias palavras que contêm. Os primeiros sacerdotes hindus não apenas acreditavam numa revelação primitiva das palavras dos textos sagrados, mas também na das várias formas (. . .) Essas formas, juntamente com seus conteúdos, as eternas palavras do *Veda*, são símbolos expressivos de coisas do mundo invisível, e são, em muitos aspectos, comparáveis às idéias platônicas."[5]

*Esse testemunho de uma testemunha involuntária mostra novamente a identidade entre as religiões antigas, no que diz respeito à doutrina secreta.* O metro Gâyatrî, por exemplo, consiste de *três vezes oito* sílabas, e é considerado o mais sagrado dos metros. É o metro de Agni, o deus do fogo, e torna-se às vezes o emblema do próprio Brahmâ, o criador-mor, e "moldador do homem" à sua imagem. Ora, Pitágoras diz que "o número oito, ou a octada, é o primeiro cubo, vale dizer, quadrado em todos os sentidos, como um dado, que precede de sua base, o dois, ou de qualquer número; *assim, o homem é quadrado, ou perfeito*". Poucos, naturalmente, exceto os pitagóricos e os cabalistas, podem compreender plenamente essa idéia; mas para sua compreensão pode ajudar a estreita afinidade dos números com os *mantras* védicos. Os principais problemas de toda teologia jazem ocultos sob essa imageria do fogo e do ritmo mutável de suas chamas. A pira ardente da *Bíblia*, os outros fogos sagrados, a alma universal de Platão, e as doutrinas rosa-cruzes que afirmam que tanto a alma como o corpo do homem estão envolvidos pelo fogo, o elemento inteligente e imortal que permeia a todas as coisas, e que, de acordo com Heráclito, Hipócrates e Parmênides, é Deus, têm todos o mesmo significado.

Cada metro nos *Brâhmanas* corresponde a um número, e, como o mostra Haug, segundo rezam os volumes sagrados, é um protótipo de alguma forma visível na terra, e seus efeitos são bons ou maus. A "palavra sagrada" pode salvar, mas também matar; seus muitos sentidos e faculdades são plenamente conhecidos apenas do *dîkshita* (o adepto), que foi iniciado em muitos mistérios, e cujo "nascimento espiritual" está completamente realizado; a *Vâch* do *mantra* é um poder falado, que desperta outro poder correspondente e ainda mais oculto, cada um deles personificado por algum deus no mundo dos espíritos, e, conforme o seu uso, respondido pelos deuses ou pelos *Râkshasas* (maus espíritos). Nas idéias bramânicas e budistas, uma maldição, uma bênção, um voto, um desejo, um pensamento fútil podem assumir uma forma visível, e assim manifestar-se *objetivamente* aos olhos de seu autor, ou àquele a quem diz respeito. Todo pecado se encarna, por assim dizer, e tal como um demônio vingativo, persegue o seu perpetrador.

Há palavras que têm uma qualidade destrutiva em suas próprias sílabas, como se fossem coisas objetivas; pois todo som desperta um som correspondente no mundo invisível do espírito, e a repercussão produz um bom ou um mau efeito. Um ritmo harmonioso, uma melodia que vibra suavemente na atmosfera, cria uma doce influência benéfica no meio ambiente, e age poderosamente, tanto sobre a natureza psicológica, como sobre a natureza física de toda coisa viva na Terra; ela reage mesmo sobre os objetos inanimados, pois a matéria ainda é espírito em sua essência, embora possa parecer invisível aos nossos sentidos grosseiros.

Dá-se o mesmo com os números. Folheemos o que quisermos, dos Profetas ao *Apocalypse*, e veremos os autores bíblicos utilizando constantemente os números *três*, *quatro*, *sete* e *doze*.

No entanto, conhecemos alguns partidários da *Bíblia* que afirmavam que os *Vedas* foram copiados dos livros mosaicos![6] Os *Vedas*, que estão escritos em sânscrito, uma língua cujas regras e formas gramaticais, como confessam Max Müller e outros eruditos, foram *completamente estabelecidas* muito antes dos dias em que a grande onda de emigração os levou da Ásia para o Ocidente, estão aí para proclamar o seu parentesco com todas as filosofias e instituições religiosas desenvolvidas posteriormente pelos povos semitas. E quais desses números ocorrem com mais freqüência nos cantos sânscritos, esses sublimes hinos à criação, à unidade de Deus, e às incontáveis manifestações de Seu poder? UM, TRÊS e SETE. Leia-se o hino de Dîrghatamas.[*]

"ÀQUELE QUE REPRESENTA A TODOS OS DEUSES."

"O *Deus* aqui presente, nosso abençoado patrono, nosso sacrificante, tem um irmão que se expande pelo ar. Existe um *terceiro* Irmão a quem aspergimos com nossas libações de manteiga líquida. É a ele que eu vi, mestre dos homens e armado de *sete* raios."[7]

E ainda:

"Sete Noivas auxiliam a guiar um carro que tem apenas UM eixo, e que é tirado por um único cavalo que brilha com *sete* raios. O eixo tem três membros, um eixo imortal, indestrutível, donde pendem todos os mundos."

"Às vezes, *sete* cavalos puxam esse carro de *sete* rodas, e *sete* pessoas o montam, acompanhadas de *sete* fecundas ninfas da água"[8].

E o seguinte ainda, em honra do deus do fogo – Agni, que é claramente mostrado como um espírito subordinado ao Deus ÚNICO.

"Sempre ÚNICO, embora tenha três formas de natureza dupla andrógina – ele desperta! E os sacerdotes oferecem a *Deus*, no ato do sacrifício, suas preces que alcançam os céus, levadas por Agni"[9].

É isso uma coincidência, ou antes, como nos diz a razão, o resultado da derivação de muitos cultos nacionais de uma religião primitiva universal? Um *mistério* para os não iniciados, o *desvelar* dos problemas psicológicos e fisiológicos mais sublimes (porque corretos e verdadeiros) para o iniciado. Revelações do espírito pessoal do homem que é divino, porque esse espírito não é apenas a emanação do ÚNICO Deus Supremo, mas é o único Deus que o homem é capaz, em sua fraqueza e em seu abandono, de compreender – de sentir *em si mesmo*. Essa verdade o poeta védico a confessa claramente, quando diz:

---

\* Há uma incerteza muito grande em relação a este nome. Em *A doutrina secreta*, II, 97, o termo ocorre como título de uma obra. Tanto quanto se saiba, essa obra não existe. Dîrghatamas, que significa "longa noite", era nome de um sábio védico a quem são atribuídos alguns hinos do *Rigveda*. Nascera cego e o *Mahâbhârata* relata (Adiparva, primeira seção) que a pedido do rei Bali ele teve cinco filhos com sua esposa Sudeshnâ. (N. do Org.)

"O Senhor, Mestre do universo e cheio de sabedoria, entrou comigo [em mim] – fraco e ignorante – e me formou *de si mesmo* naquele lugar[10] em que os espíritos obtêm, com auxílio da *Ciência*, o gozo pacífico do *fruto*, doce como ambrosia"[11].

Se chamamos esse fruto de "maçã" da Árvore do Conhecimento, ou da *pippala* do poeta hindu, não importa. Ele é o fruto da sabedoria esotérica. Nosso objetivo é mostrar a existência de um sistema religioso na Índia muitos milhares de anos antes de as fábulas exotéricas do Jardim do Éden e do Dilúvio terem sido inventadas, donde a identidade de doutrinas. Instruídos nelas, cada um dos iniciados das outras nações tornou-se, por sua vez, o fundador de alguma grande escola de filosofia no Ocidente.

Qual de nossos eruditos sanscritistas jamais se sentiu interessado em descobrir o sentido real dos seguintes hinos, palpáveis como são: "*Pippala*, o doce fruto da árvore sobre a qual pousam os espíritos que amam a *ciência* [?] e em que os *deuses produzem maravilhas*. Esse é um mistério para *aquele que nada sabe do Pai* do mundo"[12].

Ou ainda este:

"Estas estrofes trazem à testa um título que anuncia que elas são consagradas aos *Viśvadevas* [isto é, a todos os deuses]. Aquele que não conhece o Ser que eu canto *em todas as suas manifestações*, nada compreenderá de meus versos; aqueles que O conhecem não são estranhos a esta reunião"[13].

A passagem refere-se à reunião e à separação das partes imortal e mortal do homem. "O Ser imortal", diz a estrofe anterior, "está no berço do Ser mortal. Os dois espíritos eternos vão e vêm em toda parte; apenas alguns homens conhecem a um, sem conhecer ao outro" (*Dîrghatamas*).

Quem pode dar uma idéia correta daquEle de quem diz o *Rig-Veda*: "Aquele que é UM, o sábio o invoca de diversas maneiras." Esse Um é cantado pelos poetas védicos em todas as suas manifestações na Natureza; e os livros considerados "infantis e tolos" ensinam a como invocar voluntariamente os seres de sabedoria para a nossa instrução. Eles ensinam, como diz Porfírio: "uma libertação de todas as coisas terrenas (...) um vôo do *só* para o SÓ".

O Prof. Max Müller, cujas palavras são aceitas por sua escola como um evangelho filológico, está absolutamente certo, num sentido, quando, ao determinar a natureza dos deuses hindus, chama-os de "máscaras sem um ator (...) nomes sem ser, não seres sem nomes"[14]. Pois ele apenas prova dessa maneira o monoteísmo da antiga religião védica. Mas não acreditamos que ele ou qualquer cientista de sua escola possa ter a esperança de penetrar o antigo pensamento ariano[15], sem um acurado estudo dessas "máscaras". Para o materialista, assim como para o cientista, que por várias razões procura solucionar o difícil problema de conciliar os fatos históricos com suas opiniões pessoais ou as da Bíblia, elas podem não passar de cascas vazias de fantasmas. No entanto, tais autoridades serão, para sempre, como no passado, os guias mais inseguros, exceto nos assuntos da ciência exata. Os patriarcas da *Bíblia* são tão "máscaras sem atores", como os *prajâpatis*, e, no entanto, se a personagem viva atrás dessas máscaras não passa de uma sombra abstrata, há uma idéia encarnada em cada uma delas, a qual diz respeito às teorias filosóficas e científicas da sabedoria antiga[16]. E quem pode render melhor serviço a essa tarefa do que os brâmanes nativos, ou os cabalistas?

Negar redondamente qualquer filosofia profunda nas especulações bramânicas sobre o *Rig-Veda* equivale a recusar para sempre a correta compreensão da própria religião-mãe, que lhes deu origem e que é a expressão do pensamento interior dos ancestrais diretos desses autores tardios dos *Brâhmanas*. Se os sábios europeus podem mostrar com tanta facilidade que todos os deuses védicos não passam de máscaras vazias, eles podem também demonstrar que os autores bramânicos foram tão incapazes como eles de descobrir esses "atores" em algum lugar. Isto feito, não apenas os três outros livros sagrados, que Max Müller afirma "não merecerem o nome de *Vedas*", mas o próprio *Rig-Veda* torna-se uma mixórdia incompreensível de palavras; pois o que o intelecto universalmente louvado e sutil dos antigos sábios hindus não conseguiu compreender, nenhum cientista moderno, embora erudito, terá a esperança de penetrar. O pobre Thomas Taylor estava certo quando disse que "a filologia não é filosofia".

Para dizer o mínimo, é ilógico admitir que há um pensamento oculto na obra literária de uma raça talvez etnologicamente diferente da nossa, e depois, negar que ele tenha qualquer sentido, visto que ele é completamente incompreensível para nós, cujo desenvolvimento, durante os vários milhares de anos intervenientes, se bifurcou numa direção absolutamente contrária. Mas é isso precisamente o que fazem, com o devido respeito à sua erudição, o Professor Max Müller e sua escola. Em primeiro lugar, somos informados de que, embora cautelosamente e com algum esforço, ainda podemos caminhar nas pegadas dos autores dos *Vedas*. "Teremos a sensação de estar face a face com homens que ainda podemos compreender, *depois de nos termos livrado de nossos conceitos modernos*. Não conseguiremos sempre; palavras, versos, ou melhor, hinos inteiros do *Rig-Veda* serão para nós uma letra morta." Pois, com pouquíssimas exceções, "(...) o mundo das idéias védicas está tão longe de nosso horizonte intelectual, que, ao invés de traduzir, só podemos conjecturar e supor"[17].

No entanto, para não nos deixar nenhuma dúvida quanto ao verdadeiro valor de suas palavras, o sábio erudito, em outra passagem, expressa sua opinião sobre esses mesmos *Vedas* (com uma exceção), nas seguintes palavras: "O único Veda real e importante é o *Rig-Veda*. Os outros chamados *Vedas* (...) merecem tanto o nome de *Veda*, quanto o *Talmud* o nome de *Bíblia*". O Professor Müller rejeita-os como indignos da atenção de alguém, e, conforme o entendemos, porque contêm principalmente "fórmulas sacrificais, encantamentos e conjuros"[18].

Ocorre-nos, porém, uma pergunta muito natural: Está qualquer um de nossos eruditos preparado para demonstrar que está intimamente familiarizado com o sentido oculto dessas "fórmulas sacrificais, encantamentos e conjuros" perfeitamente absurdos, e a magia abstrusa do *Atharva-Veda*? Não o acreditamos, e nossa dúvida se baseia na confissão do próprio Prof. Müller, acima citado. Se "o mundo das idéias védicas [o *Rig-Veda* não pode ser incluído com exclusividade nesse *mundo*, ao que supomos] está tão longe de nosso [dos cientistas] horizonte intelectual que, ao invés de traduzir, só podemos conjecturar e supor"; e se o *Yajur-Veda*, o *Sama-Veda* e o *Atharva-Veda* são "infantis e tolos"[19]; e se os *Brâhmanas*, os *Sûtras*, Yâska e Sâyana, "embora *mais próximos cronologicamente* dos hinos do *Rig-Veda*, incorrem nas interpretações mais frívolas e insensatas"[20], como pode ele, ou qualquer outro erudito formar qualquer opinião adequada sobre eles? Se, além disso, os autores dos *Brâhmanas*, os mais próximos cronologicamente dos hinos védicos, eram já incompetentes para oferecer coisa melhor do que "interpretações insensatas", então em que período da história, quando, e por quem, foram escritos esses grandiosos poemas, cujo sentido místico morreu com as suas gerações? Estaremos, portanto, errados, ao afirmar que, se os textos encontrados no Egito se tornaram – mesmo aos escribas de há 4.000 anos – totalmente ininteligíveis[21], e os *Brâhmanas* oferecem apenas interpretações "infantis e tolas" do *Rig-Veda*, tão antigo, pelo menos, quanto aqueles, 1º, ambas as filosofias religiosas, do Egito e da Índia, são de uma antiguidade incontável, muito mais antigas do que os séculos cautelosamente atribuídos a elas por nossos estudiosos de mitologia comparada; e 2º, os reclamos dos sacerdotes antigos do Egito e dos brâmanes modernos, quanto à sua idade, são, em suma, corretos.

Não poderemos jamais admitir que os três outros *Vedas* são menos dignos do nome do que o *Rig* (hinos), ou que o *Talmude* e a *Cabala* são tão inferiores à *Bíblia*. O próprio nome dos *Vedas* (cujo sentido literal é *conhecimento* ou *sabedoria*) mostra que eles pertencem à literatura daqueles homens que, em todos os países, idiomas e séculos, falaram como "aqueles que sabem". Em sânscrito, a terceira pessoa do singular é *veda* (ele sabe), e o plural é *vidus* (eles sabem). A palavra *veda* é sinônima do grego θεοσέβεια, que Platão utiliza quando fala dos *sábios* – os mágicos; e do hebraico Hakhamim, חכמים (homens sábios). Se rejeitássemos o *Talmude* e o seu antigo predecessor, a *Cabala*, seria simplesmente impossível até mesmo traduzir com correção uma só palavra dessa *Bíblia* tão encomiada às suas expensas. Mas é a isto, talvez, que os seus defensores se propõem. Banir os *Brâhmanas* é sepultar a chave que abre a porta do *Rig-Veda*. A interpretação *literal* da *Bíblia* já deu os seus frutos; com os Vedas e com os livros sagrados em sânscrito, em geral, se dará talvez o mesmo, com a diferença de que a interpretação absurda da *Bíblia* recebeu um venerando direito de eminente domínio no departamento do ridículo e ainda dispõe de defensores, contra a razão e contra as provas. Quanto à literatura "pagã", após mais uns poucos anos de fracassadas tentativas de interpretação, seu sentido religioso será relegado ao limbo das superstições rejeitadas, e as pessoas não mais ouvirão falar dela.

Gostaríamos que nos compreendessem com toda a clareza antes de nos criticarem pelas observações acima. O vasto saber do célebre professor de Oxford dificilmente pode ser questionado pelos seus próprios inimigos, mas temos o direito de lamentar sua precipitação em condenar o que ele próprio confessa estar "longe de nosso próprio horizonte intelectual". Mesmo naquilo que ele considera como tolice ridícula da parte do autor dos *Brâhmanas*, outras pessoas mais dispostas espiritualmente podem ver exatamente o contrário. "*Quem* é o maior dos deuses? Quem será louvado em primeiro lugar por nossos cantos?", pergunta um antigo Rishi do *Rig-Veda*, confundindo (como imagina o Prof. M.) o pronome interrogativo "Quem" por algum nome divino. Diz o Prof.: "Confere-se um papel nas invocações sacrificais a um deus 'Quem', e os hinos que lhe são dirigidos chamam-se hinos 'Quemistas'"[22]. E é um deus "Quem" menos natural do que um termo como "Eu Sou", ou os hinos "Quemistas" menos reverentes dos que os salmos "Eu-souístas"? E quem pode provar que isso é realmente um erro, e não uma expressão premeditada? É tão impossível acreditar que o estranho termo se devia precisamente a um temor reverente que fez o poeta hesitar antes de dar um nome a uma forma que é justamente considerada como a mais alta abstração dos ideais metafísicos – Deus? Ou, que esse

64

mesmo sentimento fez o comentador que o seguiu parar e deixar o trabalho de antro-pomorfização do "Desconhecido", do "QUEM", às futuras concepções humanas? "Esses poetas primitivos pensavam mais por si mesmos do que pelos outros" – assinala Max Müller. "Eles procuravam, em sua linguagem, ser antes verdadeiros ao seu próprio pensamento, do que agradar à imaginação de seus ouvintes"[23]. Infelizmente, é esse mesmo pensamento que não desperta nenhum eco nas mentes de nossos filólogos.

Ademais, lemos a seguinte advertência profunda aos estudiosos dos hinos do *Rig-Veda*, no sentido de reunir, comparar, peneirar e rejeitar. "Que ele estude os comentários dos *Sûtras*, dos *Brâhmanas*, e mesmo das obras posteriores, a fim de exaurir todas as fontes de que se podem extrair informações. Ele [o erudito] *não deve desprezar as tradições dos brâmanes*, mesmo quando as suas falhas (. . .) são palpáveis (. . .) Nenhum rincão dos *Brâhmanas*, dos *Sûtras*, de Yâsha e de Sâyana deve ser deixado sem exploração, *antes que nos aventuremos a propor uma tradução própria* (. . .) Quando o erudito tiver realizado sua obra, o poeta e o filósofo deverão tomá-la e terminá-la"[24].

Pobre sorte a de um "filósofo" que tenha de seguir as pegadas de um erudito filólogo e emendar-lhe os erros! Gostaríamos de ver que sorte de recepção teria o erudito mais sábio da Índia, do público educado da Europa e da América, se ele se empenhasse em corrigir um sábio, depois de ter peneirado, aceito, rejeitado, explicado e declarado o que era bom, e o que era "absurdo e infantil" nos livros sagrados de seus ancestrais. O que o conclave de sábios europeus e especialmente alemães declarasse finalmente como sendo "erros bramânicos" seria tão pouco reconsiderado pelo pândita mais erudito de Benares ou de Ceilão quanto a interpretação da Escritura judia de Maimônides e Fílon, o Judeu pelos cristãos, após os Concílios da Igreja terem aceito os erros de tradução e as explicações de Irineu e Eusébio. Que pândita, ou que filósofo nativo da Índia, não conhecerá melhor a sua língua ancestral, a sua religião ou a sua filosofia, do que um inglês ou um alemão? Ou por que não terá um hindu a mesma autoridade para expor o Bramanismo do que um erudito rabínico para interpretar o Judaísmo ou as profecias de Isaías? Os tradutores nativos são mais seguros e mais fidedignos do que os estrangeiros. Não obstante, temos ainda a esperança de encontrar por fim, mesmo que seja no futuro remoto, um filósofo europeu que examine os livros sagrados da religião da sabedoria com bastante acerto, para não ser contraditado por seus colegas.

Entrementes, esquecidos das pretensas autoridades, tentemos examinar, nós mesmos, alguns desses mitos antigos. Procuraremos uma explicação na interpretação popular, e sentiremos nosso caminho com a ajuda da lâmpada mágica de Trismegisto – o misterioso número *sete*. Deve haver alguma razão para que esse número tenha sido universalmente aceito como um número místico de cálculo. Para todos os povos antigos, o Criador, ou Demiurgo, estava assentado sobre o sétimo céu. "Se tivesse de falar da iniciação em nossos Mistérios sagrados", diz o Imperador Juliano, o cabalista, "que os caldeus consagraram ao *Deus dos sete raios, cuja veneração exaltava as almas*, diria coisas desconhecidas, *muito desconhecidas do vulgo*, mas bem conhecidas dos *Abençoados Teurgistas*"[25]. Em Lido, afirma-se que "Os caldeus chamam ao Deus de IAÔ, e TSABAÔTH é ele amiúde chamado, pois *Aquele* que está sobre as sete órbitas [céus, ou esferas], esse é o Demiurgo"[26].

Precisamos consultar os pitagóricos e os cabalistas para aprender a potencialidade desse número. Exotericamente, os sete raios do espectro solar são representados concretamente no deus de sete raios Heptaktys. Esses sete raios, resumidos em TRÊS raios primários, a saber, o vermelho, o azul e o amarelo, formam a trindade solar, e simbolizam respectivamente o espírito-matéria e o espírito-essência. A ciência também reduziu recentemente os sete raios a três primários, corroborando assim a concepção científica dos antigos de pelo menos uma das manifestações visíveis da divindade invisível, e o sete dividido numa quaternidade e numa trindade.

Os pitagóricos chamavam o número sete de veículo da vida, como se ele contivesse corpo e alma. Eles explicavam tal ponto dizendo que o corpo humano consistia de quatro elementos principais, e que a alma é tripla, compreendendo razão, paixão e desejo. A PALAVRA inefável era considerada a Sétima Palavra, a mais alta de todas, pois há seis substitutas menores, cada qual pertencendo a um grau de iniciação. Os judeus derivaram seu Sabbath dos antigos, que o chamavam de dia de *Saturno* e o consideravam maléfico, e não dos últimos dos israelitas quando cristianizados. Os povos da Índia, da Arábia, da Síria e do Egito observavam semanas de sete dias; e os romanos aprenderam o método hebdomadário dessas nações estrangeiras quando elas se tornaram sujeitas ao Império. Foi apenas no século IV que as calendas, as nonas e os idos romanos foram abandonados, e as semanas empregadas em seu lugar; e os nomes astronômicos dos dias, tais como *dies Solis* (dia do Sol); *dies Lunae* (dia da Lua), *dies Martis* (dia de Marte); *dies Mercurii* (dia de Mercúrio), *dies Jovis* (dia de Júpiter), *dies Veneris* (dia de Vênus), e *dies Saturni* (dia de Saturno) provam que a semana de sete dias não foi emprestada dos judeus. Antes de examinar cabalisticamente esse número, propomos analisá-lo do ponto de vista do Sabbath judaico-cristão.

Quando Moisés instituiu o *yom sheba*, ou *Shebang* (Shabbath), a alegoria do Senhor Deus que repousa de seu trabalho de criação no sétimo dia era apenas um *disfarce*, ou, como expressa o *Zohar*, um manto, para ocultar o verdadeiro significado.

Os judeus computavam então, como o fazem hoje, os seus dias pelo número, do seguinte modo: dia, o *primeiro*; dia, o *segundo*; e assim por diante; *yom a'had*; *yom sheni*; *yom shelishi*; *yom rebi'i*; *yom 'hamishi*; *yom shishshi*; *yom shebi'i*.

O *sete* hebraico, שבע, , que consiste de três letras, *sh, b, ô*, tem mais de um significado. Em primeiro lugar, ele significa século, *idade* ou ciclo, Sheb-ang; Sabbath, שבת, , pode ser traduzido por *idade antiga*, e também por *descanso*, e no antigo copta *Sabe* significa *sabedoria, saber*. Os arqueólogos modernos descobriram que como no hebraico *shib*, שיב, , também significa *de cabeça grisalha*, e que por conseguinte o dia do *Saba* era o dia em que os "homens de cabeça grisalha", ou os "pais antigos" de uma tribo tinham o costume de fazer reuniões para concílios ou sacrifícios[27].

Portanto, a semana de seis dias e o sétimo, o período do dia de *Sapta* ou *Saba*, é da mais alta antiguidade. A observância dos festivais lunares na Índia mostra que essa nação também mantinha encontros hebdomadários. A cada novo quarto, a Lua produz alterações na atmosfera, e por isso certas modificações também são produzidas por todo o nosso universo, das quais as meteorológicas são as mais insignificantes. Por ocasião do *sétimo* e mais poderoso dos dias prismáticos, os adeptos da "Ciência Secreta" se encontram, como o faziam há milhares de anos, a fim de se tornarem os agentes dos poderes ocultos da Natureza (emanações do Deus operante), em consonância com os mundos invisíveis. É nessa observância do sétimo dia pelos sábios antigos – não por causa do dia de descanso da Divindade, mas porque eles lhes compreenderam o poder oculto – que repousa a profunda veneração de todos os filósofos pagãos pelo número *sete* que eles chamam de "venerável", o número sagrado. A *Tetraktys* pitagórica, reverenciada pelos platônicos, consistia num *retângulo* colocado sob um *triângulo*, representando este último – a Trindade – uma encarnação da *Mônada* invisível – a unidade, e era tal nome tão sagrado que só se podia pronunciá-lo dentro das paredes de um Santuário.

A observância ascética do Sabbath cristão pelos protestantes não passa de pura tirania religiosa, e, conforme tememos, faz muito mais mal do que bem. Ela data, na verdade, apenas da *Lei* de Carlos II[28], que proibia qualquer "comerciante, artífice, operário, camponês, ou outra pessoa" de "fazer qualquer trabalho mundano, etc., etc., no dia do Senhor". Os puritanos levaram tal coisa ao extremo, aparentemente para assinalar seu ódio ao catolicismo romano e episcopal. Não estava nos planos de Jesus distinguir um tal dia, como se pode constatar não apenas por suas palavras, como também por seus atos. Ademais, os cristãos primitivos não observavam esse preceito.

Quando Trifon, *o Judeu*, censurava os cristãos *por não terem um Sabbath*, o que lhe respondeu o mártir? "A nova lei vos mandará guardar um perpétuo Sabbath. *Por passardes um dia na ociosidade, julgai-vos religioso*. O Senhor não se agrada com tais coisas. Se o *perjuro* e o *fraudulento* se arrependerem, se o *adúltero* se reformar, *guardarão eles o Sabbath que mais agrada a Deus* (. . .) Os elementos nunca descansam, e não guardam nenhum Sabbath. Se antes de Moisés não houve necessidade de guardar o Sabbath, tampouco haverá depois de Jesus Cristo"[29].

A *Heptaktys* não é a Causa Suprema, mas simplesmente uma emanação dEle – a primeira manifestação visível do Poder Não Revelado. "Seu *Sopro* Divino, que, surgindo violentamente, se condensou, brilhando com radiância, até que se transformou em Luz, e assim se tornou visível aos sentidos externos", diz John Reuchlin[30]. Tal é a emanação do Supremo, o Demiurgo, uma multiplicidade numa *unidade*, os *Elohim*, que vemos *criando* nosso mundo, ou antes moldando-o, em seis dias, e descansando no *sétimo*. E quem são esses *Elohim*, senão poderes evemerizados da Natureza, os fiéis mensageiros manifestos, as leis daquEle que é lei e harmonia imutável?

Eles demoram no sétimo céu (ou mundo espiritual), pois foram eles que, segundo os cabalistas, formaram sucessivamente os seis mundos materiais, ou melhor, os seis esboços de mundos, que precederam o nosso, que, conforme dizem, é o *sétimo*. Se, deixando de lado a concepção metafísico-espiritual, prestarmos atenção apenas ao problema religioso-científico da criação em "seis dias", no qual nossos melhores eruditos da *Bíblia* tanto meditaram em vão, poderemos, talvez, desentranhar o sentido oculto dessa alegoria. Os antigos eram filósofos, congruentes em todas as coisas. Assim, eles ensinavam que cada um desses mundos, tendo alcançado a sua evolução física, e atingido – graças a nascimento, crescimento, maturidade, velhice e morte – o fim de seu ciclo, retornava à sua forma subjetiva primitiva de terra *espiritual*, servindo, doravante, por toda a eternidade, como morada daqueles que a haviam habitado como homens, e mesmo animais, porém que serão agora espíritos. Essa idéia, embora seja tão difícil de provar quanto a de nossos teólogos relativa ao Paraíso, é, pelo menos, um pouco mas filosófica.

Assim como o homem, e como todas as outras coisas vivas sobre ele, nosso planeta está sujeito à evolução espiritual e física. De um impalpável *pensamento* ideal sob a Vontade criativa d'AquEle de quem nada sabemos, e que só podemos conceber obscuramente na imaginação, este globo tornou-se fluido e semi-espiritual, e então se condensou mais e mais, até que o seu desenvolvimento físico – matéria, o demônio tentador – o compeliu a tentar sua própria faculdade criadora. A *Matéria* desafiou o ESPÍRITO, e a terra teve também a sua "Queda". A maldição alegórica sob a qual ele trabalha é que ele apenas *procria*, e não *cria*. Nosso planeta físico é apenas o servo do espírito, seu patrão. "Maldita é a terra (...) espinhos e cardos ela produzirá", dizem os Elohim. "Na dor parirás teus filhos."[31] Os Elohim dizem isto à terra e à mulher. E essa maldição perdurará até que a menor partícula de matéria sobre a terra tenha sobrevivido a seus dias, até que todo grão de pó se tenha transformado, pela transformação gradual através da evolução, numa parte constituinte de uma "alma viva", e até que esta tenha completado o arco cíclico, e finalmente se deponha – seu próprio *Metatron*, ou Espírito Redentor – aos pés do patamar superior dos mundos espirituais, como na primeira hora de sua emanação. Além, repousa o grande "Abismo" – UM MISTÉRIO!

Deve-se lembrar que toda cosmogonia tem uma *trindade* de trabalhadores à sua testa – Pai, espírito; Mãe, Natureza, ou matéria; e o universo manifesto, o Filho, ou resultado de ambos. O universo, assim como cada planeta que ele compreende, passa também por quatro idades, como o próprio homem. Todos têm sua infância, sua juventude, sua maturidade e sua velhice, e essas quatro idades, acrescentadas a três outras, perfazem novamente o sete.

Os capítulos introdutórios do *Gênese* nunca pretenderam apresentar sequer uma remota alegoria da criação de *nossa* terra. Eles consistem (capítulo I) numa concepção metafísica de algum período indefinido na eternidade, quando tentativas sucessivas estavam sendo feitas pela lei de evolução para a formação de universos. Essa idéia consta com clareza do *Zohar*: "Houve mundos que pereceram assim que vieram à existência; eram informes e chamavam-se *chispas*. Assim, o ferreiro, quando amolga o ferro, deixa que as chispas voem em todas as direções. As chispas são os mundos primordiais que não podem continuar, porque o *Ancião Sagrado* [Sephîrâh] ainda não assumira a sua forma [de sexos opostos ou andróginos] de rei e rainha [Sephîrâh e Cadmo] e o Mestre não se tinha ainda posto a trabalho"[32].

Os seis períodos, ou "dias" do *Gênese* referem-se à mesma crença metafísica. Cinco de tais infrutíferas tentativas foram feitas pelos *Elohim*, mas a sexta resultou em mundos como o nosso (*i. e.*, todos os planetas e muitas estrelas são mundos, e habitados, embora não como nossa terra). Tendo formado este mundo por fim no sexto período, os Elohim descansaram no *sétimo*. Assim, o "Sagrado", quando criou o presente mundo, disse: "Este me agrada; os anteriores não me agradavam"[33]. E os Elohim "viram tudo que ele havia feito, e consideraram que *era* bom. E a tarde e a manhã foram o sexto *dia*". – *Gênese*, I, 31.

O leitor deverá lembrar-se de que no Capítulo IV se explicou o sentido do "dia" e da "noite" de Brahmâ. O primeiro representa um certo período de atividade cósmica; a segunda, um período igual de repouso cósmico. Num, os mundos estão em evolução, e passam pelas quatro idades de existência; noutro, a "inspiração" de Brahmâ reverte a tendência das forças naturais; o visível dispersa-se gradualmente; instala-se o caos; e uma longa noite de repouso revigora o cosmos para o seu termo seguinte de evolução. Na manhã de um desses "dias", os processos formativos atingem gradualmente o seu clímax de atividade; à tarde, os mesmos processos diminuem imperceptivelmente, até que chega o *pralaya*, e, com ele, a *"noite"*. Uma manhã e uma tarde constituem de fato um dia cósmico; e era num "dia de Brahmã" que pensava o autor cabalista do *Gênese* quando dizia: "E a tarde e a manhã foram o primeiro (ou quinto, ou sexto, ou qualquer outro) *dia"*. Seis dias de evolução gradual, um de repouso, e então – a tarde! Desde a primeira aparição do homem sobre a *nossa* terra, tem sido o tempo um Sabbath eterno de repouso para o Demiurgo.

As especulações cosmogônicas dos primeiros seis capítulos do *Gênese* se demonstram nas raças dos "filhos de Deus", "gigantes", etc., do capítulo VI. Propriamente falando, a história da formação de nossa Terra, de nossa "criação", como a chamam de forma assaz inadequada, começa com o resgate de Noé das águas do dilúvio. As tábuas caldaico-babilônicas recentemente traduzidas por George Smith não deixam nenhuma dúvida do que passava pela mente daqueles que liam esotericamente as inscrições. Ishtar, a grande deusa, fala na coluna III da destruição do *sexto* mundo, e do surgimento do sétimo, nos seguintes termos:

"Por seis dias e noites, dominaram o vento, o dilúvio e a tempestade.

"No *sétimo* dia, a tempestade se acalmou, e cessou o dilúvio,

"que a tudo havia destruído como um terremoto[34],

"Ele fez o oceano secar-se, e pôs fim ao vento e ao dilúvio. (. . .)

"Eu percebi a costa no limite do mar. (. . .)

"Ao país de Nizir veio a nau [argha, a lua].

"a montanha de Nizir deteve a nau. (. . .)

"O *primeiro* dia, e o *segundo* dia, a montanha de Nizir fez o mesmo. (. . .)

"O *quinto*, o *sexto*, a montanha de Nizir fez o mesmo.

"No curso do *sétimo* dia

"Enviei uma pomba e ela se foi. A pomba foi e voltou, e (. . .) o corvo foi (. . .) e não voltou. (. . .)

"Ergui um altar no topo da montanha.

"cortei *sete* ervas, e em sua base depus bambus, pinhos e especiarias. (. . .)

"os deuses acudiram como moscas para o sacrifício.

"Da antiguidade *também o grande Deus* em seu curso.

"o grande fulgor [o Sol] de Anu criou[35]. Quando a glória desses deuses sobre o amuleto em torno do meu pescoço eu não deixaria (. . .)[36], etc.

Tudo isso tem uma relação puramente astronômica, mágica e esotérica. Quem quer que leia essas tábuas reconhecerá de pronto o conteúdo bíblico, e julgará, ao mesmo tempo, quanto foi desfigurado o grande poema babilônico por personagens eveméricas – degradadas de suas elevadas posições de deuses·em simples patriarcas. O espaço nos impede de entrar profundamente nessa caricatura bíblica das alegorias caldaicas. Lembraremos apenas ao leitor que pela confissão das testemunhas mais insuspeitas – como Lenormant, primeiro o inventor e depois o campeão dos acádios – a tríada caldaico-babilônica colocada sob Ilon, a divindade *não revelada*, é composta de Anu, Nuah e Bel. Anu é o caos primordial, o deus, simultaneamente, do tempo e do mundo, χρόνος e κόσμος, , a matéria incriada oriunda do princípio fundamental de todas as coisas. Quando a *Nuah*, ele é, de acordo com o mesmo orientalista:

"(...) a inteligência, diremos de bom grado o *verbum*, que anima e fecunda a matéria, que penetra o universo, que o dirige e o faz viver; e Nuah é ao mesmo tempo o rei do *princípio úmido; o Espírito que se move sobre as águas*".

Não é isto evidente? Nuah é Noé, *que flutua sobre as águas*, em sua arca, sendo esta o emblema de argha, a Lua, o princípio feminino; Noé é o "espírito" que cai na matéria. Assim que desce à Terra, ele planta uma vinha, bebe do vinho e se embebeda; *i. e.*, o espírito puro fica intoxicado na medida em que é finalmente aprisionado na matéria. O sétimo capítulo do *Gênese* não passa de outra versão do primeiro. Assim, enquanto este diz: "(...) e as trevas cobriam o abismo. E o espírito de Deus pairava sobre as águas", no sétimo capítulo lê-se: "(...) e as águas subiram (...) e a arca [com Noé – o espírito] flutuava sobre as águas"[37]. Assim, Noé, se [identificado com] o Nuah caldeu, é o espírito que vivifica a *matéria*, que ademais é o caos representado pelo Abismo ou as Águas do Dilúvio. Na lenda babilônica, é Ishtar (Astoreth, a Lua) que é encerrada na arca e que envia uma pomba (emblema de Vênus e de outras deusas lunares) em busca de terra seca. E enquanto nas tábuas semitas é Xisuthros ou Hasisadra que é "levado à companhia dos deuses por sua piedade", na *Bíblia* é Henoc que caminha com os deuses e é por eles levado "para sempre".

A existência sucessiva de um incalculável número de mundos antes da subseqüente evolução do nosso próprio planeta, constitui uma crença de todos os povos antigos. A punição dos cristãos, por terem despojado os judeus de seus registros e recusado a verdadeira chave para a sua interpretação, teve início nos primeiros séculos. E assim é que encontramos os santos padres da Igreja trabalhando com uma cronologia impossível e com os absurdos da interpretação literal, ao passo que os rabinos eruditos estavam perfeitamente a par do significado real de suas alegorias. Não apenas no *Zohar*, mas também em muitas outras obras cabalísticas aceitas pelos talmudistas, tal como *Midrash Berêshîth Rabbah*, ou o *Gênese* universal, que, com o *Merkabah* (o carro de Ezequiel), compõem a *Cabala*, pode-se encontrar a doutrina segundo a qual toda uma série de mundos evolui do caos, e é sucessivamente destruída.

As doutrinas hindus falam de dois *Pralayas*, ou dissoluções; uma universal, o *Mahâ-Pralaya*, a outra parcial, ou *Pralaya* menor. Isto não diz respeito à dissolução universal que ocorre ao fim de todo "Dia de Brahmâ", mas aos cataclismos geológicos ao fim de todo ciclo menor de nosso globo. Esse dilúvio histórico e local da Ásia Central, cujas tradições podem ser traçadas em todos os países, e que, de acordo com Bunsen, ocorreu por volta do ano 10.000, nada tem a ver com o Noé, ou Nuah, mítico. Um cataclismo parcial ocorre ao término de toda "idade" do mundo, dizem elas, e não destrói a este, mas apenas lhe modifica a aparência geral. Novas raças de homens e animais e uma nova flora têm origem na dissolução das precedentes.

As alegorias da "queda do homem" e do "dilúvio" são as características mais importantes do *Pentateuco*. Elas são, por assim dizer, o Alfa e o Ômega, as chaves superior e inferior da escala de harmonia na qual ressoa o majestoso hino da criação da Humanidade, pois revelam àquele que interroga a *Zura* (figurado, *Gematria*), o processo da evolução humana desde a entidade espiritual mais elevada até o homem pós-diluviano mais inferior; como nos hieróglifos egípcios, em que cada signo da escrita pictográfica que não pode ser relacionado a uma determinada figura geométrica circunscrita deve ser rejeitado, por se tratar de um véu erguido deliberadamente pelo hierogramatista sagrado, muitos dos detalhes da *Bíblia* podem ser tratados com base no mesmo princípio, aceitando-se uma parte apenas quando responde aos métodos numéricos ensinados na *Cabala*.

O dilúvio figura nos livros hindus apenas como uma tradição. Não tem nenhum caráter sagrado, e o encontramos no *Mahâbrârata*, nos *Purânas*, e ainda antes no *Śatapatha*, um dos últimos *Brâhmanas*. É mais do que provável que Moisés, ou quem quer que tenha escrito por ele, utilizou esses relatos como base de sua própria alegoria propositadamente desfigurada, acrescentando-lhe ademais a narrativa caldaico-berosiana. No *Mahâbrârata*, reconhecemos Nimrod sob o nome do *King Daitya*. A origem da fábula grega dos Titãs escalando o Olimpo, e a da outra sobre os construtores da Torre de Babel que procuram alcançar o céu, acha-se no ímpio *Daitya*, que lança imprecações contra o relâmpago do céu, e tenta conquistar o próprio céu com seus poderosos guerreiros, trazendo dessa forma para a Humanidade a ira de Brahmâ. "O Senhor então resolveu", diz o texto, "castigar as suas criaturas com uma terrível punição que serviria como uma advertência para os sobreviventes, e os seus descendentes."

*Vaivasvata* (que na *Bíblia* torna-se Noé) salva um pequeno peixe, que vem a ser um *avatâra* de Vishnu. O peixe avisa ao justo homem que o blobo está prestes a ser submerso, que tudo que o habita deve perecer, e ordena-lhe que construa um barco no qual embarcará, com toda a sua família. Quando o barco está pronto, e *Vaivasvata* encerrado nele com sua família, *com as sementes das plantas e com os pares de todos os animais*, e a chuva começa a cair, um gigantesco peixe, armado com um corno, se coloca à testa da arca. O santo homem, seguindo suas ordens, amarra uma corda ao seu corno, e o peixe guia o navio com segurança através dos elementos em revolta. Na tradição hindu, o número de dias durante os quais durou o dilúvio *concorda exatamente com o do relato mosaico*. Quando os elementos se acalmaram, o peixe depôs a arca no topo do Himâlaya.

Muitos comentadores ortodoxos afirmam que essa fábula foi emprestada das *Escrituras* mosaicas[38]. Mas, se um cataclismo *universal* como esse tivesse ocorrido à memória humana, alguns dos monumentos egípcios, dos quais muitos são de uma tremenda antiguidade, teriam com certeza registrado essa ocorrência, juntamente com a da desgraça de Cão, Canaã e Mizraim, seus pretensos ancestrais. Mas até o presente não se encontrou a menor alusão a tal calamidade, embora Mizraim certamente pertença à primeira geração pós-diluviana, se é que ele próprio não seja pré-diluviano. Por outro lado, os caldeus preservaram a tradição, como o testemunha Berosus, e os hindus antigos possuem a lenda tal como dada acima. Ora, há apenas uma explicação para o extraordinário fato de que de duas nações civilizadas e contemporâneas como Egito e Caldéia, uma não tenha preservado nenhuma tradição a respeito, embora tivesse um interesse direto na ocorrência – se acreditamos na *Bíblia* –, e a outra sim. O dilúvio relatado na *Bíblia*, em um dos *Brâhmanas*, e nos *Fragmentos* de Berosus[39], dá notícia do dilúvio parcial que, por volta do ano 10.000, segundo Bunsen, e de acordo também com as computações bramânicas do Zodíaco, mudou toda a face da Ásia Central[40]. Portanto, os babilônios e os caldeus poderiam ter tido dele conhecimento através de seus misteriosos convidados, batizados por alguns assiriólogos de acádios, ou, o que é ainda mais provável, eles próprios talvez tenham sido os descendentes daqueles que haviam habitado as localidades submersas. Os judeus tomaram a narrativa dos caldeus, assim como tudo o mais; os brâmanes podem ter registrado as tradições das terras que invadiram, e que eram talvez habitadas antes de eles terem dominado o Puñjâb. Mas os egípcios, cujos primeiros colonos vieram evidentemente da Índia setentrional, tinham menos razões para registrar o cataclismo, visto que ele talvez jamais os tenha afetado, exceto indiretamente, pois o dilúvio se limitou à Ásia Central.

Burnouf, comentando o fato de que a história do dilúvio se acha apenas em um dos *Brâhmanas* mais modernos, pensa também que ela deve ter sido tomado pelos hindus das nações semitas. Contra tal suposição, enfileiram-se todas as tradições e costumes dos hindus. Os Âryas, e especialmente os brâmanes, jamais tomaram o que quer que seja dos semitas, e aqui somos apoiados por uma dessas "testemunhas involuntárias", como chama Higgins aos partidários de Jeová e da *Bíblia*. "Jamais vi coisa alguma na história dos egípcios e dos judeus", escreve o Abade Dubois, após quarenta anos residindo na Índia, "que me induzisse a acreditar que uma dessas nações ou qualquer outra na face da Terra se tenha estabelecido mais cedo do que os hindus e particularmente os brâmanes; portanto, não posso acreditar que estes últimos tenham tomado seus ritos de nações estrangeiras. Pelo contrário, deduzo que eles os extraíram de uma fonte original e própria. Quem quer que conheça algo do espírito e do caráter dos brâmanes, e sua majestade, o seu orgulho e extrema vaidade, a sua distância e seu soberano desrespeito por tudo o que é estrangeiro e pelo que eles não podem orgulhar-se de ser os inventores, concordará comigo em que tal povo não pode ter consentido em tomar seus costumes e regras de conduta de um país alienígena"[41].

A fábula que menciona o primeiro avatâra – Matsya – diz respeito a outro *yuga*, diferente do nosso, o do primeiro aparecimento da vida animal; talvez, quem sabe, ao período devoniano de nossos geólogos. Ela com certeza corresponde melhor a esse período do que o ano 2348 a.C! Além disso, a própria ausência de qualquer menção ao dilúvio nos livros mais antigos dos hindus sugere um poderoso argumento quando só podemos nos haver com inferências, como neste caso. "Os *Vedas* e *Manu*", diz Jacolliot, "esses monumentos do antigo pensamento asiático, existiam muito tempo antes do período diluviano; *esse é um fato indiscutível, e tem todo o valor de uma verdade histórica*, pois, além da tradição que mostra o próprio Vishnu salvando os *Vedas* do dilúvio – tradição que, não obstante a sua forma lendária, deve certamente repousar num fato real –, é bem evidente que nenhum desses livros sagrados faz menção ao cataclisma, ao passo que os *Purânas* e o *Mahâbhârata*, e um grande número de outras obras mais recentes, o descrevem com profusão de detalhes, *o que é uma prova da anterioridade dos primeiros textos*. Os *Vedas* não deixariam certamente de conter uns poucos hinos sobre o terrível desastre que, mais do que todas as outras manifestações naturais, deve ter impressionado a imaginação das pessoas que o testemunharam.

"Nem teria Manu, que nos dá uma completa narrativa da criação, com uma cronologia das eras divinas e heróicas, até o aparecimento do homem sobre a Terra – deixado passar em silêncio um evento de tal importância. (...) *Manu* (livro I, *śloka* 35) dá os nomes de dez eminentes santos a quem chama de *prajâpatis*, em quem os teólogos bramânicos vêem profetas, ancestrais da raça humana, e os pânditas simplesmente consideram como os dez reis poderosos que viveram no Krita-yuga, ou a idade do bem (a "era de ouro" dos gregos)."[42]

O último desses *prajâpatis* é Nârada.

"Enumerando a sucessão desses seres eminentes que, de acordo com Manu, governaram o mundo, o velho legislador bramânico os designa como descendentes de *Bhrigu: Svârochisha, Auttami, Tâmasa, Raivata*, o glorioso *Châkshusha*, e o filho de *Vivasvat*, cada um dos quais se tornou digno do título de Manu (legislador divino), título que pertencia igualmente aos Prajâpatis e a todo grande personagem da Índia primitiva. A genealogia detém-se nesse nome.

"Ora, segundo os *Purânas* e o *Mahâbhârata*, foi sob um descendente desse filho de Vivasvat, de nome Vaivasvata, que ocorreu o grande cataclismo; cuja lembrança, como se verá, passou à tradição, e foi trazida pela emigração a todos os países do Oriente e do Ocidente que a Índia colonizou desde então. (. . .)

"Visto que a genealogia dada por Manu pára, como vimos, em Vivasvat, segue-se que essa obra [a de Manu] nada sabia, seja de Vaivasvata, seja do dilúvio."[43]

O argumento é irrespondível; e recomendamo-lo aos cientistas oficiais, que, para agradar ao clero, contestam qualquer fato que prove a tremenda antiguidade dos *Vedas* e de *Manu*. O Cel. Vans Kennedy[44] declarou há muito que Babilônia foi, desde a sua origem, a sede da literatura *sânscrita* e do saber bramânico. E como e por que teriam os brâmanes lá se fixado, senão como resultado das guerras intestinas e das migrações da Índia? O relato mais completo do dilúvio acha-se no *Mahâbhârata* de Veda-Vyâsa, um poema em honra das alegorias astrológicas sobre as guerras entre as raças Solar e Lunar. Uma das versões afirma que Vaivasvata se tornou o pai de todas as nações da Terra por meio de sua progênie, e essa é a forma adotada pela história de Noé; a outra afirma que – como Deucalião e Pirra – precisou ele de apenas lançar seixos ao limo deixado pelas ondas do dilúvio para produzir os homens que quisesse. Essas duas versões – uma hebraica, e outra grega – não nos dão escolha. Devemos acreditar que os hindus tomaram ambas as versões seja dos gregos pagãos, seja dos judeus monoteístas, ou – o que é muito mais provável – que ambas as nações as tomaram da literatura védica através dos babilônios?

A História fala-nos da corrente de imigração ao longo do Indo, e da sua posterior invasão do Ocidente, com populações de origem hindu abandonando a Ásia Menor para colonizar a Grécia. Mas a História não diz uma única palavra sobre o "povo eleito" ou sobre as colônias gregas que teriam penetrado a Índia antes dos séculos V e IV a.C., época em que encontramos as primeiras e vagas tradições que fazem algumas das problemáticas tribos *perdidas* de Israel tomar, na Babilônia, a rota para a Índia. Mas mesmo se a história das dez tribos fosse digna de crédito, e se se provasse que as tribos existiram tanto na história sagrada como na profana, isso não ajudaria na solução do problema. Colebrooke, Wilson e outros eminentes indianistas mostram que o *Mahâbhârata*, se não o *Śatapatha-Brâhmana*, em que a história também figura, é anterior à época de Ciro – e, por conseguinte, anterior à época possível do surgimento de qualquer das tribos de Israel na Índia[45].

Os orientalistas fixam a data do *Mahâbhârata* entre os anos 1.200 e 1.500 a.C.; quanto à versão grega, ela tem tão poucas evidências quanto a outra, e as tentativas dos helenistas nessa direção fracassaram por completo. A história sobre o exército conquistador e Alexandre, que penetrou no noroeste da Índia, torna-se cada dia mais duvidosa. Nenhum registro hindu, nem a menor atestação histórica, em toda a extensão da Índia, oferece um traço sequer de tal invasão.

Se mesmo esses *fatos históricos* não passam hoje, por tudo o que sabemos, de ficção, o que não devemos pensar das narrativas que trazem em sua própria face o selo da invenção? Não podemos deixar de simpatizar de coração com o Prof. Müller quando ele assinala que parece "blasfêmia considerar essas fábulas do mundo pagão como fragmentos corrompidos e mal interpretados da Revelação *divina* outrora dispensada a toda a raça humana". Mas podemos afirmar ser esse erudito perfeitamente imparcial e probo para com ambos os partidos, se não incluir, no número dessas fábulas, as que figuram na *Bíblia*? E será a linguagem do *Velho Testamento* mais *pura* ou mais *moral* do que os livros bramânicos? Ou será qualquer fábula do mundo *pagão* mais blasfema e ridícula do que o diálogo de Jeová com Moisés (*Êxodo*, XXXIII, 23)? Apareceu qualquer deus pagão de maneira mais diabólica do que o mesmo Jeová em tantas e tantas passagens? Se os sentimentos de um cristão piedoso se chocam com os absurdos do Pai Cronos que come seus filhos e mutila a Ouramos; ou de Júpiter que expulsa Vulcano dos céus e lhe quebra as pernas; por outro lado, ele não pode se sentir ofendido se um *não*-cristão ri da idéia de Jacó brigando com o Criador, que "quando viu que *não o dominava*", deslocou o fêmur de Jacó, agarrando-se ainda o patriarca a Deus, e não O deixando partir, não obstante Suas súplicas.

Por que seria a história de Deucalião e Pirra, que jogaram pedras às costas, e assim criaram a raça humana, mais ridícula do que a da mulher de Lot que foi transformada numa estátua de sal, ou a do Todo-Poderoso que criou o homem *do barro* e então lhe soprou o alento de vida? A escolha entre este último modo de criação e o do deus egípcio com chifres de carneiro que fabricou o homem numa roda de oleiro é praticamente imperceptível. A história de Minerva, deusa da sabedoria, que veio à luz após um período de gestação nas coxas do pai, é pelo menos sugestiva e poética enquanto alegoria. Nenhum grego antigo jamais foi queimado por não aceitá-la literalmente; e, para todos os efeitos, as fábulas "pagãs" são em geral muito menos absurdas e blasfemas do que as que foram impostas aos cristãos, a partir do momento em que a Igreja aceitou o *Velho Testamento*, e a Igreja Católica Romana abriu seu registro de santos taumaturgos.

"Muitos dos nativos indianos", prossegue o Prof. Müller, "confessam seus sentimentos de revolta contra as impurezas atribuídas a esses deuses pelo que eles chamam de escritos sagrados; no entanto há brâmanes dignos de fé que sustentam que *essas histórias têm um sentido mais profundo* – visto que a imoralidade é incompatível com um ser divino, deve-se supor que haja *um mistério* oculto nessas consagradas fábulas – um mistério que um espírito atilado e reverente pode ter a esperança de penetrar."[46]

É exatamente isso o que afirma o clero quando tenta explicar as indecências e incongruências do *Velho Testamento*. No entanto, em vez de atribuir a interpretação àqueles que têm a chave de tais incongruências, ele chamou para si o ofício e o direito, por procuração *divina*, de interpretá-las à sua maneira. E não só o fez, como também privou gradualmente o clero hebraico dos meios de interpretar as suas Escrituras como os fizeram seus pais; de modo que é muito raro encontrar, no presente século, entre os rabinos, um cabalista bem versado. Os próprios judeus esqueceram a chave! Como poderiam ajudar? Onde estão os manuscritos originais? O mais antigo manuscrito hebraico ainda existente é o *Codex bodleiano*, que não tem mais de oitocentos ou novecentos anos[47] [*]. O lapso entre Esdras e esse *Codex*[48] é portanto de quinze séculos. Em 1490, a Inquisição *fez queimar todas as Bíblias hebraicas;* e só Torquemada destruiu 6.000 volumes em Salamanca. Exceto uns poucos manuscritos da *Torah Khethubim* e *Nebiim*, utilizados nas sinagogas, e que são de data recentíssima, não sabemos de nenhum manuscrito antigo ainda existente que não tenha sido adulterado, e portanto – completamente desvirtuado e distorcido pelos masoretas. Se não fosse essa oportuna invenção dos *Masorah*, nenhuma cópia do *Velho Testamento* teria sido provavelmente tolerada em nosso século. É sabido que os masoretas, quando transcreviam os manuscritos mais antigos, se deram ao trabalho de cortar, exceto em algumas poucas passagens para as quais fizeram vista grossa, todas as palavras *impudicas*, substituindo-as por sentenças de sua autoria e desse modo alterando completamente o sentido do versículo. "É claro", diz J. W. Donaldson, "que a escola masorética de Tiberíade se ocupou com manejar e remanejar o texto hebraico até a sua publicação final do próprio *Mosarah*"[49]. Portanto, se tivéssemos apenas os textos originais – a julgar pelas atuais cópias da *Bíblia* de que podemos dispor –, seria realmente edificante comparar o *Velho Testamento* com os *Vedas*, e mesmo com os livros bramânicos. Acreditamos de fato que nenhuma fé, ainda que cega, poderia suportar tal avalanche de cruas impurezas e fábulas. Se estas são, não apenas aceitas, mas impingidas a milhões de pessoas civilizadas que as consideram respeitáveis e edificantes o bastante para nelas acreditar como *revelação divina*, por que nos espantaríamos com o fato de os brâmanes considerarem igualmente seus livros como uma *Śruti*, uma revelação?

Agradeçamos aos masoretas por todos os meios, mas estudemos ao mesmo tempo os dois lados da medalha.

Lendas, mitos, alegorias, símbolos, se pertencem à tradição hindu, caldaica ou egípcia, são lançados à pilha como ficção. Dificilmente são eles honrados com uma pesquisa superficial sobre suas relações possíveis com a astronomia ou os emblemas sexuais. Os mesmos mitos – quando e por que mutilados – são aceitos como Escrituras Sagradas, mais – como Palavra de Deus! É isso História imparcial? É isso justiça para com o passado, o presente ou o futuro? "Não podemos servir a Deus e a Mammon", disse o Reformador, há dezenove séculos. "Não podemos servir à verdade e ao preconceito público", deveríamos dizer com mais propriedade ao nosso próprio século. Contudo, nossas autoridades pretendem estar a serviço da primeira.

Há poucos mitos em qualquer sistema religioso que não tenham um fundamento histórico e científico. Os mitos, como afirma corretamente Pococke, "revelam-se agora como fábulas, apenas na medida em que *não os compreendemos;* e como verdades, na medida em que eram outrora *entendidos.* Nossa ignorância

---

\* Isto se refere sem dúvida à relação de Joannes Uri, que compilou uma obra intitulada *Catalogus Codicum Manuscriptorum Orientalium Bibliothecae Bodleianae*, 1781, em três volumes, que contêm no vol. I uma relação dos manuscritos hebraicos. Na Entrada nº 37 há um Codex do ano 1104. No *Catalogue of the Hebrew Manuscripts in the Bodleian Library and in the College Libraries of Oxford*, etc., 1886, 1906, em dois volumes, que é uma relação cronológica, esse Codex aparece como nº 1 e está marcado ARCH. SELD. A. 47, o que parece indicar que foi adquirido da coleção de John Selden.

Atualmente, com a descoberta dos Manuscritos do Mar Morto, se modificou consideravelmente a situação dos manuscritos hebraicos primitivos do Velho Testamento. (N. do Org.)

consiste em ter feito da história um mito; e esta ignorância é uma herança helênica, conseqüência da vaidade helênica"[50].

Bunsen e Champollion já demonstraram que os livros sagrados do Egito são muito mais antigos do que a parte mais antiga do *Livro Gênese*. E uma pesquisa mais cuidadosa parece agora corroborar a suspeita – que para nós é uma certeza – de que as leis de Moisés são cópias do código do *Manu* bramânico. Portanto, segundo todas as probabilidades, o Egito deve sua civilização, suas instituições civis e suas artes, à Índia. Mas contra essa suspeita temos todo um exército de "autoridades" enfileiradas, e o que se pode fazer se estas negam o fato no presente? Mais cedo ou mais tarde, elas terão de aceitá-lo, pertençam à escola alemã ou à francesa. Entre os eruditos, mas não entre aqueles que fazem rapidamente um compromisso entre o interesse e a consciência, há uns poucos destemidos que podem trazer à luz certos fatos incontrovertidos. Há cerca de doze anos, Max Müller, numa carta ao Editor do *Times* de Londres (abril de 1857), afirmou com veemência que Nirvâna significa *aniquilação*, no sentido pleno da palavra. (Ver *Chips*, etc., vol. I, p. 279, em "The Meaning of Nirvâna".) Mas em 1869, numa conferência por ocasião do congresso geral da Associação de Filólogos Alemães, em Kiel, "ele declara distintamente sua crença de que o niilismo atribuído aos ensinamentos de Buddha não faz parte de sua doutrina, e que é totalmente errôneo supor que Nirvâna significa aniquilação". (Trübner, *American and Oriental Literary Record*, 16 de outubro de 1869; também Inman, *Ancient Faiths and Modern*, p. 128.) Mas, se não nos enganamos, o Prof. Müller era uma autoridade tanto em 1857, quanto em 1869.

"É difícil estabelecer", diz (agora) o grande erudito, "se o *Veda* é o mais antigo dos livros, ou se algumas partes do *Velho Testamento* não podem remontar à mesma data, ou até mesmo a antes, dos hinos mais antigos do *Veda*"[51]. Mas sua retratação a propósito do Nirvâna permite-nos a esperança de que ele possa ainda mudar sua opinião também a respeito da questão do *Gênese*, para que o público possa ter simultaneamente o benefício da verdade e a sanção de uma das maiores autoridades européias.

Sabido é que os orientalistas não se puseram de acordo quanto à época de Zoroastro, e, enquanto a questão não ficar estabelecida, será talvez mais seguro acreditar implicitamente nos cálculos bramânicos pelo Zodíaco, do que nas opiniões dos cientistas. Deixando de lado a horda profana de eruditos de nenhum renome, aqueles que ainda esperam ser escolhidos pela adoração pública como ídolos simbólicos da liderança científica, onde podemos encontrar, dentre as autoridades sancionadas do dia, duas que concordem quanto a essa época? Há a de Bunsen, que situa Zoroastro na Bactriana, e a emigração dos bactrianos ao Indo em 3794, e o nascimento de Moisés em 1392[52]. Mas é difícil situar Zoroastro antes dos *Vedas*, considerando que toda a sua doutrina já se acha nos *Vedas*. Na verdade, ele demorou no Afeganistão por um período mais ou menos problemático antes de cruzar o Puñjâb; mas os *Vedas* foram iniciados neste último país. Eles indicam o progresso dos hindus, assim como o *Avesta* o dos iranianos. E há a de Haug, que atribui o *Aitareya-Brâhmanam* – um comentário especulativo bramânico sobre o *Rig-Veda*, muito mais recente do que o *Veda* – ao período entre 1400 e 1200 a.C., ao passo que os *Vedas* são por ele situados entre os anos 2000 e 2400 a.C. Max Müller sugere cautelosamente certas dificuldades nessa computação cronológica, mas não a nega em absoluto[53]. Seja como for, e supondo que o *Pentateuco* foi escrito pelo próprio

Moisés – embora dessa forma ele teria por duas vezes registrado sua morte –, se Moisés nasceu, como acredita Bunsen, em 1392 a.C., o *Pentateuco* não poderia ter sido escrito *antes dos Vedas*. Especialmente se Zoroastro nasceu em 3784 a.C. Se, como afirma o Dr. Haug[54], alguns dos hinos do *Rig-Veda* foram escritos antes de Zoroastro ter realizado seu cisma, por volta de 3700 a.C., e Max Müller diz que "os zoroastristas e os seus ancestrais partiram da Índia durante o período védico", como podem algumas partes do *Antigo Testamento* remontar à mesma data, "ou até antes dos hinos mais antigos do *Veda*"?

Concordam em geral os orientalistas em que os âryas, em 3000 a.C., ainda estavam nas estepes a leste do Cáspio, e unidos. Rawlinson *conjectura* que eles "migraram para leste" oriundos da Armênia como centro comum, ao passo que duas correntes congêneres começaram a migrar, uma para norte, além do Cáucaso, e outra para oeste, além da Ásia Menor e da Europa. Ele acredita que os âryas, num período anterior ao século XV antes de nossa era, estavam "sediados na região banhada pelo Indo Superior"[55]. Daí os âryas védicos migraram para o Puñjâb, e os âryas zêndicos para oeste, estabelecendo os países históricos. Mas essa, como as demais, é uma hipótese, e como tal é dada.

Ademais, diz Rawlinson, seguindo evidentemente a Max Müller: "A história primitiva dos âryas constitui por muitos séculos uma lacuna absoluta." Mas muitos brâmanes eruditos declararam ter encontrado traços da existência dos *Vedas* já em 2100 a.C.; e Sir William Jones[56], tomando como guia os dados astrológicos, situa o *Yajur-Veda* em 1580 a.C. Isso seria ainda "antes de Moisés".

É na suposição de que os âryas não deixaram o Afeganistão pelo Puñjâb antes de 1500 a.C. que Max Müller e outros sábios de Oxford puderam estimar que partes do *Velho Testamento* remontam à mesma data, ou até antes, dos hinos mais antigos do *Veda*. Por conseguinte, enquanto os orientalistas não nos puderem indicar a data correta em que viveu Zoroastro, nenhuma autoridade será mais bem considerada no que respeita à época dos *Vedas* do que os próprios brâmanes.

Sendo por demais sabido o fato de que os judeus tomaram muitas de suas leis dos egípcios, examinemos quem eram os egípcios. Em nossa opinião – que é, naturalmente, a de uma pobre autoridade –, eles eram os indianos antigos, e em nosso primeiro volume citamos passagens do historiador Kullûka-Bhatta que corroboram tal teoria. É o seguinte o que entendemos por Índia antiga:

Nenhuma região no mapa – exceto talvez a antiga Cítia – é mais incertamente definida do que a que leva a designação de Índia. A Etiópia é talvez o único paralelo. Ela era a pátria das raças cuchitas e camíticas, e situava-se a leste da Babilônia. Tinha outrora o nome de Indostão, quando as raças negras, adoradoras de *Bala-Mahâdeva* e *Bhavânî-Mahâdevî*, dominavam esse país. A Índia dos primeiros sábios parece ter sido a região localizada nas nascentes do Oxus e do Jaxartes. Apolônio de Tiana cruzou o Cáucaso ou o Hindu Kush, onde encontrou um rei que o dirigiu à morada dos sábios – descendentes talvez daqueles a quem Amiano chama de "Brachmanas da Índia Superior", e a quem Hystaspes, o pai de Dario (ou, mais provavelmente, o próprio Darius Hystaspes), visitou; e, tendo sido instruído por eles, infundiu seus ritos e idéias nas observâncias mágicas. Essa narrativa sobre Apolônio parece indicar Caxemira como a região que ele visitou, e os *Nâgas* – após a sua conversão ao Budismo – como seus mestres. Nessa ocasião, a Índia ariana não se estendia além do Puñjâb.

A nosso ver, o maior obstáculo que se antepõe no caminho do progresso da etnologia sempre foi a tríplice progênie de Noé. Na tentativa de reconciliar as raças pós-diluvianas com a descendência genealógica de Sem, Cam e Jafé, os orientalistas cristianóides se lançaram a uma tarefa impossível de cumprir. A arca de Noé da *Bíblia* tem sido um leito de Procusto no qual eles procuram a tudo amoldar. A atenção foi dessarte desviada das verdadeiras fontes de informação no que respeita à origem do homem, e uma alegoria meramente local foi erroneamente tomada como um relato histórico emanado de uma fonte inspirada. Estranha e infeliz escolha! Dentre todos os escritos sagrados das nações básicas, oriundos do berço primitivo da Humanidade, o Cristianismo escolheu para seu guia os registros e as escrituras nacionais do povo menos espiritual talvez da família humana – o semita. Um ramo que nunca foi capaz de desenvolver, a partir de seus numerosos idiomas, uma língua capaz de encarnar as idéias do mundo moral e intelectual; cuja forma de expressão e cuja inclinação mental jamais conseguiu se elevar mais alto do que as figuras de linguagem puramente sensuais e terrestres; cuja literatura nada deixou de original, nada que não foi tomado do pensamento ariano; e cuja ciência e filosofia carecem totalmente das nobres características que caracterizam os sistemas altamente espirituais e metafísicos das raças indo-européias (jaféticas).

Bunsen[57] mostra que o camita (a língua do Egito) era um depósito da Ásia ocidental, que continha os *germes* do semítico e que, portanto, "testemunhavam a primitiva unidade das raças semitas e arianas". Devemos lembrar, a esse respeito, que os povos da Ásia sudoeste e ocidental, incluindo os medas, eram todos árias. No entanto, ainda não se provou quem foram os mestres originais e primitivos da Índia. O fato de que esse período está agora fora do alcance da história documentária não exclui a probabilidade de nossa teoria de que esses mestres pertenciam à poderosa raça de construtores, chamada etíopes orientais ou árias de pele negra (a palavra árya significa simplesmente "guerreiro nobre", um "bravo"). Eles governaram de modo supremo toda a Índia antiga, enumerada mais tarde como possessão daqueles que os nossos cientistas chamam de povos de fala sânscrita.

Esses hindus, ao que se *supõe*, teriam entrado no país oriundos de noroeste; *conjectura-se* que alguns deles teriam trazido consigo a religião bramânica, e a língua dos conquistadores era *provavelmente* o sânscrito. Nossos filólogos trabalharam com esses três magros dados desde que a imensa literatura sânscrita foi anunciada por Sir William Jones – e sempre com os três filhos de Noé lhes torcendo o pescoço. Tal é a ciência *exata*, livre de preconceitos religiosos! Na verdade, a etnologia teria sido a maior ganhadora, se esse trio noético tivesse sido posto ao mar antes de a arca alcançar a terra firme!

Os etíopes são geralmente classificados no grupo semita; mas veremos em seguida que essa classificação não se lhes enquadra bem. Consideraremos também a sua possível vinculação à civilização egípcia, que, como assinala um autor, parece ser dotada da mesma perfeição desde os tempos primitivos, não tendo experimentado a evolução e o progresso, como no caso dos outros povos. Por razões que agora aduziremos, estamos preparados para afirmar que o Egito deve a sua civilização, sua comunidade e suas artes – mormente a arte da construção – à Índia pré-védica, e que foi uma colônia dos árias de pele escura, ou aqueles que Homero e Heródoto chamam de etíopes orientais[58], *i. e.*, os habitantes da Índia setentrional, que trouxe ao Egito sua já adiantada civilização nas eras pré-cronológica que Bunsen chama de pré-menitas, mas que corresponde aos tempos históricos.

Em *India in Greece* de Pococke, encontramos o seguinte sugestivo parágrafo: "O relato completo das guerras travadas entre o chefe solar, Oosras (Osíris), o Príncipe dos Guclas, e 'TU-PHOO', corresponde na verdade ao simples fato histórico das guerras entre os apianos, ou tribos do Sol de Oudh, e o povo de 'TU-PHOO', ou TIBETE, que era, de fato, de raça lunar, e budista[59], e inimigo de Râma, e dos 'AITYO-PIAS', ou povo de Oudh, posteriormente os 'AITH-IO-PIAS' da África"[60].

Lembraremos ao leitor a esse respeito que Râvana, o gigante, que, no *Râmâyana*, trava uma batalha com Râma Chandra, é mostrado como Rei de Lanka, o antigo nome do Ceilão; e que o Ceilão, naqueles dias, formava parte talvez do continente da Índia setentrional, e era povoado pelos "etíopes orientais". Conquistada por Râma, o filho de Daśaratha, o Rei Solar do antigo Oudh, uma colônia desse povo migrou para o norte da África. Se, como muitos supõem, a *Ilíada* de Homero e muito do seu relato da guerra de Tróia foi plagiada do *Râmâyana*, então as tradições que serviram como base a esta última obra devem datar de uma tremenda antiguidade. Deixa-se assim uma ampla margem à história pré-cronológica por um período durante o qual os "etíopes orientais" podem ter estabelecido a hipotética colônia de Mizra, com a sua alta civilização indiana.

A ciência ainda está no escuro, no que respeita às inscrições cuneiformes. Enquanto estas não forem decifradas, e especialmente aquelas gravadas nas rochas descobertas com abundância nas fronteiras do antigo Irã, quem poderá falar dos segredos que elas ainda possam revelar? Não existem inscrições monumentais, em sânscrito, mais antigas do que Chandragupta (315 a.C.), e as inscrições persepolitanas são 220 anos mais antigas. Há ainda hoje alguns manuscritos em caracteres completamente desconhecidos dos filólogos e dos paleógrafos, e um deles está, ou esteve, há algum tempo, na biblioteca de Cambridge, Inglaterra. Os lingüistas classificam o semita entre as línguas indo-européias, incluindo geralmente o etíope e o egípcio antigo na classificação. Mas, se alguns dialetos da moderna África do Norte, e mesmo o moderno giz, ou etíope, tanto se degeneraram e corromperam no presente a ponto de admitirem falsas conclusões, no que respeita ao relacionamento genético entre elas e as outras línguas semíticas, não estamos de todo seguros de que estas últimas tenham direito a essa classificação, exceto no caso do velho copta e do antigo giz.

Que há mais consangüinidade entre os etíopes e as raças arianas de pele escura, e entre estas e os egípcios, eis algo que ainda está para ser provado. Descobriu-se recentemente que os antigos egípcios eram de tipo caucasianos, e que a forma de seus crânios é puramente asiática[61]. Se sua pele era de cor menos escura do que a dos etíopes modernos, os próprios etíopes devem ter tido outrora uma tez mais clara. O fato de que, para os reis etíopes, a ordem da sucessão dava a coroa ao sobrinho do rei, *ao filho de sua irmã*, e não ao seu próprio filho, é extremamente sugestivo. É esse um velho costume que prevalece até hoje na Índia setentrional. O Râjâ não é sucedido por seus próprios filhos, mas pelos *filhos de sua irmã*[62].

De todos os dialetos e idiomas que se acredita serem semitas, só o etíope é escrito da esquerda para a direita, como o sânscrito e o indo-ariano[63].

Assim, contra a teoria que atribui a origem dos egípcios a uma antiga colônia indiana, não há nenhum impedimento mais grave do que o desrespeitoso filho de Noé, Cam – ele próprio um mito. Mas a forma primitiva do culto religioso egípcio, de seu governo, de sua teocracia e de seu clero, seus usos e costumes, tudo indica uma origem indiana.

As lendas mais antigas da história da Índia mencionam duas dinastias, atualmente perdidas na noite do tempo; a primeira era a dinastia dos reis, da "raça do Sol", que reinou em Ayôdhyâ (atual Oudh); a segunda, a da "raça da Lua", que reinou em Prayâga (Allâhâbad). Quem quer que desejar informações sobre o culto religioso desses reis primitivos deverá ler o *Livro dos mortos* dos egípcios, e todas as peculiaridades que dizem respeito ao culto do Sol e aos deuses do Sol. Nunca se faz qualquer menção a Hórus ou Osíris sem os relacionar com o Sol. Eles são os "Filhos do Sol"; "Senhor e Adorador do Sol" é o seu nome. "O Sol é o criador do corpo, o genitor dos deuses que são *os sucessores do Sol*". Pococke, em sua engenhosa obra, advoga com firmeza a mesma idéia, e tenta estabelecer ainda mais firmemente a identidade entre as mitologias egípcia, grega e indiana. Ele mostra que o chefe da raça solar de Râjput – na verdade, o grande Cuclo-pos (Cíclope, ou construtor) – recebia o nome de "O Grande Sol", na mais antiga tradição hindu. Esse Príncipe Gok'la, o patriarca das vastas fileiras de inaquienses, diz ele, "esse 'Grande Sol', foi deificado em sua morte, e de acordo com a doutrina indiana da metempsicose, supôs-se que sua alma transmigrou para o touro 'APIS', o 'SERA-PIS' dos gregos, e o SOORA-PAS', ou 'CHEFE DO SOL', dos egípcios (. .) *Osíris*, mais propriamente *Oosras*, significa tanto "um touro", quanto 'um raio de luz'. *Soora-pas* (SERA-PIS), o CHEFE DO SOL", pois o Sol em sânscrito é Sûrya[64]. A obra *La Manifestation à la Lumière*, de Champollion, fala, em todos os seus capítulos, das duas Dinastias dos Reis do Sol e da Lua. Mais tarde, esses reis foram deificados e transformados, após a morte, em divindades solares e lunares. Seu culto foi a primeira corrupção da grande fé primitiva que considerava justamente o Sol e os seus ígneos raios dadores de vida como o símbolo mais apropriado para nos lembrar da presença universal e invisível daquEle que é mestre da Vida e da Morte. Tal fé pode ser rastreada atualmente em todo o globo. Tratava-se da religião dos antigos brâmanes védicos, que chamam, nos hinos mais antigos do *Rig-Veda*, a Sûrya (o Sol) e a Agni (o fogo), de "regente do universo", "senhor dos homens", e "rei sábio". Era o culto dos magos, dos zoroastristas, dos egípcios e dos gregos, chamassem-no eles de Mithra, ou Ahura-Mazda, ou Osíris, ou Zeus, mantendo-o em honra de seu parente mais próximo, Vesta, o puro fogo celestial. E essa religião acha-se também no culto solar peruano; no sabeanismo e na heliolatria dos caldeus, na "pira ardente" mosaica, na reverência dos chefes dos povos para com o Senhor, o "Sol", e mesmo na ereção abrâmica dos altares de fogo e nos sacrifícios dos judeus monoteístas a Astarte, a Rainha do Céu.

Até o presente, com todas as controvérsias e pesquisas, a História e a Ciência permanecem como sempre nas trevas, no que respeita à origem dos judeus. Eles podem muito bem ser os Chandâlas ou Pariahs, exilados da Índia antiga, os "pedreiros" mencionados por Vina-Snati, Veda-Vyâsa e Manu, ou os fenícios de Heródoto, ou os Hyksôs de Josefo, ou os descendentes dos pastores pâli, ou uma mistura de todos esses. A *Bíblia* denomina os tirianos de povo consangüíneo, e vindica o domínio sobre eles.[65]

Há na *Bíblia* mais de um personagem importante cuja biografia lhe aponta o caráter de herói mítico. Samuel é o personagem da Comunidade Hebraica. Ele é o *doppel* de Sansão, do *Livro dos juízes*, como se verá – sendo ele o filho de Ana e EL-KAINA, como Sansão o foi de Manua ou Manoah. Ambos eram caracteres fictícios, como agora o indica o livro revelado; um era o Hércules hebreu, e o outro Ganeśa. Credita-se a Samuel a façanha de ter estabelecido uma república, destruindo o culto cananita de Baal e Astarte, ou Adônis e Vênus, e estabelecendo o de Jeová. Como o povo pedia um rei, ele ungiu a Saul, e, depois dele, a Davi de Belém.

Davi é o rei Artur israelita. Realizou grandes façanhas e estabeleceu um governo na Síria e em Iduméia. Seu domínio se estendeu à Armênia e à Assíria, a norte e nordeste, ao Deserto sírio e ao Golfo Pérsico, a leste, à Arábia, ao sul e ao Egito e ao Levante, a oeste. Somente a Fenícia não estava incluída.

Sua amizade com Hirão parece indicar que ele fez sua primeira expedição à Judéia partindo desse país. E sua longa permanência em Hebron, a cidade dos Cabiri (*Arba*, ou quatro), parece implicar igualmente que ele estabeleceu uma nova religião no país.

Depois de Davi, veio Salomão, poderoso e luxuriento, que procurou consolidar o domínio que Davi havia obtido. Como Davi era um adorador de Jeová, um templo a Jeová (Tukht-i-Sulaiman) foi edificado em Jerusalém, ao passo que os santuários a Moloch-Hércules, Chemosh e Astarte foram erguidos no Monte das Oliveiras. Tais santuários perduraram até Josias.

Em seguida, armaram-se conspirações. Revoltas estalaram em Iduméia e Damasco; e Ahijah, o profeta, liderou o movimento popular que resultou na deposição da casa de Davi e na coroação de Jeroboão. Desde então predominaram os profetas em Israel e prevaleceu o culto do bezerro em todo o país; os sacerdotes dominaram a frágil dinastia de Davi, e o lascivo culto local se estendeu a todo o país. Após a destruição da casa de Ahab, e do fracasso de Jehu e seus descendentes em unir o país sob um único comando, a tentativa foi feita em Judá. Isaías havia posto fim à linha direta na pessoa de Ahaz (*Isaías*, VIII, 9), e colocado no trono um príncipe de Belém (*Miquéias*, V, 2, 5). Era este Ezequias. Ao subir ao trono, convidou ele os chefes de Israel a unirem-se numa aliança contra a Assíria (*2 Crônicas*, XXX, 1, 21; XXXI, 1, 5; *2 Reis*, XVIII, 7). Estabeleceu, ao que parece, um colégio sagrado (*Provérbios*, XXV, 1), e, posteriormente, modificou o culto [*], a ponto de quebrar em pedaços a serpente dourada construída por Moisés.

Isto demonstra que são míticas as histórias de Samuel e Davi e Salomão. Foi por essa época que muitos dos profetas que também eram letrados começaram a escrever.

O país foi finalmente dominado pelos assírios, que encontraram o mesmo povo e as mesmas instituições que os da Fenícia e de outras nações.

Ezequias não era filho natural, mas adotivo de Ahaz. Isaías, o profeta, pertencia à família real, e acreditava-se que Ezequias era seu genro. Ahaz recusou aliar-se ao profeta e ao seu partido, dizendo: "Não tentarei ao Senhor" (*Isaías*, VII, 12).

---

\* A referência às *Crônicas* parece estar errada e a referência aos *Provérbios* não é corroborada pelo texto em si mesmo. (N. do Org.)

Declarou o profeta: "Se não acreditardes, não permanecereis" – prenunciando a deposição de sua linhagem direta. "Aborreceis a meus Deus", replicou o profeta, predizendo o nascimento de uma criança por uma *almeh*, ou mulher do templo, antevendo ainda que, antes de ela atingir a maturidade (*Hebreus*, V, 14; *Isaías*, VII, 16; VIII, 4), o rei da Assíria dominaria a Síria e Israel. Essa é a profecia que Irineu procurou relacionar a Maria e Jesus, e a razão por que a mãe do profeta nazareno é representada como pertencente ao templo e consagrada a Deus desde a sua infância.

Numa segunda canção, Isaías, celebrou o novo chefe, sentado no trono de Davi (IX, 6, 7; XI, 1), que deveria fazer voltarem às casas os judeus que a aliança havia mantido cativos (*Isaías*, VIII, 2-12; *Joel*,'III, 1-7; *Abdias*, 7, 11, 14). Miquéias – seu contemporâneo – também enunciou o mesmo evento (IV, 7-13; V, 1-7). O Redentor também deveria vir de Belém; em outras palavras, seria da casa de Davi; e deveria resistir à Assíria com a qual Acaz se aliara, e também reformar a religião (2 *Reis*, XVIII, 408). Isso Ezequias fez. Ele era neto de Zacarias, o vidente (2 *Crônicas*, XXIX, 1; XXVI, 5), o conselheiro de Usías; e assim que subiu ao trono, restaurou a religião de Davi, e destruiu os últimos vestígios da de Moisés, i. e., a doutrina *esotérica*, declarando "nossos pais caíram sob a espada" (2 *Crôn.*, XXIX, 6-9). Ele tentou em seguida uma união com a monarquia do Norte, havendo então um interregno em Israel (2 *Crôn.*, XXX, 1, 2, 6; XXXI, 1, 6, 7). Ele teve sucesso, mas isso resultou numa invasão do rei da Assíria. E houve então um novo *régime*. Tudo isso mostra o curso de duas correntes paralelas no culto religioso dos israelitas; uma que pertence à religião do Estado e que adota exigências políticas; e outra, que é pura idolatria, resultante da ignorância da verdadeira doutrina esotérica pregada por Moisés. Pela primeira vez, desde que Salomão as construíra, "os planos foram tomados".

Foi Ezequias o esperado Messias da religião exotérica do Estado. Ele foi o rebento do tronco de Jessé, que libertaria os judeus de um deplorável cativeiro, sobre o qual os historiadores hebreus parecem fazer silêncio, evitando cuidadosamente qualquer menção a esse fato particular, porém que os irascíveis profetas imprudentemente revelam. Se Ezequias esmagou o culto exotérico de Baal, ele também arrancou violentamente o povo de Israel da religião de seus pais, e dos ritos secretos instituídos por Moisés.

Foi Dario Hystaspes quem pela primeira vez estabeleceu uma colônia persa na Judéia, cujo chefe foi talvez Zoro-Babel. "O nome *Zoro-babel* significa "a semente ou o filho da Babilônia" – como Zoro-astro, זרע־אישתר, é a semente, filho ou príncipe de Ishtar"[66]. O próprio Sião recebia o nome de Judéia, e havia uma Ayôdhyâ, na Índia. Os templos de *Shalom*, Paz, eram numerosos. Por toda a Pérsia e o Afeganistão os nomes de Saul e Davi eram comuns. A "Lei" é atribuída por sua vez a Ezequias, a Esdras, a Simão o Justo, e ao período asmoniano. Nada definitivo, por toda parte contradições. Quando o período asmoniano teve início, os principais defensores da Lei foram chamados de asidues ou kasdim (caldeus), e posteriormente de fariseus ou pharsi (parsis). Isso indica que as colônias persas foram estabelecidas na Judéia e governaram o país, ao passo que todos os povos mencionados nos livros *Gênese* e de *Josué* aí viveram como uma comunidade (ver *Esdras*, IX, 1).

Não há nenhuma história real no *Velho Testamento*, e as únicas informações históricas que se podem recolher são aquelas que se acham nas indiscretas revelações dos profetas. O livro, como um todo, deve ter sido escrito em diversas épocas, ou antes inventado como uma autorização para algum culto posterior, cuja origem pode ser traçada com facilidade em parte dos mistérios órficos, e em parte dos antigos ritos egípcios com os quais Moisés estava familiarizado desde a sua infância.

Desde o último século, a Igreja tem sido gradualmente forçada a entregar partes do território bíblico usurpado àqueles a quem elas de fato pertenciam. O território foi ganho polegada por polegada, e um personagem após o outro revelou a sua natureza mítica e pagã. Mas agora, após a recente descoberta por George Smith, o assaz chorado assiriólogo, uma das mais seguras escoras da *Bíblia* foi arrasada. Sargão e suas tábuas revelaram ser mais antigas do que Moisés. Como o relato do *Êxodo*, o nascimento e a história do legislador parecem ter sido "emprestados" dos assírios, como as "jóias de ouro e as jóias de prata" o foram dos egípcios.

À página 224 das *Assyrian Discoveries*, diz o Sr. George Smith: "No palácio de Senaqueribe, em Kouyunjik, descobri outro fragmento da curiosa história de Sargão, uma tradução da qual publiquei nas *Transactions of the Society of Biblical Archaeology*, vol. I, parte I, p. 46. Esse texto conta que Sargão, um jovem monarca babilônico, havia nascido de pais da realeza, mas foi escondido por sua mãe, que o colocou no rio Eufrates numa arca de junco, recoberta de betume, semelhante àquela em que a mãe de Moisés escondeu seu filho (ver *Êxodo*, II). Sargão foi descoberto por um homem chamado Akki, um aguadeiro, que o adotou como filho, e que mais tarde se tornou Rei da Babilônia. A capital de Sargão era a grande cidade de Agade, chamada pelos semitas de Akkad, mencionada no *Gênese* como uma capital de Nimrod (*Gênese*, X, 10), e aí reinou *por quarenta e cinco anos*[67]. Akkad situava-se nas proximidades da cidade de *Sippara*[68], no Eufrates e a norte da Babilônia. A época de Sargão, que pode ser fixada pelo Moisés babilônico, é o século XVI a.C., ou talvez antes".

G. Smith acrescenta em seu *Chaldean Account of Genesis* que "Sargão I era um monarca babilônico que reinou na cidade de Agade por volta de 1600 a.C. O nome de Sargão significa o rei correto, digno ou legítimo. A curiosa história acha-se nos fragmentos das tábuas de Kouyunjik e reza assim:

1. Sou Sargina, o poderoso rei de Agade.
2. Minha mãe era uma princesa, meu pai não conheci, um irmão de meu pai governava o país.
3. Na cidade de Azupiran, situada às margens do rio Eufrates,
4. Minha mãe, a princesa, me concebeu; difícil foi o seu parto.
5. Ela me colocou numa arca de junco, e com betume impediu a minha saída.
6. Ela me lançou ao rio, que não me afogou.
7. O rio me conduziu a Akki, o aguadeiro, que me recolheu.
8. Akki, o aguadeiro, me levou, ternamente", etc., etc.[69]

E agora o *Êxodo* (II, 3): "E como ela, a mãe de Moisés, não mais pudesse escondê-lo, tomou uma arca de papiro, e calafetou-a com betume e pez, e colocou dentro a criança, e a expôs nos juncos à beira do rio".

O evento, diz o Sr. G. Smith, "teria ocorrido por volta de 1600 a.C. [*],

---

\*    Corrigido para 1800 a.C. por Sayce, em *Chald. Account of Genesis*, mas dada por Hilprecht (em 1904) como 3800 a.C. (*Babyl. Exped.*, Série D, I, p. 249). Cf. *A doutrina secreta*, vol. I, p. 320, rodapé. (N. do Org.)

muito antes da suposta época de Moisés[70]; e, como sabemos que a fama de Sargão chegou ao Egito, é quase certo que esse relato tenha uma conexão com o fato narrado no *Êxodo* II, pois toda ação, uma vez realizada, tem a tendência de se repetir"[71].

As "eras" dos hindus pouco diferem das dos gregos, dos romanos e mesmo dos judeus. Incluímos deliberadamente a computação mosaica, e no propósito de provar nossa posição. A cronologia que separa Moisés da criação do mundo por *apenas quatro gerações* parece ridícula simplesmente, porque o clero cristão a quis impingir literalmente ao mundo[72]. Os cabalistas sabem que essas gerações simbolizam as quatro eras do mundo. As alegorias que, nos cálculos hindus, abrangem todo o estupendo curso das quatro eras, são astutamente reduzidas nos livros mosaicos, graças à prestativa ajuda da *Masorah*, ao pequeno período de dois milênios e meio (2513)!

O plano exotérico da *Bíblia* visa responder também às quatro era. Assim, ela computa a Era de Ouro de Adão a Abraão; a de Prata, de Abraão a Davi; a de Cobre, de Davi ao Cativeiro; e daí por diante, a de Ferro. Mas o cômputo secreto é muito diferente, e não difere dos cálculos zodiacais dos brâmanes. Estamos na Idade do Ferro, ou Kali-Yuga, mas ela começou com Noé, o ancestral mítico de nossa raça.

Noé, ou Nuah, como todas as manifestações evemerizadas do Irrevelado – Svâyambhuva (de Svayanbhû) –, era andrógino. Por isso, em algumas passagens, ele pertencia à Tríada puramente feminina dos caldeus, conhecida como "Nuah, a Mãe universal". Já mostramos em outro capítulo que toda Tríada masculina tem a sua contraparte feminina, um em três, como a anterior. Ela era o complemento passivo do princípio ativo, o seu *reflexo*. Na Índia, a *Trimûrti* é reproduzida na *Śakti-trimûrti*, feminina; e na Caldéia, Ana, Belita e Davkina correspondiam a Anu, Bel, Nuah. As três primeiras resumiam-se numa só – Belita.

"Deusa soberana, senhora do abismo inferior, mãe dos deuses, rainha da terra, rainha da fecundidade."

Enquanto umidade primordial, donde *tudo* provém, Belita é *Tiamat*, o mar, a mãe da *cidade de Erech* (a grande necrópole caldaica), portanto, uma deusa infernal. No mundo dos astros e dos planetas, ela é conhecida como Ishtar ou Astoreth. Portanto, ela é idêntica a Vênus, e a todas as outras Rainhas do Céu, às quais bolos e pães são ofertados em sacrifício[73], e, como o sabem todos os arqueólogos, à *Eva*, a mãe de tudo o que vive, e a Maria.

A Arca, na qual se preservam os germes de todas as coisas necessárias para repovoar a Terra, representa a sobrevivência da vida, e a supremacia do espírito sobre a matéria, através do conflito das forças opostas da Natureza. Na carta Astro-Teosófica do Rito Ocidental, a Arca corresponde ao umbigo, e é colocada no lado esquerdo, o lado da mulher (a Lua), um de cujos símbolos é a coluna esquerda do templo de Salomão – Boaz. O umbigo está relacionado com o receptáculo no qual se frutificam os germes da raça[74]. A Arca é a *Argha* sagrada dos hindus, e, portanto, podemos perceber com facilidade a sua relação com a arca de Noé, quando aprendemos que a Argha era um vaso oblongo, utilizado pelos sumo-sacerdotes como cálice sacrifical no culto de Ísis, Astarte e Vênus-Afrodite, todas as quais eram deusas dos poderes gerativos da Natureza, ou da matéria – representando simbolicamente, portanto, a Arca que contém os germes de todas as coisas vivas.

Admitimos que os pagãos tinham e têm agora – como na Índia – símbolos estranhos, que, aos olhos dos hipócritas e dos puritanos, parecem escandalosamente imorais. Mas não copiaram os judeus antigos muitos desses símbolos? Já descrevemos alhures a identidade do linga com a coluna de Jacó, e poderíamos dar muitos exem- plos de ritos cristãos que têm a mesma origem, mas o espaço não o permite, e, ademais, tudo isso já foi plenamente estudado por Inman e outros (ver *Ancient Faiths Embodied in Ancient Names*, de Inman).

Ao descrever o culto dos egípcios, diz a Sra. Lydia Maria Child: "Essa reverência pela produção da Vida introduziu no culto de Osíris o emblema sexual, tão comum no Indostão. Uma colossal imagem dessa espécie foi apresentada ao seu templo em Alexandria, pelo Rei Ptolemeu Philadelphus. (...) A reverência pelo mistério da vida organizada levou ao reconhecimento de um princípio masculino e feminino em todas as coisas espirituais ou materiais. (...) Os emblemas sexuais presentes em todas as esculturas de seus templos pareceriam impuros se descritos, mas *nenhuma mente limpa e séria* poderá contemplá-los sem testemunhar a óbvia simplicidade e solenidade com que o assunto é tratado[75].

Assim fala essa respeitável senhora e admirável autora, e nenhum homem ou mulher de pensamentos puros poderá recriminá-la por isso. Mas essa perversão do pensamento antigo é natural numa época de hipocrisia e puritanismo como a nossa.

A água do dilúvio, que na alegoria representa o "mar" simbólico, Tiamat, simboliza o caos turbulento, a matéria, chamado "o grande dragão". De acordo com a doutrina gnóstica e rosa-cruz medieval, a mulher não estava incluída no plano inicial da criação. Ela resultou da fantasia impura do homem, e, como dizem os hermetistas, é "uma intrusa". Gerada por um pensamento impuro, ela veio à existência na *demoníaca* "sétima hora", quando os verdadeiros mundos "sobrenaturais" já haviam passado, e os mundos "naturais" ou *ilusórios* começavam a evoluir no "microcosmos descendente", ou, em termos mais claros, no arco do grande ciclo. Originalmente "Virgo", a Virgem Celestial do Zodíaco, se tornou "Virgo-Scorpio". Mas, ao desenvolver sua companheira, o homem a dotou involuntariamente de seu próprio quinhão de espiritualidade, e o novo ser a quem sua "imaginação" havia trazido à vida tornou-se o seu "Salvador" dos laços de Eva-Lilith, a primeira Eva, que tinha um quinhão maior de matéria em sua composição do que o primitivo homem "espiritual"[76].

Portanto, a mulher figura na cosmogonia relacionada com a "matéria", ou o *grande abismo*, como a "Virgem do Mar", que esmaga o "Dragão" sob seus pés. O "Dilúvio" recebe também amiúde, na fraseologia simbólica, o nome de "o grande Dragão". Para quem está familiarizado com essas doutrinas, fica mais do que sugestivo saber que para os católicos a Virgem Maria é não só a padroeira dos marinheiros cristãos, mas também a "Virgem do Mar". Assim era Dido, a padroeira dos marinheiros fenícios[77], e, juntamente com Vênus e outras divindades lunares – tendo a Lua uma forte influência sobre as marés – a "Virgem do Mar". *Mar*, o "Mar", é a raiz do nome Maria. A cor azul, que simbolizava para os antigos o "Grande Abismo" ou o mundo material, e portanto o mal, tornou-se sagrada para a nossa "Abençoada Senhora". É a cor da "Notre Dame de Paris". Devido à sua relação com a serpente simbólica, tinham grande aversão por essa cor os ex-nazarenos, discípulos de João Baptista, os atuais mandeus de Basra.

Entre as belas gravuras de Maurício, há uma que representa Krishna esmagando a cabeça da serpente. Uma mitra de três pontas lhe cobre a cabeça (simbolizando a Trindade), e o vencido reptil envolve o corpo do deus hindu[78]. Essa gravura mostra de onde proveio a inspiração para a caracterização de uma história posterior extraída de uma pretensa profecia. "Porei uma hostilidade entre ti e a mulher, e entre a tua linhagem e a dela; e ela te esmagará a cabeça, e tu lhe ferirás o *calcanhar*."[79]

O *orant* egípcio também é representado com os braços estendidos na forma de um crucifixo, e esmagando a "Serpente"; e Hórus (o Logos) é representado cortando a cabeça do dragão, Tífon ou Apófis[*]. Tudo isso dá-nos uma chave da alegoria bíblica de Caim e Abel. Caim era ancestral dos hivitas, as Serpentes, e os gêmeos de Adão são uma cópia evidente da fábula de Osíris e Tífon. À parte a forma externa da alegoria, contudo, ela encarna a concepção filosófica da eterna luta entre o bem e o mal.

Mas quão estranhamente elástico e quão adaptável a tudo se revelou essa filosofia mística depois da era cristã! Quando foram os fatos, irrefutáveis, irrefragáveis, e inquestionáveis, tão pouco capazes de restabelecer a verdade do que em nosso século de casuísmo e de velhacaria cristã? Se se prova que Krishna era conhecido como "Bom Pastor", séculos antes do ano 1 d.C., que ele esmagou a Serpente Kâlîyanâga, e que foi crucificado — tudo isso não é senão uma antecipação profética do futuro! Se mostram o escandinavo Thor, que esmagou a cabeça da Serpente com sua maça em forma de cruz, e Apolo, que matou Píton, as mais impressionantes semelhanças com os heróis das fábulas cristãs — tornam-se eles apenas concepções originais de mentes "pagãs", "trabalhando sobre as antigas profecias dos Patriarcas relativas ao Cristo, pois estavam integradas na única Revelação universal"[80].

O dilúvio é portanto, a "Velha Serpente", ou o grande abismo da matéria, o "dragão do mar" de Isaías (XXVII, 1), o mar que a arca cruza em segurança em seu caminho ao monte da Salvação. Mas, se ouvimos falar da arca e de Noé, e da *Bíblia* em suma, é porque a mitologia dos egípcios estava à disposição de Moisés (se é que Moisés escreveu qualquer coisa da *Bíblia*), e porque ele estava familiarizado com a história de Hórus, que navega em seu barco de forma serpentina, e que mata a Serpente com sua lança, e com o sentido oculto dessas fábulas, e sua origem real. É por essa razão também que encontramos no *Levítico*, e em outras partes de seus livros, páginas inteiras de leis idênticas às de *Manu*.

Os animais embarcados na arca são as paixões humanas. Eles simbolizam certas provas de iniciação, e os mistérios que foram instituídos em muitas nações em homenagem a essa alegoria. A arca de Noé deteve-se no décimo sétimo dia do *sétimo* mês. Temos aqui novamente o número, assim como nas "feras limpas" que ele

---

\* O termo *orant* confundiu um grande número de estudiosos teosóficos e parece ter sido um tropeço para um ou dois editores anteriores de *Ísis sem véu*. Alguns especularam sobre ter sido o nome de algum deus ou alguma divindade. A palavra deriva do latim *orans, - antis*, part. pres. de *orare*, orar. Na arte grega antiga, é usado para uma figura feminina em postura de prece. Na arte cristã primitiva, era uma figura, geralmente feminina, que tinha as mãos reunidas como que em oração. Essas figuras são muito comuns em catacumbas e a postura era vista como especialmente significativa, porque lembrava a posição de Cristo na cruz. Essas figuras também podem ser encontradas no simbolismo egípcio. (N. do Org.)

colocou em número de *sete* na arca. Falando sobre os mistérios aquáticos de Biblos, diz Luciano: "No topo de uma das duas colunas edificadas por Baco, fica um homem por *sete* dias"[81]. Ele supõe que tal era feito em honra de Deucalião. Elias, quando orava no topo do Monte Carmelo, enviou um servo para observar uma nuvem no mar, e repete "Retorna sete vezes. Na sétima vez, o servo lhe diz: 'Eis que sobe do mar uma nuvem pequena com a mão de um homem' "[82].

"*Noé* é uma *revolutio* de Adão, assim como Moisés é uma *revolutio* de Abel e Seth", diz a *Kabala*[83]; vale dizer, uma repetição ou outra versão da mesma história. A grande prova disso é a distribuição dos caracteres na *Bíblia*. Por exemplo, a começar de Caim, o primeiro assassino, todo *quinto* homem em sua linha de descendência é um assassino. Assim, vieram Henoc, Irad, Mehujael, Mathusalém, e o *quinto* é *Lamech*, o segundo assassino, e ele é o pai de Noé. Desenhando-se a estrela de cinco pontas de Lúcifer (que tem seu ponto coronal voltado para baixo), e escrevendo o nome de Caim sob a ponta inferior, descobrir-se-á que todo quinto nome – que será desenhado sob o de Caim – é o de um assassino. No *Talmude*, essa genealogia é dada por inteiro, e treze assassinos se enfileiram na linha sob o nome de Caim. Isso *não* é uma coincidência. Síva é o Destruidor, mas é também o *Regenerador*. Caim é um assassino, mas é também o criador de nações, o inventor. Essa estrela de Lúcifer é a mesma que João vê cair na Terra em seu *Apocalipse*.

Em Tebas, ou Theba, que significa arca – sendo TH-ABA sinônimo de Kartha ou Tiro, Astu ou Atenas, e Urbs ou Roma, e significando também "cidade" –, encontram-se as mesmas folheações descritas nas colunas do templo de Salomão. A folha de oliva bicolorida, a folha de figueira de três lobados, e a folha de louro lanceolada tinham todas sentidos tanto esotéricos, como populares ou vulgares, para os antigos.

As pesquisas dos egiptólogos apresentam outra corroboração da identidade entre as alegorias da *Bíblia* e as das terras dos Faraós e dos caldeus. A cronologia dinástica dos egípcios, registrada por Heródoto, Manetho, Eratosthenes, Diodorus Siculus, e aceita por nossos arqueólogos, dividia os períodos da história egípcia sob quatro cabeçalhos gerais: o domínio dos deuses, dos semideuses, dos heróis e dos homens mortais. Combinando os semideuses e os heróis numa única classe, Bunsen[84] reduz os períodos a três: os deuses regentes, os semideuses ou heróis – filhos de deuses, mas nascidos de mães mortais – e os manes, que foram os ancestrais das tribos humanas. Essas subdivisões, como todos podem perceber, correspondem perfeitamente aos Elohim bíblicos, filhos de Deus, gigantes e homens noéticos mortais.

Diodorus de Sicília[85] e Berosus[86] dão-nos os nomes dos doze grandes deuses que governam os doze meses do ano e os doze significados do zodíaco. Esses nomes, que incluem Nuah[87], são por demais conhecidos para merecerem uma repetição. O Jano de duas faces estava também à testa dos doze deuses, e nas figuras que o representam ele segura as chaves dos domínios celestes. Depois de todos esses terem servido como modelos para os patriarcas bíblicos, ainda prestaram um outro serviço – especialmente Jano – ao fornecerem uma cópia a São Pedro e aos seus doze apóstolos, o primeiro do qual também tinha duas faces em sua negação, e igualmente era representado segurando as chaves do Paraíso.

A afirmação de que a história de Noé não passa de uma outra versão, em seu sentido oculto, da história de Adão e seus três filhos, pode ser comprovada em todas as páginas do livro *Gênese* [*] Adão é o protótipo de Noé. Adão *cai* porque come o fruto proibido do conhecimento *celeste;* Noé porque experimenta o fruto *terrestre*, representando o suco da uva o abuso do conhecimento numa mente não equilibrada. Adão é privado de seu envoltório espiritual; Noé, de suas vestes terrestres; e a *nudez* de ambos os faz sentirem-se envergonhados. A iniqüidade de Caim é repetida por Cam. Mas os descendentes de ambos são mostrados como sendo os mais sábios das raças da Terra, e recebem por essa razão os nomes de "serpentes" e "filhos de serpentes", o que significa *filhos da sabedoria*, e não de Satã, como alguns sacerdotes gostariam de entender a palavra. A inimizade entre a "serpente" e a "mulher" só foi estabelecida na medida em que este "mundo do homem" mortal e fenomênico "nasceu da mulher". Antes da queda carnal, a "serpente" era *Ophis*, a sabedoria divina, que não precisava de matéria para procriar os homens, sendo a Humanidade totalmente espiritual. Daí a guerra entre a serpente e a mulher, ou entre o espírito e a matéria. Se, em seu aspecto material, a "velha serpente" é matéria, e representa Ophiomorphos, em seu sentido espiritual ela se torna Ophis-Christos. Na magia dos antigos sírio-caldeus, ambos estão reunidos no signo zodiacal do andrógino de Virgo-Scorpio, e podem ser divididos ou separados sempre que necessário. Assim como a origem do "bem e do mal", o sentido dos S.S. e Z.Z. sempre foi intercambiável, e se em algumas ocasiões os S. S. sobre os selos e os talismãs sugerem a má influência serpentina e denotam um desígnio de magia *negra* para com os outros, noutras ocasiões eles podem ser encontrados sobre as taças sacramentais da Igreja e indicam a presença do Espírito Santo ou da sabedoria pura.

Os madianitas eram tidos como homens *sábios,* ou filhos de serpentes, assim como os cananitas e os camitas, e tal era o seu renome que vemos Moisés, *o profeta, guiado e inspirado pelo "Senhor"*, curvando-se diante de Hobab, o filho de Raguel, o *madianita*, e implorando-lhe para ficar com o povo de Israel; "Não nos abandones, eu te peço, *pois conheces os lugares onde devemos acampar NO DESERTO, e tu serás os nossos olhos*"[88]. Além disso, quando Moisés envia espiões para explorar a terra de Canaã, eles trazem como uma prova da sabedoria (cabalisticamente falando) e da excelência da terra *um* ramo com um cacho de *uvas*, cujo peso tornou necessário que dois homens o transportassem pendente de uma vara. Além disso, acrescentam: "Lá, vimos os filhos de ANAC". Estes são os *gigantes*, os filhos de Anac, "*que são descendentes dos gigantes*[89], e tínhamos a impressão de sermos gafanhotos diante deles e assim também lhes parecíamos"[90].

Anac é Henoc, o patriarca, que *não morre*, e que é o primeiro possuidor do "nome mirífico", segundo a *Cabala* e o ritual da franco-maçonaria.

Comparando os patriarcas bíblicos com os descendentes de Vaivasvata, o Noé hindu, e as antigas tradições sânscritas sobre o dilúvio, no *Mahâbhârata* bramânico, descobrimo-los espelhados nos patriarcas védicos que são os tipos primitivos com base nos quais todos os outros foram modelados. Mas antes de fazer a comparação, é preciso compreender os mitos hindus em seu verdadeiro significado. Cada uma dessas personagens míticas tem, além de um significado astronômico, um sentido

---

\* Cf. relato do Dr. S. Langdon nos *Proceedings of the Society of Biblical Archaeology*, vol. XXXVI (1914), p. 188-98. (N. do Org.)

espiritual ou moral, e antropológico ou físico. Os patriarcas não são apenas deuses evemerizados – os pré-diluvianos correspondendo aos grandes *doze* deuses de Berosus, e aos *dez* Prajâpatis, e, os pós-diluvianos, aos sete deuses da famosa tábua da Biblioteca de Nínive, – mas representam também os eões gregos, as Sephîrôth cabalísticas, e os signos zodiacais, enquanto tipos de raças humanas[91]. Explicaremos agora essa variação do *dez* ao *doze*, provando-a com a própria autoridade da *Bíblia*. Eles não são os primeiros deuses descritos por Cícero[92], que pertencem à hierarquia dos poderes superiores, os Elohim – mas se enfileiram antes na segunda classe dos "doze deuses", os *Dii minores*, e que são os reflexos terrestres dos primeiros, entre os quais Heródoto coloca Hércules[93]. Mas, por causa do grupo dos doze, Noé, graças à sua posição no ponto de transição, pertence à Tríada babilônica superior, Nuah, o espírito das águas. Os demais são idênticos aos deuses inferiores da Assíria e da Babilônia, os quais representam a ordem inferior de emanações, que, sob a direção de Bel, o Demiurgo, o ajudavam em sua obra, tal como os patriarcas que assistiam a Jeová – o "Senhor Deus".

Além desses, muitos dos quais eram deuses *locais*, as divindades protetoras dos rios e das cidades, havia quatro classes de genii. Ezequiel, em sua visão, fá-los amparar o trono de Jeová. Esse fato, se identifica o "Senhor Deus" judeu com um dos deuses da trindade babilônica, relaciona, ao mesmo tempo, o atual Deus cristão com a mesma Tríada, visto que são esses quatro querubins, se o leitor estiver lembrado, que Irineu[94] faz Jesus cavalgar, e que são mostrados como os companheiros dos evangelistas.

Percebe-se com grande clareza a influência cabalística hindu sobre o livro de *Ezequiel* e sobre o *Apocalipse* na descrição das quatro bestas, que simbolizam os quatro reinos elementares – terra, ar, fogo e água. Como é sabido, elas são as esfinges assírias, mas essas figuras também estão gravadas nas paredes de quase todos os pagodes hindus.

O autor do *Apocalipse* copia fielmente em seu texto (ver cap. IV, vers. 7) o pentagrama de Pitágoras, do qual o admirável esboço de Éliphas Lévi é reproduzido adiante[95].

A deusa hindu Ardhanârî (ou, como se poderia grafar com mais propriedade, Ardhonârî, visto que o segundo *a* é pronunciado quase como o inglês *o*) é representada tendo à sua volta as mesmas figuras. Ela se assemelha exatamente à "roda do Adonai" de Ezequiel, conhecida como "Os Querubins de Ezequiel", que indica, sem nenhuma dúvida, a fonte de onde o profeta hebreu tirou suas alegorias. Por conveniência da comparação, colocamos a figura no pentagrama.

Acima dessas feras estão os anjos ou espíritos, divididos em dois grupos: os Igili, ou seres celestiais, e os Am-anaki, ou espíritos terrestres, os gigantes, filhos de Anac, de quem se queixaram os espiões a Moisés.

A *Kabbala Denudata* dá aos cabalistas um relato muito claro – embora confuso aos profanos – das permutações ou substituições de uma pessoa a outra. Assim, por exemplo, diz que "as centelhas" (a centelha ou alma espiritual) de Abraão foram tomadas de Miguel, o chefe dos Eões e emanação superior da Divindade – tão superior de fato que, aos olhos dos gnósticos, Miguel é idêntico a Cristo. E no entanto Miguel e Henoc são a mesma pessoa. Ambos ocupam o ponto de junção da cruz do Zodíaco como "homem". A centelha de Isaac era a de Gabriel, o chefe da hoste angélica, e a centelha de Jacó foi tomada de Uriel, o chamado "fogo de Deus", o

espírito de penetração mais aguda em todo o Céu. Adão não é o Cadmo, mas Adão *Primus*, o *Microprosopus*. Num de seus aspectos, ele é Enoque, o patriarca terrestre e pai de Mathusalém. Ele, que "caminhava com Deus" e "não morreu", é o Henoc espiritual, que simbolizava a Humanidade, eterna em espírito e eterna na carne, embora esta *morra*. Morte, mas apenas como um novo nascimento, pois o espírito é imortal; portanto, a Humanidade não pode morrer, já que o *Destruidor* se tornou o *Criador*, sendo Henoc o símbolo do homem dual, espiritual e terrestre. Daí seu lugar no centro da cruz astronômica.

Mas foram os hebreus o criadores dessa idéia? Acreditamos que não. Toda nação que possuía um sistema astronômico, e especialmente a Índia, tinha pela cruz a mais alta reverência, pois ela era a base geométrica do simbolismo religioso dos seus *avatâras*; da manifestação da Divindade, ou do Criador, em sua criatura, o HOMEM; de Deus na Humanidade e da Humanidade em Deus, como espíritos. Os monumentos mais antigos da Caldéia, da Pérsia e da Índia exibem a cruz dupla ou de oito pontos. Esse símbolo, que se encontra com facilidade, como todas as outras figuras geométricas da natureza, tanto nas plantas quanto nos flocos de neve, levou o Dr. Lundy, em seu misticismo supercristão, a chamar essas flores cruciformes que formam uma estrela de oito pontas pela junção das duas cruzes de – "*Estrela Profética da Encarnação*, que une céu e terra, Deus e homem"[96]. Tal frase está muito bem expressa; mas o velho axioma cabalístico, "Em cima, como embaixo", seria mais apropriado, pois revela o mesmo Deus para toda a Humanidade, e não apenas para um punhado de cristãos. Trata-se da cruz *Cósmica* do Céu, reproduzida na

Terra pelas plantas e pelo homem dual: o homem físico que suplanta o "espiritual" no ponto de junção do qual está o mítico Libra-Hermes-Henoc. O gesto de uma mão que aponta para o Céu é contrabalançado pelo de outra que aponta para a terra; gerações incontáveis abaixo, regenerações incontáveis acima; o visível apenas como manifestação do invisível; o homem de pó abandonado ao pó, o homem de espírito renascido no espírito; tal é a humanidade finita que é o Filho do Deus Infinito. Abba, o Pai; Amona, a Mãe; o Filho, o Universo. Essa Tríada primitiva se repete em todas as teogonias. Adão-Cadmo, Hermes, Henoc, Osíris, Krishna, Ormasde ou Christos são todos uma mesma personalidade. Eles ficam como *Metatrons* entre o corpo e a alma – espíritos eternos que redimem a carne pela regeneração da carne *abaixo*, e da alma pela regeneração *acima*, em que a Humanidade caminha uma vez mais com Deus.

Já mostramos alhures que o símbolo da cruz ou do *Tao* egípcio T, é muito anterior à época atribuída a Abraão, o pretenso antepassado dos israelitas, pois, do contrário, Moisés não poderia tê-lo aprendido dos sacerdotes. E que o Tao era tido como sagrado pelos judeus, assim como por outras nações "pagãs", prova-o um fato admitido agora tanto pelos sacerdotes cristãos como pelos arqueólogos infiéis. Moisés, em *Êxodo*, XII, 22, ordena a seu povo que marque as *ombreiras e os lintéis* das casas com sangue, para que o "Senhor Deus" não se engane e castigue alguns do povo eleito, no lugar dos condenados egípcios[97]. E essa marca é um *Tao*! A mesma *cruz* manual egípcia, com a metade de cujo talismã Horus despertava os mortos, tal como se vê na ruína de uma escultura em Dendera[98]. Quão gratuita é a idéia de que todas essas cruzes e símbolos foram profecias inconscientes de Cristo, prova-o plenamente o caso dos judeus graças a cuja acusação Jesus foi condenado à morte. Assinala, por exemplo, o mesmo erudito autor em *Monumental Christianity* que "os próprios judeus conheciam esse signo de salvação antes de rejeitarem ao Cristo"; e em outro lugar afirma que "a vara de Moisés, utilizada em seus milagres diante do Faraó, era, sem dúvida, essa *crux ansata*, ou algo semelhante, *empregada também pelos sacerdotes egípcios*"[99]. Portanto, cabe inferir logicamente que 1º, se os judeus cultuavam os mesmos símbolos que os pagãos, não eram melhores do que estes; e 2º, que, tão versados como eram no simbolismo oculto da cruz, em face de sua espera por séculos do Messias, eles no entanto rejeitaram tanto o Messias cristão, quanto a Cruz cristã, então deve ter havido algo de errado com ambos.

Aqueles que "rejeitaram" a Jesus como "Filho de Deus" não eram pessoas que ignoravam os símbolos religiosos, nem os poucos saduceus ateístas que o condenaram à morte, mas, sim, homens instruídos na sabedoria secreta, que conheciam tanto a origem quanto o sentido do símbolo cruciforme, e que rejeitaram tanto o emblema cristão quanto o Salvador nele suspenso, porque não queriam ser partidários dessa blasfema imposição sobre o povo comum.

Quase todas as profecias sobre Cristo são creditadas aos patriarcas e aos profetas. Se uns poucos destes últimos podem ter existido como personagens reais, todos os primeiros não passasm de mitos. Tentaremos prová-lo por meio da interpretação oculta do Zodíaco, e da relação de seus signos com esses homens antediluvianos.

Se o leitor tiver em mente as idéias hindus sobre a cosmogonia, dadas no Capítulo IV, melhor compreenderá a relação entre os patriarcas bíblicos antediluvianos e esse enigma dos comentadores – "a roda de Ezequiel". Assim, recorde-se: 1º, que o universo não é uma criação espontânea, mas uma evolução da matéria pre-existente; 2º, que ele não é senão um dentre as infinitas séries de universos; 3º, que a eternidade é recortada em grandes ciclos, em cada um dos quais ocorrem doze transformações de nosso mundo, causadas alternativamente pelo fogo e pela água. De sorte que quando um novo período menor se inicia, a Terra se modifica de tal forma, mesmo geologicamente, que quase se transforma praticamente num novo mundo; 4º, que no curso dessas doze transformações, a Terra se torna mais grosseira a cada passagem das seis primeiras, ficando tudo que há sobre ela – o homem inclusive – mais material, ao passo que nas seis últimas transformações ocorre o contrário, tornando-se tanto a Terra, como o homem, cada vez mais refinados e espirituais a cada mudança; 5º, que quando o ápice do ciclo é atingido, ocorre uma dissolução gradual, e toda forma viva e objetiva é destruída. Mas quando esse ponto é alcançado, a Humanidade está apta a viver tanto subjetivamente, como objetivamente. E não só a Humanidade, mas também os animais, as plantas e os átomos. Após um período de descanso, dizem os budistas, por ocasião da autoformação de un novo mundo, as almas astrais dos animais, e de todos os seres, exceto os que alcançaram o Nirvâna supremo, retornarão à Terra novamente para concluir seus ciclos de transformação, e converter-se, por sua vez, em homens.

Essa estupenda concepção, os antigos a sintetizaram para a instrução do povo comum, num simples plano pictórico – o Zodíaco, ou cinto celeste. Ao invés dos doze signos agora utilizados, havia originalmente apenas dez, conhecidos do público em geral, a saber: Áries, Touro, Gêmeos, Câncer, Leão, Virgem-Escorpião,

Sagitário, Capricórnio, Aquário e Peixes[100]. Estes signos eram exotéricos. Mas além desses havia dois signos místicos, inseridos, o que só os iniciados sabiam, no meio ou no ponto de junção em que agora está *Libra*, e no signo agora chamado Escorpião, que segue a Virgem. Quando era necessário torná-los exotéricos, esses dois signos secretos eram acrescentados sob seus nomes atuais como véus para ocultar os verdadeiros nomes que davam a chave de todo o segredo da criação e divulgava a origem do "bem e do mal".

A verdadeira doutrina astrológica sabéia ensinava secretamente que nesse duplo signo estava oculta a explicação da gradual transformação do mundo, de seu estado espiritual e subjetivo para o estado "bissexuado" e sublunar. Os doze signos eram dessa forma divididos em dois grupos. Os seis primeiros chamavam-se de linha ascendente, ou linha do macrocosmo (o grande mundo espiritual); os seis últimos, de linha descendente, ou linha do microcosmo (o pequeno mundo secundário) – mero reflexo do primeiro, por assim dizer. Essa divisão chamava-se de roda de Ezequiel, e era completada da seguinte maneira: Primeiro vinham os cinco signos ascendentes (evemerizados nos patriarcas), Áries, Touro, Gêmeos, Câncer, Leão, e o grupo se fechava com Virgem-Escorpião. Vinha então o ponto crucial, *Libra*, após o que a primeira metade do signo Virgem-Escorpião era duplicada e transferida para liderar o grupo inferior ou descendente do microcosmo que termina em *Peixes,* ou Noé (dilúvio). Para torná-lo mais claro, o signo de Virgem-Escorpião, que aparecia originalmente como ♍, tornou-se simplesmente *Virgem*, e a duplicação, ♏, ou Escorpião, foi colocada depois de Libra, o *sétimo* signo (que é Henoc, ou anjo de Metatron, ou *Mediador* entre o espírito e a matéria, ou Deus e homem). Ela se tornou Escorpião (ou Caim), signo ou patriarca que levou a *Humanidade à destruição,* segundo a teologia exotérica; mas, de acordo com a verdadeira doutrina da religião da sabedoria, ele indicou *a degradação de todo o universo em seu curso de evolução descendente do subjetivo ao objetivo.*

A invenção do signo de Libra é creditada aos gregos, mas não se diz geralmente que foram apenas os iniciados dentre eles que fizeram uma alteração nos nomes comunicando a idéia e o nome secreto àqueles "que sabiam", e deixando as massas em sua habitual ignorância. Não obstante, foi essa uma bela idéia, a de Libra, ou balança, que expressa, na medida do possível, sem desvendá-lo, a verdade total e última. Eles pretendiam com esse signo indicar que, quando o curso da evolução havia levado os mundos ao ponto máximo de materialidade, em que as terras e os seus frutos era mais toscos, e seus habitantes mais brutos, o ponto crucial havia sido alcançado – as forças estavam em equilíbrio. No ponto mais baixo, a centelha divina ainda cintilante do espírito começa a transferir o impulso ascendente. Os pratos da balança simbolizam esse equilíbrio eterno necessário a um universo de harmonia, de justiça exata, de equilíbrio entre as forças centrípetas e centrífugas, entre trevas e luz, espírito e matéria.

*Esses signos adicionais do Zodíaco corroboram a nossa afirmação de que o* Livro Gênese *tal como agora o temos é muito posterior à invenção de Libra pelos gregos*, pois observamos que os capítulos das genealogias foram remodelados para se adaptarem ao novo Zodíaco, e não o contrário. E foi esse acréscimo e a necessidade de ocultar a verdadeira chave que levou os compiladores rabínicos a repetirem os nomes de Henoc e de Lamech por duas vezes, como podemos agora observar na tábua quenita. Dentre todos os livros da *Bíblia*, apenas *Gênese* remonta a uma imensa antiguidade. Os demais são adições posteriores, a mais antiga das quais surgiu com Hilkiah, que evidentemente a planejou com o auxílio de Huldah, a profetisa.

Como há mais de um sentido vinculado às histórias da criação e do dilúvio, não é possível compreender o relato bíblico sem a referência à história babilônica correspondente, ao passo que nenhuma delas será totalmente clara sem a interpretação bramâmica e esotérica do dilúvio, tal como se encontra no *Mahâbhârata* e no *Śatapatha-Brâhmana*. Foram os babilônicos que aprenderam os "mistérios", a língua sacerdotal e a sua religião dos problemáticos acadianos, que, segundo Rawlinson, vieram da Armênia – mas não foram os primeiros a migrar para a Índia. A evidência torna-se clara aqui. O Xisuthros babilônico, segundo mostra Movers[101], representava o "sol" no Zodíaco, no signo de Aquário, e Oannes, o homem-peixe, o semidemônio, é Vishnu em seu primeiro avatâra, o que dá assim a chave para a fonte dupla da revelação bíblica.

Oannes é o emblema da sabedoria esotérica e sacerdotal; ele vem do mar, visto que o "grande abismo", a água, simboliza, como já mostramos, a doutrina secreta. Foi por essa mesma razão que os egípcios deificaram o Nilo, à parte de o considerarem como o "Salvador" do país, devido às suas periódicas enchentes. Eles consideravam até mesmo os crocodilos como sagrados, por habitarem eles no "abismo". Os chamados "camitas" sempre preferiam ter as suas moradas perto dos rios e dos oceanos. A água foi o primeiro elemento a ser criado, de acordo com algumas antigas cosmogonias. O nome de Oannes era grandemente reverenciado nos relatos caldeus. Os sacerdotes caldeus trajavam chapéus semelhantes a cabeças de peixes, e capas de pele de savelha que representavam o corpo de um peixe[102].

"Tales", diz Cícero, "assegura-nos que a *água* é princípio de todas as coisas; e que Deus é essa Mente que formou e criou todas as coisas da água."[103]

> "No Início, o Espfrito anima Céu e Terra,
> Os campos aquáticos, e o brilhante globo de Luna, e
> As estrelas de Titã. A mente instilada nos membros
> Agita toda a massa, e se funde com a GRANDE MATÉRIA."[104]

Assim, a água representa a dualidade do macrocosmo e do microcosmo, em conjunção com o ESPÍRITO vivificante, e a evolução a partir do cosmos universal do pequeno mundo. O dilúvio assinala, portanto, nesse sentido, a batalha final entre os elementos em conflito, que leva o primeiro grande ciclo de nosso planeta à sua conclusão. Esses períodos fundiram-se gradualmente uns nos outros, com a ordem provindo do caos, a desordem, e os tipos subseqüentes de organismo evoluindo apenas quando as condições físicas da natureza estavam preparadas para o seu aparecimento, pois a nossa atual raça não poderia ter respirado na terra durante esse período intermediário, não tendo ainda as alegóricas túnicas de pele[105].

Nos capítulos IV e V do *Gênese* encontramos as chamadas gerações de Caim e Seth. Observemo-las na ordem em que figuram:

Linhas de Gerações

Tais são os dez patriarcas da *Bíblia*, idênticos aos prajâpatis hindus, e às Sephîrôth da *Cabala*. Dizemos *dez* patriarcas, não *vinte*, pois a linhagem de Caim foi urdida apenas no propósito de 1º, pôr em prática a idéia do dualismo, sobre a qual se funda a filosofia de todas as religiões, pois essas duas tabelas genealógicas representam simplesmente os poderes ou princípios opostos do bem e do mal; e 2º, lançar um véu sobre as massas não iniciadas. Acreditamos tê-las restaurado à sua forma primitiva, afastando esses véus premeditados. Eles são tão transparentes que só precisamos de um pouco de perspicácia para rasgá-los, mesmo que só possamos utilizar o discernimento, sem o auxílio da doutrina secreta.

Se nos livrarmos, por conseguinte, dos nomes da linhagem de Caim que são apenas duplicações dos da linhagem de Seth, ou de qualquer outra, livramo-nos de Adão; de Henoc – que, numa genealogia, figura como pai de Irad, e, na outra, como filho de Jared; de Lamech, filho de Metusael, ao passo que ele, Lamech, é filho de Mathusalém, na linhagem de Seth; de Irad (Jared)[106], Jubal e Jabal, que, com Tibalcain, formam uma trindade em um, e esse um, o duplo de Caim; de Mehujael (que não é senão outra grafia de Mahalalil), e Metusael (Mathusalém). Resta assim, na genealogia de Caim do capítulo IV, apenas um nome, o de Caim, que – como primeiro assassino e fratricida – permanece em sua linhagem como pai de Henoc, o mais virtuoso dos homens, que não morre e é levado com vida. Voltamos à tábua de Seth, e descobrimos que Enós, ou Henoc, é o *segundo* depois de Adão, e pai de Caim (Cainam). Isto não é um acidente. Há uma razão evidente para essa inversão de paternidade, um desígnio palpável – o de criar confusão e dificultar a investigação.

Dizemos, portanto, que os patriarcas são simplesmente os signos do Zodíaco, emblemas, em seus múltiplos aspectos, da evolução espiritual e física das raças humanas, das eras e das divisões do tempo. Na astrologia, as primeiras quartas "Casas", nos diagramas das "Doze Casas do Céu" – a saber, a primeira, a décima, a sétima e a quarta, ou o segundo quadrante interno com seus ângulos superior e inferior, chamam-se *ângulos*, por estarem dotados de grande força. Eles correspondem a Adão, Noé, Cain-am, e Henoc, Alfa, Ômega, mal e bem, que governam o todo. Além disso, quando divididos (incluindo os dois nomes secretos) em quatro *trígonos* ou tríadas, a saber: a ígnea, a aérea, a terrestre e a aquática, encontramos que a última corresponde a Noé.

Henoc e Lamech são duplicados na tábua de Caim para perfazer o número dez nas duas "gerações" da *Bíblia*, sem o emprego do "Nome Secreto"; e para que os patriarcas correspondam às dez Sephîrôth cabalísticas, quadrando-se ao mesmo tempo com os dez, e posteriormente *doze*, signos do Zodíaco, de modo compreensível apenas aos cabalistas.

Tendo Abel desaparecido dessa linhagem, ele é substituído por Seth, que foi claramente uma idéia posterior sugerida pela necessidade de não fazer a raça humana descender inteiramente de um assassino. Esse dilema só foi percebido, ao que parece, quando a tabela de Caim estava completa, e assim se fez que Adão (depois do aparecimento de todas as gerações) gerasse esse filho, Seth. É sugestivo o fato de que, ao passo que o Adão bissexuado do capítulo V é feito à imagem e semelhança dos Elohim (ver *Gênese*, I, 27, e V, 1), Seth (V, 3) é gerado à "semelhança" de Adão, significando assim que havia homens de raças diferentes. É notável também que nenhum dado figure, na tabela de Caim, relativo à época ou a outros detalhes dos patriarcas, ao passo que o contrário é verdadeiro nas linhagens de Seth.

É claro que ninguém deveria esperar descobrir, numa obra aberta ao público, os mistérios finais daquilo que foi preservado por incontáveis séculos como o maior segredo do santuário. Mas, sem divulgar a chave ao profano, ou sem ser tachado de indevida indiscrição, pode muito bem o autor erguer uma ponta do véu que oculta as majestosas doutrinas da Antiguidade. Descreveremos então os patriarcas tais como deveriam estar em sua relação com o Zodíaco, e observaremos a sua correspondência com os signos. O seguinte diagrama representa a Roda de Ezequiel, conforme é dada em muitas obras, entre outras em *The Rosicrucians*, de Hargrave Jenning:

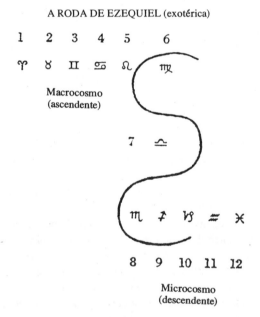

Esses signos são (acompanhe os números):

1, Áries; 2, Touro; 3, Gêmeos; 4, Câncer; 5, Leão; 6, Virgem, ou linha *ascendente* do grande ciclo de criação. Vêm, em seguida, 7, *Libra* – o "homem", que, embora se ache exatamente no ponto de interseção, conduz aos números 8, Escorpião; 9, Sagitário; 10, Capricórnio; 11, Aquário; e 12, Peixes.

Ao discutir os signos duplos de Virgem-Escorpião, observa Hargrave Jennings:

"Tudo isso é incompreensível, exceto no estranho misticismo dos gnósticos e dos cabalistas; e toda a teoria requer uma chave de explicação que a torne inteligível, mas os ocultistas negam absolutamente a existência de tal chave, visto que não lhes é permitido divulgá-la"[107].

Essa dita chave deve ser girada *sete* vezes antes que todo o sistema possa ser divulgado. Dar-lhe-emos apenas *um* giro, e dessa forma permitiremos ao profano um relance no mistério. Feliz aquele que puder compreendê-lo todo!

A RODA DE EZEQUIEL (esotérica)

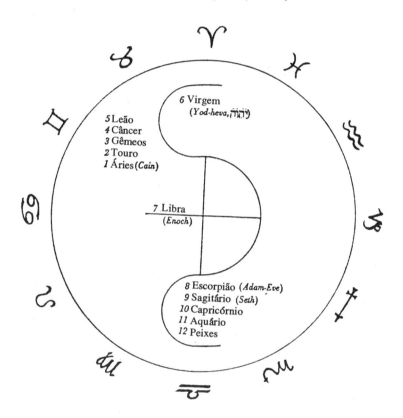

Para explicar a presença de Yod-heva, ou do que é geralmente chamado de Tetragrama, יהוה, e de Adão e Eva, bastará remeter o leitor aos seguintes versos do *Gênese*, com o seu sentido correto inserido nos colchetes.

1. "E Deus [os Elohim] criou o homem à sua [deles] imagem (...) macho e fêmea os [o] criou" – (cap. I, 27).

2. "Macho e fêmea os [o] criou (...) e deu-lhes [lhe] o nome de ADÃO" – (V, 2).

Quando a Trindade é tomada no início do Tetragrama, ela expressa a criação divina *espiritual, i. e.,* sem qualquer pecado carnal: tomada em seu termo oposto, ela expressa a esse último; é feminina. O nome de Eva compõe-se de três letras, o do Adão primitivo ou celestial é escrito com uma única letra, Jod ou Yod; por conseguinte, não se deve ler Jeová, mas Ieva, ou Eva. O Adão do primeiro capítulo é espiritual, portanto puro, andrógino, Adão-Cadmo. Quando a mulher sai da costela esquerda do segundo Adão (do pó), a *Virgem* pura se separa, e, caindo "na geração", ou no ciclo inferior, torna-se Escorpião[108], emblema do pecado e da matéria. Ao passo que o ciclo ascendente assinala as raças puramente espirituais, ou os dez patriarcas antediluvianos, os Prajâpatis e as Sephîrôth[109] são conduzidos pela própria Divindade criadora, que é Adão-Cadmo, ou Yod-'heva. [Espiritualmente], o inferior [Jeová] é o das raças terrestres, conduzidas por Enoque ou *Libra*, o *sétimo*, que, por ser metade divino, metade terrestre, teria sido tomado com vida por Deus. Enoque, Hermes e Libra são uma mesma coisa[*]. Todos representam as escalas da harmonia universal; a justiça e o equilíbrio estão colocados no ponto central do Zodíaco. O grande círculo dos céus, de que tão bem fala Platão no *Timeu*[110], simboliza o desconhecido como uma unidade; e os círculos menores que formam a cruz, por sua divisão no plano do anel zodiacal, representam, no ponto de sua interseção, a vida. As forças centrípetas e centrífugas, como símbolos do Bem e do Mal, do Espírito e da Matéria, da Vida e da Morte, o são também do Criador e do Destruidor – Adão e Eva, ou Deus e o Demônio. Nos mundos subjetivos, assim como no objetivo, elas são as duas forças que através de seu eterno conflito mantêm o espírito e a matéria em harmonia. Elas forçam os planetas a buscar seus caminhos, e os mantêm em suas órbitas elípticas, traçando assim a cruz astronômica em sua revolução através do Zodíaco. Em seu conflito, a força centrípeta, se prevalecesse, dirigiria os planetas e as almas vivas ao sol, protótipo do Sol Espiritual invisível, o Paramâtman ou grande Alma universal, seu pai, ao passo que a força centrífuga enxotaria os planetas e as *almas* para o espaço árido, muito longe do luminar do universo objetivo, fora do reino espiritual da salvação e da vida eterna, e para o caos da destruição cósmica final, e da aniquilação individual. Mas a harmonia aí está, sempre perceptível no ponto de interseção. Ela regula a ação das duas combatentes, e o esforço combinado de ambas faz os planetas e as "almas vivas" traçarem uma dupla linha diagonal em sua revolução através do Zodíaco e da Vida; e assim, preservando a rigorosa harmonia, no céu e na Terra visíveis e invisíveis, a forçada unidade de ambas reconcilia o espírito e a matéria, e Henoc permanece como um "Metraton" diante de Deus. Desde Henoc até Noé e seus três filhos, cada um representa um novo "mundo" (*i. e.,* nossa Terra, a sétima)[111] que após cada período de transformação geológica dá nascimento a outra raça distinta de homens e seres.

---

\* Os colchetes dessa frase foram acrescentados em consonância com as próprias correções de H. P. B. em *A doutrina secreta*, vol. II, p. 129, onde ela cita essa passagem de *Ísis sem véu*. (N. do Org.)

Caim conduz a linha ascendente, ou Macrocosmo, pois ele é o Filho do "Senhor", não de Adão (*Gênese*, VI, 1). O "Senhor" é Adão-Cadmo, Caim, o Filho de mente pecadora, não a progênie de carne e sangue. Seth, por outro lado, é o guia das raças da Terra, pois ele é o Filho de Adão, e gerado "à sua imagem e semelhança" (*Gênese*, V, 3). Caim é *Kenu*, assírio, palavra que significa "primogênito", ao passo que a palavra hebraica   קִין   indica um "ferreiro", um "artífice".

Nossa ciência mostra que o .globo passou por cinco fases geológicas distintas, cada qual caracterizada por um estrato diferente, e estas são na ordem inversa, a começar do último: 1º, o período Quaternário, em que o homem aparece como uma certeza; 2º o período Terciário, no qual o homem *pode ter* aparecido; 3º, o período Secundário, o dos sáurios gigantescos, os megalossauros, os ictiossauros e os plessiossauros – *sem nenhum vestígio do homem;* 4º o período Paleozóico, o dos crustáceos gigantescos; 5º (ou primeiro): o período Azóico, durante o qual a vida orgânica ainda não havia aparecido.

E não há a possibilidade de ter havido um período (ou vários períodos) em que o homem *existia*, mas não como ser orgânico – não deixando por conseguinte nenhum vestígio para a ciência exata? O *espírito* não deixa esqueletos ou fósseis, e, no entanto, poucos são os homens na Terra que duvidam de que o homem possa viver tanto objetiva como subjetivamente. Para todos os efeitos, a teologia dos brâmanes, de venerável antiguidade, que divide os períodos formadores da terra em quatro eras e coloca, entre cada um deles, um lapso de 1.728.000 anos, harmoniza-se muito mais com a ciência oficial e as descobertas modernas do que as absurdas noções cronológicas promulgadas pelos Concílios de Nicéia e Trento.

Os nomes dos patriarcas não eram hebraicos, embora eles possam ter sido hebraizados mais tarde; são evidentemente de origem assíria ou ária.

Assim, *Adão*, por exemplo, conforme explica a *Cabala*, é um termo conversível, e aplica-se a quase todos os outros patriarcas, assim como cada uma das Sephîrôth às demais, e *vice-versa*. Adão, Caim e Abel formam a primeira *Tríada* dos doze. Eles correspondem, na árvore sephîrótica, à Coroa, à Sabedoria e à Inteligência; e na astrologia, aos três trígonos – o ígneo, o terrestre e o aéreo, fato esse que, se dispuséssemos de mais espaço para elucidá-lo, mostraria talvez que a astrologia merece tanto o nome de ciência como qualquer outra. Adão (Cadmo) ou Áries (carneiro) é idêntico a Amun, o deus egípcio de cabeça de carneiro, que fabrica o homem na roda de oleiro. Sua duplicação, por conseguinte – ou o Adão de pó – é também Áries, Amon, quando permanece à testa de suas gerações, pois ele fabrica mortais também "à sua semelhança". Na astrologia, o planeta Júpiter está relacionado com a "primeira casa" (Áries). A cor de Júpiter, tal como se vê nos "estágios das sete esferas", na torre de Borsippa, ou Birs Nimrud, era *vermelha*[112]; e no hebraico Adão, אדם , significa "vermelho", assim como "homem". O deus hindu Agni, que governa o signo de Peixes, próximo do de Áries, em sua relação com os doze meses (fevereiro e março)[113], é pintado com um intenso vermelho, com duas faces (masculina e feminina), *três* pernas, e *sete* braços, perfazendo o todo o número doze. Assim, Noé (Peixes), que aparece nas genealogias como o décimo segundo patriarca, incluindo Caim e Abel, é novamente Adão sob outro nome, pois ele é o ancestral de uma nova raça da Humanidade; e os seus três filhos, um mau, um bom e um que partilha de ambas as qualidades, constituem o reflexo terrestre do superterrestre

Adão e de seus três filhos. Agni figura nas imagens montado num carneiro, com uma tiara encimada por uma cruz[114].

Caim, que governa o Touro do Zodíaco, é também muito sugestivo. Touro pertence ao trígono terrestre, e a propósito desse signo não será demais lembrar ao leitor uma alegoria do *Avesta* persa. Reza a história que Ormasde produziu um ser – fonte e protótipo de todos os seres do universo – chamado VIDA, ou Touro no *Zend*. Ahriman (Caim) mata esse ser (Abel), da semente do qual (Seth) novos seres são produzidos[115]. Abel, no assírio, significa *filho*, mas em hebraico, הבל, significa algo efêmero, *sem valor*, e também um "ídolo pagão"[116], pois Caim significa uma *estátua de herma* (um pilar, o símbolo da geração). Assim também, Abel é a contraparte feminina de Caim (masculino), pois eles são gêmeos e provavelmente andróginos, correspondendo o último à Sabedoria e o primeiro à Inteligência.

Ocorre o mesmo com todos os outros patriarcas. Enosh, אנוש, é *Homo* novamente – um homem, ou o mesmo Adão, e Enoque, no acordo; e קינן, *Kain-an*, é idêntico a Caim. Seth, שת, é Teth, ou Thoth, ou Hermes; e essa é a razão, sem dúvida, por que Josefo[117] afirma que Seth era tão proficiente em astrologia, geometria e outras ciências ocultas. Antevendo o dilúvio, diz ele, ele gravou os princípios fundamentais de sua arte em dois pilares de tijolo e pedra, o mais recente dos quais "ele próprio [Josefo] *viu na Síria em seu tempo*". Por isso, está Seth identificado também com Enoque, a quem os cabalistas e os maçons atribuem o mesmo feito, e ao mesmo tempo com Hermes, ou Cadmo, pois Enoque, é idêntico ao primeiro; חנוך, He-NOCH, significa um mestre, um iniciador, ou um iniciado; na mitologia grega, Inachus. Já vimos o papel que ele exerce no Zodíaco.

Mahalalel, se dividirmos a palavra e escrevermos מחלה, *ma-ha-lah*, significa terno, misericordioso, e corresponde, por conseguinte, à quarta Sephîrâh, *Amor* ou *Misericórdia*, emanada da primeira tríada[118]. *Irad*, ירד, ou *Iared*, é (menos as vogais) exatamente a mesma coisa. Se deriva do verbo ירד, significa *descida;* se de ארד, *arad*, significa prole, e corresponde assim perfeitamente às emanações cabalísticas.

*Lamech*, למך, não é hebraico, mas grego. Lam-ach significa Lam – o pai –, e Olam-Ach é o pai da era; ou o pai daquele (Noé) que inaugura uma nova era ou período de criação após o *pralaya* do dilúvio, sendo Noé o símbolo de um novo mundo, o Reino (Malkhuth) das Sephîrôth; é por isso que seu pai, que corresponde à nona Sephîrôth, é a Fundação[119]. Além disso, o pai e seu filho correspondem a Aquário e Peixes no Zodíaco, pertencendo o primeiro ao trígono aéreo e o segundo, ao aquático, e fechando dessa forma a lista dos mitos bíblicos.

Mas se cada patriarca representa, como já vimos, num sentido, como cada um dos Prajâpatis, uma nova raça de seres humanos ante-diluvianos; e se, como se pode provar facilmente, eles são as cópias dos *Saros*, ou eras, babilônicos, sendo estes, por sua vez, cópias das dez dinastias hindus dos "Senhores dos Seres"[120], como quer que os consideremos, eles figuram entre as alegorias mais profundas jamais concebidas pelos espíritos filosóficos.

No *Nychthêmeron*[121], a evolução do universo e os seus sucessivos períodos de formação, juntamente com o desenvolvimento gradual das raças humanas, são ilustrados com perfeição nas doze "horas" em que se divide a alegoria. Cada "hora" simboliza a evolução de um novo homem, e é por sua vez dividida em quatro quartos ou eras. Essa obra mostra quão profundamente imbuída estava a filosofia antiga das doutrinas dos primitivos âryas, que foram os primeiros a dividir a vida em nosso planeta em quatro eras. Se remontarmos essa doutrina de sua fonte na noite do período tradicional até o Profeta de Patmos, não precisaremos nos desviar entre os sistemas religiosos de outras nações. Descobriremos que os babilônicos ensinavam que em quatro diferentes períodos surgiram quatro Oannes (ou sóis); que os hindus propunham quatro Yugas; que os gregos, os romanos e outros acreditavam firmemente nas idades do ouro, da prata, do bronze e do ferro, sendo cada uma das épocas anunciada pelo surgimento de um salvador. Os quatro Buddhas dos hindus e os três profetas dos zoroastristas – Oshedâr-Bâmî, Oshedâr-Mâh e Saoshyant – precedidos por Zaratustra, são os símbolos dessas idades[122].

Na *Bíblia*, o próprio livro inicial nos diz que *antes que os filhos de Deus vissem as filhas dos homens*, eles viviam de 365 a 969 anos. Mas quando o "Senhor Deus" viu as iniquidades da Humanidade, decidiu conceder-lhes no máximo 120 anos de vida (*Gênese*, VI, 3). Para se explicar tal violenta oscilação na tabela da mortalidade humana, é necessário remontar essa decisão do "Senhor Deus" à sua origem. Essas incongruências que encontramos a cada passo na *Bíblia* só podem ser atribuídas ao fato de que o livro *Gênese* e os outros livros de Moisés foram alterados e remodelados por mais de um autor; e de que em seu estado original eles eram, com exceção da forma externa das alegorias, cópias fiéis dos livros sagrados hindus. Em *Manu*, Livro I, 81 *et seq.*, lê-se o seguinte:

"Na primeira era, não havia doença ou sofrimento. Os homens viviam por quatro séculos".

Isto foi no Krita ou Satya-yuga.

"O Krita-yuga é o símbolo da justiça. O *touro* que se assenta firmemente sobre as patas é a sua imagem; o homem se mantém fiel à verdade, e o mal ainda não lhe dirige as ações."[123] Mas em cada uma das eras seguintes a primitiva vida humana perde um quarto da sua duração, vale dizer, no Tretâ-yuga o homem vive 300 anos, no Dvâpara-yuga 200, e no Kali-yuga, a nossa era, apenas 100 anos, no máximo. Noé, filho de Lamech – Olam-*Ach*, ou pai da era – é a cópia distorcida de Manu, filho de Svayambhû, e os seis manus ou rishis oriundos dos "primeiros homens" hindus são os originais de Terah, Abraão, Isaac, Jacó, José e Moisés, os sábios hebreus que, a começar de Terah, teriam sido todos astrólogos, alquimistas, profetas inspirados e adivinhos, ou, em termos mais profanos, porém mais claros, mágicos.

Se consultarmos o *Mishnah* talmúdico, descobriremos que o primeiro par divino emanado, o Demiurgo andrógino *Hokhmah* (ou *Hokhma-Akhamôth*) e *Binah*, construiu uma casa com *sete* colunas. Eles são os arquitetos de Deus – Sabedoria e Inteligência – e Seu "compasso e esquadro". As sete colunas são os futuros *sete* mundos, ou os *sete* "dias" primordiais da criação.

"Hokhmah imola suas vítimas." Essas vítimas são as incontáveis forças da natureza que precisam "morrer" (consumir-se) *para que possam viver*; quando uma força morre, é apenas para dar nascimento a outra força, sua prole. Ela morre mas vive em sua criação, e ressuscita a cada *sétima* geração. Os servos de *Hokhmah*, ou sabedoria, são as almas de ha-Adão, pois nele estão todas as almas de Israel.

Há *doze* horas no dia, diz o *Mishnah*, e é durante essas horas que se realiza a criação do homem. Essa frase seria incompreensível se não tivéssemos Manu para

101

nos ensinar que esse "dia" abrange as quatro eras do mundo e tem a duração de *doze* mil anos divinos dos Devas.

"Os Criadores (Elohim) moldaram na segunda" hora "o contorno de uma forma mais corpórea do homem. Eles o separaram em duas partes e deram formas distintas a cada um dos sexos. Foi assim que os Elohim procederam em relação a toda coisa criada."[124] Todo peixe, ave, planta, animal e homem era andrógino nessa primeira hora."

Diz o comentador, o grande Rabino Shimon:

"Ó companheiros, companheiros, o homem como emanação era tanto homem, como mulher, tanto do lado do PAI, como do lado da MÃE. E tal é o sentido das palavras, e disse Elohim, Que haja Luz, e houve Luz! (. . .) E esse é o 'homem duplo'!"[125]

Uma mulher espiritual foi necessária como um contraste, pois a Harmonia masculina espiritual é a lei universal. Na tradução de Taylor, o discurso de Platão sobre a criação é traduzido de tal forma que o faz dizer que este universo "estabeleceu Ele que girasse numa revolução circular (. . .) Quando, por conseguinte, esse Deus, que é um raciocínio perpétuo, cogitou no *Deus* [homem] *que estava destinado a subsistir num certo período de tempo,* fez-lhe um corpo uniforme e igual; e igual em todos os pontos, do centro à circunferência, e perfeito para a composição de corpos perfeitos. Esse círculo perfeito do deus criado, *Ele o decussou na forma da letra X.*"[126]

Os itálicos, nas duas sentenças do *Timeu,* são do Dr. Lundy, o autor dessa notável obra mencionada mais de uma vez, *Monumental Christianity*[127]; e chama-se a atenção para as palavras do filósofo grego, no evidente propósito de lhes dar o caráter profético que Justino Mártir lhes negou, ao acusar Platão de ter emprestado sua "discussão filológica no *Timeu,* (. . .) concernente ao Filho de Deus deposto em forma de cruz no universo", de Moisés e sua serpente de bronze[128]. O erudito autor parece conceder uma não premeditada profecia a essas palavras, embora ele não nos diga se acredita que, tal como o Deus criado de Platão, Jesus era originalmente uma esfera "uniforme e igual, e igual em todos os pontos, do centro à circunferência". Mesmo se se pudesse desculpar Justino, o Mártir por deturpar Platão, o Dr. Lundy deveria saber que há muito passou a época de tais casuísmos. O que Platão quis dar a entender é que, antes de ficar aprisionado na matéria, o *homem* não tinha necessidade de membros, pois era uma pura entidade espiritual. Por essa razão, se a Divindade, seu universo e os corpos estelares eram concebidos como esferóides, essa forma haveria de ser o do homem arquetípico. Como sua concha envoltória se tornou mais pesada, surgiu a necessidade de membros, e os membros brotaram. Se imaginarmos um homem com os braços e as pernas naturalmente estendidas no mesmo ângulo, colocado contra o círculo que simboliza sua forma anterior como um espírito, teremos exatamente a figura descrita por Platão – a cruz em X dentro do círculo.

Todas as lendas da criação, da queda do homem, e do conseqüente dilúvio pertencem à história universal, e são tanto propriedade dos israelitas, quanto de qualquer outra nação. O que lhes pertence em particular (excetuados os cabalistas) são os detalhes desfigurados da tradição. O *Gênese* de Henoc é muito anterior aos livros de Moisés[129], e Guillaume Postel apresentou-o ao mundo, explicando as alegorias na medida de sua ousadia, mas a base ainda não foi exposta. Para os

102

judeus, o *Livro de Enoque*[130] é tão canônico quanto os livros de Moisés; e se os cristãos aceitaram esses últimos como uma autoridade, não conseguimos perceber por que eles deveriam rejeitar o primeiro como apócrifo. Não se pode determinar com exatidão a antiguidade de nenhum deles. À época da separação, os samaritanos reconheciam apenas os livros de Moisés, e o de Josué, diz o Dr. Jost. Em 168 a.C., Jerusalém teve o seu templo saqueado, e todos os livros sagrados foram destruídos[131]; por conseguinte, os poucos manuscritos que restaram só puderam ser encontrados entre os "mestres da tradição". Os tannaim cabalísticos e seus iniciados e profetas sempre haviam praticado seus ensinamentos em comum com os cananitas, os camitas, os madianitas, os caldeus, e todas as outras nações. A história de Daniel é uma prova disso.

Havia uma espécie de Irmandade ou Franco-maçonaria entre os cabalistas espalhados pelo mundo, e isso desde tempos imemoriais. Como algumas sociedades da maçonaria medieval, na Europa, eles se chamavam de *Companheiros*[132] e *Inocentes*[133]. Há uma crença (baseada no conhecimento) entre os cabalistas de que apenas dois rolos herméticos são os genuínos livros sagrados dos setenta e dois anciães – livros que continham a *"Palavra Antiga"* – perdidos, mas que sempre foram preservados desde os tempos mais remotos entre as comunidades secretas. Emanuel Swedenborg fala bastante sobre isso, e suas palavras se baseiam, diz ele, na informação obtida de certos *espíritos*, que lhe asseguraram que "eles realizavam seu culto de acordo com a Palavra Antiga". "Buscai-a na China", acrescenta o grande profeta, "e talvez a encontrareis na Grande Tartária!" Outros estudiosos das ciências ocultas têm mais do que a palavra de "certos espíritos" neste caso especial – eles viram os livros.

Devemos por conseguinte escolher entre dois métodos – aceitar a Bíblia exotericamente ou esotericamente. Contra o primeiro temos os seguintes fatos: Que, após a primeira cópia do *Livro de Deus* ter sido editada e lançada ao mundo por Hilkiah, essa cópia desaparece, e Esdras tem que fazer uma *nova Biblía*, que Judas Macabeus termina; que quando foi copiada das letras cornudas para as letras quadradas, ela foi de tal modo corrompida que não se pôde mais reconhecer o original; que a *Masorah* completou o trabalho de destruição; que, finalmente, temos um texto, de modo algum com 900 anos, formigando de omissões, interpolações e deturpações premeditadas; e que, conseqüentemente, visto que esse texto hebraico masotérico fossilizou seus erros, e que a chave da "Palavra de Deus" está perdida, ninguém tem o direito de impingir sobre os chamados "cristãos" as divagações de uma fileira de profetas alucinados e talvez espúrios, sob a falsa e insustentável pretensão de que o seu autor foi o "Espírito Santo" em *propria persona*.

Por conseguinte, rejeitamos essa pretensa Escritura monoteísta, formada quando os sacerdotes de Jerusalém acreditaram necessário para a sua política romper violentamente todos os vínculos com os gentios. É apenas nesse momento que eles perseguiram os cabalistas, e baniram a "antiga sabedoria" tanto dos pagãos, como dos judeus. *A verdadeira Bíblia hebraica era um volume secreto, desconhecido das massas*, e mesmo o *Pentateuco* samaritano é muito mais antigo do que a *Septuaginta*. Quanto à primeira, os padres da Igreja jamais ouviram falar dela. Preferimos decididamente nos louvar na palavra de Swedenborg de que a "Palavra Antiga" *está em algum lugar da China ou da Tartária*. E tanto mais valioso é esse testemunho porquanto, segundo afirma pelo menos um clérigo, a saber, o Reverendo Dr. R. L.

Tafel, de Londres, o vidente sueco estava num estado de "inspiração de Deus" enquanto escrevia suas obras teológicas. Ele é até mesmo superior aos autores da Bíblia, pois, ao passo que estes últimos tinham as palavras sopradas aos seus ouvidos, Swedenborg tinha que entendê-las racionalmente, sendo, por conseguinte, *internamente* e não externamente iluminado. "Quando", diz o reverendo autor, "um membro consciencioso da Nova Igreja ouve qualquer ataque contra a divindade e a infalibilidade, seja da alma ou do corpo das doutrinas da Nova Jerusalém, deve ele ter presente que, segundo essas mesmas doutrinas declaram, o Senhor realizou Sua segunda vinda através dos escritos que foram publicados por Emanuel Swedenborg, Seu servo, e que, por conseguinte, esses ataques não são e não podem ser verdadeiros". E se foi "o Senhor" que falou através de Swedenborg, então há ainda uma esperança para nós de que pelo menos um sacerdote corroborará nossa afirmação de que a antiga "palavra de Deus" se acha agora apenas em países pagãos, especialmente a Tartária, o Tibete e a China budistas!

"A história primitiva da Grécia é a história primitiva da Índia", exclama Pococke em sua *India in Greece* (p. 30). Em face dos frutos posteriores da investigação crítica, poderíamos parafrasear a sentença e dizer: "A história primitiva da Judéia é uma distorção da fábula indiana enxertada na do Egito". Muitos cientistas, encontrando fatos pertinentes, e relutando em comparar as narrativas da revelação "divina" com as dos livros bramânicos, meramente os apresentam ao público leitor. Entrementes, limitam as suas conclusões às críticas e às contradições mútuas. Assim, Max Müller opõe-se às teorias de Spiegel, e de alguns mais; e o Professor Whitney às do Orientalista de Oxford; e o Dr. Haug investe furiosamente contra Spiegel, ao passo que o Dr. Spiegel escolhe outra vítima, e isso, mesmo agora que os veneráveis acadianos e turanianos tiveram o seu dia de glória. Os *protocasdeus, os casdeo-citas, os sumerianos*, e o que mais, tiveram que recuar em face a outras ficções. Pior para os acadianos! Halévy, o assiriólogo, ataca a língua acado-sumeriana da antiga Babilônia[134], e Chabas, o egiptologista, não contente com destronar a língua turaniana, que prestou tão eminentes serviços aos perplexos orientalistas, chama o venerável pai dos acadianos – François Lenormant – de charlatão. Aproveitando-se da barafunda erudita, o clero cristão reforça a sua fantástica teologia, na suposição de que, havendo discordância entre o júri, há pelo menos um ganho de tempo para o litigante indiciado. E assim se esquece a vital questão de saber se não seria melhor para a cristandade a adoção antes do cristismo, do que do Cristianismo, com a sua Bíblia, a sua redenção vicária e o seu Demônio. Mas a um personagem tão importante quanto este último não podemos deixar de dedicar um capítulo especial.

## NOTAS

1.   [Cf. Plutarco, *On Isis and Osiris*, § 23.]

2.   Os rishis são iguais a manu. Os dez prajâpatis, filhos de *Virâj*, de nome *Marîchi, Atri, Angiras, Pulastya, Pulaka, Kratu, Prachetas, Vasishtha, Bhrigu e Nârada*, são *poderes* evemerizados, as *Sephîrôth* hindus. Tais Poderes emanam os sete Rishis, ou Manus, o chefe dos quais surgiu por si mesmo do "incriado". Ele é o Adão da Terra, e é o símbolo do homem. Seus "filhos", os seis Manus seguintes, representam cada qual uma nova raça de homens, e no conjunto são a *Humanidade* que passa gradualmente através dos sete estágios primitivos de evolução.

3. Nos dias de outrora, quando os brâmanes estudavam mais do que hoje o sentido oculto de sua filosofia, explicavam eles que cada uma dessas seis raças distintas que precederam à nossa havia desaparecido. Mas agora eles afirmam que um espécime foi preservado e que esse, não tendo sido destruído, alcançou o atual *sétimo* estágio. Assim, eles, os brâmanes, são os espécimes do Manu celestial, oriundos da boca de Bhahmâ, ao passo que os Śudras foram criados dos pés dessa divindade.

4. [F. Lenormant, *Chaldean Magic*, etc., trad. do francês, Londres, 1877-1878, cap. I, p. 17-8.]

5. Haug, *Aitareya-Brâhmanam*, I, p. 76-9.

6. Para evitar discussões, adotamos as conclusões paleográficas a que chegaram Martin Haug e outros cautelosos eruditos. Pessoalmente, acreditamos nas afirmações dos brâmanes e nas de Halhed, o tradutor dos *Śâstras*. [Cf. *A Code of Gentoo Laws*, 1776.]

7. O deus Heptaktis.

8. [Cf. Jacolliot, *Les traditions indo-européennes*, etc., p. 155; cf. *Rig Veda*, I, 164, 1, 2, 3.]

9. [Jacolliot, *op. cit.*, p. 157. Cf. *Rig-Veda*, I, 164, 10.]

10. O santuário da iniciação.

11. [*Ibid.*, p. 160. Cf. *Rig-Veda*, I, 164, 21.]

12. [*Rig-Veda*, I, 164, 22.]

13. [Jacolliot, *op. cit.*, p. 165.]

14. "Comparative Mythologie", *in Chips*, etc., II, p. 76.

15. Embora não tendo a intenção de entrar no momento numa discussão sobre as raças nômades do "período rhemático", reservamos o direito de questionar a propriedade de chamar com tal denominação aquela parte do povo primitivo donde os *Vedas* vieram à existência, os âryas. Alguns cientistas acreditam não apenas que a ciência não corrobora a existência dos âryas, como também que as tradições do Industão protestam contra tal pretensão.

16. Sem a explicação esotérica, o *Velho Testamento* torna-se uma absurda miscelânea de contos sem sentido – ou ainda, pior do que isso, enfileira-se no rol dos livros *imorais*. É curioso que o Prof. Max Müller, como profundo conhecedor da Mitologia Comparada, afirme que os *prajâpatis* e os deuses hindus não passam de máscaras *sem atores;* e que Abraão e outros patriarcas míticos foram homens reais; sobre Abraão em especial, somos informados (ver "Semitic Monotheism", *in Chips*, I, p. 373) de que ele "só é superado por uma única figura em toda a história do mundo".

17. Os itálicos são nossos. *Chips*, etc., vol. I, p. 77, 75.

18. *Chips*, etc., vol. I, p. 8-9.

19. Acreditamos ter já externado alhures a opinião contrária, a propósito do *Atharva-Veda* do Prof. Whitney do Yale College.

20. *Chips*, etc., vol. I, p. 76.

21. Ver Baron Bunsen, *Egypt's Place*, etc., vol. V, p. 90.

22. Max Müller, conferência sobre "Os Vedas" *in Chips*, etc., vol. I, p. 76.

23. *Ibid.*, p. 73.

24. *Ibid.*, p. 75-6

25. Juliano, *Oratio V in Matrem Deorum*, § 172.

26. J. Lydus, *De mensibus*, IV, 38, 74; Movers, *Die Phönizier*, vol. I, p. 550-51.

27. "Septenary Institutions", *Westminster Review*, Londres, vol. LIV, outubro de 1850, p. 81.

28. 1676. – 29 Car. II, c. 7.

29. [Justino, o Mártir, *Diálogo com Trypho*, XII, XXIII.]

30. *De verbo mirifico.*

31. [*Gênese*, III, 16-8.]

32. *Zohar*, III, p. 292b; ed. de Amst. O Supremo que se consulta com o Arquiteto do mundo – em Logos – sobre a criação.

33. *Berêshîth Rabbah*, parsha IX. Se os capítulos do *Gênese* e dos outros livros mosaicos, assim como os temas, foram alterados, a falta é do compilador – não da tradição oral. Hilkiah e Josias tiveram que ponderar com Huldah, a profetisa, daí o recurso à *magia*, para compreender a palavra do "Senhor Deus de Israel", muito convenientemente encontrada por Hilkiah (*2 Reis*, XXII); e que a tarefa ultrapassou em muito os limites duma revisão ou remodelação, provam-no as suas freqüentes incongruências, repetições e contradições.

34. Essa assimilação do dilúvio a um terremoto nas tábuas assírias provaria que as nações antediluvianas estavam bem familiarizadas com outros cataclismos geológicos do dilúvio, que figura na *Bíblia* como a *primeira* calamidade que recaiu sobre a Humanidade, e como uma punição.

35. George Smith observa nas tábuas, primeiro a criação da Lua, e depois a do Sol: "A beleza e a perfeição de ambos são louvadas, e a regularidade de suas órbitas, é por ele considerada como o símbolo de um juiz que regula o mundo". Se essa história se refere simplesmente a um cataclismo cosmogônico – ou mesmo universal –, por que falaria a deusa Ishtar ou Astoreth (a Lua) da *criação do Sol* após o dilúvio? As águas poderiam ter atingido as alturas da montanha de *Nizir* (na versão caldaica), ou *Jebel-Judi* (as montanhas do dilúvio das lendas árabes), ou ainda Ararat (da narrativa bíblica), e ainda o Himâlâya da tradição hindu, e no entanto não alcançar o Sol – e nem mesmo a *Bíblia* se atreve a esse milagre. É evidente que o dilúvio do povo que primeiro o registrou tinha um outro significado, menos problemático e muito mais filosófico do que o de um dilúvio *universal*, do qual não há um traço geológico sequer.

36. [G. Smith, *Assyrian Discoveries*, 1875, p. 190-91. Cf. Jastrow, *The Civil. of Babylonia*, p. 449-51.]

37. [*Gênese*, I, 2; VII, 18.]

38. A "letra morta que mata" é magnificamente ilustrada no caso do Jesuíta de Carrière, citado em *La Bible dans l'Inde*, p. 253. A seguinte dissertação representa o espírito de todo o mundo católico: "De modo que a criação do mundo", escreve esse fiel filho de Loiola, ao explicar a cronologia bíblica de Moisés, "e tudo que é registrado no *Gênese*, poderia ter chegado ao conhecimento de Moisés por meio dos *relatos que os seus pais lhe fizeram pessoalmente*. Talvez, mesmo, as lembranças ainda existentes entre os israelitas, e dessas lembranças ele pode ter registrado as datas de nascimento e morte dos patriarcas, o número de seus filhos, e os nomes dos diferentes países em que cada um se estabeleceu sob a guia do *Espírito Santo, que devemos sempre encarar como o principal autor dos* livros sagrados"!!!

39. [Eusébio, *Chronicon*, livro I, cap. II e VII. Cf. Cory, *Anc. Fragm.*, 1832, p. 26 e s.]

40. Ver vol. I, cap. XV, e o último desta obra.

41. *Description, etc., of the People of India*, pelo Abbé J. A. Dubois, missionário em Mysore, vol. I, parte II, cap. VI, p. 129, 186; 1817.

42. *La Genèse de l' humanité*, p. 169, 170.

43. Jacolliot, *op. cit.*, p. 170-71.

44. *Researches into (. . .) Ancient and Hindu Mythology.*

45. Contra a última afirmação, derivada apenas dos relatos da Bíblia, temos o próprio fato histórico. 1º Não há prova alguma de que essas doze tribos tenham existido; a de Levi era uma casta sacerdotal, e todas as outras imaginárias. 2º Heródoto, o mais exato dos historiadores, que esteve na Assíria quando Esdras floresceu, nunca menciona os israelitas. Heródoto nasceu em 484 a.C.

46. ["Comparative Mythology" *in Chips*, etc., vol. II, p. 14.]

47. O próprio Dr. Kannicott, e Bruns, sob sua direção, por volta de 1780, reuniram 692 manuscritos da "Bíblia" hebraica. De todos esses, apenas *dois* foram creditados ao século X, e três ao período entre os séculos XI e XII. Os outros se classificavam entre os séculos XIII e XVI.

48. Em sua *Introduzione alla Sacra Scrittura*, p. 34-47, de Rossi menciona 1.418 manuscritos reunidos, e 374 edições. O *Codex* manuscrito mais antigo, afirma ele – o de Viena – data do ano 1019 d.C.; o seguinte, de Reuchlin de Karlsruhe, 1038. "Não há", declara ele, "nenhum manuscrito hebraico do *Antigo Testamento* que seja de data anterior ao século XI d.C."

49. [*Christian Orthodoxy*, Londres, 1857, p. 239.]

50. *India in Greece*, prefácio, p. VIII-IX.

51. *Chips*, etc., vol. I, p. 5.

52. *Egypt's Place in Universal History*, vol. V, p. 77-8).

53. *Chips*, etc., vol. I, p. 114; *Aitareya-Brâhmanam*, vol. I, introdução, p. 47-8.

54. Dr. M. Haug, Superintendente dos estudos sânscritos no Colégio de Poona, Bombay.

55. [G. Rawlinson, *The Hist. of Herodotus*, vol. I, p. 669-70; Londres, 1858.]

56. [*Ordinances of Manu*, prefácio, p. VII.]

57. [*Egypt's Place*, etc., vol. IV, p. 142.]

58. [*History*, VII, §70.]

59. Pococke pertence àquela classe de orientalistas que acreditam que o Budismo precedeu o Bramanismo, e era a religião dos *Vedas* mais antigos, tendo Gautama apenas lhes restaurado a forma pura, que depois degenerou novamente em dogmatismo.

60. *India in Greece*, p. 200.

61. A origem asiática dos primeiros habitantes do Vale do Nilo é claramente demonstrada por testemunhos paralelos e independentes. Cuvier e Blumenbach afirmam que todos os crânios de múmias que eles tiveram oportunidade de examinar apresentavam o tipo caucasiano. Um moderno fisiologista americano (o Dr. S. G. Morton) chegou também à mesma conclusão (*Crania Aegyptiaca*, Londres, Filadélfia, 1844, p. 20, 40-1, 53, 63-6).

62. O falecido Râjâ de Travancore foi sucedido pelo filho mais velho de sua irmã, o atual regente, o Mahârâja *Râma Vurmah*. Os herdeiros seguintes são os filhos de sua falecida irmã. No caso de a linhagem feminina ser interrompida pela morte, a família real é obrigada a adotar a filha de algum outro Râjâ, e a não ser que nasçam filhas dessas Rânî, outra menina é adotada, e assim por diante.

63. Há alguns orientalistas que acreditam que esse costume foi introduzido apenas depois das primeiras colônias na Etiópia; mas como sob os romanos a população desse país se alterou quase por completo, tornando-se o elemento totalmente arábico, podemos acreditar, sem nenhuma dúvida, que foi a influência árabe predominante que alterou a antiga escrita. Seu método atual é muito mais análogo ao Devanâgarf, e a outros alfabetos indianos mais antigos, que se leêm da esquerda para a direita e cujos caracteres não têm nenhuma semelhança com as letras fenícias. Ademais, todas as autoridades antigas corroboram plenamente a nossa afirmativa. Filostrato faz o brâmane Iarchas dizer (*Vita Apoll.*, III, XX) que os etíopes eram originalmente de *raça indiana*, tendo sido compelidos a emigrar da terra-mãe por sacrilégio e regicídio. "Assinalou um egípcio que o seu pai lhe contara que os indianos eram os homens mais sábios, e que os etíopes, uma colônia de indianos, preservaram a sabedoria e os costumes de seus pais, e reconheciam a sua antiga origem." Julius Africanus (em Eusébio e Syncellus) faz a mesma afirmação (Pococke, *India in Greece*, p. 205-06). E escreve Eusébio: "Os etíopes, emigrando do rio Indo, fixaram-se nas vizinhanças do Egito" (Lemprière, *Classical Dictionary, s. v.* "Meroe"; ed. de Barker).

64. [Pococke, *India in Greece*, p. 200.]

65. Eles poderiam ser simplesmente, como pensa Pococke, tribos do "Oxus", um nome derivado dos "Ookshas", as pessoas cuja riqueza repousa no "Ox", "boi", pois ele mostra que *Ookshan* é uma forma rude de Ooksha, um "boi" (em sânscrito, *ox* significa também "boi"). Ele acredita que foram eles, "os senhores do Oxus", que deram seu nome ao mar em torno do qual eles reinaram em mais de um país, o *Euxino* ou Ooksh-ine. "*Pâli*, significa "pastor", e s'thân é uma terra (. . .) As tribos guerreiras do Oxus (. . .) penetraram no Egito, e depois voltaram para a Palestina (PÂLI-STÂN), a "terra dos Pâlis, ou pastores", e aí estabeleceram colônias mais permanentes (. . .) "(*India in Greece*, p. 198). Mesmo se assim fosse, isso apenas confirma a nossa opinião de que os judeus são uma raça híbrida, pois a *Bíblia* os mostra unindo-se livremente por casamento, não apenas com os cananitas, mas com todas as outras raças ou nações com que entravam em contato.

66. Prof. A. Wilder: "Notes".

67. Moisés reinou sobre o povo de Israel no deserto por mais de *quarenta* anos.

68. O nome da mulher de Moisés era Séfora (*Êxodo*, II, 21).

69. *Op. cit.*, 1876, p. 299-300.

70. Por volta de 1040 os doutores judeus transferiram suas escolas da Babilônia para a Espanha, e as obras dos quatro grandes rabinos que floresceram durante os quatro séculos seguintes mostram diferentes versões, e abundam de erros nos manuscritos. Os "Masorah" fizeram coisas ainda piores. Muitas coisas que então existiam nos manuscritos foram eliminadas, e suas obras formigam de interpolações e de *lacunae*. O mais antigo manuscrito hebraico pertence a esse período. Tal é a revelação divina a que devemos dar crédito.

71. *Op. cit.*, p. 300.

72. Nenhuma cronologia foi aceita como autorizada pelos rabinos antes do século XII. Os números 40 e 1.000 não são exatos, mas foram aumentados para corresponder ao monoteísmo e às exigências de uma religião que deveria parecer diferente da dos pagãos ("Chron. Orth", p. 237). Descobrimos no *Pentateuco* apenas eventos que ocorreram cerca de dois anos antes do fabuloso "Êxodo". O resto da cronologia inexiste, e só pode ser seguida através de cálculos cabalistas, tendo-se a chave em mãos.

73. Os gnósticos coliridianos transferiram seu culto de Astoreth a Maria, também Rainha do Céu. Eles foram perseguidos e condenados à morte pelos cristãos ortodoxos, sob a acusação de heresia. Mas se esses gnósticos haviam estabelecido seu culto oferecendo à deusa sacrifícios de bolos, biscoitos e finas hóstias, foi porque acreditavam que ela havia nascido de uma virgem imaculada, tal como se pretende que Cristo tenha nascido de sua mãe. E agora, tendo sido *a infalibilidade* papal reconhecida e aceita, sua primeira manifestação prática é a restauração da crença coliridiana como um artigo de fé. Ver Hone, *The Apocryphal New Testament*. "The Gospel of the Birth of Mary" (atribuído a Mateus), com introdução de Hone.

74. Hargrave Jennings, *The Rosicrucians*, 1870, p. 328.

75. *The Progress of Religious Ideas*, etc., I, p. 157-58.

76. Lilith foi a *primeira* mulher de Adão, "antes de seu casamento com Eva, de quem ele nada gerou a não ser demônios". Não deixa de surpreender essa nova maneira piedosa de explicar uma alegoria eminentemente filosófica. [Cf. Buxtorf, *Lexicon Chaldaicum*, etc., p. 1140.]

77. Era em comemoração da Arca do Dilúvio que os fenícios, esses intrépidos exploradores do "abismo", fixavam, na proa de seus navios, a imagem da deusa Astarté, que é Elissa, Vênus-Erycina da Sicília, e Dido, cujo nome é o feminino de Davi.

78. [*Hist. of Hindostan*, vol. II, prancha VIII; vol. III, pranchas VIII e IX.]

79. [*Gênese*, III, 15.]

80. [Dr. Lundy, *Monumental Christianity*, p. 161.]

81. [Luciano, *De Syria Dea*, §28.]

82. *1 Reis*, XVIII, 43, 44. Tudo isso é alegórico, e, ademais, puramente mágico. Pois Elias está sob o influxo de um encantamento.

83. [Rosenroth, *Kabb. denudata*, II, p. 305; ed. 1684.]

84. [*Egypt's Place*, etc., vol. I, p. 69 e s.; vol. IV, p. 335.]

85. [*Biblioth. Hist.*, II, 30.]

86. [Cory, *Ancient Fragm.*, p. 26 e s. Cf. Movers, *Die Phönizier*, vol. I, p. 165.]

87. Os livros do *Talmude* dizem que Noé era a *pomba* (espírito), identificando-o assim com o Nuah caldeu. Baal é representado com as asas de uma pomba, e os samaritanos cultuavam, no Monte Garizim, a imagem de uma pomba. – *Talmude*, Hulin, 6ª [Cf. Nork, *Hundert und ein Frage*, p. 37.]

88. *Números*, X, 29, 31.

89. A *Bíblia* se contradiz, tal como o relato caldeu, pois, no cap. VII do *Gênese*, se diz que "todos eles" pereceram no dilúvio.

90. *Números*, XIII, 33.

91. Não conseguimos atinar porque o clero – especialmente o católico – deveria objetar à nossa afirmação de que os patriarcas são signos do zodíaco, tal como os antigos deuses "pagãos". Houve um tempo, e isso há menos de dois séculos, em que o clero exibia o mais fervente desejo de restabelecer o culto do Sol e das estrelas. Essa piedosa e curiosa tentativa foi denunciada há alguns poucos meses por Camille Flammarion, o astrônomo francês. Ele mostra que dois jesuítas de Augsburg, Schiller e Bayer, sentiram vontade de modificar os nomes de toda a massa sabéia do céu estelar, e adorá-la sob nomes cristãos! Tendo anatematizado os idólatras adoradores do Sol por mais de quinze séculos, a Igreja agora se propôs seriamente a continuar a heliolatria – *ao pé da letra*, desta vez –, pois sua idéia era substituir os mitos bíblicos pagãos e (a seu ver) os personagens reais. Eles chamariam o Sol de Cristo; a Lua, de Virgem Maria; Saturno, de Adão; Júpiter, de Moisés (!); Marte, de Josué; Vênus, de João Baptista; e Mercúrio, de Elias. De fato, substitutos bem apropriados, mostrando a grande familiaridade da Igreja católica com o antigo saber pagão e cabalístico, e a sua boa vontade, talvez, em pelo menos confessar a fonte donde vieram os seus próprios mitos. Pois não é o rei Messias o Sol, o Demiurgo dos heliólatras, sob vários nomes? Não é ele o Osíris egípcio e o Apolo grego? E que nome mais apropriado do que o da Virgem Maria para a pagã Diana-Astarte, "a Rainha do Céu", contra a qual Jeremias gastou todo um vocabulário de imprecações? Tal adoração seria tanto histórica, como religiosamente correta. Duas recentes pranchas foram publicadas, diz Flammarion, num recente número de *La Nature*, e representavam os céus com constelações cristãs no lugar de pagãs. Apóstolos, papas, santos, mártires e personagens do *Velho* e do *Novo Testamento* completavam esse sabeanismo cristão. "Os discípulos de Loyola usaram todo o seu poder para conseguir sucesso." É curioso encontrar na Índia, entre os muçulmanos, o nome de Terah, o pai de Abraão, Azar ou Azarh, e Âzur, que também significa fogo, e é, ao mesmo tempo, o nome do terceiro mês solar hindu (de junho a julho), durante o qual o Sol está em *Gêmeos*, e a Lua cheia próxima de *Sagitário*.

92. Cícero, *De natura Deorum*, I, XII.

93. *History*, II, §145.

94. [*Fragments*, LIII, LIV.]

95. [Cf. E. Lévi, *Dogme et Rituel*, etc., vol. I.]

96. *Monumental Christianity*, p. 9.

97. Quem, a não ser os autores do *Pentateuco*, poderia ter inventado um Deus Supremo ou um seu anjo de caráter tão humano a ponto de requerer uma mancha de sangue na ombreira para impedir o assassínio da pessoa errada?! Por ser grosseiro materialismo, isso ultrapassa todas as concepções teísticas de que temos notícia na literatura pagã.

98. Denon, *Voyage dans la basse et la haute Egypte*, vol. II, prancha 40, fig. 8, p. 54, 145.

99. Dr. Lundy, *op. cit.*, p. 13, 402.

100. Na obra *Ruins (. . .) of Empires*, de C. F. de Volney, p. 360, observa-se que, tendo estado Áries em seu décimo quinto grau, no ano 1447 a.C., não poderia o primeiro grau de "Libra" ter coincidido com o equinócio vernal senão no ano 15.194 a.C., de sorte que, acrescentando a esse número os 1790 anos transcorridos desde o nascimento de Cristo, podemos estimar a origem do *Zodíaco* para o ano 16.984.

101. [*Die Phönizier*, vol. I, p. 165 e s.]

102. Ver as gravuras em Inman, *Ancient Faiths Embodied in Ancient Names*, vol. I, p. 529.

103. Cícero, *De natura deorum*, I, X.

104. Virgílio, *Eneida*, VI, 724-27.

105. O termo "túnicas de pele" torna-se mais sugestivo quando sabemos que a palavra hebraica "pele" utilizada no texto original significa pele *humana*. Diz o texto: "E *Yava-Aleim* fez para Adão e sua mulher כתנת עור, KOTHNOTH OR." *Gênese*, III, 21. A primeira palavra hebraica é sinônimo do grego χιτών, *chiton*, "capa". Parkhurst a define como a *pele dos homens ou dos animais*, עור , עֹר e עֹרָה, OUR, OR ou ORAH. A mesma palavra é empregada em *Êxodo*, XXXIV, 30, 35, em que a *pele* de Moisés "brilhou" (A. Wilder).

106. Aqui, novamente, os "Masorah", transformando um no outro, ajudaram a falsificar o pouco que ainda havia restado das Escrituras originais.
De Rossi, de Parma, afirma em seu *Compêndio*, vol. IV, p. 7-8, a propósito dos Masoretas: "É sabido o cuidado com que Esdras, o melhor crítico que eles tiveram, reformou [o texto] e o

*corrigiu*, e lhe restaurou o esplendor primitivo. Dentre as várias revisões efetuadas posteriormente, nenhuma é mais célebre do que a dos Masoretas, que floresceram depois do século VI (. . .) e todos os mais zelosos adoradores e defensores do 'Masorah', cristãos e judeus (. . .) concordam ingenuamente que ele, tal como existe, é *deficiente, imperfeito, interpolado, cheio de erros, e um* guia muito pouco seguro." A letra quadrada só foi inventada a partir do século III.

107. *The Rosicrucians*, 1870, p. 64-5.

108. Escorpião é o signo astrológico dos órgãos de reprodução.

109. Os patriarcas podem ser convertidos em números, e intercambiados. Segundo o que simbolizam, podem tornar-se dez, cinco, sete, doze, e mesmo catorze. O sistema em seu todo é tão complicado que se torna impossível numa obra como esta dar mais do que algumas pistas sobre certas matérias.

110. [34 *et seq.*]

111. Ver o vol. I da presente obra, cap. I. Só o cálculo hindu pelo Zodíaco pode dar uma chave das cronologias hebraicas e das épocas dos patriarcas. Se tivermos em mente que, de acordo com os primeiros cálculos astronômicos e cronológicos dos catorze manvantaras (ou épocas divinas), cada uma das quais, composta de *doze* mil anos dos devas, multiplicados por setenta e um, forma *um período* de criação, e que apenas *sete* desses períodos já se passaram, compreenderemos então, com maior clareza, o cômputo hebraico. No propósito de ajudar, na medida do possível, àqueles que poderão encontrar coisas muito interessantes nesse cômputo, lembraremos ao leitor que o Zodíaco se divide em 360 graus, e que cada signo, por sua vez, tem 30 graus; que na *Bíblia* samaritana *a época de Henoc é fixada em 360 anos*; que em *Manu*, as divisões de tempo são assim computadas: "O dia e a noite são compostos de trinta *Muhurtas*. Um *muhurta* contém trinta *kalâs*. Um mês [dos mortais] compõe-se de trinta dias, mas ele é apenas *um* dia e uma noite dos pitris. (. . .) Um ano [dos mortais] é um dia e uma noite dos Devas". [Manu, I, 64-7.]

112. Ver H. C. Rawlinson, "Diagrams" ["On the Birs Nimrud, etc.,", *in Journal of the Royal Asiatic Society of Great Britain and Ireland*, vol. XVIII, 1861, p. 17-9.]

113. No Zodíaco bramânico os signos são presididos por um dos doze grandes deuses, e a eles dedicados. Assim: 1. Mesha (Áries) é dedicado a Varuna; 2. Vrisha (Touro), a Yama; 3. Mithuna (Gêmeos), a Pâvana; 4. Karkataka (Câncer), a Sûrya; 5. Sinha (Leão), a Soma; 6. Kanyâ (Virgem), a Kârttikeya; 7. Tulâ (Libra), a Kuvera; 8. Vriśchika (Escorpião), a Kâma; 9. Dhanu (Sagitário), a Ganeśa; 10. Makara (Capricórnio), a Pulaha; 11. Kumbha (Aquário), a Indra; e 12. Mîna (Peixes), a Agni.

114. E. Moor, *The Hindoo Pantheon*, p. 295-302, e pr. 80.

115. [Cf. Haug, *Essays on the Sacred Language (. . .) of the Parsees*, 1878, p. 147, nota.]

116. Apolo era também *Abelius*, ou Bel.

117. [*Antiquities*, I, II, 3.]

118. Halal é um nome de Apolo. O nome de *Mahalal-Eliel* seria então o sol outonal, de julho, e esse patriarca rege *Leão* (julho), o signo zodiacal.

119. Ver a descrição das Sephîrôth no Capítulo V.

120. Podemos observar o quão servil era essa *cópia* caldaica comparando a cronologia hindu com a dos babilônios. Segundo *Manu*, as dinastias antediluvianas dos Prajâpatis reinaram por 4.320.000 anos numa época, toda uma era divina dos devas, em suma, a extensão de tempo que invariavelmente ocorre entre a vida na Terra e a dissolução dessa vida, ou pralaya. Os caldeus, por sua vez, deram precisamente os mesmos números, menos *uma* cifra, a saber: deram a seus 120 saros um total de 432.000 anos.

121. Éliphas Lévi dá tanto a versão grega, quanto a hebraica, mas de um modo tão condensado e arbitrário que é impossível a quem quer que seja e conheça menos do que ele o tentar compreendê-lo. [*Dogme et rituel*, etc., II, supl.]

122. [Cf. Spiegel, *Zend-Avesta*, I, p. 32 e s.]

123. Ver a dissertação do Rabino Shimon sobre o Homem-Touro primitivo e os chifres. *Zohar*.

124. "The *Nychthêmeron* of the Hebrews"; ver É. Lévi, *Dogme et rituel*, etc., II, supl.

125. *Auszüge aus dem Buche Sohar*, Berlim, 1857, p. 14-5.

126. [T. Taylor, *The Works of Plato*, vol. II, p. 483, 487.]

127. [P. 8.]

128. [*Primeira Apologia*, cap. LX.]

129. Tal é a opinião dos eruditos Drs. Jost e Donaldson. "A coleção dos escritos do *Velho Testamento*, tal como agora os possuímos, parece ter sido concluída por volta do ano 150 a.C. Os judeus procuraram então os livros que se perderam na diáspora, e os juntaram num único recolho" (Ghillany, *Die Menschenopfer der altern Hebräer*, p. 1).

130. I. M. Jost, *The Israelite Indeed*, I, p. 51.

131. Josefo, *Antiguidades*, XII, V, 4.

132. A. Franck, *La Kabbale*, 1843, p. 131.

133. Gaffarel, *Introduction to Book of Enoch*.

134. [*Mélanges d'épigraphie et d'archéologie sémitique*, Paris, 1874.]

# CAPÍTULO  X


"Afasta-te de mim, SATÃ" (Palavras de Jesus a Pedro).

*Mateus, XVI, 23.*

"E tal enredo de patranhas e de tolices
Que me afastam de minha fé. Digo-vos que
Ele me deteve, ontem à noite, por nove horas pelo menos
Recitando-me os muitos nomes do diabo (. . .)"

*King Henry IV*, Parte I, Ato iii, seção 1, versos 153-56.

"La force terrible et juste qui tue éternellement les avortons a été nommée par les Hébreux Samaël; par les Orientaux, Satan; et par les Latins, Lucifer. Le Lucifer de la Cabale n'est pas un ange maudit et foudroyé; c'est l'ange qui éclaire et qui *régenère* en brûlant."

ÉLIPHAS LÉVI, *Dogme et rituel*, etc., II, Intr.

"Ainda que o diabo seja mau de per si,
os homens atiram sobre ele a culpa de todas
as suas maldades e o maltratam e incriminam
injustamente'."

DE DEFOE, *The Political History of the Devil*, Londres, 1726.


Há alguns anos, um notável escritor e cabalista perseguido sugeriu o seguinte credo, comum para protestantes e católicos romanos:

### Protoevangelium

"Creio no Diabo, o Pai Todo-poderoso do Mal, o Destruidor de todas as coisas, Perturbador do Céu e da Terra;
E no Anticristo, seu único Filho, nosso Perseguidor,
Que foi concebido do Espírito do Mal;
Nascido de uma sacrílega Virgem louca,
Glorificado pela Humanidade, reinou sobre ela,
E ascendeu ao trono de Deus Todo-poderoso,
E sentado junto a Ele insulta os vivos e os mortos.
Creio no Espírito do Mal;
Na Sinagoga de Satã;
Na comunhão dos perversos,
Na perdição do corpo;
E na Morte e no Inferno eternos. Amém."

Esse credo ofende alguém? Parece ser extravagante, cruel ou blasfemo? Prestai atenção: Na cidade de Nova York, no nono dia do mês de abril de 1877 — isto é, no último quartel daquele que é orgulhosamente chamado de século da desco-

112

berta e de idade da iluminação –, foram mencionadas as idéias escandalosas que seguem. Citamos do relato do *Sun* da manhã seguinte:

"Os pregadores batistas reuniram-se ontem na Capela dos Marinheiros, em Oliver Street. Muitos missionários estrangeiros estavam presentes. O Rev. John W. Sarles, do Brooklin, leu um discurso, em que defendia a proposição de que *todo gentio adulto que morrer sem o conhecimento do Evangelho está condenado para toda a eternidade*. De outra maneira, argumentou o reverendo ensaísta, o Evangelho é uma maldição, em vez de uma bênção, os judeus que crucificaram Cristo obraram com justiça e toda a estrutura da religião revelada cai por terra.

"O Irmão Stoddard, um missionário da Índia, endossou as opiniões do pastor do Brooklin, dizendo que os hindus era grandes pecadores. Certa vez, depois de ter ele pregado num mercado público, um brâmane se acercou dele e lhe disse: 'Nós, os hindus, podemos avantajar-nos o mundo em mentiras, mas este homem nos vence. Como pode ele dizer que Deus nos ama? Olhai para as serpentes venenosas, os tigres, os leões e todas as espécies de animais perigosos que nos rodeiam. Se Deus nos ama, por que Ele não os afugenta?'

"O Rev. Sr. Pixley, de Hamilton, N. Y., aderiu entusiasticamente à doutrina do ensaio do Irmão Sarles e solicitou 5.000 dólares para o ensino de jovens aspirantes ao sacerdócio."

E esses homens – não diremos que ensinam a doutrina de Jesus, pois isso seria insultar a sua memória, mas – são *pagos* para ensinar a sua doutrina! Podemos nos espantar com o fato de que pessoas inteligentes prefiram a aniquilação a uma fé fundamentada numa doutrina tão monstruosa? Duvidamos que qualquer brâmane respeitável confessasse o vício da mentira – uma arte cultivada apenas naquelas regiões da Índia britânica onde se encontram os cristãos[1]. Mas desafiamos qualquer homem honesto desse imenso mundo a dizer se ele acha que o brâmane estava longe da verdade ao afirmar, em relação ao missionário Stoddard, que "este homem nos vence" em mentiras. Que mais poderia ele dizer, se este pregava a eles a doutrina da *condenação eterna*, porque, na verdade, haviam passado suas vidas sem ler um livro judaico, de que nunca haviam ouvido falar, ou sem procurar a salvação num Cristo de cuja existência eles nunca haviam suspeitado! Mas o clero batista, que precisa da alguns milhares de dólares, há de recorrer a representações terroríficas para acender o coração de sua congregação.

Como de costume, prescindimos de nossa experiência própria sempre que podemos recorrer à de outros, e, assim, após ler as observações ultrajantes do missionário Stoddard, solicitamos a opinião isenta de nosso amigo, Sr. William L. D. O'Grady[2], sobre os missionários. O pai e o avô desse cavalheiro foram oficiais do exército britânico; ele próprio nasceu na Índia e no curso de sua longa vida teve numerosas oportunidades de saber qual a opinião geral entre os ingleses a respeito desses propagandistas religiosos. Eis sua resposta à nossa carta:

"A Senhora solicita minha opinião sobre os missionários cristãos na Índia. Durante todos os anos que passei ali, nunca falei com um único missionário. Eles não viviam em sociedade e, a julgar pelo que sobre eles ouvi e pelo que pude ver por mim mesmo, não me admira o seu retraimento. *A sua influência sobre os nativos é nociva*. Seus conversos são indignos e, via de regra, pertencem à classe mais baixa; *e nem por isso a conversão os melhora*. Nenhuma família respeitável empregará criados cristãos. Eles mentem, roubam, são sujos – e a sujeira não é certamente um vício hindu; eles bebem – e nenhum nativo decente de qualquer outra crença jamais toca licores intoxicantes; são proscritos pelo seu próprio povo e completamente indignos.

Seus novos mestres lhes dão um péssimo exemplo de consistência. Enquanto pregam aos párias que Deus não faz nenhuma distinção entre as pessoas, por outro lado jactam-se de ser superiores aos brâmanes, que, muitos deles 'escuros', caem ocasionalmente, em longos intervalos, nas garras desses sujeitos hipócritas.

"Os missionários recebem salários muito pequenos, como afirmam publicamente os relatórios das sociedades que os empregam, mas, de alguma maneira inexplicável, vivem tão bem quanto os oficiais que recebem dez vezes mais. Quando voltam às suas casas para recobrar a saúde, abalada, como dizem, por seu árduo labor – o que eles parecem fazer muito freqüentemente, coisa que as pessoas supostamente ricas não podem fazer –, contam histórias pueris do alto dos púlpitos, exibem ídolos conseguidos com grandes dificuldades, o que é absurdo, e fazem um relato de suas fadigas imaginárias que é pungente e inverídico do começo ao fim. Eu próprio vivi alguns anos na Índia e quase todos os meus parentes consangüíneos passaram ou passarão ali os melhores anos de suas vidas. Conheço centenas de oficiais britânicos e nunca ouvi de um só deles uma única palavra em favor dos missionários. Os nativos de qualquer posição olham para eles com o desrespeito mais supremo, sofrendo embora a exasperação crônica da sua agressividade arrogante; e o Governo Britânico, que continua fazendo dotações aos pagodes, oferecidas pela East India Company, e que propicia uma educação não-sectária, não lhes dá ajuda de espécie alguma. Protegidos contra a violência pessoal, eles ganem e latem tanto aos nativos quanto aos europeus, após exibirem uma soberba insultante. Freqüentemente recrutados entre os espécimes mais pobres do fanatismo teológico, são vistos em todos os lugares como nocivos. Seu propagandismo rábido, imprudente, vulgar e ofensivo causou o grande de 1857. São escroques daninhos. ,

"Nova York, 12 de junho de 1857."

"Wm. L. D. O'GRADY.

O novo credo, portanto, com que abrimos este capítulo, tão grosseiro como possa parecer, incorpora a essência mesma da crença da Igreja, tal como inculcada por seus missionários. Considera-se menos ímpio, menos infiel, duvidar da existência pessoal do Espírito Santo, ou da Divindade de Jesus, do que questionar a personalidade do Diabo. Mas, está quase esquecido um resumo do *Koheleth*[3]. Quem cita as palavras de ouro do profeta Miquéias[4], ou parece preocupar-se com a exposição da Lei, tal como foi ouvida do próprio Jesus?[5] Toda a moral do Cristianismo moderno se resume no mandamento de "temer o Diabo".

O clero católico e alguns dos paladinos leigos da Igreja romana brigam ainda mais pela existência de Satã e de seus diabretes. Se des Mousseaux afirma a realidade objetiva dos fenômenos espiritistas com um ardor tão inflexível é porque, em sua opinião, esses fenômenos são a prova mais evidente do Diabo em função. Ele é mais católico do que o Papa, e sua lógica e suas deduções de premissas infundadas e não-estabelecidas são singulares e provam uma vez mais que o credo oferecido por nós expressa com grande eloqüência a crença católica.

"Se a Magia", diz ele, "fosse apenas uma quimera, teríamos que dar um adeus eterno a todos os anjos rebeldes, que agora perturbam o mundo; pois, assim, *não haveria demônios aqui. E, se perdermos nossos demônios*, PERDEREMOS também O NOSSO SALVADOR. Pois de que nos redimiria o Redentor? Por conseguinte, não existiria o Cristianismo!"[6]

Oh, Santo Pai do Mal, Santificado Satã! Não abandoneis os cristãos pios como o des Mousseaux e alguns clérigos batistas!!

De nossa parte queremos antes lembrar as sábias palavras de J. C. Colquhoun, que diz que "aqueles que, nos tempos modernos, adotam a doutrina do Diabo, em sua aplicação estritamente literal e pessoal, não parecem estar conscientes de que são na realidade politeístas, gentios, idólatras"[7].

No afã de dar a seu credo a supremacia sobre todos os credos antigos, os cristãos clamam para si a descoberta do Diabo oficialmente reconhecido pela Igreja.

114

Jesus foi o primeiro a usar a palavra "legião", quando falava deles, e é nisto que se apóia des Mousseaux para defender sua posição em uma das suas obras demonológicas. "Posteriormente", diz ele, "quando a sinagoga *se extinguiu*, depositando sua herança nas mãos de Cristo, nasceram e *brilharam* os padres da Igreja, que têm sido acusados por determinadas pessoas de uma ignorância rara e preciosa, de terem emprestado dos teurgos as suas idéias relativas aos espíritos das trevas"[8].

Três erros – para não usar uma palavra mais áspera – deliberados, palpáveis e facilmente refutáveis ocorrem nessas poucas linhas. Em primeiro lugar, a sinagoga, longe de ter-se *extinguido*, está florescendo nos dias atuais em quase todas as cidades da Europa, da América e da Ásia; e, de todas as igrejas das cidades cristãs, ela é a que está mais firmemente estabelecida, e também a que melhor se comporta. Além disso – embora ninguém negue que muitos padres cristãos nasceram (sempre, é claro, excetuando os doze Bispos fictícios de Roma, que ainda não nasceram de fato) –, toda pessoa que se der ao trabalho de ler as obras dos platônicos da velha Academia, que foram teurgos antes de Jâmblico, descobrirão nelas a origem, tanto da Demonologia Cristã, quanto da Angelologia, cujo significado alegórico foi, entretanto, completamente distorcido pelos padres. Então, dificilmente se poderia admitir que os ditos Padres *brilharam*, exceto talvez na refulgência de sua extrema ignorância. O Rev. Dr. Shuckford, que passou a melhor parte de sua vida tentando reconciliar as contradições e os absurdos dos padres, foi finalmente levado a desistir em desespero do seu intento. A ignorância dos paladinos de Platão deve parecer de fato rara e preciosa em comparação com a profundidade impenetrável de Agostinho, "o gigante da sabedoria e da erudição", que negava a esfericidade da Terra, pois, se ela fosse comprovada, impediria os antípodas de verem o Senhor Cristo quando descesse do céu no segundo advento; ou, a de Lactâncio, que rejeita com horror piedoso a teoria idêntica de Plínio, dizendo que não era possível que as árvores crescessem ao contrário e os homens andassem com a cabeça para baixo[9]; ou, ainda, a de Cosmos Indicopleustes, cujo sistema ortodoxo de geografia está exposto em sua *Topografia cristã*; ou, finalmente, a de Bede, que assegurou ao mundo que o céu "está temperado com águas glaciais, caso contrário pegaria fogo"[10] – uma dispensação benigna da Providência, mais provavelmente para impedir que a irradiação de suas sabedorias pusesse fogo no céu!

Seja como for, esses resplandecentes padres certamente emprestaram suas noções relativas aos "espíritos das trevas" dos cabalistas judaicos e dos teurgos pagãos, com a diferença, todavia, de que desfiguraram e ultrapassaram em absurdidade tudo o que a fantasia impetuosa do vulgo hindu, grego e romano jamais criou. Não existe um *daêva* no pandaimonium persa que seja tão absurdo, em termos de concepção, quanto o *Incubus* que des Mousseaux remendou de Agostinho. Typhon, simbolizado como um *asno*, parece um filósofo em comparação com o diabo apanhado pelo camponês normando num buraco de fechadura; e certamente não seriam Ahriman ou o Vritra hindu que correriam em fúria e em desalento ao serem chamados de *São Satã* por um Lutero nativo.

O Diabo é o gênio protetor do Cristianismo teológico. Tão "santo e reverente é seu nome" na concepção moderna, que ele não pode, exceto ocasionalmente no púlpito, ser pronunciado para não ferir os ouvidos dos fiéis. Da mesma maneira, antigamente, não era lícito pronunciar os nomes sagrados ou repetir o jargão dos mistérios, exceto no claustro sagrado. Mas conhecemos os nomes dos deuses samotrácios e não podemos precisar o número dos Kabiri. Os egípcios consideravam blasfemo pronunciar o epíteto dos deuses de seus ritos secretos. E mesmo agora, o brâmane só pronuncia a sílaba *Om* em pensamento silencioso, como os rabinos, o Inefável Nome, יהוה . . Por essa razão, nós que não exercemos tal veneração, fomos levados à cincada da adulteração dos nomes de HISIR e YAVA, nos abusivos Osíris e Jeová. Uma fascinação similar promete muito mais, como se pode perceber, para reunir as designações da personagem obscura de que tratamos; e, no uso familiar, é bastante provável que choquemos as sensibilidades peculiares de muitas pessoas que consideram uma blasfêmia a simples menção dos nomes do Diabo – o pecado dos pecados, que "nunca terá perdão"[11].

Faz alguns anos um amigo nosso escreveu um artigo de jornal para demonstrar que o *diabolos* ou Satã do *Novo Testamento* denotava a personificação de uma idéia abstrata e não um ser pessoal. Foi contestado por um clérigo, que concluiu sua réplica com uma expressão depreciatória: "Temo que ele tenha negado seu Salvador". Na sua tréplica, nosso amigo afirmou: "Oh, não! só negamos o Diabo". Mas o clérigo não conseguiu perceber a diferença. Em sua concepção do assunto, a negação da existência objetiva pessoal do Diabo era "o pecado contra o Espírito Santo.

Esse mal necessário, dignificado pelo epíteto de "padre das mentiras", era, segundo o clero, o fundador de todas as religiões do mundo dos tempos antigos e de todas as heresias, ou antes heterodoxias, dos períodos posteriores, bem como do *deus ex machina* do Espiritismo moderno. Com as exceções que subtraímos a essa noção, reafirmamos que não atacamos a religião verdadeira ou a piedade sincera. Estamos apenas levando adiante uma controvérsia sobre os dogmas humanos. Talvez nos assemelhemos a Dom Quixote, porque essas coisas são apenas moinhos de vento. Não obstante, deve-se lembrar que elas serviram de pretexto para assassinar mais de cinqüenta milhões de seres humanos, desde que foram pronunciadas as palavras "AMAI VOSSOS INIMIGOS"[12].

É tarde para esperar que o clero cristão refaça e emende sua obra. Há muita coisa em jogo. Se a Igreja cristã abandonasse ou mesmo modificasse o dogma de um diabo antropomórfico, isso equivaleria a empurrar a carta da base de um castelo de cartas. Toda a estrutura ruiria. Os clérigos a que aludimos perceberam que, após a abdicação de Satã como um diabo pessoal, o dogma de Jesus Cristo como a segunda divindade de sua Trindade sofreria a mesma catástrofe. Por incrível, ou mesmo horrendo, que pareça, a Igreja romana baseia sua doutrina da divindade de Cristo inteiramente no satanismo do arcanjo caído. Temos o testemunho do Padre Ventura, que proclama a importância vital desse dogma dos católicos.

O Rev. Padre Ventura, ilustre ex-geral dos teatinos, certifica que des Mousseaux, com seu tratado *Moeurs et pratiques des démons*, dignificou a Humanidade, e ainda mais a Santa Igreja Católica e Apostólica. Com esse encômio, o nobre cavalheiro, como se percebe, "fala como quem tem autoridade". Ele afirma explicitamente que *ao Diabo e seus anjos devemos o nosso Salvador* e que, não fossem eles, *não teríamos Redentor nem Cristianismo*[13].

Muitas almas zelosas e ardorosas revoltaram-se contra o monstruoso dogma de João Calvino, o papinha de Genebra, para quem *o pecado é a causa necessária do maior bem*. Essa afirmação foi apoiada, no entanto, por uma lógica como a de des Mousseaux e ilustrada pelos mesmos dogmas. A execução de Jesus, o homem-deus, na cruz, foi o crime mais horrendo do universo e foi necessário para que a Humanidade – esses seres predestinados à vida eterna – pudesse ser salva. D'Aubigné cita o que Martinho Lutero extraiu do cânone e o faz exclamar, em enlevo extático: "*O . beata culpa, qui talem meruisti redemptorem!*" "Ó pecado abençoado, que mereceste esse Redentor". Percebemos agora que o dogma que parecia tão monstruoso é, afinal, a doutrina do Papa, de Calvino e de Lutero – os três são apenas um.

Maomé e seus discípulos, que tinham Jesus em grande respeito como um profeta, observa Éliphas Lévi, costumavam pronunciar, quando falavam dos cristãos, as seguintes palavras: "Jesus de Nazaré era verdadeiramente um profeta de Alá e um grande homem –, mas eis que todos os seus discípulos um dia enlouqueceram e fizeram dele um deus".

Max Müller acrescenta benevolamente: "Foi um erro dos padres antigos tratar os deuses gentios como demônios ou espíritos do mal e devemos ter cuidado de não cometer o mesmo erro em relação aos deuses hindus"[14].

Mas Satã nos é apresentado como o arrimo e o esteio do sacerdotalismo – um Atlas, que sustenta em seus ombros o céu e o cosmos cristãos. Se ele cair, então, em sua concepção, tudo estará perdido e voltará ao caos.

Esse dogma do Diabo e da redenção parece ter sido baseado em duas passagens do *Novo Testamento*: "Para destruir as obras do Diabo é que o Filho de Deus veio ao mundo"[15]. "E então houve no céu uma guerra; Miguel e os seus anjos pelejavam contra o Dragão e o Dragão com os seus anjos pelejavam e não prevaleceram; nem o seu lugar se achou mais no céu. E foi banido o grande Dragão, aquela velha serpente, chamada Diabo e Satã, que seduz a todo o mundo"[16]. Que nos seja permitido, então, explorar as teogonias antigas, a fim de verificar o que significavam essas expressões notáveis.

A primeira indagação refere-se ao fato de saber se o termo *Diabo*, tal como usado aqui, representa atualmente a maligna Divindade dos cristãos, ou uma força antagônica, cega – o lado escuro da Natureza. Com esta última expressão não queremos dizer que a manifestação de qualquer princípio do mal é *malum in se*, mas apenas a sombra da Luz, por assim dizer. As teorias dos cabalistas tratam dela como uma força que é antagônica, mas ao mesmo tempo essencial para a vitalidade, a evolução e o vigor do princípio do bem. As plantas poderiam perecer em seu primeiro estágio de existência se fossem expostas a uma luz solar constante; a noite que alterna com o dia é essencial ao seu crescimento saudável e ao seu desenvolvimento. O bem, da mesma maneira, deixaria rapidamente de sê-lo se não alternasse com seu oposto. Na natureza humana, o mal denota o antagonismo da matéria com o que é espiritual, e assim eles se purificam mutuamente. No cosmos, o equilíbrio deve ser preservado; a operação dos dois contrários produz a harmonia, tais como as forças centrípeta e centrífuga, e uma é necessária à outra. Se uma delas cessar, a ação da outra se tornará destrutiva imediatamente.

A personificação, denominada *Satã*, deve ser contemplada de três planos diferentes: o *Velho Testamento*, os padres cristãos e a antiga atitude gentia. Supõe-se que ele fosse representado pela Serpente do Jardim do Éden; não obstante, o epíteto de Satã não se aplica, em nenhum dos escritos sagrados hebraicos, nem a essa, nem a qualquer outra variedade de ofídios. A Serpente de Bronze de Moisés foi adorada pelos israelitas como um deus[17], porque era o símbolo de Esmun-Asklepius, o Iaô fenício. Na verdade, o caráter do próprio Satã é apresentado no Primeiro Livro de *Crônicas*, instigando Davi a contar o povo israelita, um ato depois declarado como tendo sido ordenado pelo próprio Jeová[18]. A inferência inevitável é a de que os dois, Satã e Jeová, eram tidos como idênticos.

Nas profecias de *Zacarias* encontra-se outra menção a Satã. Esse livro foi escrito num período posterior à colonização da Palestina e, por essa razão, pode-se supor que os assideus devem ter trazido diretamente do Oriente essa personificação. É bastante conhecido o fato de que esse corpo de sectários estava profundamente imbuído das noções mazdeístas e que representava Ahriman ou Angra-Mainyur pelos deuses-nomes da Síria. Set ou Set-an, o deus dos hititas e dos hicsos, e Beeel-Zebub, o oráculo-deus, mais tarde o Apolo grego. O profeta iniciou os seus trabalhos na Judéia, no segundo ano de Darius Hystaspes, o restaurador da adoração mazdeísta. Eis como ele descreve o encontro com Satã: "Depois mostrou-me o Senhor o sumo-sacerdote Jesus, que estava diante do anjo do Senhor, e Satã estava à sua direita para ser seu adversário. E o Senhor disse a Satã 'O Senhor te reprima, ó Satã; e reprima-te o Senhor, que elegeu a Jerusalém! Acaso não é este um tição que foi tirado ao fogo?'"[19]

Percebemos que esse passagem, que citamos, é simbólica. Há duas alusões no *Novo Testamento* que indicam que assim deve ser. A *Epístola Católica de Judas* refere-se a isso com os seguintes termos: "Quando o arcanjo Miguel, disputando com o Diabo, altercava sobre o corpo de Moisés, não se atreveu a fulminar-lhe a sentença de blasfemo (κρίσιν ἐπενεγκεῖν βλασφημίας), mas disse 'O Senhor te reprima'"[20]. Vemos aqui o arcanjo Miguel mencionado como idêntico ao יהוה, Senhor, ou anjo do Senhor, da citação anterior, e demonstra-se assim que o Jeová hebraico tem um caráter duplo, o secreto e o manifestado como o anjo do Senhor, ou o arcanjo Miguel. Uma comparação entre essas duas passagens deixa claro que "o corpo de Moisés" sobre o qual altercavam era a Palestina, que, como "a terra dos hititas"[21], era o domínio peculiar de Seth, seu deus tutelar[22]. Miguel, o paladino da adoração de Jeová, lutou com o Diabo ou Adversário, mas deixou o julgamento ao seu superior.

Belial não deve ser considerado, nem como deus, nem como diabo. O termo בליעל, BELIAL, é definido nos léxicos hebraicos como destruição, assolamento, esterilidade; a frase איש־בליעל AISH-BELIAL ou homem-Belial significa um homem destruidor, daninho. Se Belial deve ser personificado para agradar nossos amigos religiosos, seríamos obrigados a fazê-lo distinto de Satã e a considerá-lo como uma espécie de *Diakka* espiritual. Os demonógrafos, todavia, que enumeram nove ordens distintas de *daimonia*, fazem-no chefe da terceira classe – um conjunto de duendes, nocivos e imprestáveis.

Asmodeu tem origem puramente persa, não é nenhum espírito judaico. Bréal, autor de *Hercule et Cacus*, mostra que ele é o Eshem-daêva parsi, o espírito maligno da concupiscência, de quem Max Müller nos diz ser "mencionado muitas vezes no *Avesta* como um dos *devas*"[23], originalmente deuses, que se tornaram espíritos do mal.

Samuel é Satã; mas Bryant e outras autoridades demonstram ser ele o nome de *Simoom* – o verbo do deserto[24], e o *Simmom* é chamado Atabul-os ou Diabolos.

Plutarco[25] observa que por Typhon se deve entender alguma coisa violenta, ingovernável e desregrada. O transbordamento do Nilo era chamado pelos egípcios de Typhon. O Baixo Egito é muito plano e quaisquer morretes erguidos ao longo do rio para evitar as inundações freqüentes eram chamados Typhonian ou *Taphos*; aí, a origem de Typhon. Plutarco, que era um grego rígido, ortodoxo, e que nunca foi conhecido como alguém que olhasse egípcios com muita simpatia, testemunha em seu *Ísis e Osíris* que, longe de adorarem o Diabo (de que os cristãos os acusam), os egípcios mais desprezavam do que temiam Typhon. No seu símbolo de poder oposto e obstinado da natureza, acreditavam fosse ele uma divindade pobre, batida, semimorta. Assim, mesmo naquela remotíssima era, já havia *pessoas ilustradas o bastante para não acreditarem num diabo pessoal.* Como Typhon era representado em um de seus símbolos sob a figura de um asno, no festival dos sacrifícios em honra do sol, os sacerdotes egípcios exortavam os adoradores fiéis a não vestirem ornamentos de ouro sobre seus corpos para não alimentar com eles o *asno!*[26]

Três séculos e meio antes de Cristo, Platão expressou sua opinião a respeito do mal dizendo que "existe na matéria uma força cega, refratária, que resiste à vontade do Grande Artífice". Essa força cega, sob o influxo cristão, tornou-se fidedigna: foi transformada em Satã!

Sua identidade com Typhon não pode ser posta em dúvida quando se lê o relato de *Jó* a respeito de sua semelhança com os filhos de Deus, diante do Senhor. Ele acusa Jó de ser capaz de maldizer o Senhor, após suficiente provocação. Assim também Typhon, no *Livro dos mortos* egípcio, figura como acusador. A semelhança estende-se até os nomes, pois uma das designações de Typhon era *Seth*, ou *Set;* como *Shatan*, em hebraico, significam adversário. Em árabe, a palavra é *Shâtana* – ser adverso – perseguir – e Manetho diz que assassinou traiçoeiramente Osíris, em cumplicidade com os semitas (os israelitas). Este fato pode ter dado origem à fábula narrada por Plutarco, segundo a qual, na luta entre Horus e Typhon, Typhon, com medo da maldade que cometera, fugiu por sete dias em um asno e, escapando, gerou os meninos Hierosolymus e Judaeus (Jerusalém e Judéia)[27].

O Professor Reuvens refere-se a uma invocação a Typhon-Seth[28], e Epifânio diz que os egípcios adoravam Typhon sob a forma de um asno[29], ao passo que, de acordo com Bunsen, Seth "surgia gradualmente entre os semitas como pano de fundo de sua consciência religiosa"[30]. O nome do asno em copta, AO, é uma variante fonética de IAÔ, e assim o animal tornou-se um trocadilho-símbolo. Assim, Satã é uma criação posterior, nascida da fantasia ardente dos padres da Igreja. Por um revés da sorte, a que os deuses estão tão sujeitos quanto os mortais, Typhon-Seth caiu das alturas eminentes de filho deificado de Adão-Cadmo para a posição degradante de um espírito subalterno, um demônio mítico – um asno. Os cismas religiosos são tão pouco isentos da mesquinhez frágil e dos sentimentos vingativos da Humanidade quanto às querelas sectárias dos leigos. Prova desse fato nos é oferecida pela reforma zoroastriana, quando o Magismo se separou da velha crença dos brâmanes. Os brilhantes *devas* do *Veda* tornaram-se, sob a reforma religiosa de Zoroastro, *daêvas*, ou espíritos do mal do *Avesta*. Até mesmo Indra, o deus luminoso, foi enviado às trevas[31] para ser substituído, com uma luz mais brilhante, por Ahura-Mazda, a Divindade Sábia e Suprema.

A estranha veneração que os ofitas dedicavam à serpente que representava Christos se tornará menos perplexa se os estudiosos lembrarem de que em todas as épocas a serpente foi o símbolo da sabedoria divina que mata para fazer ressurgir, destrói para melhor reconstruir. Moisés era descendente de Levi, uma tribo-serpente. Gautama Buddha pertence a uma linhagem-serpente, através da dinastia Nâga (serpente) de reis que reinou no Magadha. Hermes, ou o deus Taautos

(Thoth), em seu símbolo-serpente, é Têt; e, de acordo com as lendas ofitas, Jesus ou Christos nasceu de uma serpente (sabedoria divina, ou Espírito Santo), isto é, tornou-se um filho de Deus por meio de sua iniciação na "Ciência da Serpente". Vishnu, idêntico ao egípcio Kneph, repousa sobre a serpente celestial de *sete* cabeças.

O dragão vermelho ou ígneo dos tempos antigos era a insígnia dos assírios. Ciro adotou-a deles, quando a Pérsia se apoderou do seu país. Os romanos e os bizantinos foram os próximos a assumi-la; e então o "grande dragão vermelho", além de ser o símbolo da Babilônia e de Nínive, tornou-se o de Roma[32].

A tentação, ou provocação[33], de Jesus é, todavia, a ocasião mais dramática em que surge Satã. Como que para provar a designação de Apolo-Esculápio e Baco, [como] *Diobolos*, ou filho de Zeus, ele também é chamado de *Diabolos*, ou acusador. A cena da provação foi o ermo. O deserto entre o Jordão e o Mar Morto era a morada dos "filhos dos profetas" e dos essênios[34]. Estes ascetas costumavam sujeitar seus neófitos a provações, análogas às *torturas* dos ritos mitraicos, e a tentação de Jesus foi evidentemente uma cena dessa índole. Por essa razão, afirma-se no *Evangelho segundo São Lucas* [IV, 13, 14] que "o Diabolos, tendo completado a provação, deixou-o por um tempo específico, $\check{\alpha}\chi\rho\iota \ \kappa\alpha\iota\rho\upsilon\hat{\ }$; e voltou Jesus em virtude do Espírito para a Galiléia". Mas o $\delta\iota\acute{\alpha}\beta\upsilon\lambda\upsilon\varsigma$, ou Diabo, neste exemplo, não é evidentemente nenhum princípio maligno, senão o princípio que exerce a disciplina. Os termos Diabo e Satã são empregados repetidas vezes neste sentido[35]. Assim, quando Paulo estava propenso a um júbilo excessivo em virtude da abundância de revelações ou descobertas epópticas, foi-lhe dado "na carne, um estímulo, o anjo de Satanás", para o esbofetear[36].

A história de Satã, no *Livro de Jó*, tem um caráter familiar. Ele é introduzido como um dos "Filhos de Deus", que se apresentam diante do Senhor como numa iniciação mística. Miquéias, o profeta, descreve uma cena similar, em que ele "viu o Senhor sentado em Seu trono e toda a corte do Céu ao Seu lado", com quem Ele se aconselhou, o que resultou em pôr "um espírito mentiroso na boca dos profetas de Ahab"[37]. O Senhor se aconselha com Satã e lhe dá *carte blanche* para testar a fidelidade de Jó. Jó foi privado dos seus bens e da sua família e atingido por uma doença repugnante. Nos seus momentos finais, sua esposa duvida da sua integridade e o exorta a adorar Deus, já que está para morrer. Todos os seus amigos o vituperam com acusações e finalmente o Senhor, agindo como o supremo hierofante, acusa-o de ter pronunciado palavras em que não existe nenhuma sabedoria e de disputar com o Todo-poderoso. Então Jó replica, fazendo este apelo: "Perguntar-te-ei, e responde-me: por isso me repreendo a mim mesmo, e faço penitência no pó e na cinza?" Foi imediatamente vindicado. "O Senhor diz a Elifaz (...) vós não falastes diante de mim o que era reto, como falou o meu servo Jó"[38]. Sua integridade foi reconhecida e sua predicação foi cumprida: "Sei que meu Paladino vive e que ele me substituirá na Terra numa época posterior; e serei novamente revestido de minha pele e na minha própia carne verei a meu Deus"[39]. A predição foi cumprida: "Eu tinha ouvidos e te .ouvi com o ouvido, mas agora te vêem os meus olhos. (...) E o Senhor se deixou dobrar à vista da penitência de Jó". [*Jó*, XIII, 5, 10.]

Em todas estas cenas não se manifesta nenhum diabolismo que se supõe caracterizar o "adversário das almas".

É opinião de alguns escritores de mérito e erudição que o Satã do livro de

*Jó* é um mito judaico, que contém a doutrina mazdeísta do Princípio do Mal. O Dr. Haug observa que "a religião zoroastriana apresenta uma afinidade muito estreita ou antes uma identidade, com muitas doutrinas importantes da religião mosaica e o cristianismo, tais como a personalidade e os atributos do diabo e a ressurreição dos mortos"[40]. A batalha do *Apocalipse* entre Miguel e o Dragão pode ser remontada, com igual facilidade, aos mitos mais antigos dos arianos. No *Avesta*[41], lemos sobre a luta entre *Thraêtaoma* e *Azhi-Dahâka*, a serpente destruidora. Burnouf esforçou-se por demonstrar que o mito védico de Ahi, ou a serpente, que lutou contra os deuses, foi gradualmente evemerizado, na "batalha de um homem piedoso contra o poder do mal", na religião mazdeísta. Segundo essas interpretações, Satã seria idêntico a Zohâk ou Azhi-Dahâka, que é uma serpente de três cabeças, uma das quais é humana[42].

Beel-Zebub é geralmente distinguido de Satã. Ele parece, no *Novo Testamento Apócrifo*[43], ser considerado como a potestade do mundo inferior. O nome é costumeiramente traduzido por "Baal das Moscas", que pode ser uma designação dos Escaravelhos ou besouros sagrados[44]. Mais corretamente, o termo deveria ser lido, como ocorre no texto grego dos *Evangelhos*, como Beelzebul, ou senhor da família, como de fato é chamado em *Mateus*, X, 25: "Se eles chamaram Beelzebul ao pai de família, quanto mais aos seus domésticos". Ele também era chamado de príncipe ou arconte dos demônios.

Typhon figura no *Livro dos mortos* como o acusador de almas quando elas comparecem a julgamento, da mesma maneira que Satã acusa Josué, o sumo sacerdote, diante do anjo, e tenta ou testa Jesus durante seu jejum no deserto. Ele também foi a divindade denominada Baal-Zephon, ou deus da cripta, no livro do *Êxodo* [XIV, 2, 9] e *Seth*, ou coluna. Durante esse período, a adoração antiga ou arcaica estava proscrita pelo governo; em linguagem figurativa, Osíris foi morto traiçoeiramente e cortado em catorze (duas vezes *sete*) pedaços e enterrado por seu irmão Typhon, e Ísis foi a Biblos em busca do seu corpo.

Não devemos nos esquecer, nesta relação, de que Saba ou Sabazios, da Frígia e da Grécia, foi dilacerado pelos Titãs em *sete* pedaços e que ele era, como o Heptaktys dos caldeus, o deus de *sete* raios. Síva, o hindu, é representado coroado com sete serpentes e é o deus da guerra e da destruição. O Jeová hebraico, o Tsabaôth, também é chamado de Senhor dos exércitos, Seba, ou Saba, Baco ou Diôniso-Sabazuis; assim, pode-se provar facilmente que todos eles são idênticos.

Finalmente, os príncipes do *régime* mais antigo, os deuses que, ao assalto dos gigantes, assumiram formas de animais e se ocultaram na Etiópia, voltaram e expulsaram os pastores.

De acordo com Josefo, os hicsos foram os ancestrais dos israelitas[45]. Esse fato é, sem dúvida, substancialmente verdadeiro. As *Escrituras* hebraicas, que contam uma história um pouco diferente, foram escritas num período posterior e sofreram várias revisões antes que fossem promulgadas com qualquer grau de publicidade. Typhon tornou-se odioso no Egito e os pastores, "uma abominação". "No curso da vigésima dinastia foi tratado repentinamente como um demônio do mal, além de suas efígies e nome terem sido obliterados em todos os monumentos e em todas as inscrições onde haviam sido gravados"[46].

Em todas as épocas, existiu a propensão de se evemerizar os deuses em homens, Mencionam-se túmulos de Zeus, Apolo, Hércules e Baco para demonstrar que eles foram originalmente apenas seres mortais. Sem, Cam e Jafé são as personificações respectivas das divindades Shamas, da Assíria, Kham, do Egito, e Iapetes, o Titã. Seth era deus dos hicsos, Enoc, ou Inaco, dos argivos; e Abraão, Isaac e Judá têm sido comparados a Brahmâ, Ikshvaku e Yadu, do panteão hindu. Typhon caiu da divindade para a diabolicidade, tanto no seu caráter próprio de irmão de Osíris quanto no de Seth, o Satã da Ásia. Apolo, o deus do dia, tornou-se, na sua roupagem fenícia mais antiga, não mais Baal-Zebul, o Oráculo-deus, mas o princípe dos demônios e finalmente o senhor do mundo subterrâneo. A separação do mazdeísmo, do vedismo, transformou os *devas*, ou deuses, em potências do mal. Indra, também, subordina-se a Ahriman na *Vendîdâd*[47], criado por ele com material extraído das trevas[48], junto com Śiva (Sûrya) e os dois Aświns. Até mesmo Jahi é o demônio da Luxúria[49] – provavelmente idêntico a Indra.

As muitas tribos e nações tinham seus deuses tutelares e aviltavam os dos povos inimigos. A transformação de Typhon, Satã e Beelzebub tem esse caráter. De fato, Tertuliano fala de Mithra, o deus dos Mistérios, como um diabo.

No capítulo doze [9, 111] do *Apocalipse*, Miguel e seus anjos venceram o Dragão e seus anjos: "e o Grande Dragão foi precipitado na Terra, aquela Serpente Antiga, chamada Diabolos e Satã, que seduz a todo o mundo". E em seguida: "E eles o venceram pelo sangue do Cordeiro". O Cordeiro, ou Cristo, tinha de descer ao inferno, o mundo dos mortos, e permanecer ali durante três dias antes de subjugar o inimigo, segundo o mito.

Miguel foi denominado pelos cabalistas e pelos gnósticos de "o Salvador", o anjo do Sol e o anjo da Luz. ( מיכאל, talvez de יכה, manifestar, e אל, Deus.) Ele era o primeiro dos Aeôns e bastante conhecido dos antiquários como o "anjo desconhecido" representado nos amuletos gnósticos.

O autor do *Apocalipse*, se não era um cabalista, deve ter sido um gnóstico. Miguel não foi uma personagem original de sua revelação (*epopteia*), mas o Salvador e Matador-do-dragão. As investigações arqueológicas o têm indicado como idêntico a Anubis, cuja efígie foi descoberta recentemente num monumento egípcio, com uma couraça e uma lança, no ato de matar um Dragão que possui a cabeça e a cauda de uma serpente[50].

O estudioso de Lepsius, Champollion e outros egiptólogos reconhecerão imediatamente que Ísis é a "mulher com a criança", "vestida de Sol e com a Lua a seus pés", que o "grande Dragão feroz" perseguiu e a quem "foram dadas duas asas da Grande Águia de modo que pudesse fugir para o deserto". Typhon tinha a pele vermelha[51].

Os Dois Irmãos, os Príncipes do Bem e do Mal, aparecem nos mitos da *Bíblia*, bem como nos dos gentios, e assim temos Caim e Abel, Typhon e Osíris, Esaú e Jacó, Apolo e Píton, etc. Esaú ou Osu é representado, quando nascido, como "todo vermelho como uma veste felpuda". Ele é o Typhon ou Satã, que se opõe ao seu irmão.

Desde a mais remota antiguidade, a serpente foi venerada por todos os povos como a incorporação da sabedoria divina e como o símbolo do espírito e sabemos por Sanchoniathon que foi Hermes Thoth o primeiro a considerar a serpente como "o mais espiritual de todos os répteis";[52] e a serpente gnóstica com as sete vogais sobre a cabeça não é senão uma cópia de Ananta, a serpente de sete cabeças sobre a qual repousa Vishnu.

Não pouco nos surpreendeu verificar, ao lermos os últimos tratados europeus sobre adoração de serpentes, que os escritores confessam que o público "ainda está no escuro, quanto à origem da superstição em questão". O Sr. C. Staniland Wake, M. A. I., de quem citamos, diz: "Os estudiosos de mitologia sabem que certas idéias foram associadas pelos povos da antigüidade à serpente e que ela era o símbolo favorito de divindades particulares; mas não se sabe ao certo porque esse animal, e não qualquer outro, foi escolhido para esse propósito"[53].

O Sr. James Fergusson, F. R. S., que recolheu material abundante sobre esse culto antigo, parece não ter sido mais feliz do que os outros[54].

A nossa explicação desse mito pode ser de pouca valia para os estudiosos da simbologia, mas acreditamos que a interpretação da adoração primitiva da serpente dada pelos iniciados é a correta. No vol. I, Cap. I, citamos uma porção do mantra da serpente, no *Aitareya-Brâhmanam*, uma passagem que fala da terra como *Sarparâjñî*, a Rainha das Serpentes, e "a mãe de tudo que se move" [V, IV, 23]. Essas expressões referem-se ao fato de que, antes que nosso globo assumisse a forma oval ou redonda, ele era uma longa esteira de poeira cósmica ou névoa de fogo que se movia e se retorcia como uma serpente. Essa poeira, dizem as explicações, era o Espírito de Deus movendo-se no caos até que seu alento incubasse a matéria cósmica e a fizesse assumir a forma anular de uma serpente com sua cauda em sua boca – emblema da eternidade na ordem espiritual e do nosso planeta na ordem física. De acordo com as noções dos filósofos mais antigos, como mostramos no capítulo precedente, a terra, forma de serpente, atira fora sua pele e ressurge após cada *pralaya* menor num estado rejuvenescido e, após o grande *pralaya*, ressurge ou passa da existência subjetiva para a objetiva. Como a serpente, ela não só "põe fora sua velhice", diz Sanchoniathon, "mas também aumenta em tamanho e força"[55]. Eis porque não só Serapis, mas depois também Jesus, era representado por uma grande serpente, e também porque, no nosso século, grandes serpentes sejam mantidas com cuidados sagrados nas mesquitas maometanas, como na do Cairo, por exemplo. No Alto Egito, diz-se que um famoso santo aparece sob a forma de uma enorme serpente; e na Índia, nos berços de algumas crianças, um par de serpentes, macho e fêmea, é criado com o bebê, e costuma-se manter serpentes dentro das casas, pois se acredita que elas trazem (uma aura magnética de) sabedoria, saúde e sorte. Elas são a progênie de *Sarpa-râjñî*, a terra, e são dotadas de todas as suas virtudes.

Na mitologia hindu, Vasuki, o Grande Dragão, cospe contra *Durgâ* um fluido venenoso que se estende por sobre a terra, mas, seu consorte, Síva, faz a terra abrir sua boca para sugá-lo.

Assim, o drama místico da virgem celestial perseguida pelo dragão que quer devorar seu filho não só foi visualizado nas constelações do céu, como já foi mencionado, mas também foi representado na adoração secreta dos templos. Era o mistério do deus Sol e foi inscrito numa imagem negra de Ísis[56].

O Menino Divino foi caçado pelo cruel Typhon[57]. Na lenda egípcia, o Dragão persegue Thuêris (Ísis), enquanto esta tenta proteger seu filho[58]. Ovídio descreve Dione (a consorte de Zeus pelásgio original, e mãe de Vênus) a fugir de Typhon para o Eufrates[59], identificando assim o mito como pertencente a todos os países em que os mistérios eram celebrados. Virgílio canta a vitória:

"Salve, querido filho dos deuses, grande filho de Jove!
Recebei a suma honra; os tempos se avizinham;
A Serpente morrerá!"[60]

Alberto Magno, alquimista e estudioso de ciências ocultas, bem como bispo da Igreja Católica Romana, declarou, entusiasmado pela astrologia, que o signo zodiacal da virgem celestial eleva-se acima do horizonte no vigésimo quinto dia do mês de dezembro, no momento assinalado pela Igreja para o nascimento do Salvador[61].

O signo e o mito da mãe e do filho eram conhecidos milhares de anos antes da era cristã. O drama dos Mistérios de Demeter representa Perséfone, sua filha, raptada por Plutão ou Hades para o mundo dos mortos; e quando a mãe finalmente a descobre lá, foi instalada como rainha do reino das Trevas. Esse mito foi transcrito pela Igreja na lenda de Sant'Anna[62] indo em busca de sua filha Maria, que fora levada por José para o Egito. Perséfone é descrita com duas espigas de trigo na mão; assim também Maria, nas imagens antigas; assim também a Virgem Celestial da constelação. Albumazar, o árabe, indica a identidade de muitos mitos da seguinte maneira:

"No primeiro decano da Virgem nasce uma donzela, chamada em árabe Aderenosa [Ardhhanâri?], isto é, virgem pura imaculada[63], a graça em pessoa, encantadora na postura, modesta no hábito, cabeleira flutuante, segurando em suas mãos duas espigas de trigo, sentada sobre um trono bordado, amamentando um menino e alimentando-o justamente num lugar chamado Hebréia; um menino, quero dizer, chamado Iessus por determinadas nações, que significa Issa, a quem chamam também de Cristo em grego"[64].

Por essa época, as idéias gregas, asiáticas e egípcias haviam sofrido uma transformação notável. Os Mistérios de Diônisio-Sabazius haviam sido substituídos pelos ritos de Mithra, cujas "cavernas" sucederam as criptas do deus antigo da Babilônia à Bretanha. Serapis, ou Sri-Apa, do Ponto, usurpara o lugar a Osíris. O rei do Indostão Oriental, Aśoka, abraçara a religião de Siddhârtha e enviara missionários à Grécia, à Ásia, à Síria e ao Egito para promulgar o evangelho da sabedoria. Os essênios da Judéia e da Arábia, os terapeutas[65] do Egito e os pitagóricos[66][*] da Grécia e da Magna Grécia eram evidentemente adeptos do novo credo. As lendas de Gautama sucederam os mitos de Horus, Anubis, Adonis, Atys e Baco. Foram incorporadas aos mistérios e aos Evangelhos e a eles devemos a literatura conhecida como os Evangelhos e o Novo Testamento Apócrifo. Foram guardados pelos ebionitas, nazarenos e outras seitas como livros sagrados, que podiam "mostrar apenas aos sábios"; e foram preservados até que a influência ofuscante da política eclesiástica romana os arrebatasse.

Quando o sumo sacerdote Hilkiah encontrou o Livro da lei, os Purânas (Escrituras) hindus eram conhecidos dos assírios. Os assírios haviam dominado

---

\* *Patah* significa "porta" e *potoh* "abrir". Segundo Jastrow (*Dict. of the Targumim*, etc., vol. II, p. 1252), o termo *Pethahia* é o nome de um sacerdote e de uma família sacerdotal; Pethahia tinha a seu cargo a supervisão das aves sacrificais e era chamado Pethahia porque explicava palavras e as interpretava. (N. do Org.)

durante muito tempo a região compreendida entre o Helesponto e o Indo e talvez tenham empurrado os arianos da Bactriana para o Pañjab. O *Livro da lei* parece ter sido um *purâna*. "Os brâmanes cultos", diz Sir William Jones, "pretendem que as seguintes cinco condições devam constituir um *purâna* verdadeiro:

"1. Tratar da criação da matéria em geral.

"2. Tratar da *criação ou produção de material secundário e dos seres espirituais.*

"3. Fornecer um resumo cronológico dos grandes períodos de tempo.

"4. Fornecer um resumo genealógico das famílias principais que reinaram sobre o país.

"5. Finalmente, fornecer a história de algum grande homem em particular."[67]

É indubitável que quem quer tenha escrito o *Pentateuco* se sujeitou a essas condições, bem como aqueles que escreveram o *Novo Testamento* estavam muito bem familiarizados com a adoração ritualista budista, com as lendas e as doutrinas por meio dos missionários budistas que se contavam em grande número, naquela época, na Palestina e na Grécia.

Mas "nem Diabo, nem Cristo". Este é o dogma básico da Igreja. Devemos perseguir os dois ao mesmo tempo. Há uma conexão misteriosa entre os dois, mais estreita do que talvez se suponha, que leva à identidade. Se aproximarmos os filhos míticos de Deus, todos aqueles que eram considerados como os "primogênitos", eles se harmonizarão e se fundirão nesse caráter dual. Adão-Cadmo desdobra-se da sabedoria conceptiva espiritual em criativa, que desenvolve a *matéria*. O Adão feito de barro é o filho de Deus e Satã; e Satã também é um filho de Deus, de acordo com Jó[68].

Hércules também era "o Primogênito". Também era Bel, Baal e Bal e equivalia a Síva, o Destruidor. Baco é chamado por Eurípedes de "Baco, o Filho de Deus". Em criança, Baco, como o Jesus dos *Evangelhos Apócrifos*, foi muito adorado. É descrito como benevolente para a Humanidade; não obstante, era inexorável ao punir os que fracassassem no respeito à sua adoração. Pentheus, filho de Cadmus e Hermione, foi, como o filho do Rabino Hannon, destruído por sua pequena piedade.

A alegoria de Jó, que já foi citada, se corretamente entendida, nos dá a chave para todo esse assunto do Diabo, sua natureza e seu ofício, e substancia nossas declarações. Que nenhum indivíduo piedoso se alarme com essa designação de alegoria. O mito era o método favorito e universal de ensinar nos tempos arcaicos. Paulo, escrevendo aos coríntios, declara que toda a história de Moisés e dos israelitas era típica[69]; e na sua *Epístola dos Gálatas* afirma que toda a história de Abraão, suas duas esposas e seus filhos era uma alegoria[70]. De fato, segundo toda probabilidade, que raia à certeza, os livros históricos do *Velho Testamento* tinham o mesmo caráter. Não tomamos nenhuma liberdade extraordinária com o *Livro de Jó*, quando damos a ele a mesma designação que Paulo dá às histórias de Abraão e Moisés.

Mas devemos, talvez, explicar o uso antigo da alegoria e da simbologia. A veracidade da primeira devia ser deduzida; o símbolo expressava alguma qualidade abstrata da Divindade, que os leigos podiam apreender facilmente. Seu sentido superior terminava aí e era empregado pela multidão, portanto, como uma imagem a ser utilizada em ritos idólatras. Mas a alegoria foi reservada para o santuário interior, onde só os eleitos eram admitidos. Donde a resposta de Jesus, quando os seus discípulos o interrogaram em virtude de ele ter falado à multidão por meio de parábolas. "A vós outros", disse ele, "vos é dado saber os mistérios do Reino dos Céus,

125

mas a eles não lhes é concedido. Porque ao que tem, se lhe dará, e terá em abundância; mas ao que não tem, até o que tem lhe será tirado"[71]. Nos mistérios menores, lavava-se uma porca para exemplificar a purificação de neófito; a sua volta à lama indicava a natureza superficial da obra que fora realizada.

"O Mito é o pensamento não-manifestado da alma. O traço característico do mito é converter a reflexão em história (uma forma histórica). Como na epopéia, também no mito predomina o elemento histórico. Os fatos (os eventos externos) constituem freqüentemente a base do mito e neles se entretecem as idéias religiosas."

Toda a alegoria de Jó é um livro aberto para quem compreende a linguagem pictórica do Egito, tal como ela está registrada no *Livro dos mortos*. Na Cena do Julgamento, Osíris aparece sentado em seu trono, segurando em uma das mãos o símbolo da vida, "o garfo da atração", e, na outra, o leque báquico místico. Diante dele estão os filhos de Deus, os quarenta e dois assessores dos mortos. Um altar está imediatamente diante do trono, coberto de oferendas e rematado pela flor do lótus sagrado, sobre a qual se podem ver quatro espíritos. Na porta de entrada, permanece a alma que está prestes a ser julgada, a quem Thmei, o gênio da Verdade, está recebendo para a conclusão da provação. Thoth, segurando um junco, registra os procedimentos no Livro da Vida. Horus e Anubis, diante da balança, inspecionam o peso que determina se o coração do morto equilibra ou não o símbolo da verdade. Num pedestal está uma prostituta – o símbolo do Acusador.

A iniciação nos mistérios, como todas as pessoas inteligentes sabem, era uma representação dramática das cenas do mundo subterrâneo. Assim se desenvolve a alegoria de Jó.

Vários críticos têm atribuído a autoria desse livro a Moisés. Mas ele é mais antigo do que o *Pentateuco*. Jeová não é mencionado no poema; e, se o nome ocorre no prólogo, esse fato deve ser atribuído ou a um erro dos tradutores, ou à premeditação exigida pela necessidade posterior de transformar o politeísmo numa religião monoteísta. Adotou-se o plano muito simples de atribuir os muitos nomes de Elohim (deuses) a um único deus. Assim, em um dos mais antigos dos textos hebraicos de Jó (no cap. XII, 9), ocorre o nome de Jeová, ao passo que todos os outros manuscritos apresentam "Adonai". Mas Jeová está ausente do poema original. Em lugar desse nome encontramos *Al, Aleim, Ale, Shaddai, Adonai*, etc. Portanto, devemos concluir que ou o prólogo e o epílogo foram acrescentados num período posterior, o que é inadmissível por muitas razões, ou o texto foi adulterado, como o restante dos manuscritos. Assim, não encontramos nesse poema arcaico nenhuma menção à Instituição Sabática; mas um grande número de referências ao número sagrado sete, do qual falaremos adiante, e uma discussão aberta sobre o sabeísmo, a adoração dos corpos celestes que prevalecia, naquela época, na Arábia. Satã é chamado no texto de um "Filho de Deus", membro do conselho que se apresenta diante de Deus, a quem induz a tentar a fidelidade de Jó. Nesse poema, mais claramente do que em qualquer outro lugar, vemos corroborado o significado da denominação Satã. É um termo para o ofício ou o caráter de *acusador público*. Satã é o Typhon dos egípcios, que grita suas acusações no Amenti; um ofício tão respeitável quanto o do promotor público em nossa época; e se, apesar da ignorância dos primeiros cristãos, ele se tornou posteriormente idêntico ao Diabo, isso não se faz com a sua conivência.

O *Livro de Jó* é uma representação completa da iniciação antiga e das provas que geralmente precedem tão augusta cerimônia. O neófito se vê privado de tudo a que dava valor e afligido por uma doença abominável. Sua esposa o exorta a amaldiçoar Deus e a morrer; não há mais esperança para ele. Três amigos aparecem em cena para visitá-lo; Elifaz, o temanita culto, pleno do conhecimento "que os sábios receberam dos seus pais (...) as únicas pessoas a quem a terra foi dada"; Baldad, o conservador, que toma as coisas como elas vêem e que opina que a aflição de Jó é conseqüência de suas culpas; e Sofar, inteligente e habilidoso em "generalidades", mas de sabedoria superficial[72]. Jó responde corajosamente: "Se eu errei, meu erro ficará comigo. Vós vos engrandeceis e me argüis com as minhas calamidades; mas foi Deus quem me aniquilou. (...) Por que me perseguis e não estais satisfeitos com minha carne destruída? Mas eu sei que meu Paladino vive e que num dia futuro ficará no meu lugar; e embora minha pele e tudo que a rodeia sejam destruídos, mesmo sem minha carne eu verei Deus. (...) Vós direis: 'Por que o molestamos?', pois a raiz da matéria está em mim!"[73]

Essa passagem, como todas as outras em que se poderia encontrar alusões mais tênues a um "Paladino", "Libertador" ou "Vindicador", foi interpretada como uma referência direta ao Messias; além disso, esse versículo está traduzido da seguinte maneira nos *Septuaginta*:

"Pois eu sei que é eterno
Aquele que há de me libertar na Terra
Para restaurar esta minha pele que sofre estes males", etc.[74]

Na versão do rei James, como foi traduzida, ela não guarda semelhança alguma com o original[75]. Tradutores artificiosos deram "Eu sei que *meu Redentor viverá*", etc. E os *Septuaginta*, a *Vulgata* e o original hebraico devem ser considerados como a inspirada Palavra de Deus. Jó refere-se a seu próprio espírito *imortal* que é eterno e que, quando viu a morte, o libertará desse pútrido corpo terreno e o vestirá com um novo revestimento espiritual. Nos *Mistérios báquicos e eleusinos*, no *Livro dos mortos* egípcio e em todas as outras obras que tratam de assuntos ligados à iniciação, esse "ser eterno" tem um nome. Para os neoplatônicos era o *Nous*, o *Augoeides*; para os budistas é *Agra*; e, para os persas, *Feroher*. Todos eles são chamados de "Libertadores", "Paladinos", "Metatrons", etc. Nas esculturas mítricas da Pérsia, o *feroher* é representado por uma figura alada que volteia no ar sobre seu "objeto" ou corpo[76]. É o Eu luminoso – o Âtman dos hindus, nosso espírito imortal, o único que pode redimir nossa alma, e o fará, se o seguirmos em vez de sermos arrastados pelo nosso corpo. Portanto, nos textos caldaicos, lê-se "Meu *libertador*, meu *restaurador*", isto é, o Espírito que restaurará o corpo decaído do homem e o transformará numa vestimenta de éter. E é esse *nous, augoeides, Feroher, Agra*, Espírito dele mesmo, que o triunfante Jó verá sem sua carne – isto é, quando tiver escapado da sua prisão corporal –, e ao qual os tradutores chamam "Deus".

Não só não existe a mínima alusão no poema de Jó a Cristo, como também se provou que todas as versões feitas por tradutores diferentes, que concordam com a do rei James, foram escritas com base em Jerônimo, que tomou estranhas liberdades em sua *Vulgata*. Ele foi o primeiro a enxertar no texto esse versículo de sua própria criação:

*"Eu sei que meu Remidor vive,*
E que no último dia *eu me erguerei da terra,*
E serei novamente recoberto de minha pele,
E em minha carne verei meu Deus"[77].

Tudo o que lhe deve ter parecido uma boa razão para crer que *ele o sabia*, mas que outros *não* sabiam, e que, além disso, encontravam no texto uma idéia bastante diferente – isso só prova que Jerônimo decidira, com mais uma interpolação, reforçar o dogma de uma ressurreição "no último dia", e com a mesma pele e os mesmos ossos que possuía na terra. Trata-se na verdade de uma agradável perspectiva de "restauração". Por que não ressuscitar também com as mesmas roupas com que o corpo morre?

E como poderia o autor do *Livro de Jó* saber algo do *Novo Testamento* quando ignorava evidentemente o *Velho*? Há uma ausência total de alusões a qualquer um dos patriarcas; foi sem dúvida obra de um *Iniciado*, pois que uma das três filhas de Jó recebeu um nome mitológico decididamente "pagão". O nome *Keren happuch*[78] é traduzido de várias maneiras. Na *Vulgata* tem "chifre de antimônio"; e em LXX tem "chifre de Amalthea", a preceptora de Júpiter e uma das constelações, emblema do "chifre da plenitude". A presença nos *Septuaginta* dessa heroína de fábula pagã mostra a ignorância dos transcritores em relação ao seu significado, bem como da origem esotérica do *Livro de Jó*.

Em vez de oferecer consolo, os três amigos do sofrido Jó tentam fazê-lo acreditar que merece sua desventura como uma punição por algumas transgressões extraordinárias que praticou. Respondendo veementemente a todas essas imputações, Jó jura que, enquanto tiver alento, manterá a sua causa. Tem em mente o período de sua prosperidade, "quando o segredo de Deus permanecia sobre seu tabernáculo"[79], e ele era um juiz "que era soberano, e vivia como um rei no exército, e que consolava os aflitos", e compara essa época com a atual – quando beduínos errantes riem dele com escárnio, homens "mais vis do que a terra", quando estava prostrado pela desventura e pela doença abominável. Então ele reafirma sua simpatia pelo desafortunado, sua castidade, sua integridade, sua probidade, sua justiça estrita, suas caridades, sua moderação, sua isenção da prevalecente adoração do Sol, sua misericórdia para com os inimigos, sua hospitalidade em relação aos estrangeiros, sua bondade de coração, seu denodo pelo direito, embora enfrentasse a multidão e a oposição das famílias; e exige do Todo-poderoso uma resposta e do seu adversário a declaração das culpas de que é acusado[80].

Não cabia para tanto réplica possível. Os três haviam tentado confundir Jó com alegações e argumentos gerais e ele lhes solicitou uma consideração dos seus atos específicos. Então surgiu o quarto: Eliú, o filho de Baraquel, o buzita, da estirpe de Ram[81].

Eliú é o filho do hierofante; começa com uma repreensão e os sofismas de Jó se desvanecem como a areia que o vento do oeste leva.

"E Eliú, filho de Baraquel, disse: 'Os grandes homens nem sempre são sábios (...) *há* um espírito no homem; *o espírito que está em mim* me constrange. (...) Deus fala uma vez, uma segunda, *embora o homem* não o perceba. Num sonho; numa visão noturna, quando o sono profundo cai sobre o homem, em cochilos na cama; então ele abre os olhos dos homens e lhes dá suas instruções. Ó Jó, ouve-me; cala-te e eu te ensinarei a SABEDORIA."[82]

E Jó, diante das falácias dogmáticas de seus três amigos, no amargor do deserto, exclamara: "Não há dúvida de que vós sois *o* povo e a sabedoria morrerá convosco. (...) Todos vós sois uns consoladores miseráveis. (...) Certamente falarei ao Todo-poderoso e com Deus desejo conversar. Mas *vós* sois os que forjam as mentiras, *vós* sois médicos de nenhum valor!"[83] O devorado pelas chagas, o Jó que recebera as visitas e que para o clero oficial – que não oferecia outra esperança senão a condenação eterna – havia em seu desespero vacilado em sua fé paciente, respondeu: "Isso que *vós* sabeis, também eu sei *a mesma coisa*; não sou inferior a vós. (...) O homem que como flor cai e é pisado foge como a sombra e *jamais permanece num mesmo estado*. (...) Quando o homem morrer, despojado que seja e consumido, *onde estará ele*? (...) Se um homem morrer, ele *viverá* novamente? (...) Quando se passarem alguns anos, então seguirei um caminho *de onde* não poderei retornar. (...) Oxalá se fizera o juízo entre Deus e o homem, como se faz o de um filho do homem com o seu vizinho'."[84] Jó encontra alguém que responde ao seu grito de agonia. Ouve a SABEDORIA de Eliú, o hierofante, o mestre perfeito, o filósofo inspirado. De seus lábios rígidos brota a repreensão justa da impiedade de ter censurado o Ser SUPREMO pelos males da Humanidade. "Deus", diz Eliú, "é excelente em poder e em julgamento e em plenitude de justiça. ELE *não condenará*"[85].

Enquanto o neófito se satisfazia com sua própria sabedoria mundana e irreverente compreensão da Divindade e Seus desígnios e enquanto dava ouvidos às sofisticarias perniciosas dos seus conselheiros, o hierofante se mantinha calado. Mas, quando essa mente ansiosa estava pronta para os conselhos e as instruções, sua voz se fez ouvir e ele fala com a autoridade do Espírito de Deus que o "constrange": "Certamente Deus não ouvirá *em vão*, nem o Todo-poderoso verá as causas de cada um. (...) Ele não respeitará aqueles que se dão por sábios"[86].

Magnífica lição para o pregador da moda, que "multiplica palavras sem conhecimento"! Esta magnífica sátira *profética* deve ter sido escrita para prefigurar o espírito que prevalece em todas as denominações dos cristãos.

Jó escuta as palavras de sabedoria e então o "Senhor" responde a Jó "fora do redemoinho" da Natureza, a primeira manifestação visível de Deus: "Pára, Jó, pára! e considera as maravilhosas obras de Deus; *só por meio delas* podes conhecer Deus. 'Com efeito, Deus é grande, e *não o conhecemos*', Ele que 'faz pequenas as gotas d'água; *mas elas* vertem *segundo o vapor*"[87]; não segundo o capricho divino, mas segundo leis estabelecidas e imutáveis; lei que "transferiu os montes e não é conhecida por eles; que move a terra; que ordena ao Sol *e o Sol não nasce*; e que selou as estrelas; (...) que faz coisas grandes e incompreensíveis, e maravilhosas, que não têm número. (...) Se ele vier a mim, eu não o verei; se se for, eu não o perceberei!"[88]

Então, "Quem é este que obscurece os conselhos com palavras desprovidas de conhecimento?", diz a voz de Deus por meio de Seu porta-voz –, a Natureza. "Onde estavas tu quando eu lançava os fundamentos da terra? dize-mo, se é que tens compreensão. Quem deu as medidas para ela, *se é que o sabes*? Quando os astros da manhã contavam todos juntos, e quanto todos os filhos de Deus estavam transportados de júbilo? (...) Estavas presente quando eu disse aos mares: 'Até aqui podes vir, mas não além daqui; até aqui tuas orgulhosas ondas poderão rolar'?

(...) Sabes quem obriga a chuva a cair sobre a terra, *onde não havia homem algum*; no deserto, *onde não havia homem algum*? (...) Acaso poderás reunir as doces influências das Plêiades ou impedir a evolução de Orion? (...) Poderás *enviar os raios*, que possam ir e vos dizer 'Aqui estamos'?"[89]

"Então Jó respondeu ao Senhor." Ele compreendeu quais são os seus caminhos e os seus olhos estão abertos pela primeira vez. A Sabedoria Suprema desceu sobre ele; e, se o leitor ficar confuso diante deste PETROMA final da iniciação, pelo menos Jó, ou o homem "afligido" em sua cegueira, entendeu então a impossibilidade de caçar "Leviatã cravando-lhe um arpão no nariz". O Leviatã é a CIÊNCIA OCULTA, em que se pode pôr a mão, mas *"não mais do que isso"*[90], e cujo poder e cuja "proporção conveniente" Deus não quer esconder.

"Quem pode descobrir a superfície de sua vestimenta? e quem entrará no meio da sua boca? Quem pode abrir as portas do seu rosto? Em roda dos seus dentes está o seu orgulho, e eles estão selados. O seu espirro é resplendor do fogo e os seus olhos como as pestanas da aurora." Que "faz brilhar *uma luz* atrás de si", para que se aproxime dele os que não têm medo. E então eles também verão "todas as coisas *altas*, pois ele é rei apenas sobre todos os filhos da soberba"[91].

Jó, agora à guisa de retratação, responde:

> "Eu sei que podes todas as coisas,
> E que nenhum pensamento se te esconde.
> Quem é este que fez uma exibição de sabedoria arcana
> Sem nada saber dela?
> Por isso falei sobre o que não compreendia –
> Coisas que estavam acima de mim, as quais não conhecia.
> Ouve! suplico-te, e eu falarei;
> Perguntar-te-ei, e me responderás:
> Eu te ouvi com meus ouvidos,
> E agora te verei com meus olhos,
> Por isso me repreendo a mim mesmo,
> E me penitencio no pó e na cinza?"[92]

Ele reconheceu seu "paladino" e se convenceu de que havia chegado a hora da sua vindicação. Imediatamente o Senhor ("os sacerdotes e os juízes", *Deuteronômio*, XIX, 17) disse aos seus amigos: "Minha ira se voltou contra ti e contra teus dois amigos, porque não me haveis falado retamente diante de mim, como meu servo Jó". Então "o Senhor voltou-se para a penitência de Jó" e "lhe deu em dobro tudo quanto ele havia tido"[93].

Assim, no julgamento [egípcio], o morto invoca quatro espíritos que residem no Lago de Fogo e é purificado por eles. Ele então é conduzido à sua morada celestial e é recebido por Athar e por Ísis e permanece diante de *Atum*[94], o Deus essencial. Ele agora é *Turu*, o homem essencial, um espírito puro, e em conseqüência On-ati, o olho de fogo, e um companheiro dos deuses.[*]

Esse grandioso poema de Jó era muito bem compreendido também pelos cabalistas. Enquanto muitos dos hermetistas medievais eram homens profundamente

---

\* Se o leitor ler esse parágrafo sobre a cena egípcia do julgamento imediatamente depois do segundo parágrafo da p. 130, verá que pertence claramente a ele. De uma maneira ou de outra, foi deslocado no manuscrito de *Ísis sem véu* ou durante o processo de sua organização. Os termos *Turu* e *On-ati*, todavia, não foram identificados. (N. do Org.)

religiosos, eles eram, no fundo de seus corações – como os cabalistas de todas as épocas –, os inimigos mais mortais do clero. Como parecem verdadeiras as palavras de Paracelso quando exclamou, afligido por uma perseguição feroz e por calúnias, e incompreendido por seus amigos e por seus inimigos, maltratado pelo clero e pelos leigos:

"Ó vós de Paris, Pádua, Montpellier, Salerno, Viena e Leipzig! Não sois mestres da verdade, mas confessores de mentiras. Vossa filosofia é uma mentira. Se quereis saber *o que realmente é a* .MAGIA, procurai-a no *Apocalipse* de São João. (. . .) Posto que não podeis aprovar que vossos ensinamentos derivam da *Bíblia* e do *Apocalipse*, acabai com vossas farsas. A *Bíblia é a verdadeira chave e o verdadeiro intérprete*. João, não menos do que Moisés, Elias, Henoc, Davi, Salomão, Daniel, Jeremias e os outros profetas, era um *mago*, cabalista, um adivinhador. Se todos eles, ou pelo menos um dos que nomeei, vivessem agora, eu não duvidaria que faríeis deles um exemplo em vosso matadouro miserável e os aniquilaríeis e, se fosse possível, o Criador de todas as coisas também!"

Paracelso demonstrou na prática que aprendeu algumas coisas misteriosas e úteis do *Apocalipse* e de outros livros da *Bíblia*, bem como da *Cabala*; e tanto o fez, que é chamado por muitos de o "pai da magia e fundador da física oculta da *Cabala* e do Magnetismo"[95].

Tão firme era a crença popular nos poderes sobrenaturais de Paracelso, que até hoje perdura entre os alsacianos simplórios a tradição de que ele não morreu, mas "repousa em seu túmulo", em Salzburgo[96]. E eles murmuram freqüentemente entre si que o gramado verde que o rodeia se agita ao impulso de cada respiração daquele peito fatigado, e que se ouvem gemidos profundos como se o grande filósofo do fogo despertasse à lembrança das injustiças cruéis que sofreu nas mãos dos seus cruéis assassinos por causa do seu amor à verdade!

Essa extensa ilustração pode mostrar que o Satã do *Velho Testamento*, o Diabolos ou Diabo dos *Evangelhos* e das *Epístolas Apostólicas* são personificações do princípio antagônico da matéria, necessariamente inerente a ele, e não mau no sentido moral do termo. Os judeus, vindo do país persa, trouxeram consigo a doutrina de *dois princípios*. Não puderam trazer o *Avesta*, pois ele não estava escrito. Mas eles – queremos dizer os *assideus* [chasîdîm] e *parsis* – investiram Ormuzd com o nome secreto de יהוה , e Ahriman, com o nome dos deuses do lugar, Satã dos hititas e *Diabolos*, ou antes *Diobolos*, dos gregos. A Igreja primitiva, pelo menos sua parte paulina, a dos gnósticos e seus sucessores refinaram posteriormente as suas idéias e a Igreja católica as adotou e adaptou, enquanto passava pelo fio da espada os seus promulgadores.

A Igreja protestante é uma reação contra a Igreja Católica Romana. Não é necessariamente coerente em suas partes, mas uma multidão de fragmentos que se chocam ao redor de um centro comum, atraindo-se e repelindo-se. Algumas partes se dirigem centripetamente para Roma, ou para o sistema que fez a velha Roma existir; outras ainda são empurradas pelo impulso centrífugo para longe da ampla região etérea de Roma, ou mesmo da influência cristã.

O Diabo moderno é o legado principal da Cibele romana, "Babilônia, a Grande Mãe das religiões idólatras e abomináveis da terra".

Mas talvez se pudesse argumentar que a teologia hindu, tanto bramânica quanto budista, está tão impregnada da crença em diabos objetivos quanto a própria cristandade. Há uma pequena diferença. A *sutileza* mesma da mente hindu é uma garantia suficiente de que as pessoas educadas, a porção mais culta pelo menos dos teólogos bramânicos e budistas, consideram o Diabo segundo uma outra luz. Para elas o Diabo é uma abstração metafísica, uma alegoria do *mal* necessário; ao passo que *para os cristãos o mito se tornou uma entidade histórica, a pedra fundamental sobre a qual se erigiu a Cristandade, com seu dogma de redenção.* Ele é tão necessário – como o mostrou des Mousseaux – para a Igreja, quanto a besta do capítulo dezessete do *Apocalipse* para seu leitor. Os protestantes de fala inglesa, não considerando a Bíblia suficientemente explicativa, adotaram a *Diabologia* do celebrado poema de Milton, *Paradise Lost*, embelezando-a aqui e ali com trechos extraídos do celebrado poema *Fausto*, de Goethe. John Milton, primeiramente um puritano e depois quietista e unitário, sempre considerou sua grande produção como uma obra de ficção, ainda que ajustada às linhas gerais de diferentes partes da Escritura. O Ialdabaôth dos ofitas foi transformado num anjo de luz e na estrela da manhã e feito o Diabo, no primeiro ato do *Diabolic Drama*. Assim, o capítulo doze do *Apocalipse* foi traduzido para o segundo ato. O grande Dragão vermelho foi identificado com a mesma ilustre personagem de *Lúcifer*, e a última cena é a sua queda, como a de Vulcano-Hefaistos, do Céu, para a ilha de Lemnos; as hostes fugitivas e seu líder "caem no abismo tenebroso" do Pandemonium. O terceiro ato é o Jardim do Éden. Satã preside um concílio num salão erigido por ele para seu novo império e determina empreender uma expedição exploradora à procura do novo mundo. O ato seguinte refere-se à queda do homem, sua passagem pela Terra, o advento do Logos, ou Filho de Deus, e sua redenção da Humanidade, ou sua porção eleita, como se deu.

Esse drama de *Paradise Lost* compreende a crença não-formulada dos "Cristãos protestantes evangélicos" de fala inglesa. Não crer em suas características principais equivale, em seu ponto de vista, a "negar Cristo" e a "blasfemar contra o Espírito Santo". Se John Milton houvesse suspeitado de que seu poema, em vez de ser equiparado à *Divina Comédia* de Dante, seria considerado como um outro *Apocalipse* suplementar à *Bíblia* e complementar da sua demonologia, é mais provável que tivesse optado pela pobreza mais resolutamente e retirado o livro do prelo. Um poeta posterior, Robert Pollock, inspirando-se nessa obra, escreveu uma outra, *The Course of Time*, que também foi tida durante algum tempo como uma nova *Escritura*; mas o século XIX felizmente recebeu uma outra inspiração e o poeta escocês está caindo no esquecimento.

Talvez devamos dar uma breve notícia do Diabo europeu. Ele é o gênio que intervém na bruxaria, na feitiçaria e em outros malefícios. Os padres, tomando a idéia dos fariseus judaicos, transformaram em diabos os deuses pagãos, Mithra, Serapis e outros. A Igreja Católica Romana denunciou a adoração antiga como comércio com os poderes da escuridão. Os *malefici* e as feiticeiras da Idade Média eram nada menos do que adeptos da adoração proscrita. A Magia nos tempos antigos fora considerada como ciência divina, sabedoria e conhecimento de Deus. A arte de curar nos templos de Esculápio e nos santuários do Egito e do Oriente sempre foi mágica. Até mesmo Darius Hystaspes, que exterminou os magos medos e expulsou, da Babilônia para a Ásia Menor, os teurgos caldaicos, fora instruído pelos brâmanes da Ásia Superior e, finalmente, enquanto estabelecia o culto de Ormusde, foi ele próprio denominado de instituidor do magismo. Tudo agora está mudado. A ignorância foi entronizada como a mãe da devoção. A erudição foi condenada e os sábios prosseguiram em sua obra científica com o perigo de suas vidas. Foram obrigados a expor suas idéias em uma linguagem enigmática compreendida apenas pelos seus adeptos e a aceitar o opróbrio, a calúnia e a pobreza.

Os fiéis da adoração antiga foram perseguidos e condenados à morte por feitiçaria. Os albigenses, descendentes dos gnósticos, e os waldenses, precursores dos protestantes, foram caçados e exterminados sob acusações semelhantes. O próprio Martinho Lutero foi acusado de conivência com Satã em pessoa. Todo o mundo protestante ainda está sob o peso da mesma imputação. Não há distinção nos julgamentos da Igreja entre dissensão, heresia e feitiçaria. E, exceto onde a autoridade civil lança sua proteção, eles representam ofensas capitais. A liberdade religiosa é vista pela Igreja como intolerância.

Mas os reformadores foram alimentados com o leite de sua mãe. Lutero era tão sedento de sangue quanto o Papa; Calvino, mais intolerante do que Leão ou Urbano. Trinta anos de guerra despovoaram distritos inteiros da Alemanha, tanto protestantes quanto católicos. O novo credo, também, abriu suas baterias contra a feitiçaria. Os códigos legais carminaram-se com uma legislação sangrenta na Suécia, na Dinamarca, na Holanda, na Grã-Bretanha e na Commonwealth norte-americana. Quem quer que fosse mais liberal, mais inteligente, que expressasse mais livremente o seu pensamento do que seus companheiros, era preso e morto. As fogueiras que foram apagadas em Smithfield foram novamente acesas para os magos; era menos arriscado rebelar-se contra um trono do que perseguir um conhecimento abstruso além dos limites da linha marcada pela ortodoxia.

No século XVII, Satã fez uma investida na Nova Inglaterra, em Nova Jersey e Nova York e em muitas das colônias sulistas da América do Norte, e Cotton Mather nos fornece as principais crônicas sobre suas manifestações. Alguns anos depois, visitou o Presbitério de Mora, na Suécia, e a vida cotidiana na Dalecarlia foi modificada com a queima de crianças vivas e a flagelação de outras às portas da igreja, nos dias de Sabbath. O ceticismo dos tempos modernos, todavia, recolheu aos conventos a crença na feitiçaria, e o Diabo de forma antropomórfica pessoal, com seu pé à Baco e chifres de bode à Pã, só tem lugar nas *Cartas Encíclicas* e outras efusões da Igreja Católica Romana. A respeitabilidade protestante não o permite ser nomeado, senão em voz baixa no púlpito.

Relatada a biografia do Diabo desde seu primeiro acidente na Índia e na Pérsia, seu progresso entre os judeus e na *teologia* cristã antiga e recente até as últimas fases da sua manifestação, examinemos agora algumas opiniões dominantes nos primeiros séculos cristãos.

Avatares ou encarnações eram comuns às velhas religiões. Na Índia, os avatares chegaram a constituir um sistema. Os persas esperavam Saoshyant e os escritores judaicos aguardavam um libertador. Tácito[97] e Suetônio[98] relatam que o Oriente, na época de Augusto, ardia de expectativa por uma Grande Personagem. "Assim, doutrinas tão óbvias para os cristãos eram os *arcanos supremos* do Paganismo"[99]. O Maneros de Plutarco era um menino de Palaestinus[100]; seu mediador Mithras, o Salvador Osíris, é o Messias[101]. Nas nossas *"Escrituras canônicas"* atuais descobrem-se os vestígios das adorações antigas; e nos ritos e nas cerimônias da Igreja Católica Romana encontramos as formas da adoração budista, suas cerimônias e sua hierarquia. Os primeiros *Evangelhos*, que já foram tão canônicos quanto os quatro atuais, contêm páginas tomadas quase integralmente das narrativas budistas, como podemos mostrar. Após as provas fornecidas por Burnouf, Cosma de Körös, Beal, Hardy, Schmidt e as traduções do *Tripitaka*, é impossível duvidar que todo o esquema cristão não emanasse de um outro. Os milagres da "Concepção Milagrosa" e outros incidentes se deixam ver claramente no *A Manual of Buddhism*, de Hardy [p. 141 e seguintes.] Compreendemos prontamente por que a Igreja Católica Romana está ansiosa para manter o vulgo na ignorância mais completa da *Bíblia* hebraica e da literatura grega. A Filologia e a Teologia comparada são seus inimigos mais mortais. As falsificações deliberadas de Irineu, Epifânio, Eusébio e Tertuliano tornaram-se uma necessidade.

Naquele tempo, parece que os *Livros sibilinos* gozavam de muita consideração. Pode-se perceber facilmente que eles foram inspirados na mesma fonte de onde brotaram as obras gentias.

Eis uma página de Gallaeus:

> "Uma Nova Luz surgiu
> Que, descendo do Céu, assumiu forma mortal.
> Primeiro Gabriel apresentou sua poderosa pessoa sagrada,
> Depois, dando a mensagem, dirigiu-se com palavras à Virgem:
> Virgem, recebe Deus em teu peito puro. (. . .)
> E a coragem voltou a ela e a PALAVRA entrou em seu útero.
> Tornando-se encarnado e animado por seu corpo,
> Formou-se uma imagem mortal e um MENINO foi criado
> Por um parto da Virgem. (. . .)
> A nova estrela enviada por Deus foi adorada pelos Magos.
> A criança envolta em panos foi mostrada numa manjedoura ao obediente a Deus
> E Belém foi chamada 'terra divina' da Palavra"[102].

À primeira vista, essa passagem parece uma profecia do nascimento de Jesus. Mas não poderia ela referir-se a algum outro Deus criador? Temos expressões análogas relativas a Baco e a Mithras.

"Eu, filho de Zeus, vim ao país dos tebanos. Sou Baco, a quem pariu Semelê [a virgem], filha de Cadmo [o homem do Oriente], e, engendrado pela chama portadora do raio, assumi forma mortal em vez de divina."[103]

As *Dionisíacas*, escritas no século V, são úteis para tornar essa matéria mais clara e até mesmo para pôr em relevo sua conexão estreita com a lenda cristã do nascimento de Jesus:

> "Perséfone-Virgem[104], não escapaste do casamento
> E foste esposada nos epitalâmios do Dragão
> Quando Zeus, todo enrolado e de aparência modificada,
> Um Dragão-noivo transbordante de amor,
> Deslizou para teu leito virginal
> Agitando a barba áspera. (. . .) Pelos esponsais dracontianos etéreos,
> O útero de Perséfone foi agitado por um jovem frutuoso,
> E nasceu Zagreus[105], o Menino coroado de chifres."[106]

Temos aqui o segredo da adoração ofita e a origem da fábula cristã posteriormente *revisada* da concepção imaculada. Os gnósticos foram os primeiros cristãos a possuir algo como um sistema teológico regular e é bastante evidente que Jesus é que foi adaptado para Christos em sua teologia, e não foi a sua teologia que se desenvolveu a partir dos seus ditos e das suas ações. Seus ancestrais afirmam, antes da era cristã, que a Grande Serpente – Júpiter, o Dragão da Vida, o Pai e a "Divindade do Bem" – deslizara para o leito de Semelê e os gnósticos pré-cristãos, com uma modificação muito insignificante, aplicaram a mesma fábula ao homem Jesus e afirmaram que a mesma "Divindade do Bem", Saturno (Ialdabaôth), na forma do Dragão da Vida, deslizou por sobre o leito da menina Maria[107]. A seus olhos, a Serpente era o Logos – Christos, a encarnação da Sabedoria Divina, por meio de seu Pai Ennoia e sua Mãe Sophia.

"Agora minha mãe o Espírito Santo me tomou", diz Jesus no *Evangelho dos Hebreus*[108], assumindo assim seu papel de Christos – o Filho de Sophia, o Espírito Santo[109].

"O *Espírito Santo descerá sobre ti* e o PODER do Supremo te cobrirá da sua sombra; e por isso mesmo a coisa *santa* que há de nascer de ti será chamada de Filho de Deus", diz o anjo (*Lucas*, I, 35).

"Deus (. . .) nos falou nestes dias por seu Filho, ao qual apontou como herdeiro de todas as coisas, e por quem fez os Aeôns."[110]

Todas essas expressões são variações cristãs do versículo de Nonnus "(. . .) por meio do dracônteo etéreo", pois Éter é o Espírito Santo ou a terceira pessoa da Trindade – a Serpente com cabeça de falcão, o Kneph egípcio, emblema da Mente Divina[111], e a alma universal de Platão.

"Eu (Sabedoria) saí da boca do Altíssimo e *cobri como nuvem toda a terra.*"[112]

Poimandres, o Logos, surge da Escuridão Infinita e cobre a terra com nuvens que, em forma de serpente, se espalham por sobre toda a Terra[113]. O Logos é a *mais velha* imagem de Deus e é o Logos *ativo*, diz Filo[114]. O Pai é o *Pensamento Latente*.

Sendo esta idéia universal, encontramos uma fraseologia idêntica para expressá-la entre os pagãos, os judeus e os cristãos primitivos. O *Logos* caldaico-persa é o Primogênito do Pai na cosmogonia babilônica de Eudemus[115]. O "Hino a Eli, filho de Deus", inicia um hino homérico ao Sol[116]. Sôl-Mithra é uma "imagem do Pai", como o cabalístico Zeir-Anpîn.

Parece impossível, e todavia esta é a triste realidade, que, entre todas as várias nações da Antiguidade, não houve uma só que acreditasse num diabo pessoal mais do que os cristãos liberais do século XIX. Nem os egípcios, que Porfírio chama de "a mais erudita nação do mundo"[117], nem os gregos, seus fiéis imitadores, caíram em absurdo tão grande. Podemos acrescentar que nenhum deles, nem mesmo os judeus antigos, acreditou no inferno ou numa condenação eterna mais do que no Diabo, embora nossas igrejas cristãs atribuam ao demônio tudo quanto se relacione com os gentios. Em todo lugar em que a palavra "inferno" ocorre nas traduções dos textos sagrados hebraicos, ela está distorcida. Os hebreus ignoravam essa idéia, mas os Evangelhos contêm exemplos freqüentes de compreensões erradas. Assim, quando do Jesus diz (*Mateus*, XVI, 18) "(. . .) e as portas do Hadês não prevalecerão contra ela", o texto original apresenta "as portas da *morte*". Em nenhum lugar aparece a palavra "inferno" – aplicada com o significado de *condenação*, seja temporária ou eterna – utilizada no *Velho Testamento* com o sentido que lhe deram os forjadores desse dogma. "Tophet", ou "o Vale do Hinnom"[118] não tem esse significado. O termo grego "Gehenna"[119] tem um sentido bastante diferente e equivale, na opinião de escritores competentes, ao Tártaro homérico.

O próprio Pedro nos dá prova desse fato. Em sua segunda *Epístola* (II, 4), o Apóstolo, no texto original, diz, sobre os anjos pecadores, que Deus "os lançou ao Tártaro". Essa expressão, que lembra muito inconvenientemente a guerra entre

Júpiter e os Titãs, foi alterada e agora, na versão do rei James, apresenta "os lançou no *inferno*".

No *Velho Testamento* as expressões "portas da morte" e "câmaras da morte" aludem simplesmente às "portas do túmulo", mencionadas especificamente nos *Salmos* e nos *Provérbios*. O inferno e seu soberano são ambos invenções do Cristianismo, contemporâneos do seu poder e do recurso à tirania. São alucinações nascidas dos pesadelos dos Antônios do deserto. Antes da nossa era, os sábios antigos conheciam o "Pai do Mal" e não o tratavam senão como asno, o símbolo escolhido de Typhon, "o Diabo"[120]. Triste degeneração de cérebros humanos!

Assim como Typhon era a sombra escura de seu irmão Osiris, Python é o lado mau de Apolo, o brilhante deus das visões, o vidente e adivinho. É morto por Python, mas mata-o por sua vez, redimindo a Humanidade do pecado. Foi em memória dessa façanha que as sacerdotisas do deus-Sol se vestiam com peles de serpente, típicas do fabuloso monstro. Sob sua poderosa influência – a pele da serpente era considerada magnética –, as sacerdotisas caíam em transes magnéticos e "recebiam de Apolo as suas vozes", tornavam-se proféticas e proferiam oráculos.

Além disso, Apolo e Python são apenas um, e moralmente andróginos. As idéias do deus-Sol são todas duais, sem exceção. O calor benéfico do Sol traz o germe à existência, mas o calor excessivo mata a planta. Quando toca a lira planetária de sete cordas, Apolo produz a harmonia; mas, como outros deuses-sóis, sob seu aspecto sombrio ele se torna o destruidor, Python.

Sabe-se que São João viajou pela Ásia, uma região governada pelos magos e imbuída de idéias zoroastrianas e, naqueles dias, repleta de missionários budistas. Se ele não tivesse visitado esses lugares e entrado em contato com os budistas, seria duvidoso acreditar que o *Apocalipse* pudesse ter sido escrito. Além das suas idéias do dragão, dá narrativas proféticas inteiramente desconhecidas dos outros apóstolos e que, relativas ao segundo advento, fazem de Cristo uma cópia fiel de Vishnu.

Assim, Ophios e Ophiomorphos, Apolo e Python, Osíris e Typhon e Christos e a Serpente são termos equivalentes. Todos eles são Logos e um é ininteligível sem o outro, como não se poderia saber o que é dia, se não se conhecesse a noite. Todos são regeneradores e salvadores, um num sentido espiritual, o outro num sentido físico. Um assegura a imortalidade para o Espírito Divino; o outro a concede através da regeneração da semente. O Salvador da Humanidade tem de morrer, porque ele oculta à Humanidade o grande segredo do ego imortal; a serpente do *Gênese* é amaldiçoada porque disse à *matéria* "não morrerás". [III, 4.] No mundo do Paganismo, a contrapartida da "serpente" é o segundo Hermes, a reencarnação de Hermes Trismegisto.

Hermes é o companheiro constante e o instrutor de Osíris e Ísis. É a sabedoria personificada; como Caim, o filho do "senhor". Ambos construíram cidades, civilizaram e instruíram a Humanidade nas artes.

Já foi repetidamente afirmado pelos missionários cristãos do Ceilão e da Índia que as pessoas estão saturadas de idolatria; que são adoradoras do diabo, no sentido amplo da palavra. Sem qualquer exagero, dizemos que elas não o são mais do que as massas de cristãos incultos. Mas eram adoradores do (o que é mais do que crentes no) Diabo, embora haja uma grande diferença entre os ensinamentos do seu clero sobre o tema de um diabo pessoal e os dogmas dos pregadores cristãos, e de muitos ministros protestantes, também. Os sacerdotes cristãos estão presos, e se limitam a impô-la às mentes de seu rebanho, à existência do Diabo, e as páginas inaugurais desse capítulo mostram a razão desse procedimento. Mas os Upasampanna cingaleses, que pertencem a um sacerdócio superior, não só não confessam acreditar num demônio pessoal, como também os Sâmanêra, candidatos e noviços, ririam dessa idéia. Tudo na adoração externa dos budistas é alegórico e, por conseguinte, não é aceito, nem ensinado pelos *punghis* (pânditas) cultos. Tem um certo fundamento a acusação de que eles permitem e concordam tacitamente em deixar o povo imerso nas mais degradantes superstições; mas negamos veementemente que eles reforcem essas superstições. E, nesse particular, eles parecem levar vantagem em relação ao nosso clero cristão, que (pelo menos aqueles que não permitem que seu fanatismo interfira em seus cérebros), sem acreditar numa só palavra disso, ainda prega a existência do Diabo, como inimigo pessoal de um Deus pessoal e o gênio mau da Humanidade.

O Dragão de São Jorge, que figura com tanta evidência nas maiores catedrais dos cristãos, não excede em beleza o Rei das Serpentes, o Nammadâ-Nârada budista, o grande Dragão. Se a superstição popular dos cingaleses acredita que o Demônio zodiacal Râhu destrói a Lua devorando-a e se o povo da China e da Tartária sai às ruas batendo bombos, pratos e discos, com que fazem estrépito para afugentar o monstro durante os eclipses – por que o clero cristão acha isso errado, ou chama de superstição? Não faz a mesma coisa o clero da França meridional, ocasionalmente, no aparecimento de cometas, na ocorrência de eclipses ou outros fenômenos celestiais? Em 1456, quando o cometa de Halley fez sua aparição, "tão tremenda foi sua aparição", escreve Draper, "que o próprio Papa teve de interferir. Ele o exorcizou e o afugentou dos céus. Foi lançado nos abismos do espaço, aterrorizado pelas maldições de Calixto III e não se atreveu a voltar antes de setenta e cinco anos!"[121]

Nunca ouvimos falar que um clérigo cristão ou o Papa houvessem tentado convencer as mentes ignorantes de que a crença no Diabo tivesse algo a ver com eclipses e cometas; mas vemos um prelado budista dizendo a um oficial que lhe atirava na cara essa superstição: "Nossos livros religiosos cingaleses ensinam que os eclipses do Sol e da Lua denotam um ataque de Râhu[122],[*] *não de um diabo*"[123].

A origem do mito do "Dragão", que ocupa um lugar importante no *Apocalipse* e na *Lenda dourada*, e da fábula sobre Simão Estilita convertendo o Dragão e inegavelmente budista e até mesmo pré-budista. Foram as doutrinas puras de Gautama que atraíram para o budismo os cachemirianos cuja adoração primitiva era a ofita, ou a adoração da Serpente. O olíbano e as flores substituíam os sacrifícios humanos e a crença em demônios pessoais. O Cristianismo herdou a degradante superstição de diabos investidos de poderes pestilentos e assassinos. O *Mahâvansa*, o mais antigo dos livros cingaleses, relata a história do rei Covercapal (cobra-de-capelo), o deus-serpente, que foi convertido para o budismo por um santo Rahat[124];

---

\* Além do seu aspecto mitológico exotérico, Râhu e Ketu são respectivamente os nodos ascendente e descendente da órbita da Lua, isto é, os pontos em que ela intercepta a eclíptica. São pontos fixos na órbita da Lua, mesmo que se movam em relação à Terra por causa do movimento da própria órbita. Podem ser chamados a cabeça e cauda do Dragão, se considerarmos o fato de que a Lua é chamada de Dragão pelos chineses. A menos que esses fatos não sejam levados em consideração, a nota de rodapé não apresenta sentido definido, sendo um tanto confusos os termos "estrelas fixas" e "constelação". (N. do Org.)

e desta lenda derivou seguramente a de Simão Estilita e seu Dragão, que faz parte da *Lenda Dourada*.

O Logos triunfa uma vez mais sobre o grande Dragão; Miguel, o arcanjo luminoso, chefe dos Aeôns, vence Satã[125].

É digno de menção o fato de que, enquanto o iniciado mantiver em segredo "o que sabe", ele estará perfeitamente seguro. Isso acontecia nos tempos antigos e acontece agora. Tão logo o Deus dos cristãos, emanando do *Silêncio*, se manifestava como a *Palavra* ou Logos, este último se tornava a causa de sua morte. A serpente é o símbolo da sabedoria e da eloqüência, mas é também o símbolo da destruição. "Ousar, conhecer, querer e *calar*" são os axiomas cardeais dos cabalistas. Como Apolo e outros deuses, Jesus é morto por seu Logos[126]; ele se ergue novamente, mata-o por sua vez e se torna seu senhor. Será que esse velho símbolo tem, como as outras concepções filosóficas antigas, mais de um sentido alegórico e insuspeitado? As coincidências são estranhas demais para resultarem do mero acaso.

E agora que mostramos essa identidade entre Miguel e Satã e os Salvadores e Dragões de outros povos, o que pode ser mais claro do que todas essas fábulas filosóficas originadas na Índia, esse viveiro universal do misticismo metafísico? "O mundo", diz Ramatsariar em seus comentários sobre os *Vedas*, "começou com uma luta entre o Espírito de Deus e o Espírito do Mal, e em luta há de acabar. Após a destruição da matéria, o mal não mais existirá, deverá voltar ao nada"[127].

Na sua *Apologia*, Tertuliano falsifica evidentemente toda doutrina e toda crença dos pagãos relativas aos oráculos e aos deuses. Chama-os, indiferentemente, de demônios e de diabos, acusando estes últimos de possuírem até mesmo as aves do ar! Que cristão ousaria duvidar de tal autoridade? Não afirmou o salmista que "Todos os deuses das nações são *ídolos*"[128] e não explicou o Anjo das Escolas, Tomás de Aquino, com sua autoridade *cabalística*, a palavra *ídolos* por *diabos*? "Eles vêm até os homens", diz ele, "e os incitam a adorá-los, valendo-se de certas obras que parecem milagrosas"[129].

Os padres foram tão prudentes, quanto sábios em suas invenções. Para ser imparciais, após terem criado um Diabo, começaram a criar santos apócrifos. Nomeamos vários deles em capítulos precedentes; mas não devemos nos esquecer de Baronius, que, ao ler uma obra de Crisóstomo sobre o santo Xynoris – palavra que significa *par*, casal –, tomou-a pelo nome de um santo e criou com ela um *mártir* da Antióquia e chegou a dar uma biografia detalhada e autêntica do "mártir ferido". Outros teólogos fizeram de Apollyon – ou antes Apolouôn – o Anticristo. Apolouôn é o "banhador" de Platão, o deus *que purifica*, que lava e nos *livra* do pecado, porém que foi transformado naquele "cujo nome na língua hebraica é Abaddon, mas na língua grega tem o nome de Apollyon" – Diabo! [*Apocalipse*, IX, 11.]

Max Müller diz que a serpente do Paraíso é uma concepção que deve ter brotado entre os judeus e "dificilmente parece convidar a uma comparação com as concepções mais grandiosas do poder terrível de Vritra e de Ahriman no *Veda* e no *Avesta*"[130]. Para os cabalistas, o Diabo foi sempre um mito – o aspecto invertido de Deus ou do bem. O Mago moderno, Éliphas Lévi, chama o Diabo de *l'ivresse astrale*. É uma força cega como a eletricidade, diz ele; e, falando alegoricamente, como sempre fez, Jesus observou que ele "considerava Satã como se fosse um raio caído do Céu"[131].

O clero insiste que Deus enviou o Diabo para tentar a Humanidade, o que seria antes uma maneira singular de mostrar seu amor infinito para com o gênero humano! Se o Supremo foi realmente culpado dessa traição incompatível com sua augusta paternidade, ele é digno, certamente, de adoração por parte de uma Igreja que canta o *Te Deum* depois do Massacre de São Bartolomeu e de abençoar as espadas maometanas feitas para exterminar os cristãos gregos!

Isto soa ao mesmo tempo lógico e legal; não diz uma máxima da jurisprudência que *"Qui facit per alium, facit per se"*?

A grande dessemelhança que existe entre as várias concepções do Diabo é verdadeiramente ridícula. Enquanto os beatos o enfeitam invariavelmente com chifres e rabo e o concebem numa figura repulsiva que inclui um cheiro *humano* pestilento[132], Milton, Byron, Goethe, Lermontoff[133] e um exército de romancistas franceses ergueram seu louvor em poesia graciosa e em prosa emocionante. O Satã de Milton e até mesmo o Mefistófeles de Goethe possuem um relevo mais vigoroso do que alguns dos anjos representados na prosa de beatos extáticos. Comparemos duas descrições. Premiemos em primeiro lugar o incomparavelmente sensacional des Mousseaux. Ele nos dá uma narrativa emocionante de um íncubo, nas palavras da própria penitente: "Certa vez", ela conta, "durante todo o espaço de meia hora, ela viu *claramente* perto dela um indivíduo com um corpo preto, espantoso, horrível, cujas mãos, de um tamanho enorme, exibiam dedos *agatanhados* estranhamente encurvados. Os sentidos da visão, do tato e do *olfato* foram corroborados pelo da audição"! !¹³⁴

E, pelo espaço de muitos anos, a donzela foi arrastada por tal herói! Quão distante desse galante odorífero está a majestosa figura do Satã miltoniano!

Que o leitor então imagine, se puder, essa quimera soberba, esse ideal do anjo rebelde tornado o Orgulho encarnado, e encerrado na pele do mais repulsivo dos animais? Muito embora o catecismo cristão nos ensine que Satã *in propria persona* tentou nossa primeira mãe, Eva, num paraíso real, e na forma de uma serpente, que de todos os animais era o mais insinuante e o mais fascinante! Deus ordena a ela, como castigo, arrastar-se eternamente sobre seu ventre, e comer a poeira do chão. "Uma sentença", observa Lévi, "que em nada se parece às tradicionais chamas do inferno". Não levaram em consideração os autores dessa alegoria que a serpente zoológica real, criada antes de Adão e Eva, arrastava-se sobre seu ventre e comia a poeira do chão, antes que existisse qualquer pecado original.

Por outro lado, não foi Ophion, o Daimôn ou Diabo, como Deus, chamado *Dominus*?¹³⁵ A palavra *Deus* (deidade) deriva da palavra sânscrita *Deva*, e Diabo provém do persa *daêva* – palavras substancialmente semelhantes. Hércules, filho de Jove e de Alcmena, um dos deuses-sóis mais elevados e também o Logos manifesto, e, não obstante, representado numa natureza dupla, como todos os outros[136].

O Agathodaimôn, o daemon beneficente[137], o mesmo que encontramos posteriormente entre os ofitas com a denominação de Logos, ou sabedoria divina, era representado por uma serpente que se mantinha ereta sobre uma *vara*, nos mistérios das Bacanais. A serpente com cabeça de falcão está entre os emblemas egípcios mais antigos e representa a mente divina, diz Deane[138].

Azâzêl é Moloch e Samael, diz Movers[139], e Aaron, o irmão do grande legislador Moisés, faz sacrifícios idênticos a Jeová e Azâzêl.

"E Aarão deita sortes *sobre os dois bodes*; uma para o Senhor [*Ihoh* no original] e outra para o bode emissário [Azâzêl]"[140].

No *Velho Testamento*, Jeová exibe todos os atributos do velho Saturno[141], apesar de suas metamorfoses de Adoni em Elói e em Deus dos Deuses, Senhor dos Senhores[142].

Jesus é tentado na montanha pelo Diabo, que lhe promete reinos e glória se se prostrasse e o adorasse (*Mateus* IV, 8, 9). Buddha é tentado pelo Demônio Wasawartti-Mâra, que lhe diz, no momento em que deixava o palácio de seu pai: "Fica, que possuíras as honras que estiverem ao teu alcance; não vás, não vás!" E com a recusa de Gautama em aceitar suas oferendas, rangeu seus dentes com raiva e prometeu vingar-se. Como Cristo, Buddha triunfa sobre o Diabo[143].

Nos mistérios báquicos, um *cálice consagrado*, chamado cálice de Agathodaimôn, passava de mão em mão entre os fiéis após o jantar[144]. O rito ofita de mesma descrição foi evidentemente tomado desses mistérios. A comunhão, que consistia de pão e vinho, foi usada na adoração de quase todas as divindades importantes[145].

Em relação com o sacramento semi-mítrico adotado pelos marcosianos – uma outra seita gnóstica, totalmente cabalística e teúrgica –, há uma estranha história oferecida por Epifânio como uma ilustração das artimanhas do Diabo. Na celebração da sua Eucaristia, os marcosianos traziam três grandes vasos do cristal mais fino e mais claro para o meio da congregação e os enchiam de vinho branco. No transcorrer da cerimônia, à vista de todos, esse vinho era instantaneamente mudado para vermelho-sangue, para púrpura e depois para azul-celeste. "Então o Mago", diz Epifânio, "entrega um desses vasos para uma mulher da congregação e lhe pede que o abençoe. Feito isso, o mago despeja o seu conteúdo num vaso de maior capacidade, formulando o seguinte pedido: 'Possa a graça de Deus, que está acima de tudo, é inconcebível e inexplicável, preencher o teu interior e aumentar o conhecimento dAquele que está dentro de ti semeando o grão de mostarda em terreno fértil'. Depois disso o licor do vaso maior aumenta e aumenta até chegar à borda"[146].

Em relação com muitas divindades pagãs que, após a morte, e antes de sua ressurreição, descem ao Inferno, seria útil comparar as narrativas pré-cristãs com as pós-cristãs. Orfeu fez a sua viagem[147], e Cristo foi o último desses viajantes subterrâneos. No *Credo* dos Apóstolos, que está dividido em doze frases ou *artigos*, que foram inseridos cada um por um apóstolo em particular, segundo Santo Agostinho[148], a frase "Desceu ao inferno, no terceiro dia ressurgiu dos mortos" é atribuída a Tomé, talvez como uma expiação da sua incredulidade. Seja como for, diz-se que a frase é uma falsificação e não há evidência "de que esse Credo tenha sido modelado pelos apóstolos, ou pelo menos que existisse como credo em sua época"[149].

Trata-se da adição mais importante que foi efetuada no Credo dos Apóstolos e data do ano 600[150]. Esse artigo não era conhecido na época de Eusébio. O Bispo J. Pearson diz que ele não fazia parte dos credos antigos ou das regras de fé[151]. Irineu, Orígenes e Tertuliano não parecem conhecê-lo[152]. Não é mencionado em nenhum dos Concílios realizados antes do século VII. Theodoret, Epifânio e Sócrates silenciam-se a seu respeito. Difere do *credo* de Santo Agostinho[153]. Rufino afirma que, em sua época, ele não constava nem dos credos romanos nem dos orientais[154]. Mas o problema se resolve quando lemos que séculos atrás Hermes falou da seguinte maneira a Prometeu, acorrentado no rochedo árido do Cáucaso:

"Teu tormento não cessará ATÉ QUE DEUS O SUBSTITUA EM TUA

AFLIÇÃO E DESÇA AO LÚGUBRE HADES E ÀS PROFUNDEZAS SOMBRIAS DO TÁRTARO!"[155]

Esse deus era Hércules, o "Unigênito", e o Salvador. E é ele que foi escolhido como modelo pelos padres engenhosos. Hércules – chamado Alexikakos porque converteu os malvados à virtude; *Soter*, ou Salvador, também chamado Neulos Eumêlos – o *Bom Pastor*; Astrochitôn, o vestido de estrelas, e o Senhor do Fogo. "Ele não sujeitou as nações pela força, mas pela *sabedoria divina* e pela persuasão", diz Luciano. "Hércules disseminou cultura e uma religião suave e destruiu a *doutrina da punição eterna* expulsando Cérbero (o Diabo pagão) do mundo inferior." E, como vemos, foi também Hércules quem libertou Prometeu (o Adão dos pagãos), pondo um fim à tortura infligida a ele por suas transgressões, descendo ao Hades e ao Tártaro. Como Cristo, ele apareceu como um *substituto para as aflições da Humanidade*, oferecendo-se em sacrifício numa pira funerária. "Sua imolação voluntária", diz Bart, "augurou o novo nascimento etéreo dos homens. (. . .) Com a libertação de Prometeu, e a ereção de altares, vemos nele um mediador entre os credos antigos e os novos. (. . .) Ele aboliu o sacrifício humano onde quer que fosse praticado. Desceu ao reino sombrio de Plutão, como uma sombra (. . .) *ascendeu como espírito a seu pai, Zeus, no Olimpo"*[156].

A Antiguidade estava tão marcada pela lenda de Hércules, que até mesmo os judeus *monoteístas* (?) daquela época, para não serem ultrapassados pelos seus contemporâneos, utilizaram-na na manufatura das fábulas originais. Hércules é acusado, em sua mitobiografia, de uma tentativa de roubo do oráculo de Delfos. No *Sepher Toledoth Yeshu*, os Rabinos acusam Jesus de roubar do seu Santuário o Nome Inefável!

Portanto, nada há de estranho em suas numerosas aventuras, mundanas e religiosas, tão fielmente espelhadas na *Descida ao Inferno*. Por uma extraordinária ousadia de embuste e um plágio despudorado, o *Evangelho de Nicodemo*, só *agora* proclamado apócrifo, ultrapassa tudo que já lemos. Que o leitor julgue.

No começo do capítulo XVI, Satã e o "Príncipe do Inferno" são apresentados conversando amigavelmente. De repente, ambos são colhidos por "uma voz como de trovão" e pelo assalto dos ventos, que lhes ordenam abrir as portas para que "o Rei da Glória possa entrar". Logo após o Príncipe do Inferno ter ouvido essa ordem, "começa a discutir com Satã por não ter sido prevenido para tomar as precauções necessárias contra essa visita". A discussão termina com o príncipe lançando Satã "para fora de seu inferno", ordenando ao mesmo tempo que seus oficiais impiedosos "cerrassem as portas brônzeas da crueldade e as aferrolhassem com barras de ferro e lutassem corajosamente para não sermos tomados como prisioneiros".

Mas "quando toda a companhia de santos [no Inferno?] ouviu isto, todos eles disseram com voz encolerizada ao príncipe do inferno "Abre as portas, deixa o Rei da Glória entrar' ", provando que o príncipe precisava de arautos.

"E o *divino* [?] profeta Davi gritou: 'Acaso não profetizei em verdade quando estava na Terra?" Após isso, outro profeta, chamado santo Isaías, falou da mesma maneira "Não profetizei eu em verdade?", etc. Então, a companhia dos santos e profetas, depois de se jactar por um capítulo inteiro e de comparar as notas de suas profecias, iniciou um tumulto, o que fez o Príncipe do Inferno observar que "os mortos nunca se comportaram tão insolentemente" (os diabos, XVIII, 6), fingindo ignorar sobre *quem* estava pedindo admissão. Ele então, inocentemente, pergunta outra vez: "Mas quem é o Rei da Glória?" Então Davi diz-lhe que ele conhece muito bem a voz e compreende suas palavras "porque", acrescenta ele, "eu lhes falei por seu Espírito". Percebendo finalmente que o Príncipe do Inferno não abriria as "portas brônzeas da "iniqüidade", apesar do fiador do rei-salmista para o visitante, ele, Davi, resolve tratar o inimigo como um filisteu e replica: "E agora, *imundo e hediondo* príncipe do inferno, abre tuas portas para que o Rei da Glória possa entrar" [XVI, 14-7.]

Enquanto discutiam, o "Senhor poderoso apareceu sob a forma de *um homem*" (?), cuja presença atemorizou a *"Morte* impiedosa e seus oficiais cruéis". Então, trêmulos, dirigem-se a Cristo com lisonjas e cumprimentos à guisa de perguntas, cada um dos quais *é um artigo do credo*. Por exemplo: "E quem és tu, que não libertas os cativos *presos nas cadeias do pecado original*?" pergunta um diabo. "Talvez sejas aquele Jesus", diz submissamente outro, "de quem Satã dizia há pouco que pela *morte na Cruz mereceste receber poder sobre a morte*?", etc. Em vez de responder, o Rei da Glória "tripudia sobre a Morte, prende o Príncipe do Inferno e o priva do seu poder" [XVII, 7, 12-3.]

Então produz-se no Inferno um alvoroço que foi magistralmente descrito por Homero, por Hesíodo e por Preller, comentador de ambos, na sua narrativa do Hércules astronômico *Invictus* e de seus festivais de Tiro, Tarso e Sardis. Iniciado nos Mistérios Eleusinos Áticos, o deus pagão desce ao Hades e quando entrou no mundo inferior, espalhou tal terror entre os mortos que todos eles fugiram![157] As mesmas palavras ocorrem em *Nicodemo*. Segue-se uma cena de confusão, horror e lamentação. Percebendo que a batalha está perdida, o Príncipe do Inferno encolhe a cauda e se coloca prudentemente ao lado do mais forte. Ele, contra quem, segundo Judas e Pedro, até mesmo o Arcanjo Miguel "não conseguiria levantar uma única acusação diante do Senhor", agora é vergonhosamente tratado pelo ex-aliado e amigo, o "Príncipe do Inferno". O pobre Satã é maltratado e ultrajado, por todos os seus crimes, pelos diabos e pelos santos; enquanto o *Príncipe* é abertamente recompensado por sua traição. Dirigindo-se a ele, o Rei da Glória diz: "Beelzebub, Príncipe do Inferno! Satã o Príncipe estará para sempre sujeito ao teu domínio, *no espaço de Adão* e de seus filhos justos, que são meus. (...) Vinde a mim, meus santos, que foram *criados à minha imagem*, que *foram condenados pela árvore do fruto proibido e pelo Diabo e pela morte*. Vivei agora *pelo lenho de minha cruz*; o Diabo, o príncipe deste mundo, está subjugado [?] e *a Morte está conquistada*". Então o Senhor toma Adão por sua mão direita, Davi pela esquerda, e "sobe do Inferno, seguido por todos os santos", Henoc e Elias, e pelo *"bom* ladrão"[158].

O piedoso autor, talvez por descuido, esqueceu-se de acrescentar à comitiva, formando sua retaguarda, o dragão penitente de Simão Estilita e o lobo convertido de São Francisco, meneando suas caudas e vertendo lágrimas de alegria!

No *Codex* dos nazarenos é *Tobo*, "*o libertador da alma de Adão*", que a leva do Orcus (Hades) ao local da VIDA[159]. Tobo é Tob-Adonijah, um dos doze discípulos (levitas) enviados por Josafá para pregar, nas cidades de Judá, o *Livro da Lei* (*2 Crônicas*, XVII). No livro cabalista, eles eram "homens sábios", Magos. Traziam para baixo os raios do sol para iluminarem o *Sheol (Hades)*, Orcus, e assim mostrar o caminho para as *Tenebrae*, a escuridão da ignorância, para a alma de Adão, que representa coletivamente todas as "almas da Humanidade". Adão (Athamas) é

Tamuz ou Adonis, e Adonis é o Sol Helios. No *Livro do mortos*, Osíris diz: "Eu brilho como o Sol na mansão estrelada na festa do Sol". Cristo é chamado de "Sol da Retidão", "Helios da Justiça"[160], uma mera reminiscência das velhas alegorias gentias; não obstante, tê-la utilizado para tal não é menos blasfemo na boca de homens que pretendiam descrever com ela um episódio verdadeiro da peregrinação terrena de seu Deus!

"Hércules, que *saiu das câmaras da terra*,
Deixando a moradia subterrânea de Plutão!"[161]

Diante de Ti tremeu o lago estígio; a Ti, o porteiro do Orcus
Temia, reclinando-se em sua cova sangrenta sobre ossos meio devorados.
Nem mesmo a Typhon amedrontou (. . .)
Salve *verdadeiro* FILHO *de* JOVE, GLÓRIA aos deuses!"[162]

Mais de quatro séculos antes do nascimento de Jesus, Aristóteles escrevera sua paródia imortal sobre a *Descida ao Inferno* por Hércules[163]. O coro dos "bem-aventurados", o iniciado, os Campos Elíseos, a chegada de Baco (que é Iacchos – Iaho – e Tsabaôth) com Hércules, sua recepção com tochas acesas, emblemas da *nova* vida e da RESSURREIÇÃO das trevas, da morte para a luz, a VIDA eterna; nada do que se encontra no *Evangelho de Nicodemo* está ausente deste poema:

"Desperta acendendo as tochas (. . .) pois tu chegas
Brandindo-as em tuas mãos, ó Iaccho,
Estrela fosfórica do rito noturno!"[164]

Mas os cristãos aceitaram literalmente essas aventuras *post-mortem* de seu deus, sem perceber o amálgama dessa crença com o mito pagão ridicularizado por Aristófanes quatro séculos antes de nossa era! Os absurdos de *Nicodemo* foram lidos nas igrejas, bem como os do *Pastor de Hermas*. Ireneu cita este último como *Escritura*, "revelação" inspirada divinamente; Jerônimo e Eusébio insistem em que sejam lidos nas igrejas; e Atanásio observa que os Padres "recomendam sua leitura *para confirmação da fé e da piedade*"[165]. Mas então surge o reverso dessa medalha brilhante para mostrar uma vez mais quão estáveis e dignas de crédito eram as opiniões das colunas mais fortes de uma Igreja *infalível*. Jerônimo, que aplaude o livro em seu catálogo de escritores eclesiásticos, denomina-o "apócrifo e insensato" em seus últimos comentários! Tertuliano, que se desfez em elogios ao *Pastor de Hermas* quando era católico, "voltou-se contra ele ao abraçar o montanismo"[166].

O capítulo XII começa com a narrativa feita pelos dois espíritos ressuscitados de Carino e Lêncio, filhos daquele Simão que, no *Evangelho segundo São Lucas* (II, 28-32), toma o menino Jesus em seus braços e louva a Deus, dizendo: "Senhor, tu podes despedir ao teu servo em paz (. . .) porque já os meus olhos viram tua salvação"[167]. Esses dois espíritos se levantaram de suas tumbas frias para declarar "os mistérios" que haviam visto no inferno após a morte. Eles ressuscitaram graças à prece inoportuna de Anás e Caifás, Nicodemo (o autor), José (de Arimatéia) e Gamaliel, desejosos de conhecer os grandes segredos. Anás e Caifás, todavia, que trazem os *espíritos* à sinagoga de Jerusalém, tomaram o cuidado de fazer os dois homens ressuscitados, que estiveram mortos e queimados por muitos anos, jurar sobre o *Livro da Lei* "pelo deus Adonai e pelo Deus de Israel" dizer apenas a verdade. Em seguida, após fazer o *sinal da cruz* em suas línguas[168], pediram papel para escrever as confissões (*Evangelho de Nicodemo*, XII, 21-5). Segundo eles, quando estavam "nas profundezas do inferno, na escuridão das trevas", viram de repente "uma luz intensa e purpúrea iluminando o lugar". Adão, com os patriarcas e os profetas, entrou em regozijo e Isaías imediatamente se orgulhou de ter *predito tudo aquilo*. Enquanto isto se passava, Simão, seu pai, chegou, declarando que "o menino que tivera nos braços no templo estava chegando para libertá-los".

Depois de Simão ter transmitido sua mensagem à distinta companhia no inferno, "chegou alguém que parecia um pequeno eremita", que declarou ser João Baptista. A idéia é sugestiva e mostra que o "Precursor" e "o profeta do Altíssimo" não se isentou de passar uma temporada no inferno para se reduzir às suas proporções mínimas, tanto físicas, quanto morais. Esquecendo-se (*Mateus*, XI) de que manifestara as dúvidas mais evidentes em relação à Messianidade de Jesus, o Baptista também reclamou o direito de ser reconhecido como profeta. "E eu, João", diz ele, "quando vi Jesus vindo a mim, movido pelo Espírito Santo, disse: 'Eis aqui o Cordeiro de Deus, (...) que tira os pecados do mundo'. E eu o batizei (...) e vi o Espírito Santo descendo sobre ele (...) dizendo 'Este é o meu amado Filho', etc." [XIII, 12-3] E pensar que seus descendentes e seguidores, como os mandeanos de Basra, rejeitam completamente essas palavras!

Então Adão, receando não ser acreditado pelas cortes infernais, chama seu filho Seth e quer que ele repita aos seus filhos, patriarcas e profetas, o que o arcanjo Miguel lhe dissera na porta do Paraíso quando ele, Adão, enviara Seth com a ordem de "suplicar a Deus que ungisse" a sua cabeça quando estava enfermo (XIV, 2). E Seth diz-lhes que, quando estava pedindo às portas do Paraíso, Miguel o aconselhou a não pedir a Deus "o óleo da árvore da misericórdia para ungir seu pai Adão por causa da sua *dor de cabeça*; porque não seria possível recebê-lo até o FINAL dos tempos, isto é, passados 5.500 anos", [XIV, 4].

Esse pequeno trecho de uma conversa particular entre Miguel e Seth foi evidentemente introduzido para coonestar a cronologia patrística e com a intenção de conectar ainda mais a Messianidade de Jesus, com base na autoridade de um Evangelho reconhecido e inspirado divinamente. Os padres dos primeiros séculos cometeram um erro inexplicável, ao destruir imagens frágeis e pagãos mortais, em vez de demolir os monumentos da antigüidade egípcia. Estes últimos se tornaram preciosíssimos para a arqueologia e para a ciência moderna, dado que provam que o rei Menes e seus arquitetos floresceram entre quatro e cinco mil anos antes que o "Pai Adão" e o universo, segundo a cronologia bíblica, fossem criados "do nada"[169].

"Enquanto todos os santos se regozijavam, Satã, o príncipe e o paladino da morte", diz ao Príncipe do Inferno: "Prepara-te para receber o próprio Jesus de Nazaré, que se vangloriou de ser o Filho de Deus e era um homem temeroso de sua morte, pois disse: 'Triste está minha alma até a morte'." (XV, 1, 2.)

Há uma tradição entre os escritores eclesiásticos gregos de que os "hereges" (talvez Celso) haviam repreendido severamente os cristãos em relação a esse ponto delicado. Eles afirmam que, se Jesus não fosse um simples mortal, que foi freqüentemente abandonado pelo Espírito de Christos, ele não se teria lamentado com as expressões que lhe são atribuídas, e nem teria exclamado em tom lamuriante: "Meu *deus*, meu *deus*! por que me abandonaste?" Esta objeção está respondida muito claramente no *Evangelho de Nicodemo* e é o "Príncipe do Inferno" quem resolve a questão.

144

Ele começa argumentando com Satã como um verdadeiro metafísico. "Como pode um príncipe tão poderoso", pergunta desdenhosamente, "temer tanto a morte? (...) Asseguro-te que (...) quando ele disse que temia a morte, *ele quis enganar-te* e desgraçado serás por toda a eternidade!" [XV, 4-7.]

É bastante reanimador ver quão estreitamente o autor desse *Evangelho* se aferra ao texto do *Novo Testamento*, e especialmente ao quarto evangelista. Quão habilmente ele prepara para questões e respostas aparentemente "inocentes", corroborando as passagens mais dúbias dos quatro evangelhos, as passagens mais questionadas e examinadas detidamente naquela época de sofisticaria sutil dos gnósticos eruditos, do que agora; uma razão que explica por que os padres estavam ansiosos mais por queimar os documentos dos seus antagonistas do que por destruir a sua heresia. O que segue é um bom exemplo. O diálogo ainda ocorre entre Satã e o Príncipe metafísico *semiconverso* do submundo.

"Quem, então, é esse Jesus de Nazaré?", pergunta ingenuamente o príncipe, "que sem rogar a Deus só com sua palavra me arrebatou os mortos" (XV, 13).

"Talvez", replica Satã, com a inocência de um jesuíta, "*seja o mesmo que me tirou* LÁZARO *depois de estar morto por quatro dias*, quando já fedia e se descompunha? (...) É a mesma pessoa, Jesus de Nazaré. (...) Eu te conjuro, pelos poderes que pertencem a ti e a mim, que não o tragas a mim!" – exclama o príncipe. "Pois, quando ouvi sobre o poder de sua palavra, tremi de medo e toda a minha corte *impiedosa* também se perturbou. E não fomos capazes de deter Lázaro, pois ele se *sacudiu e*, *com todos os sinais de malícia*, fugiu imediatamente de nós; e a terra mesma em que repousava o corpo de Lázaro restituiu-o vivo." "Sim", acrescenta pensativamente o Príncipe do Inferno, "sei agora que *ele é o Deus Todo-poderoso* (...) que é onipotente em seus domínios e onipotente *em sua natureza humana*, pois é o Salvador da Humanidade. Não o tragas aqui, porque ele libertará todos aqueles que prendi por incredulidade e (...) *os conduzirá à vida eterna*" (XV, 14-20).

Aqui termina a evidência *post-mortem* dos dois espíritos. Carino (espírito nº 1) entrega o que escreveu a Anás, Caifás e Gamaliel, Lêncio (espírito nº 2) faz sua entrega a José e a Nicodemo. Após isso, ambos se transformaram em "formas excessivamente brancas e nunca mais foram vistos".

Para demonstrar que os "espíritos" estiveram durante todo o tempo sob as "condições de teste" mais convincentes, como diriam os espiritistas modernos, o autor do *Evangelho* acrescenta: "E o que eles escreveram *coincidia tão perfeitamente*, que não havia em um relato, nem mais, nem menos letras do que no outro".

Essas novas espalharam-se por todas as sinagogas, diz o Evangelho; Pilatos, aconselhado por Nicodemo, foi ao templo e reuniu os judeus em assembléia. Nesse encontro histórico, Caifás e Anás declaram que suas Escrituras testificam "*que Ele [Jesus] é o Filho de Deus e o Senhor e Rei de Israel*" (!) e encerram a confissão com as seguintes palavras memoráveis:

"E assim parece que *Jesus, a quem crucificamos, é Jesus Cristo, o Filho de Deus e o verdadeiro Deus Todo-poderoso*. Amém! (!) [XXII, 14, 20.]

Mas, não obstante essa confissão, e o reconhecimento de que Jesus era o próprio Deus Todo-poderoso, o "Senhor Deus de Israel", nem o sumo sacerdote, nem seu sogro, nem nenhum dos anciães, nem Pilatos, que escreveram aqueles relatos, nem nenhum dos judeus de Jerusalém, cidadãos de respeito, se converteram ao cristianismo.

Não é preciso fazer comentário algum. Esse *Evangelho* termina com as seguintes palavras: "Em nome da *Santíssima Trindade* [sobre a qual Nicodemo não podia saber uma palavra sequer], *assim terminam os Atos de Nosso Salvador Jesus Cristo que o imperador Teodósio o Grande encontrou em Jerusalém, no palácio do Pôncio Pilatos, entre os documentos públicos"; "os fatos narrados"*, escritos, segundo a história, em hebraico por Nicodemo, *"ocorreram no décimo nono ano do governo de Tibério César, e no décimo-sétimo ano do governo de Herodes, o filho de Herodes, rei da Galiléia, no oitavo dia das calendas de abril*, etc., etc." Esta é a impostura mas atrevida de quantas foram perpetradas depois da era das falsificações piedosas aberta com o primeiro Bispo de Roma, seja lá ele quem for. O desajeitado falsificador parece não ter sabido, nem ouvido, que o dogma da Trindade só foi promulgado 325 anos depois da data pretendida. O *Velho Testamento* e nem o *Novo* contêm a palavra Trindade, nem há neles a menor alusão a essa doutrina (ver Cap. IV, vol. II, tomo I, "A descida de Cristo ao Inferno"). Não há explicação alguma que justifique a publicação desse evangelho espúrio como uma revelação divina, pois sabia-se 'desde o começo que ele era uma impostura premeditada. Não obstante, se o próprio evangelho fora declarado apócrifo, cada um dos dogmas nele contidos foi e ainda é imposto ao mundo cristão. E nem tem mérito algum o fato de ele agora ter sio repudiado, *pois a Igreja se envergonhou e se viu forçada a renegá-lo.*

De maneira que estaremos perfeitamente afiançados se repetirmos o *Credo* emendado de Robert Taylor, que é substancialmente o dos cristãos:

> Creio em Zeus, Pai Todo-poderoso,
> E em seu filho, Iasios Cristo nosso Senhor,
> Que foi concebido pelo Espírito Santo,
> Nasceu da Virgem Electra,
> Atingido por um raio,
> Morreu e foi sepultado,
> Desceu aos Infernos,
> Subiu novamente para os céus,
> E voltará para vulgar os vivos e os mortos.
> Creio no *Nous* Santo,
> No Santo círculo dos Grandes Deuses,
> Na Comunhão das Divindades,
> Na expiação dos pecados,
> Na imortalidade da Alma
> E na Vida Eterna[170].

Já se provou que os israelitas adoravam Baal, o Baco sírio, ofereciam incenso à serpente sabaziana ou esculápia e realizavam os mistérios dionisíacos. Mas, como poderia ser de outra maneira, se Typhon era chamado Typhon Set[171], e Seth, o filho de Adão, é idêntico a Satã ou Sat-an, e se Seth era adorado pelos hititas? Menos de dois séculos a. C., os judeus reverenciavam ou simplesmente adoravam a "cabeça dourada de um asno" em seu templo; de acordo com Apion, Antíoco Epifanes levou-o consigo. E Zacarias ficou mudo quando da aparição da divindade sob a forma de um asno no templo![172]

Pleyte declara que El, o Deus-Sol dos sírios, dos egípcios e dos semitas, não é outro senão Set ou Seth, e que El é o Saturno primordial – Israel[173]. Śiva é um Deus etíópio, da mesma forma que o Baal caldaico – Bel; portanto, ele também é Saturno. Saturno, El, Seth e Khîyûn, ou o Chiun bíblico de Amos, são uma única e mesma divindade e podem ser vistos no seu aspecto pior como Typhon, o Destruidor. Quando o panteão religioso assumiu uma expressão mais definida, Typhon foi separado do seu andrógino – a divindade *boa* – e caiu em degradação como um poder *intelectual* brutal.

Essas reações nos sentimentos religiosos de uma nação eram freqüentes. Os judeus adoraram Baal ou Moloch, o Deus-Sol Hércules[174], nos seus tempos primitivos – se é que tiveram tempos mais primitivos do que os persas e os macabeus – e então fizeram os seus profetas denunciá-los. Por outro lado, as características do Jeová mosaico exibem mais da disposição moral de Śiva, do que um Deus benevolente e "que sofreu muito". Além disso, ser identificado a Śiva não é pequena cortezia, pois ele é o Deus da sabedoria. Wilkinson descreve-o como o mais intelectual dos deuses hindus. Ele tem *três olhos* e, como Jeová, é terrível em sua vingança e sua cólera, às quais não se pode resistir. E, embora seja o Destruidor, é o "recriador de todas as coisas com perfeita sabedoria"[175]. É o tipo do Deus de Santo Agostinho que "prepara *o inferno* para os que espreitam os seus mistérios" e põe à prova a razão humana forçando-a a considerar, na mesma medida, suas boas e más ações.

Apesar das provas numerosas de que os israelitas adoravam uma variedade de deuses e ofereciam sacrifícios humanos até um período posterior aos sacrifícios realizados pelos seus vizinhos pagãos, eles conseguiram esconder tais verdades à Humanidade. Sacrificaram vidas humanas até 169 a.C.[176], e a *Bíblia* registra um grande número dessas ocorrências. Numa época em que os pagãos haviam abandonado essa prática abominável e haviam substituído o homem sacrifical por um animal[177], surge Jefté sacrificando sua própria filha em holocausto ao "Senhor"[178].

As denúncias dos seus próprios profetas são as melhores provas contra eles. Sua adoração em lugares elevados é a mesma dos "idólatras". Suas profetisas são contrapartidas das pitonisas e das bacantes. Pausânias fala de colégios de mulheres que superintendiam a adoração de Baco e aludem às dezesseis matronas de Elis[179]. A *Bíblia* diz que "Débora, uma profetisa (...) julgava Israel naquela época"[180]; e fala de Holda, outra profetisa, que "morava em Jerusalém, *no colégio*"[181]; e *2 Samuel* menciona muitas vezes "mulheres *sábias*"[182], apesar da injunção de Moisés no sentido de não se utilizar a adivinhação ou o augúrio. Quando à identificação final e conclusiva do "Senhor Deus" de Israel com Moloch, encontramos uma prova muito suspeita no caso do último capítulo do *Levítico*, relativo às *coisas que não podem ser remidas*. "Tudo o que é consagrado ao Senhor, ou *seja homem*, ou animal, não se venderá, nem se poderá remir. (...) Tudo o que foi oferecido por algum homem, e consagrado ao Senhor, não se remirá, mas será necessário que morra. (...) é mais sagrado diante do Senhor"[183].

A dualidade, se não a pluralidade dos deuses de Israel, está manifesta nessas mesmas denúncias. Seus profetas *nunca aprovaram a adoração sacrifical*. Samuel negou que o Senhor se agradasse com holocaustos e vítimas (*1 Samuel*, XV, 22). Jeremias afirmou, inequivocamente, que o Senhor, Yava Tsabaôth Elohe Israel, nunca exigiu nada desse tipo, mas exatamente o contrário (VII, 21-4).

Mas esses profetas que se opuseram aos sacrifícios humanos eram todos eles *nazar* e *iniciados*. Esses profetas comandavam uma oposição nacional aos sacerdotes, como mais tarde os gnósticos combateram os padres cristãos. É por essa razão que, quando a monarquia foi dividida, encontramos os sacerdotes em Jerusalém e os profetas no país de Israel. Até mesmo Acab e seus filhos, que introduziram a adoração tíria de Baal-Hércules e das deusas sírias em Israel, foram auxiliados e encorajados por Elias e Eliseu. Poucos profetas apareceram na Judéia antes de Isaías, depois de derrubada a monarquia setentrional. Eliseu ungiu Jeú, com o propósito de que ele exterminasse as famílias reais de ambos os países e, assim, unisse os povos sob uma única coroa. Quanto ao Templo de Salomão, desconsagrado pelos sacerdotes, nenhum profeta ou iniciado hebraico moveu uma palha sequer. Elias nunca foi lá, nem Eliseu, Jonas, Naum, Amos ou qualquer outro israelita. Enquanto os iniciados aderiam à "doutrina secreta" de Moisés, o povo, levado pelos seus sacerdotes, embebia-se de idolatria, exatamente como os pagãos. Foram as opiniões e interpretações populares de Jeová que os cristãos adotaram.

Pois bem, pode-se perguntar então: "Considerando-se as muitas evidências de que a teologia cristã é apenas uma *miscelânea* de mitologias pagãs, como relacioná-la à religião de Moisés?" Os cristãos primitivos, Paulo e seus discípulos, os gnósticos e geralmente os seus sucessores, distinguiram essencialmente Cristianismo e Judaísmo. Este último, na sua opinião, era um sistema antagonístico, e de origem mais baixa. "Vós recebestes a lei", diz Estevão, "por ministério dos anjos"[184], ou aeôns, e não do Altíssimo. Os gnósticos, como vimos, ensinaram que Jeová, a Divindade dos judeus, era Ialdabaôth, o filho do antigo *Bohu*, ou Caos, o adversário da Sabedoria Divina.

A pergunta pode ser respondida muito facilmente. A *lei de Moisés, e o dito monoteísmo dos judeus, dificilmente poderá ser colocada para além de dois ou três séculos antes do advento do Cristianismo.* O próprio *Pentateuco*, podemos demonstrar, foi escrito e revisto depois dessa "nova partida", num período posterior à colonização da Judéia sob a autoridade dos reis da Pérsia. Os padres cristãos, em sua ânsia de harmonizar seu novo sistema com o Judaísmo e assim esvaziar o Paganismo, fugiram inconscientemente de Scylla e foram apanhados pelo remoinho de Charybdis. Sob o estuco monoteísta do Judaísmo descobriu-se a mesma mitologia familiar do paganismo. Mas não devemos ver os israelitas com mais desaprovação por terem tido um Moloch ou por serem como os nativos. Nem devemos obrigar os judeus a fazer penitência por causa de seus pais. Eles tiveram seus profetas e suas leis e estavam satisfeitos com ambos. O presente testemunha um povo antes glorioso que leal e que nobremente se manteve unido graças à sua fé ancestral por ocasião das perseguições mais diabólicas. O mundo cristão tem estado num estado de convulsão desde o primeiro século até o atual; dividiu-se numa infinidade de seitas; mas os judeus continuam substancialmente unidos. Mesmo as divergências de opinião não destroem sua unidade.

As virtudes cristãs inculcadas por Jesus, no Sermão da Montanha, não são exemplificadas como deveriam ser no mundo cristão. Os ascetas budistas e os faquires indianos parecem ser os únicos que as inculcam e as praticam. Ao passo que os vícios achacados, por caluniadores viperinos, ao paganismo são correntes entre os padres cristãos e as Igrejas cristãs.

O grande abismo entre o Cristianismo e o Judaísmo, apoiado na autoridade de Paulo, existe apenas na imaginação do devoto. Somos nada mais, nada menos, do que os herdeiros dos israelitas intolerantes dos tempos antigos; não dos hebreus da época de Herodes e do domínio romano, que, com todas as suas falhas, se mantinham estritamente ortodoxos e monoteístas, mas dos judeus que, sob o nome de Jeová-Nissi, adoravam Baco-Osíris, Dio-Nyssos, o multiforme Jove de Nysa, o Sinai de Moisés. Os demônios cabalísticos – alegorias do significado mais profundo – foram adotados como entidades objetivas e constituíram uma hierarquia satânica cuidadosamente elaborada pelos demonólogos ortodoxos.

O mote rosicruciano *Igne natura renovatur integra* [INRI], que os alquimistas interpretam como natureza renovada pelo fogo, ou matéria pelo espírito, tem sido imposto até hoje como *Iesus Nazarenus rex Iudeorum*. A sátira sarcástica de Pilatos é aceita literalmente e os judeus a tomaram inadvertidamente como reconhecimento da realeza de Cristo; no entanto, se essa inscrição não for uma falsificação feita no período constantiniano, ela será uma ação dirigida a Pilatos, contra quem os judeus foram os primeiros a protestar violentamente. Interpreta-se I. H. S. como *Iesus Hominum Salvator* e *In hoc signo*, ao passo que IHΣ e um dos nomes mais antigos de Baco. E mais do que nunca começamos a descobrir, à luz brilhante da Teologia comparada, que o grande propósito de Jesus, o iniciado do santuário interior, era abrir os olhos da multidão fanática para a diferença entre a Divindade suprema – o misterioso e nunca pronunciado IAÔ dos iniciados caldaicos antigos e dos neoplatônicos posteriores – e o Yahuh hebraico, ou Yaho (Jeová). Os rosa-cruzes modernos, tão violentamente censurados pelos católicos, agora têm atirado contra eles, como a maior das suas responsabilidades, o fato de acusarem Cristo de ter destruído a adoração de Jeová. Melhor fora se ele o tivesse feito, pois o mundo não estaria tão irremediavelmente confuso após dezenove séculos de massacres mútuos, com trezentas seitas brigando entre si e com um Diabo pessoal reinando sobre uma cristandade aterrorizada!

Apoiado na exclamação de Davi, parafraseada na *Versão do Rei James* como "todos os deuses das nações são ídolos"[185], isto é, diabos, Baco ou o "primogênito" da teogonia órfica – o Monogenes, ou o "unigênito" do Pai Zeus e Korê – foi transformado, com o restante dos mitos antigos, num diabo. Por meio dessa degradação, os padres, cujo zelo piedoso só poderia ser ultrapassado por suas ignorâncias, forneceram inadvertidamente as provas contra si mesmos. Prepararam, com suas próprias mãos, o caminho para a solução futura e auxiliaram em grande medida os estudiosos modernos da ciência da religião.

É o mito de Baco que manteve escondida durante longos e tenebrosos séculos a vindicação futura dos vilipendiados "deuses das nações" e a última chave do enigma de Jeová. A estranha dualidade de características divinas e mortais, tão conspícua na Divindade Sinaítica, começa a entregar seu mistério diante da pesquisa incansável de nossa época. Uma das contribuições mais recentes pode ser encontrada num artigo pequeno, mas altamente importante, publicado em *The Evolution*, um periódico de Nova York, cujo parágrafo final lança um raio de luz sobre Baco, o Jove de Nysa, que foi adorado pelos israelitas como Jeová do Sinai.

"Assim era o Jove de Nysa para os seus adoradores", conclui o autor. "Representava para eles o mundo da natureza e o mundo do pensamento. Era o 'Sol da retidão, que trazia a saúde em suas asas', e não trazia apenas a alegria para os mortais, mas descortinava para eles a esperança que está além da mortalidade da vida imortal. Nascido de uma mãe humana, elevou-a do mundo da morte para o ar superno, para que fosse reverenciada e adorada. Sendo o senhor de todos os mundos, era em todos eles o Salvador.

"Assim era Baco, o Deus-Profeta. Uma mudança de culto, decretada pelo Assassino Imperial, o Imperador Teodósio, por odem do Padre Espectral Ambrósio de Milão, modificou seu título para Padre das Mentiras. Sua adoração, antes universal, foi denominada pagã ou *local*, e seus ritos foram estigmatizados como feitiçaria. Suas orgias receberam o nome de *Sabbath das Bruxas* e sua forma simbólica favorita, o pé bovino, tornou-se a forma representativa moderna do Diabo, com o casco rachado. O pai da família, que antes fora chamado de Beel-zebub, passou a ser acusado de manter relações com os poderes das trevas. Levantaram-se cruzadas, povos inteiros foram massacrados. A sabedoria e a erudição foram condenados como magia e feitiçaria. A ignorância tornou-se a mãe da devoção hipócrita. Galileu penou durante longuíssimos anos na prisão por ensinar que o Sol era o centro do universo solar. Bruno foi queimado vivo em Roma em 1600 por restaurar a filosofia antiga; mas, apesar de tudo, a Liberalia converteu-se em festa da Igreja[186]. Baco é um santo do calendário repetido quatro vezes e representado em muitos santuários nos braços de sua mãe deificada. Os nomes mudaram, mas as idéias perduraram inalteradas"[187].

E agora que mostramos que devemos "dar um adeus eterno a todos os anjos rebeldes", passamos naturalmente a um exame do Deus Jesus, que foi manufaturado a partir do homem Jesus para nos redimir desses muitos diabos míticos, como o Padre Ventura nos afirma. Esse trabalho necessitará uma pesquisa comparada da história de Gautama Buddha, suas doutrinas e seus "milagres", com as de Jesus e do predecessor de ambos – Krishna.

# NOTAS

1.  Tão firmemente estabelecida parece ter sido a reputação dos brâmanes e dos budistas em termos da mais alta moralidade, e isso desde um tempo imemoriável, que o Cel. Henry Yule, em sua admirável edição de *Marco Polo*, dá o seguinte testemunho: "As excelsas virtudes atribuídas aos brâmanes e aos mercadores hindus foram em parte encomiadas pela tradição (. . .) mas o elogio é tão constante entre os viajantes medievais, que *ele deve ter tido um fundamento sólido*. Com efeito, não seria difícil traçar um encadeamento de testemunhos similares desde os tempos antigos até os nossos dias. Arrião diz que nenhum indiano jamais foi acusado de falsidade. Hiuen Tsang reconhece a retidão, a honestidade e o desinteresse do povo indiano. O Frei Jordano (ca. 1330) diz que o povo da Pequena Índia (Sind e Índia Ocidental) era verídico na fala e eminente na justiça; e também podemos fazer referência ao elevado caráter atribuído aos hindus por Abul Fazl. Mas *depois de 150 anos de comércio europeu encontramos uma triste deterioração*. (. . .) E Pallas, no último século, noticiando a colônia Banya, e Astrakhan, diz que seus membros eram notáveis por um proceder correto preferível ao dos armênios. E o sábio e admirável funcionário público, Sir William Sleeman, em nossa época, disse que não conhecia nenhuma classe de homens mais honrosa do que as classes mercantis da Índia". [Cel. H. Yule, *The Book of Ser Marco Polo*, vol, II, p. 354; 2ª ed., 1875.]

    São conhecidos nos nossos dias os exemplos péssimos da rápida desmoralização dos índios americanos *selvagens*, por causa da sua convivência com os oficiais e missionários *cristãos*.

2.  No momento presente, o Sr. O'Grady é o editor de *The American Builder*, de Nova York, e é bastante conhecido pelas cartas interessantíssimas – "Indian Sketches, or Rules of a Rolling Stone", com que contribuiu, sob o pseudônimo *Hadji Nicka Bauker Khan*, para o *Commercial Bulletin* de Boston.

3. *Eclesiástico*, XII, 13; ver Lange, *Commentary on the Old Testament*, ed. por Tayler Lewis, Edimburgo, 1870, p. 199:

"A grande conclusão ouvi: Temei a Deus
E Seus mandamentos guardai,
Pois tudo isto é do homem."

4. Ver *Miquéias*, VI, 6-8, tradução de Noyes.

5. *Mateus*, XXII, 37-40.

6. *Les hauts phénomènes de la magie*, prefácio, p. xii.

7. *An History of Magic, Witchcraft, and Animal Magnetism*, 1851, vol. I, cap. III, p. 21.

8. [*La magie au XIXe siècle*, p. 99.]

9. [*Divine Inst.*, III, xxiv.]

10. Ver *History of the Conflict between Religion and Science*, de Draper, p. 65.

11. *Marcos*, III, 29: "Aquele que blasfemar contra o Espírito Santo nunca jamais terá perdão, mas estará em perigo de condenação eterna" ( ἁμορτήματος , erro).

12. *Mateus*, v, 44.

13. Des Mousseaux, *op. cit.*, p. x.

14. "Comparative Mythology", em *Chips*, etc., vol. II, p. 76.

15. *1 João*, III, 8.

16. [*Apocalipse*, XII, 7-9.]

17. *2 Reis*, XVIII, 4. É provável que as serpentes ferozes ou *Seraphim* mencionadas no vigéssimo quinto capítulo do livro dos *Números* eram as mesmas dos levitas, ou tribo ofita. Comparar o *Êxodo* XXXII, 26-29 com *Números* XXI, 5-9. Os nomes חוה , Hevah; הוי, Hivi ou Hivita; e לוי, Levi, todos eles significam serpente; e é curioso o fato de que os hivitas, ou a tribo-serpente da Palestina, como os levitas ou ofitas de Israel, eram ministros dos templos. Os gibeonitas, que Josué encaminhou ao serviço do santuário, eram hivitas.

18. *1 Crônicas*, XXI, 1: "E Satã se levantou contra Israel e incitou Davi a numerar Israel". *2 Samuel*, XXIV, 1: "E novamente se acendeu o furor do Senhor contra Israel e ele moveu Davi contra eles e disse: 'Vai, numera Israel e Judá'".

19. *Zacarias*, III, 1, 2. Convém observar que nesta passagem há um trocadilho ou jogo de palavras; "adversário" aplica-se a "Satã" e deriva de שטן [*shatan*], opor-se.

20. *Judas*, 9.

21. Nos Tabletes Assírios, a Palestina é chamada "terra dos hititas"; e os papiros egípcios, declarando a mesma coisa, também fazem de Seth, o "deus-pitar", sua divindade tutelar. [Bunsen, *Egypt's Place*, etc., vol. III, p. 180, 212; vol. IV, p. 208.]

22. *Seth, Suteh*, ou Sat-an era o deus das nações aborígines da Síria. Plutarco [*Sobre Ísis*, etc., §49] o identifica com Typhon. Donde ser o deus de Goshen e da Palestina, países ocupados pelos israelitas.

23. *Vendîdâd*, X, 23: "Combato o daêva Aêshma, o próprio mal". O *Yaśna*, X, 18 fala similarmente do Aêshma-daêva: "Pois todas as ciências dependem de Aêshma, o astuto". "Aniquilemos o malvado Añra-mainyus [Ahriman, o poder do mal], aniquilemos Aêshma com as armas terríveis, aniquilemos os daêvas mazanianos, aniquilemos todos os daêvas." (*Yaśna*, LVI, 12. 5.)

No mesmo fargard [X, 16] do *Vendîdâd*, as divindades bramânicas estão envolvidas na mesma denúncia: "Combato Indra, combato Sauru, combato o daêva Nâunghithya". O comentador explica que as divindades referidas são os deuses védicos Indra, Śaurva, ou Śiva, e os dois Aświns. Deve haver um erro, todavia, pois Śiva, na época em que os *Vedas* foram completados, era um Deus aborígene ou etíope, o Bala ou Bel da Ásia Ocidental. Não era uma divindade ariana ou védica. Talvez Sûrya fosse a divindade em questão.

24. Jacob Bryant, *New System, or, an Analysis of Ancient Mythology*, III, p. 334; 3ª ed.

25. Plutarco, *Sobre Ísis e Osíris*, §§49, 50, 64.

26. *Ibid.*, §§30, 50.

27. [*Sobre Ísis*, etc., §31.]

28. Wilkinson, *Manners and Customs of the Ancient Egyptians*, 2ª série, 1841, vol. I, p. 434.

29. *Adv. Haer.*, livro III, tomo II, § XII.

30. *God in History*, Londres, 1868, vol. I, p. 234.

31. Ver *Vendîdâd*, fargard x.

32. Salverte, *The Philosophy of Magic*, vol. II, p. 315.

33. O termo πειρασμός significa prova, ou provação.

34. Plínio, *Nat.*, *Hist.*, V, xvi.

35. Ver *1 Coríntios*, V, 5, 2; *2 Coríntios*, XI, 14; *1 Timóteo*, I, 20.

36. *2 Coríntios*, XII, 7. Em *Números*, XXII, 22, o anjo do Senhor é descrito como desempenhando o papel de um Satã a Balaam.

37. *1 Reis*, XXII, 19-23.

38. [*Jó*, XIII, 4-7.]

39. [*Jó*, XIX, 25, 26.]

40. Haug, *Essays on the Sacred Languages, Writings and Religion of the Parsees*, 2ª ed., p. 4.

41. [*Vendîdâd*, fargard I, 18; *Yaśna* ix, 8 e s.]

42. [*Vendîdâd*, I, 66; ver também a Introdução de Darmesteter, p. LXIII.] Segundo o *Avesta*, a serpente Dahâka pertencia à região de Bauri, ou Babilônia. Na história da Média há dois reis de nome Deiokes ou Dahâka e Astyages ou Az-dahâka. Havia filhos de Zohâk sentados em vários tronos orientais, após Ferîdûn. Parece, entretanto, que Zohâk significava uma dinastia assíria, cujo símbolo era o *purpureum signum draconis* – o signo purpúreo do Dragão. Desde uma antiguidade muito remota (*Gênese* XIV), essa dinastia reinou sobre a Ásia, a Armênia, a Síria, a Arábia, a Babilônia, a Média, a Pérsia, a Báctria e o Afeganistão. Foi finalmente destronada por Ciro e Dario Hystaspes, após "mil anos" de poder. Yima e Thraêtaona ou Jemshid e Ferîdûn são sem dúvida personificações. Zohâk provavelmente tenha imposto a adoração assíria ou mágica do fogo aos persas. Dario era o vice-rei de Ahura-Mazda.

43. [Hone, *Gospel of Nicodemus*, xviii.]

44. O nome, nos Evangelhos, é βεελζεβούλ, ou Baal da Moradia. É quase certo que Apolo, o Deus délfico, não era originalmente helênico, mas fenício. Ele era o Paian ou médico, bem como o deus dos oráculos. Não é preciso muita imaginação para identificá-lo com Baal-*zebul*, o deus de Ekron, ou Acheron, sem dúvida modificado para *Zebub*, ou moscas, pelos judeus, por escárnio.

45. *Contra Apionem*, I, §25: "Os egípcios tiveram muitas ocasiões para nos odiar e nos invejar: em primeiro lugar porque nossos ancestrais [os hicsos, ou pastores] dominaram seu país e, quando foram deles libertados, viveram em prosperidade".

46. Bunsen, *God in History*, I, p. 233. O nome *Seth*, com a sílaba *an* do caldaico *ana* ou Céu, faz o termo *Satan*. Os trocadilhistas agora parecem-se arremeter contra ele, como era seu costume, e a fazer derivar do verbo שׁטן [*shatan*], opôr-se.

47. *Vendîdâd*, fargard X. O nome *Vendîdâd* é uma contração de *Vîdaêvo-dâtem*, leis contra os Daêvas.

48. *Bundahish* [cod. havn. fol. 90. recto 6, pen.]. "Ahriman, do material das trevas, criou Akuman e Ander, depois Śauru e Nakait".

49. [Spiegel, *Zend-Avesta*, III, Intr., p.1.]

50. Ver A. Lenoir, "Du Dragon de Metz", em *Mémoires de l'Académie Celtique*, tomo II, p. 11, 12.

51. Plutarco, *Sobre Ísis e Osíris*, §30; Diodoro Sículo, *Bibl. hist.*, I, 88.

52. [Eusébio, *Praep. evang.*, livro I, cap. X (40).]

53. *Serpent-Worship*, etc., cap. III; Nova York, J. W. Bouton, 1877.

54. *Tree and Serpent Worship*, etc., Londres, 1873.

55. [Eusébio, *Praep. evang.*, livro I, cap. X (41).]

56. Higgins, *Anacalypsis*, I, p. 170; Dupuis, *Origine de tous les cultes*, vol. III, p. 49 e s.

57. Martianus Capella, "Hymn to the Sun", *De nuptiis philol.*, etc., II, 54; Movers, *Die Phönizier*, vol. I, p. 266.

58. Plutarco, *Sobre Ísis e Osíris*, XIX.

59. Ovídio, *Fasti*, II, 461.

60. Virgílio, *Éclogas* IV.

61. [G. Higgins, *Anacalypsis*, vol. I, p. 314.]

62. Anna é uma designação oriental do caldaico *ana*, ou céu, donde Anaitis e Anaitres. *Durgâ*, a consorte de Śiva, também é chamada *Annapûrna* e sem dúvida foi o original de Sant'Ana. A mãe do profeta Samuel chamava-se Ana; o pai de sua contrapartida, Sansão, era *Manu*.

63. As virgens dos tempos antigos, como veremos, não eram donzelas, mas apenas *almehs*, ou mulheres núbeis.

64. Kircher, *Oedipus Aegyptiacus*, vol. II (1653), parte II, p. 203.

65. De θεραπεύω, servir, adorar, curar.

66. E. Pococke [*India in Greece*, p. 364] deriva o nome *Pythagoras* de *Buddha* e *guru*, um mestre espiritual. Higgins acha que o nome é celta e diz que significa observador das estrelas. Ver *Celtic Druids*, p. 125-26. Se, todavia, derivarmos a palavra *Pytho* de חתפ, *patah*, o nome significaria explicador de oráculos, enquanto *Buddha-guru* seria um instrutor das doutrinas de Buddha.

67. [*The Works of Sir William Jones*, 1799, vol. VI, p. 444-45.]

68. [*Jó*, I, 6.] No Museu Secreto de Nápoles, há um baixo-relevo em mármore que representa a *Queda do Homem*, em que *Deus o Pai representa o papel da Serpente Enganadora*.

69. *Primeira Epístola aos Coríntios*, X, 11: "Todas estas coisas, porém, lhes aconteciam a eles em figuras".

70. *Epístola aos Gálatas*, IV, 22, 24: "Porque está escrito que Abraão teve dois filhos, um de mulher escrava, e outro de mulher livre (. . .) as quais coisas foram ditas por alegoria".

71. [*Mateus*, XIII, 11-2.]

72. [*Jó* II, 9, 11.]

73. [*Ibid.*, XIX, 4-6, 22-9.]

74. [*Ibid.*, XIX, 25-7. Traduzido dos *Septuaginta*.]

75. Ver *Jó* em várias traduções e comparar os textos diferentes.

76. Ver Sir R. K. Porter, *Travels in Georgia, Persia*, etc., vol. I, lâminas 17, 41.

77. [*Jó*, XIX, 25-7; trad. de Douay.]

78. [*Jó* XIII, 14.]

79. [*Ibid.*, XXIX, 4.]

80. [*Jó*, XXIX, 25; XXX, 8; XXXI.]

81. A expressão "da família de Ram" denota que ele era um aramaico ou sírio da Mesopotâmia. Buz era um filho de Nahor. "Elihu filho de Baraquel" é suscetível de duas traduções. Eli-hu é, ou Hva [ele] é Deus; e Barach-Al – o adorador de Deus, ou Bar-Rachel, o filho de Raquel, ou filho da ovelha.

82. [*Jó*, XXXII, 2, 6, 9, 18; XXXIII, 14-6, 33.]

83. [*Ibid.*, XII, 2; XVI, 2; XIII, 3, 4.]

84. [*Ibid.*, XIII, 2; XIV, 2, 10, 14; XVI, 21-2.]

85. [*Jó*, XXXVII, 23.]

86. [*Ibid.*, XXXV, 13; XXXVII, 24.]

87. *Ibid.*, XXXVIII, 1; XXXVII, 14; XXXVI, 26-7.

88. *Ibid.*, IX, 5-11.

89. *Jó*, XXXVIII, 1 e s.

90. *Ibid.*, XLI, 2, 8.

91. *Ibid.*, XLI, 13-5, 18, 32, 34.

92. [*Ibid.*, XLII, 2-6.]

93. [*Ibid.*, XLII, 7, 10.]

94. *Atum*, ou *At-mu* (Âtman), é o Deus Escondido, ao mesmo tempo Phtah e Amen, Pai e filho, Criador e coisa criada, Pensamento e Aparência, Pai e Mãe.

95. Cf. F. J. Molitor, *Philosophie der Geschichte*, Parte III; Ennemoser, *History of Magic*, II; Hemmann, *Mediz.-Chir. Aufsätze* (Berlim, 1778); J. W. A. Pfaff, *Astrologie*, 1816.

96. Schopheim, *Traditions*, p. 32.

97. [*Annals*, V, XIII, 3.]

98. [*Vidas dos Césares*, "Vespasiano", §4.]

99. Dunlap, *Vestiges of the Spirit-History of Man*, p. 256, citando W. Williams, *Prim. Hist.*, livro I, p. 70.

100. Plutarco, *Sobre Ísis e Osíris*, §§16, 17.

101. [W. Williams, *op. cit.*, p. 70.]

102. *Sibyllina Oracula*, 760-88. Amsterdã, 1689.

103. Eurípedes, *Bacchae*, versos 1-4.

104. Duvidamos da propriedade de se traduzir κόρη, por virgem. Demeer e Perséfone eram substancialmente a mesma divindade, como Apolo e Esculápio. A cena dessa aventura ocorre em Krêtê ou Kourêtis, onde Zeus era o deus principal. É *Ceres* ou Demeter que se deve entender, sem dúvida alguma. Ela também era chamada κούρη, o mesmo que κώρα. Sendo deusa dos Mistérios, estava mas talhada para o lugar como consorte do Deus-Serpente e mãe de Zagreus.

105. Pococke considera Zeus um grande lama, ou chefe jaina, e Korê-Perséfone como Kuru-Paraśu-pâni. Zagreus é *Chakra*, a roda, o círculo, a terra, o governante do mundo. Foi morto pelos Titãs, ou Teith-ans (*Daityas*). Os Chifres ou o crescente eram um distintivo da soberania lamaica. [Ver *India in Greece*, p. 257-265.]

106. Nonnus, *Dyonisiacs*, VI, 155 e s.

107. Ver Deane, *Worship of the Serpent*, etc., Londres, 1830, p. 89-90.

108. F. Creuzer, *Symbolik und Mythologie*, 1837, vol. I, p. 341. [Cf. Orígenes, *Comm. in Evang. Joannis*, tomo II, p. 64.]

109. O Dragão é o *Sol*, o princípio gerador – Júpiter-Zeus; e Júpiter é chamado de "Espírito Santo" pelos gregos, diz Plutarco, *Sobre Ísis*, xxxvi.

110. *Hebreus* I, 1-2. No original está *Aeôns* (emanações). Na tradução está *mundos*. Não se deve esperar que, depois de anatematizar a doutrina das emanações, a Igreja se abstivesse de apagar a palavra original, que se opunha diametralmente ao seu dogma da Trindade.

111. Ver Dean, *op. cit.*, p. 145.

112. *Eclesiastes* XXIV, 3.

113. Champollion-Figeac, *Égypte ancienne*, p. 141.

114. *Quaest. et sol. in Gen.*, II, 62; *De conf. ling.*, §33 e ss. Cf. Dunlap, *Vestiges*, etc., p. 233.

115. [*Movers, Die Phönizier*, vol. I, p. 268.]

116. Hino XXXI, a Helios.

117. *De abstinentia*, II, §5.

118. *Isaías*, XXX, 33; *Josué*, XV, 8.

119. [Do hebraico *Ge Hinnom.*]

120. Typhon é chamado por Plutarco e por Sanchoniathon de "Typhon, o de pele *vermelha*". Plutarco, *Sobre Ísis e Osíris*, §30-1.

121. *Conflict between Religion and Science*, p. 269.

122. Râhu e Ketu são duas estrelas fixas que formam a cabeça e a cauda da constelação do Dragão.

123. E. Upham, *The Mahâvansi*, etc., p. 54, para a resposta dada pelo sumo-sacerdote de Mulgirri-Galle Vihâra, chamado Sue Bandare Metankere Samenêre Samewahanse, a um governandor holandês, em 1766.

124. Deixamos aos arqueólogos e aos filólogos a tarefa de decidir como a adoração de *Nâga* ou da Serpente pôde viajar da Cachemira para o México e se transformar na adoração do Nagual, que é também uma adoração da Serpente, e numa doutrina de licantropia.

125. Miguel, o chefe dos Aeôns, também é "Gabriel, o mensageiro da Vida" dos nazarenos e o Indra hindu, o chefe dos Espíritos do bem, que venceram Vâsuki, o Demônio que se revoltou contra Brahmâ.

126. Ver o amuleto gnóstico chamado "Serpente Chnuphis", no ato de erguer sua cabeça coroada com as *sete vogais*, que são o símbolo cabalístico que significa "dom da fala para o homem", ou *Logos*.

127. Jacoliot, *La Bible dans l' Inde*, p. 368.

128. [*Salmos*, XCVI. 5.]

129. Tomás de Aquino, *Summa theologiae*, iia, iiae, quaest. 94, art. 4. [Cf. Porffrio, *De abstinentia*, II, 41, 42.]

130. [*Chips*, etc., vol. I, p. 155.]

131. [*Lucas*, X, 18.]

132. Ver des Mousseaux; ver vários outros demonógrafos; as diferentes "Provas das Feiticeiras", as declarações das bruxas no torneio da tortura, etc. Em nossa humilde opinião, o Diabo deve ter contraído esse odor desagradável e seus hábitos de sujeira na sua convivência com os monges medievais. Muitos desses santos se orgulhavam de nunca se terem lavado! "Desnudar-se por *vã* limpeza é pecado aos olhos de Deus", diz Sprenger, em *The Witches' Hammer*. Os eremitas e os monges "repugnavam o asseio corporal. Não se banhavam por milhares de anos!" exclama Michelet em *La sorcière*. Por que esses vitupérios contra os faquires hindus? Estes últimos banham-se pelo menos uma vez por dia, e às vezes mais de uma vez, embora por suas práticas se sujem logo depois de banhados.

133. Lermontoff, o grande poeta russo, autor de *The Demon*.

134. *Les hauts phénomènes de la magie*, p. 373.

135. Movers, *Die Phönizier*, I, p. 109.

136. Hércules é de origem hindu.

137. Idêntico ao *Kneph* egípcio e ao *Ophis* gnóstico.

138. *Worship of the Serpent*, p. 145.

139. Movers, *op. cit.*, p. 367, 397. Azâzêl e Samael são idênticos.

140. *Levítico*, XVI, 8.

141. Saturno é Bel-Moloch e também Hércules e Siva. Estes últimos são *Hâras*, ou deuses da guerra, da batalha, ou "Senhores dos Exércitos". Jeová é chamado "homem da guerra",

no *Êxodo* XV, 3. "O Senhor dos Exércitos é seu nome" (*Isaías*, LI, 15), e Davi o abençoa por ensinar "suas mãos a guerrear e seus dedos a lutar" (*Salmos*, CXLIV, 1). Saturno é também o Sol, e Movers diz que "Kronos Saturno era chamado de *Israel* pelos fenícios (*Die Phönizier*, I, p. 130). Fílon diz a mesma coisa (citado em Eusébio, *Praep. evang.*, livro I, cap. X, 40).

142. "Abençoado seja Jehovah Elohim Elohei *Israel*" (*Salmos*, LXXII, 18).

143. Hardy, *A Manual of Buddhism*, p. 159-60.

144. Dunlap, *Vestiges*, etc., p. 217.

145. Movers, Duncker, Higgins e outros.

146. Epifânio, *Panarion*, livro I, tomo III, Haer. XXXIV, I; cf. King, *The Gnostics*, etc., p. 53-54 [p. 126 na 2ª ed.]. O vinho foi considerado *sagrado* pela primeira vez nos mistérios de Baco. R. Payne Knight [*Symb. Lang.*, p. 50] acredita – erroneamente, pensamos nós – que o vinho era ingerido com o propósito de se produzir um falso êxtase por meio da intoxicação. Ele era considerado *sagrado*, todavia, e a Eucaristia Cristã é certamente uma imitação do rito pagão. Se o Sr. Knight está certo ou errado, lamentamos dizer que um clérigo protestante, o Rev. Joseph Blanchard, de Nova York, foi encontrado bêbado em uma esquina na noite de um domingo, 5 de agosto de 1877, e levado à prisão. O relato publicado diz: "O prisioneiro afirmou que fora à igreja e tomara um pouco demais do vinho da comunhão!"

147. O rito iniciatório representava uma descida ao submundo. Baco, Herakles, Orfeu e Asclépio desceram todos ao inferno e daí subiram no terceiro dia.

148. Lord King, *Hist. Apost. Creed*, Basiléia, 1750, p. 26.

149. Justice Bailey, *Common Prayer Book*, 1813, p. 9.

150. *Ibid.*

151. *An Exposition of the Creed*, p. 225; 6ª ed. rev.

152. Cf. Irineu, *Adv. Haer.*, I, X; Orígenes, *De princ.*, proêmio; Tertuliano, *Adv. Praxean*, II; *De praescr. haer.*, XIII.

153. [Theodoret, *Eccl. Hist.*, I, XI; Socrates Scholasticus, *Eccl. Hist.*, I, XXVI; Epifânio, *Panarion*, Livro III, tomo I, Haer, LXXII, II e s.; Agostinho, *De fide et symbole.*]

154. *Exposit. in symbol. apost.*, 10; ed. 1682.

155. Ésquilo, *Prometeu acorrentado*, 1026-1029.

156. [C. C. Bart, *Die Kabiren in Teutschland*, 1832, p. 177-78.]

157. L. Preller, *Grieschische Mythologie*, vol. II, p. 154.

158. *Apocryphal Gospel of Nicodemus*, XVIII-XIX; trad. por Hone, de Grynaeus, *Monumenta S. Patrum Orthodoxographa*, Basiléia, 1569, vol. II, p. 656.

159. [Norberg, *Codex Nazaraeus*, III, p. 267.]

160. Eusébio, *Demonstr. evang.*, V, XXIX.

161. Eurípedes, *The Madness of Herakles*, 806-08.

162. Virgílio, *Eneida*, VIII, 296 e s.

163. Aristófanes, *Ranae* (As rãs).

164. *Op. cit.*, versos 340-43.

165. [*Ep. Fest.*, 39, vol. I, parte II, p. 963. Cf. Smith e Wace, *Dict. of Christ. Biogr.*, s. v. "Shepherd of Hermas".]

166. Hone, *The Apocryphal New Testament*, pref. a *Hermas*, Londres, 1820.

167. Na "Vida de Buddha", do *Kanjur* (*bKah-hgyur*, texto tibetano), encontramos o original do episódio fornecido no Evangelho segundo São Lucas. Um asceta velho e santo, Rishi Asita, vem de muito longe para ver Buddha, instruído que fora do seu nascimento e da sua missão por visões sobrenaturais. Tendo adorado o pequeno Buddha, o velho santo desfaz-se em lágrimas e, questionado sobre a causa da sua dor, responde: "Quando este menino for Buddha, ajudará centenas de milhares de pessoas a passar para o outro oceano da vida e as conduzirá à eternidade.

E eu – eu não poderei contemplar esta pérola dos Buddhas! Curado de minha enfermidade, não serei libertado por ele da minha paixão humana! Grande Rei! Estou muito velho – eis por que choro e porque, em minha tristeza, suspiro longamente!"

Todavia, isso não impediu o homem santo de fazer profecias sobre o jovem Buddha, as quais, com uma diferença muito pequena, são as mesmas de Simão sobre Jesus. Ao passo que este último chama o jovem Jesus de "uma luz para a revelação dos gentios e para a glória do povo de Israel", o profeta budista promete que o jovem príncipe adquirirá a *vestimenta* perfeita e completa ou "luz" do Buddha e rodeará a roda da *lei* como *ninguém fez antes dele*. *Rgya tch'er rol pa*, traduzido do texto tibetano do *Kanjur* e revisto pelo original sânscrito *Lalitavistara* por P. É. Foucaux, 1847-1848, vol, II, p. 106-07.

168. O sinal da cruz – apenas alguns dias depois da ressurreição e antes que a cruz fosse imaginada como um símbolo!

169. R. Payne Knight demonstra que "desde a época do primeiro rei, Menes, em cujo reinado era pantanoso o país situado mais abaixo do Lago Meris (Heródoto, II, 41), até a invasão persa, quando era o vergel do mundo" – entre 11.000 e 12.000 anos devem ter transcorrido. (Ver *Symbolic Language of Ancient Art and Mythology*, § 151. Ed. por A. Wilder.)

170. [*The Diegesis*, p. 9-10.]

171. Seth ou Sutech, *History of Herodotus*, livro II, 144, de Rawlinson.

172. O fato é admitido por Epifânio. Ver Hone, *Apocryphal New Testament*, pref. a *The Gospel of the Birth of Mary*.

Em seu notável artigo intitulado "Bacchus the Prophet-God", o Prof. A. Wilder observa que "Tácito se equivocou ao dizer que os judeus adoravam uma asno, o símbolo de Typhon ou Seth, o Deus dos hicsos. O nome egípcio do asno era *eo*, o símbolo fonético de *Iaô*, donde talvez", acrescenta, "um símbolo daquela circunstância". Dificilmente podemos concordar com esse grande arqueólogo, pois a idéia de que os judeus reverenciavam, por alguma razão misteriosa, Typhon sob sua representação simbólica está comprovada por mais de uma instância. Encontramos uma passagem no *Gospel of the Birth of Mary*, citada por Epifânio, que corrobora esse fato. Ela está relacionaa à morte de "Zacarias, o pai de João Baptista, morto por Herodes", diz o *Protevangelium* [cap. XVI.]. Epifânio escreve que a causa da morte de Zacarias foi que, após ter tido uma visão no templo, "ele, surpreso, quis decifrá-la e sua boca se fechou. O que ele viu no momento de oferecer incenso foi um homem NA FORMA DE UM ASNO. Quando dali saiu e se dispunha a falar ao povo – *"Desgraça para vós! A quem adorais?"* – aquele que lhe apareceu no templo cortou sua palavra. Depois de tê-la recobrado, e capaz de falar, contou o fato aos judeus e estes o mataram. Eles acrescentam (os gnósticos nesse livro) que por esta razão seu legislador [Moisés] ordenou que o sumo-sacerdote carregasse campainhas, de maneira que, quando chegasse ao templo para o sacrifício, *aquele a quem adoravam*, ouvindo o ruído dos sinos, tivesse tempo de se esconder e de não ser pego de surpresa naquela forma e naquela figura horríveis". (Atribuído a Epifânio em Hone, *The Apocryphal New Testament*, 1820, p. 17.)

173. Westropp e Wake, *Ancient Symbol Worship*, 2ª ed., 1875, p. 62; Pleyte, *La religion des pré-israélites*, p. 89 *et passim*.

174. Hércules é também um deus de combate, como Jacó-Israel.

175. Westropp e Wake, *op. cit.*, p. 74.

176. Antíoco Epifanes encontrou, em 169 a.C. no templo judaico, um homem preparado para ser sacrificado. Josefo, *Contra Apionem*, II, §8.

177. O touro de Dionísio era sacrificado nos mistérios báquicos. Ver Wm. Smith, *Dict. of Greek and Roman Antiquities*, 1848, p. 410, s.v. DIIPOLEIA.

178. [*Juízes*, XI, 39.]

179. Pausânias, *Itinerário*, "Elis", I, XVI.

180. *Juízes*, IV, 4.

181. *2 Reis*, XXII, 14.

182. § XIV, 2; XX, 16, 17.

183. XXVII, 28, 29.

184. [*Atos*, VII, 53.]

185. [*Salmos*, XCVI, 5: *dii gentium daemonia.*]

186. O festival denominado Liberalia ocorria no décimo sétimo dia de março, hoje dia de São Patrício. Assim, Baco era também o padroeiro dos irlandeses.

187. Prof. A. Wilder: "Bacchus the Prophet-God", no número de junho (1877) de *The Evolution, a Review of Politics, Religion, Science, Literature and Art*.

# CAPÍTULO XI

"Não pecar, fazer o bem e purificar a mente. Tal é o ensinamento de quem despertou (. . .)
"Mais valioso do que a soberania da Terra, do que a glória do céu, que o domínio dos mundos é o prêmio de quem dá o primeiro passo na senda da santidade."

*Dhammapada*, versos 183 e 178

"Criador! Onde estão os tribunais, onde julgam as audiências, onde se reúnem os jurados a quem o mortal tem de dar conta de sua alma?"

*Vendîdâd* persa, XIX, 89.

"Salve ó humano! que da região do transitório te elevaste à do imperecível!"

*Vendîdâd*, frag., VII, 136.

"O verdadeiro crente, acolhe a verdade onde quer que a encontre, e nenhuma doutriña lhe parece menos aceitável nem menos verdadeira porque a tenham exposto Moisés ou Cristo, Buddha ou Lao-tsé."

*MAX MÜLLER*.

Infelizmente para aqueles que de bom grado renderiam justiça às filosofias religiosas antigas e modernas do Oriente, pouquíssimas oportunidades lhes têm sido dadas. Tem havido, recentemente, um tocante acordo entre os filólogos que mantêm altos postos oficiais e os missionários de terras pagãs. Prudência diante da verdade, quando esta ameaça as nossas sinecuras! Ademais, quão fácil é fazer concessões à consciência. Uma religião do Estado é um arrimo do governo; todas as religiões do Estado são "farsas desacreditadas"; por conseguinte, visto que uma é tão boa, ou antes tão má, quanto outra, *a* religião do Estado pode ser muito bem suportada. Tal é a diplomacia da ciência oficial.

Grote, em sua *History of Greece*[1], compara os pitagóricos aos jesuítas, e vê em sua Irmandade apenas um estratagema habilmente disfarçado para adquirir poder político. Com base no impreciso testemunho de Heráclito[2] e alguns outros escritores, que acusaram Pitágoras de astúcia, e o descreveram como um homem "de vasta erudição (. . .) mas hábil para o mal e destituído de bom senso", alguns biógrafos se apressaram em apresentá-lo à posteridade sob esse caráter.

Como então podem eles, se aceitam o Pitágoras pintado pelo satírico Timon – "um trapaceiro de palavras solenes empenhado em fisgar os homens"[3] – , evitar de julgar a Jesus de acordo com o esboço que Celso conservou em sua sátira? A imparciali-

159

dade histórica nada tem a ver com os credos e as crenças pessoais, e exige tanto da posteridade para uma quanto para a outra. A vida e os feitos de Jesus são muito menos atestados do que os de Pitágoras, se é que podemos dizer de fato que exista qualquer prova *histórica* que os corrobore. Pois ninguém com certeza negará que como personagem real, Celso tem a primazia no que respeita à credibilidade de seu testemunho sobre Mateus, ou Marcos, ou Lucas, ou João, que nunca escreveram uma linha sequer dos *Evangelhos* que lhes são atribuídos. Ademais, Celso é uma testemunha tão boa quanto Heráclito. Ele era conhecido como um erudito e um neoplatônico por alguns padres, ao passo que a própria existência dos quatro apóstolos deve ser objeto de fé cega. Se Timon considerava o sublime sâmio como um "trapaceiro", em tal conta tinha Celso a Jesus, ou antes àqueles que se escondiam sob esse nome. Em sua famosa obra, dirigindo-se ao nazareno, diz ele: "Mesmo concedendo que realizastes as maravilhas que contam de ti (. . .) não fizeram o mesmo os trampolineiros egípcios que em praça pública pediam o óbolo das gentes?"[4] E sabemos, com base na autoridade do *Evangelho segundo São Mateus,* que o profeta galileu era também um homem de palavras solenes, e que chamava a si mesmo e aos seus discípulos de "pescadores de homens".

Não se pense que fazemos essa censura a quem quer que reverencie a Jesus como Deus. Qualquer que seja a fé, sendo o crente sincero, merece ela todo o respeito. Se não aceitamos Jesus como Deus, reverenciemo-lo *como homem.* Tal sentimento o honra mais do que se lhe atribuíssemos os poderes e a personalidade do Supremo, e lhe creditássemos o mérito de ter encenado uma comédia inútil com a Humanidade, visto que, depois de tudo, a sua missão se revelou um completo fracasso; 2.000 anos se passaram, e os cristãos não contam com uma quinta parte da população do globo, nem parece que venham a conseguir melhor sucesso no futuro. Não, desejamos apenas justiça, deixando todas as veleidades pessoais de lado. Questionamos aqueles que, não adorando a Jesus ou a Pitágoras, nem a Apolônio, não obstante recitam a tola tagarelice de seus contemporâneos; aqueles que em seus livros mantêm um prudente silêncio, ou falam de "nosso Salvador" e "nosso Senhor", como se tivessem tanta fé no fictício Cristo teológico quanto no fabuloso Fo da China.

*Não havia ateus na Antiguidade, nem descrentes ou materialistas, no moderno sentido da palavra, e tampouco detratores fanáticos.* Aquele que julga as filosofias antigas por sua fraseologia externa, e cita sentenças *aparentemente* ateístas dos escritos antigos, não merece o crédito como crítico, pois é incapaz de penetrar o sentido interno de sua metafísica. As concepções de Pirro, cujo racionalismo se tornou proverbial, só podem ser interpretadas à luz da mais antiga filosofia hindu. Desde Manu até o último Svâbhâvika, a sua característica metafísica principal sempre consistiu em proclamar a realidade e a supremacia do espírito, com uma veemência proporcional à negação da existência objetiva de nosso mundo material – fantasma passageiro de formas e seres temporários. As numerosas escolas fundadas por Kapila refletem sua filosofia de modo tão claro quanto as doutrinas deixadas, como um legado aos pensadores, por Timon, o "Profeta" de Pirro, como o chama Sexto Empírico. Suas concepções sobre o repouso divino da alma, sua orgulhosa indiferença pela opinião de seus colegas, sua recusa à sofisticaria, refletem em igual grau os raios perdidos da autocontemplação dos ginosofistas e dos *Vaibhâshikas* budistas. Não obstante a pecha de "céticos" que se atribui tanto a ele como a seus seguidores, por causa de seu estado de constante dúvida e apenas porque levaram seus julgamentos finais a dilemas, com os quais os nossos modernos filósofos preferem tratar, como Alexandre, cortando o nó górdio, declarando o dilema uma superstição, homens como Pirro não podem ser chamados de ateus. Não mais do que Kapila, ou Giordano Bruno, ou ainda Spinoza, que também foram considerados ateus, ou então o grande poeta, filósofo e dialético hindu Veda-Vyâsa, o princípio de que tudo é uma ilusão – exceto o Grande Desconhecido e a Sua essência direta – foi adotado plenamente por Pirro.

Essas crenças filosóficas se estendiam como uma rede sobre todo o mundo pré-cristão; e a perseguição e as falsificações supervenientes formam a pedra angular de toda religião atualmente existente além do Cristianismo.

A teologia comparada é uma faca de dois gumes, e assim se tem revelado. Mas os advogados cristãos, inabaláveis diante das provas, forçam a comparação do modo mais sereno; as lendas e os dogmas cristãos, dizem eles, assemelham-se um tanto aos pagãos, é verdade; mas vede, ao passo que um credo nos ensina a existência de um Pai-Deus todo-poderoso, dotado de plena sabedoria, o Bramanismo nos dá uma multidão de deuses menores, e o Budismo, nenhum; um é fetichismo e politeísmo, o outro pobre ateísmo. Jeová é o único Deus verdadeiro, e o Papa e Martinho Lutero são Seus profetas! Este é um dos gumes da faca, e este é o outro: a despeito das missões, a despeito dos exércitos, a despeito dos impingidos intercâmbios comerciais, os "pagãos" nada descobrem nos ensinamentos de Jesus – por mais sublimes que sejam – que Krishna e Gautama não tenham ensinado antes. E assim, para conquistar novos convertidos, e manter os poucos já vencidos por séculos de velhacaria, os cristãos tacham os dogmas "pagãos" de mais absurdos do que os nossos, e os castigam adotando o hábito de seus sacerdotes nativos e praticando a "idolatria e o fetichismo" que eles tanto menosprezam nos "pagãos". A teologia comparada atua em ambos os caminhos.

No Sião e em Burma, os missionários católicos se tornaram perfeitos talapoins, em toda a aparência externa, *i. e.*, menos nas suas virtudes; e por toda a Índia, especialmente no sul, eles foram denunciados pelo seu próprio colega, o Abade Dubois[5]. Isso foi posteriormente negado com veemência. Mas temos agora testemunhas vivas da exatidão da acusação. Entre outros, o Capitão O'Grady, já citado, um nativo de Madras, escreve o seguinte sobre esse método sistemático de trapaça: "Os mendigos hipócritas professam uma total abstinência e horror da carne para amealhar convertidos do Hinduísmo (. . .) Eu convidei um padre, ou antes, ele próprio gloriosamente se convidou para comer em minha casa repetidas vezes, e não se fez de rogado em aceitar boas fatias de carne assada"[6]. Ademais, o autor tem boas histórias para contar sobre os "Cristos de face negra", as "Virgens com rodas", e sobre as procissões católicas em geral. Já presenciamos tais solenes cerimônias acompanhadas pela mais infernal cacofonia de uma orquestra cingalesa, tam-tam e gongos inclusos, seguida por uma procissão bramânica, que, por seu pitoresco colorido e sua *mise-en scène*, parecia muito mais solene e grandiosa do que a Saturnália cristã. Falando de uma dessas, assinala o mesmo autor: "Era mais demoníaca do que religiosa. (. . .) Os bispos caminhavam para fora de Roma[7], com uma enorme pilha de esmolas de São Pedro reunidas em pequenas somas, ornamentos de ouro, anéis de nariz, tornozeleiras, braceletes, etc., etc., em profusão, imprudentemente lançadas em pilhas aos pés da grotesca imagem cor de cobre do Salvador, com sua auréola de metal holandês e uma faixa espalhafatosamente amarrada e – ó manes de Rafael – um turbante azul"[8].

Como todos podem ver, tais voluntárias contribuições visam arremedar os brâmanes e bonzos nativos. Entre os adoradores de Krishna e Cristo, ou Avany e a Virgem Maria, há uma diferença menos substancial, de fato, do que entre duas seitas nativas, os

**KRISHNA E SERPENTE**

De *A História do Hindustão*, de Thomas Maurice,
vol. II, 1.ª parte, frontispício.

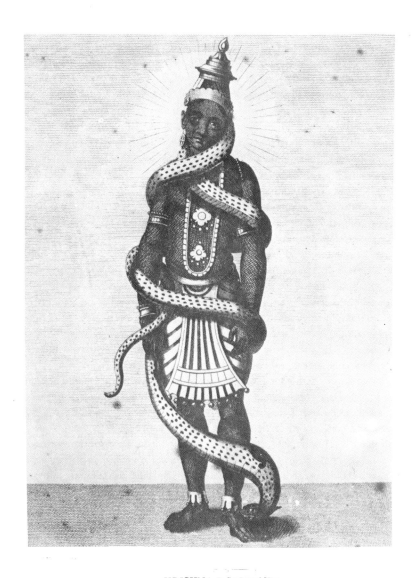

**KRISHNA E SERPENTE**

De *A História do Hindustão*, de Thomas Maurice,
Vol. II, 3ª parte, frontispício.

Vaishnavas e os Śívaitas. Para os hindus *convertidos*, Cristo é um Krishna pouco modificado, isso é tudo. Os missionários obtêm ricas doações, e Roma fica satisfeita. Vem então um ano de fome; mas os anéis de nariz e os braceletes de ouro se foram, e o povo morre de fome aos milhares. Qual o sentido disso? Eles morrem em Cristo, e Roma esparge suas bênçãos sobre os cadáveres, dos quais milhares flutuam anualmente dos rios sagrados para o oceano[9]. Tão servis são os católicos em sua imitação, e tão cuidadosos em não ofender aos seus paroquianos, que se acontecer de alguns poucos convertidos de uma alta casta estarem numa Igreja, nenhum pária ou qualquer membro das castas inferiores, por mais bom cristão que seja, será admitido na mesma Igreja com eles. No entanto, eles ousam chamar-se de servos daqueEle que buscava de preferência a companhia dos publicanos e dos pecadores; e cujo apelo – "Vinde a mim todos os que estão cansados sob o peso de vosso fardo e eu vos darei descanso"[10] – abriu para ele os corações de milhões de sofredores e oprimidos!

Poucos autores são tão corajosos e sinceros quanto o falecido Dr. Thomas Inman, de Liverpool, Inglaterra. Mas, embora em pequeno número, todos esses concordam unanimemente em que a filosofia do Budismo e do Bramanismo é superior à Teologia cristã, e não ensinam, nem o ateísmo, nem o fetichismo. "A meu ver", diz Inman, "a afirmação de que Śâkya não acreditava em Deus é totalmente falsa. Ao contrário, todo o seu sistema se baseia na crença de que há poderes superiores capazes de punir a Humanidade por seus pecados. É verdade que esses deuses não se chamavam Elohim, ou Jâh, ou Jeová, ou Javé, nem Adonai, Ehieh, ou Baalim ou Ashtoreth – no entanto, para o filho de Śuddhodana, havia um Ser Supremo."[11]

Há quatro escolas de Teologia budista. No Ceilão, no Tibete, e na Índia. Uma é mais panteísta do que ateísta, mas as três outras são puramente *teístas*.

As especulações de nossos filólogos baseiam-se na primeira. Quanto à segunda, à terceira e à quarta, seus ensinamentos variam apenas no modo externo de expressão. Já explicamos alhures o espírito de todas elas.

Quanto às concepções práticas, e não teóricas, sobre o Nirvâna, eis o que diz um cético racionalista: "Interroguei várias centenas de budistas nas próprias portas de seus templos, e não encontrei um só que não se esforçasse, jejuasse e se entregasse a toda sorte de austeridade para se aperfeiçoar e adquirir imortalidade, não para atingir a aniquilação final.

"Há mais de 300.000.000 de budistas que jejuam, rezam e trabalham. (. . .) Por que tachar esses 300.000.000 de homens de idiotas e tolos, por macerarem seus corpos e se imporem as mais terríveis privações de toda natureza, a fim de atingir a aniquilação fatal que os deve levar para parte alguma?"[12]

Assim como esse autor, também nós interrogamos budistas e bramanistas, e lhes estudamos a filosofia. *Apavarga* significa algo muito diferente da aniquilação. Trata-se apenas de procurar tornar-se mais e mais semelhante a Ele, de quem o devoto é apenas uma das refulgentes centelhas, tal é a aspiração de todo filósofo hindu, e a esperança do mais ignorante *nunca consiste em perder a sua individualidade*. "De outro modo", como outrora observou um estimado correspondente da autora, "a existência mundana e individual se assemelharia à comédia de Deus e à nossa tragédia; aprazaria a Ele que trabalhássemos e sofrêssemos, e morte para nós por sofrê-lo".

Ocorre o mesmo com a doutrina da metempsicose, tão distorcida pelos eruditos europeus. Mas quando o trabalho de tradução e análise fizer maiores progressos, belezas religiosas serão descobertas nas antigas fés.

164

O Prof. Whitney sublinhou em sua tradução dos *Vedas* a grande importância que essa obra concede aos cadáveres de seus fiéis, segundo se pode ler nas seguintes passagens, citadas da obra do Sr. Whitney, a propósito dos ritos funerários:

"Levanta-te e anda! Reúne todos os membros de teu corpo,
  e não os deixes em abandono; teu espírito partiu, segue-o agora;
onde quer que ele te agrade, vai para lá".
.          (. . .)
"Reúne teus membros, e com ajuda dos ritos eu os modelarei para ti.
         (. . .)
"Se Agni esqueceu algum membro ao enviar-te para o mundo
  de teus pais, eu to darei de novo, para que com todos os teus
membros te regozijes no céu entre teus pais" [13].

O "corpo" aqui referido não é o físico, mas o *astral* – o que é uma grande distinção, como se pode ver.

Além disso, a crença na existência individual do espírito imortal do homem figura nos seguintes versos do cerimonial hindu de cremação e enterro.

"Aqueles que na esfera da terra permanecem estacionados;
  os que moram nos reinos da felicidade;
os pais que por mansão têm a terra, a atmosfera e os céus.
Ante-céu se chama o terceiro céu
  onde está o sólio de teus pais". – (*Rig-Veda*, X, 14.) [14]

Visto o alto conceito que esses povos têm de Deus e da imortalidade do espírito do homem, não é de surpreender que uma comparação entre os hinos védicos e os estreitos e nada espirituais livros mosaicos resulte em vantagem para os primeiros na mente de todo erudito sem preconceitos. Mesmo o código ético de *Manu* é incomparavelmente superior ao do *Pentateuco* de Moisés, no sentido literal do qual todos os eruditos não iniciados dos dois mundos não conseguem encontrar uma única prova de que os antigos judeus acreditavam numa vida futura ou num espírito imortal no homem, ou de que o próprio Moisés ensinava tal coisa. No entanto, alguns eminentes orientalistas têm começado a suspeitar que a "letra morta" oculta algo não aparente à primeira vista. Assim, conta-nos o Prof. Whitney que "quando observamos mais profundamente as formas do moderno cerimonial hindu não descobrimos a mesma discordância entre credo e preceito; um não é explicado pelo outro", diz esse grande erudito americano. E acrescenta: "Somos forçados a concluir, ou que a Índia derivou seu sistema de ritos de alguma fonte estrangeira, e os praticou cegamente, sem cuidar de sua verdadeira importância, *ou que esses ritos são o produto de outra doutrina de data mais antiga*, tendo sido mantidos no uso popular depois da decadência do credo de que eles eram a expressão original" [15].

Esse credo não decaiu, e sua filosofia oculta, tal como a entendem agora os hindus iniciados, é exatamente a mesma de há 10.000 anos. Mas podem nossos eruditos esperar seriamente que aqueles a revelem ao primeiro pedido; ou esperam ainda eles penetrar os mistérios da Religião Universal por seus ritos populares exotéricos?

Nenhum brâmane ou budista ortodoxo negaria o mistério da encarnação cristã; mas eles a compreendem à sua própria maneira, e como poderiam negá-lo? A pedra fundamental de seu sistema religioso são as encarnações periódicas da Divindade. Sempre que a Humanidade está prestes a cair no materialismo e na degradação moral, um

Espírito Supremo se encarna na criatura selecionada para o propósito. O "Mensageiro do Superior" liga-se à dualidade da matéria e da alma, e, completando-se assim a Tríada por meio da união de sua Coroa, nasce um Salvador, que ajuda a Humanidade a retornar ao caminho da verdade e da virtude. A Igreja cristã primitiva, imbuída de filosofia asiática, partilhava evidentemente da mesma crença – do contrário, jamais teria erigido em artigo de fé o segundo advento, nem inventado a fábula do Anti-Cristo como uma precaução contra as possíveis encarnações futuras. Nem teria imaginado que Melquisedeque foi um avatâra de Cristo. Eles só precisariam folhear a *Bhagavad-Gitâ* para descobrir Krishna ou Bhagavat dizendo a Arjuna: "Aquele que me segue está salvo pela sabedoria e também pelas obras. (. . .) Assim que a virtude declina no mundo, *eu me torno manifesto para salvá-lo*"[16].

Na verdade, é muito difícil não partilhar essa doutrina das encarnações periódicas. Não tem o mundo testemunhado, em raros intervalos, o advento de personagens tão grandiosos como Krishna, Sâkyamuni e Jesus? Como estes dois últimos caracteres, Krishna parece ter sido um ser real, deificado por sua escola em algum tempo no alvorecer da história, e inserido no quadro do venerando programa religioso. Comparai os dois Redentores, o hindu e o cristão, separados no tempo por um espaço de alguns milhares de anos; colocai entre eles Siddhârta Buddha, que reflete Krishna e projeta na noite do futuro a sua própria sombra luminosa, com cujos raios foram esboçadas as linhas gerais do mítico Jesus, e de cujos ensinamentos derivaram os do Christos histórico, e descobrireis que sob uma mesma capa idêntica de lenda poética viveram e respiraram três figuras humanas reais. O mérito individual de cada um delas ressalta do mesmo colorido mítico, pois nenhum caráter indigno poderia ter sido selecionado para a deificação pelo instinto popular, tão infalível e justo quando desimpedido. O brocardo *Vox populi, vox Dei* foi outrora verdadeiro, embora falso quando aplicado à atual massa dominada pelo clero.

Kapila, Orfeu, Pitágoras, Platão, Basilides, Marcion, Amônio e Plotino fundaram escolas e semearam os germes de muitos e nobres pensamentos, e, ao desaparecerem, deixaram atrás de si o brilho de semideuses. Mas as três personalidades de Krishna, Gautama e Jesus surgiram como deuses verdadeiros, cada qual em sua época, e legaram à Humanidade três religiões edificadas na imperecível rocha dos séculos. O fato de que as três, especialmente a fé cristã, tenham sido adulteradas com o tempo, e de que a última seja quase irreconhecível, não se deve a nenhuma falha dos nobres reformadores. São os cléricos que se intitulam de cultivadores da "vinha do Senhor" que devem prestar contas à posteridade. Purificai os três sistemas da escória dos dogmas humanos, e a pura essência permanecerá a mesma. Mesmo Paulo, o grande, o honesto apóstolo, no ardor de seu entusiasmo, perverteu involuntariamente as doutrinas de Jesus, ou então seus escritos foram desfigurados depois de reconhecidos. O *Talmude*, o registro de um povo que, não obstante a sua apostasia do Judaísmo, sentiu-se compelido a reconhecer a grandeza de Paulo como filósofo e teólogo, diz a propósito de Aher (Paulo)[17], no *Yerushalmi*, que "ele corrompeu a obra daquele homem" – ou seja, Jesus[18].

Entretanto, antes que essa fusão seja realizada pela ciência honesta e pelas gerações futuras, lancemos uma vista d'olhos ao quadro atual das três legendárias religiões.

# AS LENDAS DOS TRÊS SALVADORES

| KRISHNA | GAUTAMA BUDDHA | JESUS DE NAZARÉ |
|---|---|---|
| *Época*: Incerta. A ciência européia teme comprometer-se. Mas os cálculos bramânicos a fixam por volta de há 5.000 anos. Krishna descende de uma família real, mas é educado por pastores; é chamado de *Deus Pastor*. Seu nascimento e sua ascendência divina são mantidos em segredo de Kansa. Encarnação de Vishnu, a segunda pessoa da Trimûrti (Trindade). Krishna foi adorado em Maturâ, no rio Jumnâ[19]. | *Época*: Segundo a ciência européia e os cálculos cingaleses, há 2.540 anos. | *Época*: Supõe-se que tenha sido há 1877 anos. Seu nascimento e sua ascendência real foram ocultados de Herodes, o tirano. |
| | Gautama é o filho de um rei. Seus primeiros discípulos são pastores e mendigos. | Descende da família real de Davi. É adorado por pastores em seu nascimento, e é chamado de "Bom Pastor". (Ver *Evangelho segundo São João*.) |
| | Segundo alguns, uma encarnação de Vishnu; segundo outros, uma encarnação de um dos Buddhas, e mesmo de Âdi-Buddha, a Sabedoria Suprema. | Uma encarnação do Espírito Santo, portanto a segunda pessoa da Trindade, agora a terceira. Mas a Trindade só foi inventada 325 anos depois de seu nascimento. Foi a Matarea, Egito, e aí produziu os seus primeiros milagres[20]. |
| Krishna é perseguido por Kansa, Tirano de Madura, mas escapa miraculosamente. Na esperança de destruir a criança, o rei mata milhares de varões inocentes. | As lendas budistas estão livres deste plágio, mas a lenda católica que o transforma em São Josafá mostra que seu pai, rei de Kapilavastu, matou inocentes jovens *cristãos* (!!). (Ver *A legenda dourada*.) | Jesus é perseguido por Herodes, Rei da Judéia, mas escapa para o Egito guiado por um anjo. Para se assegurar de sua morte, Herodes ordena uma massacre de inocentes, e 40.000 crianças são mortas. |
| A mãe de Krishna foi Devakî, uma virgem imaculada (porém que havia dado à luz oito filhos antes de Krishna). | A mãe de Buddha foi Mâyâ ou Mâyâdevî; não obstante o seu casamento, manteve-se virgem imaculada. | A mãe de Jesus foi Mariam, ou Miriam; casou-se com o marido, mas manteve-se virgem imaculada, embora tenha tido várias crianças além de Jesus. (Ver *Mateus*, XIII, 55, 56.) |
| Krishna é dotado de beleza, onisciência e onipotência desde o nascimento. Produz milagres, cura os aleijados e cegos, e expulsa demônios. Lava os pés dos brâmanes, e, descendo às regiões inferiores (inferno), liberta os mortos, e retorna a Vaikuntha – o paraíso de Vishnu. Krishna era o próprio Deus Vishnu em forma humana[21]. | Buddha é dotado dos mesmos poderes e qualidades, e realiza prodígios semelhantes. Passa sua vida com mendigos. Pretende-se que Gautama era diferente de todos os outros Avatâras, tendo todo o espírito de Buddha em si, ao passo que os demais tinham apenas uma parte (*ansa*) da divindade. | Jesus tem os mesmos dons. (Ver os *Evangelhos* e o *Testamento Apócrifo*.) Passa sua vida com pecadores e publicanos. Expulsa igualmente os demônios. A única diferença notável entre os três é que Jesus é acusado de expulsar os demônios pelo poder de Belzebu, ao passo que os outros não. Jesus lava os pés de seus discípulos, morre, desce ao inferno, e sobe ao céu, depois de libertar os mortos. |
| Krishna cria meninos de carneiros, e *vice-versa*. Esmaga a cabeça da Serpente[22]. | Gautama esmaga a cabeça da Serpente, *i.e.*, abole o culto de Nâga por fetichismo; mas, como Jesus, faz da Serpente o emblema da sabedoria divina. | Conta-se que Jesus esmagou a cabeça da Serpente, de acordo com a revelação original do *Gênese*. Também transforma meninos em cabritos e cabritos em meninos.[25] |
| Krishna é Unitário. Persegue o clero, acusa-o de ambição e | Buddha abole a idolatria; divulga os mistérios da Unidade | Jesus rebela-se contra a antiga lei judaica; denuncia os Es- |

167

| KRISHNA | GAUTAMA BUDDHA | JESUS DE NAZARÉ |
|---|---|---|
| hipocrisia, divulga os grandes segredos do Santuário – a Unidade de Deus e a imortalidade de nosso espírito. A tradição diz que ele caiu vítima de sua vingança. Seu discípulo favorito, Arjuna, nunca o abandona. Há tradições fidedignas segundo as quais ele morreu perto de uma árvore (ou cruz), sendo atingido no pé por uma flecha[23]. Os eruditos mais sérios concordam em que a Cruz irlandesa, em Tuam, erigida muito antes da era cristã, é asiática[24]. | de Deus e o Nirvâna, cujo verdadeiro significado era conhecido apenas pelos sacerdotes. Perseguido e expulso do país, escapa da morte reunindo ao seu redor algumas centenas de milhares de crentes em seu Budado. Finalmente morre, cercado por uma hoste de discípulos, com Ânanda, seu primo e amado discípulo, o líder de todos eles. O'Brien acredita que a Cruz irlandesa em Tuam diz respeito a Buddha, mas Gautama jamais foi crucificado. Em muitos templos ele é representado sentado sob uma árvore cruciforme, que é a "Árvore da Vida". Em outra imagem, ele está sentado sobre Nâga, o Râjâ das Serpentes com uma cruz em seu peito[26]. | cribas e Fariseus, e a sinagoga por hipocrisia e intolerância dogmática.<br>Quebra o Sabbath, e desafia a Lei. É acusado pelos judeus de divulgar os segredos do Santuário. É condenado a morrer numa cruz (uma árvore).<br>Dos poucos discípulos que havia convertido, um o trai, um o nega, e os outros desertam por fim, exceto João, o discípulo que *ele amava*. Jesus, Krishna e Buddha, os três salvadores, morrem sobre ou sob *árvores*, e estão relacionados com cruzes que simbolizam os tríplices poderes da criação. |
| Krishna sobe ao Svarga e torna-se Nirguna. | Buddha sobe ao Nirvâna. | Jesus sobe ao Paraíso. |

## RESULTADO

Em meados do século XVIII, contavam essas três religiões com os seguintes números de seguidores[27]:

| DE KRISHNA | DE BUDDHA | DE JESUS |
|---|---|---|
| Bramanistas: 60.000.000 | Budistas: 450.000.000 | Cristãos: 260.000.000. |

Tal é o estado atual dessas três grandes religiões. Cada uma das quais se reflete por sua vez em sua sucessora. Tivessem os dogmatizadores cristãos parado aqui, os resultados não teriam sido tão desastrosos, pois teria sido difícil, de fato, fazer um mau credo dos sublimes ensinamentos de Gautama, ou de Krishna como *Bhagavat*. Mas eles foram adiante, e acrescentaram ao puro Cristianismo primitivo as fábulas de Hércules, Orfeu e Baco. Assim como os muçulmanos não admitem que seu *Corão* se baseia no substrato da *Bíblia* judaica, não confessam os cristãos que devem quase tudo às religiões hindus. Mas os hindus têm a cronologia para prová-lo. Vemos os melhores e mais eruditos de nossos escritores lutando inutilmente por mostrar que as extraordinárias semelhanças – no que se refere à identidade – entre Krishna e Cristo se devem aos espúrios Evangelhos da *Infância* e do de *Santo Tomás*, que teriam "provavelmente circulado na costa do Malabar, e dado cor à história de Krishna"[28]. Por que não aceitar a verdade, e, invertendo o problema, admitir que Santo Tomás, fiel à política de proselitismo que caracterizou os cristãos primitivos, ao encontrar no Malabar o original do Cristo mítico em Krishna, tentou reunir os dois; e, adotanto em seu evangelho (do qual todos os demais foram copiados) os detalhes mais importantes da história do Avatâra hindu, enxertou a heresia cristã na religião primitiva de Krishna. Para quem estiver familiarizado com o espírito do Bramanismo, a idéia de os brâmanes aceitarem qualquer coisa de um estrangeiro é simplesmente ridícula. Que eles, o povo mais fanático no que respeita aos assuntos religiosos, que, durante séculos, não pôde ser compelido a adotar o mais simples dos costumes europeus, sejam suspeitos de ter introduzido em seus livros sagrados lendas não averiguadas sobre um Deus estrangeiro, eis algo tão absurdamente ilógico que é realmente uma perda de tempo tentar contraditar a idéia!

Não examinaremos em profundidade as bem-conhecidas semelhanças entre a forma externa do culto budista – especialmente o Lamaísmo – e o catolicismo romano, façanha pela qual pagou caro o pobre Huc – mas, tentaremos comparar os pontos mais vitais. De todos os manuscritos originais que foram traduzidos das várias línguas em que o Budismo está exposto, os mais extraordinários e interessantes são o *Dhammapada*, ou *O caminho da virtude*, de Buddha, traduzido do pâli pelo Cel. Rogers[29], e *A roda da lei*, que contém as observações de um Ministro de Estado siamês sobre a sua própria religião e as outras, traduzida por Henry Alabaster[30]. A leitura de ambos os livros, e a descoberta neles de semelhanças de pensamento e doutrina, habilitou o Dr. Inman a escrever muitas das passagens profundamente verdadeiras constantes de uma de suas últimas obras, *Ancient Faiths and Modern*[31]. "Falo com sóbria sinceridade", escreve esse generoso e franco erudito, "quando digo que após quarenta anos de experiência entre aqueles que professam o Cristianismo, e aqueles que proclamam (. . .) mais ou menos em silêncio a sua discordância com ele, observei mais virtude e moralidade entre os últimos do que entre os primeiros (. . .) Conheci pessoalmente muitas pessoas pias e boas cristãs, a quem honro, admiro e talvez gostaria de imitar; mas elas merecem o elogio que assim lhes passo em conseqüência de seu bom senso, pois ignoram a doutrina da fé de modo quase total, e cultivam a prática das boas obras (. . .) A meu juízo, os cristãos mais louváveis que conheço são *budistas reformados*, embora provavelmente nenhum deles jamis tenha ouvido falar de Siddhârtha."

Entre os artigos de fé e as cerimônias lamaico-budistas e católico-romanas há cinqüenta e um pontos que apresentam um semelhança perfeita e surpreendente; e quatro pontos diametralmente opostos.

Como seria inútil enumerar as "semelhanças", pois o leitor pode encontrá-las cuidadosamente anotadas na obra de Inman acima citada, às p. 237-40, citaremos apenas as quatro dessemelhanças, e deixaremos ao leitor a tarefa de tirar suas conclusões:

| | |
|---|---|
| 1. "Os budistas afirmam que nada que seja contraditado pela razão pode constituir uma verdadeira doutrina de Buddha." | 1. "Os cristãos aceitarão qualquer absurdo, desde que promulgado pela Igreja como um artigo de fé."[32] |
| 2. "Os budistas não adoram a mãe de Sâkya, embora a honrem como uma mulher santa, escolhida por suas grandes virtudes para tal tarefa. | 2. "Os romanos adoram a mãe de Jesus, e lhe pedem ajuda e intercessão." O culto da Virgem enfraqueceu o de Cristo, e lançou por completo na sombra o do Todo-Poderoso. |
| 3. "Os budistas não têm sacramentos." | 3. "Os seguidores do papa têm sete." |
| 4. Os budistas não acreditam em qualquer perdão para os seus pecados, exceto depois de uma adequada punição para toda má ação, e uma compensação proporcional às partes injuriadas. | 4. Os cristãos estão certos de que, se apenas acreditam no "precioso sangue de Cristo", esse sangue oferecido por Ele para a expiação dos pecados de toda a Humanidade (leia-se cristãos) reparará todos os pecados mortais. |

Qual dessas teologias mais se recomenda ao pesquisador sincero, eis uma questão que podemos deixar com segurança ao julgamento do leitor. Uma oferece luz, a outra trevas.

Reza *A roda da lei*:

"Os budistas acreditam que todo ato, palavra ou pensamento tem a sua conseqüência, que aparecerá mais cedo ou mais tarde no atual estado, ou nalgum futuro. Os atos maus produzirão más conseqüências[33]: prosperidade neste mundo, ou nascimento no céu (. . .) em algum estado futuro"[34].

Essa é a justica correta e imparcial. Essa é a idéia de um Poder Supremo que não pode falhar e que, por conseguinte, não pode ter nem ira nem misericórdia, mas deixa todas as causas, grandes ou pequenas, exercerem seus efeitos inevitáveis. "Com a medida com que medis sereis medidos"[35] – tal sentença, nem pela expressão, nem pela implicação assinala qualquer esperança de um futuro perdão ou salvação por procuração. A crueldade e a misericórdia são sentimentos finitos. A Divindade Suprema é infinita, portanto só pode ser JUSTA, e a Justiça deve ser cega. Os pagãos antigos tinham a esse respeito concepções mais filosóficas do que os cristãos modernos, pois representam Têmis de olhos vendados. E o autor siamês da obra em pauta dá mostra novamente de uma concepção mais reverente da Divindade dos que os cristãos, quando dá vazão a seu pensamento: "Um budista poderia acreditar na existência de um Deus sublime acima de todas as qualidades e atributos humanos, um Deus perfeito, acima do amor e do ódio, repousando calmamente numa silente felicidade que nada pode perturbar, e de tal Deus nada de mau ele poderia falar; não pelo desejo de agradá-lo, ou pelo medo de ofendê-lo, mas pela veneração natural. Mas ele não pode compreender um Deus com os atributos e as qualidades dos homens, um Deus que ama e odeia e mostra raiva, uma Divindade que, conforme a descrevem os missionários cristãos, ou os maometanos, os brâmanes e os judeus, cai sob o seu padrão na categoria de um bom homem comum"[36].

Já nos temos surpreendido amiúde com as extraordinárias idéias de Deus e Sua justiça que parecem ser honestamente defendidas pelos cristãos que cegamente confiam no clero quanto aos assuntos religiosos, e jamais em sua própria razão. Quão estranhamente ilógica é essa doutrina da Expiação. Propomos discuti-la com os cristãos do ponto de vista budista, e mostrar ao mesmo tempo por quais séries de sofismas, dirigidas para o objetivo único de apertar o jugo eclesiástico sobre o pescoço popular, sua aceitação, como um mandamento divino, foi finalmente efetuada; queremos mostrar também que ela se revelou uma das doutrinas mais perniciosas e desmoralizantes.

Diz o clero: "Não importa quão enormes sejam os nossos crimes contra as leis de Deus e do homem, temos apenas que acreditar no auto-sacrifício de Jesus para a salvação da Humanidade, e Seu sangue lavará todas as máculas. A misericórdia divina é infinita e insondável. É impossível conceber um pecado humano tão abominável que o preço pago em adiantado para a redenção do pecador não o elimine, sendo ainda mil vezes pior. E, além disso, nunca é tarde demais para se arrepender. Mesmo que o pecador espere até o último minuto da hora extrema, do último dia de sua vida mortal, depois de seus descoloridos lábios pronunciarem a confissão de fé, ele estará pronto para ir ao Paraíso; o bom ladrão assim o fez, e assim poderão fazê-lo outros da mesma laia". Tais são os pontos de vista da Igreja.

Mas se transpusermos o estreito círculo do credo e considerarmos o universo como um todo equilibrado pelo primoroso ajustamento das partes, como se revoltará a lógica sensata, o mais fraco senso de justiça contra essa Vicária Expiação! Se o criminoso pecou apenas contra si mesmo, e causou mal apenas a si mesmo; se pelo arrependimento sincero ele puder apagar os eventos passados, não apenas da memória do homem, mas também desse registro imperecível, que nenhuma divindade – nem mesmo a

Suprema das Supremas – pode fazer desaparecer, então esse dogma não seria incompreensível. Mas afirmar que alguém pode fazer mal a seu companheiro, matar, perturbar o equilíbrio da sociedade, e a ordem natural das coisas, e então – pela covardia, esperança, ou compulsão, não importa – ser esquecido por acreditar que o sangue derramado de alguém lave o outro sangue derramado – isso é absurdo! Podem os *resultados* de um crime ser esquecidos ainda que o crime seja perdoado? Os efeitos de uma causa nunca se limitam ao âmbito da causa, nem podem os resultados de um crime ser confinados ao ofensor e à sua vítima. Toda boa ação, assim como a má, tem seus efeitos, que são tão palpáveis como a pedra que cai num lago de águas claras. A comparação é trivial, mas é a melhor que podemos imaginar, e portanto a empregamos. Os círculos redemoinhantes são maiores e mais rápidos, conforme seja o objeto perturbador maior ou menor, mas o menor pedregulho, ou melhor, a partícula mais fina, provoca suas ondas. E essa perturbação não é visível apenas na superfície. Abaixo, em todas as direções – para fora e para baixo – , de modo invisível, gota puxa gota, até que os lados e o fundo sejam tocados pela força. Mais, o ar acima da água é agitado, e essa perturbação passa, como nos dizem os físicos, de estrato a estrato no espaço para todo o sempre; um impulso é dado à matéria, e esse nunca se perde, e não pode ser retomado!. . .

Ocorre o mesmo com o crime, e com o seu oposto. A ação pode ser instantânea, os efeitos são eternos. Quando, depois de a pedra ter caído no lago, pudermos chamá-la de volta à mão, recolher as ondas, obliterar a força expendida, restaurar as ondas etéreas ao seu estado anterior de não-ser, e apagar todos os traços do ato de atirar a pedra, de modo que o registro do Tempo não possa mostrar o que aconteceu, então, *então*, poderemos ouvir pacientemente os cristãos defenderem a eficácia dessa Expiação.

O *Times* de Chicago publicou recentemente a lista de algozes da primeira metade do presente ano (1877) – uma longa e chocante lista de assassinos e enforcamentos. Quase todos esses assassinos receberam a consolação religiosa, e muitos anunciaram que haviam recebido o perdão de Deus através do sangue de Jesus, e que estavam indo para o Céu! *Sua conversão foi efetuada na prisão.* Observai quão ligeira é a balança da Justiça cristã: esses sanguinolentos assassinos, incitados pelos demônios da luxúria, da vingança, da cupidez, do fanatismo, ou pela mera sede brutal de sangue, mataram suas vítimas, em muitos casos, sem lhes dar o tempo para se arrependerem, ou chamarem a Jesus para lhes lavar o sangue. Morreram, talvez, em pecado, e, naturalmente – ·de acordo com a lógica teológica – encontraram a recompensa para as suas ofensas maiores ou menores. Mas o assassino, agarrado pela justiça humana, é aprisionado, chorado pelos sentimentalistas, confessa, pronuncia as encantadas palavras de conversão, e vai ao cadafalso uma redimida criança de Jesus! Se não fosse pelo assassínio, ele não teria sido confessado, redimido, perdoado. Então, esse homem fez bem em matar, pois assim ganhou a felicidade eterna! E quanto à vítima, e sua família, seus parentes, dependentes, e amigos – não tem a Justiça nenhuma recompensa para eles? Devem eles sofrer neste mundo e no próximo, enquanto aquele que lhes fez mal se senta ao lado do "bom ladrão" do Calvário e é para sempre abençoado? Sobre essa questão, o clero também mantém um prudente silêncio.

Steve Anderson foi um desses criminosos americanos – culpado de duplo assassínio, incêndio culposo e roubo. Antes da hora de sua morte, ele foi "convertido", mas o relato nos conta que *"os clérigos que o atendiam objetaram ao adiamento da execução, sob o pretexto de que estavam certos de sua salvação caso ele morresse naquele dia, mas que não podiam responder por ela se a execução fosse adiada".* Dirigimo-nos a esses ministros, e lhes pedimos para nos contar com que base se sentiram seguros para fazer tal coisa monstruosa. Como puderam se sentir *seguros*, com o futuro negro diante deles, e com os intermináveis resultados desse assassínio duplo, incêndio culposo e roubo? Eles não podiam estar seguros de coisa alguma, exceto que a sua abominável doutrina é a causa de três quartos dos crimes dos pretensos cristãos; que essas causas terríveis devem produzir esses efeitos monstruosos, que por sua vez geram outros resultados, e assim levam por toda a eternidade a um fim que nenhum homem pode calcular.

Ou tomemos outro crime, um dos mais egoístas, cruéis e impiedosos, e no entanto dos mais freqüentes, a sedução de uma jovem. A sociedade, por instinto de autopreservação, julga impiedosamente a vítima, e a condena ao ostracismo. A jovem pode ser impelida ao infanticídio, ao suicídio, ou, se é avessa por demais à morte, mergulhar numa vida de vícios e crimes. Pode tornar-se mãe de criminosos, que, como nos agora célebres Jukes, de cujos aterradores detalhes o Sr. Dugdale publicou um relato, procriam às centenas outras gerações de delinqüentes, em cinqüenta ou sessenta anos. Todo esse desastre social provém da paixão egoísta de um único homem; será ele perdoado pela Justiça Divina, enquanto a sua ofensa não for expiada, recaindo a punição apenas sobre os desgraçados escorpiões humanos nascidos de sua luxúria?

Um clamor acaba de se levantar na Inglaterra, em face da descoberta de que os clérigos anglicanos estão introduzindo largamente a confissão auricular e concedendo a absolvição após duras penitências. A pesquisa mostra a mesma coisa acontecendo nos Estados Unidos. Posto sob o ordálio da repergunta, o clero cita triunfantemente do *Book of Common Prayer* inglês as rubricas que lhe dão a autoridade de absolver, através do poder de "Deus, o Espírito Santo", concedido a ele pelo bispo por meio da imposição das mãos no instante de sua ordenação. O bispo, interrogado, cita *Mateus, XVI,* 19, como a fonte de sua autoridade para prender e soltar na Terra aqueles que serão abençoados ou condenados no céu; e a sucessão apostólica como prova de sua transmissão de Simão Bar-jona até a ele próprio. Os presentes volumes terão sido escritos em vão se não tiverem mostrado, 1º, que Jesus, o Cristo-Deus, é um mito arquitetado dois séculos depois da morte do judeu Jesus real; 2º, que, por conseguinte, ele jamais teve qualquer autoridade para dar a Pedro, ou a qualquer outro, os poderes plenários; 3º, que, mesmo que ele tivesse dado tal autoridade, a palavra *Petra* (rocha) se referia às verdades reveladas do Petroma, não àquele que o negou por três vezes; e que, além disso, a sucessão apostólica é uma fraude grosseira e evidente; 4º, que o *Evangelho segundo São Mateus* é uma invenção baseada num manuscrito totalmente diverso. Toda a coisa é, portanto, uma imposição impingida sobre sacerdotes e penitentes. Mas deixando de lado esses pontos por um instante, basta perguntar a esses pretensos agentes dos três deuses da Trindade, como reconciliam eles com as noções mais rudimentares de eqüidade o fato de que, se o poder de perdoar os pecadores lhes foi dado, *não receberam eles também a capacidade de obliterar por milagre os danos causados contra a pessoa ou a propriedade*. Que eles restaurem a vida ao assassinado; a honra à desonrada; a propriedade àqueles que foram roubados, e forcem as escalas da justiça humana e divina a retomarem seu equilíbrio. Poderemos então falar de seu mandato divino para punir e perdoar. Que falem, se puderem fazê-lo. Até agora o mundo nada recebeu a não ser sofisticaria – na qual se acreditou por fé *cega*; pedimos provas palpáveis e tangíveis da justiça e da misericórdia de seu Deus. Mas tudo é silêncio; nenhuma resposta, nenhuma réplica, e no entanto a inexorável e infalível Lei da Compensação, prossegue em seu firme caminho. Se apenas observarmos o seu progresso, descobriremos que ela ignora todos os credos, e não mostra preferências, caindo seus raios de Sol e sua luz, tanto sobre pagãos, como cristãos. Nenhuma absolvição pode defender os últimos, quando culpados, nenhum anátema injuriar os primeiros, quando inocentes.

Longe de nós uma insultante concepção da justiça divina como a pregada pelos sacerdotes com base na sua própria autoridade. Ela só serve para covardes e criminosos! Se eles são defendidos por todo um exército de padres e clérigos, nós o somos pela maior de todas as autoridades – um instintivo e reverente sentimento da imorredoura e onipresente lei da harmonia e da justiça.

Mas, além da razão, temos outra prova para mostrar que tal construção é totalmente injustificada. Sendo os *Evangelhos* "revelação divina", sem dúvida os cristãos encararão seu testemunho como conclusivo. Afirmam eles que Jesus se entregou a um sacrifício voluntário? Ao contrário, não há uma única palavra que sustente essa idéia. Eles deixam bem claro que ele teria antes continuado a viver o que considerava a sua missão, e que *morreu porque não conseguiu levá-la a cabo, quando se viu traído.* Além disso, quando foi tratado com violência, *ele se fez invisível* pelo emprego da força mesmérica sobre os circunstantes, e escapou. Quando, finalmente, viu que sua hora havia chegado, sucumbiu ao inevitável. Mas vede-o no jardim, no Monte das Oliveiras, contorcendo-se em agonia até que "seu suor consistia em grandes gotas de sangue", pedindo com férvida súplica que o cálice fosse dele afastado; exausto por sua batalha a tal ponto que um anjo do céu teve que vir para fortalecê-lo, e dizei se a imagem é a de um refém ou mártir auto-imolante. Para coroar o assunto, e não deixar nenhuma dúvida em nossas mentes, temos suas próprias desesperadas palavras. "NÃO A MINHA VONTADE, *mas a tua seja feita!*" (*Lucas*, XXII, 42.)

Ademais, encontramos nos *Purânas* que Krishna foi pregado numa árvore pela flecha de um caçador, que, pedindo ao deus moribundo para perdoá-lo, recebe a seguinte resposta: "'Vai, caçador, por minha graça, ao céu, a morada dos deuses' (. . .) Então, o ilustre Krishna, tendo-se unido com seu espírito puro, espiritual, inexaurível, inconcebível, inato, incorruptível, imperecível e universal, que forma uma unidade com Vâsudeva, abandonou seu corpo imortal, e o estado das três qualidades"[37]. Não é esse o original da história de Cristo que perdoa o ladrão na cruz, e lhe promete um lugar no Céu? Tais exemplos "desafiam o investigador quanto à sua origem e sentido, *muito anteriores ao Cristianismo*", diz o Dr. Lundy, em *Monumental Christianity*, e acrescenta: "A idéia de Krishna como um pastor, eu a tenho por mais antiga do que o Evangelho da Infância e o de São João, *e profética de Cristo*" (p. 156).

Fatos como esses, talvez, forneceram mais tarde um pretexto plausível para declarar como apócrifas obras como as *Homilias*, que mostravam de maneira absolutamente clara a hipótese posterior de uma autoridade primitiva para a doutrina da expiação. As *Homilias* diferem muito pouco dos *Evangelhos*; mas discordam totalmente dos dogmas da Igreja. Pedro nada sabia da expiação; e sua reverência pelo mítico pai Adão jamais lhe teria permitido admitir que esse patriarca pecou e foi amaldiçoado. Tampouco as escolas teológicas de Alexandria parecem ter tido conhecimento dessa doutrina, nem mesmo Tertuliano, e não foi ela discutida por qualquer dos Padres primitivos. Fílon apresenta a história da *Queda* como simbólica, e Orígenes a encarava da mesma maneira que Paulo, como uma alegoria[38].

Queiram ou não, os cristãos têm que acreditar na tola história da tentação de Eva por uma serpente. Além disso, Agostinho pronunciou-se formalmente sobre o assunto.

173

"Deus, por Sua vontade arbitrária", diz ele, "selecionou de antemão certas pessoas, *sem consideração pela fé ou pelas boas ações futuras, e lhes concedeu irremediavelmente a felicidade eterna, ao passo que condenou outros do mesmo modo à reprovação eterna!!" (De dono perseverantiae*, § 25, etc.)[39].

Calvino promulgou idéias sobre a parcialidade e a crueldade divinas igualmente abomináveis. "A raça humana, corrompida radicalmente na queda de Adão, tem sobre si a culpa e a impotência do pecado original; sua redenção só pode ser alcançada pelos méritos de um Salvador encarnado para redimir a Humanidade. Todavia, do benefício da redenção desfrutam apenas as almas de antemão escolhidas, e predestinadas, às quais voluntariamente favorece Deus com sua graça, pois os demais homens estão predestinados à eterna condenação pelo decreto imutável do plano divino. (. . .) *Só a fé o justifica, e a fé é um dom de Deus.*"[40]

Ó Justiça Divina, quão blasfemado tem sido o teu nome! Infelizmente para todas essas especulações, a crença na eficácia propiciatória do sangue pode ser remontada aos ritos mais antigos. Pouquíssimas nações a desconheciam. Todos os povos ofereciam sacrifícios animais e mesmo humanos aos deuses, na esperança de evitar dessa forma a calamidade pública, pacificando a ira de alguma vingativa divindade. Há exemplos de generais gregos e romanos que ofereciam suas vidas simplesmente para o sucesso de seu exército. César se queixa disso, e chama tal costume de superstição gaulesa. "Eles devotam a vida (. . .) acreditanto que se a vida não for substituída por vida, os deuses imortais não serão apaziguados", escreve ele[41]. "Se qualquer mal está prestes a cair sobre qualquer dos que agora sacrificam, ou sobre o Egito, possa ele recair sobre esta cabeça", pronunciavam os sacerdotes egípcios quando sacrificavam um de seus animais sagrados[42]. E as imprecações eram pronunciadas sobre a cabeça da vítima expiatória, em torno de cujos chifres um pedaço de papiro era enrolado. O animal era geralmente conduzido a alguma região árida, e consagrado a Tífon, naquelas épocas primitivas quando essa divindade fatal ainda não havia obtido uma certa consideração dos egípcios. É nesse constume que repousa a origem do "bode expiatório" dos judeus, que, quando o ruivo deus-asno foi rejeitado pelos egípcios, começaram a sacrificar a outra divindade a "bezerra vermelha".

"Que todos os pecados cometidos neste mundo caiam sobre mim para que o mundo possa ser salvo", exclamou Gautama, o Salvador hindu, séculos antes de nossa era.

Ninguém pretenderá afirmar em nosso século que foram os egípcios que emprestaram qualquer coisa dos israelitas, como agora se acusa os hindus de o fazerem. Bunsen, Lepsius, Champollion há muito estabeleceram a precedência cronológica do Egito sobre os israelitas, assim como em todos os ritos religiosos que agora reconhecemos entre o "povo eleito". O próprio *Novo Testamento* formiga de citações e repetições do *Livro dos mortos*, e Jesus, se tudo o que seus quatro biógrafos lhe atribuem for verdadeiro – deve ter tido conhecimento dos Hinos Funerários egípcios[43]. No *Evangelho Segundo São Mateus* descobrimos sentenças inteiras extraídas do *Ritual* antigo e sagrado que precedem a nossa era por mais de 4.000 anos. Comparemo-los, novamente[44].

A "alma" sob julgamento é levada diante de Osíris, o "Senhor da Verdade", que está sentado, ornado com a cruz egípcia, emblema da vida eterna, e segura em sua mão direita o *vannus*, o flagelo da justiça[45]. O espírito dá início, na "Câmara das Duas Verdades", a um fervoroso apelo, e enumera suas boas ações, corroboradas pelas respostas dos quarenta e dois assessores – *as ações e os acusadores encarnados*. Se tal se justifica, chamam-no de *Osíris*, assumindo assim o nome da Divindade donde provém a sua essência divina, e as seguintes palavras, cheias de majestade e justiça, são pronunciadas! "Que *Osíris* parta; vede que ele é isento de faltas (. . .) Ele viveu na verdade, e alimentou-se de verdade (. . .) *O deus o recebeu*, como era seu desejo. *Ele deu alimento aos meus famintos, bebida aos meus sedentos*, roupa aos meus desnudos (. . .) Ele transformou o alimento sagrado dos deuses no alimento dos espíritos."[46]

Na parábola do *Reino dos Céus* (*Mateus*, XXV, 34-6), o *Filho do Homem* (Osíris é também chamado de Filho) senta-se no trono de sua glória, julgando as nações e diz aos justos: "Vinde, benditos de meu Pai, [*o* Deus], herdeiros do reino (. . .) Pois *tive fome e me destes de comer. Tive sede e me destes de beber* (. . .) *estive nu e me vestistes*"[47]. E para completar a semelhança (*Mateus*, III, 12): João descreve Cristo como Osíris, "cuja *pá* (*vannus*) está em sua mão", e que "vai limpar sua eira e recolher seu trigo no celeiro."

Ocorre o mesmo em relação às lendas budistas. Em *Mateus*, IV, 19, diz Jesus: "Segui-me e eu vos farei *pescadores* de homens", referindo-se a passagem a um diálogo entre ele e Simão Pedro e André, seu irmão.

Em *Der Weise und der Thor*, de Schmidt[48], uma obra cheia de anedotas sobre Buddha e seus discípulos, extraídas todas dos textos originais, fala-se de um novo convertido à fé, que "havia sido apanhado pelo anzol da doutrina, como um peixe, que se pesca com a linha e a rede". Nos templos do Sião, a imagem do esperado Buddha, o Messias Maitreya, é representada com a rede de um pescador nas mãos, ao passo que no Tibete ele segura uma espécie de armadilha. A explicação para isso é a seguinte: "Ele [Buddha] esparge sobre o Oceano do nascimento e da morte a flor de Lótus da excelente lei como *uma isca*; com o laço da devoção, nunca arremessado em vão, ele pesca os seres vivos como peixes, e os leva ao outro lado do rio, onde está o verdadeiro saber[49]".

Se Grabe, o Dr. Parke, e o erudito Arcebispo Cave – que tão zelosamente impediram, em sua época, a admissão das *Epístolas de Jesus Cristo e Abgarus, Rei de Edessa*, no Cânone da *Escritura* – tivessem vivido em nossos dias de Max Müller e da erudição sânscrita, duvidamos que teriam agido da mesma forma. Quem fez a primeira menção a essas Epístolas foi o famoso Eusébio. Esse piedoso bispo parece se ter eleito para fornecer à cristandade as provas mais inesperadas para corroborar as suas mais absurdas fantasias. Se entre os muitos feitos do Bispo de Cesaréia devemos incluir o conhecimento do cingalês, do pehlevi, do tibetano e de outros idiomas, não o sabemos; mas ele certamente transcreveu as cartas de Jesus e Abgarus, e a história do miraculoso retrato de Cristo impresso numa peça de roupa pelo suor de sua face, do Cânone budista. Na verdade, o bispo declarou que descobriu a carta escrita em siríaco, preservada entre os registros da cidade de Edessa, onde Abgarus reinou[50]. Lembramos as palavras de Babrias: "O mito, ó filho do Rei Alexandre, é uma antiga invenção humana dos sírios, que viviam nos tempos antigos sob Ninus e Belus". Edessa era uma das antigas "cidades sagradas". Os árabes a veneram até hoje; e nela se fala o mais puro árabe. Eles a chamam ainda por seu antigo nome, Orfa, outrora a cidade *Arpha-Kasda* (Arphaxad), a sede de um Colégio de caldeus e magos, cujos missionários, chamados de Orpheus, daí trouxeram os Mistérios báquicos à Trácia. Muito naturalmente, Eusébio aí encontrou os contos que ele transformou na história de Abgarus, e a imagem sagrada impressa num tecido; pois a de Bhagavat, ou o abençoado Tathâgata (Buddha)[51] foi obtida pelo Rei Bimbisâra[52]. Comprada pelo Rei, Bhagavat projetou sua sombra nela[53]. Esse pedaço de "miraculoso tecido", com sua sombra, ainda está preservado, dizem os budistas; "só a sombra é raramente vista"[54].

De igual maneira, o autor gnóstico do *Evangelho segundo, São João*, copiou e metamorfoseou a lenda de Ânanda que pediu de beber a uma mulher Mâtamgî – o antitipo da mulher encontrada por Jesus no poço[55] – , e a quem disse ela que, por pertencer a uma casta inferior, nada podia fazer por um santo monge. "Eu não te perguntei, minha irmã", responde Ânanda à mulher, "qual a tua casta ou tua família, eu apenas te peço água, se puderes me dar alguma."[56] Essa mulher Mâtamgî, encantada e comovida até as lágrimas, arrepende-se, ingressa na Ordem monástica de Gautama, e torna-se uma santa, resgatada de uma vida de lascívia por Sâkya-muni. Muitas de suas ações posteriores foram utilizadas pelos forjadores cristãos para caracterizar Maria Madalena e outras santas e mártires.

"E quem der, nem que seja um copo de água fria a um destes pequeninos, por ser meu discípulo, em verdade vos digo que não perderá sua recompensa", diz o Evangelho (*Mateus*, X, 42). "Quem, com um puro coração, oferecer mesmo que seja um pouco de água, ou ofertar tanto à assembléia espiritual, ou der de beber ao pobre e ao necessitado, ou a um animal do campo, essa ação meritória não se perderá por muitos séculos"[57], diz o *Cânone* budista.

Na hora do nascimento de Gautama Buddha, realizaram-se 32 progídios. As nuvens ficaram imóveis no céu, as águas dos rios pararam de correr, as flores cessaram de germinar, os pássaros ficaram silentes e cheios de maravilha; toda a natureza ficou suspensa em seu curso, e plena de expectativa. "Uma luz sobrenatural se difundiu por todo o mundo; os animais pararam de comer; os cegos passaram a enxergar; os coxos e os mudos foram curados", etc.[58]

Citemos agora o *Protevangelion*:

"Na hora da Natividade, quando José olhou para o ar, Eu vi [diz ele] as nuvens espantadas, e as aves do ar parando em meio ao seu vôo (. . .) E vi as ovelhas dispersas, *mas todas em silêncio* (. . .) e vi o rio, e observei as novilhas *com suas bocas perto da água, e tocando-a, mas sem a beber.*

"*Então, uma nuvem brilhante ofuscou a caverna* (. . .) Mas, de súbito, a nuvem transformou-se numa *grande luz* na caverna, de modo que seus olhos não puderam suportá-la (. . .) A mão de Salomé, que estava murcha, foi imediatamente curada (. . .) Os cegos enxergaram; os coxos e os mudos foram curados."[59]

Quando foi à escola, o jovem Gautama, sem jamais ter estudado, superou completamente todos os seus competidores, não apenas na escrita, mas na Aritmética, na Matemática, na Metafísica, na luta, na arte do arco, na Astronomia, na Geometria, e finalmente venceu os seus próprios professores dando a definição das sessenta e quatro virtudes, que eram desconhecidas dos próprios mestres[60].

E eis o que diz novamente o *Evangelho da Infância*: "E quando ele [Jesus] tinha doze anos (. . .) um certo Rabino importante lhe perguntou, 'Lestes livros?' (. . .) e um certo astrônomo (. . .) perguntou ao Senhor Jesus se havia estudado Astronomia. E o Senhor Jesus lhe explicou (. . .) sobre as esferas (. . .) sobre a Física e a Metafísica. E também sobre coisas que a razão do homem jamais havia descoberto (. . .) A constituição do corpo, como a alma operava sobre o corpo, etc. (. . .) E o mestre ficou tão surpreso que disse: Creio que esse rapaz nasceu antes de Noé (. . .) ele é mais sábio do que todos os mestres!"[61]

Os preceitos de Hillel, que morreu quarenta anos antes do nascimento de Cristo, aparecem antes como citações, do que expressões originais, no Sermão da Montanha. Jesus nada ensinou ao mundo que não tivesse sido convenientemente ensinado antes por outros instrutores. Ele começa seu sermão com certos preceitos puramente budistas que haviam encontrado aceitação entre os essênios, e eram geralmente praticados pelos *Orphikoi* e pelos neoplatônicos. Havia os filelenos, que, como Apolônio, devotavam suas vidas à pureza moral e física, e que praticavam o ascetismo. Jesus tenta inculcar em sua audiência o desprezo pelas riquezas do mundo; uma indiferença de faquir pelo dia seguinte; amor pela Humanidade, pobreza e castidade. Abençoa o pobre de espírito, o humilde, os que têm fome e sede de justiça, o misericordioso e os mansos, e, como Buddha, deixa uma pobre esperança para as castas orgulhosas no que se refere a seu ingresso no reino do céu. Todas as palavras desse sermão ecoam os princípios essenciais do budismo monástico. Os dez mandamentos de Buddha, que se acham num apêndice ao *Pratimoksha-Sûtra* (texto páli-burmês), são elaborados em toda a sua extensão em *Mateus*. Se desejamos conhecer o Jesus histórico, temos de pôr o Cristo mítico inteiramente de lado, e aprender tudo o que pudermos sobre o homem no primeiro Evangelho. Suas doutrinas, suas concepções religiosas, e suas maiores aspirações se acham concentradas em seu sermão.

Essa é a principal causa do fracasso dos missionários em converter os bramanistas e os budistas. Eles constatam que as poucas coisas realmente boas oferecidas na nova religião são exibidas apenas em teoria, ao passo que as suas fés obrigam a que essas regras sejam aplicadas na prática. Não obstante a impossibilidade para os missionários cristãos compreenderem claramente o espírito de uma religião totalmente baseada nessa doutrina de emanação que é tão inimiga de sua própria teologia, os poderes de raciocínio de alguns simples pregadores budistas são tão superiores que vemos um erudito como Gützlaff[62] reduzido ao silêncio completo e metido em grandes apuros pelos budistas. Judson, o famoso missionário batista de Burma, confessa, em seu *Jornal*[63], as dificuldades a que foi por eles levado. Falando de um certo Ooyan, observa ele que esse forte espírito era capaz de compreender os assuntos mais difíceis. "Suas palavras", observa ele, "são suaves como óleo, doces como mel, e agudas como navalhas; seu modo de raciocinar é suave, insinuante e agudo; e tão destramente desempenhava ele seu papel, que (. . .) *eu, com a força da verdade*, quase não fui capaz de vencê-lo." Parece, no entanto, que num período posterior de sua missão, o Sr. Judson descobriu que não havia compreendido corretamente a doutrina. "Comecei a descobrir", diz ele, "que o semiateísmo, que eu às vezes mencionara, não passa de um *refinado budismo, que se baseia nas Escrituras budistas*". Assim, descobriu ele por fim que ao passo que há no Budismo "um termo genérico da mais exaltada perfeição realmente aplicado a numerosos indivíduos, um Buddha superior a toda a hoste de divindade secundárias, há também, escondidos no sistema, os lampejos de uma *anima mundi*, anterior, e mesmo superior, a Buddha"[64].

Eis de fato uma feliz descoberta!

Mesmo os tão caluniados chineses acreditam no Deus Supremo e *Único*, "O Governante Supremo dos Céus Imperiais", Yuh-Hwang Shang-ti tem seu nome inscrito apenas na tábua dourada diante do altar do céu, no grande templo T'ien-t'ân, em Pequim. "Esse culto", diz o Cel. Yule, "é mencionado pelo narrador *muçulmano* da embaixada de Shah Rukh (1421 d.C.): "Todos os anos, há alguns dias durante os quais o Imperador não come comida animal (. . .) Ele passa seu tempo num aposento que não contém *nenhum ídolo*, e diz que *está adorando o Deus do Céu*'."[65]

177

Falando de Shahrastânî, o grande erudito árabe, diz Chwolsohn que, a seu ver, o Sabeísmo não era astrolatria, como muitos estão propensos a acreditar. Ele pensava "que Deus é muito sublime e muito grande para Se ocupar com o governo imediato deste mundo; que Ele, por conseguinte, transferiu tal governo aos deuses, e conservou apenas os casos importantes para Si; que portanto o homem é frágil demais para se dirigir imediatamente ao Supremo, devendo, dessarte, dirigir suas preces e sacrifícios às divindades intermediárias, a quem o governo do mundo foi confiado pelo Supremo". Chwolsohn argumenta que essa idéia é tão antiga quanto o mundo, e que "no mundo pagão, esse ponto de vista era partilhado universalmente pelas pessoas cultas"[66].

O Padre C. Borri, um missionário português, que foi enviado para converter os "pobres pagãos" da Cochinchina, já no século XVI, "protesta em desespero [em sua narrativa], que não há uma veste, um ofício, uma cerimônia na Igreja de Roma às quais o Demônio não tenha aqui providenciado alguma contraparte. Mesmo quando o padre começou a investir contra os seus ídolos, responderam-lhe que aquelas eram imagens dos grandes homens mortos, a quem eles honravam, exatamente no mesmo princípio e modo como os católicos faziam com as imagens dos apóstolos e dos mártires"[67]. Além disso, esses ídolos só têm importância aos olhos das multidões ignorantes. A *filosofia* do Budismo ignora imagens e fetiches. Sua enorme vitalidade repousa em suas concepções psicológicas do eu *interior* do homem. O Caminho para o estado supremo da felicidade, chamado de Passagem para o Nirvâna, abre suas trilhas através da vida espiritual, e não física, de uma pessoa, enquanto ela está nesta terra. A literatura budista sagrada aponta o caminho, estimulando o homem a seguir *praticamente* o exemplo de Gautama. Por conseguinte, os escritos budistas abrem uma corrente particular nos privilégios espirituais do homem, aconselhando-o a cultivar seus poderes para a produção de *meipo* (fenômenos) durante a vida, e para a obtenção do Nirvâna no futuro.

Mas, voltando das narrativas históricas para as míticas, inventadas igualmente sobre Krishna, Buddha e Cristo, encontramos o seguinte:

Apresentando um modelo para o avatâra cristão e para o arcanjo Gabriel, o luminoso Santushita (Bodhisattva) apareceu a Mahâ-mâyâ "como uma nuvem ao luar, oriundo do norte, e tendo em suas mãos um lótus branco". Ele lhe anunciou o nascimento de seu filho, volteando o leito da rainha por três vezes, "(. . .) passou do deva-loka e foi concebido *no mundo dos homens*"[68]. A semelhança ficará ainda mais perfeita se examinarmos as ilustrações dos saltérios medievais[69], e os afrescos do século XVI (na Igreja de Jouy, por exemplo, na qual a Virgem é representada de joelhos, com as mãos erguidas para o Espírito Santo, e a criança por nascer é vista miraculosamente através de seu corpo), pois descobriremos o mesmo tema tratado de modo idêntico nas esculturas de certos conventos no Tibete. Nos *Anais Páli-Budistas*, e em outros registros religiosos, afirma-se que Mâyâdevî e todas as suas servas eram constantemente gratificadas com a visão do Bodhisattva desenvolvendo-se quietamente no útero da mãe, e já espargindo, de seu local de gestação, sobre a Humanidade, "o resplendente luar de sua futura benevolência"[70].

Ânanda, o primo e futuro discípulo de Sâkyamuni, é representado como se tivesse nascido ao mesmo tempo. Esse parece ter sido o original das antigas lendas sobre João Batista. Por exemplo, a narrativa páli relata que Mahâ-mâyâ, estando grávida do sábio, fez uma visita à mãe deste, como Maria o fez à mãe de Baptista. Assim que ela entrou no aposento, o futuro Ânanda saudou o futuro Buddha-Siddhârtha, que respondeu à saudação; e de igual maneira o futuro João Baptista pulou no útero de Isabel, assim que Maria entrou[71]. E mais: Didron descreve uma cena de saudação, pintada nos postigos em Lyons, entre Isabel e Maria, na qual as duas crianças por nascer, ambas desenhadas fora das mães, se saúdam mutuamente[72].

Se retornarmos a Krishna e compararmos atentamente as profecias a ele relacionadas, recolhidas nas tradições ramatsariarianas do *Atharva,* dos *Vedângas* e dos *Vedântas*[73], com passagens da *Bíblia* e dos Evangelhos apócrifos, alguns dos quais pressagiam talvez a vinda de Cristo, descobriremos fatos muito curiosos. Eis alguns exemplos:

<table>
<tr><td>DOS LIVROS HINDUS[74]</td><td>DOS LIVROS CRISTÃOS</td></tr>
<tr><td>

1. "Ele (o Redentor) virá *coroado de luzes,* saindo o puro fluido da grande alma (. . .) e dispersando as trevas" (*Atharva*).
2. "Na início do Kali-Yuga nascerá o filho da Virgem" (*Vedânta*).

3. "O Redentor virá, e os malditos *Râkshasas* procurarão refúgio no inferno mais profundo" (*Atharva*).

4. "Ele virá, e a vida desafiará a morte (. . .) e ele reviverá o sangue de todos os seres, regenerará todos os corpos e purificará as almas."
5. "Ele virá, e todos os seres animados, todas as flores, plantas, homens, mulheres, crianças, escravos (. . .) entoarão juntos o canto de alegria, pois ele é o Senhor de todas as criaturas (. . .) ele é infinito, pois é poder, pois é sabedoria, pois é beleza, pois é tudo e está em tudo."
6. "Ele virá, mais doce do que o mel e a ambrosia, mais puro do que *o cordeiro* sem mácula" (*Ibid.*).
7. "Feliz o ventre abençoado que o conceberá" (*Ibid.*).

8. "Pois Deus manifestará Sua glória, e proclamará Seu poder, e Se reconciliará com Suas criaturas" (*Ibid.*).
9. "É no ventre de uma mulher que o raio do esplendor divino receberá uma forma humana, e ela conceberá, sendo virgem, pois nenhum contato a maculará" (*Vedângas*).

</td><td>

1. "O Povo da Galiléia dos Gentios, que jazia nas trevas, viu uma grande luz" (*Mateus,* IV, 16, de *Isaías,* IX, 1, 2).
2. "Eis que a jovem conceberá e dará à luz um filho" (*Isaías,* VII, 14, citado em *Mateus,* I, 23).
3. "E eis que Jesus de Nazaré, com o brilho de sua gloriosa divindade, expulsou os terríveis poderes das trevas e da morte" (*Nicodemo,* XVIII, 3).

4. "Eu lhes dou a vida eterna e elas jamais perecerão" (*João,* X, 28).

5. "Regozijai, filha de Sião! Grita de alegria, filha de Jerusalém! Eis que o teu rei vem a ti: ele é justo (. . .) Que riqueza! Que beleza a sua! O trigo fará crescer os jovens, e o mosto as virgens". (*Zacarias,* IX, 9, 17).

6. "Eis o cordeiro de Deus" (*João,* I, 36). "Como um cordeiro, é conduzido ao matadouro". (*Isaías,* LIII, 7).
7. "Bendita és tu dentre as mulheres, e bendito é o fruto do teu ventre!" (*Lucas,* I, 42); "Feliz o ventre que te gerou" (XI, 27).
8. Jesus "manifestou Sua glória" (*João,* II, 11). "Pois era Deus que em Cristo reconciliava o mundo consigo" (2 *Coríntios,* V, 19).
9. "Por ser caso sem paralelos, sem qualquer poluição ou profanação, uma virgem que não conheceu a nenhum homem conceberá um filho, e uma donzela conceberá o Senhor" (*Evangelho do Nascimento de Maria,* III, 5).

</td></tr>
</table>

Por muito que se exagere ou não a antiguidade do *Atharva-Veda* e dos outros livros, permanece o fato de que *essas profecias e a sua realização antecedem ao Cristianismo,* e que Krishna precede a Cristo. Isso é tudo que precisamos investigar.

Fica-se muito surpreendido ao se ler a obra *Monumental Crhistianity.* Seria difícil dizer se é mais forte a admiração pela erudição do autor, ou se o espanto em face de sua argumentação serena e inigualável. Ele reuniu um mundo de fatos que provam que as religiões, muito mais antigas do que o Cristianismo, de Krishna, Buddha e Osíris anteciparam até mesmo os símbolos mais insignificantes daquele. Seus materiais provêm não de papiros forjados, nem de Evangelhos interpolados, mas de esculturas nas paredes dos templos antigos, de monumentos, inscrições e outras relíquias arcaicas, apenas mutiladas pelos martelos dos iconoclastas, o cânone dos fanáticos, e os efeitos do tempo. Ele nos mostra Krishna e Apolo como bons pastores; Krishna segurando o *ànkh* cruciforme e o *chakra*, e Krishna "crucificado no espaço", segundo sua expressão[75]. Sobre essa figura – emprestada pelo Dr. Lundy de *Hindoo Pantheon*, de Moor – , pode-se dizer que ela é capaz de petrificar um cristão de espanto, pois que se trata do Cristo crucificado da arte romana no mais alto grau de semelhança. Não falta uma única característica; e afirma o autor[76]: "[essa] imagem, eu a creio anterior ao Cristianismo (. . .) Ela se assemelha a um crucifixo cristão em muitos respeitos (. . .) O desenho, a atitude, e as marcas dos cravos na mãos e nos pés indicam uma origem cristã, ao passo que a coroa parta de sete pontas, a ausência do bastão e da inscrição usual, e os raios de glória acima, parecem indicar um origem diferente da cristã. Seria talvez o Homem-Vítima, ou o Sacerdote e a Vítima reunidos numa única pessoa, na mitologia hindu, que se ofereceu a si mesmo como sacrifício antes da criação dos mundos? Seria talvez o segundo Deus de Platão que se imprimiu no universo na forma da cruz? Ou seria esse homem divino que foi açoitado, torturado, agrilhoado, que teve os olhos arrancados, e que por fim (. . .) *foi crucificado?*"[77] É tudo isso e muito mais. A *Filosofia Religiosa Arcaica* era universal.

Seja como for, o Dr. Lundy contradiz a Moor[78], e afirma que essa figura é a de *Vithobâ*, um dos avatâras de Vishnu, portanto de Krishna, e *anterior ao Cristianismo*, o que não é um fato fácil de refutar. E embora acredite que tal imagem antecipe o Cristianismo, ele pensa que ela não tem qualquer relação com Cristo! Sua única razão é que "num crucifixo cristão a glória sempre vêm da cabeça sagrada; aqui ela vem de cima, e detrás (. . .) O *Vithobâ* dos pânditas, dado a Moor, parece ser o Krishna crucificado, o deus pastor de Mathurâ (. . .) *um Salvador – o Senhor da aliança, assim como Senhor do céu e da Terra – puro e impuro, luz e treva, bom e mau, pacífico e belicoso, amistoso e colérico, manso e turbulento, misericordioso e vingativo, Deus e uma estranha mistura de homem*, mas não o Cristo dos Evangelhos".

Ora, todas essas qualidades pertencem tanto a Jesus como a Krishna. O próprio fato de que Jesus foi um homem pelo lado da mãe – embora fosse um *Deus* – é igualmente corroborativo. Sua atitude para com a figueira e as sua contradições, em *Mateus*, onde por um lado promete paz na Terra e por outro a espada, etc., são provas a esse respeito. Sem dúvida alguma, essa imagem jamais pretendeu representar Jesus de Nazaré. Ela era a de Vithobâ, como informaram a Moor, e como, além disso, afirmam as *Escrituras Sagradas* hindus, Brahmâ, o sacrificador que é "ao mesmo tempo sacrificador e vítima"; ele é Brahmâ, vítima em Seu Filho Krishna, que veio para morrer na terra por nossa salvação, que realiza Ele mesmo o sacrifício solene [do Sarvamedha]." No entanto, é tanto o homem Jesus como o homem Krishna, pois ambos estavam unidos aos seus *Christos*.

Temos assim que, ou admitir as "encarnações" periódicas, ou deixar passar o Cristianismo como a maior impostura e o maior plágio de todos os séculos!

Quanto às *Escrituras* judaicas, apenas homens como o jesuíta de Carrière, um conveniente representante da maioria do clero católico, pode ainda ordenar a seus seguidores que aceitem apenas a cronologia estabelecida pelo Espírito Santo. É com base na autoridade deste último que ficamos sabendo que Jacó foi, com uma família de setenta pessoas, no total, fixar-se no Egito no ano de 2.298, e que em 2.513 – apenas 215 depois – essas setenta pessoas haviam aumentado tanto, que deixaram o Egito 600.000 fortes homens, aptos à guerra, "sem contar as mulheres e as crianças", o que, de acordo com a ciência da estatística, representaria uma população total de dois a três milhões!! A história natural não registra nenhum paralelo de tal fecundidade, exceto nos arenques vermelhos. Depois disso, que riam os missionários cristãos, se puderem, da cronologia e dos cálculos hindus.

"Felizes são as pessoas, embora não as invejemos", exclama Bunsen, "que não se vexam de fazer Moisés marchar com mais de dois milhões de pessoas ao término de uma conspiração popular, nos alegres dias da 18ª Dinastia; que fazem os israelitas conquistar Canaã sob Josué, durante, ou antes, das mais formidáveis campanhas dos faraós conquistadores nesse mesmo país. Os anais egípcios e assírios, combinados com a crítica histórica da *Bíblia*, provam que o êxodo só poderia ter ocorrido sob o reinado de Menephthah, de modo que Josué não poderia ter cruzado o Jordão antes da Páscoa de 1280, tendo ocorrido a última campanha de Ramsés III, na Palestina, em 1281."[79]

Retomemos, porém, o fio de nossa narrativa com Buddha.

Nem ele, nem Jesus jamais escreveram uma única palavra de suas doutrinas. Devemos tomar os ensinamentos dos mestres segundo o testemunho dos discípulos, e temos portanto, o direito de julgar ambas as doutrinas de acordo com o seu valor intrínseco. Onde mais repousa o peso da lógica, podemos constatá-lo nos resultados dos freqüentes encontros entre os missionários cristãos e os teólogos budistas (*punghi*). Estes últimos sempre levaram a melhor sobre os seus oponentes. Por outro lado, o "Lama de Jeová" raramente consegue dominar seu temperamento, para grande deleite do Lama de Buddha, e demonstra praticamente sua religião de paciência, misericórdia e caridade insultando seus adversários com a linguagem menos canônica que se pode imaginar. Testemunhamo-lo repetidas vezes.

A despeito da notável semelhança entre os ensinamentos diretos de Gautama e Jesus, observamos que os seus respectivos seguidores partem de dois pontos de vista diametralmente opostos. O sacerdote budista, seguindo literalmente a doutrina ética de seu mestre, permanece assim fiel ao legado de Gautama, ao passo que o ministro cristão, distorcendo os preceitos registrados pelos quatro *Evangelhos*, ensina, não o que Jesus ensinou, mas as interpretações absurdas, e amiúde perniciosas, de homens falíveis – Papas, Luteros e Calvinos incluídos. Aqui estão dois exemplos selecionados de ambas as religiões. Deixamos ao leitor a tarefa de julgá-los:

"Não acrediteis em alguma coisa porque muitos falam dela", diz Buddha; "não penseis que isso é uma prova de sua verdade.

"Não acrediteis meramente porque a afirmação escrita de algum antigo sábio o disse; nunca estareis certos de que o escrito não foi revisado pelo dito sábio, ou de que se possa nele confiar. Não acrediteis em vossas fantasias, pensando que, *por ser extraordinária uma idéia, ela deve ter sido inculcada por um Deva, ou por algum ser maravilhoso*.

"Não acrediteis em conjecturas, isto é, escolhendo algo ao acaso como um ponto de partida, e dele tirando conclusões. Antes de contar o dois, o três, e o quatro, *tende bem fixo para vós o número um* (...)

"*Não acrediteis meramente com base na autoridade de vossos mestres*, nem acrediteis e pratiqueis simplesmente *porque eles acreditaram e praticaram*.

"Eu [Buddha] vos digo, deveis saber por vós mesmos que 'isto é mau, isto é punível, isto é censurado pelos sábios, a crença nisto não trará vantagens a ninguém, mas causará infelicidade'. E quando souberes isto, evitai-o."[80]

É impossível evitar de contrastar com esses sentimentos humanos e benévolos as fulminações do Concílio Ecumênico e do Papa contra o uso da razão e a perseguição à ciência, quando ela se choca contra a revelação. A atroz bênção papal dos exércitos muçulmanos e a maldição aos cristãos russos e búlgaros despertaram a indignação de algumas das mais devotas comunidades católicas. Os *Czechs* católicos de Praga, por ocasião do recente cinqüentenário jubileu de Pio IX, e também a 6 de julho, o dia consagrado à memória de John Huss, o mártir queimado, no intuito de assinalar seu horror à política ultramontana a esse respeito, reuniram-se aos milhares nas cercanias do Monte Zhizhkov, e com grande cerimônia e denúncias, queimaram o retrato do Papa, seu Sílabo, e a última oração contra o Csar russo, dizendo que eram bons católicos, mas melhores eslavos. Evidentemente, a memória de John Huss lhes é mais sagrada do que a dos Papas do Vaticano.

"O culto das palavras é mais pernicioso do que o culto das imagens", assinala Robert Dale Owen. "A gramatolatria é a pior espécie de idolatria. Chegamos a uma era em que o literalismo está destruindo a fé (. . .) A letra mata."[81]

Não há um dogma da Igreja ao qual essas palavras possam ser mais bem aplicadas do que à doutrina da *transubstanciação*[82]. "Quem come a minha carne e bebe o meu sangue tem a vida eterna", diz Cristo. "Dura é essa palavra", repetiram seus consternados ouvintes. A resposta *foi a de um iniciado*. "Isto vos ofende? (. . .) É o Espírito que vivifica; a carne para nada serve. As palavras [*rêmata*, ou ditos arcanos] que vos disse são espírito e Vida." [*João*, VI, 54, 61, 63.]

Durante os mistérios, o vinho representava Baco, e o pão, Ceres[83]. O iniciador-hierofante apresentava simbolicamente, antes da *revelação* final, vinho e pão ao candidato que tinha de comer e beber de ambos, em sinal de que o espírito viria vivificar a matéria, *i.e.*, a sabedoria divina iria entrar em seu corpo através do que lhe seria revelado. Jesus, em sua fraseologia oriental, assimilava-se constantemente ao verdadeiro vinho (*João*, XV, 1). Além disso, o hierofante, o revelador do Petroma, era chamado de "Pais". Quando Jesus diz, "Bebei (. . .) este é o meu sangue", tinha ele em mente apenas uma comparação metafórica de si mesmo com a vinha, que produz a uva, cujo suco é seu sangue – vinho. Era essa uma indicação de que, tendo ele sido iniciado pelo "Pai", desejava também iniciar os outros. Seu "Pai" era o agricultor, ele a vinha, seus discípulos os ramos. Seus seguidores, por ignorarem a terminologia dos Mistérios, ficaram surpresos; ele tomaram suas palavras como uma ofensa, o que não é de surpreender, considerando a proibição mosaica do sangue.

Há vários indícios, nos quatro evangelhos, para indicar qual era a esperança secreta e mais ardente de Jesus, com a qual começou a ensinar e com a qual morreu. Em seu imenso e desprendido amor pela Humanidade, ele considerou injusto privá-la dos resultados do conhecimento adquirido por uns poucos. Esse resultado, ele o prega coerentemente – a unidade de um Deus espiritual, cujo templo está dentro de cada um de nós, e em quem vivemos assim como Ele vive em nós – em espírito. Esse conhecimento estava nas mãos dos adeptos judeus da escola de Hillel e dos cabalistas. Mas os "escribas", ou legisladores, tendo mergulhado gradualmente no dogmatismo da letra morta, há muito haviam se separado dos Tannaim, os verdadeiros mestres espirituais; e os cabalistas práticos eram mais ou menos perseguidos pela Sinagoga. Eis por que Jesus exclama: "Ai de vós, legisladores, *pois tomastes as chaves do conhecimento* à Gnose: Vós mesmos não entrastes, e impedistes os que queriam entrar" (*Lucas*, XI, 52). O sentido aqui é claro. Eles tomaram a chave, e não puderam tirar proveito dela, pois a *Masorah* (tradição) se havia tornado um livro fechado, tanto para eles como para outros.

Nem Renan, nem Strauss, nem o mais moderno Visconde Amberley parecem ter sequer suspeitado do verdadeiro sentido de muitas das parábolas de Jesus, ou mesmo do caráter do grande filósofo galileu. Renan, como vimos, apresentou-o como um rabino galicizado, "*le plus charmant de tous*", mas ainda um rabino, que, além disso, não veio da escola de Hillel, ou de qualquer outra, embora ele o chame repetidamente de "o doutor encantador"[84]. Ele o mostra como um jovem entusiasta e sentimental, oriundo das classes baixas da Galiléia, que imagina o rei ideal de suas parábolas como os seres empurpurados e cobertos de jóias com que tomamos contato nos contos de fadas.

O Jesus de Lorde Amberley, por outro lado, é um "idealista iconoclasta", muito inferior em sutileza e lógica a seus críticos. Renan contempla Jesus com a unilateralidade de um semita maníaco; Visconde Amberley encara-o do plano social de um lorde inglês. A propósito dessa parábola sobre a festa de casamento, que ele considera como a encarnação de "uma curiosa teoria de comunhão social", diz o Visconde: "Ninguém pode impedir que indivíduos caridosos peçam a pessoas pobres ou inválidas *sem nenhuma categoria* que venham cear em suas casas (. . .) Mas não podemos admitir que essa espécie de ação venha a se tornar obrigatória (. . .) é certamente desejável que façamos exatamente aquilo que Cristo nos proibiria de fazer, a saber, convidarmos nossos vizinhos e sermos convidados por eles, quando as circunstâncias possam requerê-lo. O medo de que possamos receber uma recompensa pelos jantares que possamos dar é seguramente quimérica (. . .) Jesus, de fato, menospreza por inteiro o lado mais intelectual da sociedade (. . .)"[85]. Tudo isso mostra inquestionavelmente que o "Filho de Deus" não era mestre da etiqueta social, nem digno da "sociedade", mas é também um bom exemplo da incompreensão predominante mesmo de suas parábolas mais sugestivas.

A teoria de Anquetil-Duperron[86], segundo a qual a *Bhagavad-Gîtâ* é uma obra independente, visto que não consta de vários manuscritos do *Mahâ-bhârata*, pode ser tanto uma prova de sua maior antiguidade quanto o contrário. A obra é puramente metafísica e ética, e num certo sentido é *antivédica*, porquanto está, pelo menos, em oposição a muitas das posteriores interpretações bramânicas dos *Vedas*. Como se explica então que, em lugar de destruir a obra, ou, pelo menos, de considerá-la anticanônica – um expediente ao qual a Igreja Cristã jamais deixou de recorrer – , os brâmanes mostram por ela a maior reverência? Perfeitamente *unitarista em seu objetivo*, ela colide com o culto popular dos ídolos. Além disso, a única precaução tomada pelos brâmanes para impedir uma ampla divulgação de seus dogmas, foi preservá-lo mais secreto do que qualquer outro livro religioso das demais castas, exceto a sacerdotal; e impor mesmo sobre essa, em muitos casos, certas restrições. Os maiores mistérios da religião bramânica estão abarcados nesse magnífico poema; e mesmo os budistas o reconhecem, explicando certas dificuldades dogmáticas à sua própria maneira. "Sê desprendido, subjuga teus sentidos e tuas paixões, que obscurecem a razão e conduzem à ilusão", diz Krishna a seu discípulo Arjuna, enunciando assim um princípio puramente budista. "Os pequenos homens seguem os exemplos, os grandes os dão (. . .) a alma deve libertar-se dos vínculos da ação, e agir absolutamente de acordo com a sua origem divina. *Só há um Deus*, e todas as outras *devatâs* são inferiores, e meras formas, poderes de Brahmâ ou de mim mesmo. A adoração por *feitos predomina sobre a da contemplação*."[87]

Essa doutrina coincide perfeitamente com a de Jesus[88]. Só a fé, que não é acompanhada de "obras", é reduzida a zero na *Bhagavad-Gîtâ*. Quanto ao *Atharva-Veda*, ele foi e ainda é preservado em tal segredo pelos brâmanes que constitui assunto de dúvida saber se os *orientalistas* têm uma cópia *completa* dele. Quem quer que tenha lido o que o Abade J. A. Dubois diz sobre o assunto poderá duvidar do fato. "Das últimas espécies" – o *Atharva* – "há pouquíssimas", diz ele, ao escrever sobre os *Vedas*, "e muitas pessoas supõem que ele não existe mais. Mas a verdade é que ainda existem, sim, mas ocultas com mais cuidados do que outros, por medo de serem tomados como iniciados nos mistérios mágicos e outros terríveis segredos que segundo se acredita esta obra ensina"[89].

Mesmo entre os *epoptai* superiores dos *mistérios* maiores havia aqueles que nada sabiam do último e terrível rito – a transferência voluntária de vida do hierofante ao candidato. Em *Ghost-Land*[90], essa operação mística da transferência do adepto de sua entidade espiritual, após a morte de seu corpo, no jovem que ele ama com todo o amor ardente de um pai espiritual, é descrita soberbamente. Como no caso da reencarnação dos lamas do Tibete, um adepto da ordem superior pode viver indefinidamente. Sua casca mortal se desgasta, não obstante certos segredos alquímicos que prolongam o vigor juvenil muito além dos limites usuais, embora o corpo raramente possa manter-se vivo além de dez ou doze anos. O velho envoltório é então esgotado, e o Ego espiritual forçado a deixá-lo, escolhe para sua morada um novo corpo, fresco e cheio do sadio princípio vital. Caso o leitor se sinta inclinado a ridicularizar essa afirmação, sobre o possível prolongamento da vida humana, podemos remetê-lo às estatísticas de vários países. O autor de um excelente artigo na *Westminster Review* de outubro de 1850, é responsável pela asserção de que na Inglaterra há o exemplo autêntico de um certo Thomas Jenkins, que morreu com a idade de 169 anos, e o de "Old Parr", aos 152 anos[*]; e na Rússia alguns camponeses são "conhecidos pelo fato de terem atingido 242 anos"[91]. Há também casos de centenários registrados entre os índios peruanos. Estamos cientes de que vários autores desacreditaram recentemente essas pretensões quanto a uma extrema longevidade, mas, no entanto, afirmamos nossa crença em sua verdade.

Verdadeiras ou falsas, há "superstições" entre os povos orientais com que nunca sonharam Edgar Alan Poe ou Hoffmann. E essas crenças estão no próprio sangue das nações em que tiveram origem. Se cuidadosamente escoimadas dos exageros, descobriremos que elas encarnam uma crença universal nas almas astrais incansáveis e errantes chamadas de fantasmas e vampiros. Um Bispo armênio do século V, de nome Eznik, dá várias de tais narrativas numa obra manuscrita (Livro I, § 20, 30), preservada há cerca de trinta anos na biblioteca do Mosteiro de Etchmiadzin[92]. [**] Entre outras, há uma

---

\* Acredita-se que Thomas Parr, "Old Parr", tenha nascido em Winnington, em 1483. A fonte principal de informações a seu respeito é *Old, Old, Very Old Man*, de John Taylor, um panfleto barato publicado em 1635 e desde então freqüentemente reimpresso. Parr passou a maior parte de sua vida em sua terra natal, na pequena propriedade que herdou de seu pai. Casou-se pela primeira vez aos dezoito anos e, pela segunda, com 122. Trinta anos depois foi levado a Londres por Thomas Howard, segundo Conde de Arundel, e foi apresentado ao Rei em setembro de 1635. A mudança de vida e a pletora de uma rica dieta lhe foram fatais e ele morreu a 14 de novembro de 1635, na casa de Lord Arundel. Uma autópsia feita no dia seguinte pelo famoso William Harvey, revelou que os órgãos principais de Old Parr estavam em perfeitas condições. Parr foi posteriormente enterrado no transepto sul da Abadia de Westminster, onde há uma inscrição no piso de pedra que fornece suas datas e afirma que possuía 152 anos de idade e que viveu sob dez Reis e Rainhas.

Consultar *Dict. of National Biography*, onde podem ser encontrados dados bibliográficos detalhados e fontes de informação. (N. do Org.)

\*\* Eznik Kulpskiy (também pronunciado Yeznik) foi um teólogo e escritor armênio do século V. Foi Bispo de Bagrevand e de Arsharunik e autor de *Refutation of the Sects*, cujo texto armênio foi pu-

tradição que data dos dias do paganismo, segundo a qual sempre que morre no campo de batalha um herói cuja vida ainda é necessária na terra, os aralezes, os deuses populares da antiga Armênia, fecham as feridas do cadáver e sopram nele até infundir-lhe nova e vigorosa vida física. Depois disso, o guerreiro se levanta, apaga todos os traços de suas feridas, e retoma seu lugar na luta. Mas seu espírito imortal parte; e para o resto de seus dias ele vive – como um templo deserto.

Uma vez iniciado o candidato no último e mais solene mistério da transferência de vida, o terrível *sétimo* rito da grande operação sacerdotal, que é a teurgia superior, não mais pertence ele a este mundo. Sua alma ficava então livre, e os *sete* pecados mortais que estavam à espera para devorar-lhe o coração, (pois a alma, liberada pela morte, estaria cruzando as *sete* câmaras e as *sete* escadas), não mais poderiam afligi-lo; eles havia passado pelos "catorze julgamentos", os *doze* trabalhos da hora final[93].

Só o Sumo Hierofante sabia como realizar essa solene operação infundindo sua própria vida e sua alma astral no adepto escolhido por ele como seu sucessor, e que assim se tornava dotado de uma vida dupla[94].

"Em verdade, em verdade te digo, quem não nascer de novo não pode ver o reino de Deus" (João, III, 3). Disse Jesus a Nicodemos: "O que nasceu da carne é carne, o que nasceu do Espírito é espírito".

Essa alusão, tão ininteligível em si mesma, é explicada no *Śatapatha-Brâhmana*. Ele ensina que um homem que se esforça pela perfeição espiritual deve ter *três* nascimentos: 1º, o físico, de seus pais mortais; 2º, o *espiritual,* através do sacrifício religioso (iniciação). 3º, seu nascimento final no mundo do espírito – na morte. Embora possa parecer estranho que devamos ir à antiga terra do Puñjâb e às margens do Ganges sagrado em busca de um intérprete para as palavras ditas em Jerusalém e expostas às margens do Jordão, o fato é evidente. Esse segundo nascimento, ou regeneração do espírito, após o nascimento natural do que é nascido da carne, pode ter espantado o legislador judeu. Não obstante, ele foi ensinado 3.000 anos antes do aparecimento do grande profeta galileu, não apenas na Índia antiga, mas a todos os *epoptai* da iniciação pagã, que foram instruídos nos grandes mistérios da VIDA e da MORTE. Esse segredo dos segredos, segundo o qual a *alma* não está soldada à carne, foi praticamente demonstrado no exemplo dos iogues, os seguidores de Kapila. Tendo emancipado suas almas dos grilhões da *Prakriti*, ou *Mahat* (a percepção física dos sentidos e da mente – numa palavra, criação), eles então desenvolveram sua força de alma e sua força de *vontade,* habilitando-se, assim, enquanto na terra, a comunicar-se com os mundos supernos e a realizar o que é erroneamente chamado de "milagres"[95]. Homens cujos espíritos astrais atingiram na terra o *naihśreyasa*, ou a *mukti*, são semideuses; espíritos desencarnados, eles alcançam *Moksha* ou *Nirvâna*, e esse é o seu *segundo* nascimento espiritual.

Buddha ensina a doutrina de um novo ensinamento de modo tão claro quanto Jesus. Desejando romper com os mistérios antigos, a cujo acesso as massas ignorantes não tinham direito, o reformador hindu, embora mantivesse um silêncio geral sobre mais de um dogma secreto, afirma claramente seu pensamento em várias passagens.

---

blicado em Constantinopla, em 1763, em Esmirna, em 1772 e em Veneza, em 1826 e 1863. Uma tradução francesa apareceu em Paris, em 1853, e uma alemã, em 1927. A obra pode ser encontrada em *Patrologia Orientalis*, vol. XXVIII, nºs 3-4. Embora H. P. B. fale dela como um manuscrito, é provável que se refira à obra mencionada acima. (N. do Org.)

Assim, diz ele: "*Algumas pessoas nascem novamente*; os pecadores vão ao Inferno; as pessoas virtuosas vão ao Céu; aqueles que estão livres de todos os desejos mundanos penetram no Nirvâna" (*Dhammapada*, 126). Noutro lugar, Buddha afirma que é melhor acreditar numa vida futura, na qual se pode examinar a felicidade ou a miséria; pois se o coração acreditar nela, "ele abandonará o pecado e agirá virtuosamente; e mesmo se não houver ressurreição, uma tal vida terá um bom nome, e o respeito dos homens. *Mas aqueles que acreditam na extinção após a morte não deixarão de cometer os pecados*, porquanto nada esperam no futuro[96].

A *Epístola aos Hebreus* trata do sacrifício do sangue. "Onde existe um testamento", diz o autor, "*é necessária a morte do testador* (. . .) Sem o derramamento *de sangue* não há remissão. E também: "Cristo não se atribui a glória de *tornar-se sumo sacerdote*; mas ele a recebeu daquele que lhe disse: Tu és o meu filho, HOJE EU TE GEREI" (*Hebreus.*, V, 5). Essa é uma clara inferência de que $1^{\circ}$, Jesus era considerado apenas à luz de um sumo sacerdote, como Melquisedeque – outro *avatâra*, ou encarnação de Cristo, de acordo com os Padres; e $2^{\circ}$, que o autor pensava que Jesus se havia tornado um "Filho de Deus" apenas no momento de sua iniciação pela água; portanto, que ele não havia nascido deus, nem havia sido fisicamente gerado por Ele. Todo iniciado da "última hora" se torna, pelo próprio fato de sua iniciação, um filho de Deus. Quando Máximo, o Efésio, iniciou o Imperador Juliano nos mistérios de Mithra, ele pronunciou, como fórmula usual do rito, a seguinte: "Por este sangue, eu te lavo de teus pecados. A Palavra do Supremo entrou em ti, e Seu Espírito doravante repousará sobre o RECÉM-NASCIDO do Deus Superior (. . .) Tu és o filho de Mithra". "Tu és o '*Filho de Deus*'", repetiram os discípulos após o batismo de Cristo. Quando Paulo sacudiu a víbora no fogo sem sofrer nenhum mal, o povo de Melita disse: "que ele era *um deus*" (*Atos*, XXVIII, 6). "Ele é o filho de Deus, o Belo!", essa a fórmula utilizada pelos discípulos de Simão Mago, pois pensavam reconhecer nele o "grande poder de Deus".

O homem não pode ter nenhum deus que não esteja limitado por suas próprias concepções humanas. Quanto mais amplo for o alcance de sua visão espiritual, mais poderosa será a sua divindade. Mas onde podemos encontrar uma melhor demonstração d'Ele do que no próprio homem; nos poderes espirituais e divinos que jazem adormecidos em todo ser humano? "A própria capacidade de imaginar a possibilidade de poderes taumatúrgicos é uma evidência de que eles existem", diz o Dr. A. Wilder. "O crítico, assim como o cético, geralmente é inferior à pessoa ou assunto que está sob sua consideração, e, por conseguinte, dificilmente será uma testemunha competente. *Se há falsificações, algo deve ter sido um original genuíno.*"[97]

O sangue gera fantasmas, e suas emanações fornecem a certos espíritos os materiais necessários para moldar suas aparições temporárias. "O sangue", diz Lévi, "é a primeira encarnação do fluido universal; é a *luz vital* materializada. Seu nascimento é a mais maravilhosa de todas as maravilhas da natureza; ele vive apenas se se transforma perpetuamente, pois é o Proteu universal. O sangue provém de princípios em que nada havia dele antes, e torna-se carne, ossos, cabelo, unhas (. . .) lágrimas, e respiração. Não pode se aliar nem à corrupção, nem à morte; quando a vida se vai, ele começa a se decompor; se souberes como reanimá-lo, infundir vida nele por uma nova magnetização de seus glóbulos, a vida retornará. A substância universal, com o seu duplo movimento, é o grande arcano do ser; o sangue é o grande arcano da vida."

"O sangue", diz o hindu Ramatsariar, "contém todos os misteriosos segredos da existência, pois nenhum ser vivo pode existir sem ele. É profanar a grande obra do Criador o ato de comer sangue."

Por sua vez, Moisés, seguindo a lei universal e tradicional, proíbe comer o sangue.

Paracelso escreve que com os vapores do sangue é possível evocar qualquer espírito que desejemos ver; pois com suas emanações ele construirá uma figura, um corpo *visível* – apenas isso é feitiçaria. Os hierofantes de Baal faziam profundas incisões em seus corpos, gerando aparições objetivas e tangíveis com seu próprio sangue. Os seguidores de uma certa seita na Pérsia, muitos dos quais podem ser encontrados nas colônias russas de Temir-Khân-Shura, e Derbent, têm seus mistérios religiosos com o qual formam um largo círculo, e rodopiam à volta com uma dança frenética. Seus templos estão arruinados, e eles fazem o seu culto em grandes edificações provisórias, seguramente guardadas, e com o andar térreo profundamente fechado por areia. Todos vestem longos mantos brancos, e suas cabeças descobertas e cuidadosamente raspadas. Armados de facas, eles logo atingem um estado de furiosa exaltação, e ferem a si mesmos e aos outros até que suas vestes e a areia do chão estejam coalhadas de sangue. Antes do término do "mistério", *todo homem terá uma companhia*, que rodopiará com ele. Às vezes, os dançarinos espectrais terão *cabelos em suas cabeças*, que os deixarão muito diferentes dos seus inconscientes criadores. Como prometemos solenemente jamais divulgar os principais detalhes dessa terrível cerimônia (que tivemos a permissão de presenciar por uma única vez), não insistiremos mais neste ponto[98].[*]

Na Antiguidade, as feiticeiras de Tessália acrescentavam às vezes ao sangue de um carneiro negro o de uma criança, e assim evocavam as sombras. Os sacerdotes eram instruídos na arte de evocar os espíritos dos mortos, assim como os dos elementos, mas a sua maneira era certamente diversa da das feiticeiras de Tessália.

Entre os Yakuts da Sibéria, há uma tribo que habita os confins das regiões de Transbaikal, nas proximidades do rio Vitema (Sibéria oriental), que pratica a feitiçaria tal como era conhecida nos dias das feiticeiras da Tessália. Suas crenças religiosas são uma curiosa mistura de filosofia e superstição. Eles têm um deus principal ou supremo, Ay.Toyon, que não criou, dizem eles, mas apenas *preside* a criação de todos os mundos. Ele vive no *nono* céu, e é apenas do *sétimo* que os outros deuses menores – seus servos – se podem manifestar às suas criaturas. Esse nono céu, de acordo com a revelação das divindades menores (espíritos, supomos), tem três sóis e três luas, e o chão de sua morada é formado de quatro lagos (os quatro pontos cardeais) de "ar suave" (éter), em vez de água. Visto que não oferecem sacrifícios à Divindade Suprema, pois esta não precisa deles, eles tentam propiciar, tanto as boas, como as más divindades, que eles chamam, respectivamente, de deuses "brancos" e "negros". Eles o fazem porque nenhuma das

---

\* O domínio de Tarkov teve existência independente, no Daguestão, do século VIII a 1867, quando se tornou distrito de Temir-Khân-Shura, no Império Russo.. Ao longo dos muitos séculos de sua história, e das guerras com vários exércitos invasores, Tarkov foi governado por indivíduos que portavam o título de *Shambal* e cujo domínio se estendeu ao longo das margens do Mar Cáspio, entre os rios Koysu e Orusay-Bulak.

Shamdudin-Khân foi o último dos Shambal de Tarkov e se retirou da participação ativa nos negócios do domínio a 20 de abril de 1867, quando a administração russa assumiu a sua direção. Ele continuou, todavia, a exercer uma grande influência, devido ao seu caráter honesto e à suas grandes habilidades. Aparentemente H. P. B. encontrou-se com ele um pouco antes de seu afastamento, quando sua soberania foi dividida com um oficial residente russo. (N. do Org.)

duas classes é boa ou má por causa de seu mérito ou demérito pessoal. Como todos estão sujeitos ao Ay.Toyon Supremo, e cada qual tem de cumprir o dever que lhe foi atribuído desde a eternidade, eles não são responsáveis, seja pelo bem, seja pelo mal que produzem neste mundo. A razão dada pelo Yakuts para tais sacrifícios é muito curiosa. Os sacrifícios, dizem eles, ajudam cada classe de deuses a realizar a sua missão da melhor maneira possível, e assim agradar ao Supremo; e todo mortal que ajuda um deus a realizar seu dever deve, por conseguinte, agradar igualmente ao Supremo, pois ele terá auxiliado a justiça. Assim como os deuses "negros" são inculpados de provocar doenças, males e todas as espécies de calamidades à Humanidade, cada uma das quais é uma punição por alguma transgressão, os Yakuts lhes oferecem sacrifícios "sangrentos" de animais, ao passo que aos "brancos" eles fazem oferendas puras, que consistem geralmente de um animal consagrado a algum deus especial e tratado com muito cuidado, a ponto de se tornar sagrado. Segundo suas idéias, as almas dos mortos tornam-se "sombras", e são condenadas a errar sobre a Terra, até que certas mudanças ocorram, seja para melhor, seja para pior, o que os Yakuts não pretendem explicar. As sombras *luminosas, i.e.*, as das boas pessoas, tornam-se guardiãs e protetoras das que as amam na Terra; as sombras "negras" (as malvadas) procuram sempre, ao contrário, afligir àquelas que conhecem, incitando-as a crimes, más ações, e causando injúrias aos mortais. Além desses, como os antigos caldeus, eles contam com sete *Sheitans* (demônios) divinos, ou deuses menores. É durante os sacrifícios de sangue, que ocorrem à noite, que os Yakuts evocam as sombras más ou *tenebrosas*, para lhes perguntar o que podem fazer para cessar sua maldade; por essa razão, *o sangue é necessário*, pois sem os seus vapores, os fantasmas não poderiam se tornar visíveis, e se tornariam, segundo sua concepção, apenas mais perigosos, pois sugariam o sangue das pessoas vivas por meio da transpiração[99]. Quanto às sombras boas e *luminosas*, elas não precisam ser evocadas; além disso, tal ato as perturba; elas podem fazer sentir sua presença, quando necessária, sem qualquer preparativo ou cerimônia.

A evocação pelo sangue também é praticada, embora com um propósito diferente, em várias partes da Bulgária e da Moldávia, especialmente nos distritos vizinhos aos muçulmanos. As terríveis opressões e a escravidão a que esses infortunados cristãos ficaram sujeitos por séculos tornou-os mil vezes mais impressionáveis, e ao mesmo tempo mais supersticiosos, do que aqueles que vivem nos países civilizados. Todos os anos, a sete de maio, os habitantes de todas as cidades ou aldeias moldavo-valáquias e búlgaras têm o que elas chamam de "festa dos mortos". Depois do crepúsculo, massas imensas de homens e mulheres, cada qual com um círio na mão, acorrem aos cemitérios, e rezam nas tumbas dos amigos mortos. Essa antiga e solene cerimônia, chamada de *Trizna*, é uma reminiscência dos primitivos ritos cristãos, mas muito mais solene, quando sob a escravidão muçulmana. Todos os túmulos são ornamentados com uma espécie de armário, de cerca de meio metro de altura, construído com quatro pedras, e com duas portas dobráveis. Essas caixas contém o que se chama de utensílios do defunto, a saber: uns poucos círios, algum óleo e uma lâmpada de barro, que é iluminada nesse dia, e queima por vinte e quatro horas. As pessoas ricas têm lâmpadas de prata ricamente cinzeladas, e imagens cravejadas de jóias, que estão a salvo dos ladrões, pois, no cemitério, os armários ficam abertos. Tal é o medo da população (muçulmana e cristã) da vingança dos mortos que um ladrão capaz de cometer qualquer assassínio jamais ousaria tocar a propriedade de uma pessoa morta. Os búlgaros acreditam que todo sábado, e especialmente toda véspera do domingo de Páscoa, até o Dia da Trindade (cerca de sete semanas), as almas dos mortos descem à Terra, algumas para pedir perdão aos vivos a quem fizeram mal; outras para proteger seus entes queridos e com eles comungar. Seguindo fielmente os ritos tradicionais de seus antepassados, os nativos, a cada sábado dessas sete semanas, mantêm suas lâmpadas ou círios acesos. Em adição a isso, a *sete* de maio eles encharcam os túmulos com vinho, e queimam incenso ao redor deles, do crepúsculo à aurora. Para os habitantes das cidades, a cerimônia se limita a essas simples observâncias. Para alguns dos camponeses, no entanto, o rito assume as proporções de uma evocação teúrgica. Na véspera do Dia da Ascensão, as mulheres búlgaras acendem vários círios e velas; os vasos são colocados sobre tripés, e o incenso perfuma a atmosfera por quilômetros, enquanto grossas nuvens brancas de fumaça envolvem os túmulos, como se um véu os separasse. Durante o entardecer e até antes da meia-noite, em memória dos mortos, os familiares e um certo número de mendigos são alimentados e tratados com vinho e *rakíya* (uísque de vinho), e dinheiro é distribuído aos pobres, de acordo com os meios dos parentes sobreviventes. Quando a festa termina, os convidados se aproximam do túmulo e, dirigindo-se ao defunto pelo nome, o agradecem pelos prêmios recebidos. Quando todos partem, exceto os parentes mais próximos, uma mulher, geralmente a mais idosa, fica só com o morto, e − dizem alguns − recorre à cerimônia da invocação.

Após ardentes preces, repetidas com a face voltada para o túmulo, mais ou menos gotas de sangue são extraídas de perto de seu seio esquerdo, e derramadas sobre o jazigo. Isso dá força ao espírito invisível que paira ao redor, para assumir por uns poucos instantes uma forma visível, e sussurrar suas instruções ao teurgista cristão − se ele tem alguma para oferecer, ou simplesmente "abençoar o pranteador" e então desaparecer novamente até o ano seguinte. Tão firmemente enraizada é essa crença que ouvimos o caso de uma família em dificuldades, na qual a mulher moldávia apelava à sua irmã para adiar todas as decisões até a noite da Ascensão, quando então o pai morto *seria capaz de lhes dizer qual era a sua vontade pessoalmente*, com o que a irmã concordou, como se o pai estivesse simplesmente no quarto ao lado.

Que há segredos terríveis na Natureza, eis algo em que podemos acreditar quando, como vimos no caso do *znachar'* russo, o feiticeiro não pode morrer enquanto não passar a palavra a outro, e os hierofantes da Magia Branca realmente o fazem. Parece que o poder terrível da "Palavra" só poderia ser confiado a um homem de um certo distrito ou corpo de pessoas ao mesmo tempo. Quando o Brahmâtma estava prestes a deixar o fardo da existência física, ele comunicava seu segredo ao seu sucessor, seja oralmente, seja por meio de um escrito colocado numa caixa seguramente aferrolhada e ao alcance apenas do legatário. Moisés "depôs as mãos" sobre seu neófito, Josué, nas solidões de Nebo, e partiu. Aarão inicia Eleazar no Monte Hor, e morre. Siddhârta-Buddha promete a seus mendigos que antes da morte viverá naquele que o merecer, abraça seu discípulo favorito, murmura em seu ouvido, e morre; e assim que a cabeça de João repousa no regaço de Jesus, é informado de que ele deverá demorar até a sua volta. Tal como as fogueiras de comunicação dos tempos antigos, que, acesas e extintas alternadamente no topo das montanhas, transmitiam certas informações por um longo trecho do país, vemos assim uma longa linhagem de homens "sábios", desde o início da história até os nossos tempos, comunicando a palavra da sabedoria aos seus sucessores diretos. Passando de profeta a profeta, a "Palavra" cintila como relâmpago, e, retirando embora para sempre o iniciador da visão humana, apresenta o novo iniciado. Entrementes, as nações se matam umas às outras em nome de outra "Palavra", uma substância vazia aceita literalmente por cada uma delas, e mal interpretada por todas! Temos poucas seitas que de fato praticam a feitiçaria. Uma delas é a dos Yezîdis, considerados por alguns como um ramo dos Curdos, embora isso nos pareça errôneo. Habitam principalmente as regiões montanhosas e desoladas da Turquia asiática, nos arredores de Mosul, e são encontrados também na Síria[100] e na Mesopotâmia. São chamados por toda parte de adoradores do demônio, e com certeza não foi por ignorância ou rebaixamento mental que se entregaram ao culto e a uma regular intercomunicação com os mais baixos e mais maliciosos elementais e elementares. Eles reconhecem a maldade atual do chefe dos "poderes negros", mas ao mesmo tempo temem seu poder, e portanto tentam captar seus favores. Ele está numa luta aberta com Alá, dizem eles, mas uma reconciliação pode ocorrer entre os dois em algum dia; e aqueles que mostram marcas de seu desrespeito ao "princípio negro" atualmente, podem sofrer por isso num tempo futuro, e ter tanto Deus, como o Demônio, contra si. Essa é simplesmente uma política astuciosa que procura propiciar a sua majestade satânica, que não é outro senão *Tchermo-bog* (o deus negro) dos Variago-Russos, os antigos russos idólatras de antes dos dias de Vladimir.

Como J. Wier, o famoso demonógrafo do século XVI (que em sua *Pseudomonarchia Daemonum* descreve e enumera uma corte infernal regular, que tem seus dignitários, príncipes, duques, nobres e oficiais), os Yezîdis têm todo um panteão de demônios, e utilizam os Yakshas, os espíritos aéreos, e os afrits do deserto, para transmitir suas preces e seus respeitos a Satã, seu mestre. Durante suas cerimônias de devoção, eles juntam as mãos e formam imensos círculos, com seu Xeque, ou um sacerdote oficiante, no meio, que bate palmas, e entoa versos em louvor de Sheitan (Satã). Eles então rodopiam e saltam. Quando o frenesi chega a seu clímax, eles se ferem e cortam com adagas, prestando ocasionalmente o mesmo serviço aos seus vizinhos. Mas suas feridas não cicatrizam tão facilmente, como no caso dos lamas e dos homens santos, pois não raramente caem vítimas dos flagelos auto-inflingidos. Enquanto dançam e brandem as adagas sem as soltar das mãos – pois isso seria considerado como sacrílego, e o encanto se quebraria instantaneamente –, eles lisongeiam e reverenciam Sheitan, e o induzem a manifestar-se em suas obras por meio dos "milagres". Como seus ritos são realizados principalmente durante a noite, eles não deixam de obter manifestações de diversos tipos, a menor das quais são enormes globos de fogo que tomam a forma dos animais mais estranhos.

A Sra. Hester Stanhope[*], cujo nome por muitos anos foi prezado nas fraternidades maçônicas do Oriente, testemunhou pessoalmente, ao que dizem, várias dessas

---

\* Lady Hester Lucy Stanhope era a filha mais velha de Charles, Visconde Mahon (depois, o Terceiro Conde Stanhope), com sua primeira esposa, Lady Hester Pitt, irmã do famoso William Pitt. Nasceu a 12 de março de 1776 e viveu na propriedade de seu pai em Chevening, Kent, até mais ou menos 1800, quando sua disposição instável a levou à casa de sua avó. Em 1803, tornou-se a líder da casa de seu tio, William Pitt, onde logo se tornou sua confidente mais segura. Possuía sagacidade, beleza e talento para os negócios. Após a morte de Pitt, em 1806, permaneceu durante algum tempo em Londres e Gales. Aborrecida com as restrições da sociedade, deixou a Inglaterra e partiu para o Levante, em 1810, e, depois de muitas andanças, fixou-se entre os drusos do Monte Líbano, onde o paxá de Acre lhe cedeu as ruínas de um convento e a aldeia de Dahar-Juni. A partir de um grupo de casas que construiu ali, cercadas por um muro semelhante a uma fortaleza, ela exerceu uma autoridade quase absoluta sobre alguns dos distritos vizinhos, mantida por seu caráter dominador e pela crença de que ela possuía o dom da adivinhação. Intrigou-se contra os cônsules britânicos e exerceu alguma

cerimônias yezîdianas. Informou-nos um '*Uqqal* da seita dos drusos que, após ter estado presente a uma de suas "missas do demônio", como elas são chamadas, essa extraordinária senhora, tão considerada pela coragem pessoal e pela audaciosa bravura, desmaiou e, não obstante o seu traje masculino de Emir, foi chamada à vida com a maior dificuldade. Pessoalmente, lamentamos dizer, todos os nossos esforços para testemunhar uma dessas cerimônias falharam.

Um artigo recente de um jornal católico sobre nagual e vodu acusa o Haiti de ser o centro das sociedades secretas, com formas terríveis de iniciação e ritos sanguinolentos, onde *crianças humanas são sacrificadas e devoradas pelos adeptos* (!!). Piron, um viajante francês, é longamente citado, em sua descrição de uma terrível cena testemunhada por ele em Cuba, na casa de uma senhora que ele jamais suspeitara de ter qualquer relação com seita tão monstruosa. "Uma jovem branca, nua, agia como sacerdotisa vodu, levada ao frenesi por danças e encantamentos que se seguiram ao sacrifício de duas galinhas, uma branca e outra preta. Uma serpente, treinada para o papel, e que dançava conforme a música, enrolava-se nos membros da jovem, e seus movimentos eram estudados pelos participantes que dançavam ao redor ou observavam suas contorções. O espectador fugiu por fim, horrorizado, quando a pobre jovem caiu ao solo presa de um ataque epiléptico."

Embora deplorando esse estado de coisas em países cristãos, o artigo católico em pauta explica essa tenacidade dos ritos religiosos ancestrais como uma evidência da *depravação natural do coração humano*, e invoca o maior zelo da parte dos católicos. Além de repetir a absurda ficção sobre as crianças devoradas, o autor parece totalmente insensível ao fato de que a devoção a uma fé que séculos da mais cruel e sangrenta perseguição não conseguem extinguir, faz os heróis e os mártires de um povo, ao passo que a sua conversão a qualquer outra fé os transformaria simplesmente em renegados. A resposta recebida de alguns indianos, pelo missionário Margil, corrobora esse truísmo. A questão era: "Por que sois pagãos depois de terdes por tanto tempo sido cristão?" A resposta: "O que farias, padre, se os inimigos de tua fé conquistassem tua terra? Não pegarias todos os teus livros e vestes e sinais de religião e te retirarias para as cavernas e montanhas mais distantes? É isso justamente o que fizeram nossos sacerdotes, nossos profetas, nossos nagualistas".

Tal resposta de um católico romano, interrogado por um missionário da Igreja grega ou protestante, lhe granjearia a coroa de santo no martiriológio papal. Muito melhor uma religião "pagã" que pode extorquir de um Francisco Xavier o tributo que ele paga aos japoneses, dizendo que "na virtude e na probidade, eles ultrapassavam todas as nações que havia visto", do que um Cristianismo cujo avanço sobre a face da Terra devastou as nações aborígenes como um furacão de fogo[101]. Doenças, alcoolismo e

---

influência sobre o próprio paxá Ibrahim. Com o passar do tempo, adotou as maneiras e os costumes orientais, praticou a astrologia e se diz que acreditava na "transmigração" de almas, seja lá qual o sentido que se dava a essa expressão. Fez muitas dívidas e a parte principal de sua pensão foi tomada pelo Governo da Inglaterra para pagar os credores. Sofreu muito com esse fato e trancou-se em seu castelo, cujos portões foram fechados. Morreu ali a 23 de junho de 1839, sendo enterrada em seu próprio jardim. Em 1845, apareceram três volumes das *Memoirs of the Lady Hester Stanhope as related by herself in Conversations with her Physician* (Dr. Charles Lewis Meryon, que esteve com ela durante muitos anos); foram seguidos por outros três, de *Travels*, escritos pela mesma pena. Em suma, Lady Stanhope foi um caráter muito excêntrico e estranho. (N. do Org.)

relaxamento dos costumes são os resultados imediatos da apostasia da fé dos pais, e a conversão para uma religião de meras formas.

Não precisamos recorrer a fontes inimigas para saber o que o Cristianismo está fazendo com a Índia Britânica. O Capitão O'Grady, o ex-oficial britânico, diz: "O governo britânico comete um ato vergonhoso ao transformar a sóbria raça dos nativos indianos numa nação de bêbados, por pura *cupidez*. A bebida é proibida, tanto pela religião dos hindus, quanto pela dos muçulmanos. Mas (. . .) o ato de beber está se tornando cada dia mais generalizado (. . .) O que o maldito tráfico de ópio, imposto à China pela cupidez britânica, causou a essa infeliz nação, a venda de álcool pelo governo o fará à Índia. Pois se trata de um monopólio do governo, baseado quase que exatamente no mesmo modelo do monopólio do tabaco pela Espanha (. . .) Os criados estrangeiros das famílias européias transformam-se amiúde em terríveis beberrões (. . .) Os servos do país detestam usualmente a bebida, e são muito mais respeitáveis nesse ponto do que os seus patrões e patroas (. . .) todos bebem (. . .) bispos, capelães, as jovens recém-saídas das escolas, todos"[102].

Sim, tais são as "bênçãos" que a moderna religião cristã traz, com suas *Bíblias* e *Catecismos*, aos "pobres pagãos". Rum e bastardia ao Indostão; ópio à China; rum e doenças medonhas ao Taiti; e, pior que tudo, o exemplo da hipocrisia na religião, e um ceticismo e ateísmo prático, que, por parecer bom para os povos *civilizados*, pode muito bem, com o tempo, vir a se considerado como bom por aqueles cuja teologia por muito tempo permaneceu sob o jugo do céu. Por outro lado, tudo o que é nobre, espiritual, elevado na religião antiga é negado, e mesmo deliberadamente falsificado.

Peguemos Paulo, leiamos as poucas partes originais que nos restaram dos escritos atribuídos a esse homem bravo, honesto e sincero, e vejamos se alguém pode encontrar nelas uma palavra que seja para mostrar que Paulo considerava a palavra Cristo como algo mais do que o ideal abstrato da divindade pessoal que habita no homem. Para Paulo, Cristo não é uma pessoa, mas uma idéia encarnada. "Se alguém está em Cristo, é uma nova criatura"[103], *ele renasce*, como depois da iniciação, pois o Senhor é espírito – o espírito do homem. Paulo foi o único apóstolo que compreendeu as idéias secretas que subjaziam aos ensinamentos de Jesus, embora jamais o tenha encontrado pessoalmente. Mas Paulo se iniciou a si mesmo; e, decidido a inaugurar uma nova e ampla reforma, ele sinceramente elevou suas próprias doutrinas muito acima da sabedoria dos séculos, acima dos antigos Mistérios e da revelação final dos *epoptai*. Como comprova o Professor A. Wilder numa série de argutos artigos, *não foi Jesus, mas Paulo o verdadeiro fundador do Cristianismo*. "Foi em Antioquia que os discípulos receberam pela primeira vez o nome de cristãos", dizem os *Atos dos Apóstolos*, XI, 26. "Homens como Irineu, Epifânio e Eusébio transmitiram à posteridade a reputação de práticas inverídicas e desonestas; e o coração chora diante das histórias dos crimes desse período", escreve o autor, num artigo recente[104]. "Seja lembrado", acrescenta ele, "que quando os muçulmanos invadiram a Síria e a Ásia Menor pela primeira vez, foram bem recebidos pelos cristãos dessas regiões como libertadores da intolerável opressão das autoridades governantes da Igreja."

Maomé jamais foi, ou é agora, considerado como um deus; no entanto, sob o estímulo de seu nome, milhões de muçulmanos serviram a seu Deus com um ardor que não tem paralelo no sectarismo cristão. Que os muçulmanos tenham degenerado tristemente depois dos dias de seu profeta, não altera o caso em questão, mas apenas prova o domínio da matéria sobre o espírito em todo o mundo. Além disso, eles jamais se degeneraram tanto da fé primitiva quanto os próprios cristãos. Por que, então, não deveria Jesus de Nazaré, mil vez mais nobre e moralmente superior do que Maomé, ser reverenciado pelos cristãos e seguido na prática, ao invés de ser cegamente adorado numa fé inútil como deus, e ao mesmo tempo reverenciado muito mais à maneira de certos budistas, que giram sua roda de orações? Que essa fé se tornou estéril, e não é mais digna do nome de Cristianismo do que o fetichismo dos Calmuques o é, da filosofia pregada por Buddha, ninguém duvida. "Jamais manteríamos a opinião", diz o Dr. Wilder, "de que o Cristianismo moderno é em qualquer grau idêntico à religião pregada por Paulo. Falta-lhe a amplitude de concepções de Paulo, seu fervor, sua fina percepção espiritual. Tomando a forma das nações pela qual é professado, ele exibe tantas formas quantas são as raças. É uma coisa na Itália e na Espanha, mas completamente diversa na França, na Alemanha, na Holanda, na Suécia, na Grã-Bretanha, na Rússia, na Armênia, no Curdistão e na Abissínia. Comparado com os cultos anteriores, a mudança parece ser mais de nome do que de gênio. Os homens foram ao leito pagão e despertaram cristãos. Quanto ao *Sermão da Montanha*, suas notáveis doutrinas são mais ou menos repudiadas por todas as comunidades cristãs de alguma dimensão. O barbarismo, a opressão, os castigos cruéis são tão comuns agora como nos dias do paganismo.

"O Cristianismo de Pedro não existe mais; o de Paulo o suplantou, e foi por sua vez amalgamado com as outras religiões do mundo. Quando a Humanidade for iluminada, ou as raças e famílias bárbaras forem suplantadas por aquelas de natureza e instintos mais nobres, as excelências ideais poderão se tornar realidades.

"O 'Cristo de Paulo' constituiu um enigma que evocou os mais ingentes esforços no sentido de sua solução. Ele era algo diverso do Jesus dos *Evangelhos*. Paulo prescindiu completamente de suas 'intermináveis genealogias'. O autor do quarto *Evangelho*, um gnóstico alexandrino, descreve Jesus como o que agora chamaríamos de um espírito divino 'materializado'. Ele era o Logos, ou Primeira Emanação – o Metatron (. . .) A 'mãe de Jesus', como a Princesa Mâyâ, Danaé, ou talvez Periktione, deu nascimento, não a uma criança, mas a um rebento divino. Nenhum judeu de qualquer seita, nenhum apóstolo, nenhum crente primitivo, jamais promulgou tal idéia. Paulo trata de Cristo antes como uma personagem, do que como uma pessoa. As lições sagradas das assembléias secretas personificavam amiúde o bem divino e a verdade divina numa forma humana, assaltada pelas paixões e pelos apetites da Humanidade, mas superior a eles; e essa doutrina, emergindo da cripta, foi assimilada pelos ignorantes sacerdotes como a de uma concepção imaculada e uma encarnação divina."

Numa antiga obra, publicada em 1693 e escrita pelo Senhor De la Loubère, embaixador francês no reino de Sião[105], são relatados muitos fatos interessantes da religião siamesa. As observações do satírico francês são tão agudas que citaremos suas palavras a respeito do Salvador siamês – Sommona-Codom.

"Embora os siameses afirmem o prodigioso nascimento de seu Salvador, não lhe deixam de atribuir *um pai e uma mãe*[106]. Sua mãe, cujo nome se acha em alguns de seus livros Balie [Páli?], chamava-se, como dizem, *Mahâ MARIA*, que parece significar a *Grande Maria*, pois *Mahâ* significa *grande* (. . .) Seja como for, isso não deixa de chamar a atenção dos missionários, e deu talvez ocasião aos siameses para acreditar que, sendo Jesus o Filho de *Maria*, seria ele irmão de Sommona-Codom, e que, tendo ele sido crucificado, seria esse irmão *perverso* que deram a Sommona-Codom, sob o nome de *Thevetat*, que teria sido castigado no Inferno, com uma punição algo parecida à Cruz (. . .) Os siameses esperam outro Sommona-Codom, penso que outro homem miraculoso como ele, a quem já chamam de *Pra-Narotte*, e que, conforme dizem, foi prenunciado por *Sommona* (. . .) Ele fez toda sorte de milagres (. . .) Tinha dois discípulos, cada qual sentado em um dos pés do ídolo; um à direita, e o outro à esquerda (. . .) o primeiro chamava-se *Pra-Mogla*, e o segundo *Pra-Scaribout* (. . .) O pai de Sommona-Codom era, de acordo com esse mesmo Livro *Balie*, um Rei de *Teve Lanca*, isto é, um Rei do famoso Ceilão. *Mas como os Livros Balie não têm data, nem autor, têm eles tanta autoridade quanto todas as tradições, cuja origem é desconhecida.*"[107]

Este último argumento é tão imponderado quanto errôneo. Não sabemos de qualquer livro, em todo o mundo, menos autenticado quanto a data, nomes dos autores, ou tradição do que a nossa *Bíblia Cristã*. Sob tais circunstâncias, os siameses têm tantas razões para acreditar em seu miraculoso Sommona-Codom como os cristãos em seu Salvador de miraculoso nascimento. Além disso, eles não têm mais direito a forçar sua religião sobre os siameses, ou sobre qualquer outra nação, para onde vão sem ser chamados, do que os chamados pagãos "a compelir a França ou a Inglaterra a aceitarem o Budismo sob a ponta da espada". Um missionário budista, mesmo na América livre-pensadora, correria diariamente o risco de ser atacado, e isso não impede aos missionários de caluniar publicamente a religião dos brâmanes, dos lamas e dos bonzos; e estes nem sempre têm liberdade para responder-lhes. Isso é o que se chama de difundir a luz do Cristianismo e da civilização sobre as trevas do ateísmo.

No entanto, descobrimos que essas pretensões – que poderiam parecer ridículas se não fossem tão fatais a milhões de homens nossos semelhantes que apenas pedem que os deixem em paz – eram plenamente apreciadas já no século XVII. Descobrimos o mesmo espirituoso Monsieur de La Loubère, sob o pretexto de piedosa simpatia, dando algumas instruções verdadeiramente curiosas às autoridades eclesiásticas[108], que encarnam a própria alma do jesuitismo.

"Do que falei a respeito das opiniões dos orientais", observa ele, "é fácil compreender quão difícil é a tentativa de lhes impor a religião cristã; e daí a necessidade de que os missionários, que pregam o Evangelho no Oriente, compreendam perfeitamente as maneiras e as crenças desse povo. Pois, assim como os apóstolos e os primeiros cristãos, quando Deus corroborava sua pregação com tantos prodígios, não revelaram de uma só vez aos pagãos todos os mistérios que adoramos, mas os ocultaram por um longo tempo deles, e também dos catecúmenos, o conhecimento daqueles que poderiam escandalizá-los; parece-me muito racional que os missionários, que não têm o dom dos milagres, não devam atualmente revelar aos orientais todos os nossos mistérios, nem todas as práticas do Cristianismo.

"Seria conveniente, por exemplo, se não estou enganado, não lhes pregar, *sem grande cautela*, o culto dos Santos; e quanto ao conhecimento de Jesus Cristo, penso que seria necessário ocultá-lo deles, se posso assim dizer, e *não lhes falar do mistério da Encarnação*, senão depois de estarem eles convencidos da existência de um Deus Criador. Pois qual é a probabilidade de persuadir os siameses a retirarem *Sommona-Codom, Pra-Mogla e Pra-Scaribout* dos altares, e pôr Jesus Cristo, São Pedro e São Paulo em seu lugar? Não seria mais próprio ensiná-los sobre Jesus Cristo crucificado apenas depois de terem compreendido que um homem pode ser *infeliz* e *inocente;* e que pela regra recebida, mesmo entre eles, de que um inocente pode assumir a responsabilidade do culpado, foi necessário *que um deus se tornasse homem*, a fim de que esse Deus-Homem pudesse, graças a uma vida laboriosa, e a uma infame mas voluntária morte, satisfazer todos os pecados dos homens; mas antes de mais nada seria necessário lhes dar a verdadeira idéia de um Deus Criador, justamente indignado contra os homens. A Eucaristia, depois disso, não escandalizaria os siameses, como escandalizou outrora os pagãos da Europa, além do mais porque os siameses de fato acreditam que *Sommona-Codom* poderia dar sua esposa e seus filhos aos talapoins para que os comessem.

"Do contrário, como os chineses são extremamente respeitosos para com seus pais, não duvido de que, se o Evangelho lhes caísse atualmente nas mãos, ficariam eles escandalizados com aquela passagem em que, quando algumas pessoas informaram a Jesus que sua mãe e seus irmãos o esperavam, respondeu ele de modo a entender que isso pouco se lhe dava. Eles *não ficariam menos ofendidos* com aquelas outras misteriosas palavras, que nosso divino Salvador falou ao jovem homem que precisava de tempo para enterrar seus pais: 'Deixai aos mortos', disse ele, 'o cuidado de enterrar os mortos.' Todos conhecem a confusão que os japoneses expressaram a São Francisco Xavier quanto à *eternidade da condenação*, não sendo capazes de acreditar que seus pais mortos cairiam em tão horrível desgraça pelo fato de *não terem abraçado o Cristianismo, do qual jamais haviam ouvido falar*. Parece necessário, por conseguinte, impedir e modificar esse pensamento, utilizando o meio empregado por esse grande apóstolo das Índias, estabelecendo, em primeiro lugar, a idéia de um Deus onipotente, onisciente e justo, autor de todas as boas coisas, a quem tudo se deve, e por cuja vontade devemos prestar aos reis, aos bispos, aos magistrados e aos nossos pais o necessário respeito. Esses exemplos são suficientes para mostrar com que precaução é necessário preparar as mentes dos orientais para que pensem como nós, e *não fiquem ofendidos com muitos dos Artigos da fé* cristã."[109]

E o que restou, perguntamos, para pregar? Sem nenhum Salvador, nenhuma expiação, nenhuma crucificação para o pecado humano, nenhum Evangelho, nenhuma condenação eterna para lhes contar, e nenhum milagre para exibir, o que restou para os jesuítas disseminarem entre os siameses, a não ser o pó dos santuários pagãos, no propósito de lhes cegar os olhos? O sarcasmo é de fato amargo. A moralidade que esses pobres pagãos comungam por sua fé ancestral é tão pura que o Cristianismo precisa ser podado de todos os seus traços característicos, antes que os seus sacerdotes possam se arriscar a oferecê-lo a exame. Uma religião que não pode ser confiada ao escrutínio de um povo simples, leal, honrado, piedoso, modelo de ternura filial e de profunda reverência por Deus, com um instintivo horror de profanar Sua majestade, essa religião deve ter algo de errado. E isso nosso século o está demonstrando paulatinamente.

Na expoliação sofrida pelo Budismo para edificar a nova religião cristã, era de esperar que um caráter tão imaculado quanto Gautama Buddha fosse aproveitado. Seria natural que após tomar essa história legendária para preencher as lacunas deixadas na fictícia história de Jesus, e após utilizar o que podiam da de Krishna, eles tomassem o homem Śâkyamuni e o pusessem em seu calendário sob um nome suposto. Eles o fizeram, e o Salvador hindu apareceu no devido tempo na lista de santos como Josafá, para fazer companhia a esses mártires da religião, Santos Aura e Plácida, Longinus e Amphibolus.

Em Palermo, há mesmo uma igreja dedicada a *Divo Josaphat*. Entre as vãs tentativas dos posteriores autores esclesiásticos para fixar a genealogia desse misterioso santo, a mais original foi a de transformá-lo em Josué, o filho de Nun. Mas como essa insignificantes dificuldades foram por fim superadas, descobrimos a história de Gautama copiada *palavra por palavra* dos livros sagrados budistas, na *Legenda Dourada*. Os nomes das pessoas foram modificados, o lugar da ação, Índia, permanece o mesmo – tanto na lenda cristã como na budista. Pode-se descobri-lo também no *Speculum Historiale* de Vicente de Beauvais, que foi escrito no século XIII. A primeira descoberta se deve ao historiador do Couto, embora o Prof. Müller credite o primeiro reconhecimento da identidade das duas histórias a Laboulaye, em 1859[110]. O Cel. Yule conta-nos que essas histórias de Barlaam e Josafá "foram reconhecidas por Baronius, e acham-se à p. 348 de '*A Martiriologia Romana*, publicada por ordem do Papa Gregório XIII, e revisada pela autoridade do Papa Urbano VIII, traduzida do latim para o inglês por G. K. da Companhia de Jesus (. . .)'"[111].

Repetir ainda que uma pequena parte desse absurdo eclesiástico seria tedioso e inútil. Quem o duvidar e quiser conhecer a história, que a leia na obra do Cel. Yule. Algumas das especulações cristãs e eclesiásticas parecem ter embaraçado até mesmo a Dominie Valentyn. "Há alguns que tomam esse Budhum por um judeu sírio fugitivo", escreve ele; "outros que o tomam por um discípulo do Apóstolo Tomás; mas, como nesse caso ele poderia ter nascido 622 anos antes de Cristo, eu deixo a eles a tarefa de explicar. Diogo do Couto acredita que se trata certamente de *Josué*, o que é ainda mais absurdo!"[112]

"O romance religioso intitulado *História de Barlaam e Josafá* foi por vários séculos uma das obras mais populares do Cristianismo", diz o Cel. Yule. "Foi traduzido para todas as principais línguas européias, inclusive para os idiomas escandinavos e eslavos (. . .) A história (. . .) aparece primeiramente nas obras de São João Damasceno, um teólogo da primeira metade do século VIII."[113] Aqui repousa o segredo de sua origem, pois esse São João, antes de se tornar sacerdote, teve um alto cargo na corte do califa Abu Jáfar Almansúr, onde provavelmente aprendeu a história, e posteriormente a adaptou às novas necessidades ortodoxas do Buddha transformado em santo cristão.

Tendo repetido a história plagiada, Diogo do Couto, que parece comunicar com relutância sua curiosa noção de que Gautama era Josué, diz: "A esse nome [Budâo] os Gentios por toda Índia dedicaram grandes e soberbos pagodes. Com referência a essa história, tivemos o cuidado de investigar se os antigos gentios dessas partes tinham em seus escritos algum conhecimento de São Josafá, que foi convertido por Barlam, que em sua lenda é representado como filho de um grande rei da Índia, e que havia tido quase a mesma educação, com todos os detalhes que se contam da vida do Budâo (. . .) Em minha viagem pela Ilha de Salsette, vi raros e admiráveis pagodes, que chamamos de Pagodes Canará, Cavernas de Kânheri, edificados numa montanha, com muitas paredes cortadas de sólida rocha (. . .) e indagando desse velho sobre a obra, e sobre o que ele pensava quanto a quem a havia construído, ele nos informou que a obra fora executada sem dúvida por ordem do pai de São Josafá para aí mantê-lo em reclusão, como reza a história. E como ela nos informa que ele foi filho de um grande rei na Índia, pode muito bem ser, como já dissemos, que *ele* era o Budâo, de quem se contam tantas maravilhas"[114].

A lenda cristã provém igualmente, em muitos de seus detalhes, da tradição singalesa. Foi nessa ilha que se originou a história do jovem Gautama que rejeita o trono do pai, e este erige para ele um soberbo palácio, no qual o manteve em semiprisão, cercado por todas as tentações da vida e das riquezas. Marco Polo a narrou como a havia recebido dos singaleses, e descobrimos que sua versão é uma fiel repetição do que consta em vários livros budistas. Como afirma singelamente Marco Polo, Buddha levou uma vida tão dura e tão santa, e manteve tal abstinência, *"quase como se fosse um cristão.*

De fato", acrescenta, "ele teria sido um grande santo de nosso Senhor Jesus Cristo, tão boa e pura foi a vida que levou." A esse piedoso apotegma, seu editor observa com pertinência que "Marco não é a única pessoa eminente que expressou esse ponto de vista sobre a vida de Sâkyamuni". E, por sua vez, o Prof. Max Müller diz: "Seja o que for que pensemos da santidade dos santos, aqueles que duvidam do direito de Buddha a um lugar entre eles devem ler a história de sua vida tal como consta do cânone budista. Se ele viveu a vida que aí é descrita, poucos santos podem reclamar um título melhor do que o de Buddha; e ninguém da Igreja grega ou romana deve se arrepender de haver conferido à sua memória as honras da santidade conferidas a São Josafá, o príncipe, o eremita e o santo"[115].

A Igreja Católica Romana jamais teve uma chance tão boa de cristianizar toda a China, o Tibete e a Tartária, como no século XIII, durante o reino de Kublai-Khân. Parece estranho que ela não tenha aproveitado a oportunidade quando Kublai hesitava, ao mesmo tempo, entre as quatro religiões do mundo, e talvez por causa da eloqüência de Marco Polo, favorecendo mais o Cristianismo do que o Maometismo, o Judaísmo ou o Budismo. Marco Polo e Ramúsio, um de seus intérpretes, nos contam por quê. Parece que, infelizmente para Roma, a embaixada do pai e do tio de Marco Polo fracassou, pois aconteceu de Clemente IV morrer exatamente nessa época. Por vários meses, não houve nenhum Papa para receber os amistosos convites de Kublai-Khân; e, assim, os cem missionários cristãos convidados por ele não puderam ser enviados ao Tibete e à Tartária[116]. Para aqueles que acreditam que há uma Divindade inteligente superior que se interessa pelo bem-estar de nosso miserável pequeno mundo, esse *contretemps* deve parecer uma boa prova de que o Budismo tenha levado a melhor sobre o Cristianismo. Talvez – quem sabe? – o Papa Clemente tenha caído doente para salvar os budistas de cair na idolatria do Catolicismo romano?

Do puro Budismo, a religião desses distritos degenerou em Lamaísmo; mas este, com todos os seus defeitos – como a ênfase no formalismo, em detrimento da doutrina –, está muito acima do Catolicismo. O pobre Abade Huc logo o descobriu por si mesmo. Enquanto caminha com sua caravana, escreve ele – "todos nos repetiam que, à medida que avançássemos para oeste, deveríamos encontrar as doutrinas mais luminosas e sublimes. Lhasa era o grande foco de luz, cujos raios se enfraqueciam assim que eram difundidos". Um dia ele deu a um lama tibetano "um breve sumário da doutrina cristã, que não lhe pareceu de maneira alguma desconhecida; não nos surpreendemos com isso, tendo mesmo ele sustentado que o catolicismo não diferia muito da fé dos grandes lamas do Tibete (. . .) Essas palavras do lama tibetano nos surpreenderam bastante", escreve o missionário; "a unidade de Deus, o mistério da Encarnação, o dogma da presença real, constavam de sua crença (. . .) A nova luz lançada sobre a religião do Buddha nos induziu realmente a acreditar que encontraríamos entre os lamas do Tibete um sistema mais puro"[117]. Foram essas palavras de louvor ao Lamaísmo, abundantes no livro de Huc, que levaram sua obra a figurar no *Index* de Roma, tendo ele sido secularizado.

Quando lhe perguntavam, visto que afirmava ser a fé cristã a melhor das religiões colocadas sob sua proteção, por que ele não se filiava a ela, respondia Kublai-Khân de uma maneira tão sugestiva quanto curiosa:

"Por que deveria de me tornar cristão? Há Quatro Profetas adorados e reverenciados por todo o mundo. Os cristãos dizem que seu deus é Jesus Cristo; os sarracenos, Maomé; os judeus, Moisés; os idólatras, Sogomon Borcan [Sâkyamuni Burkhan, ou Buddha], que era o primeiro deus entre os ídolos; eu adoro e presto respeito a todos os quatro, e peço que aquele dentre eles que seja o maior no céu me possa ajudar"[118].

Podemos ridicularizar a prudência de Khân; mas não podemos censurá-lo por deixar à Providência o cuidado de resolver tão complicado dilema. Uma de suas mais insuperáveis objeções para abraçar o Cristianismo, ele assim a expõe a Marco Polo: "Vê que os cristãos destes países são tão ignorantes que não fazem nada e não sabem fazer nada, ao passo que os idólatras podem fazer o que quiserem, de modo que, quando me sento à mesa, as taças do meio da sala vêm a mim cheias de vinho ou outro licor sem serem tocadas por ninguém, e eu bebo delas. Eles controlam as tempestades, dirigindo-as para onde quiserem, e fazem muitas outras maravilhas; além disso, como sabes, seus ídolos falam, e lhes dão predições sobre qualquer assunto. Mas se eu me voltasse para a fé de Cristo e me tornasse um cristão, então meus barões e os outros que não foram convertidos diriam: 'O que te levou a ser batizado? (. . .) Que poderes ou milagres testemunhaste? (Sabes que os idólatras dizem aqui que seus milagres são realizados por causa da santidade e do poder de seus ídolos.) Ora, eu não saberia o que lhes responder, e assim não só confirmaria os erros dos idólatras, como estes, que são adeptos de tais artes estranhas, procurariam conseguir a minha morte. Mas vai agora ao teu Papa, e pede-lhe de minha parte que envie uma centena de homens versados em vossa lei, e capazes de censurar as práticas dos idólatras, e de lhes dizer *que também sabem realizar tais coisas, mas que não o fazem*, visto que elas são feitas com a ajuda do demônio e de outros maus espíritos, e que assim controlarão os idólatras para que eles não tenham o poder de executar tais coisas em sua presença. *Quando testemunharmos isso*, denunciaremos os idólatras e a sua religião, e então receberei o batismo (. . .) e todos os meus barões e chefes serão batizados também (. . .) e assim haverá por fim mais cristãos aqui do que na tua parte do mundo!"[119]

A proposta era justa. Por que não a aceitaram os cristãos? Moisés não vacilou em enfrentar a mesma prova diante do Faraó, e triunfou.

A nosso ver, a lógica desse mongol inculto era irrefutável, e sua intuição, perfeita. Ele via bons resultados em todas as religiões, e sentia que, fosse o homem budista, cristão, muçulmano ou judeu, seus poderes poderiam ser igualmente desenvolvidos, levando sua fé à mais alta verdade. Tudo o que ele pedia antes de fazer a escolha de um credo para a sua pessoa, era a evidência em que se baseava a fé.

A julgar apenas por seus prestidigitadores, a Índia deve estar muito mais familiarizada com a Alquimia, a Quimíca e a Física do que qualquer academia européia. Os prodígios psicológicos produzidos por alguns faquires do Indostão meridional, e pelos *Shaberons* e *Hubilgans* do Tibete e da Mongólia, comprovam o que afirmamos. A ciência da psicologia alcançou aí o auge da perfeição jamais atingido noutra parte dos anais do maravilhoso. Que esses poderes não se devem apenas ao estudo, mas são naturais a todo ser humano, provam-no agora, na Europa e na América, os fenômenos do mesmerismo e o que se chama de "Espiritismo". Se a maioria dos viajantes estrangeiros, e residentes na Índia Britânica, está predisposta a encarar tudo como hábil prestidigitação, há, não obstante, uns poucos europeus que tiveram a rara sorte de ser admitidos *atrás do véu* nos pagodes. Esses com certeza não ridicularizarão os ritos, nem menosprezarão os fenômenos produzidos nas lojas secretas da Índia. O *mahâdevasthâna* dos pagodes (usualmente chamados de *gopura*, por causa do pórtico piramidal secreto que dá acesso aos edifícios) é atualmente conhecido por alguns poucos europeus.

Não sabemos se o prolífico Jacolliot[120] foi alguma vez admitido nessas lojas. Isto é muito duvidoso, poderíamos dizer, a julgar por muitos de seus contos fantásticos sobre as imoralidades dos ritos místicos executados por brâmanes, pelos faquires dos pagodes, e mesmo pelos budistas (!!), relatos esses nos quais ele se reserva o papel do casto José. Seja como for, é evidente que os brâmanes não lhe ensinaram nenhum segredo, pois ao falar dos faquires e de seus milagres, observa ele, "sob a direção dos brâmanes iniciados, eles praticam, na reclusão dos pagodes, as *ciências ocultas* (. . .) E que ninguém fique surpreso com essa palavra, que parece abrir a porta do sobrenatural, pois há, nas ciências que os brâmanes chamam de oculta, fenômenos de fato extraordinários que desafiam todas as investigações, mas nenhum que não possa ser explicado, e que não esteja sujeito à lei natural"[121].

Inquestionavelmente, qualquer brâmane, se o quisesse, poderia explicar os fenômenos. Mas *ele não o fará*. Entrementes, ficamos esperando que os melhores de nossos físicos expliquem os mais triviais fenômenos ocultos produzidos por um aprendiz de faquir de um pagode.

Diz Jacolliot que seria quase impraticável dar um relato das maravilhas testemunhadas por ele. Mas acrescenta, com extrema honestidade, "basta dizer que no tocante ao Magnetismo e ao Espiritismo, a Europa ainda está no abecê, e que os brâmanes alcançaram, nesses dois departamentos do saber, resultados que são verdadeiramente surpreendentes. Quando vemos essas estranhas manifestações, cuja força não se pode negar, sem compreender as leis que os brâmanes *mantêm ocultas com tanto cuidado*, a mente fica tomada de surpresa, e não há outra saída senão abandonar o local para quebrar o encanto".

"A única explicação que fomos capazes de obter sobre o assunto, de um brâmane erudito com quem temos a mais íntima amizade, foi essa: 'Vocês estudaram a natureza física, e obtiveram, através das leis da Natureza, resultados maravilhosos – vapor, eletricidade, etc.; *por doze mil anos ou mais, nós estudamos as* forças intelectuais, descobrimos suas leis, e obtivemos, *fazendo-as agir isoladamente ou em conjunto com a matéria, fenômenos ainda mais espantosos do que os de vocês'*."

Jacolliot deve de fato ter ficado surpreendido, pois diz: "Vimos coisas tais que não podemos descrever, por medo de que os leitores duvidem de nossa inteligência (. . .) mas de fato as vimos. E assim se compreende por que, na presença de tais fatos, o mundo antigo acreditava (. . .) nas possessões do Demônio e no exorcismo"[122].

No entanto, esse inimigo irreconciliável da política clerical, das ordens monásticas, e do clero de todas religiões e de todos os países – inclusive brâmanes, lamas e faquires – ficou tão impressionado com o contraste entre os cultos objetivos da Índia e as pretensões vazias do Catolicismo, que depois de descrever as terríveis autotorturas dos faquires, num arroubo de sincera indignação, ele assim dá vazão aos seus sentimentos: "Não obstante, esses faquires, esses brâmanes mendicantes, ainda são magníficos: quando eles se flagelam, quando durante o martírio auto-infligido a carne é arrancada em pedaços, e o sangue banha o chão. Mas vós mendigos católicos, o que fazeis hoje? Vós, Franciscanos, Capuchinhos, Carmelitas, que brincais de faquires, com vossos cordões de nós, vossos silícios e vossas flagelações de água de rosa, vossos pés descalços e vossas cômicas mortificações – fanáticos sem fé, mártires sem torturas? Não temos o direito de perguntar se obedeceis à lei de Deus ao vos encerrardes nos muros do convento, e assim escapardes à lei do trabalho que ressoa duramente sobre todos os outros homens? (. . .) Fora daqui, sois apenas mendigos!"[123]

Mas basta – já devotamos muito espaço a eles e à sua confusa Teologia. Já pesamos a ambos na balança da história, da lógica e da verdade, e descobrimos que estão em falta.

Seu sistema produz ateísmo, niilismo, desespero e crime; seus sacerdotes e seus pregadores são incapazes de provar por palavras a sua recepção do poder divino. Se a Igreja e o clero pudessem sair da vista do mundo de modo tão fácil como seus nomes agora o fazem dos olhos de nosso leitor, esse seria um feliz dia para a Humanidade. Nova York e Londres poderiam rapidamente tornar-se tão morais quanto uma cidade pagã não ocupada por cristãos; Paris seria mais limpa do que a antiga Sodoma. Quando os católicos e os protestantes estiverem mais seguros do que estão os budistas ou os brâmanes de que todos os crimes são punidos, e que toda a boa ação é recompensada, eles poderão dispender com os seus próprios *pagãos* as vultosas quantias que hoje subvencionam os missionários, cuja efetiva missão é despertar nos países não cristãos o ódio ao Cristianismo.

---

Como a ocasião pedia, reforçamos nosso argumento com as descrições de alguns dos inúmeros fenômenos testemunhados por nós em diferentes partes do mundo. O espaço restante à nossa disposição será devotado a tais assuntos. Tendo deixado os fundamentos que permitem a elucidação da filosofia dos fenômenos ocultos, parece oportuno ilustrar o tema com fatos que ocorreram sob os nossos próprios olhos, e que podem ser verificados por qualquer viajante. Os povos primitivos desapareceram, mas a sabedoria primitiva sobrevive, e pode ser alcançada por aqueles que "querem", "ousam" e possam "manter silêncio".

## NOTAS

1. [Vol. III, parte II, cap. XXXVII, p. 335 e s., 348; ed. de 1862.]

2. [Diógenes Laércio., VIII, "Pitágoras", V; IX, "Heráclito", II.]

3. [*Ibid.*, VIII, "Pitág.", XV; Plutarco, *Vidas*, "Numa", VIII.]

4. [Orígenes, *Contra Celsum*, I, LXVIII.]

5. *Edinburg Review*, abril de 1851, p. 411.

6. "Indian Sketches; or Rubs of a Rolling Stone", escrito para o *Commercial Bulletin* de Boston.

7. Ver o cap. II.

8. Valeria a pena a um artista, recolher, numa viagem ao redor do mundo, a multidão de Madonas, Cristos, santos e mártires que aparecem em diferentes trajes nos diversos países. Eles forneceriam os modelos para os bailes de máscara em benefício das caridades paroquiais!

9. No momento em que escrevemos, chega-nos do Conde de Salisbury, Secretário de Estado para a Índia, o relato de que a fome de Madras será seguida por uma outra ainda mais severa na Índia meridional, o distrito em que os missionários católicos cobram os mais pesados tributos para os gastos da Igreja de Roma. Esta, incapaz de retaliar de outro modo, despoja os súditos britânicos, e quando do a fome surge como conseqüência, faz o herético Governo Britânico pagar por isso.

10. [*Mateus.*, XI, 28.]

11. *Ancient Faiths and Modern*, p. 24.

12. Jacolliot, *La Genèse de l'humanité*, p. 67.

13. *Oriental and Linguistic Studies*, "Vedic Doctrine of a Future Life", p. 56-7, por W. Dwight Whitney, Prof. de Sânscrito e Filologia Comparada no Yale College.

14. [*Ibid.*, p. 59.]

15. *Oriental and Linguistic Studies*, p. 48.

16. [Ver cap. III, IV.]

17. Em seu artigo sobre "Paulo, o Fundador do Cristianismo" [*The Evolution*, set. de 1877], o Prof. A. Wilder, cujas intuições da verdade são sempre claras, diz: "Na pessoa de *Aher*, reconhecemos o Apóstolo Paulo. Ele recebia inúmeros nomes. Chamava-se *Saulo*, evidentemente por causa de sua visão do Paraíso – sendo Saulo ou *Sheól* o nome hebraico do outro mundo. *Paulo*, que apenas significa 'o pequeno homem', era uma espécie de alcunha. *Aher*, ou *outro*, era um epíteto na Bíblia para as pessoas fora da política judaica, e lhe foi aplicado por ter estendido o seu ministério aos Gentios. Seu nome real era Elisha ben-Abuiah".

18. "No *Talmude*, Jesus é chamado de OTO-HA-ISH, אתו האיש, *aquele homem*." – A. Wilder, *op. cit. Talmud Yerushalmi*: Hagigah, II, 1.

19. Ver Arriano, *Anabasis*, livro VIII (Indica), VIII, 5; e Rev. J. B. S. Carwithen, *Bampton Lectures*, 1809, p. 98-100.

20. Cf. *The Arabic Gospel of the Infancy*, § 24 *et passim*; Maurice, *History of Hindostan*, 1795-1798, livro IV, parte II, cap. III, p. 308, 318.

21. T. Maurice, *Indian Antiquities*, 1794, vol. III, p. 44-6.

22. T. Maurice, *The History of Hindostan*, vol. II, p. 340-41, 343-45.

23. [*Vishnu-Purâna*, V, XXXVII; *Mahâbhârata*, Mausal-parvan, 126 e s.]

24. Ver H. O'Brien, *The Round Towers of Ireland*, p. 296 e s.; também J. D. Guigniaut, *Religions de l' antiquité*, vol. I, p. 208-9, e gravura em Dr. P. Lundy, *Monumental Christianity*, p. 160.

25. *Evangelho da Infância*, XVII.

26. Cf. E. Moor, *The Hindoo Pantheon*, pr. LXXV, 3.

27. Estimativas de Max Müller.

28. Lundy, *Monumental Christianity*, p. 153; Maurice, *Hist. of Hind.*, livro IV, parte II, cap. III, p. 300-06.

29. *Parábolas* de Buddhaghosa, traduzidas do burmês pelo Cel. H. T. Rogers, R. E., com uma Introdução, contendo o *Dhammapada*, ou o "Caminho da Virtude", de Buddha. Traduzido do páli por F. Max Müller. Londres, 1870.

30. Intérprete do Consulado Geral no Sião.

31. *Ancient Faiths and Modern*, p. 162.

32. As palavras entre aspas são de Inman.

33. *The Wheel of the Law*, vol. I, p. 319.

34. *Ibid.*, p. 45.

35. *Mateus*, VII, 2.

36. *The Whell of the Law*, p. 17-8.

37. H. H. Wilson, *Vishnu-Purâna*, livro V, cap. XXXVII.

38. Ver Draper, *Conflict between Religion and Science*, p. 224.

39. Essa é a doutrina dos Supralapsarianos, que afirmavam que "Ele [Deus] *predestinou a queda de Adão*, com todas as suas perniciosas conseqüências, desde a eternidade, e que nossos primeiros pais não tiveram liberdade desde o início".
É também dessa doutrina altamente moral que o mundo católico tomou, no século XI, a instituição da Ordem conhecida como monges cartussianos. Bruno, seu fundador, foi levado à fundação dessa monstruosa Ordem por uma circunstância digna de ser aqui registrada, pois ilustra graficamente essa predestinação *divina*. Um amigo de Bruno, um médico francês, muito famoso por sua extraordinária *piedade, pureza moral* e *caridade*, morreu, e seu corpo foi velado pelo próprio Bruno. Três dias depois de sua morte, estando ele prestes a ser enterrado, o piedoso médico sentou-se em seu caixão e declarou, com grave e solene voz, "que pelo justo julgamento de Deus ele estava eternamente condenado". Após essa consoladora mensagem de além do "rio negro", ele tornou a deitar e morreu.
Por sua vez, os teólogos pârsî dizem: "Se alguém comete pecado sob a crença de que será

salvo por *quem quer que seja*, tanto o enganado como o enganador serão condenados até o dia de Rastâ Khez (. . .) Não há nenhum salvador. No outro mundo receberás a recompensa de tuas ações (. . .) *Teu salvador são teus atos*, e o Próprio Deus". [M. Müller, *Chips*, I, p. 176.]

40. [Calvino, *Inst. Christ. Religion*, livro III.]

41. [*Commentarii de bello Gallico*, VI, 16.]

42. Plutarco, *On Isis and Osiris*, § 73.

43. Todas as tradições mostram que Jesus foi educado no Egito e passou sua infância e sua juventude nas fraternidades dos essênios e outras comunidades místicas.

44. Bunsen descobriu alguns registros que mostram que a língua e o culto religioso dos egípcios, por exemplo, não apenas existiam no início do antigo Império, "mas já haviam sido plenamente estabelecidos e fixados a ponto de receber *apenas um* pequeno desenvolvimento no curso dos Impérios antigo, médio e moderno", e, embora o início do antigo Império seja fixado por ele além do período de Menes, pelo menos no ano 4.000 a.C., a origem das antigas preces herméticas e hinos do *Livro dos mortos* é atribuída por Bunsen à dinastia pré-menita de Abydos (entre 4.000 e 4.500 a.C.), mostrando assim que "o sistema do culto e da mitologia de Osíris já se haviam estabelecido 3.000 anos antes dos dias de Moisés." [*Egypt's Place*, etc., V, p. 94.]

45. Chamado também de "gancho de atração". Virgílio o chama de "mystica vannus Iacchi" (*Georgica*, I, 166).

46. *Livro dos Mortos*, CXXV, do Papiro de Nu; Brit. Mus. Nº 10, 477, lâmina 24.

47. Num Comunicado aos Delegados da Aliança Evangélica, Nova York, 1874, o Sr. Peter Cooper, um unitarista, e um dos cristãos *práticos* mais nobres do século, conclui seu texto com as seguintes palavras: "Nesse *último e final acerto de contas*, feliz de nós se então descobrirmos que nossa influência sobre a vida tendeu a alimentar o faminto, a vestir o nu, e a mitigar os sofrimentos daqueles que estão doentes e aprisionados". Tais palavras de um homem que deu dois milhões de dólares por caridade, educou quatro mil jovens em artes úteis, pelas quais elas ganham um confortável apoio, manteve uma biblioteca, um museu e uma sala de leituras públicos, classes para trabalhadores, conferências públicas por cientistas eminentes, abertas a todos e que em sua longa e imaculada vida foi o primeiro a realizar obras úteis e benéficas. Os feitos de Peter Cooper ficarão gravados com letras de ouro no coração da posteridade.

48. *Aus dem Tibetischen übersetzt und mit dem Originaltexte herausgegeben*, von I. J. Schmidt, São Peterbusgo, 1843.

49. *Buddhism in Tibet*, por *Emil Schlangintweit*; ed. 1863, p. 213.

50. *Ecclesiastical History*, I, XIII.

51. Tathâgata é Buddha, "aquele que caminha nas pegadas de seus predecessores"; como *Bhagavat* – ele é o Senhor.

52. Temos a mesma lenda sobre Santa Verônica – como um complemento.

53. E. Burnouf, *Introduction à l'histoire du boulddhisme indien*, p. 341.

54. Ver a mesma história no *Kanjur* tibetano, Dulvâ, V, fl. 30. Cf. Alex. Csoma de Körös, *On the Kanjur*, p. 164.

55. Moisés foi um notável praticante da Ciência Hermética. Tendo em mente que Moisés (Asarsiph) foi à Terra de Madiã, e que se sentou junto de um poço" (*Exodo*, II, 15), descobrimos o seguinte: O "Poço" exercia um papel predominante nos Mistérios dos festivais de Baco. Na língua sacerdotal de todos os países, ele tinha o mesmo significado. Um poço é "a fonte da salvação" mencionado em *Isaías* (XII, 3). A água é o *princípio masculino* em seu sentido espiritual. Em sua relação física na alegoria da criação, a água é o caos, e o caos é o princípio feminino vivificado pelo Espírito de Deus – o princípio masculino. Na *Cabala*, Zakhar significa "masculino"; e o Jordão era chamado de Zacchar (*An Universal History*, vol. II, p. 429). É curioso que o Pai de São João Baptista, o Profeta do *Jordão* – Zacchar – seja chamado de *Zachar-ias*. Um dos nomes de Baco é *Zagreus*. A cerimônia de vertedura da água no sacrário era sagrada tanto nos ritos de Osíris como nas instituições mosaicas. No *Mishnah* afirma-se, "Demorarás em Sukkah e *derramarás água* por sete vezes, e as pipas por seis dias" (*Mishnah Sukkah*, IV, 1). "Toma *terra virgem* (. . .) e molda o *pó* com ÁGUA viva (*Kabbala Denudata*, II, p. 220, 221). Somente "terra e água, de acordo com Moisés, pode produzir uma *alma viva*", cita Cornélio Agrippa. A água de Baco comunicava o *Pneuma* Sagrado ao iniciado; e ela lava todos os pecados pelo batismo através do *Espírito* Santo, para os cristãos. O "poço", no sentido

cabalístico, é o misterioso emblema da *Doutrina Secreta*. "Se o homem tem sede, que ele venha *a mim e beba*", diz Jesus (*João*, VII, 37).

Por conseguinte, Moisés, o adepto, é, bastante naturalmente, representado como se estivesse sentado ao lado de um poço. As *sete* filhas do Sacerdote Quenita de Madiã dele se aproximam para encher os bebedouros, *a fim de dar água ao rebanho do pai*. Temos novamente aqui o número sete – o número místico. Na presente alegoria bíblica, as filhas representam os *sete poderes ocultos*. "Vieram uns pastores e expulsaram as sete filhas; mas Moisés se levantou e, defendendo as moças, deu de beber ao rebanho." [*Êxodo*, II, 17.] Segundo alguns intérpretes cabalistas, os pastores representam os sete "Estelares mal dispostos" dos nazarenos; pois no antigo texto samaritano, o número desses pastores é também sete (ver os livros cabalísticos).

Então Moisés, que havia dominado os sete *maus* Poderes, e conquistado a amizade dos sete poderes *ocultos* e benéficos, é representado como conviva de Raguel, o Sacerdote de Madiã, que convida "o egípcio" a comer pão, *i.e.*, a partilhar de sua sabedoria. Na *Bíblia*, os anciães de Madiã são conhecidos como grandes profetas e adivinhos. Finalmente, Raguel ou Jetro, o iniciador e instrutor de Moisés, lhe deu sua filha em casamento. Essa filha é Zéfora, *i.e.*, a Sabedoria esotérica, a luz brilhante do conhecimento, pois Ziprah significa "brilhante" ou "resplendente", da palavra "Shapar", brilhar. Zippara, na Caldéia, era a cidade do "Sol". Portanto, Moisés foi iniciado pelo madianita, ou melhor quenita, e daí a alegoria bíblica.

56. [E. Burnouf, *op. cit.*, p. 205.]

57. I. J. Schmidt, *Der Weise und der Thor*, II, p. 37.

58. *Rgya tch'er rol pa*, vol. II, p. 80, 81, 90, 91, etc.; Alabaster, *The Wheel of the Law*, p. 104-05.

59. *Protevangelion* (atribuído a Tiago), cap. XIII e XIV.

60. *Pâli-Buddhistical Annals*, III, p. 28; cf. Hardy, *A Manual of Budhism*, p. 153; *Lalitavistara*, X, XII.

61. *The Arabic Gospel of the Infancy*, § 48, 50-2 (cap. XX, XXI, Hone), aceito por Eusébio, Atanásio, Epifânio, Crisóstomo, Jerônimo, e outros. A mesma história, com as características hindus apagadas para evitar o reconhecimento, se acha em *Lucas*, II, 46-47.

62. Alabaster, *The Wheel of the Law* p. 20-6.

63. *In* Ann H. Judson, *An Account of the American Baptist Mission to Burman Empire*, Londres, 1827.

64. E. Upham, *The History and Doctrines of Buddhism*, p. 135. O Dr. Judson incorreu nesse prodigioso erro por causa de seu fanatismo. Em seu zelo para "salvar almas", ele se recusou a ler com atenção os clássicos burmeses, com medo de perder seu tempo nessa tarefa.

65. *Indian Antiquary* vol. II, p. 81; *Book of Ser Marco Polo*, vol. I, p. 441; ed. 1875.

66. *Die Ssabier un der Ssabismus*, vol. I, p. 725-26.

67. Murray, *Historical Account of Discoveries and Travels in Asia*, etc., vol. III, cap. I, p. 249.

68. R. Spence Hardy, *A Manual of Budhism*, p. 142.

69. Ver Inman, *Ancient Pagan and Modern Christian Symbolism*, p. 92.

70. *Rgya tch'er rol pa*, cap. VI, no Segundo Volume da Quinta Seção do *Kanjur* tibetano; também *The Wheel of the Law*, p. 100.

71. *Lucas*, I, 39-45.

72. Didron, *Iconographie chrétienne. Histoire de Dieu*, Paris, 1843, p. 287; e *Manuel d'iconographie chrétienne grecque et latine*, Paris, 1845, p. 156.

73. Há numerosas obras que derivam imediatamente dos *Vedas*, e que recebem o nome de *Upaveda*. Quatro obras são incluídas sob essa denominação, a saber, *Ayur, Gândharva, Dhanur*, e *Sthâpatya*. O terceiro *Upaveda* foi composto por Viśvamitra para uso dos Kshatriyas, a casta guerreira.

74. [Cf. L. Jacolliot, *The Bible in India*, Londres, 1870, p. 220-21.]

75. Lundy, *Monumental Christianity*, fig. 72.

76. *Ibid.*, p. 173.

77. *República*, livro II, 362 A.

78. Lundy, *op. cit.*, p. 176.

79. Bunsen. *Egypt's Place in Universal History*, vol. V, p. 75.

80. Alabaster, *The Wheel of the Law*, p. 35-6.

81. *The Debatable Land*, p. 145.

82. "Dividimos nosso zelo", diz o Dr. Henry More, "contra tantas coisas que nos parecem papistas que regateamos *o justo quinhão de repulsa* contra o que é verdadeiramente assim. Tal é essa grosseira, vulgar e escandalosa possibilidade da *Transubstanciação*, os vários modos de ofensiva Idolatria e as mentirosas *imposturas*, a *incerteza* de sua *lealdade* aos seus legítimos Soberanos por sua supersticiosa adesão à tirania espiritual do Papa, e essa *bárbara e ferina crueldade contra aqueles* que não são, nem tolos para serem persuadidos a acreditarem em tais coisas, nem hipócritas e falsos que, conhecendo algo melhor, fingem nelas acreditar." (P.S. à carta a Glanvill, *Sadduc. triumph.*, p. 53).

83. R. Payne Knight acredita que Ceres "não era uma personificação da matéria bruta que compõe a terra, mas do princípio passivo e *produtivo* que a permeia, e que, unido ao ativo, seria a causa da organização e da animação de sua substância (. . .) Ela é mencionada por Virgílio como a esposa do Pai onipotente, Éter ou Júpiter" (*The Symbolical Language of Ancient Art and Mythology*, § XXXVI). Daí as palavras de Cristo, "é o Espírito que vivifica, *a carne nada produz*", aplicadas em seu duplo sentido às coisas espirituais e terrestres, ao espírito e à matéria.
Baco, como Dionísio, é de origem indiana. Cícero afirma que ele é filho de Thyônê e Nisus, [*De natura deorum*, III, XXIII.] Διόνυσος significa o deus Dis dos Monte Nys, na Índia. Baco, coroado de hera, ou *kissos*, é Krishna, um de cujos nomes era *Kissen*. Dionísio é sobretudo a divindade em quem se centram todas as esperanças da vida futura; em suma, era o deus a quem se esperava para *libertar as almas dos homens* das suas prisões carnais. Orfeu, o poeta-Argonauta, era também esperado na terra para purificar a religião de seu grosseiro antropomorfismo terrestre; ele aboliu o sacrifício humano e instituiu uma teologia mística baseada na pura espiritualidade. Cícero chama Orfeu de filho de Baco. É estranho que ambos pareçam ter originalmente vindo da Índia. Como Dionísio-Zagreus, Baco é de indubitável origem hindu. Alguns autores, derivando uma curiosa analogia entre o nome de Orfeu e um antigo termo grego, ὀρφνός, *negro ou fulvo*, lhe dão a nacionalidade hindu, relacionando o termo com a sua tez escura. Ver Voss, Heyne e Schneider sobre os Argonautas.

84. *La Vie de Jésus* cap. V.

85. *An Analysis of Religious Belief*, vol. I, p. 466-67; ed. 1876.

86. [*Oupnek'hat*, II, p. 732, nota; Strassburg, 1801-1802.]

87. [Ver a *Bhagavad-Gîtâ* traduzida por Charles Wilkins, em 1785; e o *Bhâgavata-Purânâ*, que contém a história de Krishna, traduzida para o francês por Eugène Burnouf, em 1840. Livro IV, cap. 29.]

88. *Mateus*, VII, 21.

89. *Descreption of the People of India*, etc., vol. I, parte I, p. 47-8; ed. 1817.

90. *Ghost-Land; or Researches into the Mysteries of Occultism*, cap. XV, etc. Editado pela Sra. E. Hardinge-Britten, Boston, 1876.

91. O Cap. James Riley, na *Narrativa* de sua escravização na África, relata exemplos semelhantes de grande longevidade no Deserto do Saara.

92. Armênia russa; um dos conventos cristãos mais antigos.

93. *Livro dos mortos* egípcio. Os hindus têm sete céus superiores e sete inferiores. Os sete pecados mortais dos cristãos foram tomados dos *Livros de Hermes* egípcios, com os quais Clemente de Alexandria estava tão familiarizado.

94. O costume atroz, posteriormente introduzido entre o povo, de sacrificar vítimas humanas, é uma cópia pervertida do Mistério Teúrgico. Os sacerdotes pagãos, que não pertenciam à classe dos hierofantes, utilizaram por algum tempo esse rito odiento, e ele serviu para encobrir o propósito genuíno. Mas o Hércules grego é representado como o adversário dos sacrifícios humanos e como um matador dos homens e dos monstros que os ofereciam. Mostra Bunsen, pela própria ausência de qualquer representação do sacrifício humano nos monumentos mais antigos, que esse costume havia sido abolido no velho Império, no fim do sétimo século depois de Menes [*Egypt's Place*, etc., vol. I, p. 18; também p. 65-6]; por conseguinte, 3.000 anos antes de nossa era, Iphicrates havia posto fim por completo aos sacrifícios humanos entre os cartagineses. Diphilus ordenou que os touros substituíssem as vítimas humanas. Amosis forçou os sacerdotes a substituírem estas últimas por figuras de cera.

[Porfírio, *De abstin* , II, § 55, 56.] Por outro lado, para cada estrangeiro oferecido no santuário de Diana pelos habitantes do Quersoneso Táurico, a Inquisição e o clero cristão pode se vangloriar de uma dezena de hereges oferecidos no altar da "mãe de Deus" e de "seu "Filho". E quando pensaram os cristãos em substituir por animais ou figuras de cera os hereges, os judeus e as bruxas? Eles os queimavam em efígie apenas quando, através da interferência providencial, as pobres vítimas escapavam de suas garras.

95. Eis a razão pela qual Jesus recomenda que se ore só. Essa oração sagrada e secreta não é senão o *Parâ Vidyâ* [Conhecimento Supremo] do filósofo vedantista: "Aquele que conhece sua alma [o eu interior] retira-se diariamente para a região do *Svarga*, o reino celeste em seu próprio coração", diz a *Chhândogya-Upanishad* (VII, 3, 3). O filósofo vedantista reconhece o Âtman, o *eu* espiritual, como o Deus Supremo e Único.

96. *The Wheel of the Law*, p. 42.

97. A. Wilder, "Prophecy, Ancient an Modern".

98. Estando em *Petrovsk* (Daghestan, região do Cáucaso), tivemos a oportunidade de testemunhar outro de tais *mistérios*. Foi devido à gentileza do Príncipe Loris-Melikoff, o governador geral de Daghestan, que vivia em Temir-Khân-Shura, e especialmente do Príncipe Shamsudin-Khân, o ex-Shamhal regente de Tarkoff, um tártaro nativo, que durante o verão de 1865 assistimos a essa cerimônia de uma distância segura, numa espécie de cômodo particular, construído sob o teto da edificação temporária.

99. Não fornece isto um ponto de comparação com os chamados "médiuns materializadores"?

100. Os Yezîdis devem contar ao todo cerca de 200.000 almas. As tribos que habitam o Pashalik de Bagdá, e que estão espalhadas pelas montanhas sinjar, são as mais perigosas, sendo odiadas por suas práticas maléficas. Seu xeque principal vive constantemente perto do túmulo de seu profeta e reformador, Adi, mas toda tribo escolhe seu próprio xeque dentre aqueles que mais conhecem a "arte negra". Esse Adi ou Ad é um ancestral mítico dessas tribos, e não é outro, senão Adi – Deus da sabedoria ou Pârsî Ab-ad, primeiro ancestral da raça humana, sendo ainda o Âdi-Buddha dos hindus, antropomorfizado e degenerado.

101. Em menos de quatro meses coletamos dos jornais diários quarenta e sete casos de crime, que vão da bebedeira ao assassínio, cometidos por eclesiásticos apenas nos Estados Unidos. Ao final do ano, nossos correspondentes do Oriente terão fatos preciosos para compensar com as denúncias dos missionários a respeito da má conduta dos "pagãos".

102. [*Commercial Bulletin*, 17 de março de 1877.]

103. [*2 Coríntios*, V, 17.]

104. *The Evolution*, Setembro de 1877, art. "Paul, the Founder of Christianity".

105. [*A New Historical Relation of the Kingdom of Siam*, "Diverse Observations to be Made in Preaching the Gospel to the Orientals", p. 136-37; Londres, 1693.]

106. Descobrimos o seguinte em *Gálatas*, IV, 4: "Mas quando chegou a plenitude do tempo, Deus enviou seu Filho, *nascido de uma mulher, nascido sob a lei*".

107. A data foi estabelecida plenamente para esses Livros Páli em nosso próprio século; suficientemente, pelo menos, para mostrar que existiam no Ceilão, em 316 a.C., quando Mahinda, o filho de Asoka, lá estava (Ver Max Müller, *Chips*, etc., vol. I, p. 196).

108. *A New Historical Relation of the Kingdom of Siam*, p. 140-41, por M. de La Loubère, Enviado da França ao Sião, 1687-1688.
    O relato de Sieur de La Loubère ao rei foi feito, como vemos, em 1687-1688. Quão aceita foi a sua proposta aos jesuítas para suprimirem e disfarçarem o cristianismo pregado aos siameses, prova-o a passagem alhures citada da Tese proposta pelos jesuítas de Caen (*Thesis propugnata in regio Soc. Jes. Collegio, celererrimae Academiae Cadomiensis, die Veneris, 30 Jan.*, 1693), relativa ao seguinte: "(. . .) e não devem dissimular os Padres da Sociedade de Jesus, *quando adotam o instituto e o hábito* dos talapoins de Sião". Em cinco anos, o pequeno punhado de levedura do Embaixador havia fermentado tudo o mais.

109. Num diálogo de Hermes com Thoth, diz o primeiro: "É impossível para o pensamento conceber corretamente a Deus (. . .) Não podemos descrever, por meio de órgãos materiais, aquilo que é imaterial e eterno (. . .) Uma é a percepção do espírito, outra é a realidade. O que pode ser percebido por nossos sentidos pode ser descrito em palavras; mas o que é incorpóreo, invisível, imaterial, e sem

forma não pode ser compreendido através de nossos sentidos ordinários. Eu compreendo assim, Ó Thoth, Eu compreendo que Deus é Inefável." [Champollion-Figeac, *Egypte ancienne*, p. 139.]

No *Catecismo dos Pârsîs*, traduzido por Dâdâbhâi Naurojî, lemos o seguinte:

"P. Qual é a forma de nosso Deus?"

"R. Nosso Deus não tem face, nem forma, cor, figura, nem lugar fixo. Não existe outro que se lhe assemelhe. Ele é Ele Mesmo, e tem tal glória que não podemos louvá-Lo ou descrevê-Lo, nem pode a nossa mente compreendê-Lo."

110. *Contemporary Review*, julho de 1870, p. 588.

111. *Book of Ser Marco Polo*, vol. II, p. 308.

112. *Ibid.*, II, 308.

113. *Ibid.*, II, 305-06.

114. *Da Ásia* etc., *Déc.* V, p. II, liv. VI, cap. II, p. 16-7; ed. de Lisboa, 1780. Cf. *Yule*, op. cit., vol. II, p. 308.

115. [*Contemp. Rev.*, loc. cit., citado em Yule, op. cit., II, 300, 309.]

116. [Yule, *op. cit.*, Introd., p. 15-6; também p. 13 do texto; ed. 1875.]

117. *Travels in Tartary, Thibet*, etc., I, V.

118. [Yule, *op. cit.*, I, 339.]

119. [*Book of Ser Marco Polo*, vol. I, p. 339-40; ed. 1875.]

120. Seus vinte ou mais volumes sobre temas orientais são na verdade um curioso aglomerado de verdade e ficção. Eles contêm uma grande quantidade de fatos sobre as tradições, a filosofia e a cronologia indianas, com muitos pontos de vista corajosamente expressos. Mas é como se o filósofo fosse constantemente superado pelo romancista. Como se dois homens estivessem unidos em sua autoria – um cuidadoso, sério, erudito, sábio, o outro, um romancista francês sensacional e sensual, que julga os fatos não como eles são, mas como *ele* os imagina. Suas traduções do *Manu* são admiráveis; sua habilidade para a polêmica, notável; seus pontos de vista sobre a moral dos sacerdotes, parciais, e, no caso dos budistas, positivamente caluniosas. Mas em toda a série dos volumes não há uma única linha de leitura tediosa; ele tem o olho de um artista, a pena de um poeta da Natureza.

121. [*Les fils de Dieu*, p. 296.]

122. *Les fils de Dieu* p. 296.

123. *Ibid.*, p. 297.

# CAPÍTULO XII

"Minha vasta e nobre capital, minha Daitu esplendidamente ornada!
E tu, minha fresca e deleitosa residência vernal, minha Shangtu-Keibung!
(. . .)
Ai do meu ilustre nome, soberano do Mundo!
Ai de minha Daitu, sede da santidade, obra gloriosa do imortal Kublai!
Tudo, tudo isto eu perdi!"

> Cel. H. YULE, *The Book of Ser Marco Polo*, I, 296 (ed. 1875)[1].

"Quanto ao que ouvistes dizer outros que persuadem muitos, asseguran-do-lhes que a alma, uma vez separada do corpo, não sofre (. . .) malda-de, nem é consciente, eu sei que não consentirá acreditar nisso o bom fundamento das doutrinas recebidas de nossos antepassados e confirma-das nas orgias sagradas de Diôniso; *porque os símbolos místicos são bastante conhecidos de nós que pertencemos à Fraternidade.*"

> PLUTARCO, *Consolatory Letter to his Wife*, X.

"O problema da vida é o *homem*. A MAGIA, ou antes a Sabedoria, é o conhecimento pleno das potências do ser interior do homem, que são emanações divinas, como a intuição é a percepção da origem delas e a iniciação, nossa introdução nesse conhecimento. (. . .) Começamos com o instinto; o final é a ONISCIÊNCIA."

> A. WILDER.

"O Poder pertence àquele QUE SABE."
> *Brahmanical Book of Evocation.*

Seria prova de pouco discernimento de nossa parte supormos que fomos seguidos até aqui apenas por metafísicos ou místicos de qualquer espécie. Se assim fosse, certamente deveríamos poupar a essas pessoas o trabalho de lerem este capítulo, pois, embora nada do que se vai dizer seja estritamente verdadeiro, elas não hesitariam em considerar como falsa, embora substanciada, a menor maravilha das narrativas que virão.

Para compreender os princípios da lei natural envolvidos nos muitos fenômenos descritos a seguir, o leitor deve ter em mente as proposições fundamentais da Filosofia Oriental que temos elucidado sucessivamente. Recapitulando-as brevemente:

1. Não existe milagre algum. Tudo o que acontece é o resultado da lei – eterna, imutável, sempre ativa. O milagre aparente é apenas a operação de forças antagônicas a que o Dr. W. B. Carpenter, F. R. S. – um homem de grande erudição, mas de pouco conhecimento – chama de "as leis devidamente estabelecidas da Natureza". Como muitos do seu grupo, o Dr. Carpenter ignora o fato de que há leis "conhecidas" que a ciência desconhece.

207

2. A Natureza é trina: há uma natureza visível, objetiva; uma natureza invisível, vital e energizadora, o modelo exato da outra e seu princípio vital; e, acima dessas duas, o *espírito*, fonte de todas as forças, eterno e indestrutível. As duas primeiras, inferiores, mudam constantemente; a terceira, superior, não.

3. O homem, também, é trino: ele possui seu corpo objetivo, físico; seu corpo astral vitalizante (ou alma), o homem real; e estes dois são fecundados e iluminados pelo terceiro – o espírito soberano, imortal. Quando o homem real se identifica com o espírito, então se torna uma entidade imortal.

4. A Magia, enquanto ciência, é o conhecimento desses princípios e do caminho pelo qual a onisciência e a onipotência do espírito e de seu controle sobre as forças da Natureza podem ser adquiridas pelo indivíduo, enquanto ainda está no corpo. A Magia, enquanto arte, é a aplicação prática desse conhecimento.

5. O conhecimento arcano mal-aplicado é feitiçaria; devidamente utilizado, é magia verdadeira ou SABEDORIA.

6. A mediunidade é o contrário da condição de adepto; o médium é um instrumento passivo de influências estranhas, o adepto controla-se ativamente e a todas as potências inferiores.

7. O iniciado adepto, utilizando a visão de seu próprio espírito, pode conhecer tudo o que foi ou pode ser conhecido, todas as coisas passadas, presentes e futuras que foram registradas na luz astral, ou nos anais do universo inobservado.

8. As raças de homens diferem em dons espirituais como em cor, estatura ou qualquer outra qualidade externa; entre alguns povos prevalece naturalmente a vidência; entre outros, a mediunidade. Alguns aderem à feitiçaria e transmitem suas regras secretas de prática de geração a geração e têm como resultado uma série de fenômenos físicos mais ou menos ampla.

9. Uma fase da habilidade mágica é a separação voluntária e consciente do homem interior (forma astral), do homem exterior (corpo físico). No caso de alguns médiuns ocorre essa separação, mas é inconsciente e involuntária. Nestes últimos, o corpo é mais ou menos cataléptico nessas ocasiões; mas, no adepto, a ausência da forma astral não seria notada, pois os sentidos físicos estão alertas e o indivíduo parece estar abstraído – "um devaneio", como alguns o chamam.

Nem o tempo, nem o espaço oferecem obstáculos aos movimentos da foram astral vagueante. O taumaturgo, profundamente versado em ciência oculta, pode fazer-se (isto é, seu corpo físico) *parecer* desaparecer, ou aparentemente assumir qualquer forma que quiser. Ele pode tornar visível sua forma astral, ou pode lhe dar aparências protéicas. Em ambos os casos, esses resultados podem ser conseguidos por uma alucinação mesmérica simultânea dos sentidos de todas as testemunhas. Essa alucinação é tão perfeita que sua vítima apostaria a vida, tomando por realidade o que é apenas uma imagem mental refletida na sua consciência pela vontade irresistível do mesmerizador.

Mas, ao passo que a forma astral pode ir a qualquer parte, ultrapassar qualquer obstáculo e ser vista a qualquer distância do corpo físico, isto depende dos métodos ordinários de transporte. Pode ser levitado sob condições magnéticas prescritas, mas não passa de um lugar a outro, exceto da maneira usual. Por esta razão repudiam-se todas as histórias de vôos aéreos de médiuns, pois isso seria um milagre, e repudiamos os milagres. A matéria inerte pode ser, em certos casos e sob certas condições, desintegrada, passar através de muros e recombinada, mas os organismos animais vivos não podem fazê-lo.

Os swedenborgianos acreditam que a ciência arcana ensina que o abandono do corpo vivo pela alma ocorre freqüentemente e que nos deparamos a cada dia, em toda condição vital, com esses cadáveres vivos. Várias causas – entre elas o temor esmagador, a dor, o desespero, um violento ataque de doença ou sensualidade excessiva – podem ocasionar esse abandono. A carcaça vacante pode ser penetrada e habitada pela forma astral de um feiticeiro adepto ou por um elementar (uma alma humana desencarnada presa à terra) ou, muito raramente, por um elemental. Naturalmente, um adepto da magia branca possui o mesmo poder, mas, a menos que tenha de cumprir uma grande missão muito excepcional, ele nunca consentirá em se poluir ocupando o corpo de uma pessoa impura. Em casos de insanidade, o ser astral do paciente ou está semiparalisado, perplexo e sujeito à influência de todo espírito vagueante, ou se afasta definitivamente dele e o corpo é então ocupado por alguma entidade vampiresca prestes a se desintegrar e apegada à Terra, cujos prazeres sensuais ela pode desfrutar por um breve tempo graças a esse expediente.

10. A pedra angular da MAGIA é um conhecimento prático profundo do magnetismo e da eletricidade, suas qualidades, correlações e potências. É especialmente necessária uma familiaridade com seus efeitos no reino animal e no homem e sobre eles. Há propriedades ocultas em muitos outros minerais, igualmente estranhos como o ímã, que todos os praticantes de Magia *devem* conhecer e que são ignoradas completamente pela chamada ciência exata. As plantas também possuem propriedades místicas semelhantes num grau mais maravilhoso e os segredos das ervas dos sonhos e encantamentos foram perdidos pela ciência européia e, é inútil dizer, são por ela desconhecidos, exceto em alguns casos, tais como o ópio e o haxixe. Todavia, os efeitos físicos dessas poucas plantas sobre o sistema humano são considerados como provas de uma desordem mental temporária. As mulheres da Tessália e de Épiro, hierofantes femininas dos ritos de Sabázio, não sepultaram seus segredos com a queda de seus santuários. Eles foram preservados e, quem conhece a natureza do Soma, conhece as propriedades das outras plantas.

Para resumir tudo isto em poucas palavras, a MAGIA é a SABEDORIA espiritual; a Natureza, o aliado material, discípula e criada do mago. Um princípio vital comum penetra todas as coisas e é controlado pela vontade humana aperfeiçoada. O adepto pode estimular os movimentos das forças naturais nas plantas e nos animais num grau sobrenatural. Esses experimentos não são obstruções da Natureza, mas vivificações – condições de ação vital mais intensa.

O adepto pode controlar as sensações e alterar as condições dos corpos físicos e astrais de outras pessoas que não sejam adeptos; também pode governar e utilizar, como quiser, os espíritos dos elementos. Ele não pode controlar o espírito imortal de qualquer ser humano, vivo ou morto, pois esses espíritos são como centelhas da Essência Divina e não estão sujeitos a qualquer dominação estranha.

Há duas espécies de vidência – a da alma e a do espírito. A vidência das antigas pitonisas, ou do paciente mesmerizador moderno, varia apenas nos modos artificiais adotados para induzir o estado de clarividência. Mas, como as visões de ambos dependem da maior ou menor agudeza dos sentidos do corpo astral, elas diferem enormemente do estado espiritual perfeito, onisciente, pois, no melhor dos casos, o paciente pode obter apenas lampejos da verdade, através do véu que a natureza física interpõe. O princípio astral, ou a mente, chamado pelo iogue hindu *jîvâtman*, é a alma sensível, inseparável de nosso cérebro físico, que ela mantém em sujeição e por quem é, por sua vez, dominada. Este é o *ego*, o princípio vital intelectual do homem, sua entidade consciente. Embora esteja *dentro* do corpo material, a clareza e a exatidão de suas visões espirituais dependem de sua relação mais ou menos íntima com seu Princípio superior. Quando essa relação é tal que permite que as porções mais etéreas da essência da alma ajam independentemente de suas partículas mais grosseiras e do cérebro, ela pode perceber o que vê sem mescla de erro: só então ela se torna a alma pura, racional, *supersensível*. É isso que na Índia se conhece por *Samâdhi*: é a mais alta condição de espiritualidade possível ao homem na terra. Os faquires tentam obter essa condição com a retenção de sua respiração por horas a fio durante seus exercícios religiosos e chamam essa prática de *dama-sandhâna*. Os termos hindus *Prânâyâma*, *Pratyâhâra* e *Dhâranâ* referem-se a diferentes estados psicológicos e mostram o quanto o sânscrito, e até a língua hindu moderna, está mais adaptado para uma elucidação clara dos fenômenos encontrados por aqueles que estudam esse ramo da ciência psicológica, do que as línguas dos povos modernos, cujas experiências ainda não precisaram da invenção desses termos descritivos.

Quando o corpo está no estado de *dhâranâ* – uma catalepsia total da forma física – , a alma do clarividente pode liberar-se e perceber as coisas subjetivamente. Mas, como o princípio senciente do cérebro está vivo e ativo, essas imagens do passado, do presente e do futuro serão misturadas às percepções terrestres do mundo objetivo; a *memória* física e a *fantasia* estarão no lugar da visão clara. Mas o vidente-adepto sabe como suspender a ação mecânica do cérebro. Suas visões serão tão claras como a própria verdade, incolores e não-distorcidas, ao passo que o clarividente, incapaz de controlar as vibrações das ondas astrais, apenas perceberá mais ou menos imagens quebradas por meio do cérebro do médium. O vidente nunca pode tomar sombras bruxuleantes por realidades, pois, estando sua memória completamente sujeita à sua vontade como o resto do corpo, ele recebe impressões diretamente do seu espírito. Entre seus egos subjetivo e objetivo não existem médiuns obstrutivos. Esta é a vidência espiritual real, na qual, de acordo com uma expressão de Platão, a alma é elevada para cima de todos os deuses inferiores. Quando alcançamos "o que é supremo, o que é simples, puro e *imutável, sem forma, cor ou qualidades humanas*: o Deus – *nosso Nous*".

Esse é o estado que videntes como Plotino e Apolônio chamaram de "União com a Divindade"; que os iogues antigos chamaram *Îsvara*[2][*], e os modernos chamam de *Samâdhi*; mas esse estado está tão distante da clarividência moderna, quanto as estrelas estão acima dos pirilampos. Plotino, como se sabe, foi um clarividente-vidente durante toda a sua vida; e no entanto ele se *uniu a seu Deus* apenas quatro vezes, durante os sessenta e seis anos de sua existência, como ele mesmo confessou a Porfírio.

Ammonius Sacca, o "ensinado por Deus", afirma que o único poder que se opõe diretamente ao vaticínio e ao predizer o futuro é a *memória*, a que Olimpiodoro chama de *fantasia*. "A fantasia", diz ele, "é um impedimento das nossas concepções intelectuais; por essa razão, quando somos agitados pela influência inspiradora da Divindade, se a fantasia intervém, cessa a energia entusiástica, pois o entusiasmo e a fantasia são

---

\* Há uma grande confusão nas últimas linhas desta nota e sua causa é difícil de ser determinada. Basta apontar que o *Pûrva-Mîmânsâ-sûtra* também é conhecido como *Jaiminisûtra* e que a filosofia do *Uttara-mîmânsâ* ou *Vedânta* está exposta principalmente nos famosos *bhâshyas* ou comentários dos *Brahmasûtras* de Bâdarâyana e Sâmkarâchârya. O nome Vyâsa não está relacionado de maneira alguma ao Vedanta. Consultar Bibliografia, s. v. Mîmânsâ. (N. do Org.)

reciprocamente contrários. Se nos perguntassem se a alma é capaz de se energizar sem a fantasia, responderíamos que sua percepção dos universais prova que ela é capaz. Ela possui percepções, portanto, independentemente da fantasia; ao mesmo tempo, todavia, a fantasia acompanha-a em suas energias, assim como a tempestade persegue aquele que se aventura pelo mar"[3].

Um médium, além disso, não precisa de uma inteligência estranha – um espírito ou um mesmerizador vivo – para subjugar suas partes físicas e mentais, ou de nenhum meio fictício para induzir o transe. Um adepto, e mesmo um simples faquir, precisa de apenas alguns minutos de "autocontemplação". As colunas de bronze do templo de Salomão, os sinos dourados e as romãs de Aarão, o Júpiter Capitolino de Augusto cercado de harmoniosas campainhas[4] e as taças de bronze utilizadas nos mistérios quando o Korê era chamado[5] – eram meios artificiais de que se valiam os antigos[6]. E também, as taças de bronze de Salomão cercadas por uma fileira dupla de duzentas romãs, que serviam de badalos nos ocos das colunas. As sacerdotisas da Alemanha Setentrional, sob a liderança dos hierofantes, só podiam profetizar entre o rumor de águas tumultuosas. Elas se *hipnotizavam* ao olhar fixamente as ondas formadas com o curso rápido do rio. Sabemos que José, o filho de Jacó, buscava inspiração divina com sua taça dourada de adivinhação, em que certamente deve ter propiciado um fundo brilhante para tal. As sacerdotisas de Dodona colocavam-se sob o velho carvalho de Zeus (o deus pelásgio, não o olímpico) e ouviam atentamente o murmúrio das folhas sagradas, enquanto outras concentravam sua atenção no murmurejar do arroio frio que regava suas raízes[7]. Mas o adepto não precisa de nenhum auxílio artificioso – a simples ação de seu poder de *vontade* é mais do que suficiente.

O *Atharva-Veda* ensina que o exercício desse poder de Vontade é a forma mais elevada de prece e sua resposta instantânea. Desejar é realizar em proporção à intensidade da aspiração; e a realização, por sua vez, é medida pela pureza interior.

Alguns desses preceitos vedantinos mais nobres sobre a alma e sobre os poderes místicos do homem foram expostos por um erudito hindu e publicados recentemente por um periódico inglês, "A *Sânkhya*", escreve o hindu, "ensina que a alma [isto é, o corpo astral] tem os seguintes poderes: comprimir-se numa forma diminuta, ou dilatar-se em tamanho gigantesco, ou levitar (ao longo de um raio de luz até o globo solar), ou possuir extensão ilimitada dos órgãos (como tocar a Lua com a ponta dos dedos), ou uma vontade irresistível (por exemplo, mergulhar na terra tão facilmente quanto o faria na água), e domínio sobre todos seres, animados ou inanimados, faculdade de mudar o curso da Natureza, habilidade para realizar tudo quanto deseja". A seguir, dá os nomes a esses poderes:

"Os poderes chamam-se: 1, *Animan*; 2, *Mahiman*; 3, *Laghiman*; 4, *Gariman*; 5, *Prâpti*; 6, *Prâmâmya*; 7, *Vaśitva*; 8, *Iśitva*, ou poder divino. O quinto é predizer eventos futuros, compreender línguas desconhecidas, curar doenças, adivinhar pensamentos inexpressos, compreender a linguagem do coração. O sexto é o poder de mesmerizar seres humanos e animais e fazê-los obedientes; é o poder de dominar as paixões e as emoções. O oitavo é o estado espiritual; a ausência dos sete anteriores prova que nesse estado o iogue está pleno de Deus".

"Nenhum escrito", acrescenta ele, "revelado ou sagrado, é tão autorizado e final *como o ensinamento da alma*. Alguns rishis parecem ter acentuado em grande medida essa fonte supersensual do conhecimento"[8].

Desde a Antiguidade mais remota, a *Humanidade* como um todo *sempre se convenceu da existência de uma entidade espiritual pessoal no interior do homem físico.* Essa entidade interna era mais ou menos divina, segundo sua proximidade com a coroa – Christos. Quanto mais estreita a união, mais sereno o destino do homem, menos perigosas as condições externas. Essa crença não é beatice, nem superstição, apenas um sentimento onipresente, instintivo da proximidade de um outro mundo espiritual e invisível que, embora seja subjetivo aos sentidos do homem exterior, é perfeitamente objetivo para o ego interior. Além disso, os antigos acreditavam que *há condições externas e internas que afetam a determinação de nossa vontade às nossas ações.* Eles rejeitavam o fatalismo, pois o fatalismo implica na ação cega de algum poder ainda mais cego. Mas eles acreditavam no *destino*, que o homem vai tecendo desde o nascimento até a morte, fio por fio, ao seu redor, como uma aranha tece a sua teia; e esse destino é guiado ou pela presença chamada por alguns de anjo guardião, ou pelo nosso homem interior astral mais íntimo, que é muito freqüentemente o gênio mau do homem encarnado. Ambos se dirigem para o homem exterior; mas um deles deve prevalecer; e, desde que se inicie a luta invisível entre um e outro, a severa e implacável *lei da compensação* intervém, seguindo fielmente as flutuações. Quando o último fio estiver tecido e o homem estiver envolto na rede por ele mesmo tecida, então ele se encontra completamente preso no império desse destino *feito por ele*, que o fixará em um determinado lugar como a concha inerte contra o rochedo imovível, ou, como uma leve pluma, o levará de um lado a outro, arrastado pelo torvelinho de suas próprias ações.

Aos maiores filósofos da Antiguidade não parecia irracional, nem estranho, que "as almas voltassem às almas e comunicassem a elas concepções de coisas futuras, às vezes por letras, ou por um simples toque, ou, por um vislumbre, revelassem eventos passados ou anunciassem eventos futuros", como nos relata Amônio. Além disso, Lamprias e alguns outros afirmaram que, se os espíritos ou almas *desencarnados* descessem à Terra e se tornassem guardiães de homens mortais, "não podemos privar das *almas que ainda estão nos corpos*, esse poder de conhecer eventos futuros e de os anunciar. Não é provável", acrescenta Lamprias, "que a alma, após a separação do corpo, ganhe um novo poder de profecia que ela não possuísse anteriormente. Devemos antes concluir que *ela possuía todos esses poderes durante sua união com o corpo, embora num grau inferior de perfeição.* (. . .) Pois, assim como o Sol só não brilha quando passa por entre as nuvens, mas sempre refulge e só é ofuscado e obscurecido pelos vapores, da mesma maneira a alma só não recebe o poder de olhar para o futuro quando se afasta do corpo, mas *sempre possuiu esse poder* embora estivesse ofuscado pela conexão com o terreno"[9].

Um exemplo familiar de uma fase do poder de a alma ou o corpo astral se manifestar é o fenômeno conhecido como "mãos luminosas". Na presença de determinados médiuns, esses membros aparentemente destacados do corpo se desenvolverão a partir de uma névoa luminosa, pegarão um lápis, escreverão mensagens e então se dissolverão diante dos olhos das testemunhas. Muitos casos estão registrados por pessoas absolutamente competentes e confiáveis. Esses fenômenos são reais e exigem uma consideração séria. Mas "mãos-luminosas" falsas às vezes são tomadas como verdadeiras. Em Dresden, vimos certa vez uma mão e um braço, feitos com intenção de enganar, com um engenhoso arranjo de molas que fariam o mecanismo imitar perfeitamente os movimentos do membro natural, ao passo que exteriormente seria preciso uma inspeção muito rigorosa para se detectar seu caráter artificial. Ao usá-lo, o médium desonesto desliza seu braço natural para fora da sua manga e o substitui pelo aparato mecânico; ambas as mãos parecem então repousar sobre a mesa, ao passo que de fato uma outra está tocando os presentes, mostrando-se, dando batidas nos móveis e produzindo outros fenômenos.

Os médiuns mais adequados às manifestações reais são os menos capazes, via de regra, de compreender ou explicar essas manifestações. Dentre aqueles que escreveram mais inteligentemente sobre o tema dessas mãos luminosas está o Dr. Francis Gerry Fairfield, autor de *Ten Years with Spiritual Mediums*, um artigo que apareceu em *The Library Fable* de 19 de julho de 1877. Ele mesmo um médium, é um forte oponente da teoria espiritista. Discutindo o tema da "mão luminosa", ele afirma que "isto o autor testemunhou pessoalmente, sob condições de teste estabelecidas por ele próprio, em seus próprios aposentos, à luz do dia, com o médium sentado em um sofá a seis ou oito pés da mesa sobre a qual a aparição (a mão) surgiu. A aplicação dos pólos de um ímã em forma de ferradura à mão obrigou-a a oscilações perceptíveis e lançou o médium em convulsões violentas – prova bastante conclusiva de que *a força envolvida no fenômeno fora gerada em seu próprio sistema nervoso*".

A dedução do Dr. Fairfield de que a mão luminosa trêmula é uma emanação do médium, é lógica e correta. O teste do ímã em forma de ferradura prova de maneira científica o que todo cabalista afirmaria com base na autoridade da ciência, não menos do que na da filosofia. A "força envolvida no fenômeno" é a vontade do médium, exercida inconscientemente sobre o homem exterior, que nesse momento está semiparalisado e cataléptico; a mão-luminosa é uma projeção do membro inferior ou astral do homem. Este é aquele ego real cujos membros o cirurgião não pode amputar, porém que continuam sendo o veículo sensório mesmo depois da morte do corpo físico (não obstante quantas hipóteses neurológicas tenham sido estabelecidas em contrário). Este é aquele corpo espiritual (astral) que "se eleva em não-corrupção". É útil afirmar que se trata de mãos-*espírito*, pois, admitindo-se que, em toda sessão, espíritos humanos de muitas espécies são atraídos pelo médium, e que eles guiam e produzem algumas manifestações, para tornar objetivas mãos ou faces, eles são compelidos a utilizar os membros astrais do médium ou os materiais fornecidos a eles pelos elementais, ou as emanações áuricas combinadas de todas as pessoas presentes. Os espíritos *puros* não *querem*, nem *podem* manifestar-se objetivamente; os que o fazem não são espíritos puros, mas elementares e elementais. Desgraçado do médium que for presa dessas entidades astrais!

O mesmo princípio envolvido na projeção inconsciente de um membro fantasma pelo médium cataléptico aplica-se à projeção de seu "duplo" ou corpo astral inteiro. Essa projeção pode ser efeito da vontade do próprio ego interior do médium, sem retenção, em seu cérebro físico, de qualquer lembrança desta tentativa – que é uma fase da capacidade dual do homem. Ela também pode ser efetuada por espíritos elementares e elementais, com as quais ele pode estar na relação de paciente mesmérico. O Dr. Fairfield está certo em uma posição assumida em seu livro, a saber: os médiuns estão comumente atacados por uma enfermidade orgânica e em alguns casos transmitem essa doença aos seus filhos. Mas está completamente errado ao atribuir todos os fenômenos psíquicos a condições fisiológicas mórbidas. Os adeptos da magia oriental gozam constantemente de perfeita saúde mental e corporal e, na verdade, a produção voluntária e independente de fenômenos é impossível para quaisquer outras pessoas. Conhecemos muitos e nunca vimos um doente entre eles. O adepto tem consciência perfeita; não apresenta nenhuma mudança de temperatura corporal, ou outro sinal de morbidez; não exige "condições", mas realizará suas façanhas em qualquer tempo e em qualquer lugar, e, em vez de ser passivo e estar sujeito à influência estranha, governa as forças com uma vontade de ferro. Mas já mostramos que o médium e o adepto são tão opostos quanto os pólos. Só acrescentaremos que o corpo, a alma e o espírito do adepto são conscientes e trabalham em harmonia, mas o corpo do médium é um torrão inerte e sua lama poderá estar longe dali num sonho, enquanto sua habitação estiver ocupada por um outro.

Um adepto não só pode projetar e tornar visível uma mão, um pé ou qualquer outra parte de seu corpo, mas também todo o corpo. Vimos um realizar essa projeção, em plena luz do dia, enquanto suas mãos e seus pés estavam seguros por um amigo cético a quem queria surpreender[10]. Pouco a pouco todo o corpo astral exsudou-se como uma nuvem de vapor, assumindo duas formas, a segunda das quais era uma duplicata exata da primeira, apenas um pouco mais indistinta.

O médium não exercita qualquer *poder de vontade*. Basta que ele ou ela saiba o que os investigadores esperam. A entidade "espiritual" do médium, quando não obsedado por outros espíritos, agirá fora da vontade ou da consciência do ser físico, como seguramente ela age quando está dentro do corpo num caso de sonambulismo. Suas percepções, externas e internas, serão mais agudas e muito mais desenvolvidas, precisamente como o são as do sonâmbulo. E é por isso que "a forma materializada às vezes sabe mais do que o médium"[11], pois a percepção intelectual da entidade astral é proporcionalmente muito mais elevada do que a inteligência corporal do médium em seu estado normal, como a entidade espiritual é mais sutil. Geralmente o médium esfriará, o pulso mudará visivelmente e um estado de prostração nervosa sucede aos fenômenos, inábil e indiscriminadamente atribuídos a espíritos desencarnados; por outro lado, apenas um terço deles pode ser produzido por estes últimos, outro terço pelos elementais e o restante pelo duplo astral do próprio médium.

Mas – ao passo que acreditamos firmemente que a maioria das manifestações físicas, isto é, aquelas que não precisam de inteligência ou grande discriminação e nem se exibem, é produzida mecanicamente pelo *scîn-lâc* (duplo) do médium, da maneira que atua durante o sono comum, de modo que, ao despertar, de nada se lembra a pessoa de tudo aquilo que lhe ocorreu em sonhos – os fenômenos puramente subjetivos são apenas uma porção pequena de casos devidos à ação do corpo astral pessoal. Eles são principalmente, e de acordo com a moral, a pureza intelectual e física do médium, obra dos espíritos elementares e às vezes dos espíritos humanos puros. Os elementais nada têm a ver com as manifestações subjetivas. Em casos raros, é o espírito *divino* do próprio médium que os guia e os produz.

Como afirma Bâbû Pyârichânda Mitra, numa carta ao Presidente da Associação Nacional dos Espiritistas, o Sr. Alexandre Calder, "um espírito é uma essência ou poder, e não tem forma. (. . .) A idéia mesma de forma implica 'materialismo'. Os espíritos [almas astrais, diríamos] (. . .) podem assumir formas por algum tempo, mas a forma não é seu estado permanente. Quanto mais material a nossa alma, mais material a nossa concepção dos espíritos"[12].

Epimênides, o Órfico, foi famoso por sua "natureza sagrada e maravilhosa" e pela faculdade que sua alma possuía de abandonar seu corpo *por quanto tempo e quando quisesse*. Os filósofos antigos que testemunharam essa habilidade podem ser contados às dúzias. Apolônio abandonava seu corpo a qualquer instante, mas devemos nos lembrar de que Apolônio era um adepto – um "mago". Fosse apenas um médium, ele não poderia ter realizado essas façanhas *a seu bel prazer*. Empédocles de Agrigento, o taumaturgo pitagórico, não exigia *condições* para desviar uma tromba d'água que ameaçava cair sobre a cidade. Nem precisou de nada para ressuscitar uma mulher, como o fez. Apolônio não usava nenhum compartimento *escuro* dentro do qual realizasse suas façanhas etrobáticas. Desaparecendo de repente no ar diante dos olhos de Domiciano e de toda uma multidão de testemunhas (muitos milhares de pessoas), ele apareceu uma hora depois na gruta de Puteoli. Mas a investigação teria mostrado que, tornado invisível seu corpo físico pela concentração de âkâśa, ele poderia ter caminhado em segurança para algum lugar retirado da vizinhança e, uma hora depois, sua forma astral surgiu em Puteoli para os seus amigos, e parecia ser o próprio homem.

Da mesma maneira, Simão, o Mago não precisava entrar em transe para flutuar no ar diante dos apóstolos e das multidões de testemunhas. "Isso não requer conjuração, nem cerimônias; a formação de círculos e o incensamento não têm sentido e são trapaças", diz Paracelso. O espírito humano "é uma coisa tão grande, que nenhum homem o pode expressar; assim como o Próprio Deus é eterno e imutável, assim também é a mente do homem. Se compreendermos corretamente os seus poderes, nada nos será impossível sobre a Terra. A imaginação se desenvolve e se fortalece por meio da *fé em nossa vontade*. A fé deve confirmar a imaginação, pois a fé estabeleceu a vontade".

Um relato singular da entrevista pessoal – apenas mencionada no vol. I, tomo II, desta obra – de um embaixador inglês em 1783 com um Buddha reencarnado, um bebê de dezoito meses de idade naquela época, nos é fornecido nas *Asiatic Researches* pela própria testemunha ocular, o Sr. Turner, o autor de *The Embassy to Tibet*. A fraseologia cautelosa de um infortúnio ridículo, público, apavorante e cético esconde o espanto da testemunha, que, ao mesmo tempo, deseja dar os fatos tão fielmente quanto possível. O lama infante recebeu o embaixador e sua comitiva com uma dignidade e um decoro tão naturais e descontraídos, que eles caíram numa absoluta estupefação de maravilhas. O comportamento desse infante, diz o autor, foi o de um velho filósofo, grave e sossegado, e sumamente cortês. Ele conseguiu fazer o jovem pontífice compreender a dor inconsolável em que o Governador-Geral de Galagata (Calcutá), a Cidade dos Palácios, e o povo da Índia estavam mergulhados quando de sua morte e a viva satisfação por todos experimentada quando descobriram que havia ressuscitado num corpo jovem e fresco; a esse cumprimento, o jovem lama o observou e à sua comitiva com olhares de singular complacência. "O embaixador continuou a expressar os votos do Governador-Geral de que o lama pudesse continuar a iluminar por muito tempo o mundo com sua presença; e de que a amizade que, de agora em diante, subsistia entre eles pudesse ser fortemente incrementada para o benefício e o interesse dos devotos inteligentes do lama (. . .) tudo isso fez a pequena criatura olhar firmemente para o falante e graciosamente curvar-se e balançar a cabeça – como *se ele* compreendesse e aprovasse (. . .) todas as palavras pronunciadas."[13]

Como *se* compreendesse! *Se* o infante se comportara da maneira mais natural e digna durante a recepção e, "quando suas taças de chá se esvaziavam, tornava-se apreensivo e atirava para trás a cabeça e franzia o cenho, e continuava a fazer barulho até que elas fossem enchidas novamente", por que ele não poderia compreender perfeitamente o que lhe fora dito?

Há alguns anos, um pequeno grupo de viajantes seguia penosamente de Cachemira a Leh, cidade do Ladâkh (Tibete Central)[*]. Entre os nossos guias ia um xamã tártaro, uma personagem muito misteriosa, que falava um pouco de russo e nada de inglês e que conseguiu lá uma maneira de conversar conosco e nos ser de muita utilidade. Sabedor de que alguns membros do nosso grupo eram russos, imaginou que poderíamos protegê-lo contra tudo e ajudá-lo a voltar a seu lar siberiano, do qual, por razões desconhecidas, havia fugido vinte anos antes, como nos contou, passando por Kyakhta e pelo deserto de Gobi, rumo ao país dos chakhar[14][**]. Em vista da confiança que em nós depositou o guia, consideramo-nos seguros sob sua guarda. Para explicar a situação com poucas palavras: nossos companheiros haviam maquinado o plano temerário de penetrar no Tibete sob vários disfarces, sem que nenhum deles conhecesse a língua do país, exceto um deles, a quem chamarei Sr. K., que sabia algo do idioma tártaro kazan e que pensava conseguir realizar o plano. Como só mencionamos este fato incidentalmente, podemos dizer que dois deles, os irmãos N., foram gentilmente trazidos de volta à fronteira antes que caminhassem dezesseis milhas pelas terras do Bod Oriental; e o Sr. K., um ex-ministro luterano, não pôde nem tentar deixar sua miserável aldeia perto de Leh, pois caiu de cama com febre e teve de voltar a Lahore por Cachemira. Mas teve oportunidade de presenciar um fato que para ele equivalia a testemunhar a reencarnação do próprio Buddha. Como havia ouvido falar desse "milagre" por um velho missionário russo em quem confiava muito mais do que no Abade Huc, era seu desejo já há muitos anos descobrir a "grande trapaça gentia", como a denominava. K. era um positivista e se orgulhava desse neologismo antifilosófico. Mas esse positivismo estava condenado a sofrer um golpe mortal.

A uns quatro dias de Islamâbâd, numa vila insignificante, cuja característica redentora era um lago magnífico, paramos para um descanso de alguns dias. Nossos companheiros haviam-se separado temporariamente de nós e a vila seria o local de nosso reencontro. Foi ali que fomos informados por nosso xamã de que um grande grupo de "santos" lamaicos, em peregrinação por vários santuários, ali estava alojado numa caverna-templo da redondeza, onde havia estabelecido um Vihâra temporário. Ele acrescentou que, como, segundo se dizia, os "Três Honoráveis"[15] viajavam com eles, os santos *Bhikshus* (monges) eram capazes de produzir os maiores milagres. O Sr. K., entusiasmado com a perspectiva de confundir este embuste dos séculos, apressou-se a visitá-los e, a partir desse momento, estabeleceram-se entre os dois campos as relações mais amigáveis.

---

\*    O Ladak (ou Ladakh) e o Baltistão são províncias da Cachemira e o nome Ladak pertence primeiramente ao amplo vale do Alto Indo, mas inclui muitos distritos circunvizinhos que com ele estão em conexão política. Limita-se ao norte pela cadeia Kuenlun e pelos declives de Karakorum, a noroeste e oeste pelo Baltistão (conhecido como Pequeno Tibete), a sudoeste pela própria Cachemira, ao sul pelo que se costumava dizer território himalaiano britânico e a leste pelas províncias tibetanas de Ngari e Rudog. Toda a região é muito alta, os vales de Rupshu e do Sudeste estão a 15.000 pés e o Indo, perto de Leh, a 11.000 pés, ao passo que a altura média das cadeias vizinhas chega a 20.000 pés. Leh (11.550 pés) é a capital do Ladak e a estrada de Srinagar a Leh liga o belo vale do Sind às fontes do rio no Passo de Zoji La (11.580 pés), na cadeia Zaskar. Muitas estradas partem de Leh para o Tibete; a mais conhecida delas é a que vai do vale do Indo ao platô tibetano, por Chang La, ao Lago Pangong e a Rudog (14.000 pés).

É um erro chamar essa região de Tibete Central, embora alguns escritores o façam. (N. do Org.)

\*\*    Os *chakhars* são uma tribo dos mongóis que estão levando uma vida nômade ao longo da Grande Muralha Norte de Suanhwa e Tatung, na China. Na época de H. P. B., eram governados por oficiais indicados por Pequim. Há uma grande dose de Xamanismo entre eles, embora em vários aspectos tivessem adotado muitos costumes e crenças chineses. (N. do Org.)

O Vihâra estava situado numa paragem solitária e romântica ao abrigo de toda intrusão. A despeito das atenções mais efusivas, dos presentes e dos protestos do Sr. K., o Chefe, que era um *Pase-Budhu*[16] (um asceta de grande santidade), não quis exibir o fenômeno da "encarnação" até que fosse exibido um certo talismã que estava de posse da autora destas linhas[17]. Apenas o viu, todavia, e os preparativos foram feitos e um bebê de três ou quatro meses foi trazido, filho de uma mulher pobre da vizinhança. Exigiu-se que o Sr. K. pronunciasse o juramento de não divulgar, por sete anos, o que pudesse ver ou ouvir. O talismã é uma simples ágata ou cornalina conhecida entre os tibetanos e por outros como *A-yu*, e possui, natural ou convencionalmente, muitas propriedades misteriosas. Têm um triângulo gravado sobre ele, dentro do qual estão algumas palavras místicas[18].

Alguns dias se passaram até que tudo estivesse pronto; nada de caráter misterioso ocorreu durante esse tempo, exceto, a convite de um Bhikshu, o aparecimento de rostos espectrais vindos do seio cristalino do lago, enquanto nos mantínhamos sentados à borda da entrada do Vihâra. Um desses rostos era o da irmã do Sr. K., que ele deixara bem e muito feliz em casa, porém que, como soubemos posteriormente, morrera pouco tempo depois que ele partira. A visão o impressionou, mas logo ele se apoiou no ceticismo e se acalmou com teorias de sombras de nuvens, reflexos dos ramos das árvores, etc., como pessoas desse tipo costumam fazer nessas situações.

Na tarde marcada, o bebê, trazido para o Vihâra, foi colocado no vestíbulo ou salão de recepção, pois K. não podia passar dali. A criança foi então colocada num tapete no centro do piso e, depois de afastados os curiosos, dois "mendicantes" se postaram à entrada para impedir a presença de intrusos. Então todos os lamas sentaram-se no solo, de costas para as paredes de granito, de maneira que ficassem distantes da criança por um espaço de, pelo menos, dez pés. O chefe sentou-se no canto mais distante de uma peça de couro que fora estendida para ele pelo *desservant*. Sozinho, o Sr. K. postou-se perto do bebê e observava cada movimento seu com um interesse muito grande. A única condição exigida de nós foi a de que mantivéssemos um silêncio rígido e aguardássemos pacientemente os acontecimentos. Uma luz brilhante entrou pela porta aberta. Pouco a pouco o "Superior" entrou naquilo que parecia um estado de meditação profunda, enquanto os outros, após uma curta invocação feita a *sotto voce*, se calaram repentinamente e pareciam petrificados. Tudo estava angustiantemente calmo e o choro da criança era o único som que se ouvia. Após alguns momentos cessaram subitamente os movimentos dos membros do bebê e seu corpo pareceu tornar-se rígido. K. observava atentamente cada movimento e nós, com uma rápida olhadela, verificamos satisfeitos que todas as pessoas presentes estavam sentadas imóveis. O superior, com o olhar fixo no chão, não olhava para o bebê; mas, pálido e imóvel, mais parecia uma estátua de bronze de um talapão em meditação, do que um ser vivo. De repente, para nossa grande consternação, vimos a criança, não se erguer, mas, de fato, ser sentada violentamente! Algumas sacudidas mais e então, como um autômato posto em movimento por fios invisíveis, o bebê de quatro meses de idade ficou em pé! Imaginai nossa consternação e, no caso do Sr. K., seu horror. Nem uma mão se dirigira à criança, nem se fizera movimento algum, nem se pronunciara palavra alguma; e no entanto aí estava o bebê de colo em pé e firme como um homem!

Citaremos o resto da história de uma cópia de notas escritas sobre o assunto pelo próprio Sr. K., na mesma tarde, e que nos foram dadas para a eventualidade de não chegarem ao seu lugar de destinação ou no caso de a escritora não conseguir ver mais nada.

"Após um minuto ou dois de hesitação", escreve K., "o bebê virou sua cabeça e olhou para mim com uma expressão de inteligência que me fez estremecer! Senti um calafrio. Belisquei minhas mãos e mordi os lábios até quase o sangue brotar, para me certificar de que não estava sonhando. Mas isto foi apenas o começo. A criatura miraculosa, *como imaginei*, deu dois passos em minha direção, tornou a se sentar e, sem tirar os olhos de cima de mim, repetiu, frase por frase, naquilo que eu supunha ser a língua tibetana, as mesmas palavras que, segundo me haviam dito anteriormente, são geralmente pronunciadas nas encarnações de Buddha, começando com 'Eu sou Buddha; eu sou o velho lama; eu sou seu espírito num corpo novo', etc. Senti um terror real; meu cabelo se eriçou e meu sangue congelou. Nem com ameaças de morte alguém me arrancaria uma palavra. Não havia truque algum nisso, nem ventriloquismo. Os lábios do bebê moviam-se e os olhos pareciam procurar minha alma com uma expressão que *me fez pensar que era a face do próprio Superior*, seus olhos, seu olhar, o que eu estava vendo. Era *como se seu espírito tivesse entrado no pequeno corpo e me estivesse olhando através da máscara transparente da face do bebê*. Meu cérebro entrou em vertigem. O bebê avançou em minha direção e senti sua mãozinha tocar a minha mão. Senti-me como se tocado por um carvão ardente; e, incapaz de presenciar a cena por mais tempo, cobri meu rosto com as mãos. Foi só por um instante; mas quando as retirei do rosto, o pequeno ator voltou a chorar e, um momento depois, deitado de costas, emitiu um choramingo. O superior voltara à sua condição normal e conversava tranqüilamente conosco.

"Só foi após uma série de experimentos similares, que se estenderam por dez dias, que compreendi que havia visto o incrível e estarrecedor fenômeno descrito por determinados viajantes, mas sempre denunciado por mim como uma impostura. Entre muitas questões deixadas sem resposta, apesar da minha insistência, o Superior deixou cair uma gota de informação, que deve ser vista como sumamente significativa. 'O que aconteceria', perguntei, através do xamã, 'se, enquanto a criança estava falando, eu, num momento de loucura insana, acreditando ser ela o 'Diabo', a matasse?' Ele respondeu que, se o golpe não fosse instantâneo e fatal, *só a criança* teria sido morta. 'Mas', continuei, 'suponhamos que ele fosse tão rápido quanto um relâmpago?' 'Nesse caso, foi a resposta, *eu também teria morrido*'."

No Japão e no Sião há duas ordens de sacerdotes, uma das quais é pública e se relaciona com o povo; a outra é estritamente privada. Estes últimos nunca são vistos; sua existência só é conhecida de pouquíssimos nativos, nunca dos estrangeiros. Seus poderes nunca são exibidos em público, nem mesmo nas raras ocasiões da maior importância, quando então as cerimônias são realizadas em templos subterrâneos ou inacessíveis e na presença de poucos escolhidos cujas cabeças respondem pelo seu segredo. Entre essas ocasiões estão as mortes da família real, ou as de dignitários filiados à Ordem. Uma das exibições mais misteriosas e impressionantes do poder desses mágicos é a separação da alma astral dos restos cremados de seres humanos, uma cerimônia praticada também em algumas das mais importantes lamaserias do Tibete e da Mongólia.

No Sião, no Japão e na Grande Tartária há o costume de fazer medalhões, estatuetas e ídolos com as cinzas das pessoas cremadas[19][*]; elas são misturadas com água e essa pasta é modelada segundo a forma desejada e depois cozida e dourada. A Lama-

---

* Muito provavelmente a Srta. Nadyezhda Andreyevna de Fadeyev (1829-1919), irmã da mãe de H. P. B. Era apenas dois anos mais velha que H. P. B. e se corresponderam durante muitos anos. (N. do Org.)

seria de Ou-Tay, na província de Shan-Si, na Mongólia[*], é a mais famosa por esse trabalho e as pessoas ricas vendem os ossos de seus parentes defuntos para que com eles sejam modelados os objetos desejados. Quando o adepto da magia propõe-se a facilitar a separação da alma astral do morto, que de outra maneira permaneceria por um período indefinido *no interior* das cinzas, ele segue o seguinte processo: o pó sagrado é colocado sobre uma placa metálica fortemente magnetizada, do tamanho do corpo de um homem. O adepto, então, abana-o leve e gentilmente com o *Talapat Nang*[20]; um leque de forma peculiar e que possui alguns sinais inscritos, murmurando, ao mesmo tempo, uma forma de invocação. As cinzas, estão, como se diz, imbuídas de vida e formam suavemente no ar a silhueta apresentada pelo defunto antes da cremação. Então, pouco a pouco, condensam-se numa espécie de vapor esbranquiçado que, após algum tempo, forma uma coluna ereta, e compactando-se mais e mais, transforma-se na contraparte da "dupla", ou etérica do morto, que, por sua vez, se dissolve no ar e desaparece da visão mortal[21].

Os "mágicos" da Cachemira, do Tibete, da Mongólia e da Grande Tartária são conhecidos demais para que nos detenhamos em comentários. Se eles são *prestidigitadores*, convidamos os prestidigitadores mais peritos da Europa e da América a fazer o que puderem.

Se os nossos cientistas são incapazes de imitar o embalsamamento dos egípcios, quão maior seria a sua surpresa ao verem, como vimos, corpos mortos preservados pela arte alquímica, de maneira que, após o lapso de séculos, eles parecem estar dormindo. As compleições estavam tão frescas, a pele tão elástica, e os olhos tão naturais e tão vivos, que parecia que estavam em pleno fluxo de saúde e que as rodas da vida só haviam parado no instante anterior. Os corpos de muitas personagens eminentes estão colocados sobre catafalcos, em ricos mausoléus, às vezes cobertos de placas douradas ou de ouro verdadeiro; suas armas favoritas, seus berloques e artigos de uso diário colocados ao seu redor, e um cortejo de criados, rapazes e moças vistosos, mas ainda cadáveres, preservados como seus senhores, de maneira que parecem dispostos a servi-los quando chamados. No convento do Grande Kuren[**] e num outro situado na Montanha Sagrada (Bogdo-Ula), diz-se que existem muitas dessas sepulturas, que foram respeitadas por todas as hordas conquistadoras que invadiram aqueles países. O Abade Huc recebeu referências a essas sepulturas, mas nunca viu uma só delas, pois não se permite que as veja nenhum estrangeiro, nem missionários e nem os viajantes europeus sem o salvo-conduto correspondente, sendo que estes últimos apenas podem se aproximar dos lugares sagrados. A afirmação de Huc – de que as tumbas dos soberanos tártaros estão cercadas de crianças "que foram obrigadas a engolir mercúrio até se sufocarem", a fim de

---

\*     É mais provável que H. P. B. tivesse em mente as montanhas conhecidas como Wutai Shan ou Wu-t'ai Shan, na região nordeste da província de Shansi, na China, perto da fronteira da Mongólia Interior. Elas estão a cerca de trinta milhas a nordeste da torre de Wutai e seu pico mais elevado tem 9.974 pés. A região é considerada sagrada pelos mongóis e as montanhas possuem muitas lamaserias freqüentadas por peregrinos. Não está claro em qual dessas lamaserias H. P. B. estava pensando. (N. do Org.)

\*\*     O enorme mosteiro Kuren está em Urga (*Hurae*, em mongol), agora conhecida como Ulan Bator, uma cidade da Mongólia Exterior, num afluente do Rio Tola. Durante muitos anos, foi uma cidade sagrada para os mongóis e a residência de um dos chamados "Buddhas vivos" o terceiro em veneração, após o Lama Panchen e o Taley Lama do Tibete. Foi Djibtzun-damba-Hugutsu quem se acreditava ser o tulku de Darapata (1573-1635), um mestre budista.

*Bogdo-ula* é uma montanha sagrada, parte do enorme sistema de Tian-Shan e os mongóis acreditam que ela seja uma morada de seres divinos. Ulan Bator está no vale do Rio Tola, ao norte dessa montanha. (N. do Org.)

conservarem incorruptíveis a cor e a frescura das vítimas – é uma dessas tantas fábulas idiotas dos missionários que só se impõem aos mais ignorantes que crêem em tudo o que ouvem. Os budistas nunca imolaram vítimas, nem homens, nem animais. Isso é totalmente contrário aos princípios de sua religião e nenhum lamaísta jamais foi acusado disso. Quando um homem rico desejava ser enterrado *em companhia*, enviavam-se mensageiros a todo o país com os embalsamadores de Lama, e crianças mortas de morte natural eram escolhidas para esse fim. Os pais pobres alegravam-se de preservar dessa maneira poética seus filhos falecidos, em vez de os abandonar à podridão e à voracidade das feras.

Na época em que o Abade Huc vivia em Paris, após seu retorno do Tibete, ele relatou, entre outras maravilhas que não foram publicadas, a um Sr. Arsenieff, um cavalheiro russo, o seguinte fato curioso que testemunhara durante sua longa permanência na lamaseria de Kumbum. Um dia, enquanto conversava com um dos lamas, este parou subitamente de falar e assumiu a atitude atenta de quem está ouvindo uma mensagem que lhe era transmitida, embora ele (Huc) nada ouvisse. "Então, preciso ir" – disse de repente o lama, como se estivesse respondendo a alguém.

"Ir onde?", perguntou o espantado "lama de Jeová" (Huc). "E com quem conversas?"

"À lamaseria de . . .", foi a resposta tranqüila. "O Shaberon precisa de mim; foi ele quem me chamou".

Essa lamaseria está a muitos dias de viagem da de Kumbum, onde a conversação ocorria. Mas o que mais pareceu espantar Huc foi que, em vez de iniciar sua viagem, o lama simplesmente dirigiu-se para uma espécie de cúpula situada no teto da casa em que moravam. Um outro lama, depois de ter trocado algumas palavras, seguiu-os ao terraço por meio da escada e, passando entre eles, encerrou-se ali com seu companheiro. Após alguns segundos de meditação, este lama voltou-se para Huc, sorriu e informou ao hóspede que "ele se fora".

"Mas como? Por que o encerraste nesta cúpula? A sala não tem saída?" insistiu o missionário.

"E para que lhe serviria uma porta?" respondeu o custodiador. *"Ele se foi e, como não precisa do seu corpo, deixou-o aos meus cuidados".*

Não obstante as maravilhas que Huc testemunhou durante sua perigosa viagem, sua opinião era que ambos os lamas o haviam enganado. Mas três dias depois, não tendo mais visto seu amigo habitual e anfitrião, perguntou por ele e foi informado de que ele estaria de volta à tarde. Ao pôr do Sol, e justamente quando os "outros lamas" se preparavam para o recolhimento, Huc ouviu a voz do seu amigo ausente, que parecia provir das nuvens, dizer ao seu companheiro que abrisse a porta para ele. Olhando para cima, percebeu a silhueta do "viajante" por trás da treliça da sala onde estivera encerrado. Quando desceu, foi diretamente ao Grande Lama de Kumbum e lhe transmitiu certas mensagens e "ordens" do lugar que "dizia" ter deixado. Huc não conseguiu obter maiores informações sobre essa viagem *áerea*. Mas sempre pensou, disse, que essa "farsa" tinha algo a ver com os preparativos imediatos e extraordinários para a expulsão polida de ambos os missionários, ele e o Padre Gabet, para Chogor-tan, um lugar pertencente ao Kumbum. A suspeita do audaz missionário pode ter sido correta, tendo-se em vista suas curiosidades e indiscrição impudentes.

Se o Abade Huc fosse versado em filosofia oriental, não teria encontrado dificuldade em compreender, tanto o vôo do corpo astral do lama à distante lamaseria, enquanto sua forma física permanecia atrás, quanto à conversa com o Shaberon, que ele não podia escutar. Os experimentos recentes com o telefone, na América, aos quais se fez alusão no capítulo V do nosso primeiro volume e que foram grandemente aperfeiçoados desde que aquelas páginas foram impressas, provam que a voz humana e os sons de música instrumental podem ser transportados a grande distância por um fio telegráfico. Os filósofos herméticos ensinaram, como vimos, que o desaparecimento de uma chama à nossa visão não implica em sua extinção total. Ela apenas passou do mundo visível para o invisível e pode ser percebida pelo sentido interior da visão, que está adaptado para as coisas desse outro universo mais real. As mesmas regras se aplicam ao som. Como o ouvido físico discerne as vibrações da atmosfera até um determinado ponto, ainda não fixado definitivamente e que varia de um indivíduo a outro, assim também o adepto, cuja audição interior foi desenvolvida, pode tomar o seu ponto de fuga e ouvir suas vibrações na luz astral indefinidamente. Ele não precisa de fios, hélices ou mesas sonoras; só o seu poder de vontade é suficiente. Ouvindo com o espírito, o tempo e a distância não oferecem impedimentos e ele pode conversar com um outro adepto dentre os antípodas com grande facilidade, como se estivessem na mesma sala.

Felizmente, podemos reunir numerosas testemunhas para corroborar nossa afirmação, testemunhas que, não sendo adeptos, no entanto ouviram som de música áerea e de voz humana quando instrumento e falante estavam há milhares de milhas do lugar onde estavam sentadas. No seu caso, elas ouvem interiormente, embora pensem que apenas os seus órgãos físicos de audição são utilizados. O adepto, por um simples esforço do poder de vontade, lhes dera por um breve momento a mesma percepção do espírito do som que ele próprio goza constantemente.

Se os nossos cientistas examinassem, em vez de ridicularizá-la, a filosofia antiga da trindade de todas as forças naturais, dariam passos de gigante em direção à verdade estonteante, em vez de se arrastarem como cobras nesse caminho. Os experimentos do Prof. Tyndall realizados em South Foreland, em Dover, em 1875, desbarataram todas as teorias anteriores relativas à transmissão do som, e as experiências que fez com chamas sensíveis levaram-no aos umbrais da ciência arcana. Um passo mais e ele teria compreendido como os adeptos podem conversar entre si a grandes distâncias. Mas ele *não* deu esse passo. A respeito de sua chama sensitiva – mágica, na verdade – ele nos diz: "O menor golpe dado sobre uma bigorna distante reduz sua altura a sete polegadas. Quando um molho de chaves é sacudido, a chama agita-se violentamente e emite um forte ruído. Se se deixa cair uma moeda sobre uma outra (. . .) a chama diminui. (. . .) O rangido de botas coloca-a em violenta comoção. O amarrotamento ou o rasgar de um papel ou o roçagar da seda fazem a mesma coisa. Segurei um relógio perto da chama (. . .) A cada batida a chama subia e descia. O dar corda ao relógio sobressaltava-a. (. . .) Um gorgeio emitido a uma dstância de trinta jardas também a fazia subir e descer. Leio um trecho de Spenser[22] A chama escolhe entre os sons aqueles a que pode responder. Ela se agita mais ou menos em correspondência com a entonação e as modulações da voz"[23].

Essas são as maravilhas da moderna ciência física; mas quantos gastos com aparelhos, e ácido carbônico, e gás de carvão; com assobios americanos e canadenses, cornetas, gongos e sinos! Os pobres pagãos não possuíam esses *impedimenta*, mas – acredite a ciência européia – , não obstante, produziam os mesmos fenômenos. Uma certa ocasião, em que, num caso de importância excepcional se exigiu um "oráculo", vimos a possibilidade da ocorrência de algo que antes negávamos veementemente – a saber, um simples mendicante obrigar uma chama sensível a produzir clarões em resposta, sem aparelho algum. Uma fogueira foi preparada com ramos da árvore Beal e algumas ervas sacrificais foram espalhadas sobre ela. O mendicante sentou-se junto à fogueira, imóvel, absorto em contemplação. Durante os intervalos entre as perguntas, a fogueira ardia com dificuldade, mas, quando o interrogatório recomeçava, as chamas saltavam, ruidosas, em direção ao céu, buxuleavam, retorciam-se e lingüeteavam para o leste, para o oeste, para o norte ou para o sul; cada movimento possuía um significado muito claro num código de sinais bastante conhecido. Às vezes, uma chama se dirigia para o chão e lambia o solo em todas as direções, e de repente desaparecia, deixando apenas um leito de brasas ardentes. Quando a entrevista com os espíritos da chama chegou ao fim, o Bhikshu (mendicante) voltou para a floresta em que vivia, entoando um canto monótono e lamentoso a cujo ritmo respondiam as chamas sensíveis, não com simples movimentos, como diz o Prof. Tyndall, quando lemos *Faerie Queene*, mas com uma maravilhosa modulação de silvos e rugidos até que ele desaparecesse da vista. Então, como se sua vida estivesse extinta, ela se apagou e deixou um leito de cinzas diante dos espectadores atônitos.

No Tibete Ocidental e Oriental, como em todos os países em que o Budismo predomina, há duas religiões diferentes, da mesma maneira que no Bramanismo – a filosofia secreta e a religião popular. A primeira é a dos seguidores da doutrina da seita dos *Sautrântikas*[24] que aderiam ao espírito dos ensinamentos originais de Buddha, que mostram a necessidade da percepção *intuitiva* e todas as deduções que dela se pode tirar. Eles não proclamam as suas opiniões, nem permitem que sejam tornadas públicas.

"Todos os *compostos* são perecíveis" foram as últimas palavras pronunciadas pelos lábios do moribundo Gautama, quando se preparavam sob a árvore Sâla, para entrar no Nirvâna. "O espírito é a unidade única, elementar e primordial, e cada um dos seus raios é imortal, infinito e indestrutível. Cuidado com as ilusões da matéria". O Budismo foi difundido por toda a Ásia e até mais longe por Dharmâśoka. Ele era neto do milagreiro Chandragupta, o ilustre rei que libertou o Puñjâb dos macedônios – se é que eles estiveram no Puñjâb – e recebeu Megástenes em sua corte de Pâtaliputra. Dharmâśoka foi o maior rei da dinastia Maurya. De libertino devasso e ateu, tornou-se *Priyadarśin*, o "amado dos deuses", e nunca foi a pureza de suas opiniões filantrópicas ultrapassada por qualquer outro governador terreno. Sua memória viveu por séculos nos corações dos budistas e foi perpetuada nos editos humanitários gravados em muitos dialetos populares nas colunas e nas rochas de Allâhâbâd, Delhi, Gujarât, Peshâwar, Orissa e outros lugares[25]. Seu famoso avô unira toda a Índia sob seu cetro poderoso. Quando os Nâgas, ou adoradores da serpente da Cachemira, foram convertidos pelos esforços dos apóstolos enviados pelos Sthâviras do terceiro concílio, a religião de Gautama se propagou com a rapidez do fogo. Gândhâra, Kâbul e muitas das satrapias de Alexandre o Grande aceitaram a nova filosofia. Sendo o Budismo do Nepal aquele que menos divergiu da fé antiga primitiva, e porque dele derivam o Lamaísmo da Tartária, da Mongólia e do Tibete – ele deve ser a forma mais pura do Budismo; o Lamaísmo propriamente dito é apenas uma forma externa de ritos.

Os *Upasâkas* ou *Upâsikâs*, ou homens e mulheres semimonásticos e semileigos, devem, como os próprios monges-lamas, abster-se estritamente de violar qualquer uma das regras de Buddha e devem estudar o *Meipo* e todos os fenômenos psicológicos. Aqueles que se tornarem culpados de qualquer um dos "cinco pecados" perde todo o direito de se reunir à congregação. As mais importantes dessas regras é a de *não amaldiçoar nada, nem ninguém, pois a maldição se volta contra quem a proferiu e freqüente-*

*mente contra seus parentes inocentes que respiram o mesmo ar.* Amarmo-nos uns aos outros, mesmo que o outro seja nosso inimigo mais acerbo; oferecermos nossas vidas até mesmo pelos animais e nos abstermos de armas defensivas; conseguirmos a maior das vitórias, que consiste em nos vencermos; evitarmos todos os vícios; praticarmos todas as virtudes, especialmente a humildade e a clemência; sermos obedientes aos superiores, amarmos e respeitarmos os pais, os anciães, os eruditos, os virtuosos e os santos homens; provermos de alimento, abrigo e conforto os homens e os animais; plantarmos árvores nas margens dos caminhos e cavarmos poços para o conforto dos viajantes – estes são os deveres morais dos budistas. Qualquer *Ani* ou *Bhikshunî* (monja) está sujeita a essas leis.

Inúmeros são os santos budistas e lamaicos que ficaram famosos pela santidade de suas vidas e de seus "milagres". Tissu, mestre espiritual do Imperador, que consagrou Kublai-Khân, o Shâh Nadir, era conhecido em todas as partes tanto pela santidade extrema de sua vida, quanto pelas maravilhas que operou[*]. Mas ele não interrompeu seu trabalho com a colheita de milagres infrutíferos; ao contrário, fez melhor que isso. Tissu purificou completamente sua religião e, diz-se, fez Kublai expulsar dos conventos de uma única província da Mongólia Meridional 500.000 monges impostores que haviam feito de sua profissão um pretexto para viver todos os vícios e ócios. Mais tarde os lamaístas tiveram o seu grande reformador, o Shaberon Tsong-Khan-pa, concebido, segundo a tradição, imaculadamente por sua mãe, uma virgem de Koko-Nor (século XIV), que é outra realizadora de maravilhas. A árvore sagrada do Kumbum, a árvore das 10.000 imagens, que, em conseqüência da degeneração da fé verdadeira, deixara de florescer durante muitos séculos, agora rebrotava e floria mais vigorosamente do que nunca do cabelo desse avatar de Buddha, como diz a lenda. A mesma tradição afirma que ele (Tsong-Kha-pa) subiu ao céu em 1419. Ao contrário da idéia predominante, pouquíssimos desses santos são *Hubilgans*, ou Shaberons – reencarnações.

Em muitas lamaserias existem escolas de Magia, mas a mais famosa delas é o mosteiro colegiado de Sitügtü, que possui cerca de 30.000 monges filiados, o que quase o transforma numa cidade. Algumas monjas possuem maravilhoos poderes psicológicos. Encontramos algumas dessas mulheres enquanto se dirigiam de Lhasa a Kandy, a Roma do Budismo, com seus relicários miraculosos e suas relíquias de Gautama. Para evitar encontros com muçulmanos e adeptos de outras seitas, viajam sozinhas à noite, desarmadas, e sem o menor medo de animais selvagens, *pois eles não as molestam.* Aos primeiros clarões da aurora, refugiam-se em cavernas e nos vihâras preparados para elas pelos seus correligionários a intervalos calculados; apesar do fato de o Budismo ter buscado refúgio no Ceilão e existir apenas publicamente na Índia Britânica, os *Byauds* (Irmandades) secretos e os vihâras budistas são numerosos e todo jainista sente-se obrigado a auxiliar, indiscriminadamente, os budistas e os lamaístas.

Sempre à espreita dos fenômenos ocultos, ansiosos por visões, um dos fatos mais interessantes que tivemos oportunidade de presenciar foi produzido por um desses pobres Bhikshus viajantes. Foi há alguns anos, numa época em que essas manifestações

---

\*    Há alguma confusão nesta frase que nunca será suficientemente esclarecida. Nadir Shâh, um governante persa do século XVIII não tem relação alguma com isso e a introdução do seu nome na frase deve ser considerada um erro óbvio, cuja causa não pode mais ser determinada. (N. do Org.)

representavam novidade para a autora destas linhas. Fomos levados a fazer uma visita a alguns peregrinos por um amigo budista, um cavalheiro místico nascido na Cachemira, de pais Katchi, mas um budista-lamaísta por conversão e que geralmente reside em Lhasa.

"Por que carregas esse ramalhte de plantas mortas?" – perguntou uma das Bhikshunîs, uma mulher emaciada, alta e entrada em anos, apontando um enorque buquê de flores bonitas, frescas e perfumadas que estava em minhas mãos.

"Mortas?" – perguntei eu, inquisitivamente. "Se elas acabaram de ser colhidas no jardim!"

"Sim, estão mortas", respondeu-me ela gravemente. "Nascer neste mundo não é morrer? Vê como são essas flores no mundo da luz eterna, nos jardins do nosso bendito Foh!"

Sem se mover do lugar em que estava sentada, a Ani tomou uma flor do ramalhete, colocou-a no seu colo e atirou sobre ela grandes punhados de uma matéria invisível extraída da atmosfera circundante. Rapidamente uma neblina muito tênue foi adquirindo forma e cor, até que, pousada no ar, surgiu uma cópia da flor que ela tomara. Fiel até o último matiz e à última pétala, repousava ao lado do original, mas mil vezes mais resplendente em coloração e maravilhosa em beleza, como o espírito humano glorificado é mais belo do que sua cápsula física. Flor após flor foi sendo reproduzida pela monja, até o ramo mais insignificante, com a particularidade de que apareciam e desapareciam a impulsos do nosso desejo, não, do nosso pensamento. Tendo selecionado uma rosa plenamente aberta, seguramo-la com o braço estendido e, em poucos minutos, braço, mão e flor, perfeitos em cada detalhe, surgiram refletidos no espaço a duas jardas de onde estávamos. Mas, ao passo que a flor parecia imensuravelmente formosa e tão etérea como as outras flores astrais, o braço e a mão pareciam um mero reflexo num espelho, de sorte que se via no antrebraço uma grande mancha produzida pela terra úmida de uma das raízes da flor. Mais tarde soubemos a razão desse fenômeno.

Uma grande verdade foi proferida há cinqüenta anos pelo Dr. Francis J. Victor Broussais, quando ele disse: "Se o magnetismo fosse verdadeiro, a medicina seria um absurdo". O magnetismo é verdadeiro e não contradiremos o erudito francês. O magnetismo, como mostramos, é o alfabeto da Magia. Será ocioso tentar entender a teoria ou a prática da Magia, até que seja reconhecido o princípio fundamental das atrações e das repulsões magnéticas na Natureza.

Muitas das chamadas superstições populares são apenas evidências de uma percepção instintiva dessa lei. As pessoas incultas aprendem com a experiência de muitas gerações que certos fenômenos ocorrem sob condições físicas; dadas essas condições, os resultados são obtidos. Ignorantes da lei, elas explicam o fato pelo sobrenaturalismo, pois a experiência foi o seu único mestre.

Na Índia, bem como na Rússia e em outros países, há uma repugnância instintiva em se atravessar a sombra de um homem, especialmente se ele tem os cabelos ruivos; e, no primeiro país, os nativos são extremamente relutantes em apertar as mãos de pessoas de outra raça. Isto não é fantasia ridícula. Toda pessoa emite uma exalação magnética ou aura e um homem pode estar em saúde física perfeita, mas ao mesmo tempo sua exalação pode ter um caráter mórbido para outras pessoas sensíveis a estas influências sutis. O Dr. Esdaile e outros mesmerizadores têm ensinado há muito tempo que os orientais, especialmente os hindus, são mais suscetíveis do que as raças de pele branca. Os experimentos do Barão Reichenbach – e, de fato, toda a experiência do mundo – provam que essas exalações magnéticas são mais intensas quando irradiam das extremidades.

As manipulações terapêuticas o demonstram; o aperto de mãos é, portanto, um verdadeiro contato magnético que pode conduzir condições magnéticas antipáticas e os hindus se prendem sabiamente à sua "superstição" – prescrita por Manu.

O magnetismo de um homem ruivo, observamo-lo em quase todos os países, é temido instintivamente. Poderíamos citar provérbios da Rússia, da Pérsia, da Geórgia, do Indostão, da França, da Turquia e até mesmo da Alemanha que acusam os de compleição ferrugínea de traiçoeiros e de outros vícios. Quando um homem se expõe ao Sol, o magnetismo dessa luminária projeta as emanações contra a sombra e a ação molecular aumentada desenvolve mais eletricidade. Daí que um indivíduo a quem o homem seja antipático – embora nem mesmo o tenha percebido – fará melhor se, prudentemente, não passar pela sombra. Os médicos cuidadosos lavam as mãos após tratar de cada paciente; por que, então, eles não são chamados de supersticiosos, como os hindus? Os espórulos da doença são invisíveis, mas não menos reais, como demonstra a experiência européia. Bem, *a experiência oriental demonstrou há cem séculos que os germes de uma epidemia moral podem propagar-se por comarcas inteiras e que o magnetismo impuro pode ser comunicado pelo tato.*

Outra crença dominante em algumas partes da Rússia, particularmente na Geórgia (Cáucaso), e na Índia diz que, quando não reaparece o cadáver de um afogado, ele ressurgirá se uma roupa do defunto for atirada à água. Presenciamos esse experimento num caso em que serviu de móvel o cordão sagrado de um brâmane. Ele flutuou aqui e ali, traçando curvas sobre a água como se procurasse algo, até que, lançando-se repentinamente em linha reta num trajeto de cinqüenta jardas, mergulhou no local de onde mais tarde os mergulhadores retiraram o cadáver. Essa "superstição" subsiste na América. Um jornal de Pittsburg, de data bastante recente, descreve o resgate do corpo de um menino, chamado Reed, em Monongahela, por um método semelhante. Fracassadas quantas tentativas se fizeram para encontrar o cadáver, diz o jornal, "empregou-se uma superstição curiosa. Uma das camisas do menino foi atirada ao rio, no local em que ele desaparecera e, dizem, ela flutuou na superfície por algum tempo e finalmente afundou num determinado ponto que se verificou ser o lugar em que estava o corpo, que foi então retirado. A crença de que a camisa de uma pessoa afogada, quando lançada à água, seguirá o corpo é muito difundida, tão absurda quanto possa parecer".

Esse fenômeno é explicado pela lei da atração poderosa que existe entre o corpo humano e os objetos que se coloca sobre ele. Quanto mais velha a roupa, melhor; uma veste nova revela-se inútil.

Desde tempos imemoriais, na Rússia, no mês de maio, no Dia da Trindade, as donzelas das cidades e das aldeias seguem o costume de lançar ao rio grinaldas tecidas de folhas verdes – que cada moça confeccionou – para consultar seus oráculos. Se a grinalda afunda é sinal de que a moça morrerá solteira dentro de pouco tempo; se flutua, ela se casará num período de tempo que depende do número de versos que ela puder recitar durante o experimento. Afirmamos positivamente que tivemos conhecimento pessoal de muitos casos, dois dos quais nossas amigas íntimas, em que o augúrio provou ser verdadeiro e as moças *morreram* dentro de doze meses. Tentando em qualquer outro dia que não o da Trindade, o resultado sem dúvida seria o mesmo. O afundamento da grinalda pode ser atribuído ao fato de ela estar impregnada do magnetismo doentio de um sistema que contém os germes da morte; esse magnetismo tem uma atração pela terra do fundo da corrente. Quanto ao resto, deixamos as explicações aos amigos da coincidência.

A mesma observação geral relativa à base científica da superstição aplica-se aos fenômenos produzidos pelos faquires e pelos prestidigitadores, que os céticos empilham na categoria comum da trapaça. Entretanto, para um observador atento, até mesmo para o não-iniciado, existe uma enorme diferença entre o *kîmiyâ* (fenômeno) de um faquir e o *batte-bâzî* (prestidigitação) de um trapaceiro e a necromancia de um *jâdûgar*, ou *sâhir*, tão temido e tão odiado pelos nativos. Essa diferença, imperceptível – não, incompreensível – ao cético europeu, é apreciada instintivamente por todos os hindus de casta alta ou baixa, educado ou ignorante. A *kaṅgâlin*, ou bruxa, que utiliza seu terrível *abhichâr* (poderes mesméricos) com intenção de injuriar, deve esperar a morte a qualquer momento, pois todo hindu considera lícito matá-la; um *hukkâbâz*, ou prestidigitador, serve para divertir. Um encantador de serpente, com seu *bâînî* cheio de cobras venenosas, é menos temido, pois seus poderes de fascinação só se estendem aos animais e aos répteis; ele é incapaz de encantar seres humanos, de realizar aquilo que os nativos chamam de *mantra phêṅkna*, de lançar feitiços sobre os homens por meio da magia. Mas com os iogues, os sannyâsin, os homens santos que adquirem poderes psicológicos enormes por treinamento mental e físico, a questão é totalmente diferente. Alguns desses homens são tidos pelos hindus como semideuses. Os europeus só podem julgar esses poderes em casos raros e excepcionais.

O residente britânico que encontrou nos *maidans* e nos lugares públicos aqueles que considera serem entes humanos assustadores e repugnantes, sentados imóveis a se torturarem pelo procedimento do *ûrdhva-bâhu*, com os braços erguidos acima das cabeças por meses, e mesmo anos, ele não deve pensar que está diante de faquires operadores de maravilhas. Os fenômenos produzidos pelos faquires só são visíveis com a proteção amigável de um brâmane ou em circunstâncias peculiarmente fortuitas. Esses homens são tão pouco acessíveis, quanto as donzelas chamadas *nautch*, de quem todos os viajantes falam, mas que poucos chegaram a ver, uma vez que elas pertencem exclusivamente aos pagodes.

É surpreendentemente estranho o fato de que, não obstante os milhares de viajantes e os milhões de europeus residentes que estiveram na Índia e a atravessaram em todas as direções, tão pouco se saiba sobre esse país e as terras que o rodeiam. Talvez alguns de nossos leitores se sentissem inclinados a duvidar da nossa afirmação. Sem dúvida, diriam que já se sabe tudo quanto se poderia saber sobre a Índia. De fato, já nos disseram isso pessoalmente. Não é estranho que os anglo-indianos residentes não se ocupem com pesquisas, pois, como um oficial britânico nos disse certa ocasião, "a sociedade não considera polido ocupar-se dos hindus e dos seus negócios ou mesmo mostrar espanto ou desejar informação sobre algo que possa parecer extraordinário naquele país". Mas realmente nos surpreende o fato de que pelo menos os viajantes não tenham explorado, mais do que fizeram, esse país. Há cerca de cinqüenta anos, ao penetrar as florestas das Colinas Azuis ou Nîlagiri, no Indostão Meridional, uma estranha raça, absolutamente diferente em aparência e em língua de qualquer outro povo hindu, foi descoberta por dois corajosos oficiais britânicos que estavam caçando tigres[*]. Muitas

---

\* Foram Kindersley e Whish, dois agrimensores ingleses a soldo da Companhia das Índias Orientais, que, em setembro de 1818, iniciaram em Coimbatore uma viagem de caça. A história de suas aventuras e os muitos fatos interessantes sobre os Tôdas estão relatados por H. P. B. em sua história seriada russa intitulada "The Enigmatical Tribes of the Azure-Blue Hills", publicada no *Russkiy Vestnik* (Mensageiro Russo) de Moscou, em 1884-1885 (vols. 174, 175 e 176). Uma tradução inglesa completa dessa história pode ser encontrada nos *Collected Writings*. (N. do Org.)

conjecturas, mais ou menos absurdas, foram feitas a respeito da origem e da natureza dessas pessoas, e os missionários, sempre dispostos a relacionar qualquer coisa mortal à *Bíblia*, chegaram a sugerir que esse povo era uma das tribos perdidas de Israel, apoiando suas ridículas hipóteses em suas compleições muito brancas e nas "características judaicas muito acentuadas". Esta última afirmativa é completamente errônea, pois os Tôdas, como são chamados, não apresentam a mais remota semelhança com o tipo judaico; nem em compleição, forma, costumes ou língua. Eles se parecem muitíssimo entre si e, como um amigo nosso se expressa, os mais vistosos dos Tôdas se igualam à estátua do Zeus grego em majestade e beleza de forma, muito mais do que ele vira antes.

Cinqüenta anos transcorreram após a descoberta; mas, apesar da construção de cidades naquelas colinas e de todo o país ter sido invadido por europeus, não se sabe a respeito dos Tôdas muito mais do que antes. Entre os boatos loucos que correm a respeito desse povo, os mais errôneos são os que dizem respeito a seu número e à prática da poliandria. A opinião geral sobre eles é a de que, por causa desse costume, seu número foi reduzido a umas poucas centenas de famílias e que a raça está em extinção. Tivemos oportunidade de saber algo sobre eles e afirmamos que os Tôdas não praticam a poliandria e que não são tão pouco numerosos quanto se supunha. Podemos provar que ninguém jamais viu os seus filhos. As crianças que foram vistas em sua companhia pertenciam aos Badagas, uma tribo hindu totalmente diferente dos Tôdas em raça, cor e língua, e que inclui os "adoradores" mais diretos desse povo extraordinário. Dizemos *adoradores*, pois os Badagas vestem, alimentam, servem e consideram os Tôdas como divindades. São de estatura gigantesca, brancos como os europeus, com cabelos e barbas extremamente longos e geralmente castanhos e ondulados, que nenhum lâmina tocou desde o seu nascimento. Vistosos como uma estátua de Fídias ou Praxíteles, os Tôdas permanecem inativos durante todo o dia, como afirmam alguns viajantes que puderam pôr os olhos sobre eles. Do relato de várias opiniões e afirmações contrastantes que ouvimos dos próprios residentes de Ootacamund e de outros lugarejos de civilização erigidos ao redor das Colinas Nîlgiri, destacamos o seguinte:

"Eles nunca utilizam a água; são maravilhosamente vistosos e de aparência nobre, mas extremamente sujos; diferentemente de todos os outros nativos, dispensam as jóias e nunca vestem coisa alguma a não ser uma grande fazenda ou túnica preta de lã com uma lista colorida na parte inferior; nunca bebem nada que não seja leite puro; possuem rebanhos de gado mas nunca comem da sua carne, nem fazem suas reses trabalharem no arado; não vendem, nem compram; os Badagas os vestem e os alimentam; nunca usam, nem carregam armas, nem mesmo um simples bastão; os Tôdas não sabem ler e nem querem aprender. São o desespero dos missionários e aparentemente não professam nenhum tipo de religião, além da adoração de si próprios como Senhores da Criação."[26]

Tentaremos corrigir algumas dessas opiniões com informações que conseguimos de um personagem muito santo, um *Brâhmana-guru*, que merece todo o nosso respeito.

Ninguém nunca viu mais de cinco ou seis deles ao mesmo tempo; eles não conversam com estrangeiros, nem viajante algum entrou em suas cabanas longas e achatadas, que não possuem aparentemente chaminés e têm apenas uma porta; ninguém jamais viu o funeral de um Tôda, nem homens idosos entre eles; nenhum deles foi vitimado pela cólera, ao passo que milhares morriam ao seu redor durante as epidemias periódicas; finalmente, embora em toda a região circunvizinha existam tigres e outros animais selvagens, nem o tigre, nem a serpente, nem qualquer outro animal tão feroz

227

foi visto tocar um único Tôda ou o seu gado, apesar de, como se disse acima, eles não usarem sequer um bastão.

Além disso, os Tôdas não se casam. Parecem poucos em número, pois ninguém teve ou terá a oportunidade de contá-los. Tão logo sua solidão foi profanada pela avalanche da civilização – o que talvez tenha ocorrido por causa da sua negligência –, os Tôdas começaram a emigrar para regiões tão desconhecidas e tão mais inacessíveis quanto as Colinas Nîlgiri o eram antes; eles não nascem de mães Tôdas, nem de estirpe tôda; são filhos de uma determinada seita seleta e desde a infância são postos à parte para cumprir objetivos religiosos especiais. Reconhecida por uma peculiaridade de compleição e por outros sinais, a criança é conhecida como o que vulgarmente se chama Tôda desde o nascimento. A cada três anos todos eles devem dirigir-se para um determinado lugar por um certo período de tempo e ali se reúnem; sua "sujeira" é apenas uma máscara, tal como procede o sannyâsin em público, em obediência ao seu voto; seu rebanho é, em sua maior parte, guardado para utilização sagrada; e, embora seus lugares de adoração nunca tenham sido pisados por um pé profano, eles no entanto existem e talvez rivalizem com os pagodes mais esplêndidos – *gopuras* – conhecidos pelos europeus. Os Badagas são seus vassalos especiais e – como já se observou – os adoram como semideuses: seu nascimento e seus poderes misteriosos lhes asseguram essa distinção.

Tenha o leitor a segurança completa de que quaisquer afirmações que sejam feitas a respeito deles e que se choquem com o que acabamos de dizer são falsas. Nenhum missionário apanhou um deles em sua isca, nem Badaga algum os trairá, nem mesmo que o despedacem. Eles são um povo que possui uma missão altíssima a cumprir e seus segredos são invioláveis.

Além disso, os Tôdas não são a única tribo misteriosa da Índia. Nomeamos muitas delas num capítulo anterior, mas quantas existem além dessas que permanecerão sem nomeação, sem reconhecimento!

É muito pouco o que se sabe comumente sobre o Xamanismo; e o que se sabe foi pervertido, como o restante das religiões não-cristãs. Ele é chamado de "Paganismo" da Mongólia, e completamente sem razão, pois é uma das religiões mais antigas da Índia. Consiste numa adoração do espírito, ou crença na imortalidade das almas, e afirma que estas últimas são os mesmos homens que passaram pela Terra, embora seus corpos tenham perdido sua forma objetiva e o homem tenha trocado sua natureza física por uma espiritual. Em seu aspecto atual, é uma derivação da teurgia primitiva e uma fusão prática do mundo visível com o invisível. Quando um cidadão da Terra deseja entrar em comunicação com seus irmãos invisíveis, ele tem de se assimilar à natureza deles, isto é, encontrar esses seres a meio caminho, e, recebendo deles uma essência espiritual, fornecer-lhes, por sua vez, uma parte de sua natureza física, capacitando-os às vezes a aparecer numa forma semi-objetiva. Trata-se de uma troca temporária de naturezas, chamada teurgia. Os xamãs são chamados feiticeiros porque se diz que eles evocam os "espíritos" dos mortos para praticar a necromancia. O verdadeiro Xamanismo – do que, características notáveis prevaleceram na Índia, na época de Megástenes (300 a.C) – não pode ser julgado pelos seus rebentos degenerados dos xamãs da Sibéria, assim como a religião de Gautama Buddha pode ser interpretada pelo fetichismo de alguns de seus seguidores no Sião e em Burma. É nas principais lamaserias da Mongólia e do Tibete que ele encontrou refúgio; e ali o xamanismo, se assim o devemos chamar, é praticado até os limites extremos da comunicação permitida entre o homem e o "espírito".

A religião dos lamas preservou cuidadosamente a ciência primitiva da *Magia* e produz agora feitos tão majestosos quanto os produzidos na época de Kublai-Khân e seus magnatas. A fórmula mística antiga do rei Songtsen Gampo, o "Aum mani padme hum"[27][*] cumpre agora suas maravilhas, quanto no século XVII. Avalokitêśvara, o mais supremo dos três Bodhisattvas e santo padroeiro do Tibete, projeta completamente a sua sombra diante dos fiéis, na lamaseria de Ganden, fundada por ele; e a forma luminosa de Tsong-Khan-pa, sob o aspecto de uma nuvenzinha de fogo, que se afasta dos raios dançantes da luz solar, entabula conversação com uma grande congregação de lamas, que podem somar milhares; a voz que desce do alto, como um sussurro da brisa por entre a folhagem. Até que, dizem os tibetanos, a magnífica aparição desapareça nas sombras das árvores sagradas do parque da lamaseria.

Em Garma-Kian (o claustro-mãe), murmura-se que espíritos e não-progredidos são trazidos em determinados dias e são *forçados* a prestar contas de suas ações malignas; são obrigados pelos adeptos lamaicos a repararem os danos cometidos por eles contra os mortais. Isso é o que Huc denomina ingenuamente de "personificação de espíritos do mal", isto é, diabos. Se aos céticos de vários países europeus fosse permitido consultar os relatos impressos diariamente em Muru[28], e na "Cidade dos Espíritos", sobre a comunicação que ocorre entre os lamas e o mundo invisível, eles certamente se interessariam em estudar os fenômenos descritos tão triunfalmente nos jornais espiritistas. Em Buddha-la, ou antes Potala (Monte Buddha), na mais importante dos muitos milhares de lamaserias daquele país, o cetro do Bodhisattva é visto flutuando, sem apoio, no ar e seus movimentos regulam as ações da comunidade. Quando um lama é chamado à presença do Superior do mosteiro, ele sabe de antemão que lhe será inútil dizer uma inverdade; o "regulador da justiça" (o cetro) está lá e seu movimento ondulatório, aprovador ou não, decide instantanea e corretamente a questão da sua culpa. Não pretendemos a tanto. Podemos endossar, entretanto, a autenticidade dos fenômenos que não vimos com nossos próprios olhos.

Um grande número de lamas do Sikkim produz *meipo* – "milagre" – por poderes mágicos. O último patriarca da Mongólia, Gegen Hutugtu, que residiu em Urga[**], um verdadeiro paraíso, era a décima sexta encarnação de Gautama, um Bodhisattva

---

\* Uma interpretação bonita e muito adequada desse mantra foi feita por W. E. Garrett no *National Geographic*, maio de 1963, p. 686. num artigo sobre o Ladakh:

"OM — Invoco a trilha e a existência da universalidade, de maneira que

MANI — a luminosidade da pedraria de minha mente imortal

PADME — desabroche nas profundezas do centro do lótus da consciência desperta

HUM — e seja soprada pelo êxtase rompendo todos os cativeiros e horizontes". (N. do Org.)

\*\* O termo mongol *Gegen* significa "luz do dia", "aurora", "resplendente", "esplendor", e "brilho" ou "sereno", como um título honorífico concedido principalmente por feitos leigos, mas às vezes utilizado como termo de reverência por lamas altamente espirituais e, nesse caso, traduzido por "Serena Santidade". O termo *Hutugtu* (também escrito *Khutukhtu*) significa "santo", "sagrado", "abençoado" (*hutugtai*) e "ditoso" e é um termo honorífico concedido aos altos membros do clero por obras devotadas à causa do Budismo. É comumente dado a *Hubilgan* eminentes. Esse termo significa muitas coisas, tais como "transformação", "metamorfose", "aparição", "fantasma" e também é conhecido como *tulku*, uma condição explicada em nossa Introdução ao vol. I de *Ísis sem véu*. O termo é às vezes malpronunciado como *Khobilgan*.

É provável que H. P. B. tivesse em mente um lama conhecido como Djibtzun-damba-Hugutsu, que àquela época residia em Urga e do qual se dizia ser o *tulku* de Darapata (1573-1635), um mestre budista. (N. do Org.)

portanto. Era famoso por possuir poderes que eram fenomenais, mesmo entre os taumaturgos da terra dos milagres *para excellence*. Não se deve pensar que esses poderes foram desenvolvidos sem custo de alguma espécie. As vidas da maioria desses homens santos – erroneamente chamados de vagabundos, mendigos folgadões, que se supõe passem suas existências saqueando a credulidade de suas vítimas – são milagres em si mesmas. Milagres, porque mostram o que uma vontade determinada e uma pureza perfeita de vida e de propósito são capazes de realizar e a que grau de ascetismo sobrenatural um corpo humano pode ser sujeitado e ainda assim chegar a uma idade bastante provecta. Nenhum eremita cristão jamais sonhou com tal refinamento de disciplina monástica; e a habitação aérea de um Simão Estilita pareceria um brinquedo de criança diante das invenções de testes de vontade dos faquires e dos budistas. Mas o estudo teórico da magia é uma coisa; a possibilidade de praticá-la é outra. Em Drepung, colégio mongol[*] onde mais de trezentos mágicos (*feiticeiros*, como os missionários franceses os chamam) ensinam a cerca de seiscentos discípulos de doze a vinte anos, estes últimos precisam esperar muitos anos para a sua iniciação final. Apenas um em cem chega ao objetivo supremo e, dentre os muitos milhares de lamas que ocupam quase uma cidade inteira de edifícios preparados para eles, apenas dois por cento se tornam operadores de maravilhas. Deve-se aprender de memória cada um dos versos dos 108 volumes do *Kanjur*[29] e ainda assim exibir uma prática mágica muito pobre. Há apenas uma coisa que levará ao objetivo final e dela nos fala mais de um autor hermético. Um deles, o alquimista árabe Alipili, diz o seguinte: "Advirto-te, sejas quem tu fores e que tentes sondar as partes mais arcanas da Natureza: se não encontrares *dentro de ti* o que buscas, *tampouco o encontrarás fora de ti*. Se desconheces a excelência de tua própria casa, por que indagas da excelência de outras coisas? (. . .) Ó HOMEM, CONHECE-TE A TI MESMO; EM TI ESTÁ OCULTO O TESOURO DOS TESOUROS"[30].

Num outro tratado alquímico, *De manna benedicta*[31], o autor expressa suas idéias a respeito da pedra filosofal nos seguintes termos: "Por diversas razões não tenho intenção de falar muito sobre esse assunto já explicitamente descrito, ao relatar certos usos mágicos e naturais desta pedra desconhecida por muitos que a possuem. Mas quando contemplo esses homens *tremem-me os joelhos, estremece meu coração e fico pasmado!*"

Todo neófito já experimentou mais ou menos esse sentimento, mas, vencendo-o, o homem se torna um ADEPTO.

Nos claustros de Tashi-Lhünpo e de Si-dzang, esses poderes, inerentes a todo homem, evocados por poucos, são cultivados até à perfeição extrema. Quem, na Índia, não ouviu falar de Panchen Rimpoche, o *Hutugtu* da capital do Tibete Superior? Sua irmandade de Khe-lan foi famosa em todo o país; e um dos "irmãos" mais famosos foi um *Peh-ling* (um inglês)[**] que lá chegou num dia da primeira metade deste século,

---

\*    Drepung (pronunciado em tibetano hBras-sPuńs) é um dos três grandes mosteiros próximos de Lhasa. Não é exatamente um Colégio Mongol. Atualmente existem no mosteiro muitos "colégios" (chamados *gra-tshang*, em tibetano), onde os monges são agrupados de acordo com a nacionalidade, e há um que é o "colégio" para os monges da Mongólia, que aprendem os ensinamentos em tibetano. (N. do Org.)

\*\*    Em conexão com esse termo *Peh-ling*, deve-se dizer que *rgya-p'i-liń* é o nome do país e *rgya-p'i-liń-pa* é o nome do povo que pela primeira vez falou aos tibetanos (talvez no começo do século XVIII) sobre as nações civilizadas do Ocidente; daí o termo ser aplicado à Índia Britânica, para os

vindo do Ocidente, um budista, que após um mês de preparação foi admitido entre os Khe-lans. Falava todas as línguas, inclusive o tibetano, e conhecia todas as artes e ciências, diz a tradição. Sua santidade e os fenômenos produzidos por ele tornaram-no um Shaberon, após uma estada por lá, de apenas alguns anos. Sua memória vive até hoje entre os tibetanos, mas seu nome verdadeiro é um segredo dos Shaberons.

O maior dos *meipo* – o objeto da ambição de todos os devotos budistas – era, e ainda é, a faculdade de andar no ar. O famoso rei do Sião, Pia Metak, o Chinês, era conhecido por sua devoção e por sua erudição. Mas ele só conseguiu esse "dom sobrenatural" depois de se ter colocado sob a tutela direta de um sacerdote de Gautama Buddha. Crawford e Finlayson, enquanto residiram no Sião, seguiram com grande interesse os esforços realizados por alguns nobres siameses no sentido de adquirirem essa faculdade[32].

Inúmeras e variadas são as seitas da China, do Sião, da Tartária, do Tibete, da Cachemira e da Índia Britânica que se dedicam inteiramente ao cultivo dos chamados "poderes sobrenaturais". Discutindo sobre uma dessas seitas, a dos *Taossé*, Semedo afirma: "Eles pretendem que, por meio de determinados exercícios e de certas meditações, pode-se reconquistar a juventude e também alcançar o estado de *Shên-hsien*, isto é, 'Beatitude Terrena', em que todos os desejos são realizados, embora possuam o poder de se transportarem de um lugar a outro, *por mais distante que seja*, com rapidez e facilidade"[33]. Esta faculdade relaciona-se antes à *projeção* da *entidade astral*, numa forma mais ou menos corporificada, e não ao transporte corporal. Não se pode dizer que esse fenômeno seja um milagre, pois pode ser comparado ao reflexo de uma pessoa no espelho. Ninguém pode detectar nessa imagem uma partícula de matéria, mas ela continua sendo nosso duplo, representado fielmente até mesmo os fios de cabelo da nossa cabeça. Se, por meio dessa simples lei de reflexão, nosso duplo pode ser visto num espelho, que prova notável da sua existência não estaria contida na arte da fotografia! *Nada se opõe, pelo fato de os nossos físicos ainda não terem descoberto a maneira de fotografar à longa distância, a que a aquisição desse poder fosse impossibilitada àqueles que encontraram essa maneira no poder da própria vontade humana, libertos do interesse terreno*[34]. Nossos pensamentos são *matéria*, diz a ciência; toda energia produz mais ou menos uma perturbação nas ondas atmosféricas. Portanto, como todo homem – como todos os seres vivos e os objetos inertes – está cercado pela *aura* de suas próprias emanações e, além disso, é capaz, por um esforço insignificante, de se transportar em *imaginação* para onde quiser, por que será cientificamente impossível que seu pensamento, regulado, intensificado e guiado por esse mágico poderoso, a

---

ingleses, para os europeus que residiam na Índia e também (às vezes sem *rgya*) para a Europa e os europeus em geral. Alguns o derivam de *Feringhee*, termo corrente, em sua forma alterada *p'e-rañ*, ou p'e-rañ, no Tibete Central. Não é improvável, portanto, que *p'i-liñ* represente apenas a pronúncia mais vulgar da genuína palavra tibetana *p'yi-gliñ*, que significa um país-estranho, um país estranho distante e especialmente a Europa.

Quanto ao termo *Feringhee*, aplica-se usualmente a um europeu, especialmente a um português nascido na Índia; também a um eurasiano, especialmente de sangue indo-português. O *Dictionary of Anglo-Indian Words and Phrases*, do Cel. Henry Yule e A. C. Burnell relaciona o termo em *Firinghee* e diz: "Pers. *Farangî, Firingî*; Ár. *Al-Faranj, Ifranjî, Firanjî*, isto é, um franco. Este termo para um europeu é muito antigo na Ásia, mas, empregado agora pelos nativos da Índia, aplica-se (especialmente no sul) especificamente aos portugueses nascidos na Índia, ou, quando usado mais genericamente, para 'europeu', implica hostilidade ou depreciação (. . .)". (N. do Org.)

VONTADE educada, possa corporificar-se temporariamente e aparecer diante de quem queira, na forma do duplo fiel do original? Essa afirmação, no estado atual da ciência, é mais impensável do que a fotografia e o telégrafo há quarenta anos, ou o telefone há catorze meses?

Se a placa sensibilizada pode reter tão exatamente a *sombra* de nossas faces, então essa sombra ou reflexo, embora sejamos incapazes de percebê-lo, deve ser algo substancial. E, se podemos, com a ajuda de instrumentos ópticos, projetar nossos *semblantes* uma parede branca, às vezes a uma distância de muitas centenas de pés, então não há razão pela qual os adeptos, os alquimistas e os eruditos da arte secreta ainda não possam ter descoberto o que os cientistas negam hoje, mas podem descobrir amanhã, isto é, como projetar eletricamente seus corpos astrais, num instante, por milhares de milhas no espaço, deixando seus invólucros materiais com uma certa quantidade de princípio vital animal para guardar a vida física da qual se desprendem, e agir com seus corpos espirituais etéreos tão segura e inteligentemente quanto quando estavam revestidos de carne? Há uma forma de eletricidade, superior à física, que é conhecida dos experimentadores; mil correlações dessa forma ainda não foram reveladas aos olhos dos físicos modernos e ninguém pode dizer onde terminam as suas possibilidades.

Schott afirma que "a concepção chinesa, e particularmente a da seita dos Tao-Kiao [ou Taossé], deu há muito tempo o nome de *Sian* ou *Shên-hsien* às pessoas que se retiram para as colinas para viver uma vida de anacoretas e que conseguiram, por suas observâncias ascéticas ou pelos poderes de encantamentos e elixires, a posse de dons miraculosos e da *imortalidade* terrestre"(?)[35]. Há exagero, se não erro, nessa referência. O que eles pretendem é apenas a habilidade de prolongar a vida humana; e podem fazê-lo, a acreditar no testemunho humano. O que Marco Polo atestou no século XIII ainda é corroborado em nossos dias. "Há uma outra classe de pessoas chamadas *Chughi*" (Yogi), diz ele, "que são na verdade os *Abraiaman* [brâmanes ?] (. . .) Têm a vida extremamente longa, cada um deles vive de 150 a 200 anos. Comem muito pouco; arroz e leite principalmente. E essas pessoas fazem uso de uma bebida muito estranha (. . .) uma poção de súlfura e argento-vivo, que eles bebem duas vezes por mês. Isto, dizem eles, lhes dá longa vida; estão acostumados a tomá-la desde a infância"[36]. Bernier mostra, diz Cel. Yule, que os iogues são muito hábeis em preparar o mercúrio, "que um ou dois grãos tomados todas as manhãs restauram completamente a saúde"[37]; e acrescenta que o *mercurius vitae* de Paracelso era um composto em que entravam antimônio e argento-vivo[38]. Essa afirmação é descuidada, pelo menos, e explicaremos o que sabemos sobre o assunto.

A longevidade de alguns lamas e talapões é proverbial e sabe-se geralmente que eles usam um composto que "renova o sangue velho", como eles dizem. E é igualmente reconhecido entre os alquimistas o fato de que uma administração judiciosa "de *aura de prata* restaura a saúde e prolonga consideravelmente a vida". Mas estamos preparados para opor as afirmações de Bernier e do Cel. Yule, que o cita, no sentido de que é *mercúrio* ou argento-vivo o que os iogues e os alquimistas usavam. Os iogues, na época de Marco Polo, bem como em nossos dias, *usam realmente algo que pode parecer argento-vivo, mas não o é*. Paracelso, os alquimistas e outros místicos queriam dizer com *mercurius vitae*, o espírito vivo da prata, a *aura* de prata, não o *argent vive*; e essa *aura* não é certamente o mercúrio conhecido dos nossos físicos e farmacêuticos. Não há dúvida de que a afirmação de que Paracelso introduziu o mercúrio na prática médica é completamente incorreta. Mercúrio algum, seja preparado por um filósofo medieval do fogo, seja por um físico moderno, pode restaurar a saúde perfeita do corpo. Só um charlatão inescrupuloso usaria essa droga. E é opinião de muitos comentadores o fato de que os inimigos de Paracelso forjaram essa imputação com a intenção de o apresentarem à posteridade como um *curandeiro*.

Os iogues dos tempos antigos, bem como os lamas e os talapões modernos, usam um certo ingrediente com um mínimo de súlfura e um suco leitoso que extraíam de uma planta medicinal. Algum segredo maravilhoso devem conhecer estes homens, pois os vimos curar as mais rebeldes feridas em poucos dias; restaurar ossos quebrados em tantas horas quantos dias necessita a cirurgia para obter o mesmo resultado. Perto de Rangoon, em conseqüência da inundação produzida pelo transbordamento do Rio Irrawaddy, a autora destas linhas contraiu uma febre maligna que foi curada em poucas horas com o suco de uma planta chamada, se não nos enganamos, *Kukushan*[*], embora existam milhares de nativos que ignoram as suas virtudes e morrem de febre. Quem nos curou foi um *simples mendicante*, a quem havíamos prestado anteriormente um serviço que pouco pode interessar ao leitor.

Também ouvimos falar de uma certa água chamada *âb-i-hayât*, que a superstição popular acredita estar oculta a todos os olhos mortais, exceto os dos santos sannyâsin; a sua fonte é conhecida como *âb-i-haiwân-î*. É mais que provável, entretanto, que os talapões se recusassem a revelar os seus segredos, até mesmo aos acadêmicos e aos missionários, pois esses remédios devem ser usados em benefício da Humanidade, nunca por dinheiro[39].

Nos grandes festivais dos pagodes hindus, nas festas de casamento de pessoas de castas elevadas, em todos os lugares onde se reúnem multidões, os europeus encontram os *gunî* – ou encantadores de serpentes, faquires-mesmerizadores, sannyâsin taumaturgos e os chamados "prestidigitadores". Escarnecer é fácil – explicar é mais difícil – para a ciência, impossível. Os residentes britânicos da Índia e os viajantes preferem o primeiro expediente. Mas permita-se que um desses Tomés relate como esses resultados – que eles não negam – são produzidos. Quando uma multidão de *gunî* e faquires aparece com seus corpos cobertos por cobras de capelo, seuss braços ornamentados com braceletes de *coralillos* (serpentes diminutas que matam em poucos segundos) e seus ombros com colares de *trigonocephali*, o inimigo mais terrível dos pés hindus descalços e cuja picada mata como um relâmpago – a testemunha cética sorri e começa a explicar gravemente como esses répteis, lançados em torpor cataléptico, tiveram suas peçonhas extraídas pelos *gunî*. "Elas são inofensivas e é ridículo temê-las." "O Sâhib acaricia uma das minhas nâg?", perguntou certa vez um gunî que se aproximou de nosso interlocutor e que estivera, por cerca de meia hora, exibindo aos seus ouvintes suas habilidades herpetológicas. O Capitão B. pulou rapidamente para trás – os pés do bravo guerreiro não se mostraram menos vivos do que sua língua – e sua resposta irada dificilmente poderia ser imortalizada pela tipografia. Só a escolta do gunî pôde salvá-lo de um espancamento sem cerimônia. Além disso, basta dizer uma palavra e, por meia rúpia, qualquer encantador de serpentes profissional começará a rastejar e a convocar, em poucos momentos, inúmeras serpentes indomadas das espécies mais venenosas e conse-

---

\*     O termo *kukushan* é algo incerto. Em birmanês, *ku* significa "dar remédio" e *kawkutânaw* é um sinônimo. A letra t substitui em birmanês o sânscrito s. Como o contexto fala do rio Irrawady, é possível que tenha sido empregada uma palavra birmanesa. (N. do Org.)

guirá fazer com que elas se enrolem em seu corpo. Em duas ocasiões, nas cercanias de Trincomalee, uma serpente estava prestes a atacar a autora destas linhas, que uma vez quase se sentara sobre sua cauda, mas, em ambos os casos, ela parou com um assobio rápido do gunî que nos acompanhava – a poucas polegadas do nosso corpo, como se paralisada por um raio, e, movimentando lentamente sua cabeça ameaçadora para o chão, permaneceu imóvel e rija como um galho morto sob o encanto da *kîlnâ*.[40]

Haverá algum prestidigitador, um domador ou mesmo um mesmerizador europeu que se arrisque a tentar um experimento que pode ser presenciado diariamente na Índia se se souber onde se deve ir para testemunhá-lo? Não há nada no mundo mais feroz do que um tigre real de Bengala. Certa vez toda a população de um vilarejo não muito distante de Dakha, situado nos confins de uma jângal, entrou em pânico com o aparecimento, ao raiar do dia, de uma enorme tigresa. Essas feras nunca abandonam suas tocas a não ser à noite, quando saem à procura de presas e de água. Mas essa circunstância incomum deveu-se ao fato de que a fera era uma mãe e fora privada de seus dois filhotes, que haviam sido levados por um caçador, e estava à procura deles. Dois homens e uma criança já haviam sido vitimados por ela, quando um faquir idoso, inclinado em seu assento habitual, emergindo do portão do pagode, vislumbrou a situação e a compreendeu num relance. Cantando um mantra, avançou em direção à fera, que, com olhos flamejantes e boca espumosa, subira a uma árvore pronta para fazer uma nova vítima. Quando estava a mais ou menos dez passos de distância da tigresa, sem interromper sua prece modulada, cujas palavras nenhum leigo compreendia, ele deu início a um processo regular de mesmerização, como dizemos; ele fez *passes*. Ouviu-se então um uivo terrível, que ecoou fundo no coração de todos os seres humanos presentes. Esse uivo longo, feroz, arrastado, acalmou-se numa série de soluços lamentosos interrompidos, como se a mãe consternada expressasse suas lamúrias, e então, para terror da multidão que se refugiara nas árvores e nas casas, a fera deu um salto enorme – sobre o santo homem, pensaram todos. Estavam errados, ela estava aos seus pés, rolando no pó, contorcendo-se. Alguns momentos mais e ela ficou imóvel, com sua cabeça enorme pousada sobre suas patas dianteiras e seus olhos injetados agora ternos fixos no rosto do faquir. Então o santo homem das preces sentou-se ao lado da tigresa e acariciou ternamente sua pele listrada e deu palmadinhas em suas costas, até que seus gemidos se tornaram cada vez mais fracos, e meia hora depois todo o vilarejo estava ao redor desse grupo: a cabeça do faquir repousava sobre o dorso da tigresa como sobre um travesseiro, a mão direita sobre sua cabeça, e a esquerda na grama sob sua boca terrível, da qual pendia uma longa língua vermelha.

É assim que os faquires domam as feras mais selvagens na Índia. Os domadores europeus, podem eles, com suas bengalas de ferro incandescente, fazer a mesma coisa? Naturalmente nem todos os faquires possuem este poder; relativamente poucos o têm. Não obstante, seu número é considerável. O procedimento pelo qual eles são *treinados* nos pagodes será um segredo eterno para todos, exceto para os brâmanes e os adeptos dos mistérios ocultos. As histórias, até agora consideradas fábulas, de Krishna e de Orfeu encantando as bestas selvagens recebem corroboração em nossos dias. Há um fato que continua inegável. *Não há um único europeu* na Índia que tenha penetrado, ou que se vanglorie de ter penetrado, no santuário *interno* dos pagodes. Nem a autoridade, nem o dinheiro jamais induziu um brâmane a permitir que um estrangeiro não-iniciado ultrapassasse os umbrais desses recintos reservados. Valer-se da autoridade nesses casos equivaleria a atirar uma vela acesa num barril de pólvora. Os hindus, tão meigos,

234

tão pacientes e tão sofridos, cuja apatia salvou os britânicos de serem expulsos do país em 1857, levantariam as suas centenas de milhares de devotos como um único homem, em vista dessa profanação; sem distinção de seitas ou de castas, eles exterminariam todos os cristãos. A Companhia das Índias Ocidentais sabe muito bem disso e construiu sua fortaleza com base na amizade dos brâmanes e pagando subsídios aos pagodes, e o Governo Britânico é tão prudente quanto seu predecessor. São as castas e a não-interferência nas religiões predominantes que asseguram sua relativa autoridade na Índia. Mas devemos recorrer uma vez mais ao xamanismo, a mais estranha e a mais desconhecida de toda as religiões sobreviventes – a "adoração do Espírito".

Seus seguidores não possuem altares, nem ídolos e é com base na autoridade de um sacerdote xamã que afirmamos que seus ritos, que só são realizados uma vez por ano, no menor dia do inverno, não podem ser celebrados diante de alguém estranho à sua fé. Portanto, temos certeza de que não passam de simples conjecturas todas as descrições publicadas até agora no *Asiatic Journal* e em outras obras européias. Os russos, que, apesar de sua relação constante com os xamãs na Sibéria e na Tartária, seriam as pessoas mais competentes para julgar sua religião, mas nada aprenderam, exceto a proficiência pessoal desses homens naquilo que estão inclinados a acreditar ser prestidigitação. Muitos russos residentes, no entanto, na Sibéria, estão firmemente convencidos dos poderes "sobrenaturais" dos xamãs. Quando eles se reúnem para adorar, fazem-no sempre a céu aberto, ou numa colina elevada, ou nas profundezas da floresta – o que nos faz lembrar os antigos ritos dos druidas. Suas cerimônias realizadas por ocasião de nascimentos, mortes e casamentos são apenas partes insignificantes de sua adoração. Compreendem oferendas, a aspersão do fogo com espíritos e leite, e hinos misteriosos, ou antes encantações mágicas, entoadas pelo xamã oficiante, e terminam com um coro das pessoas presentes.

As inúmeras campainhas de bronze e de ferro usadas por eles sobre a veste sacerdotal de pele de gamo[41], ou de pele de algum outro animal considerado magnético, são utilizadas para espantar os espíritos malévolos que estão no ar, uma *superstição* partilhada por todas as nações da Antiguidade, inclusive os romanos, e até mesmo os judeus, cujos sinos dourados contam a história. Possuem bastões de ferro cobertos de sinos, utilizados com o mesmo propósito. Quando, após determinadas cerimônias, se consegue a crise desejada e "o espírito falou" e o sacerdote (que pode ser um homem ou uma mulher) sente sua influência todo-poderosa, a mão do xamã é levada por algum poder oculto até a parte mais alta do bastão, que geralmente é coberto de hieróglifos. Pressionando-o com a palma de sua mão, ele então é erguido no ar a uma altura considerável, onde permanece por algum tempo. Às vezes sobe a uma altura extraordinária e, de acordo com o guia – pois ele é freqüentemente apenas um médium irresponsável – , emite profecias e descreve eventos futuros. Foi assim que, em 1847, um xamã, num lugar distante da Sibéria, profetizou e detalhou exatamente a ocorrência da Guerra da Criméia. Os detalhes do prognóstico, cuidadosamente anotados pelos presentes, verificaram-se seis anos mais tarde. Embora geralmente ignorem até mesmo o termo astronomia, e sem nunca a terem estudado, eles freqüentemente prevêem eclipses e outros fenômenos astronômicos. Quando consultados sobre roubos e assassinatos, invariavelmente apontam as partes culpadas.

Os xamãs da Sibéria são ignorantes e incultos. Os da Tartária e do Tibete – poucos em número – são em grande parte homens cultos à sua maneira e não se submetem ao controle de espíritos de qualquer espécie. Os primeiros são *médiuns* no sentido amplo da palavra; os outros são "mágicos". Não surpreende o fato de que pessoas piedosas e supersticiosas, após verem uma dessas crises, declararem que o xamã estava sob possessão demoníaca. Como nos casos de fúria coribântica e bacântica ocorridos entre os gregos antigos, a crise "espiritual" do xamã manifesta-se em dança violenta e em gestos selvagens. Pouco a pouco os espectadores sentem que o espírito de imitação os contagia; tomados por um impulso irresistível, dançam e entram em êxtase; e aquele que se juntar ao coro, participará gradual e inconscientemente das gesticulações, até cair exausto ao chão e às vezes morrer.

"Ó terna donzela, um deus te possui! É Pã, Hekatê, o venerável Coribantes ou Cibele que te agita!" diz o coro, dirigindo-se a Fedra, em Eurípedes[42]. Essa forma de contágio psicológico é muito bem conhecida desde a Idade Média. O *chorea sancti viti* é um fato histórico e se espalhou por toda a Alemanha. Paracelso curou um número muito grande de pessoas tomadas por esse espírito de imitação. Mas ele era um cabalista – acusado, portanto, por seus inimigos, de ter expulsado os diabos pelo poder de um estranho demônio que ele trazia no punho da sua espada. Os juízes cristãos daquela época de horror descobriram um remédio melhor e mais seguro. Voltaire afirma que, no distrito de Jura, entre 1598 e 1600, cerca de 600 licântropos foram mortos por um juiz piedoso.

Mas, ao passo que o xamã iletrado é uma vítima e durante sua crise às vezes vê as pessoas presentes, sob a forma de vários animais, e freqüentemente compartilha com elas as suas alucinações, seu irmão xamã, versado nos mistérios dos colégios sacerdotais do Tibete, *expulsa* a criatura elementar, que pode produzir a alucinação, da mesma maneira que um mesmerizador, não com o auxílio de um demônio mais forte, mas apenas com o seu conhecimento da natureza do inimigo invisível. Onde os acadêmicos falharam, como nos casos de Cévennois, um xamã ou um lama colocaria imediatamente um fim ao contágio.

Mencionamos uma espécie de pedra cornalina que está em nosso poder e que possui um efeito inesperado e favorável sobre a decisão do xamã. Todo xamã possui esse talismã, que ele traz atado por um cordão e que carrega sob o braço esquerdo.

"Para que serve esta pedra e quais são suas virtudes?" perguntamos a nosso guia. Ele nunca nos respondeu categoricamente, mas evitou qualquer explicação, prometendo que, quando se oferecesse uma oportunidade, e estivéssemos a sós, ele faria a pedra *responder por si mesma*. Com essa esperança infinita, fomos abandonados aos recursos de nossa imaginação.

Mas chegou bastante depressa o dia em que a pedra "falou". Foi durante as horas mais críticas de nossa vida; numa época em que a natureza vagabunda de um viajante levara a autora destas linhas a terras distantes, onde a civilização não era conhecida, nem a segurança estava garantida por pelo menos uma hora. Uma tarde, como todos os homens e mulheres tivessem abandonado seus *yurta* (tenda tártara), que haviam sido nossos lares por cerca de dois meses, para testemunhar a cerimônia do exorcismo lamaico de um *jedker*[43], acusado de quebrar e dar sumiço à mobília pobre e à cerâmica de uma família que vivia a duas milhas dali, o xamã, que se tornara nosso protetor naqueles desertos áridos, foi lembrado de sua promessa. Ele suspirou e hesitou; mas, após um curto silêncio, levantou-se do pedaço de couro de carneiro em que estava sentado e, saindo da tenda, plantou junto à entrada uma estaca encimada pela cabeça de um bode e, abaixando a cortina da tenda, observou que ninguém deveria entrar nela pois a cabeça de bode era o sinal de que ele estava "trabalhando".

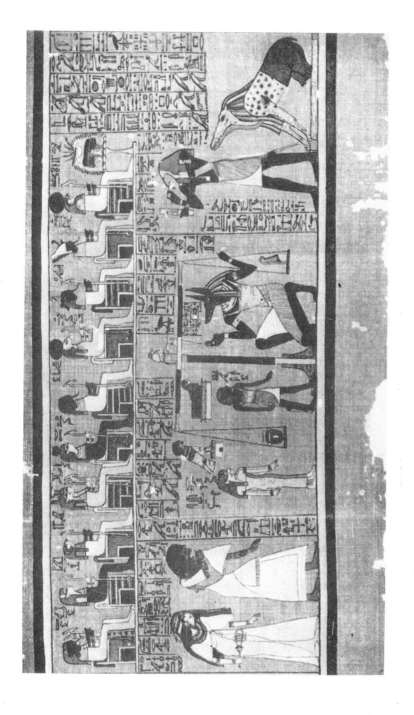

NA CÂMARA DE JULGAMENTOS DE ASAR (OSÍRIS) – "A pesagem do coração"

Do *Papiro de Ani*, Museu Britânico.

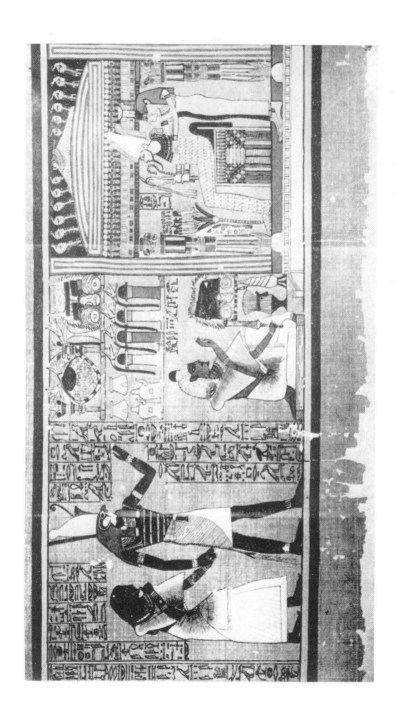

CENA FINAL NA CÂMARA DE JULGAMENTOS – HÓRUS LEVANDO ANI ATÉ OSÍRIS

Do *Papiro de Ani*, Museu Britânico.

Depois, levando a mão ao peito, tirou dali a pedrinha, do tamanho de uma noz, e, retirando cuidadosamente o invólucro, começou a, segundo me pareceu, engoli-la. Em poucos momentos seus membros se enrijeceram, seu corpo endureceu e ele caiu, frio e sem movimentos como um cadáver, a não ser pelo movimento dos lábios a cada pergunta que fazíamos. A cena era na verdade embaraçosa – não, assustadora. O Sol estava se pondo e, não fossem as velas que bruxuleavam no centro da tenda, uma escuridão completa se teria acrescentado ao silêncio opressivo que ali reinava. Já vivêramos nas pradarias do Ocidente e nas estepes infinitas da Rússia Meridional; mas nada podia ser comparado ao silêncio do pôr do Sol nos desertos arenosos da Mongólia; nem mesmo nos ermos infecundos dos desertos da África, embora os primeiros sejam parcialmente habitados e estes últimos estejam completamente vazios de vida. No entanto, ali estava esta autora sozinha com aquilo que parecia um cadáver no chão. Felizmente, essa situação não durou muito tempo.

"Mahandû!", disse uma voz, que parecia vir das entranhas da terra, sobre a qual estava prostrado o xamã. "A paz esteja contigo (. . .) O que queres que eu faça por ti?"

Não nos surpreendeu esse fenômeno, por maravilhoso que pareça, pois estávamos preparados para ele e já havíamos visto outros xamãs em desempenhos semelhantes. "Quem quer que sejas", pronunciamos mentalmente, "procura K. e tenta trazer até aqui o *pensamento* dessa pessoa. Vê o que o outro grupo está fazendo e dize (. . .) o que nós estamos fazendo e onde estamos".

"Já estou lá", respondeu a mesma voz. "A velha senhora (*cucoana*)[44] está sentada no jardim (. . .) está pondo seus óculos e lendo uma carta".

"O conteúdo da carta, rápido", foi a ordem que ele recebeu, enquanto buscávamos lápis e papel. O conteúdo foi ditado lentamente, como se, enquanto o ditava, sua presença invisível desejasse nos propiciar tempo suficiente para a transcrição correta das palavras, pois reconhecemos a língua valáquia, da qual conhecíamos a fonética, mas não o significado. Desta maneira enchemos toda uma página.

"Olha para o oeste (. . .) para o terceiro mastro do yurta", pronunciou o tártaro em sua voz natural que, embora soasse cavernosa, parecia provir de muito longe. "O *pensamento* dela está aqui".

Então, com um movimento convulsivo, a parte superior do corpo do xamã pareceu erguer-se e sua cabeça caiu pesadamente sobre as folhas desta escritora, as quais ele tomou em suas mãos. A posição tornava-se cada vez menos confortável, mas a curiosidade provou ser uma grande aliada da coragem. No canto ocidental da tenda aparecia, como reflexo do corpo vivo, a oscilante e nebulosa figura espectral de uma velha e querida amiga, uma senhora romena da Valáquia, uma mística por natureza, mas absolutamente incrédula nessa espécie de fenômenos ocultos.

"O pensamento dela está aqui, mas seu corpo está inconsciente. Não poderíamos trazê-la aqui de outra maneira", disse a voz.

Dirigimo-nos e suplicamos à aparição que respondesse, mas em vão. Seu semblante movia-se e ela parecia gesticular com expressão de medo e agonia, mas nenhum som saiu de seus lábios; apenas imaginamos – talvez fosse fantasia – ter ouvido de uma longa distância as palavras romenas "*Non se póte*" (Não é possível).

Por cerca de duas horas tivemos as provas mais substanciais e inequívocas de que a alma astral do xamã estava trabalhando em obediência a nosso desejo não-expresso. Meses depois recebemos uma carta de nossa amiga valáquia em resposta a uma carta nossa, à qual anexáramos a página transcrita, perguntando-lhe o que ela fizera naquele dia e descrevendo completamente a cena. Ela estivera sentada – ela escreveu – no jardim naquela manhã[45] prosaicamente ocupada em preparar algumas conservas; a carta que lhe enviamos era palavra por palavra a cópia de uma que ela recebera de seu irmão; de repente – em conseqüência do calor, ela acreditava – ela desmaiou e lembrava-se perfeitamente de ter *sonhado* que vira esta escritora num lugar deserto que descreveu exatamente e sentada sob uma "tenda de ciganos", como ela se expressou. "De agora em diante", acrescentava, "não posso mais duvidar".

Mas nosso experimento provou ser melhor ainda. Havíamos dirigido o *ego* interno do xamã para o mesmo amigo mencionado anteriormente neste capítulo, o Katchi de Lhasa, que viaja constantemente entre o Tibete e a Índia Britânica. *Nós sabemos* que ele estava avisado de nossa situação crítica no deserto; por umas poucas horas ele veio em nosso auxílio e fomos salvos por um grupo de vinte e cinco cavaleiros capitaneados por um *amigo pessoal* do Katchi, que era um Shaberon, um "adepto", que não havíamos visto antes nem tornamos a ver, pois está sempre em seu *süme* (lamaseria), ao qual ninguém tem acesso. Fora despachado em nosso socorro pelo Katchi, tão logo este soube astralmente da situação em que nos encontrávamos e, sem contratempo algum, o grupo chegou ao lugar que ninguém teria podido encontrar por orientação comum.

O que acaba se ser dito provocará naturalmente a incredulidade do leitor comum. Mas escrevemos para aqueles que querem acreditar; para aqueles que, como esta escritora, compreendem e conhecem os poderes ilimitados e as possibilidades da alma astral humana. Nesse caso nós acreditamos de bom grado, não, nós sabemos que o "duplo espiritual" do xamã não agiu sozinho, pois ele não era adepto, mas apenas um médium. De acordo com uma expressão que ele apreciava, tão logo ele colocou a pedra em sua boca seu "pai apareceu, tirou-o de seu invólucro corporal e o levou por onde quis".

Quem apenas testemunhou as habilidades químicas, ópticas, mecânicas e manuais dos *prestidigitateurs* europeus não está preparado para ver, sem espanto, as exibições a céu aberto e sem manipulação dos prestidigitadores hindus, para não falar dos faquires. Não nos referimos à destreza enganadora, pois Houdin e outros excelem nesse sentido; tampouco nos ocuparemos dos fenômenos suscetíveis de conveniência, ainda que esta não tenha ocorrido. É inquestionavelmente verdadeiro o fato de que os viajantes não-peritos, especialmente os de mente muito imaginativa, exageram excessivamente. Mas nossa observação baseia-se numa classe de fenômenos que não obedece a uma hipótese familiar. "Eu vi", diz um cavalheiro que residiu na Índia, "um homem lançar para o ar um grande número de bolas numeradas em série natural. À medida que cada uma das bolas era atirada para cima – e não havia aí nenhum truque – ela desaparecia nitidamente no ar, ficando cada vez menor, até sumir completamente da visão. Depois de ter atirado todas elas, vinte ou mais, o operador pedia a um circunstante que dissesse o número daquela que desejava ver novamente e então ele gritava 'número 1', 'número 15', etc., instruído pelos espectadores, e a bola solicitada caía violentamente aos seus pés, vindo de uma distância remota. (. . .) Esses camaradas andam meio desnudos e aparentemente não utilizam nenhum aparelho. Depois, eu os vi colocar na boca três pós coloridos diferentes, e então, atirando a cabeça para trás, beberem, à moda nativa, numa corrente contínua de *lotã*, ou botija de bronze, tanta água quanta podiam e até lhes escorrer pelos lábios. E então esses camaradas, depois de vomitarem a água que haviam bebido, cuspiam as três porções de pó separada e completamente secas sobre um pedaço de papel"[46].

Na parte oriental da Turquia e da Pérsia viveram, desde tempos imemoriais, as tribos belicosas do Curdistão. Esse povo de origem puramente indo-européia, sem uma única gota de sangue semítico (embora alguns etnólogos pensem de maneira diferente), não obstante a sua inclinação guerreira, une em si mesmo o misticismo dos hindus e as práticas dos magos assírios-caldaicos, em cujo antigo território se assentaram e o defenderiam se preciso fosse não só contra as ambições da Turquia, mas também de toda a Europa[47]. Nominalmente maometanos da seita de Omar, seus ritos e suas doutrinas são puramente mágicas. Mesmo aqueles que se dizem nestorianos cristãos são cristãos apenas no nome. Os kaldanys e os seus dois patriarcas são inegavelmente mais maniqueus do que nestorianos. Muitos deles são Yezîdis.

Uma dessas tribos é notória por sua predileção pela adoração do fogo. No crepúsculo e no ocaso, os cavaleiros descem dos cavalos e, voltando-se para o Sol, murmuram uma prece; em cada lua nova realizam misteriosos ritos que duram toda a noite. Possuem uma tenda preparada para essas ocasiões e o grosso tecido lanoso negro da cobertura é decorado com sinais estranhos, bordados em vermelho vivo e amarelo. No centro está uma espécie de altar, rodeado por três sanefas de bronze, nas quais estão suspensos por cordas de pêlo de camelo inúmeros anéis que os adoradores seguram durante a cerimônia. Sobre o altar arde uma curiosa lâmpada antiquada de prata, talvez uma relíquia encontrada nas ruínas de Persépolis[48]. Essa lâmpada, com três pavios, é um copo oblongo com uma asa, e pertence evidentemente ao tipo das lâmpadas sepulcrais egípcias encontradas em profusão nas cavernas subterrâneas de Mênfis, a acreditarmos em Kircher[49]. Ela se alarga a partir do centro e sua parte superior possui a forma de um coração; as aberturas para os pavios formam um triângulo e seu centro está coberto por um heliotrópio invertido, preso a um talo graciosamente curvo que procede da asa da lâmpada. Esse ornamento trai claramente sua origem. Era um dos vasos sagrados utilizados na adoração do Sol. Os gregos deram ao *heliotrópio* esse nome por causa da sua estranha propensão de sempre se inclinar para o Sol. Os magos antigos usaram-no em sua adoração e quem sabe Darius tenha cumprido os misteriosos ritos com essa luz tríplice iluminando a face do rei-hierofante!

Se mencionamos essa lâmpada com os seus detalhes é porque aconteceu uma estranha história relacionada a ela. Por referências, apenas, sabemos o que os curdos fazem durante seus ritos noturnos de adoração da Lua; eles conservam cuidadosamente os seus segredos e nenhum estranho é admitido às cerimônias. Mas todas as tribos possuem seu ancião, às vezes muitos, que são tidos como "homens santos", que conhecem o passado e podem divulgar os segredos do futuro. São tidos em alta veneração e geralmente são chamados a fornecer informações em casos de roubo, assassinato ou perigos.

Viajando de uma tribo para outra, passamos algum tempo em companhia desses curdos. Como nosso objetivo não é auto-biográfico, omitimos todos os detalhes que não estão relacionados diretamente com algum fato oculto e, mesmo entre aqueles que mais de perto nos interessariam, temos lugar para apenas alguns. Afirmaremos apenas que em certa ocasião foram roubados da tenda uma sela bastante cara, um tapete e duas adagas circassianas, ricamente montadas e cinzeladas em ouro, e que os curdos, capitaneados pelo chefe da tribo, vieram protestar em nome de Alá que o ladrão não pertencia à sua tribo. Acreditamos nisso, pois este seria um fato sem precedentes entre essas tribos nômades da Ásia, famosas pela sacralidade com que tratam seus hóspedes, bem como pela facilidade com que os pilham e às vezes os matam, uma vez transponham os limites de seus *aûl*.

Um georgiano que pertencia à nossa caravana sugeriu que se recorresse à luz do *kudian* (feiticeiro) da tribo. Isso foi feito em grande segredo e com solenidade, e a entrevista foi marcada para a meia-noite, quando a Lua estivesse bem alta. Na hora aprazada fomos conduzidos para a tenda descrita acima.

Um grande buraco, ou uma abertura quadrada, fora aberto no teto abobadado da tenda e por ele entravam verticalmente os raios da Lua, que se misturavam à vacilante chama tríplice da pequena lâmpada. Após alguns minutos de encantações dirigidas, como nos pareceu, à Lua, o conjurador, um velho de elevada estatura, cujo turbante piramidal tocava o teto da tenda, estendeu um vidro espelhado redondo, do tipo conhecido como "espelhos persas". Desparafusando sua tampa, respirou sobre ele durante dez minutos, desembaçando-o a seguir com um molho de ervas enquanto murmurava encantações a *sotto voce*. A cada esfregação o espelho ficava mais e mais brilhante, até que seu cristal pareceu radiar refulgentes raios fosfóricos em todas as direções. Finalmente a operação chegou ao fim; o velho, com o espelho em suas mãos, permaneceu imóvel como uma estátua. "Olha, Hanoum (. . .) olha fixamente!" sussurrou, movendo imperceptivelmente os lábios. Manchas sombrias e escuras apareceram então sobre o espelho, onde um momento atrás nada se refletia senão a face radiante da lua cheia. Poucos segundos mais e então apareceram a sela já referida, o tapete e as adagas, que pareciam estar saindo de uma água profunda e clara e se delineavam cada vez mais nitidamente. Depois uma sombra mais escura surgiu sobre esses objetoss e se condensou gradualmente e então, tão visível quanto vista por um telescópio, apareceu a figura nítida de um homem.

"Eu o conheço!" – exclamou esta escritora. "É o tártaro que veio ontem à noite, perguntando se queríamos comprar sua mula!"

A imagem desapareceu, como que por encanto. O velho abanou a cabeça em sinal de assentimento, mas continou imóvel. Murmurou novamente algumas palavras estranhas e de repente começou a cantar. O tom era lento e monótono, mas, após ter cantado algumas estrofes na mesma língua desconhecida, sem mudar o ritmo, nem o tom, pronunciou, como um *recitativo*, as seguintes palavras, em seu russo mal falado:

"Agora, Hanoum, olha bem, se nós o pegarmos – ao ladrão – nós aprenderemos esta noite", etc.

As mesmas sombras voltaram a se agrupar e então, quase sem transição, vimos o homem deitado de costas, numa poça de sangue, atravessado na sela, e dois homens galopando a distância. Tomados pelo terror, e angustiados com essa visão, não quisemos ver mais nada. O velho, abandonando a tenda, chamou alguns dos curdos que estavam do lado de fora e pareceu dar-lhes instruções. Dois minutos mais, uma dúzia de cavaleiros galopava em grande velocidade pela encosta da montanha em que estávamos acampados.

Regressaram de manhãzinha com os objetos perdidos. A sela estava coberta de sangue coagulado e naturalmente fora abandonada a eles. Na história que então contaram, eles viram dois cavaleiros que desapareciam atrás de uma colina distante; ao correr em seu encalço, deram com o cadáver do ladrão tártaro, exatamente como havíamos visto no espelho mágico. Ele fora assassinado por dois bandidos, cujo desígnio evidente fora interrompido pelo aparecimento súbito do grupo enviado pelo velho *kudian*.

Os "sábios" orientais produzem os resultados mais notáveis com o simples ato de respirar sobre uma pessoa, de intenção boa ou má. Isso é mesmerismo puro; e, entre os derviches persas que o praticam, o magnetismo animal é freqüentemente reforçado com o dos elementos. Se acontece de uma pessoa ficar de frente para determinado vento,

242

eles dizem que sempre há perigo; e muitos dos "entendidos" em matérias ocultas jamais serão persuadidos a andar na direção de onde sopra o vento no pôr do Sol. Conhecemos um velho persa de Baku[50], no mar Cáspio, que gozava da invejável fama de *lançar feitiços* com a ajuda oportuna desse vento, que sopra muito freqüentemente naquela cidade, como dá a entender seu nome persa[51]. Se acontecer de uma vítima, contra quem se excite a cólera de um espírito mau, enfrentar esse vento, o feiticeiro surgirá à frente dessa pessoa e, como que por encanto, cruzará a estrada rapidamente e soprará em sua face. A partir desse momento, a vítima estará afligida por todos os tipos de mal – estará sob o feitiço do "mau olhado".

A utilização do sopro humano pelo feiticeiro, como um acessório para o cumprimento dos seus objetivos sinistros, está extraordinariamente ilustrada em muitos casos terríveis registrados nos anais franceses – notadamente os de muitos sacerdotes católicos. Na verdade, essa espécie de feitiçaria era conhecida desde os tempos mais antigos. O imperador Justiniano prescreveu as penalidades mais severas contra aqueles que se valiam da feitiçaria para violentar a castidade e para excitar paixões ilegais[52].[*] Agostinho (*A Cidade de Deus*) adverte contra essa prática; Jerônimo, Gregório de Nazanzius e muitas outras autoridades eclesiásticas também denunciam que esse crime não era incomum no clero. Basset[53] relata o caso do *curé* e Peifane, que ocasionou a ruína de uma das suas paroquianas mais respeitadas e virtuosas, a Dama du Lieu, por meio da feitiçaria, e que foi queimado vivo pelo Parlamento de Grenoble. Em 1611, um sacerdote chamado Goffridy foi queimado pelo Parlamento de Provence por seduzir no confessionário uma penitente chamada Madelaine de la Palud, *por ter soprado sobre ela*, lançando-a assim num pecaminoso delírio de amor por ele.

Os casos acima referidos estão relatados no informe oficial do famoso caso do Padre Girard, um sacerdote jesuíta de muita influência, que em 1731 foi morto diante do Parlamento de Aix, França, pela sedução de uma sua paroquiana, Srta. Catherine Cadière, de Toulon, e por certos crimes revoltantes ligados a essa sedução. A acusação estabeleceu que o crime foi motivado pelo recurso à feitiçaria. A Srta. Cadière era uma jovem notável por sua beleza, sua piedade e por suas virtudes exemplares. Sua atenção para com seus deveres religiosos era excepcionalmente rigorosa e essa foi a causa de sua perdição. Os olhares do Padre Girard dirigiram-se para ela e ele deu início às manobras que a levariam à ruína. Conseguindo a confiança da moça e da sua família por sua aparente grande santidade, ele um dia pretextou uma coisa qualquer e soprou sobre ela. A moça sentiu nascer instantaneamente uma violenta paixão por ele. Ela teve também visões extáticas de caráter religioso, estigmas, ou marcas de sangue da "Paixão", e convulsões histéricas. Ofereceu-se finalmente à tão esperada oportunidade

---

\* Eis o texto dessa afirmação: "Eorum est scientia punienda et severissimis legibus vindicanda, qui magicis adcincti artibus aut contra salutem hominum moliti aut pudicos animos ad libidinem deflexisse detegentur". Uma tradução livre: "Será justamente punido pelas leis mais severas o conhecimento dos que recorrem às artes mágicas ou que desejam enganar o bem-estar do povo ou que sejam descobertos a levar as almas castas para a luxúria". Embora o título desse capítulo seja "De maleficis et mathematicis et ceteris similibus", é dos mágicos e dos astrólogos que se fala, pois na época bizantina a palavra "matemático" significava astrólogo.

O Codex Justinianus pode ser encontrado na coleção de leis intitulada *Corpus Juris Civilis*, publicada em muitas edições antes de 1874, e H. P. B. pode ter visto essa passagem na edição dos irmãos Kriegel, vinda a lume em Leipzig, por obra de Baumgartner, em 1840, onde o trecho ocorre no vol. II, p. 595. (N. do Org.)

de sedução e o jesuíta soprou novamente sobre ela e, antes que a pobre moça recobrasse os sentidos, cumpriu seu objetivo. Durante meses continuou ele a sugestionar sua vítima com sofisticaria para excitar-lhe o fervor religioso, sem que ela suspeitasse que fizera algo de errado. Finalmente, todavia, os olhos da moça foram abertos, seus pais foram informados e o sacerdote foi processado. O julgamento foi realizado a 12 de outubro de 1731. Dos seus 25 juízes, doze votaram por enviá-lo ao poste. O sacerdote criminoso foi defendido por todo o poder da Companhia de Jesus e se diz que um milhão de francos foi gasto em tentar eliminar as provas aduzidas no processo. Os fatos, todavia, foram publicados numa obra (em 5 volumes, 16mo), agora rara, intitulada *Recueil Général des Pièces contenues au Procèz du Père Jean-Baptiste Girard, Jésuite*, etc., etc.[54]

Referimo-nos acima à circunstância de que, quando ela estava sob a influência do Padre Girard e mantinha com ele relações ilícitas, o corpo da Srta. Cardière foi marcado pelos *stigmata* da *Paixão*, a saber: as chagas sangrentas de espinhos em sua testa, de cravos em suas mãos e em seus pés e de um golpe de lança em seu costado. Deve-se acrescentar que as mesmas marcas foram vistas nos corpos de outras seis penitentes desse sacerdote, a saber: Senhoras Guyol, Laugier, Grodier, Allemande, Batarelle e Reboul. De fato, percebeu-se comumente que as mais belas penitentes do Padre Girard eram estranhamente dadas a êxtases e a *stigmata*! Acrescente-se que, no caso do Padre Goffridy, referido acima, provou-se, com exames cirúrgicos, que a mesma coisa aconteceu à Senhorita de la Palud, e que queremos chamar a atenção de todos (especialmente os espiritistas) que imaginam que esses *stigmata* são produzidos por espíritos puros. Salvo a ação do Diabo, a quem mandamos repousar em paz no capítulo anterior, os católicos ficariam desorientados, imaginamos, a despeito de sua infalibilidade, quanto a distinguir entre os *stigmata* das feiticeiras e os produzidos pela intervenção do Espírito Santo ou dos anjos. Os anais da Igreja estão repletos de casos de imitações diabólicas desses sinais de santidade, mas, como observamos, o Diabo está fora de combate.

Aqueles que nos tenham seguido até aqui poderiam perguntar naturalmente para que finalidade prática tende este livro; muito se disse sobre a magia e sua potencialidade e também sobre muito da imensa antiguidade dessa prática. Por acaso afirmamos que as ciências ocultas devem ser estudadas e praticadas em todo o mundo? Deveríamos substituir Espiritismo moderno pela magia antiga? Nem uma coisa, nem outra; essa substituição não poderia ser feita, nem o estudo seria realizado universalmente, sem se expor ao risco de enormes perigos públicos. Neste momento, um espírita bastante conhecido e conferencista sobre Mesmerismo está preso sob acusação de violar uma mulher que ele hipnotizara. Um feiticeiro é um inimigo público e o Mesmerismo pode ser convertido facilmente na pior das feitiçarias.

Não queremos que os cientistas, nem os teólogos e nem os espíritas se tornem mágicos praticantes, mas desejamos que todos compreendam que existiram uma ciência verdadeira, uma religião profunda e fenômenos genuínos, antes da era moderna. Desejamos que todos os que possuem uma voz influente sobre a educação das massas primeiro conhecessem e depois *ensinassem* que os guias mais seguros para a felicidade e a sabedoria humanas são os escritos que nos foram legados pela antiguidade mais remota e que as aspirações espirituais mais nobres e uma moralidade mediana mais elevada predominam nos países em que o povo toma seus preceitos como norma de conduta de suas vidas. Desejamos que todos compreendam que os poderes mágicos, isto é, psíquicos existem em todos os homens e que atualizem essas potências aqueles que sentem verdadeira vocação para esse magistério e estejam dispostos a pagar o preço da disciplina e do domínio interior que seu desenvolvimento exige.

Muitos homens surgiram que tiveram lampejos da Verdade e acreditaram tê-la possuído plenamente. Eles não fizeram o bem que desejaram e teriam podido fazer, porque a vaidade os levou a interpor sua personalidade entre os crentes e a verdade *completa* que se ocultava. O mundo não precisa de igreja sectária, seja de Buddha, de Jesus, de Maomé, de Swedenborg, de Calvino ou de qualquer outro. Havendo apenas UMA verdade, o homem só precisa de uma igreja – o Templo de Deus dentro de nós, murado pela matéria mas acessível a todos aqueles que podem encontrar o caminho – *os puros de coração verão a Deus.*

*A Trindade da Natureza é a fechadura da Magia, a Trindade do homem a sua chave.* Dentro dos recintos solenes do santuário, o SUPREMO tem e não tem nome. É impensável e impronunciável; não obstante, todo homem encontra seu deus em si mesmo. "Quem és tu, ó formoso ser?" pergunta a alma desencarnada no *Khordah-Avesta*, diante das portas do Paraíso. "Eu sou, ó Alma, *teus bons e puros pensamentos*, tuas obras e tua *boa lei* (. . .) teu Anjo (. . .) e teu deus"[55]. O homem, ou a alma, é reunida a SI MESMO, pois esse "Filho de Deus" é uno com ele; é seu *Mediador*, o *Deus* de sua alma humana e seu "Justificador". "Deus *não se revela imediatamente ao homem, senão que o espírito é seu intérprete*", diz Platão, no *Banquete*[56].

Além disso, há muitas outras razões para que o estudo da Magia, exceto em sua ampla filosofia, seja quase impraticável na Europa e na América. Sendo a Magia o que é, a mais difícil de todas as ciências para se aprender experimentalmente – , sua aquisição está praticamente além do alcance da maioria das pessoas de raça branca, embora muito esforço se faça nesse sentido em seus próprios países ou no Oriente. Talvez não mais de um homem em um milhão de pessoas de sangue europeu esteja apto – física, moral e psicologicamente – para se tornar um mago praticante e nem um em dez milhões reuniria todas as três qualificações exigidas para esse trabalho. Às nações civilizadas faltam os poderes fenomenais de resistência mental e física dos orientais; faltam nelas as idiossincrasias de temperamento dos orientais. O hindu, o árabe e o tibetano recebem como herança uma percepção intuitiva das possibilidades das forças naturais ocultas sujeitas à vontade humana; e neles estão mais bem desenvolvidos do que nas raças ocidentais os sentidos do corpo e do espírito. Não obstante a diferença notável de espessura entre os crânios de um europeu e de um hindu meridional, essa diferença – resultado climático, devido à intensidade dos raios solares – não envolve princípios psicológicos. Além disso, haveria dificuldades extremadas na maneira de *adestramento*, se assim podemos nos expressar. Contaminado por séculos de superstição dogmática, por um inerradicável – apesar de injustificado – sentimento de superioridade em relação àqueles que os ingleses chamam tão desdenhosamente de "negros", o branco europeu dificilmente se submeteria à educação prática de um copta, de um brâmane ou de um lama. Para tornar-se um neófito é preciso entregar-se de corpo e alma ao estudo das ciências ocultas. A Magia – a mais imperiosa das amantes – não tolera nenhum rival. Diferentemente das outras ciências, um conhecimento teórico das fórmulas sem capacidades mentais ou poderes da alma é totalmente inútil em magia. O espírito tem de manter em sujeição completa a combatividade do que erradamente se chama de razão educada, até que os fatos tenham triunfado sobre a fria sofisticaria humana.

Os espiritistas são os que estão mais bem preparados para apreciar o ocultismo, embora, apesar do preconceito, até agora tenham sido os maiores oponentes à sua divulgação pública. Apesar de todas as negativas insensatas e das denúncias, seus fenômenos são reais. A despeito, ainda, de suas próprias asserções, são totalmente mal-compreendidos por eles. A teoria totalmente insuficiente da ação constante dos espíritos humanos desencarnados, em sua produção, tem sido a bandeira da *Causa*. Mil fracassos mortificantes não conseguiram converter à verdade sua razão, nem sua intuição. Ignorando os ensinamentos do passado, eles não descobriram nenhum substituto. Oferece-mos-lhes dedução filosófica, em vez de hipótese inverificável, análise e demonstração científica, em lugar de fé indiscriminadora. A filosofia oculta fornece-lhes os meios de encontrar as exigências razoáveis da ciência e os liberta da necessidade humilhante de aceitar os ensinamentos oraculares das "inteligências", que via de regra possuem menos inteligência do que as crianças que vão à escola. Assim fundamentados e robustecidos, os fenômenos modernos estariam em posição de comandar a atenção e de reforçar o respeito dos que dirigem a opinião pública. Sem invocar esse auxílio, o Espiritismo continuará a vegetar, repudiado igualmente – e não sem causa – pelos cientistas e pelos teólogos. Em seu aspecto moderno, não é nem ciência, nem religião e nem filosofia.

Acaso somos injustos? Haverá algum espiritista inteligente que nos acuse de termos retorcido esta questão? O que poderá ele nos apresentar, senão uma confusão de teorias, um emaranhado de hipóteses mutuamente contraditórias? Pode ele dizer que o Espiritismo, não obstante os seus trinta anos de fenômenos, constitui uma filosofia defensável; não, que possua algo como um método estabelecido que seja geralmente aceito e seguido pelos seus representantes identificados?

Não obstante, há muitos escritores profundos, eruditos e entusiastas entre os espiritistas, espalhados pelo mundo. Há homens que, além de um treinamento mental específico e de uma fé ponderada nos fenômenos *per se*, possuem todos os requisitos de líderes do movimento. Como é então que, salvo a edição de um volume isolado ou dois, ou de contribuições ocasionais para os jornais, todos eles se abstêm de tomar parte ativa na formação de um sistema de filosofia? Não é falta de coragem moral, como atestam seus escritos. Nem por causa da indiferença, pois lhes sobra entusiasmo e estão convencidos dos fatos. Nem lhes falta capacidade, porque muitos deles são homens notáveis, podem igualar-se com os mais esclarecidos talentos. É porque, quase sem exceção, estão confusos pelas contradições que encontram e esperam que experiências futuras verifiquem as hipóteses aventureiras. Sem dúvida isso faz parte da sabedoria. Foi o método adotado por Newton, que, com o heroísmo de um coração honesto e generoso esperou por dezessete anos a promulgação de sua teoria da gravitação, só porque ele não a havia realizado de maneira que o satisfizesse.

O Espiritismo, cuja característica é antes a agressão do que a defesa, tem tendido à iconoclastia, no que fez bem. Mas não considerou que demolir não é construir. Cada nova verdade substancial que erige é logo sepultada sob uma avalanche de quimeras, até que todas elas resultem numa confusa ruína. A cada passo de avanço, a cada nova posição vantajosa de que se apodera no terreno dos FATOS, algum cataclismo ocorre, em forma de fraude ou de descrédito, que atira os espiritistas para trás e os reduz à impotência, porque não *podem* e seus inimigos inviáveis não *querem* (ou talvez possam menos ainda) provar suas afirmações. Sua fraqueza fatal repousa no fato de que possuem apenas *uma* teoria para oferecer como explicação dos seus fatos tão combatidos – a ação de *espíritos humanos desencarnados* e a sujeição completa do médium a eles. Os espiritistas atacarão os que divergem em opiniões com uma veemência só garantida por uma causa melhor; considerarão todo argumento que contradiga sua teoria como uma imputação sobre seu senso comum e seus poderes de observação e se recusarão cabalmente a discutir a questão.

Como, então, pode o Espiritismo elevar-se à categoria de uma ciência? Como mostra o Prof. Tyndall, a ciência inclui três elementos absolutamente necessários: a observação dos fatos, a indução de leis a partir desses fatos e a verificação dessas leis por experiência prática constante. Que observador experiente continuará a afirmar que o Espiritismo apresenta um desses três elementos? O médium não está cercado uniformemente por condições de teste que possibilitem uma comprovação rigorosa; as induções derivadas dos fatos supostos carecem de elementos comprobatórios; e, como corolário, não tem havido verificação suficiente das hipóteses por parte da experiência. Em suma, falta o primeiro elemento de certeza.

Para que não sejamos acusados do desejo de expor tendenciosamente a posição do Espiritismo, no momento da redação desta obra, ou acusados de negar crédito aos avanços feitos atualmente, citamos algumas passagens do *Spiritualist* de Londres de 9 de março de 1877. No encontro quinzenal, realizado a 19 de fevereiro, ocorreu um debate sobre o tema "O pensamento antigo e o Espiritismo moderno". Desse encontro participaram alguns dos espíritas mais inteligentes da Inglaterra. Entre eles estava o Sr. W. Stainton Moses, M. A., que havia estudado recentemente a relação entre os fenômenos antigos e os modernos. Ele disse: "O Espiritismo popular não é científico; avança muito pouco no caminho da verificação científica. Além disso, o Espiritismo exotérico não vai, em grande medida, para além da presumida comunicação com amigos pessoais, ou da gratificação da curiosidade, ou da mera evolução das maravilhas. (. . .) A ciência esotérica do Espiritismo é muito rara e tão rara quanto valiosa. Dela deveríamos extrair os conhecimentos que pudéssemos desenvolver exotericamente. (. . .) Imitamos demasiado o procedimento dos físicos; nossas provas são toscas e freqüentemente ilusórias; sabemos muito pouco do poder protéico do espírito. Nisto estavam os antigos muito mais à nossa frente e muito nos podem ensinar. Não introduzimos qualquer certeza nas condições – um pré-requisito necessário ao verdadeiro experimento científico. Isso se deve em grande medida ao fato de que nossos círculos estão construídos sobre princípio algum. (. . .) Não dominamos ainda as verdades elementares que os antigos conheciam e com base nas quais agiam, como, por exemplo, o isolamento dos médiuns. Temos estado tão ocupados com caçar maravilhas que mal tabulamos os fenômenos ou propomos uma teoria que dê conta da produção do mais simples desses fenômenos. (. . .) Nunca enfrentamos a questão – O que é a inteligência? Esta é a grande mácula, a mais freqüente fonte de erro, e aqui podemos aprender proveitosamente com os antigos. Aos espiritistas repugna admitir a possibilidade da verdade do ocultismo. Nesse sentido eles são mais difíceis de ser convencidos do que o mundo externo em relação ao Espiritismo. Os espíritas partem de uma falácia, isto é, de que todos os fenômenos são causados pela ação de espíritos humanos finados; *eles não examinaram os poderes do espírito humano encarnado*; eles não conhecem o campo de ação do espírito, até onde ele alcança e o que subjaz no seu interior".

Nossa posição não poderia ser melhor definida. Se o Espiritismo tem um futuro, ele depende de homens como o Sr. Stainton Moses.

Nossa obra está concluída – oxalá tivéssemos podido fazer melhor! Mas, a despeito de nossa inexperiência na arte de compor um livro, e da séria dificuldade de escrever numa língua estranha, esperamos ter dito alguma coisa que perdure nas mentes dos pensadores. Os inimigos da Verdade foram contados e passados em revista. A ciência moderna, sem poder satisfazer as aspirações da raça, faz do futuro um vazio e arrebata toda esperança à Humanidade. Em certo sentido, ela é como o Baital Pachisi[*], o vampiro hindu da imaginação popular, que vive em corpos mortos e só se alimenta da podridão da matéria. A teologia da cristandade foi desfiada pelas mentes mais sérias da nossa época. Descobriu-se que ela é, em conjunto, mais subversiva do que estimuladora da espiritualidade e da moral sadia. Em vez de expor as regras da lei e da justiça divinas, ela só fala *de si mesma* Em lugar de uma Divindade que vive para sempre, ela prega o Mal e o faz indistinto do próprio Deus! "Não nos leveis à tentação", é a aspiração dos cristãos. Quem, então, é o tentador? Satã? Não. A prece não é dirigida a ele. É aquele gênio tutelar que endureceu o coração do Faraó, infundiu um espírito mau em Saul, enviou mensageiros mentirosos aos profetas e tentou Davi ao pecado; é – o Deus-da-*Bíblia* de Israel!

Nosso exame dos inúmeros credos religiosos que a Humanidade, antes como agora, professou, indica evidentemente que todos eles derivaram de uma fonte primitiva. Seriam na verdade apenas modos diferentes de se expressar o anseio que a alma humana aprisionada sente de se comunicar com as esferas celestes. Assim como o raio branco da luz se decompõe pelo prisma nas várias cores do espectro solar, assim também o raio da verdade divina, ao passar pelo prisma *triédrico* da natureza do homem foi repartido nos fragmentos coloridos chamados RELIGIÕES. E, como os raios do espectro, em gradações imperceptíveis, mergulham um no outro, assim também as grandes teologias que surgiram com diferentes graus de divergência da fonte original, tornaram a convergir nos cismas, nas escolas e nos brotos surgidos de todos os lados. Combinados, seu agregado representa uma verdade eterna; separados, são apenas sombra do erro humano e sinais de imperfeição. A adoração dos *pitris* édicos está-se tornando rapidamente a adoração da porção espiritual da Humanidade. Necessita apenas a percepção correta das coisas objetivas para finalmente descobrir que o único mundo de realidade é o subjetivo.

Aquilo que tem sido desdenhosamente chamado de Paganismo foi a sabedoria antiga repleta de Divindade; e o Judaísmo e seus rebentos, o Cristianismo e o Islanismo derivaram da inspiração que receberam desse parente étnico. O Bramanismo e o Budismo pré-védicos são a fonte dupla de que brotaram todas as religiões; o Nirvâna é o oceano para o qual todas elas tendem.

Para os fins de uma análise filosófica, não precisamos levar em consideração as monstruosidades que obscureceram o registro de muitas das religiões do mundo. A fé verdadeira é o invólucro da caridade divina e são apenas humanos aqueles que a ministram em seus altares. À medida que viramos as páginas sangrentas da história eclesiástica, vemos que, a despeito de quem tenha sido o herói e quais tenham sido as roupas usadas pelos atores, o enredo da tragédia foi sempre o mesmo. Mas a Noite Eterna estava em tudo e sobre tudo e passamos do que vemos ao que é invisível ao olho do sentido. Nosso desejo fervoroso tem sido o de mostrar às almas verdadeiras como elas podem

---

\*    Esse termo é uma corrupção dialetal de *Vetâla-pancha-vimśati*, ou "Os Vinte e Cinco Contos do Vetâla", uma coleção de contos sobre um demônio, conhecido como Vetâla, que se supunha penetrar em cadáveres. Essas histórias são conhecidas dos leitores ingleses sob o título de *Vikram and the Vampire*, traduzidas por Sir R. Burton em 1870, e como *The Baital Pachisi*, traduzidas por W. B. Barker e editadas por E. B. Eastwick, Londres, 1855. (N. do Org.)

correr a cortina e, no resplendor dessa Noite transmutada em Dia, contemplar serenamente a VERDADE SEM VÉU.

## NOTAS

1. [Atribuído por Sanang Setsen, historiador mongol, a Toghon Timur, último soberano da dinastia Chingîz.]

2. Em seu sentido geral, *Îśvara* significa "Senhor"; mas o Îśvara dos filósofos místicos da Índia era entendido exatamente como a união e a comunhão dos homens com a Divindade dos gregos místicos. *Îśvara-Prasâda* significa literalmente, em sânscrito, *graça*. Ambas as escolas *Mîmânsâ*, que tratam das questões mais abstrusas, explicam *karma* como mérito, ou a *eficácia das obras; Îśvara-Prasâda* como graça e *Śraddha* como fé. As escolas *Mîmâmsâ* são obra dos dois mais celebrados teólogos da Índia. O *Pûrva-Mîmâmsâ-Sûtra* foi escrito pelo filósofo Jaimini e o *Uttara-Mîmâmsâ* (ou *Vedânta*) por Krishna Dvaipâyana Vyâsa, que coligiu os quatro *Vedas*. (Ver Sir William Jones, Colebrooke e outros.)

3. Olympiodorus, *On the Phaedo of Plato, nas Select Works of Porphyry*, de Thos. Taylor, p. 207, rodapé.

4. Suetônio, *Lives of the Caesars*, "Augustus", § 591.

5. Cf. Plutarco, *On the Face in the Orb of the Moon*, § 27-8.

6. Cf. Plínio, *Nat. Hist.*, XXX, ii e ss.

7. Sérvio, *Comm. on Virgil, Aeneid*, p. 71.

8. Pyârichânda Mitra, "The Psychology of the Âryas", em *Human Nature*, março de 1877. [Também em *On the Soul: its Nature and Development*, Calcutá, 1881, p. 48-9.]

9. [Plutarco, *On the Cessation of Oracles*, § 38, 39.]

10. O correspondente em Boulogne (França) de um jornal inglês diz que conhece um cavalheiro que teve um braço amputado no ombro "e é certo que possui um braço espiritual que vê e sente com sua outra mão. Pode tocar tudo e até mesmo levantar objetos com o braço e a mão espirituais ou fantasmais". O litigante nada sabe de Espiritismo. Citamos este caso como o soubemos sem verificação, apenas como corroboração do que vimos no caso do adepto oriental. Esse erudito e cabalista praticante pode projetar quando queira seu braço astral e, com a mão, pegar, mover e carregar objetos, até mesmo a uma distância considerável do lugar onde está sentado ou em pé. Freqüentemente o vimos cuidar dessa maneira do seu elefante favorito.

11. Resposta a uma pergunta feita na "Associação Nacional dos Espiritistas", a 14 de maio de 1877.

12. "A Buddhist's Opinions of the Spiritual States", *The Spiritualist*, 25 de maio de 1877, p. 246.

13. Cf. Coleman, *The Mithology of the Hindus*, p. 217; também a carta do Sr. Turner ao Governador Geral, em *Asiatic Researches* (1801), vol. I, p. 197-205.

14. Os súditos russos estão impedidos de atravessar o território tártaro; nem os súditos do Imperador da China podem penetrar nas fábricas russas.

15. Antonomásia das três personificações da Trindade Budista: Buddha, Dharma e Sangha, que os tibetanos chamam de Fo, Fa e Sengh.

16. [*Pashi-Buddha* ?]

17. A um *Bhikshu* não é permitido aceitar nada que provenha dos leigos de seu próprio povo, e menos ainda dos estrangeiros. O mínimo contato com o corpo e até mesmo com a vestimenta de uma pessoa não pertencente à sua comunidade é cuidadosamente evitado. Assim, antes de aceitar as oferendas que trouxemos e que compreendiam peças de lã vermelha e amarela que eles chamam de *pu-lu* e que os lamas usam freqüentemente, tiveram de passar por cerimônias estranhas. Eles estão proibidos de 1º, mendigar ou pedir qualquer coisa — mesmo que estejam famintos — e só podem aceitar algo que tenha sido oferecido voluntariamente; 2º, tocar ouro e prata com as mãos; 3º, comer qualquer porção de comida, mesmo quanto presenteada, a menos que o doador diga claramente ao discípulo "Isso é para seu mestre *comer*". Depois, o discípulo deve voltar ao *pazen* e oferecer a

comida ao seu mestre e dizer "Mestre, isso é permitido; tomai e comei", e só então o lama pode pegar a comida com a mão direita e partilhá-la. Todas as nossas oferendas tiveram de passar por essas purificações. Quando as peças de prata e um punhado de annas (moedas de quatro centavos) foram oferecidas à comunidade, em ocasiões diferentes, um discípulo primeiro as tomou e as envolveu num lenço amarelo e, recebendo-as na palma da mão, atirou-as imediatamente no *Badir*, chamado em outros lugares de *Sabaît*, um vaso sagrado, geralmente de madeira, usado para o recebimento de oferendas.

18. Essas pedras são grandemente veneradas entre os lamaístas e os budistas; o trono e o cetro do Buddha são enfeitados com elas e o Taley-Lama usa uma no quarto dedo da mão direita. Elas podem ser encontradas nos montes Altai e perto do rio Yarkhun. Nosso talismã era um presente do venerável sacerdote, um *Gelong*, de uma tribo Kalmuck. Embora sejam tratados como apóstatas por seu Lamaísmo primitivo, esses nômades mantêm relações amistosas com os demais Kalmuck, os Khoshub do Tibete Oriental e de Kokonor e até mesmo com os lamaístas de Lhasa. As autoridades eclesiásticas, todavia, não mantêm relações com eles. Tivemos muitas oportunidades de nos familiarizar com esse interessante povo das estepes astracânicas, vivendo nos seus *kibitkas* nos nossos primeiros anos, e partilhamos da hospitalidade pródiga do Príncipe Tumen, seu último chefe, e de sua esposa. Em suas cerimônias religiosas, os Kalmuck utilizam trombetas feitas com os fêmures e os úmeros de governantes e sumos-sacerdotes mortos.

19. Os Kalmuck budistas das estepes astracânicas estão acostumados a fazer seus ídolos com as cinzas cremadas de seus príncipess e sacerdotes. Uma parenta da autora destas linhas possuía, em sua coleção, muitas pirâmides pequenas feitas com as cinzas de kalmucks eminentes que lhes foram presenteadas pelo próprio Príncipe Tumen, em 1836.

20. O leque sagrado usado pelos principais sacerdotes, em vez de um guarda-chuva.

21. Ver Vol. I desta obra, para mais detalhes.

22. [Edmund Spenser, *The Faerie Queene*, é citado.]

23. Ver John Tyndall, *Sound*, cap. VI, § 12.

24. Palavra composta de *sûtra*, máxima ou preceito, e de *antika*, perto ou próximo.

25. Parece injusto a Aśoka compará-lo a Constantino, como o fazem muitos orientalistas. Se, no sentido religioso e político, Aśoka fez para a Índia o que se crê que Constantino fez para o mundo ocidental, toda similaridade acaba aí.

26. Ver "Indian Sketches, etc.", de W. L. O'Grady; também a *New American Cyclopaedia* de Appleton.

27. *Aum* (termo sânscrito místico da Trindade), *mani* (jóia santa), *padme* (no lótus; padma é o nome para lótus), *hum* (assim seja). As seis sílabas da frase correspondem aos seis poderes principais da Natureza, que emanam de Buddha (a divindade abstrata, não Gautama), que é o *sétimo*, e o Alfa e o Ômega de todo ser.

28. Muru (o puro) é uma das mais famosas lamaserias de Lhasa, situada exatamente no centro da cidade. Ali o Shaberon, o Taley-Lama, reside durante a maior parte dos meses do inverno; durante dois ou três meses do verão a sua residência é em Potala. Em Muru está o maior estabelecimento tipográfico do país.

29. O grande cânone budista contém 1083 obras em centenas de volumes, muitos dos quais tratam de Magia.

30. [Alipili, *Centrum naturae concentratum*, etc., Londres, 1696, p. 78-80.]

31. [Londres, 1680.]

32. J. Crawford, *Journal of an Embassy. . . to the Courts of Siam and Cochin-China*, 1828, p. 181-82.

33. Semedo, *Histoire de la Chine*, III, p. 114. Cf. Yule, *The Book of Ser Marco Polo*, vol. I, p. 314-15; ed. 1875.

34. Havia uma anedota, corrente entre os amigos de Daguerre, por volta de 1838 e 1840. Numa tertúlia, Madame Daguerre, cerca de dois meses antes da apresentação do famoso processo daguerriano à *Académie des Sciences*, por Arago (janeiro de 1839), manteve uma séria conversa com uma das maiores celebridades médicas da época, sobre as condições mentais do seu marido. Após explicar ao médico os inúmeros sintomas do que ela acreditava ser a aberração mental do seu marido, ela acrescentou, com lágrimas nos olhos, que a maior prova da insanidade de Daguerre residia na

firme convicção de que ele conseguiria pregar sua própria sombra na parede, ou fixá-la em placas metálicas *mágicas*. O médico ouviu-a com atenção e disse que ele próprio havia observado em Daguerre ultimamente os sintomas mais fortes daquilo que, para ele, era uma prova inegável de loucura. Terminou a conversa aconselhando-a a enviar seu marido calmamente e sem demora a Bicêtre, o conhecido asilo de lunáticos. Dois meses depois criou-se um profundo interesse no mundo da arte e da ciência com a exibição de um grande número de quadros tomados pelo novo processo. As *sombras* foram fixadas, logo após, sobre placas metálicas e o "lunático" foi proclamado o pai da fotografia.

35. W. Schott, *Über den Buddhaismus*, etc., Berlim, 1846, p. 71.

36. Cel. Yule, *The Book of Ser Marco Polo*, vol. II, p. 351-52; ed. 1875.

37. F. Bernier, *Voyages de Bernier*, etc., vol. II, p. 130; Amsterdã, 1699. Cf. Yule, *op. cit.*, vol. II, p. 356.

38. [*Paracelsi opera omnia*, II, 20; Genebra, 1658.]

39. Em nenhuma região do mundo se encontram mais plantas medicinais do que na Índia Meridional, em Cochim, em Burma, no Sião e no Ceilão. Os médicos europeus – segundo uma prática fortalecida pelo tempo – qualificam a situação de rivalidade profissional, tratando os doutores nativos como charlatães e empíricos; mas isso não evita que os indígenas obtenham menos sucesso em casos em que graduados importantes das escolas britânicas e francesas de Medicina falharam redondamente. As obras nativas sobre matéria médica certamente não contêm os remédios secretos conhecidos; no entanto, os melhores febrífugos foram aprendidos pelos médicos britânicos com os hindus. Pacientes houve que, ensurdecidos e inchados pelo abuso de quinino, estavam morrendo lentamente de febre sob os cuidados de médicos renomados e que foram curados completamente com cortiça de *Mârgosa* e erva *chiretta* – que agora ocupam um lugar honroso entre as drogas européias.

40. Denominação hindu para o mantra ou encantamento peculiar contra mordedura de cobra.

41. Entre os sinos dos adoradores "gentios" e os sinos e romãs da adoração judaica há uma diferença: os primeiros, além de purificar a alma do homem com seus tons harmoniosos, mantêm os demônios do *mal* à distância, "pois o som do bronze puro quebra o encantamento", diz Tíbulo (*Elegias*, I, VIII, 22); quanto aos outros, diz-se que o som dos sinos "será ouvido [pelo Senhor] quando ele [o sacerdote] se dirigir à presença do Senhor e quando ele chegar, *ele não morrerá*" (*Êxodo*, XXVIII, 35; *Eclesiástico*, XLV, 9). Assim, um som servia para afugentar os espíritos do *mal* e o outro, o Espírito de Jeová. As tradições escandinavas afirmam que os Trole sempre foram mantidos afastados das casas pelos sinos das igrejas. Uma tradição similar existe na Grã-Bretanha, em relação às fadas.

42. [*Hippolytus*, 141 e s.]

43. Um *daemon* elemental, em quem todos os nativos da Ásia acreditam. [Termo mongólico pronunciado *südger*.]

44. Senhora, ou Madame, em moldávio.

45. A hora, em Bucareste, corresponde exatamente à do país em que a cena ocorria.

46. Cap. W. L. D. O'Grady: "Indian Sketches, etc.", em *Commercial Bulletin*, 14 de abril de 1877.

47. Nem a Rússia nem a Inglaterra conseguiram, em 1849, forçá-los a reconhecer e a respeitar os turcos [como distintos] do território persa.

48. Persépolis é a Istakhr persa, a nordeste de Shiraz; ficava numa planície agora chamada Merdasht, na confluência dos antigos Medus e Araxes, hoje chamados Pulwâr e Bend-emir.

49. *Oedipus aegyptiacus*, etc., vol. III (1654): *Theatrum hieroglyphicum*, p. 544.

50. Presenciamos por duas vezes os ritos estranhos remanescentes da seita dos adoradores do fogo conhecidos como Gheber, que se reuniam periodicamente em Baku no "campo do fogo". Essa cidade antiga e misteriosa se localiza perto do mar Cáspio. Pertence à Geórgia russa. A cerca de vinte milhas a nordeste de Baku está o que restou de um templo gheber antigo, que consiste de quatro colunas, de cujos orifícios vazios se projeta constantemente uma chama que dá, dessa maneira, o nome do Templo do Fogo Perpétuo. Toda a região está coberta por lagos e fontes de nafta. Os peregrinos se reúnem aí, vindos de regiões distantes da Ásia, e um sacerdócio, que adora o princípio do fogo, é mantido por algumas tribos, disseminadas por todo o país.

51. *Badkube* – literalmente "remoinho de ventos".

52. *Codex Justinianus*, Liber IX, Titulus XVIII, "De maleficis, etc.", Statutum 4.

53. [J. - G. Basset, *Plaidoyez et Arrests de la Cour de Parlement*, etc., Paris, 1645, vol. I, livro V, tit. 19, cap. 6, p. 108.]

54. Ver também *Magic and Mesmerism*, um romance reeditado pela Harpers, trinta anos atrás. [Londres, 1843.]

55. [*Khordah-Avesta*, yasht XXII, § 10 e s.]

56. [202 E - 203 A.]

# BIBLIOGRAFIA

## NOTA EXPLICATIVA

Esta Bibliografia visa fornecer informação sucinta sobre as várias edições das obras citadas ou referidas em *Ísis sem véu*, e uma breve explicação de determinados escritos menos familiares aos estudiosos.

Muitos dos clássicos gregos e latinos citados em *Ísis sem véu* podem ser facilmente consultados em *The Loeb Classical Library*, uma série uniforme de textos clássicos publicados no original, com tradução inglesa paralela. Os volumes gregos estão encadernados em verde; os latinos, em vermelho.

As obras que não estão incluídas na Biblioteca *Loeb* vão listadas com informação pertinente às suas edições.

Os textos originais dos padres da Igreja podem ser consultados, em muitos casos, na monumental *Patrologiae Cursus Completus* (PCC), de Jacques Paul Migne, relacionada abaixo. As obras que não foram incluídas nessa Série podem ser encontradas nesta Bibliografia com todos os dados disponíveis.

As traduções inglesas de muitos padres da Igreja podem ser encontradas em: (a) *The Ante-Nicene Christian Library* (ANF), Edimburgo, 1867-1872, 24 vols. 8vo; ou ed. A. Cleveland Coxe, Buffalo, 1884-1886, 8 vols., 8vo, com Sinopse Bibliográfica bastante valiosa e Índice Geral (1887). Um volume adicional (vol. X) ocorre na edição americana de 1965-1966 (Grand Rapids, Mich., Wm. B. Eerdmans); e em (b) *A Select Library of Nicene and Post-Nicene Fathers* (NPNF), ed. por Philip Schaff, Nova York, Scribner, 1868-1909, e 1898-1900, em 14 volumes.

As iniciais *SBE* indicam a Série dos *Sacred Books of the East*, editada por F. Max Müller. As iniciais *PCC* referem-se à *Patrologiae Cursus Completus*, de J. P. Migne.

Os asteriscos referem-se a títulos de obras que não foram encontradas ou identificadas e cujo paradeiro é desconhecido.

Exceto em alguns casos especiais, os jornais, as revistas e outros periódicos não estão relacionados nesta Bibliografia.

## BIBLIOGRAFIA

### A

*Abhidharma* (páli, *Abhidhamma*). Ver *Tripitaka.*

*Abrégé des vies des anciens philosophes, avec un recueil de leurs plus beles maximes* F. Fénelon), Paris, 1726, 1740, 1822, 1823.

*Abstinentia ab usu animalium, De* (Porfírio), gr. e lat., J. J. Reiskii. Trajecti and Rhenum, 1767, 4 to trad. ingl. por S. Hibberd, Londres, 1851, 8vo; e por Thos. Taylor em *Select Works of Porphyry*, q.v.

*Account of an Embassy to the Court of the Teshoo Lama of Tibet, An* (S. Turner): contém a narrativa de uma viagem pelo Butão e por parte do Tibete; Londres, 1800, 4 to.

*Account of the American Baptist Mission to the Burman Empire* (Ann Hasseltine Judson), 2ª ed., Londres, J. Butterworth, 1827. Inclui *Diaries* ou *Journal* do Dr. Adoniran Judson.

* *Account of the Origin and Attributes of the True Rosicruzians, MS.*

*Acta Sanctorum*, etc. (John Bolland, ou Bollandus, e outros). Ed. orig., Antuérpia, 1643-1794, em 54 vols.; obra resumida em 1838 pelos novos bolandistas; últ. ed. feita por G. J. Camadet, Paris & Roma, 1863-1883, em 61 vols.

* *Adumbratio Kabb. Chr.* (Knorr von Rosenroth). Possivelmente em sua *Kabbala denudata.*

*Aegyptiaca* (Maneto). Da versão armênia das *Chronica* de Eusébio. *Loeb Classical Library.* Também nos *Ancient Fragments* de Cory, q.v.

*Aethici Cosmographia* (Ister Aethicus). Obra geográfica de um escritor romano do século IV. Ed. princeps por Simler, Basiléia, 1575; a melhor edição é a de Gronovius, em sua ed. de Pompônio Mela, Leyden, 1722.

*Aglaophamus, sive de theologiae mysticae graecorum causis* (C. A. Lobeck). Regiomontii Prussorum, 1829, 2 vols.

*Agriculture.* Ver *Nabathäische Landwirtschaft* (D. A. Chwol'son).

* *Agrushada Parikshai.*

*Aitareya Brâhmanam of the Rigveda.* Editado, traduzido e explicado por Martin Haug, Bombaim, 1863, 2 vols. Reimpressão da tradução em *Sacred Books of the Hindus.*

*Akademische Vorlesungen über indische Literaturgeschichte* (A. F. Weber), Berlim, 1852; 2ª ed., 1876.

*Alchymia* (A. Libavius), Frankfurt, 1595, 1606.

*Alcibiade, On the First* (Proclo). Citado nos *Ancient Fragments*, de Cory, q.v.

* *Alexandrian MS.* (Theodas).

*Allgemeine Geschichte der christlichen Religion und Kirche* (J. A. W. Neander), Hamburgo, 1825-1852, 6 vols. – Trad. ingl. da 2ª ed. alemã, por J. Torrey, como *General History of the Christian Religion and Church*, Londres, 1847-1855, 9 vols.; Londres, Bohn's Standard Library, 1846, etc.

*Ältesten Spuren des Menschen in Europa, Die* (A. Müller), 1871; em *öfferlliche Vortruge gehalten in der Schweitz*, Heft 3; 2ª ed., 1876.

*Amenitates Academicae*, etc. (C. Lineu), Erlangen, 1787, 85-90, 10 vols.

*Améric Vespuce 1451-1512*, etc. (H. Vignaud), Paris, 1917.

*America, Its Geographical History, 1492-1892* (W. B. Scaife). Baltimore, 1892.

*Amerigo.* A Comedy of Errors, etc. (S. Zweig). Trad. do alemão por A. St. James, Nova York, 1942.

*Amerigo and the New World* (G. Arciniegas), Trad. do espanhol por Harriet de Onís, Nova York, 1955.

*Amerigo Vespucci.* Son caractère, ses écrits, etc. (F. A. de Varnhagen), Lima, 1865.

*Amphitheatrum sapientiae aeternae solius verae, christiano-kabalisticum, divino-magicum*, etc. (H. Khunrath), Hannover, 1609; também Magdeburg. 1608 e Hamburgo, 1611; a ed. de 1619 contém 12 lâminas; também se conhece uma ed. alemã anterior de 1602.

*Anacalypsis, an Attempt to draw aside the Veil of the Saitic Isis; or an Inquiry into the Origin of Languages, Nations, and Religions* (G. Higgins), Londres, 1836, 2 vols., 4 to; 2ª ed., Glasgow, 1878, 8vo.

*Analects* (Lun-Yü) (Confúcio). W. E. Soothill, 1910. J. Legge, *The Life and Teachings of Confucius*, Vol. I dos *The Chinese Classics*, 1861-1872, 3 vols., 2ª ed., 1869-1876. Também em *Les livres sacrés de l'Orient*, etc., de G. Pauthier, Paris, 1840.

*Analysis of Religious Beliefs, An* (Visconde John Amberley), Londres, 1876, 2 vols.

* *Anatomia cerebrale* (V. G. Malacarne), Milão.

*Anatomy of Melancholy, The* (R. Burton), 1621; muitas edições posteriores.

*Ancient America* (J. D. Baldwin), Londres, 1869, 1872; Nova York, 1869, 1874, 1896.

*Ancient and Modern Egypt, or, the Pyramids and the Suez Canal.* A Lecture, etc. (W. B. Carpenter), 1866.

*Ancient Cave Men of Devon* (Wm. Pendelly). Relato de duas conferências proferidas em Worcester e Malvern, a 26 de janeiro (quarta-feira) e a 28 de janeiro (sexta-feira) de 1870; Worcester, 1870.

*Ancient Egypt. Her Monuments, hieroglyphics, history and archaelogy* (G. R. Gliddon), Nova York, 1843; 10ª ed., 1847; 12ª ed., Filadélfia, 1848.

*Ancient Egypt under the Pharaohs* (J. Kenrick), Londres, 1850, 2 vols.

*Ancient Faiths and Modern* (Thos. Inman), Nova York, 1876, 8vo.

*Ancient Faiths, embodied in Ancient Names* (Thos. Inman), Londres, 1868-1869; 2ª ed., 1872-1873. 2 vols.

*Ancient Fragments of the Phoenician, Chaldean, Egyptian, Tyrian, Carthaginian, Indian, Persian, and Other Writers* (I. P. Cory), Londres: Wm. Pichering, 1828, 8vo; 2ª ed., 1832; lix, 361 p. textos gregos, latinos e ingleses; *a edição mais valiosa.* – Nova edição, ampliada, por E. Richmond Hodges, Londres, Reeves & Turner, 1876 (XXXVI, 214 p.); introduz vários comentários editoriais de algum valor histórico, mas elimina os famosos *Chaldean Oracles.*

*Ancient Pagan and Modern Christian Symbolism exposed and explained* (Thos. Inman), Londres, 1869; 2ª ed., Nova York, 1871.

"Ancient Religion of the North before the Time of Odin, On the Most" (Münther), em *Mémoires de la Société des Antiquaires de France*, tomo II.

*Ancient Symbol Worship.* Influence of the Phallic Idea in the Religions of Antiquity (H. M. Westropp & C. S. Wake), Nova York, 1874, 8vo; 2ª ed., 1875.

*Ancient York and London Grand Lodges.* A review of Freemasonry in England from 1567 to 1813 (Leon Hyneman). Filadélfia, Pa., Sra. W. Curtis, 1872, 8vo.

*Angelis opus divinum de quinta essentia, De* (R. Lully). Sem data.

*Anhang sum Zend-Avesta* (J. F. Kleuker), Leipzig & Riga, 1781. 2 vols.

*Anima ac daemone, de sacrificio et magia, De* (Proclo). Trad. de M. Ficino, Veneza, 1497; também Basiléia, 1576. Ver também *Procli opera*, ed. Cousin, Paris, 1820-1827, III, 278; e Kroll, *Analecta graeca*, Greisswald, 1901, em que uma tradução grega acompanha o texto latino.

*Annales de origine gentis francorum* (John Trithemius), 1574 fol., 1673 & 1713.

*Annales eccleseiastici a Chr. nato ad an. 1198* (Caesar, Cardeal Baronius), Roma, 1588-1607, 12 vols. Continuada mais tarde por vários estudiosos; uma das últimas edições é a de Augustin Theiner, Paris, 1864-, 4 to (a ser completada em 50 vols.).

*Annales Hirsangiensis* (John Trithemius), 1514.

*Anthropogenie, oder Entwicklungsgeschichte des Menschen* (E. Haeckel), 2ª ed., Leipzig, 1874.

*Antidote against Atheism, An* (H. More), Londres, 1653.

*Antigüidades peruanas* (J. J. von Tschudi & M. E. de Rivero), 1851, 4 to.

*Antiquitate urbis patavii et claris civibus patavinis libri tres*, etc. (Bernadino Scardeone ou Scardeonius), Basiléia, *apud* N. Episcopium Juniorum, 1560, fol., 437 pp. Índice.

*Antiquities of Mexico, The* (E. King, Visconde Kingsborough, em colab. com Agostino Âglio), Londres, 1830-1848, 9 vols.

* *Antitheses* (Marcion).

*Aphorismi confessariorum ex doctorum sententiis collecti*, etc. (E. Sa), Colônia, 1612, 1615.

*Apocalypsis Eliae* (Apocalipse de Elias). Mencionado por Orígenes em *Comm. in Matthaeum*, tomo X,.p. 465.

* *Apocrypha* [Secret Books of the Alexandrian Jews – impossível de ser obtido.]

*Apocryphal New Testament translated from the Original Tongues, The* (W. Hone), Londres, 1820, 1821; muitas reedições.

*Apologie pour tous les grands personnages qui ont été faussement soupçonnés de magie* (G. Naudé), Paris, 1625; The Hague, 1653; Amsterdã, 1712; trad. ingl., Londres, 1657.

*Apostolici*; or History of the Apostles and Fathers in the First Three Centuries of the Church (W. Cave), Londres, 1677; 2ª ed., corr., 1682. – Nova ed. rev. por Henry Cary, Oxford, 1840, 3 vols. como *Lives of the most eminent fathers*, etc.; inclui o século IV.

*Arabian Nights Entertrinments* (E. Wm. Lane), 1838-1840. Com notas e ilustrações para tornar a obra uma enciclopédia dos costumes orientais; 3 vols.

*Arabic Gospel of the Infancy, The*. ANF, 1873.

*Arcana caelestia* (E. Swedenborg), 1749-1756, 4 to.

*Archaeologia, or Miscellaneous Tracts relating to Antiquity*, publ. pela Sociedade de Antiquários de Londres. Carta de William Hamilton intitulada: "Remarks on the Fortresses of Ancient Greece", vol. XV (1806), p. 315-25; vol. XXV (1834), p. 220.

*Archidoxorum libri decem, sive lux lucens in tenebris et clavis librorum paracelsi* (Paracelso), 1681.

*Archiv für den thierischen Magnetismus* (ed. por D. G. Kieser), 1831.

*Archives du magnétisme animal* (d'Hénin de Cuvillier), Paris, 1820-1823, 8 vols.

*Argonautica* (Apollonius Rhodius). Esse poema, escrito em grego, sobre a expedição dos Argonautas foi baseado no rico material da biblioteca de Alexandria. Omitiu muitos comentários feitos por vários escritores e tornou-se muito popular. Consultar *Scholia in Apollonium Rhodium Vetera*, recensuit Carolus Wendel, Berlim, 1935.

*Around the World: or, Travels in Polynesia, China, India, Arabia*, etc. (J. M. Peebles), 4ª ed., Boston, 1880.

*Arrest du Parlement du 5 mars, 1762*. Consultar o volume IX dos *Collected Writings* de Blavatsky, p. 308-10, para dados adicionais sobre esse *Arrest*.

*Ars Geometriae* (A. M. S. Boethius), 1507. Migne, *Patrol.*, LxIII-LxIV, 1847; G. Friedlein, Leipzig, 1867. Ver também *Theoretic Arithmetic* (Thos. Taylor).

*Art Magic; or, Mundane, Sub-Mundane and Supermundane Spiritism* (E. H. Britten), Nova York, 1876.

*Asclepian Dialogue*. Ver, *Hermes, Books of*.

*Ashes to Ashes: A Cremation Prelude* (H. R. Haweis), Londres, 1874.

*Asia, Da*, etc. (Diogo do Couto), Lisboa, 1780.

*Asiatic Journal* (Londres). Vols. 1-25, 1816-1828; vols. 26-8, 1828-1829; New Ser., 1830-1843; 3ª Série, 1843-1845; 4ª Série, 1845.

*Asiatick Researches*; or, Transactions of the Society instituted in Bengal, for inquiring into the History and Antiquities, the Arts, Sciences, and Literature, of Asia. Calcutá, 1788-1839; 20 vols., 4 to; Londres, 1801 - 1812, 11 vols., 8vo; nova ed., Calcutá, 1875, etc. – Índice dos 18 primeiros volumes, Calcutá, 1835.

Ver *Vedas* (Colebrooke); "Astron. Computations" (Samuel Davis); "Letter of S. Turner, etc."

*Assyrian Discoveries* (Geo. Smith), Nova York, 1875.

*Astrologie* (J. W. A. Pfaff), Nuremberg, 1816, 8vo.

"Astronomical Computations of the Hindus, On the" (Samuel Davis), datado de 1789, em *Asiatick Researches*, etc. vol. II (1799), p. 225-87.

*Atharva-Veda*. O quarto *Veda*, cuja autoria se atribui a Atharvan, que teria sido o primeiro a instituir o culto do fogo e a oferecer Soma. Consiste principalmente de fórmulas e encantamentos contra doenças e calamidades. – *Atharva-Veda Samhitâ*, ed. por R. Roth e W. D. Whitney, Berlim, 1855-1856. – Com o comentário de Sâyanâchârya. Ed. por Shankar Pândurant Pandit, Bombaim, 1895-1898,

4 vols. – Traduzido para o inglês, em versos, por Ralph T. H. Griffith, Benares, 1895-1896, 2 vols. – Trad. por W. D. Whitney; rev. & ed. por. C. R. Lanman, Cambridge, Mass., 1905. – Trad. para o inglês, em prosa, por M. Bloomfield, Oxford, 1897, em *SBE*, vol XLII.

*Auro, Libri Tres de* (Giovanni Francesco Pico della Mirándola, ca. 1469-1533), Ursellis, Impensis C. Sutorii, 1598. Também em Zetzner, *Theatrum chemicum*, vol. II, p. 312ff.; e em Manget, *Bibliotheca chemica*, vol. II, p. 558ff.

*Auszüge aus dem Buche Sohar mit deutschen Übersetzung* (anônimo); 3ª ed. rev., Berlim, 1857, 8vo, 46 pp.

*Authentic Narrative of the Loss of the American Brig Commerce ... wrecked ... Aug., 1815, An* (J. Riley), Nova York, 1817, 8vo.

*Avesta: The Religious Books of the Parsees* (F. Spiegel). Da tradução alemã do Prof. Spiegel do manuscrito original, por A. H. Bleeck. Hertford, 1864 [*Vendîdâd, Vispered, Yaśna e Khordah-Avesta.*] – Consultar também *The Zend-Avesta*. Trad. por James Darmesteter. Partes I, II & III (trad. por L. H. Mills). Oxford: Clarendon Press, *SBE* IV, XXIII, XXXI. A edição original é de 1880; 2ª ed. de 1895, abreviada à medida em que a Introdução avança. Sua tradução francesa é de 1892-1893, nos *Annales du Musée Guimet*, vols. 21, 22, 24.

\* *Ávrita*. Não localizado.

*Âyurveda*. A ciência da saúde ou medicina, considerada por alguns como um suplemento do *Atharvaveda*, e, por outros, um apêndice do *Rigveda*; contém oito seções. Ver *Upaveda*.

# B

"Bacchus the Prophet-God" (Dr. A. Wilder), em *The Evolution*, Nova York, junho, 1877.

*Bampton Lectures*, 1809: "A Viwe of the Brahmanical Religion, etc.", pelo Rev. J. B. S. Carwithen, Londres, 1810.

*Baptismo contra Donatistas, De* (Santo Agostinho). *Works*, ed. por M. Dods, Edimburgo, 1872-1876.

*Beiträge zur Einleitung in die biblische Schriften* (C. A. Credner), Halle, 1832-1838, 2 vols.

*Belfast Address* (J. Tyndall) Conferência Inaugural diante da British Ass'n at Belfast. *Popular Science Monthly*, vol. V, outubro. 1874.

*Bélisaire* (J. F. Marmontel), 1767.

*Bello vandalico, De* (Procópio). *Loeb Classical Library*.

*Berosi Chald. Historiae quae supersunt; cum Comment. de Berosi Vita*, etc., ed. por J. D. G. Richter, Leipzig, 1825, 8vo. Está é a melhor coleção de fragmentos da *Babylonica* de Berosus, que foi feita até a nossa época.

*Bestia Arundinis* (Malchu). Ver volume I, tomo II.

*Bhagavad-Gîtâ, or Dialogues of Krishna and Arjuna*. Trad. por Charles Wilkins. Londres:

C. Nourse, 1785. Reed. Nova York: G. P. Philes, 1867. Reimpr. para Bombay Theos. Publ. Fund, Bombaim, Tookaram Tatya, 1887.

Existem inumeráveis edições, mas H. P. B. refere-se especificamente à tradução de Wilkins. Ver também *Mahâbhârata*.

*Bhâgavata-Purâna*. Editado por Bâlakrishna Sâstri Yogi, 2ª ed., Bombaim, 1898. – Trad. em prosa ingl. e publ. por M. Nath Dutt, Calcutá, 1895-1896. – *Srîmada Bhâgavatam*. Trad. por S. Subba Rau, Tirupati, 1928. – Trad. franc. por Eugène Burnouf, Paris, 1840, 1844, 1847 e (vols. 4, 5) 1884, 1898.

*Bible, La* (S. Cahen): Trad. nouvelle, avec l'Hébreu en regard. Avec Notes. Paris, 1832.

*Bible dans l'Inde, La. Vie de Iezeus Christina* (L. Jacolliot), 1869. Trad. ingl. como *The Bible in India*, Londres, 1870.

*Bibliotheca, Acta et Scripta Magica* (E. D. Hauber), Lemgo, 1739-38-45, 8vo.

*Bibliotheca Classica; or, a Classical Dictionary, containing a full account of all the proper names mentioned in ancient authors*, etc. (J. Lemprière), Reading, 1788, 8vo; muitas edições posteriores; trad. franc., 1805.

*Bibliotheca Graeca* (J. A. Fabricius), Hamburgo, 1705-1728, 12 vols.; ed. rev. e cont. por T. C. Harless, 4ª ed., Hamburgo: Carolum Ernestum Bohn, 1790-1812. – Reprodução fotográfica da últ. ed. em 11 vols. publ. em Hildesheim: Georg Olms, 1966.

*Bibliotheca* ou *Myriobiblon* (Photius, Patriarca de Constantinopla, 858-867 e 878-886), ed. gr. por I. Bekker, 1824-1825; trata-se de uma coleção de excertos e resumos de 280 vols. de autores clássicos (geralmente citados como *Codices*), cujos originais estão quase todos perdidos. A Photius devemos quase tudo o que possuímos de Ctésias, Memnon, Conon, os livros perdidos de Diodoro Sículo e os escritos perdidos de Arrião. – Trad. ingl. de J. H. Freese, Nova York, McMillan, 1920.

*Bibliothèque du magnétisme animal* (pelos Membros da Société du Magnétisme), Paris, 1817-1818, 4 vols.

*Bibliothèque orientale, ou dictionnaire universel contenant tout ce qui regarde la connaissance des peuples de l'Orient* (B. d'Herbelot de Molainville). Baseado principalmente no dicionário árabe de Hadji Khalfa. Completado, em 1697, por A. Galland. Impresso em Maestricht, em 1776, e em The Hague, em 1777-1799 (4 vols.). A última edição contém Suplementos elaborados por C. de Visdelou e A. Galland.

*Biblische Mythologie des alten und neuen Testaments* (F. N. Nork), Stuttgart, 1842-1843.

*Biblischen Commentar über sämtliche Schriften des Neuen Testaments* (H. Olshausen), Königsberg, 1830 *et seq.*, 4 vols.; ed. rev., Reutlingen, 1834-1862, 7 vols.; trad. ingl., Nova York, 1861-1863, 6 vols.

*Biographical History of England, from Egbert the*

256

*Great to the Revolution, A* (J. Granger), Londres, 1769-1774, 3 vols., 4[to].

*Blackwood's Edinburgh Magazine*, vol. 108, agosto, 1870; art. de Maj.- Gen. Wm. Hamley sobre "What the Old Egyptians Knew".

*Blavatsky, Tibet and Tulku, H. P.* (G. A. Barborka), Adyar, Madras, Índia, 1966; 2ª ed., 1970.

"Blavatsky, Yelena Petrovna" (Vera P. de Zhelihovsky). Ensaio publ. em *Russkoye Obozreniye* (Revista Russa), vol. VI, nov. & dez., 1891.

*Blue and Red Light: or, Light and its Rays as Medicine* (J. Pancoast), Filadélfia, 1877, 8vo.

*Bodleian Codex*. Entrada nº 37 do ano 1104 no *Catalogus Codicum Manuscriptorum Orientalium Bibliothecae Bodleianae* de Joannes Uri, 1781, em 3 vols. nº 1 no *Catalogue of the Hebrew Manuscripts in the Bodleyan Library* de Adolf Neubauer, 1886, 1906, em 2 vols.

*Body and Mind* (H. Maudsley), Londres, 1870, 1873, 1880.

\* *Book of Brahmanical Evocations.*

\* *Book of Common Prayer* (Justice Bailey), 1813.

\* *Book of Enoch* (J. Gaffarel).

*Book of Enoch the Prophet . . . now first translated from an Ethiopic MS. in the Bodleian Library* (R. Laurence), Oxford, 1821; 2ª ed., 1832, 1833; 3ª ed. 1838; há uma edição posterior.

\* *Book of Evocations.*

*Book of Jasher*. Ver volume I, tomo II, nota 26, para informação abrangente sobre esta obra.

\* *Book of Numbers, Chaldean*. Não encontrado.

*Book of Ser Marco Polo, the Venetian, Concerning the Kingdoms and Marvels of the East* (Marco Polo). Novamente editado e traduzido, com notas, pelo Cel. Henry Yule. Londres: J. Murray, 1871; 2ª ed., 1875; 3ª ed., 1902; reed., 1929; também em *Universal Library*, Nova York, Grosset and Dunlap, 1931.

*Book of Shet*. Ver *Desâtîr*.

\* *Book of the Babylonian Companions.*

*Book of the Dead* [Reu-nu-pert-em-hru, "Capítulos da passagem para o dia".] H. P. B. utiliza em *Ísis sem véu* porções da tradução de Samuel Birch, publicada em *Egypt's Place in Universal History* de C. C. J. von Bunsen (Londres, 1848-1867, em 5 vols.), que é a trad. ingl. feita por C. H. Cottrell do *Aegypten's Stelle in der Weltgeschichte* de Bunsen (Hamburgo: Gotha, 1845-1857, 8vo). Ver também o vol. X de *Collected Writings*, p. 413-15, para dados bibliográficos relativos ao *Livro dos mortos*.

\* *Book of the Historical Zodiacs.*

\* *Book of the Keys.*

*Book of the Wisdom of Salomon*. Um dos chamados Apócrifos do Velho Testamento. Um ensaio sobre a Sabedoria como agente divino na criação e no governo do mundo. Provém, com mais certeza, dos círculos intelectuais da Diáspora judaica na Alexandria e não é anterior a 150 a.C. Exibe tendências platônicas e pitagóricas. Ver. R. H. Charles, *Apocrypha and Pseudepigrapha of the Old Testament*, Oxford, 1963-1964.

*Books of Hermes*. Ver *Hermes, Books of.*

*Borderland of Science, The* (R. A. Proctor). Uma Série de dissertações familiares sobre estrelas, planetas, etc., etc., Londres, 1873.

*Bouddha et sa religion, Le* (J. Barthélemy) Saint-Hilaire), Paris, 1860.

*Brâhmanas*. Antigos tratados sânscritos em prosa estreitamente ligados aos *Vedas*; manuais de ritual cujo objetivo principal é explicar a significação sagrada do ritual do sacrifício àqueles que estão mais ou menos familiarizados com ele. Seu conteúdo pode ser classificado em três pontos: regras sacrificais práticas (*vidhi*), explicações (*arthavâda*) e especulações exegéticas, mitológicas, ou polêmicas, e teológicas ou filosóficas sobre a natureza das coisas (*upanishads*). Ao final dos *Brâhmanas* estão os *Âranyakas* ou "Tratados da Floresta", com seus *Upanishads* correspondentes, que estão no seu interior ou formam sua porção conclusiva. Sãos os tratados mais místicos e mais esotéricos do saber hindu antigo.

*Brihad-Âranyaka* e *Brihadâranyakopanishad*. *The Twelve Principal Upanishads* (trad. ingl.), com notas do com. de Samkarâchârya e a glosa de Ânandagiri. Publ. por Tookaram Tatya. Bombaim: Theos. Publ. Fund, 1891. Reed. 1906. – *The Upanishads*, trad, por F. Max Müller. Oxford: Clarendon Press, 1884. Parte II, *SBE* 15.

*Buddhism in Tibet*, etc. (E. Schlagintweit), Leipzig, 1863.

"Buddhist's Opinions of the Spiritual States, A.". (P. C. Mitra). Em *The Spiritualist*, Londres, 25 de maio de 1877, p. 246. Carta endereçada a Alexander Calder.

*Buarth Beirdd – The Cattlepen of the Bards*. Em Wm. Skene, *The Four Ancient Books of Wales*, etc., Edimburgo, 1868. Contém "The Book of Taliesin".

*Buffon: histoire des ses travaux et de ses idées* (M. J. P. Flourens), Paris, 1844.

*Bundahish*. Em pélevi *Bûndahishar*. Um texto pélevi sobre a criação, cosmogonia, etc.; uma das Escrituras dos parsis. Traduzido por E. W. West em *SBE*, V.

"Burial in India, The". (R. von Roth), 1867. Fonte não localizada.

## C

*Cartas* (Brasseur de Bourbourg). Ver *Lettres*.

*Catalogue of Curiosities at Gresham College* (N. Grew), Londres, 1681.

*Catalogue of the Hebreux Manuscripts in the Bodleian Library and in the College Libraries of Oxford* (A. Neubauer), 1886, 1906; 2 vols.

*Catalogue of the Manuscripts of the King's Library, A* (D. Casley), Londres, 1734.

*Catalogus Codicum Manuscriptorum Orientalium Bibliothecae Bodleianae* (Joannes Uri), 1781, 3 vols.

*Catecheses* (Cyril of Jerusalém). Texto em Migne, *PCC*, Ser. Gr.- Lat. XXXIII. Trad. ingl. em *Oxford Library of Fathers*, 1838.

* *Catechism of the Pârsîs.* Trad. por Dâdâbhâi Naurozjê.

*Catéchisme des Jésuites, ou le Mystère d'Iniquité, etc., Le* (É. Pasquier), 1602; Villefranche, 1677.

*Catéchisme positiviste, ou sommaire exposition de la religion universelle,* etc. (A. Comte), Paris, 1852; também 1874, 1890; 1891; Trad. ingl. por Rich. Congreve como *The Catechism of Positivist Religion,* Londres, 1858.

*Cathay, and the Way Thither,* etc. (Cel. H. Yule), Londres, 1866; também 1913-1916.

*Catholic World,* Nova York, 1865-1886, 44 vols.

*Causa, Principio ed Uno, Della* (G. Bruno), 1584.

*Celtic Druids (The); or, an Attempt to shew, that the Druids were the Priests of Oriental Colonies who emigrated from India,* etc. (G. Higgins), Londres, 1829.

*Centrum naturae concentratum; or, the salt of nature regenerated.* Impropriamente chamado de pedra dos filósofos. Escrito em árabe por Alipili, um mauritânio, publicado na Holanda Inferior e agora traduzido para o inglês (por E. Price), Londres, 1696.

*Chaldean Account of Genesis, The* (Geo. Smith), Nova York, 1876.

*Chaldean Book of Numbers.* Ver *Book of Numbers.*

*Chaldean Oracles* (Pselo). Ver *Oracula Sibyllina* (J. Opsopäus).

*Chhândogyopanishad.* Ver *The Twelve Principal Upanishads* (Trad. ingl.), publ. por Tookaram Tatya. Bombaim: Theos. Public. Fund, 1891; reed. 1906. – *The Upanishads.* Trad. por F. Max Müller, Oxford: Clarendon Press. Parte I, 1879. *SBE* I.

*Chine, La* (J. P. G. Pauthier), Paris, 1857, 2 vols.

*Chips from a German Workshop* (F. Max Müller), Nova York, 1867.

*Christ's Fidelity the only Shield against Satan's Malignity* (D. Lawson), Londres, 1704.

*Christ of Paul; or the Enigmas of Christianity, The* (Geo. Reber), Nova York, 1876.

*Christian Orthodoxy reconciled with the conclusions of modern Biblival learning* (J. W. Donaldson), Londres, 1857.

*Christianity and Greek Philosophy* (B. F. Cocker), Nova York, 1870.

*Christliche Mystik, Die* (J. J. von Görres), Regensburg e Landhurt, 1836-1842, 4 vols.; 1854; nova ed., Regensburg, 1879-1880, 5 vols.

*Christna et le Christ,* etc. (L. Jacolliot), Paris, 1874.

*Chronica* (Sulpicius Severus). Editio princeps publ. por Flacius Illyricus, 1556. Obras completas ed. por Halm no Vol. I do *Corpus scriptorum ecclesiasticorum latinorum,* Viena, 1866. Também em *NPNF.*

*Chronicon,* ou *Annales* (Joannes Zonaras). Compilado de vários autores gregos por este historiador bizantino do século XII. Primeira ed. por H. Wolf, Basiléia, 1557, 3 vols.; a melhor ed. é a de Pinder, Bonn, 1841, etc., 8vo, na coleção de Bonn de escritores bizantinos.

*Chronicon de Lanercost, 1201-1346,* etc. (ed. por J. Stevenson) [E codice cottoniano nunc primum typis mandatum], Edimburgo, 1839.

*Chrysippos* (Eurípedes). Fragmentos apenas de uma trilogia: *Fenícios – Oinomaos – Chrysippos,* que não chegou até nós. Ver Pauly-Wissowa para dados suplementares.

*Civilization of Babylonia and Assyria, The* (M. Jastrow), Filadélfia, 1915.

*Class-Book of Chemistry, on the Basis of the new System, A* (E. L. Youmans), Nova York, 1852; reescrito em 1863; ed. rev., 1875; também Londres, 1876. Reescrito e rev., Nova York: D. Appleton & Co., 1880.

*Classical Dictionary, etc., A* (Charles Anthon). Nova York: Harper & Brothers, 1841, 8vo, viii, 1423 pp.; 4ª ed., 1843; muitas edições posteriores.

*Classical Journal, The.* Londres, 1810-1829, 40 vols., 8vo. Vol. LXXIII, março, 1828.

*Clementinem nebst den verwandten Schriften und der Ebionitismus, Die* (A. Schliemann). Ein Beintrag zur Kirchen – und Dogmengeschichte der ersten Jahrhunderte. Hamburgo, 1844.

*Code of Gentoo* [Hindu] *Law, A.* Or Ordinations of the Pandits, from a Persian translation, made from the original written in the Shanscrit Language (N. B. Halhed), 1776.

*Codex apocryphus Novi Testamenti, collectus,* etc. (J. A. Fabricius), Hamburgo, 1703, 2 vols.; 1719, 1743.

*Codex Claromontanus.* Um dos MSS. bilingües do Novo Testamento, contendo o texto greco-latino das *Epístolas* de Paulo. Depositado na Biblioteca Nacional de Paris e se supõe datar de por volta do século VI. Escrito em letras unciais e tem designada por *D* a porção grega, por *d* a latina. Foi encontrado por de Bèze, no Mosteiro de Claremont, na diocese de Beauvais, França. Publicado integralmente por Tischendorf, Leipzig, 1852.

*Codex Justinianus,* em *Corpus Juris Civilis,* ed. dos Irmãos Kriegel, Leipzig, 1840; ed. Krüger, Berlim, 1906. – Trad. por J. B. Moyle, Oxford, 1937; também por C. H. Munro, Cambridge, 1909, 2 vols. Livro I.

*Codex Nazaraeus 'Liber Adami' appelatus syriae transcriptus . . .* Latineque redditus, etc. (N. Norberg), Londres, 1815, 1816, 4to, 3 vols. Texto transcrito em caracteres sírios; o dialeto mandeu do original está grandemente traduzido para o alto sírio.

*Codex sinaiticus*. Ver volume II, tomo II. Consultar também *The Codex Sinaiticus and the Codex Alexandrinus*, por H. J. M. Milne e T. C. Skeat. Publ. por Trustees of the British Museum, 2ª ed., Londres, 1955.

"Colarbasus-Gnosis, Die" (Volkmar), em *Zeitschr. Hist. Theol.*

*Collected Writings* (H. P. Blavatsky). Edição abrangente publicada por The Theosophical Publishing House, Adyar, Londres & Wheaton, Jl. Grandes octavos, ilustrada e indexada. Volumes I a X, cobrindo o período de 1874 a 1889, publicados até esta data. Outros volumes estão no prelo. Esta edição de *Ísis sem véu* faz parte dessa coleção.

*Coming Race, The* (Bulwer-Lytton), 1871.

*Commentaries on Virgil* (Servius Honoratus). O melhor texto está na edição de Virgílio feita por Burmann, 1746.

*Commentarii urbani* (Volaterranus), em *Opera omnia*, Roma, 1506; Paris, 1526.

*Comment. in Civitatem Dei* (Joannes Ludovicus Vives), 1522 fol., 1555 fol., 1610, 8vo, 1641, 4 to; trad. ingl., 1610.

*Comment. in Timaeum* (Chalcidius); também como: *Interpretatis latina partis prioris Timaei platonici*. Impresso pela primeira vez por Badius Ascensius, Paris, 1520, fol., a melhor edição é a de J. A. Fabricius, Hamburgo, 1718, fol.

* *Commentary on Idrah-Zutah* (Rabino Eleazar). Não localizado.

*Commentary on the Old Testament* (Lange), Edimburgo, 1870; *Ecclesiastes*, trad. por Wm. Wells; ed. por Tayler Lewis.

*Commercial Bulletin*, Boston; art. de Hadji Nicka Bauker Kahn (pseudônimo do Cap. W. L. D. O'Grady), "Indian Sketches"; or Rubs of a Rolling Stone". Publicado em 1876-1877.

*Comparative Grammar of the Dravidian or South-Indian Family of Languages, A* (R. Caldewell), Londres, 1856; 2ª ed., 1875.

*Compendio de la historia de la ciudad de Guatemala* (D. Juarros), Guatemala, 1808-1818, 2 vols.; 3ª ed.; Biblioteca Payo de Rivera, 1936, 2 vols. em um. Trad. ingl. de J. Baily como *A Statistical and Commercial History of the Kingdom of Guatemala*, etc., Londres, 1823.

*Compendio di Critica Sacra dei difetti e delle emendazione del sacro testo* (G. B. de Rossi), Parma, 1811.

*Compendium of Natural Philosophy* (Maneto). Esta obra, com seu título grego *Tôn physikôn epitomê*, tem sido atribuída ao sacerdote egípcio Maneto, que viveu no reino dos Ptolomeus, por Diógenes Laércio, que fornece alguns excertos.

*Compositione medicamentorum per genera, De* (Galeno). Ed. por C. G. Kühn, Leipzig, 1821-1833, 20 vols.

*Concertatio Ecclesiae Catholicae in Angliâ adversus Calvino Papistas* (J. Bridgewater, ou Joannes Aquipontanus), 1589, etc., 4 to.

*Conciliengeschichte* (C. J. Hefele), Freiburg, 1855-1874.

*Conférences, sermons et homélies* (Gioacchio Ventura di Raulica); publicado postumamente, Paris, 1862 e 1865.

*Conquérant du monde, Le* (R. Grousset), Paris, 1944.

*Consensu evangelistarum, De* (Santo Agostinho). *Works*, ed. por M. Dods, Edimburgo, 1872-1876.

*Conservation of Energy, The* (Balfour Stewart), Nova York, 1875.

*Constituciones diocesanas de Chiapa* (Francisco Núñez de la Vega), Roma, 1702.

*Constitutions for Freemasons, The Book of* (Dr. James Anderson), Londres, 1723.

*Contra Faustum Manicheum* (Santo Agostinho). *Works*, ed. por M. Dods, Edimburgo, 1872-1876.

*Contribution à l'histoire de la Société Théosophique en France* (Charles Blech), Paris: Éditions Adyar, 1933, 215 p.

*Contribution to the Theory of Natural Selection* (A. R. Wallace), 2ª ed., Londres, 1871.

* *Coptic Legends of the Crucifixion.*

*Corpus Juris Civilis*. Ver *Codex Justinianus*.

"Correlation of Nervous and Mental Forces". (Alex. Bain). Talvez uma conferência.

*Correlation of Physical Forces, On the* (Wm. R. Grove); essência de um conjunto de conferências pronunciadas em 1843. Londres, 1843, 1846, 1850, 1855, 1862.

*Cosmae Christiana topographia* (Cosmas Indicopleustes), 1706, fol., grego e latim.

*Cosmogony* (Sanchoniathon). Escritor fenício antigo cuja identidade nunca foi completamente estabelecida. Sua obra, conhecida também como *Theologia*, parece ter sido traduzida para o grego por Philo Byblius; um fragmento considerável dessa tradução foi preservado por Eusébio no primeiro livro de seu *Praeparatio evangelica*.

*Cosmographiae Introductio* (Martin Waldseemüller), St. Die, maio, 1507.

*Cours de l'Histoire de la philosophie moderne* (Victor Cousin), Série 2, nova ed., Paris, 1847.

*Cours de Magnétisme* (J. Dupotet), Paris, 1834, 1840.

*Cours de Philosophie positive* (A. Comte), Paris, 1830-1842; 6 vols.; 2ª ed., 1864 (Prefácio de Littré); trad. ingl. de Harriet Martineau, 1853.

*Course of Time, The* (R. Pollok). Um poema em dez livros. Londres, 1827, 2 vols.

*Court and Camp of Runjeet Sing*, etc. (Wm. G. Osborne), Londres, 1840, 8vo.

*Crania Aegyptiaca; or, Observations on Egyptian Ethnography, derived from Anatomy, History and the Monuments* (S. G. Morton), Filadélfia; Londres, 1844. (Das *Transactions* da *American Philosophical Society*, vol. IX).

*Crata Repoa oder Einweibungen in der alten geheimen Gesellshaft der Egyptischen Priester*

(Carl Friedrich Köppen), Berlim, 1770. Reeditada por Christian Ludwig Stahlbaum, Berlim, 1778. – Trad. franc. por Ant. Bailleul, Paris, 1821, 8vo. – Trad. ingl. de John Yarker da versão francesa; ver a ed. de Manly P. Hall, Los Angeles, 1937. – Trad. ingl. por Philip A. Palpas, um manuscrito inédito.

*Cratylus, On the* (Proclo). Ed. por Boissonade, Lips., 1820.

*Creatis, De* (Methodius Patarensis), em Photius, *Bibliotheca*. Texto em Migne, *PCC*, Série Gr.-Lat., CIII-CIV.

*Credibility of the Gospel History, The* (N. Lardner), Londres, 1727-1755; 2 partes em 17 vols.

*Crisis theologica* (C. A. Casnedi), Lisboa, 1711.

*Crónica de la provincia del santissimo nombre de Jesús de Guatemala*, etc. (Francisco Vázquez, o Franciscano), 1714-1716.

*Culla-Niddesa*. Comentário sobre o *Parayana-vagga* e o *Khaggavisanna-sutta*; junto com o *Mahâ-Niddesa*, um comentário sobre o *Atthaka-vagga* do *Sutta-Nipâta*, que forma o *Niddesa*, uma Escritura budista. Publ. pela Pâli Society Text, Londres.

*Culto Adorationis libri tres, De* (G. Vázquez), Alcalá, 1594; Mainz, 1601, 1604.

*Curiositéz inouyes, sur la Sculpture talismanique des Persans. Horoscope des Patriarches. Et lectures des Estoilles* (J. Gaffarel), Paris, 1629, 8vo; Ruão, 1631; trad. ingl. por E. Chilmead, como *Unheard-of Curiosities*, etc., Londres, 1650.

*Cursus Theologicae juxta scholasticum hujus temporis Societatis Jesu methodum* (F. Amico), Duaci, 1640-1649, 9 vols.; Antuérpia, 1650.

*Cyclopaedia, The* (A. Rees), Londres, 1819, 39 vols., 4 to.

*Cyclopaedia of Biblical Literature, A* (ed. por J. Kitto), 1843-1845, 2 vols.; 3ª ed. Edimburgo, 1862-1866, 3 vols.


# D


*Debatable Land between this World and the Next, The* (R. D. Owen), Londres, 1871.

*Decameron* (G. Boccaccio); primeira edição datada, Veneza, 1471.

*Decline and Fall of the Roman Empire, The* (E. Gibbon); vol. I, 1776; vols. II e III, 1781; vols. IV-VI, 1788; muitas edições posteriores.

*Defence of Masonry* (Dr. James Anderson). Em *The Golden Remains of the Early Masonic Writers*, etc., de Geo. Oliver (5 vols. Londres, 1847-1850), vol. I, 1847.

*Demon, The* (M. Y. Lermontov). Texto russo, Berlim, 1856. Trad. ingl. de A. C. Stephen, Londres, 1875, 1881, etc.

*Demonologia, or natural knowledge revealed; being an exposé of ancient and modern Superstitions*, etc. (J. B. Forsyth), Londres:

John Bumpus, 1827; também 1831, 8vo.

*Démonomanie, ou traité des sorciers, De la* (J. Bodin), Paris, 1580 (vol. II, 1587).

*Denkmäler aus Ägypten und Aethiopien*, etc. (C. R. Lepsius), Berlim, 1849-1858, 12 vols., fol. (904 lâminas).

*Deo Socratis liber, De* (Apuleio), em *Pétrone, Apulée, Aulu-Gelle. Oeuvres complètes*, etc., ed. de Désiré Nisard, Paris, 1850. Latim e francês. Trad. ingl. em *Bohn's Class. Library*, Londres, 1853.

*Desâtîr or the Sacred Writings of the Ancient Persian Prophets, The* Com o comentário do seu Quinto Sasan e trad. ingl. de Mulla Firuz Ben Kaus. Bombaim, 1818, 2 vols. – Editado e republicado por D. J. Medhora, Bombaim, 1888, 8vo, II. 13, 190 pp.

*Description du royaume Thaï ou Siam*, etc. (J. B. Pallegois), Paris, 1854, 12º.

*Description géographique, historique, chronologique et physique de l'Empire de la Chine et de la Tartarie chinoise* (J. B. du Halde), Paris, 1735. 4 tomos fol. – Trad. ingl., Londres, 1736, 8vo.

*Description of Greece by Pausanias, The* (Thos. Taylor). Traduzido do grego. Com notas, etc. Ilustrado com mapas e vistas. Londres, 1794, 3 vols., 8vo; 2ª ed., com aumentos consideráveis, Londres, 1824 [publ. anonimamente]., 3 vols.

*Description of the Character, Manners, and Customs of the People of India; and of their Institutions, religious and civil* (Abbé J. A. Dubois). Trad. do MSS. francês, Filadélfia, 1818, 2 vols.

*Deutsches Anonymen Lexicon* (Hanns Bohatta & M. Holzmann), Hildesheim, 1961.

*Dhammapada*. A Trilha ou o Caminho do *Dhamma* de Buddha (páli) ou Ensinamento de Buddha. A escritura mais famosa do Cânon Páli, uma coleção de 423 estrofes que compreendem um nobre sistema de filosofia moral. Numerosas traduções para várias línguas.

*Dhanurveda*. A ciência da arte de manejar o arco, um tratado considerado um *Upaveda* ligado do *Yajurveda* e derivado de Viśvamitra ou Bhrigu. Ver *Upaveda*.

*Diakka and their Earthly Victims, The* (A. J. Davis), Nova York, 1873.

*Dialectical Society*, etc. Ver *Report on Spiritualism*.

*Dialogues of Plato, The* (M. A. Jowett), Oxford, 1871; muitas edições posteriores.

*Dialogus de daemonum energia seu operatione* (Peri energeias daimonon dialogus) (M. Psello). Ed. gr. de G. Gaulminus, Paris, 1615, em Migne, *PCC*, Série Gr. CXII, col. 819-876 (Paris, 1889), junto com as notas de Gaulminus. – Texto gr. com notas em latim, Nuremberg, 1838; reed., Amsterdã, 1964, 348 pp. – Trad. ingl. e notas por Marcus Collisson como *Dialogue on the operation of Daemons*, etc.

Sydney; J. Tegg, 1843, 49 p. – Trad. fr. por P. Moreau. Paris: Guillaume Chaudière, 1573.

*Dictionary of Anglo-Indian Words and Phrases* (Cel. H. Yule & A. C. Burnell), 1886. Conhecido como *Hobson-Jobson*.

*Dictionary of Christian Biography, Literature, Sects and Doctrines, A* (ed. por Sir Wm. Smith & Henry Wace), Boston: Little, Brown & Co., 1877-1887, 4 vols.

*Dictionary of Greek and Roman Antiquities, A* (Ed. por Sir Wm. Smith), Londres, 1842; 2ª ed., 1848; muitas impressões; 3ª ed. rev. & aum., Londres: John Murray, 1890-1891, 2 vols.

*Dictionary of the English Language, An American* (Noah Webster), Revisto e Aumentado por Chauncey A. Goodrich & Noah Portner, Springfield, Mass., 1879.

*Dictionary of the Targumin, etc., A* (M. Jastrow), Londres, 1886-1903, 2 vols., 4 to.

*Dictionnaire de théologie catholique.* Paris: Letouzey et Ané, Editores, 1903, etc. Vol. III, 886; Vol. V, 2188.

*Dictionnaire général des tissues* (B. G. Sage), 2ª ed., Lyon, 1859.

*Dictionnaire historique et critique* (P. Bayle), Londres, Rotterdam, etc., 1697, fol., trad. ingl., 1734-1741, fol., 10 vols.

*Dictionnaire philosophique* (Voltaire), Londres [Genebra], 1764, 8vo.

*Dictionnaire universelle des contemporains* (L.-G. Vapereau), Paris: L. Hachette, 1858; muitas edições posteriores.

*Diegesis, The* (R. Taylor): uma história da origem, das provas e da história primitiva da cristandade, etc., Londres, 1829, 8vo.

*Die natali, De* (Censorinus). Ed. princeps em 4 to e sem data, lugar ou nome do impressor; a 2ª ed. apareceu em Bolonha, fol., 1497; a primeira edição crítica é de Vinetus, Pictav. 4ᵗᵒ, 1568, seguida pelas de Aldus Manutius, Venet. 8vo., 1581, e de Carrio, Luet. 8 vols., 1583. A mais completa e disponível é a de Havercamp, Lugd. Bat. 8vo, 1743.

*Dieu et les Dieux ou un Voyage chrétien devant les objects primitifs des cultes anciens*, etc. (H.-R. Gougenot des Mousseaux), Paris, 1854.

*Diploteratology; an Essay on Compound Human Monsters* (G. J. Fisher), Albany, van Benthuysen's Press, 1866; também 1868.

*Discorsi del Sommo Pontefice Pio IX pronunziati in Vaticano*, etc. (Pasquale de Franciscis), 1872, etc.

*Discours sur la Constitution*, 7 de maio de 1794 (M. M. I. Robespierre). Seção do 18 Floreal; *Bibliothèque historique de la révolution*, 1793.

*Discourse of Miracles Wrought in the Roman Catholic Church, A* (E. Worsley), Antuérpia, 1676.

*Discourse on the Worship of Priapus, and its connection with the Mystic Theology of the Ancients, A* (R. Payne Knight). A ele está anexado um ensaio sobre o culto dos poderes gerativos durante a Idade Média da Europa Ocidental. Londres: edição particular, 1865; também 1871.

*Disquisitions relating to Matter and Spirit* (J. Priestley), Londres, 1777, 8vo; Northumberland, 1802, 1803.

*Disquisitionum magicarum libri sex* (Marcino Delrio), Louvain, 1599, 1600, 4 to; Lugduni, 1608.

"Dissertation historique sur la Bibliothèque d'Alexandrie" (P. N. Bonamy), em *Histoire de l'Académie Royale des Inscriptions et Belles Lettres*, 1736, vol. 9, pp. 414 e ss.

*Dissertations on the Mysteries of the Cabiri, A* (G. S. Faber), Oxford, 1803, 2 vols., 8vo.

*Dissertations sur les apparitions des anges, des démons et des sprits*, etc. (A. Calmet), Paris, 1746; 1759, 2 vols.; trad. ingl., Londres, 1759, 1850.

*Divina Commedia, La* (Dante Alighieri). As três primeiras edições foram impressas em Foligno, Manua e Jesi.

*Divine Book, The.* Ver *Semenuthi*.

*Divine Legation of Moses Demonstrated, on the Principles of a Religious Deity, from the Omission of the Doctrine of a Future State of Reward and Punishment in the Jewish Dispensation* (Wm. Warburton, Bispo de Gloucester). Londres, 1738-1741, 2 vols.; 2ª ed., 1742; 10ª ed., 1846, 3 vols.

*Divisione naturae, De* (John Erigena), Oxford, 1681; Münster, 1838.

* "Dogmatism in Science" (H. Corson).

*Dogme et rituel de la haute magie* (É. Lévi), Paris, 1856, 2 vols.

*Don Juan* (Byron), 1818-1823.

*Dono perseverantiae, De* (Santo Agostinho). *Works*, ed. por M. Dods, Edimburgo, 1872-1876.

"Dragon de Metz, Du" (Lenoir), em *Mémoires de l'Académie celtique*, I, 11, 12.

*Drei Programmen über die Abraxas-gemmen* (J. J. Bellermann), Berlim, 1820-1822.

*Droit de la nature et des gens, Le* (S. von Pufendorf). Trad. por J. Barbeyrac, Amsterdã, 1706, 4 to; 2ª ed., 1712; 6ª ed., 1750.

* *Druze MSS.* (trad. por Pétis de la Croix, 1701).


E

*Earth a Great Magnet, The* (A. M. Mayer). Uma conferência. Nova York, 1872, 8vo.

*Eastern Monachism* (R. Spence Hardy), Londres, 1860.

*Ecclesiasticus*; também conhecido como *The Wisdom of Jesus, the Son of Sirach*, e *The Wisdom of Iaseous.* Ver *The Apocrypha or Non-Canonical Books of the Bible*, ed. por Manuel Komroff. Nova York, 1936, 1937.

*Eclogae* (Joannes Stobaeus). Ed. princeps de

todas as obras do autor: publicada em Genebra em 1609, fol.; a melhor edição das *Eclogae* são as de T. Gaisford, 1822, e de Meinecke, 1860-1864.

*Edda*, ou *Eddas*. Cada uma das duas obras escritas em velho norueguês ou islandês: a) O *Younger* ou *Prose Edda*, ou *Edda of Snorri Sturluson*, uma obra em prosa que trata da mitologia norueguesa e da linguagem e dos modos de composição dos escaldos. Sua porção mais notável é o *Gylfaginning*, ou A Ilusão de Gylfi, que é um compêndio do sistema mitológico do povo nórdico antigo. Embora tenha sido escrita por Sturluson (1178-1241), incorpora tradições de tempos mais antigos; b) O *Elder* ou *Poetic Edda*, também conhecido como *Edda of Saemund the Wise*, que é uma coleção de cantos heróicos e lendas míticas de grande antiguidade, reduzida à sua forma atual entre os séculos IX e XII e descoberta em 1643 por Brynjófr Sveinsson, Bispo islandês de Skálaholt, que a atribuiu erroneamente a Saemundr Sigfússon (1133-1656). O poema mais notável desta coleção é o *Völuspá*, ou profecia de Völva ou Sibila, que contém algumas das idéias cosmogônicas antigas.

O *Prose Edda* foi parcialmente traduzido para o inglês por T. Percy em seu *Northern Antiquities* (q.v.) a partir da tradução francesa de P. H. Mallet (1770); por G. Webbe Dasent (Estocolmo, 1842); por R. B. Anderson (Chicago, 1880); por A. G. Brodeur (1916). A primeira tradução inglesa do *Poetic Edda* foi publicada por Benjamin Thorpe em 1886; mais recentes são as versões de Olive Bray (1908) e H. A. Bellows (1923).

*Edward Meltons, Engelsh Edelmans, Zeldzaame en Gedenkwaardige Zee en Land Reizen*, etc. (E. Melton), Amsterdã, 1702.

*Égypte ancienne* (J. J. Champollion-Figeac), Paris, 1839, 1847.

*Egyptian Medical Treatise*. Ver *Papyrus Ebers*.

*Egyptian Mythology and Egyptian Christianity, with their Influence on the Opinions of Modern Christendom* (S. Sharpe), Londres, 1863.

*Egypt's Place in Universal History* (C. C. J. Bunsen). Trad. ingl. por C. H. Cottrell (Londres, 1848-1867, 5 vols.) do texto alemão: *Aegypten's Stelle in der Weltgeschichte*. Hamburgo-Gotha, 1845-1857, 8vo.

*Einleitung in die Mythologie auf dem Standtpunkte der Naturwissenschaft*, etc. (J. S. C. Schweiger), Halle, 1836.

\* *Einl. in N. T.* (não localizado).

*Elements* (Stoicheia) (Euclides). A melhor edição do texto é a de *Euclidis opera omnia*, ed. por Heiberg e Menge, Leipzig, 1883-1916, 8 vols.; os vols. I-IV contém os *Elements* com trad. latina. – Trad. ingl.: T. L. Heath, *The Thirteen Books of Euclid's Elements*, trad. do texto de Heiberg, com Intr. e Com., Cambridge, 1908, 3 vols.; 2ª ed. rev., 1926.

Também em *Loeb'Clas. Libr.*

*Elements of Christian Theology containing proofs of the authenticity and inspiration of the Holy Scriptures* . . . (George Tomline, Lord Bispo de Londres), 1799; 9ª ed., 1818; 12ª ed., 1826.

*Eleusinian and Bacchic Mysteries, a Dissertation, The* (Thomas Taylor). Amsterdã, 1790 (mais provavelmente impressa em Londres); 2ª ed., com acréscimos, apareceu em *The Pamphleteer*, vol. VIII, 1816; 3ª ed., editada, com Intr., Notas, Emendas e Glossário pelo Dr. Alexander Wilder, Nova York, J. W. Bouton, 1875; 4ª ed., Nova York, 1891. Com 85 ilustrações de A. L. Rawson.

*Enactment* (Carlos II): 29 Car. II, c. 7 (1676).

*Encyclopaedia of Islam, The* Ed. por M. Th. Houtsma, T. W. Arnold, R. Basset & R. Hartmann. Leyden & Londres, nova ed., 1960, 3 vols.

*Enneads* (Plotino). A melhor edição do texto original grego é a de F. Creuzer, com a trad. latina e comentários de Ficino. Oxford, 1835, 3 vols., 4to. Dentre as traduções parciais para o inglês, deve-se mencionar *Concerning the Beautiful*, de Thos. Taylor (Londres, 1787 e 1792); *Five Books of Plotinuns* (Londres, 1794, 8vo); *On Suicide* (Londres, 1834, 8vo); e seu *Select Works of Plotinus*, q.v. – *Complete Works*, trad. com biogr. por Porfírio, etc., por Kenneth S. Guthrie, Alpine, N. J., Platonist Press, 1918, 4 vols,; *Plotinus . . . with Porphyry's Life of Plotinus*, trad. por S. MacKenna, Londres, P. L. Warren, 1917-1930, fol., 5 vols. (Libr. of Philos. Translations, vols. 1-5).

*Ente astrorum, Die.* – *De Ente Dei.* – *De Ente spirituali* (Paracelso). Ver seu *Opera omnia*.

*Epistle of Barnabas, The General*, em W. Hone, *Apocryphal New Testament*, etc. (q.v.).

*1st* Epistle of Clement to the Corinthians. Em W. Hone, *Apocryphal New Testament*, e *The Ante-Nicene Fathers*, vol. X.

*Epistle of Jesus Christ and Abgarus, King of Edessa*; em M. R. James, *The Apocryphal New Testament*, 1924.

\* *Epistle of Peter to James.*

*Epistle II to Januarius* (Santo Agostinho). *Works*, ed. por M. Dods, Edimburgo, 1872-1876.

*Epistles* (Hiparco), Rf. em Proclo, *On Plato's Republic*. Ver Thos. Taylor, *Works of Plato*, I, 467-68.

*Epistles* (Isidorus de Pelusium). Paris, 1638, fol.; ed.J. Billins, Paris, 1585.

*Epistles of Paul to Seneca, and Seneca to Paul*. Em *Apocryphal New Testament* de Hone, Londres, 1820, 1821; muitas reedições.

*Epistles to Philip* (Arrhidaeus). Rf. em Proclo, *On Plato's Republic*; ver Thos. Taylor, *Works of Plato*, I, 467-68.

*Epistolae* (Jerônimo): 1) *Ad Paulinum altera* (Segunda Epístola a Paulinus de Nola). Trad. ingl. em *NPNF*, 2ª série, vol. 6, carta nº LVIII; 2) *Epistola XIV: Ad Heliodorum Monachum.*

Ver *Corpus Scriptorum Ecclesiasticorum Latinorum*, vol. 54, parte I, p. 46-7 (Ed. Isidorus Hilberg).

*Epistolae* (Peter of Blois, ou Petrus Blesensis). Ver suas obras em *Patrologia* de J. P. Migne e *Historiae francorum scriptores* de A. Duchesne; também a ed. de Pierre de Goussain-ville (Paris, 1667) e a de J. A. Giles (Oxford, 1846-1847).

*Epitome* (Clementine Literature). Publ. pela primeira vez por Turnebus, Paris, 1555, depois por Cotelerius, em seu *Pater Apostolici*. Trata-se de um extrato das *Homilias*, com o acréscimo de uma parte da Carta de Clemente a Tomé, etc.; também publ. por Dressel, Leipzig, 1850.

*Érân, das Land zwischen dem Indus und Tigris* (F. Spiegel), Berlim, 1863.

*Erde, steht fest, Die* (C. Schöpffer). Beweise, dass die Erde sich weder am ihre Achse noch um die Sonne dreht. Conferência pronunciada em Berlim; 5ª ed., 1854.

*Ernani* (G. F. F. Verdi), 1844.

*Esprit des Lois, L'* (C. L. Montesquieu), 1748.

*Essai philosophique sur les probabilités* (P. S. de Laplace), Paris, 1814, e edições posteriores.

*Essay of Transmigration in defence of Pythagoras; or a Discourse of Natural Phisolophy, An* (W. Bulstrode), Londres, 1692.

*Essau on Classification, An* (L. Agassiz), Londres, 1859.

*Essay on Criticism* (A. Pope), 1711.

*Essay on Man* (Pope), 1733.

*Essays* (T. H. Macauley), 1841-1844, etc.

*Essays on the Languages, Literature, and Religion of Nepal and Tibet*, etc. (B. H. Hodgson), Londres, 1874.

*Essays on the Sacred Language, Writings, and Religion of the Parsees* (M. Haug), Bombaim, 1862; 2ª & 3ª ed., 1878.

*Ethical Fragments* (Pitágoras). Ver *Iamblichus's Life of Pythagoras* (Thos. Taylor).

*Euphues, ot the Anathomy of Wit* (John Lyly, ou Lilly, ou Lylie), 1578.

*Examen de la doctrine médicale généralement adoptée* (F. J. V. Broussais), Paris, 1816.

*Expériences publiques sur le magnétisme animal* (J. Dupotet), 2ª ed., Paris, 1826.

*Experimental Investigation of the Spirit Manifestations*, etc. (Robert Hare), Nova York, 1855.

*Exposé de la religion des Druzes, tiré des livres religieux de cette secte*, etc. (A. I. Silvestre de Sacy), Paris, 1838.

*Expositio in symbolum apostolorum* (Rufino), 1682.

*Exposition of the Creed, An* (J. Pearson), Londres, 1659, 1676, etc. Ed. rev. & corr. por Burton, 3ª ed., Oxford, 1847, 3 vols.

*Extraits des Assertions dangereuses et pernicieuses en tout genre, que les soi-disants Jésuites ont, dans tous les temps & persévéramment, soutenues, enseignées & publiées dans leurs livres,* *avec l'approbation de leurs Supérieurs et Généraux* (compilados pelos "Commissaires du Parlement"), Paris, 1762, 4 tomos, 12º; também uma edição simples 4to; 5ª ed., Amsterdã, 1763, 3 vols, 8vo. Ver também *Collected Writings*, vol. IX, p. 308-10, para dados suplementares.

## F

*Factis dictisque memorabilibus, De* (Valério Máximo). Geralmente referido como *Memorable Deeds*. Ed. princeps por J. Mentelin, Estrasburgo, ca. 1470. Trad. ingl. com o título de *The History of the Acts and Sayings of the Ancient Romans*, etc., por W. Speed, Londres, 1678.

*Faerie Queene* (E. Spencer), 1617.

*Fatti relativi a mesmerismo e cure mesmeriche, etc.* (A. & F. Orioli), Corfu, 1842, 8vo.

*Faust* (Goethe). Publicado pela primeira vez em 1808.

*Faustus*, apud *Augustine*. Excertos dos escritos de um bispo africano dos maniqueus no vol. VIII da edição beneditina de Santo Agostinho.

*Festus* (Ph. J. Bailey), 1839.

*Fide et symbole, De* (Santo Agostinho). Trad. ingl. na *Library of Christian Classics*, John H. S. Burleigh, Londres, SCM Press, 1953.

*Fihrist al-'ulûm* (Abu'l-Faraj Muhammad b. Abî Ya'qûb Ishâk al-Warrâq al-Nadîm al-Baghdâdî). O título significa *Catálogo*; a obra foi compilada por um bibliógrafo árabe do século IV. Conhecem-se duas recensões. Texto árabe com tradução alemã de G. Flügel, como *Das Kitâb al-Fihrist*, Leipzig, 1871-1872, 2 vols.

*Fils de Dieu, Les* (L. Jacolliot), Paris, 1873, 1875, 1882.

*Florida* (Apuleio). Trad. ingl. em *Bohn's Classical Library*.

*Force Electrically Exhibited* (J. W. Phelps), 1879.

*Forschungen auf dem Gebiete der alten Philosophie* (A. B. Krische). Vol. I (Die theologischen Lehren der griechischen Denker), Göttingen, 1840, 8vo.

*Fortalitium fidei* (Alph. a Spina), Estrasburgo, 1473, fol.; Basiléia, 1475; Nuremberg, 1485, 1487; Lugduni, 1500.

*Foudre, considérée au point de vue de l'histoire, de la médecine légale et de l'hygiène publique, La* (J. C. Boudin), Paris, J.-B. Baillière, 1855.

*Four Ancient Books of Wales, The* (Wm. F. Skene), Edimburgo, 1868.

\* *Fragmento* dos escritos de Marco Aurélio. Não localizado.

*Fragment* (Hermeias). Citado por Cory em *Ancient Fragments*, p. 295, q. v.

*Fragment* (Theon de Alexandria). Em MS. Ex. cod. reg. Gall. gr. nº 2390, fol. 154.

\* *Fragment* (Vyâsa-Maya).

263

*Fragments* (Xenophanes). Citado no *Stromateis* de Clemente Alexandrino.

*Fragments of Science* (J. Tyndall), 1872; 5ª ed. 1876.

*Free Enquiry into the Miraculous Powers, etc.,* A (C. Middleton), Londres, 1749, 4to.

*Funerali antichi di diversi popoli et nationi* (T. Porcacchi), Veneza, 1574, 1591.

## G

*Gândharvaveda.* O *Veda* da música, considerado um Apêndice do *Sâmaveda* e atribuído a Bharata.

*Gatherings from Graveyards,* etc. (G. A. Walker), Londres, 1839, 8vo.

* *Genealogy of the Blessed Virgin Mary* (Faustus, Bispo de Riez).

*General Catalogue of Old Books and Manuscripts* (B. Quaritch). Londres, 1887-1888, Índice 1892; 7 vols., 8vo, com retratos.

*General History of the Christian Church from the Fall of the Western Empire to the Present Time* (J. Priestley), Northumberland (Penn.), 1802, 1803, 4 vols.

*General History of the Christian Church to the Fall of the Western Empire* (J. Priestley), Birmingham, 1790, 2 vols., 8vo; 2ª ed., 1808.

*General Survey of the History of the Canon of the New Testament, A* (B. W. Westcott), Londres, 1855, 1866, 1870; 4ª ed., 1875; 5ª ed., 1881.

*Genèse de l'humanité, La. Fétichisme, polythéisme, monothéisme* (L. Jacolliot), Paris, 1875, 1876, 1877, 8vo.

*Genesis Elucidated* (J. Jervis-White Jervis). A new Translation from the Hebrew compared with the Samaritan Text and the Septuagint and Syriac versions, with Notes by J. J.-W. J., Londres, 1852.

*Geographical Distribution of Animals, etc., The* (A. R. Wallace), Londres, 1876, 2 vols.

*Géographie mathématique du monde* (Conrad Maltebrun), 1803-1807, 16 vols.

*Gerusalemme liberata, La* (T. Tasso), 1580-1581.

*Gesammelte Schriften* (J. V. von Görres), Augsburg, 1854, etc.

*Geschichte der Freimaurerei von der Zeit ihres Entstehens bis auf die Gegenwart* (J. G. Findel), Leipzig, 1861, 1862, 2 vols.; 2ª ed., 1863. Trad. ingl. como *History of Freemasonry,* etc., Leipzig, 1866; 2ª ed. rev., Londres, 1869.

*Geschichte der griechischen Literatur bis auf das Zeitalter Alexanders* (K. O. Müller), Breslau, 1841, 1857, 1875, 2 vols.; trad. ingl. como *A Hist. of the Liter. of Ancient Greece,* Londres, 1858, 3 vols.

*Geschichte der Hexenprocesse. Aus den Quellen dargestellt* (W. G. Soldan), Stuttgart, 1843, 8vo.

*Geschichte der Ost-Mongolen und ihrer Fürstenhäuser,* etc. (Sanang Setsen). Traduzido do mongol para o alemão por I. I. Schmidt. Textos mongol e alemão. São Petersburgo, 1829. 4to. Reprod. fotográfica [1935 ?], São Petersburgo, Leipzig, XXIV, 509. Essa obra é uma tradução das Crônicas Mongóis de Sanang Setsen de 1662. O autor era o Chungtaidschi dos Urdos.

*Geschichte des Alterthums* (M. W. Duncher), Berlim, 1852-1857, 4 vols.

*Geschichte des Heindenthums in Beziehung, auf Religion, Wissen, Kunst, Sittlichkeit und Staatsleben* (C. F. A. Wuttke), Breslau, 1852-1853, 2 vols.

*Geschichte des Kanons, Zur* (C. A. Credner), Halle, 1847; ed. Volkmar, Berlim, 1860.

*Ghost Land; or Researches into the Mysteries of Occultism* (E. H. Britten), Boston, 1876.

*Giaour, The* (Byron), 1813.

*Ginzâ* ("Treasure"): *der Schatz oder das grosse Buch der Mandäer.* Trad. alemã de M. Lidzbarski. Göttingen, 1925.

*Gnostics and their Remains, The* (C. W. King), Londres, 1864; 2ª ed., 1887.

*God in History or the Progress of Man's Faith in the Moral Order of the World* (C. C.) J. Bunsen). Trad. por Susanna Winkworth do texto alemão; *Gott in der Geschichte, oder der Fortschrift des Glaubens an eine sittliche Weldordnung,* Leipzig, 1857-1858, em seis livros.

*Golden Legend* (Legenda aurea, vulgo Historia lombardica dicta, ad oppt. libr. fidem recensuit Dr, Th. Graesse) (Jacobus de Voragine), Dresden e Leipzig, 1846, 8vo. Está e a edição mais acessível, e a francesa de Gustave Brunet (Paris, 1843, 2 vols.) a melhor tradução. Escrita originalmente como *Historia lombardica,* foi publicada sob vários títulos, ou como *Legendae sanctorum, De vitis sanctorum* ou *Legenda aurea.* Ver também *Lives* (Alban Butler).

*Gospel According to Peter.* Após 1877, quando *Ísis sem véu* foi escrita, um fragmento desse evangelho foi descoberto pela Missão Arqueológica Francesa no Cairo, em 1886, num túmulo de um antigo cemitério de Akhmîn (Panópolis), no Alto Egito. Ver, para traduções, *The Ante-Nicene Fathers,* vol. X.

*Gospel According to the Hebrews.* Um dos Evangelhos mencionados por muitos Padres da Igreja, que não chegou até nós.

*Gospel of Nicodemus* (Acta Pilate). Em *Apocryphal New Testament,* etc., de W. Hone, Londres, 1820, 1821, 1846, onde está traduzido dos *Orthodoxographa* de Grynaeus, 1569, vol. I, tomo II, p. 643. Também em *ANF.*

*Gospel of St. Thomas.* Obra grega apócrifa cujo título mais exato é *The Gospel of Thomas the Israelite Philosopher.* Trata-se antes de um apócrifo medíocre, que consiste de lendas ingênuas sobre a infância do Salvador, que mais tarde foi incluído entre os "Evangelhos da Infância". Não deve ser confundido com o *Gospel According to Thomas*, recentemente descoberto, um texto copta que foi encontrado em Chenoboskion, Egito.

*Gospel of the Birth of Mary.* Em *Apocryphal New Testament*, de Hone. Também em *ANF*.

*Gradibus medicarum, De* (Maiolus), Veneza, 1497.

*Greacorum opiniones de daemonibus* (M. Psellus), ou *Concerning daïmons according to the Dogmata of the Greeks*; em Thos. Taylor, *The Descriptions of Greece by Pausanias*, vol. III, p. 292-93 (grego e inglês); também em Migne, *PCC*, Sér. Gr., CXXII, Paris, 1889 (grego e latim).

* *Great Book, The* (Não localizado).

*Greek Lexicon* (Suidas). As melhores edições são as de T. Gaisford (sem a versão latina), Oxford, 1834, 3 vols., e a de G. Bernhardy, Halle, 1834, que inclui também a versão latina.

*Griechische Mythologie* (L. Preller), Leipzig, 1854, 2 vols.

*Grotte de Lourdes, sa fontaine, ses guérisons, La.* (P.-R. Dozous), Paris, 1874.

# H

*Hallucinations, Des* (A.-J.-F. Brierre de Boismont); ou histoire raisonnée des apparitions, des visions, des songes, de l'extase, du magnétisme et du somnambulisme. Paris, 1845, 1852, 1862; trad. ingl., Londres, 1859; Filadélfia, 1853.

*Harivanśa.* Ver *Mahâbhârata.*

*Harmonia Macrocósmica* (Andreas Cellarius), Amsterdã, 1660, 1661, 1708.

*Hauts phénomènes de la magie, précédés du spiritisme antique, Les* (H.-R. Gougenot des Mousseaux), Paris, 1864.

*Heathen Religion in its Popular and Symbolical Development, The* (J. B. Gross), Boston, Nova York, 1856.

*Hebräisches und Chaldäisches Handwörterbuch über das Alte Testament* (J. Fürst), Leipzig, 1851-1861, 2 vols.; trad. ingl. de S. Davidson, Londres, 1867, 1871.

*Hebrew and English Lexicon, An* (sem entradas) (John Parkhurst), Londres, 1762; 7ª ed., 1813; também 1823, 1829.

*Hebrew and English Lexicon of the Old Testament, A* (H. Genesius). Trad. do latim de Genesius por E. Robinson, Boston, 1836; também 1844, 1892.

*Hercule et Cacus, étude de mythologie comparée* (M. Bréal), Paris, 1863.

*Hermes, Books of.* Consultar G. R. S. Mead, *Thrice-Greatest Hermes* (3ª impressão, rev., Londres, J. M. Watkins, 1964) para *Asclepius* e *Poïmandrês.* O *Smaragdine Tablet* (q.v.) é questionável quanto à sua autenticidade. O *Tractatus de transmutatione metallorum* também.

*Hermès Trismégiste* (L. Ménard). Traduction précédée d'une étude sur l'origine des livres hermétiques. Paris, 1866, 8vo.

*Hindoo Pantheon, The* (E. Moor), 1810, 4$^{to}$; uma nova ed. org. e anot. por W. O. Simpson, Madras, 1864, 8vo, não contém as lâminas.

*Hippolytus und seine Zeit* (C. C. J. Bunsen), Leipzig, 1852-1853, 2 partes; trad. ingl. como *Hippolytus and his Age*, Londres, 1852, 4 vols.

*Histoire abréguée des differens cultes* (J. A. Dulaure), 2ª ed., Paris, 1825, 2 vols.

*Histoire critique de Maniché et du Manichéisme* (I. de Beausobre), Amsterdã, 1734-1739, 2 vols.

*Histoire critique du Gnosticisme, et de son influence sur les sectes religieuses et philosophiques des six premiers siècles de l' Ère Chrétienne* (A. Jacques Matter), Paris, 1828, 2 vols.; 2ª ed., Estrasburgo, 1843-1844, 3 vols.

*Histoire d'Angleterre* (De Rapin-Thoryas), The Hague, 1724-1736, 4to, 13 tomos; 2ª ed., 1733.

*Histoire de l'Académie Royale des Inscriptions et Belles Lettres.* Ver "Dissertation", etc. (Bonamy).

*Histoire de la fondation du Grand Orient de France* (C. A. Thory), Paris, 1812.

*Histoire de la médecine, Rapport du physique et du moral de l'homme* (P. J. G. Cabanis). Nova ed., com uma biografia do autor. Paris, 1824.

*Histoire de la réformation du XVIme siècle* (J. H. Merle d'Aubigné), Paris, 1835-1853, 5 vols., 8vo; também 1877-1878; trad. ingl., 1840.

*Histoire de la ville de Khotan, tirée des Annales de la Chine et traduite du chinois*, etc. (Abel Rémusat), Paris, 1820, 8vo.

*Histoire des Juifs, depuis Jésus Christ jusqu'à présent* (J. Basnage de Beauval), Roterdã, 1706; The Hague, 1716, 9 vols.; trad. ingl., 1708.

*Histoire des nations civilisées du Mexique* (C. E. Brasseur de Bourbourg), Paris, 1857-1859, 4 vols.

*Histoire des sectes religieuses*, etc. (Bispo Henri Grégoire), Paris, 1828-1845, 6 vols.

*Histoire des Vierges – Les Peuples et les Continents Disparus* (L. Jacolliot), 1874; outro exemplar com nova página de rosto, 1879.

*Histoire du merveilleux dans les temps modernes* (Guillaume-Louis Figuier), Paris, 1860, 4 vols.

*Histoire Générale de la Francmaçonnerie* (E. Rebold), Paris, 1851; trad. ingl. de J. Fletcher como *A General History of Freemasonry in Europe*, Cincinnati, 1861.

*Historie pittoresque de la Francmaçonnerie et des société secrètes anciennes et modernes* (F. T. B. Clavel), 2ª ed., Paris, 1843, 8vo.

*Historia Chichimeca – Relaciones* (Fernando de Alva Ixtlilxóchitl), 1848.

*Historia Chronica* (Joannes Malala), Oxonii, 1691, 8vo; grego e latim; ed. post.

*Historia de Guatemala o Recordación florida*, etc. (Francisco Antonio de Fuentes y Guzmán). Madri, 1882, 1883, 2 vols.; também, Guatemala, 1932-1933, 3 vols.

*Historia del cielo y de la tierra* (D. R. de Ordóñez y Aguiar). Escrito ca. 1794, mas não publicado.

*Historia francorum* (São Gregório de Tours), Paris, 1561, 8vo; Basiléia, 1568; ed. de T. Ruinart, Paris, 1699; ed. de Guadet e Taranne, na *Soc. de l' hist. de France* (4 vols., com trad. francesa, 1836-1838); trad. ingl. por O. M. Dalton. Oxford: Clarendon Press, 1927, 2 vols.

*Historia religionis veterum persarum* (Thos. Hyde), Oxoniae, 1700, 4to; 2ª ed., 1760, 4to.

*Historia verdadera de la conquista de la Nueva-España* (B. Díaz del Castillo), Madri [1632], fol.; Madri, 1795, 4to; México, 1854, 4to; trad. ingl. por M. Keatinge, Londres, 1800; e por Maudsley, 1908, 3 vols.

*Historia Vinlandiae antiquae, seu partis Americae Septentrionales*, etc. (T. Torphaeus ou Thormod Torfason), *Hanniae*, 1705; também 1715. Trad. ingl. por Chas. G. Herbermann, como *The History of Ancient Vinland*, etc. Nova York: J. G. Shea, 1891, 8vo, 83 p.

*Historiae Armeniacae libri III* (Moisés de Choren), Londini, 1736, 4to; armênio e latim; Moise de Khorène, *Histoire d'Arménie*, texto armênio e trad. francesa, por P. E. le Vaillant de Florival, Veneza, 1841. – Trad. ingl. em *ANF*.

*Historiarum adversus paganos libri VII* (P. Orosius); ed. pr., Viena (J. Schüssler), 1471, fol.; ed. de Veneza, 1483, 1484, 1499, 1500; ed. de Havercamp, Lug. Bat., 1738, 4to; trad. ingl., Londres, 1773, 8vo.

*Historiarum philippicarum libri XLIV* (Justino). Resumo da *Universal History* escrita em latim por Trogus Pompeius. Ed. princeps por Jensen, Veneza, 1470, seguida por muitas outras; trad. ingl. por Turnbull, Londres, 1746; e pelo Rev. John S. Watson (incl. Cornelius Nepos e Eutropius), Londres, 1872, 1890.

*Historical Account of Discoveries, and Travels in Asia from The Earliest Ages to the Present Time* (H. Murray), Edimburgo, 1820.

*Historicall Description of the Islande of Britayne*, etc. (Wm. Harrison), 1577, fol. Incl. *The Description of Scottlande*, de H. Boethius, trad. por Wm. H.

*Historical Survey of the Astronomy of the Ancients, An* (G. C. Lewis), Londres, 1862.

*History and Doctrine of Buddhism, Popularly illustrated, The* (E. Upham). Com notas sobre o Kapooísmo, ou Adoração do Demônio, e sobre Bali, ou Encantações Planetárias do Ceilão. Londres, 1829.

*History of Barlaam and Josaphat*. Além das obras de João de Damasco, o texto grego com uma trad. ingl. está em *Barlaam and Ioasaph*, de G. R. Woodward e H. Mattingly, 1914.

*History of Christianity, from the Birth of Christ to the Abolition of Paganism in the Roman Empire, The* (H. H. Milman), Londres, 1840, 3 vols.; também 1863; Nova York, 1881, 3 vols.

*History of Early Opinions concerning Jesus Christ, compiled from original writers*, etc. (J. Priestley), Birmingham, 1786, 4 vols.

*History of Egypt* (Manetho). Passagens citadas em Eusébio e Júlio Africano; também *Ancient Fragments* (Cory).

*History of European Morals from Augustus to Charlemagne* (W. E. H. Lecky), Londres, 1869, 2 vols.; 3ª ed., 1877.

*History of Greece, A* (Geo. Grote); primeiros 2 vols., Londres, 1846; outros 10 volumes, 1847-1856; nova ed., 1862, 8 vols.

*History of Herodotus, The* (Geo. Rawlinson), Londres, 1858, 4 vols.

*History of Hindostan, its Arts and its Sciences*, etc., *The* (Thos. Maurice), Londres, 1795-1798, 2 vols., 4to (encadernados em três); 2ª ed., 1820, 4to.

* *History of India* (Kullûka-Bhatta).

*History of Magic, The* (Joseph Ennemoser). Trad. por Howitt do original alemão *Geschichte der Magie* (Leipzig 1844, 8vo), com "Appendix on Apparitions, etc.", Londres, 1854.

*History of Magic, withcraft and animal magnetism, An* (J. C. Colquhoun), Londres, 1851, 2 vols.

*History of the Apostles' Creed, with critical observations on its several articles* (Peter King [Lord King]), Londres, 1703, 1711, 1719, 1738.

*History of the Conflict between Religion and Science* (J. W. Draper), Nova York, 1874.

*History of the Intellectual Development of Europe* (J. W. Draper), Nova York, 1863.

*History of the Jesuits; their origin, progress, doctrines and designs* (G. B. Nicolini), 1854; Londres, 1879; também na biblioteca ilustrada de Bohn.

*History of the Pontificate of Pius IX, The* (G. B. Nicolini), Londres, 1851, 8vo.

*History of the Popes, from the foundation of the See of Rome to the Present time, The* (A. Bower), Londres, 1748-1766; Dublin, 1749-1768; Londres, 1750-1766; Filadélfia, 1844-1845; 7 vols.

*History of the Supernatural* (W. Howitt), Londres, 1863, 2 vols.

*History of the Suppression of Infanticide in Western India under the Government of Bombay* (John Wilson), 1855.

*Horae Hebraicae et Talmudicae*, etc. (J. Lightfoot), Cambridge, 1663, 4to; 1671, 1674; ed. por Rev. R. Gandell, Oxford, 1859, 4 vols.

*Hortatory Address to the Greeks* (*Protreptikos pros Hellênas*) (Clemente de Alexandria), trad. fr. como *Le Protreptique* de Claude Mondésert. 2ª ed. com texto grego, Paris, 1949, 8vo.

*Hudibras* (S. Butler), 1663, 1664, 1678.

*Huetiana; ou pensées diverses de H. Huet, Évêsque d'Avranches* (P. D. Huet), Paris, 1722.

* *Hundert und eine Frage* (F. N. Nork).
*Hypatia* (Chas. Kingsley), 1853.

# I

*Iamblichus' Life of Pythagoras, or Pythagoric Life* (Thos. Taylor). Accompanied by Fragments of the Ethical Writings of certain Pythagoreans in the Doric dialect; and a Collection of Pythagoric Sentences from Stobaeus and others. Londres, 1818, 8vo. Reimpr por J. M. Watkins, 1965.

*Iamblichus on the Mysteries of the Egyptians, Chaldeans, and Assyrians.* Trad. do grego por Thos. Taylor, Chiswick, 1821, 8vo; 2ª ed., Londres, 1895, 8vo; 3ª ed., 1968.

*Iconographie chrétienne. Histoire de Dieu* (A. N. Didron). Paris, 1843; em *Collection de documents inédits sur l'histoire de France*, 3ᵐᵉ série, 1835, etc. – Trad. ingl. em 2 vols., 1851.

*Ideen zur Philosophie der Geschichte der Menschheit* (J. G. von Herder), Riga, Leipzig, 1784-1791, 4 partes.

*Index Expurgatorius.* Mais corretamente, *Index Librorum Prohibitorum*, que era o título da lista oficial dos livros que, até 1966, estavam proibidos pela autoridade eclesiástica aos membros da Igreja Católica Romana. Em junho de 1966, por declaração expressa da autoridade do Papa Paulo VI, o *Index* perdeu toda a força. Os cânones 1399 e 2318, que declaram certas penalidades contra aqueles que violam as leis relativas à censura e à proibição de livros, foram explicitamente cancelados a 15 de novembro de 1966. Ambas as revogações são retroativas.

*Idrah Rabbah* (Grande Assembléia Santa, incl. na *Kabbala denudata* de Knorr von Rosenroth, q.v.).

*Idrah Zutah* (Pequena Assembléia Santa, incl. na *Kabbala denudata* de Knorr von Rosenroth, q.v.)

*Illustrations of the Rock-cut Temples of India* (James Fergusson), Texto para acompanhar o volume in folio de lâminas. Londres, 1845.

*Imago primi saeculi Societatis Jesu, à Provinciâ Flandro-Belgicâ e jusdem Societatis repraesentata* (atribuído a Jean de Tollenare), Antuérpia 1650.

*Immortality of the Soule, The* (H. More), Londres, 1659.

*Immortality in the Life of Madame Blavatsky* (A. P. Sinnett). Londres: George Redway, 1886, xii, 324 p.; 2ª ed., Londres; Theos. Publ. House, 1913, 256 p. Bastante resumido.

*Incidents of Travel in Central America, Chiapas, and Yucatan* (J. L. Stephens), Londres, 1841, 2 vols.; 12ª ed., 1846.

*Incidents of Travel in Egypt, Arabia Petraea and the Holy Land* (J. L. Stephens), Nova York, 1837

*India in Greece; or, Truth in Mythology*, etc. (E. Pococke), Londres, 1852, 8vo.

*Indian Antiquary.* A Journal of Oriental Research, Bombay, 1872.

*Indian Antiquities* (Thos. Maurice), Londres, 1793-1800, 7 vols., 8vo (considerada uma introdução a *The Hist. of Hindostan*); também 1794-1800, e 1806.

"Indian Sketches; or Rubs of a Rolling Stone", por Hadji Nicka Bauker Khan (W. L. D. O'Grady), *Commercial Bulletin*, Boston, Mass.; série que consiste de 49 capítulos, de 13 de março de 1876 a 14 de abril de 1877.

*Indica.* Livro VIII do *Anabasis* de Arriano, q.v.

*Indica* (Ctesias). Tratado sobre a Índia; o material sobre o qual o autor trabalhou foi coligido durante sua estada na Pérsia. Conhecido apenas como um resumo na *Bibliotheca* de Photius, q.v.

*Indica* (Megástenes): *Ancient India as described by Megasthenes and Arrian*, etc., por J. W. McCrindle, Londres, 1877.

*Indische Studien*, ed. por Dr. Albrecht Weber, 1850-1898, 18 vols.

*Infinito, Universo e Mondi Innumerabili, Del'* (G. Bruno), 1584.

*Influence of the Blue Ray of the Sunlight and of the Blue Color of the Sky, The* (Gen. A. J. Pleasonton). Dirigido à Sociedade de Filadélfia para a Promoção da Agricultura. Filadélfia, 1876.

*Inorganic Chemistry* (W. B. Kemshead), 1872; ed. aum., 1881; 4ª ed., 1885.

*In quinque priora praecepta Decalogi* (F. S. Fagundez), Lyon, 1640.

*Inquiry into Human Understanding, An* (D. Hume), Londres, 1861.

*Inquiry into the Nature and Place of Hell, An* (Rev. T. Swinden), Londres, 1714; 2ª ed., 1727.

*Inquiry into the Structure and Affinity of the Greek and Latin languages*, etc., *An* (Geo. Dunbar), Edimburgo, 1828.

*Inspiration des Camisards, De l'* (H. Blanc), Recherches nouvelles sur les phénomènes extraordinaires observés parmiles Protestants des Cévennes à la fin du XVIIme siècle, etc. Paris, 1859.

*Institutes* (Edward Coke), 1628, etc., fol.; muitas ed. post.

*Institutes of Hindu Law: or, The Ordinances of Manu, according to the Gloss of Culluca. Comprising the Indian Sysstem of Duties, Religious and Civil.* Traduzido verbalmente do original sânscrito. Com um prefácio de Sir William Jones. Em *The Works of Sir William Jones* (seis vols.), Londres, 1799.

*Institutes of the Christian Religion* (J. Calvin); primeira ed. latina, 1536; primeira ed. francesa, 1540.

*Institutiones physiologicae* (J. F. Blumenbach), Göttingen, 1787; Londres, 1807; trad. ingl. por John Elliotson, Londres, 1820.

*Institutionum historiae ecclesiasticae libri IV*

(J. L. von Mosheim), 1726; trad. ingl. por J. Murdock e H. Soame, como *Institutes of Eccles. History, Ancient and Modern*, Londres, 1863, 3 vols.

*Introductio in Chaldaicam linguam, Syriacam atque Armenicam et decem alias linguas* (Theseus Ambrosius), Pavia, 1539.

*Introduction à l'histoire du Bouddhisme indien* (Eugène Burnouf), Paris, 1844; 2ª ed., 1876.

*Introduction au Traité de la Conformité des merveilles anciennes avec les modernes, ou Traité préparatif à l'Apologie pour Hérodote* (H. Stephanus), Genebra, 1566, etc.; nova ed., Paris, 1879, 2 vols.

*Introduzione alla Sacra Scrittura* (G. B. de Rossi), 1817.

*Isbrandi de Diemerbroeck tractatus de peste . . . ab auctore audanctus* (I. de Diemerbroeck), 4. lib. Amsteladami, 1665; *A Treatise concerning Pestilence*, etc., condensada e traduzida por G. Stanton, 1722.

*Isis Unveiled* (H. P. Blavatsky). Edição original, Nova York, J. W. Bouton, 1877. Muitas edições posteriores. Como parte dos *Collected Writings*, 1972.

* *Israelite Indeed, The* (I. M. Jost).

*Itinerary* (Ricold of Monte Croce), Paris, 1511, 4to; também conhecido como *De vita et moribus turcorum*; a melhor ed. é a de J. C. M. Laurent, em *Peregrinatores Medii Aevi Quatuor*, p. 105-41, Leipzig, 1864 e 1873.

*Itinerary* ou *Descriptions of Greece* (Pausânias). LCL. Ver *Description of Greece by Pausanias* (Thos. Taylor) para a trad. ingl.

## J

* *Jaina Books of Pattana.*

*Jâtakas.* Histórias dos primeiros nascimentos de Buddha. *The Jâtaka together with its commentary*, etc. Editado por V. Fausböll [transl. romana]. Londres: Trübner & Co., 1877-1897. 7 vols. – *The Jâtaka, or stories of the Buddha's former births.* Trad. baseada na ed. do Prof. E. B. Cowell. Cambridge Univ. Press. 1895-1913, 7 vols.

*Jésuites, Des* (J. Michelet & J. W. Quinet), 6ª ed., Paris, 1844; trad. ingl. de G. H. Smith, Londres, 1846; e de C. Cock, Londres, 1846.

*Jesus: Myth, Man, or God; or, The Popular Theology and the Positive Religion Contrasted* (J. M. Peebles), Londres, 1870; 3ª ed., 1878.

*Johann Reuchlin und seine Zeit* (E. T. Mayerhoff), Berlim, 1830, 8vo; trad. ingl. de Francis Barham como *The Life and Times of John Reuchlin, or Capnion, the Father of the German Reformation*, Londres: Whitaker & Co., 1843.

*Johannesbuch der Mandäer, Das.* Texto e trad. de M. Lidzbarski. Giessen, 1915. 2 vols.

*Journal* (A. Judson). Ver em *Account of . . . Baptist Mission*, etc. (Ann. H. Judson).

*Journal du magnétisme.* Mensário fundado em Paris pelo Barão du Potet em 1845; ed. por H. Durville.

* *Journal für Freimaurer* (Woong), Viena, 1786.

*Journal of an Embassy from the Governor General of India to the Courts of Siam and Cochin-China* (J. Crawfurd), Londres, 1828, 4to.

*Justicia et jure ceterisque virtutibus cardinalibus libri duo, De* (J. de Dicastillo), Antuérpia, 1641.

## K

*Kabbala denudata seu doctrina hebraeorum transcendentalis et metaphysica adque theologica*, etc. (Knorr von Rosenroth); Vol. I, Sulzbach, 1677-1678; Vol. II, Frankfurt a. M., 1684. Contém também: *Idrah Rabbah* (Grande Assembléia Santa), *Idrah Zutah* (Pequena Assembléia Santa) e *Siphra Dtzeniuthah* (Livro do Mistério Oculto), q.v. – Ver Vol. VII dos *Collected Writings*, p. 269-71, para dados adicionais sobre traduções, etc.

*Kabbalah: its doctrines, development, and literature, The* (C. D. Ginsburg), Londres, 1863, 1866, 1925, 1955.

*Kabbale, ou la philosophie religieuse des hébreaux, La* (A. Franck), Paris, 1843, IV, 412 pp, 8vo; 2ª ed., Paris, 1889, VI, 314 pp., 8vo; 3ª ed. 1892. – Ver Adolf Jellinek, *Beiträge zur Geschichte der Kabbala*, Leipzig, 1851.

*Kabiren in Teutschland, Die* (C. C. Bart), Erlangen, 1832.

*Kanjur* (pron. tib. bKah-hgyur). "Tradução da Palavra", a primeira parte do Cânone Budista Tibetano. Contém 108 volumes, alguns dos quais relativos à disciplina Vinaya ou monástica, ao passo que os outros apresentam a filosofia prajñâ-pâramitâ e expõem as doutrinas Trikâya e âlaya vijñâna. A segunda parte do Cânone Tibetano é o *Tanjur* (pron. tib. bStan-hgyur) ou "Tradução dos Tratados"; essa coleção contém 225 volumes de obras escritas por mestres indianos, sendo em parte comentários aos *Sûtras* e em parte sobre os *Tantras*. O Cânone Tibetano consiste principalmente de traduções do sânscrito e do chinês coligidas e arranjadas nos dois grupos acima referidos por Bu-ston, um erudito tibetano (1290-1394). Em inglês existem apenas traduções parciais, tais como *Analysis of the Dulva*, por Alex. Csoma de Körös, 1836, 1839.

*Kâthakopanishad.* O mesmo que *Kâthopanishad.* Para dados bibliográficos, ver *Chhandogyopanishad.*

*Kaushitakî-Brâhmana* ou *Kaushitakibrâhmanopanishad.* Ed. com trad. ingl. por E. B. Cowell. Calcutá: As. Soc. of Bengal, 1861. *Bibl. Ind.* 39. – *The Upanishads.* Trad. de F. Max Müller. Oxford: Clarendon Press, 1879, 1884. *SBE* I & XV. – *The Twelve Principal Upanishads* (trad. ingl.), Tookaram Tatya. Bombaim: Bombay Theos. Public. Fund, 1899.

*Key to Philosophy, The* (H. P. Blavatsky). Ed. orig., Londres, 1889; 2ª ed., com Glossário, 1890; muitas edições posteriores.

*Khordan-Avesta.* Ver *Avesta.*

*Königsbuch der alten Ägypter* (K. R. Lepsius), Berlim, 1858, 4to.

*Koran* (ár. *al-Qu'rân*, "recitação"). Escritura Sagrada do Islã, que contém as revelações de Maomé. Em árabe, e dividida em 114 *suras* ou capítulos; a base dos regulamentos religiosos, sociais, civis, comerciais, militares e legais do mundo maometano. – Traduções de G. Sale (1734, etc.), J. M. Rodwell (1876, etc., com cronologia), E. H. Palmer (1880, etc., *SBE*, 6 & 9), Muhammad 'Alî (1917). A trad. de Rodwell está na *Everyman's Library*, Londres, 1909.

*Kosmos. Entwurf einer physischen Weltbeschreibung* (F. H. A. von Humboldt), Stuttgart e Tübingen, 1845-1862, 5 vols.

*Kritische Untersuchungen über die Evangelien Justin's, der Clementinischen Homilien und Marcion's* (A. Hilgenfeld), Halle, 1850.

## L

*Lalitavistara.* Ver *Rgya tch'er rol pa.*

*Land of Charity, The* (S. Mateer). A descriptive Account of Travancore and its People, etc. Londres, 1871, 8vo.

*Land of the White Elephant, etc., The* (F. Vincent), Londres, 1873.

*Lankâvatâra Sûtra.* Escritura da Escola Yogâchâra de Budismo Mahâyâna, escrita em sânscrito na Índia (ca. 350 d.C.); contém um epítome de quase todos os ensinamentos mahâyâna. Expõe o idealismo subjetivo baseado na iluminação de Buddha e as doutrinas de Sûyatâ e da Mente. Acredita-se que foi transmitida por Bodhidharma ao seu discípulo, o Segundo Patriarca, Hui-K'o. Para trad., ver D. Suzuki, *The Lankâvatâra Sûtra* (1932) e seu volume anexo *Studies in the Lankâvatâra Sûtra* (1930).

*Last Days of Pompeii, The* (Bulwer-Lytton), 1834.

*Lay of the Last Minstrel, The* (Walter Scott), 1805.

*Leben Jesu, Das* (D. F. Strauss), 2ª ed., Tübingen, 1837, 2 vols.; trad. ingl. de Marian Evan como *The Life of Jesus*, Londres, 1846, 3 vols.

*Lectures on Some Subjects of Modern History and Biography* (J. B. Robertson), Dublin, 1864.

*Lectures on the History of Ancient Philosophy* (W. A. Butler), Cambridge, 1856, 1874.

*Lecture on the History of the Eastern Church* (A. P. Stanley). Com uma introdução ao estudo da história eclesiástica. Londres, 1861; 2ª ed., 1862; também 1869, 1883.

*Légende de monseigneur Saint Dñique Père et premier fondateur de l'ordre des frères prescheurs, La* (tràslate d'latin en francoys par Jean Martin), Paris, [1510 - ?], 4to.

*Lenning's Encyclopädie der Freimaurerei, etc.* (ed. por Mossdorf), Leipzig, 1822-1828, e vols.

"Letter of S. Turner to the Governor General", *Asiatick Researches*, vol. I, 1801, p. 197-205.

*Letter to Anebo* (Porfírio). Em *On the Mysteries*, etc., de Jâmblico, q.v.

"Letter to Glanvill" (Henry More). Ver *Sadducismus*, etc.

*Letter to Mr. Archdeacon Travis, in Answer to his Defence of the Three Heavenly Witnesses*, etc. (R. Porson), Londres, 1790.

*Letters from the Masters of the Wisdom.* Transcritas e Anotadas por C. Jinarâjadâsa. Com um Prefácio de Annie Besant. Primeira Série, Adyar: Theos. Publ. House, 1919; 2ª ed., 1923; 3ª ed., 1945; 4ª ed., com cartas adicionais (1870-1900), 1948. – Segunda Série, Adyar, 1925, e Chicago, 1926.

*Letters of H. P. Blavatsky to A. P. Sinnett, The.* (Transcritas, compiladas e com uma Introdução de A. T. Barker. Nova York: Frederick A. Stokes; e Londres: T. F. Unwin, 1925, 8vo.

*Letters to a candid inquirer on Animal Magnetism* (Wm. Gregory), Londres, 1851.

*Lettre à un médecin étranger* (A. Mesmer), in *Le Nouveau Mercure Savant*, Altona, 5 de janeiro de 1775; também como panfleto, 22 p. (Caillet 7418).

*Lettres écrites d'Égypte et de Nubie, en 1828 et 1829* (J. F. Champollion), Paris, 1833.

*Lettres pour servir d'introduction à l'histoire primitive des nations civilisées de l'Amérique Septentrionale. Cartas*, etc. (Brasseur de Bourbourg), México, 1851, 4to. [Francês e espanhol.]

*Letteres sur l'Égypte*, etc. (C. É. Savary), Paris, 1785, 8vo; 2ª ed., 1786; 3 vols. Trad. ingl., Londres, 1787, 2 vols.

*Lexicon* (J. H. Zedler), 1732-1754.

*Lexicon Chaldaicum, Talmudicum et Rabbinicum*, etc. (J. Buxtorf o Velho), Basiléia, 1639 fol.; Leipzig, 1869-1875, 4to.

*Lexicon Pentaglotton:* Hebrew, Chaldean, Syriac, Talmudo-Rabbinical, Arabic (V. Schindler), Hanoviae, 1612, 1653, fol.

*Libellus synodicus, omnes Synodos, tam orthodoxas, quam haeteticas. . . continens,* etc, (Joh. Pappus). Grego e latim, em J. A. Fabricius, *Bibl. Graeca*, etc., vol. II, Hamburgo, 1722.

*Liber lapidum seu de gemmis* (Marbodus), ed. Beckman, Göttingen, 1799; também em Migne, *PCC*, Sér. Lati, vol. 171, com uma Vida de Marbod, Bispo de Rennes.

*Liber mysterii.* Ver *Kabbaladdenudata.*

*Life and Times of John Reuchlin, or Capnion, the Father of the German Reformation.* Trad. ingl. de F. Barham (Londres, 1843) de Ernst Theodor

Mayerhoff, *Johann Reuchlin und seine Zeit,* Berlim, 1830.

*Life of Apollonius of Tyana, The* (Filóstrato). Traduzido do grego, com notas e ilustrações, pelo Rev. Edward Berwick, Londres, 1809.

*Life of Father Alessandro Gavazzi, The* (G. B. Nicolini), Edimburgo, 1851.

*Life of Plotinus* (Porfírio). Em Thos. Taylor, *Select Works of Plotinus,* q.v.

*Life of St. Francis.* A narrativa oficial está nas *Legenda* de São Boaventura, publ. pelos Franciscanos de Quaracchi (1898) e trad. para o inglês em *Everyman's Library* (1910).

*Light:* A Journal of Spiritual Progress and Psychic Research. Londres. Fundado por E. Dawson Rodgers. Editado durante alguns anos pelo Rev. Wm Stainton Moses (pseudônimo "M. A. Oxon"). Primeiro número, janeiro de 1881. Ainda vem sendo editado.

*Lives.* Ver *Apostolici.*

*Lives of the Fathers, Martyrs, and other Principal Saints, The* (Alban Butler), 2ª ed., Dublin, 1779, 12 vols.; 3ª ed., Edimburgo, 1798-1800; muitas edições posteriores.

*Lives of the Necromancers* (Wm. Godwin), Londres, 1834, 1876.

*Lives of the Sophists* (Eunapius), Antuérpia, 1568; ed. Boissonade, Amsterdã, 1822.

*Lloyd's Weekly Newspaper,* março de 1875.

*Loco Purgatorii, De* (R. Bellarmin). Capítulo 6 do livro II (De circumstanciis purgatorii), do vol. II de seu *De controversiis christianae fidei.* Tertia controvertia generales, de Ecclesia, quae est in purgatorio. Está na ed. de 1619 das *Opera* de Bellarmin, Col. Agrippinae. Pode ser encontrada também no Catecismo de Bellarmin: *An Ample Declaration of the Christian Doctrine,* trad. por Richard Hadock, Roán, ca. 1610.

*Logos alêthês* (A Verdadeira Doutrina), de Celso o Epicuro; conhecido apenas através dos escritos de Orígenes.

*Loi naturelle, ou catéchisme du citoyen français, La* (C. F. Chasseboeuf de Volney), Paris, 1793, 1794.

*Lost Arts, The* (W. Phillips). Redpath Lyceum Lecture, Boston, Mass. Pronunciada centenas de vezes no século XIX.

*Lotus de la Bonne Loi, Le.* Ver *Saddharma-pundarikâ.*

*Louis XI* (Dionysius Lardner Boucicault, antes Bourcicault), ca. 1841.

*Lucernam inquisitorum haeretici pravitatis* (B. Gomes), 1566.

*Lucernis antiquorum reconditis libri sex, De* (F. Licetus), Utini, 1653, fol.; Venetiis, 1621, 4to.

*Lucifer.* A Theosophical Magazine, Designed to "Bring to Light the Hidden Things of Darkness". Editado por H. P. Blavatsky e Mabel Collins (depois Annie Besant & G. R. S. Mead). Londres: The Theosophical Publishing Co., Ltd., Londres, vols. I-XX, setembro de 1887-agosto de 1897. Continuação seriada como *Theosophical Rewiew.*

*Lun-Yü.* Ver *Analects* (Confúcio).

*Lyrical Ballads* (W. Wordsworth), 1798.

# M

*Magia adamica: or the Antiquities of Magic* (Eugenius Philalethes), Londres, 1650.

*Magia Jesu Christi.* Atribuído ao próprio Jesus pelos agostinianos, *De consensu evang.,* libro I, cap. IX.

*Magiae naturalis, sive de miraculis rerum naturalium libri iiii* (G. della Porta), Nápolis, 1558; Lugduni, 1569. Trad. ingl., 1658.

*Magic and Mesmerism.* An Episode of the Eighteenth Century, and Other Tales (Anônimo). Londres, 1843, 3 vols. encardenados num só.

*Magie au XIXme siècle, ses agents, ses vérités, ses mensonges, La* (H.-R. Gougenot des Mousseaux), Paris, 1860; 2ª ed., 1864.

*Magie dévoilée, ou principes de science occulte, La* (J. Dupotet), Paris, 1852, 4to.

*Mayckov oder das geheime System einer Gesellschaft unbekannter Philosophen,* etc. Von einem unbekannten des Quadratscheins, der weder Zeichendeuter noch Epopt ist., Frankfurt e Leipzig, 1784, 8vo.

*Magnes: sive de arte magnetica opus tripartitum,* etc. (A. Kircher), Roma, 1641, 4to; Coloniae Agripp., 1643, 4to.

*Magnete, magneticisque corporibus, et de magno magnete tellure, De* (Wm. Gilbert), Londres, 1600; Stettin, 1628, 1633; Frankfurt, 1629, 1638.

*Magnétisme animal en France, etc., Du* (A.-J.-F. Bertrand), Paris, 1826.

*Mahâbhârata,* "A Grande Guerra dos Bharata". Um dos dois grandes épicos dos hindus, sendo o outro o *Râmâyana.* O poema consiste de aproximadamente 215.000 ślokas e descreve os atos e as batalhas dos filhos dos dois irmãos Dhrita-râshtra e Pându, descendentes de Bharata, que pertencera à linhagem lunar dos reis que reinaram nas proximidades de Hastinâpura. Contém uma grande massa de discursos especulativos, sociais e éticos, notavelmente os 18 capítulos da *Bhagavad-Gîtâ,* ou a Canção do Bem-aventurado, isto é, Krishna, que contém o famoso diálogo entre este último e Arjuna sobre alguns dos assuntos mais vitais da vida espiritual. Ele ensina a bhakti yoga, a doutrina e a karma yoga, a doutrina da ação. – O *Mahâbhârata* tem sido atribuído a Vyâsa, um nome que na verdade significa "Compilador". – Editado (com o *Harivanśa,* sua porção suplementar) pela Asiatic Soc. of Bengal, Calcutá, 1834-1839. – Trad. por K. M. Ganguli e Pratap Chandra Roy. Calcutá: Bharata Press, 1883-1896, 12 vols.; 2ª ed., Calcutá: Data N. Bose & Co., 1923, etc. – trad. por M. N. Dutt. Calcutá, Elysium Press, 1895-1905, 18 vols.

*Mahatma Letters to A. P. Sinnett, The* (dos

Mahatmas M. e K. H.) (A. P. Sinnett). Transcritas, compiladas e com uma introdução de A. T. Barker (1893-1941). Londres: T. Fisher Unwin, dezembro de 1923; Nova York: Frederick A. Stokes, xxxv, 492; 2ª ed. rev., Londres, Rider & Co., 1926; 8ª impr., Londres, 1948; 3ª ed. rev., Adyar, Madras: Theosophical Publ. House, 1962.

*Mahâvanśa*. Crônica páli cingalesa; um registro em versos da história antiga do Ceilão, incl. sua história religiosa. Compilado nos séculos V ou VI. – Revisto e editado por H. Sumangala, Colombo, 1877; ed. por Wm. Geiger. Londres, para a Pâli Text Society pela Oxford University Press, 1908 [caracteres romanos]. *PTS* 63. – Trad. por H. Sumangala, Colombo, 1883; trad. por Wm. Geiger e Mabel Bose, Londres, para a Pâli Text Society para Oxford Univ. Press, 1912. *PTS* tr. ser. 3.

*Mahâvansi, the Râjâ-Ratnâcari, and the Râjâvali, forming the Sacred and Historical Books of Ceylon, The* (Trad. e ed. por E. Upham), Londres, 1833, 3 vols.

*Malleus maleficarum – The Witches' Hammer* (J. Sprenger), 1487; Veneza, 1574.

*Mânavadharmaśâstra* ou *Manusmriti*. A mais importante e mais antiga das *Smriti* métricas, provavelmente baseada num *Mânavadharmasûtra*. Intimamente ligado ao *Mahâbhârata*, três dos seus livros (III, XII, XVI) contém 260 dos seus 2684 *ślokas*. Texto editado criticamente por J. Jolly. Londres: Trübner's Oriental Series, 1887. Trad. por g. Bühler. Oxford: Clarendon Press, 1886. *SBE* XXV – *Mânavadharma-śâstra. Lois de Manou... traduites du sanscrit*, etc. (A. Loiseleur-Deslongchamps), Paris, 1833; também 1850.

*Manna benedicta, De* (sem autor). Numa coleção de 14 Tratados de John Frederick Houpreght intitulada: *Aurifontina Chymica*, Londres: impressa para Wm. Cooper, 1680.

*Manners and Customs of the Ancient Egyptians* (J. G. Wilkinson), Londres, 1837-1841, 8vo, 3 vols. il.; segunda série com o mesmo título e data, em 3 vols.; 3ª ed., Londres, 1847, 8vo. Ed. nova e rev. por S. Birch, Londres, 1878, 3 vols.

*Manual of Budhism, in its modern Development, A* (R. Spence Hardy). Traduzido de MSS. cingaleses, Londres, 1853.

*Manuel d'iconographie chrétienne, grecque et latine*, etc. (Denys, moine de Fourna-Agrapha, ed. e anot. por A. N. Didron), Paris, 1845, 8vo; Trad. do MS bizantino "Le Guide de la painture".

*MS. Ex. cod. reg. Gall. gr.* nº 2390, fol. 154.

\* *Manuscripts* (Don Juan Torres).

*Martialis Epigrammaton libri omnes, novis commentariis ... illustrati ... a M. Radero*, etc. (M. Raderus), 1602, fol., 1615, 1626, 1627.

*Materialism's Last Assault, Does Matter Do it All?* (E. Sargent), Boston, 1876.

*Materia medica* (Peri Hylês Yatrikês) (Dioscorides Pedacius). Obra de grande labor e pesquisa, em cinco livros, que durante muito tempo foi tida como modelo e repleta de informações muito valiosas sobre medicina de ervas. Uma das melhores edições é a de C. Sprengel, Leipzig, 1829-1830, 2 vols., 8vo, em grego e latim, com comentários úteis, formando os vols. 25 & 26 da *Collection of the Greek Medical Writers*, de Kühn.

*Mathematica* (Téon de Esmirna). Ver *Theoretic Arithmetic* (Thos. Taylor).

*Mathematical Principles of Natural Philosophy* (I. Newton), 1687.

*Médecine et les médecins, La* (L. Peisse): philosophie, doctrines, institutions critiques, moeurs et biographies médicales, Paris, 1857, 2 vols.

*Médiateurs et les moyens de la magie, Les* (H.-R. Gougenot des Moussseaux), Paris, 1863.

*Medicina magnetica, De* (Wm. Maxwell), Frankfurt, 1679.

\* *Mediumistic Manifestations* (Prof. A – M. Butlerov), panfleto.

\* *Mediumistic Phenomena* (N. P. Wagner).

*Medizinal-chirurgische Aufsätze* (J. A. Hemmann), Berlim, 1778; 2ª ed., 1791.

*Meghadûta* ou "Mensageiro da Nuvem". Gema lírica de Kâlidâsa da poesia lírica sânscrita, cujo tema é uma mensagem que um exilado envia por uma nuvem à sua esposa que mora distante dele. – Trad. em versos ingleses por H. H. Wilson. 3ª ed., Londres, 1867. – Trad. por Thos. Clark, Londres, 1882.

*Mélanges d'épigraphie et d'archéologie sémitique* (J. Halévy), Paris, 1874.

*Mémoires pour servir à l'histoire ecclésiastique des six premiers siècles*, etc. (L.-S. le Nain de Tillemont), Paris, 1693-1712, 16 vols., 4$^{to}$; Veneza, 1732. Trad. ingl. Londres, 1733-1735, 2 vols. (Só até o ano 177 d.C.)

*Mémoires pour servir à l'histoire du jacobinisme* (A. Barruel), Paris, 1797-1798, 4 vols.; trad. ingl. de R. Clifford, Londres, 1797-1798.

*Mémoires pour servir à l'histoire et l'établissement du magnétisme animal*, etc. (A. M. J. de Puységur), [Paris], 1784, 232 p. 8vo; 1786; 2ª ed., 1809.

*Menschenopfer der alten Hebräer, Die* (F. W. Ghillany), Nuremberg, 1842.

*Mensibus, De* (Joannes Lautentius de Filadélfia, o Lídio; ou Joannes Lydus). Só foram conservados dois epítomes ou sumários e um fragmento desta obra. Trata-se de um comentário histórico sobre o calendário romano, com uma narrativa de seus vários festivais, etc. Publ. por N. Schow, Leipzig, 1794; com versão latina, publ. por Roether, Leipzig & Darmstadt, 1827. Editado por R. Wünsch, 1898-1903. Todas as partes conservadas das obras de Joannes Lydus, com texto rev. por Imm. Bekker (Bonn, 1837), formam um dos volumes da reedição de *Corpus Scriptorum Historiae Byzantinae*.

*Mercurii Trismegisti Liber de Potestate et Sapientia Dei* (trad. latina de *Poimandrês* por Marsiglio Ficino), Treviso, 1471. 4to. Ver também *Thrice-Greatest Hermes* (G. R. S. Mead).

*Midrash, pl. Midrashim.* Ver *Talmud.*

*Mîmânsâ.* Profundo pensamento, reflexão, exame, inquérito. Nome de uma das grandes escolas da filosofia hindu. Está dividido em dois sistemas: o *Pûrva-mîmânsâ*, ou "Primeiro Inquérito", também chamado *Karma-mîmânsâ* ou simplesmente *Mîmânsâ*, fundado por Jaimini e preocupado principalmente com a correta interpretação do ritual e do texto védicos; e o *Uttara-mîmânsâ*, ou "Segundo Inquérito", comumente chamado *Vedânta* ou "Fim do Veda", que trata principalmente da natureza de Brahma ou o Espírito universal.

O sistema de Jaimini está exposto no *Jaiminisûtra*. Trad. (com texto) pelo Pandit Mohan Lal Sandal, Allâhâbâd, 1923-1925, *SBH* 27. Consultar também os comentários de Sabarasvâmin e Mâdhava. Quanto às doutrinas do Vedânta, estão expostas nos *Brahmasûtras* de Bâdarâyana e nos famosos *bhâshyas* ou comentários de Samkarâchârya. Consultar trad. ingl. nos Volumes 34, 38 & 48 de *SBE*.

*Minerva, To* (Proclo). Trad. por Thos. Taylor em seu *Dissertation on the Eleusinian and Bacchic Mysteries*. q.v.

*Minnefest öfver J– J. Berzelius*, etc. (P. A. Siljeström). Minnestal af P. S. S.; Estocolmo, 1849.

*Mirabili Potestate Artis et Naturae, De* (R. Bacon), 1542, 4to; 1618, 8vo; 1732;. Trad. ingl. de T. M. como *Friar Bacon, his Discovery of the Miracles of Art, Nature and Magick*, Londres, 1659.

*Miracles and Modern Spiritualism, On* (A. R. Wallace), 3 ensaios. Londres, 1875; 2ª ed., 1881.

*Miscellanea eruditae antiquitatis* (J. Spon), Lugduni, 1685, fol.

*Mishnah, pl. Mishnayoth*, "instrução, lei oral", do hebraico *shânâh*, repetir; em hebraico pós-bíblico, ensinar, aprender. Ver *Talmud* para dados complementares.

*Mishnah Torah* (Maimonides ou Abraham ben Moses bem Mainon). Compilação do *Talmud* da Segunda Lei. Constantinopla, 1509 fol.; Veneza, 1524, 1550, 1574-1575; Amsterdã, 1702; Leipzig, 1862. Trad. ingl. parcial por E. Soloweyczik, 1863.

*Missa privata et unctione sacerdotum libellus, De* (M. Lutero), *Vitebergae*, 1534; muitas traduções e edições.

*Modern American Spiritualism* (E. H. Britten), Nova York, 1870.

*Modern Priestess of Isis, A* (V. S. Solovyov), 2ª ed. russa, São Petersburgo, 1904; trad. ingl., Londres, 1895.

*Moeurs et les femmes de l'êxtrême Orient, Les.*

– *Voyage au pays des Bayadères* . . . *(Voyage au pays des Perles)*, (L. Jacolliot), Paris, 1873, 1874, 1874, 1876, 8vo.

*Moeurs et pratiques des démons* (H.-R. Gougenot des Mousseaux), Paris, 1854; 2ª ed., 1865.

*Monstrorum causis, natura, et differentis, De* (R. Licetus), Patavii, 1616, 4to; 2ª ed., 1634, 4to; também como *De Monstris*. Ex recensione G. Blasii . . . Amsterdã, Sumptibus A. Frisii, 1665, 4to; e Patavii, 1668, 4to.

*Monumens inédits d'antiquité figurée, grecque, etrusque et romaine* (D. Raoul-Rochette), Paris, 1833, fol.

*Monumenta S. Patrum Orthodoxographa*, etc. (J. J. Grynaeus), Basiléia, 1569, fol., 3 vols.

*Monumental Christianity* (J. P. Lundy): or the Art and Symbolism of the Primitive Church as Witnesses and Teachers of the one Catholic Faith and Practice. Nova York, 1876.

*More Nebûkhîm* (Maimonides). Conhecido como *Guide to the Perplexed* (ár. Dalalat al-Ha'irin). Completado por volta de 1190; trad. para o hebraico por volta de 1480. Publ. por S. Munck, Paris, 1856-1866, 3 vols.; trad. ingl. de M. Friedländer, Londres, 1889, 3 vols. Reeditado em um vol., 1925.

*Mosaicall Philosophy: Grounded upon the Essentiall Truth or Eternal Sapience* (Robert Fludd). Escrito primeiramente em latim [*Philosophia Mosaica*], e depois traduzido para o inglês. Londres, 1659.

*Mount Lebanon. A ten Year's Residence from 1842 to 1852*, etc. (Chas. H. Churchill), Londres, 1853, 3 vols.

* *Mukta* e *Baddha*. Atribuídos a Kapila.

*Mundus Novus* (Américo Vespúcio), 3ª ed., Augsburg, 1504. Ver vol. I, tomo II.

*Murder Considered as one of the Fine Arts* (Thos. de Quincey). Publ. primeiramente em *Blackwood Magazine*, de fevereiro de 1827. Ver seus *Miscellaneous Essays*.

*Mystère et la science, Le* (Père Félix), Paris, 1863.

* *Mystères physiologiques* (A. Everard), não localizado.

*Mysteriis, Liber de* (Iâmblico). Freqüentemente referido como *On the Mysteries of the Egyptians, Chaldeans and Assyrians*. Um sacerdote egípcio chamdo Abammon é aqui apresentado como respoñdendo a uma carta de Porfírio. Ele procura refutar várias dúvidas relativas à verdade e à pureza da religião e da adoração egípcias e provar a origem divina dos ensinamentos antigos e também que os homens, por meio de ritos teúrgicos, podem comunicar-se com a Divindade. O texto grego foi editado por Ficinus (Veneza, 1483, 4to, com trad. latina, N. Scutelius (Roma, 1556, 4to), Thos. Gale (Oxford, 1678, fol., com trad. latina) e G. Parthey (Berlim, 1857).

Ver *Iamblichus on the Mysteries*, etc., de Thos. Taylor, para trad. inglêsa.

272

*Mystical Initiations; or Hymns of Orpheus, The* (Thomas Taylor). With a Preliminary Dissertation on the Life and Theology of Orpheus. Londres, 1787, 12mo; reimpresso como *The Hymns*, etc., 1792, 8vo; ed. nova e aum., intitulada *The Mystical Hymns of Orpheus*. Demonstrated to be the Invocations which were used in the Eleusinian Mysteries. Chiswick, 1824, 8vo; reed., Londres, 1896.

*Mystischen Erscheinungen der menschlichen Natur, Die* (J. A. M. Perty), Leipzig, Heidelberg, 1861, 8vo.

*Mythologie des indous, La* (Marie E. de Polier), Paris, 1809, 2 vols.

*Mythology of the Hindus, The* (Chas. Coleman), Londres, 1832.

*Myths* (Babrius ou Gabrias). Uma obra em que esse poeta grego colocou as fábulas de Esopo em versos e que, segundo Suidas, compreendia dez livros, muitos dos quais foram perdidos. Muitos poemas completos foram descobertos mais tarde e publicados por De Furia (Florença, 1809). Outros foram ed. por J. Gl. Schneider (Vratislava, 1812), por Berger (Monach., 1816) e Knoch, 1835.

# N

*Nabathäische Landwirtschaft* ou *The Book of Nabathean Agriculture* (trad. do árabe por D. A. Chwol'son). Ver Chwol'son, *Über die Überreste der altbabylonischen Literatur*, etc. em *Mémoires des savants étrangers*, vol. VIII. São Petersburgo: Academia Imperial de Ciências, 1859.

*Nâbhânedishtha Hymn*. Em M. Haug, *Aitareya Brâhmanam*, q.v.

*Nachweis der Echtheit der sämlichen Schriften des Neuen Testaments* (H. Olshausen), Hamburgo, 1832; trad. ingl. de D. Fosdick como *Proof of the Genuineness of the Writings of the New Testament*, Andover, 1838.

*Narrative of a Five Years Expedition against the revolted Negroes in Surinam* (J. G. Stedman), Londres, 1796, 4to.

*Narrative of a Journey through the Upper Provinces of India, from Calcutta to Bombay, 1824-1825*, etc. (Bispo Reginald Heber), Londres: John Murray, 1828.

*Narratives of Sorcery and Magic, from the most authentic Sources* (Thos. Wright), 2ª ed., Londres, 1851.

*Narratives of the Operations and Recent Discoveries within the Pyramids, Temples, Tombs, and Excavations, in Egypt and Nubia*, etc. (G. B. Belzoni), Londres, 1820, 1821, 1822.

*National Quarterly Review*, dezembro de 1876; vol. XXXII, nº lxiii; artigos intitulados "The Phoenicians and their voyages", p. 123-34 e "Our Sensational Present-Day Philosophers", p. 76-96.

*Natur und den Ursprung der Emanationslehre bei den Kabbalisten*, etc., *Über die* (J. F. Kleucker), Riga, 1786, 8vo.

*Natural History of Staffordshire, The* (R. Plot), Oxford, 1686, fol.

*Naturalist in Nicaragua, The* (Thomas Belt): a Narrative of a Residence at the Gold Mines of Chontales, and Journeys in the Savannahs and Forests. Londres: John Murray, 1874; 2ª ed., rev. e cor., Londres: E. Bumpus, 1888.

*Naturalium quaestionum libri VII* (Sêneca). Trad. ingl. como *Physical Science in the Time of Nero*, de John Clarke, Londres, 1910, 8vo.

*Nekrokêdeia ( Νεκροκηδεια ), or the Art of Embalming*, etc. (Thos. Greenhill), Londres, 1705, 4to.

*New American Cyclopaedia*. Publ. por Daniel Appleton & Co., Ed. por George Ripley e Chas. A. Dana. 1858-1863, 16 vols. Chamado *American Cyclopaedia* após 1868. Nova ed. preparada pelos mesmos editores, 1873-1876, 16 vols.

*New Analysis of Chronology, A* (W. Hales), Londres, 1809-1812, 4 vols.; 2ª ed., 1830.

*New Century Path*. Point Loma, Calif. Fundado como *The New Century*, vol. I, 30 de setembro de 1897, publ. depois em Nova York; chamado *New Century Path* a partir de maio de 1903 até maio de 1908, quando se tornou *The Century Path*.

*New Chemistry, The* (J. Cooke), 2ª ed., Londres, 1874.

*New Historical Relation of the Kingdom of Siam, A* (S. de la Loubère); trad. do francês por A. P., Londres, 1693, fol.

*New Light of Alchymie, A* (M. Sendigovius); trad. do latim por J. F. M. D., Londres, 1650, 4to. Consultar também *The Hermetic Museum, restored and enlarged* . . . Nova edição em inglês [por A. E. White] a partir do latim e publ. em Frankfurt, 1678, etc., 2 vols.; Londres, Elliot & Co., 1893; e John M. Watkins, 1953.

* *New Materialism* (J. Liebig).

*New Platonism and Alchemy* (Dr. A. Wilder), Albany, 1869, 30 p.

*New System, or, an Analysis of Ancient Mythology, A* (J. Bryant), Londres, 1774-1776, 3 vols.; 1807, 6 vols.

*New Testament* (Erasmo), primeira e segunda edições, 1516 e 1519.

*Newtoni opera quae extant omnia, Isaaci* (ed. pelo Bispo Horsley), Londres, 1779-1785, 4 vols.

*Night-Side of Nature, or Ghosts and Ghost Seers, The* (C. Crowe), Londres, 1848, 2 vols.; também 1852, 1882, 1904.

* *Nivids* (Rishi Kutsa). Não foram encontrados dados suplementares.

*Norsemen in Iceland, The* (G. W. Dasent), Londres, 1855.

*Northern Antiquities* (P. H. Mallett), Londres, 1770, 8vo, 2 vols.; também a ed. de Bohn; trata-se de uma trad. ingl. feita por T. Percy a partir de uma obra original em francês intitulada *Introduction à l'histoire du Dannemarc*, Copenhagen, 1755, 1756, 4to.

*Notes on the Scientific and Religious Mysteries of Antiquity* (J. Yarker), 2ª ed., Nova York, 1878.

*Notice sur les travaux de l'Académie du Gard* (art. de La Boëssière), Nismes, 1822.

*Notitia codicis graeci evangelium Johannis variatum continentis* (Bispo F. Münther), Havniae, 1828.

*Nouveau Journal Asiatique*, ou Recueil de Mémoires, d'Extraits et de Notices relatifs à l'Histoire, à la Philosophie, aux Langues et à la Littérature des Peuples Orientaux. Publicado em Paris pela Société Asiatique. Tomo VII, março de 1831. Artigo de Abel-Rémusat.

*Nova medicina spirituum*, etc. (S. Wirdig), Hamburgo, 1673, 2 partes; Frankfurt e Leipzig, 1707.

*Novum organum* (F. Bacon), 1620.

*Nychthêmeron*. Ver Éliphas Lévi, *Dogme et rituel*, etc.

## O

*Observations on Trance; or Human Hibernation* (J. Braid), Londres, 1850, 72 p.

*Occulta philosophia, De* (Cornelius Agrippa). . Colônia. 1533 fol.; Beringo Fratres, Lugduni [1600], 3 vols., 8vo. O vol.I desta obra foi publicado em 1531. – Trad. ingl. de J. F. [John French] como *Three Books of Occult Philosophy*. Londres: R. W. para Gregory Moule, 1651, 4to.

*Oedipus Aegyptiacus; hoc est, Universalis hieroglyphicae veterum doctrinae temporum injuria abolitae instauratio, etc.* (A. Kircher), Roma, 1652-1654, fol.

*Oedipus judaicus* (Wm. Drummond), Londres, 1811.

*Oeuvres complètes* (D.-F. J. Arago). Publ. sob a direção de J. A. Barral, Paris, Leipzig, 1854-1862, 17 vols.

*Oeuvres complètes de Buffon*, etc. (Buffon), Paris, 1835, 9 vols.

*Oeuvres de Synésius* (H. Druon), Paris, 1878.

*Old, Old, Very Old Man; or, The Age and Long Life of Thomas P ar* (John Taylor). Em versos, 1635, 4to; 3ª ed., 1700; reed. em *Harleian Miscellany*, Vol. VII, 1774, etc. em em *Edition of Curious Tracts*, de James Caulfield, 1794.

*Old Diary Leaves*. The True History of The Theosophical Society (Cel. Henry Steel Olcott). Primeira Série: Nova York & Londres, G. P. Putnam's Sons, 1895, xii, 491, il.; 2ª ed., Adyar, Theos. Publ. House, 1941. Seis volumes, publicados em conjunto com esse título, tratando dos anos subseqüentes da Sociedade Teosófica. Antes de ser publicado em forma de livro, o texto apareceu nas páginas de *The Theosofist*, começando com o Vol. XIII,

de março de 1892. Embora seja uma obra de inquestionável valor histórico, contém muitas inexatidões. Um grande número de passagens infelizmente exibe um viés considerável de uma compreensão errônea das personalidades de H. P. B. e de William Q. Judge.

*Old England: a pictorial museum of regal, ecclesiastical . . . antiquities* (ed. por C. Knight), Londres, 1845, 1846., 2 vols.

*Onomasticon*, etc. *Lexidion Codicis Nasaraei, cui "Liber Adami" nomen, edidit M. N.* (M. Norberg), Londres, 1816, 1817, 4to; 2 vols.

* *On the Study of Biology* (T. H. Huxley) Sem informação definida.

*Open Court, The*. Art. do Gal. J. G. R. Forlong: "Through what Historical Channels did Buddhism Influence Early Christianity", 18 de agosto e 18 de setembro de 1887.

*Opera* (São Jerônimo). Ed. Johannes Martianay. Paris: Ludovicus Roulland, 1693-1706, 5 vols. – Ed. N. & E. Episcopios, Basiléia, 1565, 9 vols.

*Opera omnia, medico-chemico-chirurgica, tribus voluminibus comprehensus* (A. P. Th. Paracelso), Genebra, 1658, 3 tomos em 2 vols. fol.

*Operae horarum subcisivarum sive meditationes historicae*, etc. (Philippus Camerarius), Frankfurt, 1602, 4to; também 1606, 1609, 1644; trad. ingl. como *The Walking Library or Meditations*, 1621.

*Operations carried on at the Pyramids of Gizeh in 1837* (Cel. H. Wyse), Londres, 1840-1842, 2 vols., 4to.

"Opinion de van Helmont sur la cause, la nature et les effets du magnétisme" (J. Deleuze), em *Bibliothèque du magnétisme animal*, Paris, 1817.

*Optima*, etc. *De* (Hipócrates). A única tradução completa da coleção hipocrática é a que está em *Oeuvres complètes d'Hyppocrate*, de Émile Littré, em dez vols., Paris, 1839-1869.  –

*Or et la transmutation des métaux, L'* (G. Théodore Tiffereau), Paris, Chacornac Frères, 1924.

*Oracula Sibyllina*, etc. (Johannes Opsopäus). Texto francês com trad. lat. de Sebastian Castionis. Paris, 1607, 3 partes em 1 vol., il. Contém: *Oracula magica zoroastriis cum scholiis plethonis et pselli*.

*Organon of Animal Magnetism* (Organon zhivotnago magnetizma) (Príncipe Alexey Vladimirovich Dolgorukov), São Petersburgo, 1860, texto russo.

*Oriental and Linguistic Studies* (Wm. D. Whitney), Segunda Série, Londres, Cambridge, 1873-1875.

*Oriental Memoirs: selected and abridged from a series of familiar letters written during seventeen year's residence in India*, etc. (J. Forbes), Paris, 1813, 4 vols.

*Origin of Metalliferous Deposits, The* (Thos. Sterry Hunt). Conferência pronunciada na

Associação Politécnica do Instituto Americano de Nova York. Nº 15, em *Half-Hour Recreations in Popular Science*. Ed. por Dana Estes. Primeira Série, Boston, 1874. Também em *Van Nostrand's Eclectic Engineering Magazine*, vol. XI, nº LXX, outubro de 1874, p. 326-34.

*Origin of Pagan Idolatry, On the* (G. S. Faber), Londres, 1816, 3 vols., 4to.

*Origin of Species by Means of Natural Selection, On the*, etc. (Charles R. Darwin), 1859.

"Origin of the Name 'America', The" (Geo. C. Harlbut), em *Journal of the American Geographical Society of New York*, vol. XVIII, 1886, p. 301-16.

*Original Sanskrit Texts, on the origin and history and progress of the religion and institutions of India* (J. Muir), Londres, Oxford, 1858; 2ª ed., Londres, 1868-1870, 5 vols.

*Origine de tous les cultes, ou religion universelle* (C.-F. Dupuis), Paris, 1795, 7 vols.; nova ed. com o Zodíaco de Denderah, 1822; 1835, 10 vols.

*Orphêôs apanta: Orphei argonautica bhymni libellus de lapidibus et fragmenta*, etc. (Matthias Gesnerus), Leipzig, 1764.

*Orpheus* (G. R. S. Mead), Londres, 1896; 2ª ed., J. M. Watkins, 1965.

*Orphica* (E. Abel), Leipzig, 1885.

*Ortus medicinae* (B. van Helmont), Amsterdã, 1652, 4 vols.

*Oud en nieuw Oost-Indien*, etc. (F. Valentijn), Amsterdã, 1724-1726, fol., 5 partes.

*Oupnek'-hat, id est, Secretum tegendum...* (A. B. Anquetil-Duperron), Argentorati, 1801-1802, 2 vols., 4to.

*Our Inheritance in the Great Pyramid* (Chas. Piazzi Smyth), Londres, 1864, 1874, etc.

*Our Place among Infinities*, etc. (R. A. Proctor). To which are added essays on astrology and the Jewish Sabbath. Londres, 1875, 8vo, Nova York, 1876.

*Outlines of lectures on the neurological system of anthropology*, etc. (J. R. Buchanan), Cincinnati, 1854.

**P**

*Paesi novamente ritrovati, e Novo Mondo da Alberico Vesputio Florentino intitulato* (F. Montalboddo), 1507.

* *Pagani e Cristiani* (Martezzi).

*Palestine. Description géographique, historique et archélogique* (Salomon Munk), em *l'Univers: histoire et description de tous les peuples*, 1835, etc.

* *Pâli-Buddhistical Annals*.

*Panoplia armaturae Dei adversus omnem superstitionem... daemonolatriam... concionibus, Bambergae habitis, instructa*, etc. (Fred. Forner), Typis 9, Haenlini: Ingolstadii, 1625.

*Pantheon, The; or Ancient History of the Gods of Greece and Rome*, for the use of schools, etc. (Edward Baldwin). Londres, 1806; 2ª ed., 1809; 3ª ed., 1810; 4ª ed., 1814. O nome real do autor era William Godwin (1756-1836) e ele diz no Prefácio que o livro era originalmente conhecido como *Took's Pantheon* e que fora publicado cerca de 100 anos antes por um dos Mestres da Charter-House School.

*Pantheon aegyptiorum, sive de diis eorum commentarius, cum Prolegomenis de Religione et Theologia aegyptiorum* (P. E. Jablonski), Francofurti ad Viadrum, 1750-1752, 8vo.

*Pantheon der Naturphilosophie, die Religion aller Völker* (J. A. Kanne), Tübingen, 1811, 8vo.

*Papacy and the Civil Power, The* (R. W. Thompson), Nova York, 1877.

*Papyros Ebers, das hermetische Buch über die Arzeneimittel der alten Aekypter in hieratischen Schrift* (G. M. Ebers), Leipzig, 1875, 2 vols., fol. – Trad. ingl. de Cyril P. Bryan, Londres, 1930; e de B. Ebbell, Londres, 1937.

*Papyrus Anastasi* e *Papyrus d'Orbiney*. Consultar listas de fontes egípcias de material.

*Parables* (Buddhaghosa). Em seu Comentário sobre o *Dhammapada*. Traduzido [do páli para o birmanês e] do birmanês por T. Rogers [Cel. H. T. Rogers]. Com uma introdução que contém o *Dhammapada* de Buddha, ou "O caminho da Virtude", trad. do páli por F. Max Müller. Londres, 1870, 8vo.

*Paradise Lost* (J. Milton), 1668.

*Paralipomeni alla illustrazione della Sacra Scrittura* (M. A. Lanci), Paris, 1845.

*Parerga und Paralipomena. Kleine philosophische Schriften* (A. Schopenhauer), Berlim, 1851.

*Parmenides, On the* (Proclo). Publ. na edição de Stallbaum desse Diálogo.

*Paroles de philosophie positive* (P. M. E. Littré), Paris, 1859.

*Passages from the Life of a Philosopher* (Chas. Babbage), Londres, 1864.

"Paul and Plato" (Dr. A. Wilder), Fonte incerta.

"Paul, the Founder of Christianity" (Dr. A. Wilder), em *The Evolution*, N. Y., setembro, 1877.

*Path, The* (Nova York). Revista mensal editada e publicada por W. Q. Judge: vols. I-X, abril 1886 – março 1896. Continuou como *Theosophy*.

*Patrologiae Cursus Completus* (Ed. por Jacques Paul Migne). *Series latina* (221 vols., Paris, 1844-1864), que cobre os autores latinos de Tertuliano a Inocente III (200-1216 d.C.). *Series graeca* (161 vols., Petit-Montrouge, 1857-1866), que compreende textos gregos e latinos de autores de Pseudo-Barnabas ao Concílio de Florença (120-1438 d.C.) e 81 vols. (1856-1867) de textos latinos apenas dos Padres gregos.

*People from the Other World* (H. S. Olcott), Hartford, Conn., American Publishing Co., 1875; xvi, 492, il.

*Periplus* (Hanno). Em I. P. Cory, *Ancient Fragments*, pp. 203 ff., ed. 1832. Também: Dr. Const. Simonides, *The Periplus of Hannon, King of Karchedonians*, 1864; 2 fasc., 82 p., 4to.

*Persian, Arabic, and English Lexicon* (J. Richardson), Oxford, 1777, 1780, fol., 2 vols.; 1800, fol.; 1806-1810, 4to.

*Pétrone, Apulée, Aulu-Gelle. Oeuvres complètes* (ed. por Désiré Nisard), Paris, 1842.

*Phaedo of Plato, On the* (Olumpiodorus). Em Thos. Taylor, *Select Works of Porphyry*, Londres, 1823, q.v.

\* *Phenomena of Mediumism* (A. N. Aksakov).

Φιλόλογος (*Philologos*) (N. Bailey), Londres, 1731.

*Philosophical Works* (D. Hume), Edimburgo, 1826; Cambridge, Mass., 1854; Londres, 1874-1875; 4 vols.

*Philosophie der Geschichte, oder über die Tradition in dem alten Bunde und ihre Beziehung zur Kirche des neuen Bundes* (F. J. Molitor), Frankfurt a. M., 1827-1855, 4 partes. [Trad. ingl. de Howitt – não encontrada.]

*Philosophie des Unbewussten* (K. R. 'E. von Hartmann), 2ª ed., Berlim, 1870.

*Philosophumena* ou *Refutation of All Heresies* (Hipólito). Texto em Migne, *PCC*, Série Greco-latina, XVI-3. Texto grego e latino ed. por Patricius Cruice, Paris, Impr. Royale, 1860. Trad. ingl. em *ANF*.

*Philosophy of Magic, The* (E. Salverte),. Trad. ingl., Londres, 1846, 2 vols.

*Philosophy of Spiritualism and the Pathology and Treatment of Mediomania, The* (F. Marvin). Duas conferências, lidas no New York Liberal Club, a 20 e 27 de março de 1874. Nova York, 1874.

"Philosophy of the Hindus, On the" (Colebrooke), em *Trans. of the Royal Asiatic Soc.*, Londres, 1827, vol. xxxiii.

*Phönizier, Die* (F. C. Movers), Bonn, 1841 e 1856, 2 vols.

*Phosphorescence, or, the Emission of Light by minerals, plants and animals* (Thos. L. Phipson), Londres, 1862.

*Physica aulscultatio* (Simplício). Um comentário sobre a obra de Aristóteles por um dos últimos mestres neoplatônicos de Atenas, que, com seis outros, incl. Damascius, refugiou-se durante algum tempo na Pérsia. Editado por Franciscus Asulanus em 1526; também por H. Diels, Berlim, 1882, 2 vols.

\* *Physica et Mystica* (atr. a Demócrito).

*Physical Basis of Life, On the* (T. H. Huxley). Sermão Leigo pronunciado em Edimburgo, domingo, 8 de novembro de 1868. Publicado posteriormente em *Fortnight Review* e como *Protoplasm: the Physical Basis of Life*, Melbourne, 1869.

*Physicalisch-physiologische Untersuchungen über die Dynamide des Magnetismus* (Barão K. von Reichenbach), Braunschweig, 1845, 2

vols.; 2ª ed., 1849; trad. ingl. de Wm. Gregory, como *Researches*, etc., Londres, 1850.

*Physician's Problems, A* (Chas. Elam), Londres, 1869.

*Physiologie du système nerveux, cérébro-spinal d'après l'analyse physiologique des mouvements de la vie* (É. Fournié), Paris, 1872.

*Pitakattayan*. Aludido por Spence Hardy em seu *The Legends and Theories of the Buddhists*, p. 66, como sendo um termo genérico para os escritos budistas (*Pitakattaya* – páli; e *Pitakatraya* – cingalês).

*Plaidoyez et Arrests de la Cour de Parlement, Aydes et Finances de Dauphine, sur plusieurs questions notables, tant en Matières Bénéficiales, que Civiles, et Criminelles* (Jean-Guy Basset), Paris, Jacques Collombat, 1695, 2 vols.

*Plato, The Works of* (G. Burges), *Bohn's Class. Library.*

*Plato and the older Academy* (E. Zeller), uma trad. ingl. do vol. II, seção 2, parte II, de *Philosophie der Griechen*, de Zeller, da 3ª ed. rev. deste último. Por Srta. Alleyne e Alfred Goodwin, Londres, 1888 (nova ed.); também Nova York, Russell & Russell, 1962.

*Plato's Republic, MS. Commentary on* (Proclo). Em Thos. Taylor, *The Works of Plato*, Londres, 1804, vol. III, p. 328 rodapé; também vol. I, p. 468-69.

*Pneumatologie. Des Esprits et de leurs manifestations diverses* (J.-E. de Mirville); vols. I-V, Paris, H. Vrayet de Surcy, 1863-1864, 8vo; vol. VI, Paris, F. Wattelier, 1868.

*Poimandrês*. Ver *Hermes, Books of.*

*Political History of the Devil, The* (D. Defoe), 1726.

*Polygraphia* (Joh. Trithemius), 1518.

*Popol-Vuh. Le livre sacré et les mythes de l'antiquité américaine* . . . Texte quiché et trad. française . . . accompagnée de notes . . . (Brasseur de Bourbourg). Em *Collection de documents dans les langues indigènes*, etc., vol. I, 1861. – Trad. ingl. de Philip A. Malpas em *The Theosophical Path*, Point Loma, Calif., Vols. XXXVII-XXXIX, março de 1930-abril de 1931. – Trad. ingl. parcial de Aretas, *Lucifer*, Londres, vol. XV, setembro de 1894 a fevereiro de 1895. – Adrian Recinos, *Popol-Vuh: las antiguas historias del quiché*. Trad. esp. do texto original com intr. e notas. Cidade do México, 1947. – Versão inglesa da trad. de Recino por Delia Goetz & Sylvanus G. Morley. Norman: University of Oklahoma Press, 1957.

*Popular Monthly*, ed. por Frank Leslie, vol. XXXIII, fevereiro de 1892. Art.: "Madame Blavatsky: A Theosophical Occult Apology".

*Praestigiis daemonum, De* (Joh. Wier), Basiléia, 1563, 1564, 1583.

*Prairies d'Or, Les* (al-Mas'ûdî). O título árabe desta obra é *Murûj udn-Dhahab wa Ma'âdin ul-Jawâhir*, "Campinas de ouro e minas de pedras preciosas". Foi terminado em 947, com uma 2ª ed. em 956. Trad. franc. de Barbier de Maynard e Pavet de Courteveille em nove vols., Paris,1861-1877.

*Prajñâ-Pâramitâ*. Muito provavelmente o *Mahâprajñâpâramitâ-hridaya-sûtra*, também conhecido como *Sûtra do Coração*. Ao lado do *Sûtra do Diamante*, é a mais popular das muitas Escrituras contidas na vasta literatura *Prajña-pâramitâ*. Para trad., ver D. T. Suzuki, *Manual of Zen Buddhism* (com texto chinês), e E. Conze, *Buddhist Wisdom Books* (com comentários), 1958.

*Prâtimoksha-Sûtra* (páli, *Pâtimokkha*). As 227 regras disciplinares relacionadas ao bhikkhu budista e recitadas nos dias *Uposatha* ou das quatro fases da Lua. Estão enumeradas no *Suttavibhanga*, a primeira parte do *Vinaya Pitaka*. Ver *SBE* 13.

*Pre-Adamite Man* (P. B. Randolph), 2ª ed., Nova York, 1863; 4ª ed., 1869.

*Précis élémentaire de physiologie* (F. Magendie), Paris, 1816, 1817, 2 vols.; 3ª ed., 1833; trad. ingl., 1826, 1829, 1831.

*Preheminence of Women* (H. Cornelius Agrippa); original latino: *H. C. A. de nobilitate et praecellentia foeminei sexus*, Colônia, 1532; Lugduni Batav., 1643; trad. ingl. de E. Fleetwood, como *The Glory of Women*, etc. Londres, 1651.

*Premières civilisations: études d'histoire et d'archéologie, Les* (F. Lenormant), Paris, 1874, 2 vols.

*Primitive History: from the Creation to Cadmus* (W. Williams), Chichester, 1789.

*Principiis rerum, De* (Damascius). Esta obra, do último dos mestres renomados do neoplanonismo em Atenas, também é conhecida como "Dúvidas e Soluções dos Primeiros Princípios" e foi escrita naturalmente em grego. Foi publicada de forma incompleta por J. Kopp, Frankfurt, 1828, 8vo.

*Principles of Science, The* (Wm. S. Jevons), Londres, 1874.

*Principles of the Jesuits, The*. (Numa coleção de extratos de seus próprios autores. [Rev. H. H. Norris, embora publicada anonimamente.] Londres: J. G. Rivington, 1839. xvi, 277.

*Proceedings and sentence of the spiritual Court of Inquisition of Portugal, against Gabriele Malagrida, Jesuit, etc., The*. (Trad. do original português, Londres, 1762, 4to.)

*Proceedings of the Supreme Council*, etc. (Gal. A. Pike), 1876.

*Progress of Religious Ideas, through successive Ages, The* (L. Maria Child), Nova York, 1855.

*Proof Palpalble of Immortality, etc., The* (Eles Sargent), Boston, 1875, 8vo.

* *Proofs that I am a Serpent* (atribuído a Votan).

* *Prophecies* (Ramatsariar).

* *Prophecies, Book of,* ed. de 1453. Não localizado.

"Prophecy, Ancient and Modern" (Dr. A. Wilder), em *Phrenological Journal*.

*Protevangelion, The*. Em W. Hone, *Apocryphal New Testament*, etc., Londres, 1820, 1821, 1846. Também em *ANF*.

*Protreptics* (Jâmblico). O segundo livro de uma série de dez sobre Pitágoras, dos quais apenas cinco sobreviveram. A primeira edição é de J. Arcerius Theodoretus e a melhor é a de Th. Kiessling, Leipzig, 1813, 8vo. Ver *Pythagoras*.

*Psalm of Life, A* (H. W. Longfellow), 1775-1776.

*Pseudodoxia Epidemica: or, Enquiries into very many received Tenents and commonly presumed Truth* (Sir. Thos. Browne), Londres, 1646.

*Pseudomonarchia daemonum* (J. Wier), 3ª ed., Basiléia, 1566, 8vo.

"Psychology of the Âryas, The" (Pyârichânda Mitra), *Human Nature*, março de 1877; também em seu *On the Soul: Its Nature and Development*, Calcutá, 1881.

*Pûrva-Mîmânsâ-Sûtra* (Jaimini). Também conhecido como *Jaiminisûtra* ou apenas *Mîmânsâ-Sûtra*. Trad. com texto por M. L. Sandal, Allâhâbâd, 1923-1925.

*Pyramids and Temples of Gizeh, The* (W. M. Flinders Petrie), Londres, 1883.

*Pyramids of Gizeh, etc., The* (J. S. Perring), Londres, 1839-1842, 3 partes, obl. fol.

*Pythagoras, Life of* (Jâmblico). Primeiro livro de uma série de dez que expõem a filosofia de Pitágoras, como uma preparação para o estudo de Platão. Só cinco desses livros estão disponíveis, sendo o segundo deles *Protreptics* (q.v.). O *Life of Pythagoras* foi editado pela primeira vez em grego e em latim por J. Arcerius Theodoretus, Franecker, 1598, 4to; depois por L. Kuster (Amsterdã, 1707, 4to) e T. H. Kiessling (Leipzig, 1815, 2 vols, 8vo); também A. Nauck, (São Petersburgo, 1884). – Ver *Iamblichus' Life of Pythagoras*, de Thos. Taylor, para trad. inglesa.

# Q

*Quaestiones et Responsiones ad Orthodoxos* (Justino Mártir). Às vezes atribuído a Diodoro de Tarso. *PCC*, Série grega, VI. Também *Opera*, ed. Otto, 2ª ed., Jena, 1849.

*Question des esprits et de leurs manifestations diverses* (J.-E. de Mirville). Appendices complémentaires et défense de Mémoires publiés. Paris, 1863.

*Qabbalah. The Philosophical Writings of . . . Ibn Gebirol* (Isaac Myer). Publ. pelo autor (apenas 350 cópias). Filadélfia, 1888. xxiv, 499 p.

R

*Râmâyana*. Famoso épico sânscrito que detalha a vida e as aventuras de Râmachandra, sua obtenção de Sîtâ como esposa, o rapto dela pelo rei demônio Râvana do Ceilão, seu resgate por Râma e a passagem deste último para o céu. Atribuído a Vâlmîki. Em sua forma atual, consiste de cerca de 24.000 slokas e está dividido em sete livros. Foi preservado em três recensões diferentes: a Indiana Ocidental, a de Bengala e a de Bombaim. – Trad. em versos ingleses por R. T. H. Griffith. Londres: Trübner & Co., 1870-1874; Benares, 1895. – Trad. em prosa inglesa por M. N. Dutt, Calcutá, 1891-1894.

*Rapport du physique et du moral de l'homme* (P. J. G. Cabanis): Sétima dissertação: "De l'influence des maladies sur la formation des idées et des affections morales", § ix. Paris. 1802. Ver suas *Oeuvres complètes*, tomo III, 1824.

*Rebus* (São Petersburgo), vols. 1-18, 1882-1899. Editado por V. Pribitkov. Aparecia aos domingos. A princípio um semanário de enigmas, depois o órgão do espiritualismo e da mediunidade na Rússia.

*Rebus Cypriis, De* (Hett. Podocatharo ou Podocattarus), 1560 (segundo Greenhill).

*Recherches d'anatomie transcendante et pathologique*, etc. (A.-É. Serres, Paris, 1832).

*Recherches et doutes sur le magnétisme animal* (M. A. Thouret), Paris, 1784.

*Recherches psychologiques sur la cause des phénomènes*, etc. (G. P. Billot), Paris, 1839.

*Recherches sur quelques unes des révolutions de la surface du globe* (J. B. A. L. Élie de Beaumont); Mémoire lut para extrait à l'Académie des Sciences, le 22 juin, 1829; Paris, 1829-1830.

*Recollections of a Busy Life* (H. Greeley), Nova York, 1868.

*Recueil général des pièces contenues an procèz due père Jean-Baptiste Girard, Jésuite, et de Demoiselle C. Cadière*, etc., Aix, 1731 e outras edições.

*Refutation of the Sects* (Eznik, Bispo de Bagrevand e Arsharunik, século V). Ed. armênia original publ. em Constantinopla, 1763; em Smyrna, 1772; em Veneza, 1826 e 1863; Trad. francesa, Paris, 1853. Trad. alemã como *Wider die Irrlehren*, 1927. Também em *Patrologia orientalis*, XXVIII, nºs 3-4.

*Rege et regis institutione libri tres, De* (Juan de Mariana), Toleti, 1599; Mogúncia, 1605, 1611, 1640.

*Relação da Propagação da Fé no Reino da China* (Álvaro Semedo), 1628; trad. ingl. como *The History . . . of China*, Londres, 1655, fol.; trad. fr. como *Histoire universelle du Grand Royaume de la Chine*, Paris, 1645, 4to.

*Religion des pré-Israélites, La* (Willem Pleyte). Recherches sur le dieu Seth, Utrecht, 1862;

Leide, 1865.

*Religion of Geology and its Connected Sciences, The* (E. Hitchcock), Boston, 1851; Glasgow, 1856; Londres, 1860.

*Religion de l'antiquité, considérées principalement dans leurs formes symboliques et mythologiques, Les* (J.-D. Guigniaut), Paris, 1825-1839, 10 vols. Anotado e aumentado numa tradução de Georg Fr. Creuzer, *Symbolik*.

"Religions de l'antiquité et de leurs derniers historiens, Des" (E. Renan), em *Revue des Deux Mondes*, 15 de maio de 1853.

*Religions of Tibet, The* (Helmut Hoffmann), Londres, 1961; trad. ingl. do original alemão *Quellen zur Geschichte des tibetischen Bon-Religion*, Wiesbaden, 1950.

*Religious Statistics of the United States*, 1871.

*Remarks upon Alchemy and the Alchemists* (E. A. Hitchcock), Boston, 1857.

*Reminiscences of H. P. Blavatsky and "The Secret Doctrine"* (Condessa C. Wachtmeister), Londres: Theos. Publ. Soc., 1893, 162 p.

*Reply to Hon. R. W. Thompson . . . addressed to the American People* (F. X. Weninger), Nova York, 1877.

*Réponse aux Assertions*. Ver *Collected Writings*, vol. IX, p. 297 rodapé.

*Report of the U. S. Geological Survey of the Territories* (F. V. Hayden & C. H. Merriam), Washington, 1872 & 1873-1890.

*Report on Spiritualism, of the Committee of the London Dialectical Society, together with the evidence . . . and a collection from the correspondence*, Londres, 1871; xi, 412 p.

*Rerum memorabilium*, etc. (G. Panciroli), Ambergiae, 1599, 8vo; 1607, 1612, 1622; Frankfurt, 1629-1631; 1660. Trad. ingl. como *The Hist. of Many Memorable Things which were in Use among the Ancients*, Londres, 1715, 1727, 2 vols.

*Re rustica, De* (L. Junius Moderatus Columella), Ed. prin. Nic. Jenson, Veneza, 1472, fol., em *Rei rusticae scriptores*. Latim e inglês em *LCL*.

*Re rustica, De* (M. Terentius Varro). A melhor edição está em *Scriptores Rei Rusticae veteres latini* de J. M. Gesner, Leipzig, 1735, 2 vols., e de J. G. Schneider, Leipzig, 1794-1797, 4 vols.

*Researches in the Phenomena of Spiritualism* (Sir Wm. Crookes). Reimpressa a partir de *Quarterly Journal of Science*. Londres, 1874, 8vo. Também Rochester, N. Y.; The Austin Pub. Co., 1904.

*Researches into the Early History of Mankind and the Development of Civilization* (E. B. Taylor), Londres, 1865; 3ª ed., 1878.

*Researches into the Nature and Affinity of Ancient and Hindu Mythology* (Cel. Vans Kennedy), Londres, 1831, 4to.

*Researches into the Origin and Affinity of the principal Languages of Asia an Europe* (Cel. Vans Kennedy), Londres, 1828.

*Researches on Light*: An Examination of all the Phenomena connected with the Chemical and Molecular Changes produced by the Influence of the Solar Rays, etc. (Robert Hunt), Londres, 1844.

*Review of Ecclesiastical History, A* (Bispo J. Newton), Londres, 1770.

*Rgya tch'er rol pa* [rGya-ccher-rol-pa]; ou, Développement des Jeux, contenant l'histoire du Bouddha Cakya-Mouni, traduit sur la version tibétaine du Bkah hgyour, et revu sur l'original sanscrit [Lalitavistara] par Ph. Ed. Foucaux, Paris, 1847-1848. Vol. I, tibetano; vol. II, trad. francesa. Essa obra em tibetano está no Segundo Volume da Quinta Seção do *Kanjur.*

*Rigveda-Samhitâ.* Ed. por F. Max Müller (Textos Samhitâ e pada em nâgarî). 2ª ed., Londres, Trübner & Co., 1877; 2 vols. – Ed. por Theod. Aufrecht (Texto Samhitâ em transliteração). 2ª ed., Bonn: Adolf Marcus, 1877; 2 vols. – Trad. por H. H. Wilson. Londres: Trübner & Co., e Wm. H. Allen & Co., 1850, 1854, 1857, 1866. – Trad. por R. T. H. Griffith. Benares: E. J. Lazarus & Co., 1889-1892. – Trad. por F. Max Müller e Hermann Oldenberg. Oxford: Clarendon Press, 1891, 1897. *SBE* 32, 46.

*Ripley Reviv'd: or, an Exposition upon Sir George Ripley's Hermetico-Poetical Works,* etc. (Eirenaeus Philalethes), Londres, 1678; autor também conhecido como Cosmopolita, atualmente George Starkey.

*Ritual of Initiations* (H. Malhandrini), Veneza, 1657.

*Rituale Romanum,* Paris, 1851 e 1852.

*Roma sotterranea cristiana, etc., La* (G. B. de Rossi), Roma, 1864, etc. 4to.

*Roman Metrology, according to the Reformed Calendar* (G. Keynes). Traduzido fielmente do latim para o inglês por G. K. da Companhia de Jesus. 1627; reeditado por W. N. Skelly, Londres, 1847.

*Rome and the Newest Fashions in Religion* (W. E. Gladstone), Londres, 1875.

*Römischen Päpste, ihre Kirche und ihr Staat im 16 und 17 Jahrhundert* (L. von Ranke), 1834-1836, 3 vols. (muitas outras edições). Trad. ingl. como *History of the Popes during the 16 and 17*th *Centuries* por S. Austin, 1840, 1841, 1847; por W. K. Kelly, 1843; e E. Foster, 1847-1853.

*Rosarius philosophorum, correctus* (Arnaldus de Villa Nova), em *Opera Omnia*, Basiléia, 1585, fol.

\* *Rosicrucian MS.* (Conde de Saint-Germain). Diz-se ter sido escrito em código.

*Rosicrucians, their Rites and Mysteries, The* (H. Jennings), Londres, 1870, 8vo; 2ª ed., rev, corr. e aum., Londres, 1879; 3ª ed., novamente revista, 1887.

*Round Towers of Ireland; or, the Mysteries of Freemasonry, of Sabaism, and of Buddhism,* *for the first time unveiled, The* (H. O'Brien), Londres, 1834, 1898.

*Royal Masonic Cyclopaedia of History, Rites, Symbolism and Biography, The* (Ed. por Kenneth Robert Henderson MacKenzie, conhecido como "Cryptonymus"). Londres, 1877 [1875-1877], 8vo.

*Ruins: or a Survey of the Revolutions of Empires* (C. F. de Volney). Trad. do francês, 2ª ed., Londres, 1795, 8vo.

*Russkiy Vestnik* (Mensageiro Russo). Mensário (a princípio duas vezes por mês), Moscou; fundado por M. N. Katkov, 1856. Após sua morte (1887), publicado por sua viúva & editado pelo Príncipe D. N. Tsertelev.

*Russkoye Obozreniye* (Moscou). Mensário. Volumes 1-9, 1890-1898. Ed. pelo Príncipe D. N. Tsertelev.

S

*Saccra scrittura illustrata con monumenti fenico-assirj ed egiziani, La* (M. A. Lanci), Roma, 1827.

*Sacrorum conciliorum nova et emplissima collectio* (J. D. Mansi), Florenza, 1759-1798.

*Saddharma-pundarîka. Le lotus de la bonne loi.* Trad. do sânscrito e com comentários, etc. (Eugène Burnouf), 1852, 4to; 1925, 8vo.

*Sadducismus triumphatus: or, Full and Plain Evidence concerning Witches and Apparitions* (J. Glanvill). Para o inglês por A. Horneck, Londres, 1681, 8vo. Inclui a "Letter to Glanvill", de Henry More.

*Sainte Bible, La* (Ilustrado por Gustave Doré), 1866 fol.

*Saints Guide. Displaying of supposed Witchcraft, etc., The* (John Webster), Londres, 1677.

*Sakuntalâ (ou Abhijñâna-sakuntalâ)* (Kâlidâsa). Recensão em devanâgarî do texto editado e com trad. ingl. literal de Monier Williams; 2ª ed., Londres, Oxford Univ. Press, 1876.

*Salem Witchcraft; with an Account of Salem Village, and a History of Opinions on Witchcraft and kindred Subjects* (C. W. Upham), Boston, 1867, 2 vols.

*Sâmaveda-Samhitâ.* Ed. com os comentários de Sâyanâchârya por Satyavrata Sâmasramî. Calcutá: As. Soc. of Bengal, 1874, 1876, 1877, 1878; 5 vols. *Bibl. Ind.* 71, Nova Série. Trad. por R. T. H. Griffith. Benares: E. J. Lazarus & Co., 1893; 2ª ed., 1907.

*Sämtliche Werke* (F. X. von Baader), Leipzig, 1850-1854; 1851-1860; 18 vols.

*Sämtliche Werke* (F. D. E. Schleiermacher), 1835-1864, em 32 vols.

*Sânkhya-Sûtra* (atribuído a Kapila). Ed. e trad. por R. Garbe. Calcutá; Asiatic Society of Bengal, *Bibl. Ind.* 122, 131.

*Sanskrit Wörterbuch* (R. Roth & Otto Böhtlingk). São Petersburgo, 1855-1875, 7 vols.

* *Sâranga*. Possivelmente o *Sârahga-sâra*, um poema.

*Sartor Resartus* (T. Carlyle), 1838, 1849.

*Satapatha-Brâhmana*, *SBE*, XII, XXVI, XLI.

*Satires upon the Jesuits*, etc. (J. Oldham), Londres, 1678, 1681.

*Satyra de nuptiis philologiae et mercurri* (Martianus M. F. Capella). Uma volumosa compilação que constitui uma espécie de enciclopédia da educação culta na Idade Média, dividida em nove livros. Muitos dos ensinamentos foram sem dúvida extraídos de fontes que desapareceram há muito tempo. No livro VIII, § 857, uma passagem notável afirma claramente que os planetas Mercúrio e Vênus circulam ao redor do Sol e suas posições com relação ao Sol e à Terra, bem como um em relação ao outro, estão tão corretamente descritas, que se poderia pensar facilmente que Copérnico, que cita Martianus, extraiu dessa fonte o primeiro germe de suas idéias. A edição princeps foi impressa em Venécia por H. de Urso, 1499, fol.; as melhores edições são as de Hugo Grotius, Leyden, 1599, e de U. F. Kopp, Frankfurt, 1836.

* *Sceau rompu*, 1745.

*Scholia in Apollonium Rhodium*. Ver *Argonautica*.

*Science and Practice of Medicine, The* (Wm. Aitken), 2ª ed., Londres, 1863, 2 vols.; 6ª ed., Londres, 1872; ed. americana, da 4ª ed. de Londres, com material adicional, de Dr. Meredith Clymer, Filadélfia, 1866, 1868, 1872, 2 vols.

*Science des esprits, La* (É. Lévi), Paris, 1865.

*Sciences occultes en Asie, Les* (François Lenormant); consiste de duas partes publicadas separadamente: *La magie chez les chaldéens et les origines accadiennes*, Paris, Malmaison, 1874, x, 363 (trad. para o ingl. por W. R. Cooper, com notas adicionais do autor, como *Chaldean Magic: its Origin and Development*, Londres, 1878); e *La divination el la science des présages chez les chaldéens*, Paris, 1875, 236 p.

*Scriptoribus ecclesiasticis, De* (Joh. Trithemius), 1494.

*Séance de l'Académie de Paris*, 13 de agosto de 1807 (Geoffroy Saint-Hilaire).

*Secret Adam, The* (E. S. Drower), Oxford, 1960.

* *Secret Book* (desconhecido).

*Secretis adeptorum, De* (J. S. Weindenfeld), Londres, 1684, 4to; Hamburgo, 1685; trad. do latim por G. C., Londres, 1685.

"Seeming Discrepancies" (H. P. Blavatsky), em *Collected Writings*, vol. VI.

*Secreti nuovi* (G. Ruscellius), 1567.

*Seherin von Prevorst, Die* (J. A. C. Kerner), 1829; 6ª ed., 1892; trad. ingl. por Sra. Crowe como *The Seeress of Prevorst*, Londres, 1845; Nova York, 1859.

*Select Works of Plotinus, and Extracts from the Treatise of Synesius on Providence* (Thomas Taylor). Com uma introdução que contém a substância da Vida de Porfírio, por Plotino.

Londres, 1817, 8vo; reed. na *Bohn's Philosophical Library*, 1895, onde está editada, com prefácio e bibliografia, por G. R. S. Mead; reimpr. em 1909, 1912 e 1929.

*Select Works of Porphyry* (Thos. Taylor); contém seus Quatro Livros sobre *Abstinence from Animal Food*; seu tratado sobre *The Homeric Cave of the Nymphs*; e seu *Auxiliaries to the Perception of Intelligible Natures*. Traduzido do grego por Thos. Taylor. Com um Apêndice, que explica a Alegoria das Perambulações de Ulisses. Pelo tradutor. Londres: Impresso para Thos. Rodd, 17, Great Newport St., 1823, xx, 271, 8vo.

*Semenuthi* (Livro divino) (Apollonides Orapius). Referido em Theophilus Antiochenus, *Ad Autolycum*, ii, 6.

*Sepher Toldoth Jeschua ha-Notzri* [em letras hebraicas], *Historia Jeschuae Nazareni, a Judaeis blasphemè corrupta, ex Manuscripto hactenus inedito nunc demum edita, ac Versione et Notis . . . illustrata* (Joh. Jac. Huldrich. Huldricus.), Leyden, 1705.

*Sepher Yetzîrah* ou *Book of Formation*. Considerado como a mais antiga obra cabalística, atribuído ao Rabino Akiba. Trata das permutações dos números e das letras e é nossa primeira fonte para a doutrina das emanações e dos *sephirôth*. A *editio princeps* é a de Mântua, 1562, com muitas edições posteriores. Traduzido e anotado por P. Davidson. Loudsville, Georgia & Glasgow, Escócia, 1896, xvii, 27. – Texto e comentários por Dunash ben Tamim foram publicados por M-Grossberg, Londres, 1902; também por W. Wynn Wescott, 1887, e por Stenring (com prefácio de Waite).

*Septuagint*. Versão grega do Velho Testamento ainda em uso na Igreja Oriental. Tem esse nome por causa da lenda preservada nas Cartas de Aristeas, segundo a qual o *Pentateuco* fora trazido para Alexandria por setenta e dois emissários de Jerusalém a pedido de Ptolomeu II. Os Padres da Igreja estenderam a tradição para todo o Velho Testamento grego. A *Septuaginta*, usualmente referida com o símbolo LXX, difere do texto masorético e é a versão citada por Filo o Judeu e no Novo Testamento.

*Sermones* (Santo Agostinho). No vol. V da edição beneditina de suas *Works*, Paris, 1679-1700; uma seleção deles foi publicada em Oxford em 1844, 1845; trad. por R. G. Macmullen, e está incluída na *Library of the Fathers of the Holy Catholic Church*; também uma seleção foi trad. e ed. por Q. Howe, Nova York, 1966.

*Serpent-Worship, and other Essays with a Chapter on Totemism* (C. S. Wake), Nova York, 1877.

*Shepherd of Hermas* ou *Pastor of Hermas*. Uma das obras que representam os chamados Padres Apostólicos e tratam do problema do perdão dos pecados cometidos após o batismo. Texto e trad. ingl. em *Loeb Classical Library*. Trad. em

W. Hone, *Apocryphal New Testament*, q.v.

*Shi-King*. SBE III.

*Shu-King*. SBE III.

*Sibyllina oracula. Ex veteribus codicibus emendata*, etc. (S. Gallaeus), Amsterdã, 1689.

*Silliman's Journal of Science and Art*, vol. X; art. do Dr. Samuel L. Mitchell "On Two-Headed Serpents".

*Simplicium medicamentorum facultatibus, De* (C. Galeno), Paris, 1530, fol.; Lugduni, 1561, 8vo.

*Sincerus Renatus* (S. Richter), Berlim, 1714.

*Siphra Dtzeniuthah* (Livro do Mistério Oculto). Incl. em Knorr von Rosentoth, *Kabbala denudata*, q.v.

*Situ orbis, De* (ou *Chorographia*) (Pomponius Mela); ed. Tzschukke, Leipzig, 1807; Parthey, Berlim. 1867; Finck, Leipzig, 1880.

*Síva-Purâna*. Consultar *Die Legende von Devadâruvana im Síva-Purâna*, de Wilhelm Jahn, em *ZDMG* 71 (1917), texto romano e tradução.

*Si-yu-ki* (Hiuen-Thsang). Ver *Voyages* (S. Julien). A grafia do nome do famoso viajante varia muito: Hsüan-Tsang, Hiwen T'Sang, Yüan-Tsang, Yuan-Chwang.

*Sketch of the Knights-Templar and the Knights Hospitallers of St. John of Jerusalem, A* (R. Woof), Londres, 1865.

*Sleep, Treatise on* (Clearchus). Referido por Proclo em *Comm. on Plato's Republic*; ver Thos. Taylor. *The Works of Plato*, vol. I, p. 469.

*Smaragdine Tablet*. Trad. pelo Dr. Everard e outros, o Tablete Smaragdine, ou de Esmeralda, atribuído a Hermes, confundiu os eruditos durante muitos séculos. A tradição afirma que Alexandre da Macedônia descobriu a tumba de Hermes numa caverna próxima ao Hebron. Na tumba foi encontrada uma lasca de esmeralda que "Sara, esposa de Abraão", retirara do Hermes morto. A história é muito improvável, mas o texto da tradição tradicional do Tablete Esmeraldino está repleto de preceitos ocultos. Consultar *Tabula Smaragdina*, de Julius F. Ruska, Heidelberg, 1926.

*Söd: The Mysteries of Adoni* (S. F. Dunlap), Londres e Edimburgo, 1861, xvii, 216.

*Söd: The Son of the Man* (S. F. Dunlap), Londres e Edimburgo, 1861, xxxiv, 152.

*Soirées de Saint-Petersbourg, Les* (J. M. de Maistre), Paris, Lyon, 1822.

*Some Unpublished Letters of Helena Petrovna Blavatsky* (E. R. Corson). Com uma introdução e comentários. Londres: Rider & Co., [1929], 255 p., facs. & il.

*Sorcière, La* (J. Michelet), 1862; 2ª ed., 1863; também 1867.

*Soul, On the* (Timaeus Locrius). A melhor edição é a de J. J. de Gelder, Leyden, 1836; também (com o *Timeu* de Platão) a de C. F. Herman, Leipzig, 1852.

*Soul: Its Nature and Development, On the* (Peary Chand Mitra [Pyârichânda Mitra]), Calcutá, 1881.

*Soul of Things, or Psychometric Researches and Discoveries, The* (Wm. & Eliz. Denton). Primeira edição intitulada: *Nature's Secrets, or, Psychometric Researches*. Ed. e com uma intr. por um clérigo da Igreja da Inglaterra, 1863, xvi, liii, 55, 335 p.; 3ª ed., rev., Boston, 1866; também 1873 e 1881-1884.

*Sound* (John Tyndall). Nova York; Appleton, 1867 & 1885; 3ª ed. aum., 1894.

*Souvenirs d'un voyage dans la Tartarie, le Thibet et la Chine pendant les années 1844, 1845, et 1846* (Abade É. R. Huc), Paris: A. Le Clère, 1850, 2 vols., 8vo; 4ª ed., Paris: Gaume frères et J. Dupray, 1860; nova ed. anotada por J.-M. Planchet, Pequim, 1924. Trad. ingl. de W. Hazlitt como *Travels*, etc., 1852; ed. abreviada por M. Jones, 1867.

*Spectrum Analysis Explained*, etc. (H. E. Roscoe), Nova York, 1869.

*Speculum historiale* (Vincent de Beauvais ou Vincentius Bellovacencis), Veneza, 1494.

*Sphinx mystagoga* (A. Kircher), Amsterdã, 1676.

*Spiritisme dans le monde, Le. L'Initiation et les sciences dans l'Inde et chez tous tes peuples de l'antiquité* (L. Jacolliot), Paris, 1875, 1879, 1892, 8vo.

*Spiritual Scientist, The* (Publ. em Boston, Mass., vols. 1-7, 10. de setembro de 1874 - julho de 1878. Semanal até o último volume, que é mensal. Ed. por E. Gerry Brown.

\* *Spiritualism and Charlatanism*.

*Ssabier und der Ssabismus, Die* (D. A. Chwol'son ou Khvolson), São Petersburgo, 1856, 2 vols.

*Steganographia* (Joh. Trithemius), Frankfurt, 1606, 4to; Darmstadt, 1621, 1635.

*Stèle* (E. de Rougé). Talvez *Étude sur une stèle égyptienne*, etc., Paris, 1858.

*Stellung des Menschen in der Natur in Vergangenheit, Gegenwart und Zukunft, etc., Die* (F. C. C. C. Büchner), Leipzig, 1869-1870; trad. ingl. de W. S. Dallas, Londres, 1872.

*Sthâpatyaveda*. A ciência da arquitetura, considerada como um apêndice ao *Atharvaveda*, pelo menos por algumas autoridades. Ver *Upaveda*.

*Stichometria* (Nicephorus Patriarcha); texto e trad. de Anastasius Bibliothhecarius, em Petri Pithoei, *Opera Posthuma*, Paris, 1609, 4to.

*Stonehenge, a Temple Restor'd to the British Druids* (Dr. Wm. Stukeley). Londres: W. Innys & R. Manby, 1740, fol.

*Strange Story, A* (Bulwer-Lytton), 1862.

*Stranger, The* (A. F. F. von Kotzebue). Um drama em 5 atos, trad. por Benj. Thompson, 1849. O título original alemão era *Menschenhass und Reue*, 1788, etc.

*Summa theologica* (Tomás de Aquino). Trad. ingl. pela Província Dominicana Inglesa, Nova York, Benziger Bros., Inc., 1947, 3 vols.

*Summae theologiae moralis* (E. Henriquez), Veneza, 1600, fol.

*Summaria et brevis dogmatum chaldaicorum* (Pselli expos.), em Apêndice aos *Sibyllina oracula* (S. Gallaeus), Amsterdã, 1689.

*Summum bonum* (atribuído a Robert Fludd, mas traz o nome de Joachinus Frizius), Frankfurt, 1629.

*Sun and the Earth, The* (Balfour Stewart). Conferência pronunciada em Manchester, 13 de novembro de 1872. Em *Science Lectures for the People*, Quarta série, 1872-1873; também em D. Estes, *Half-hour Recreations in Popular Science*, Série 2, Boston, 1874, etc.

*Supernatural Religion: An Inquiry into the Reality of Divine Revelation* (Publicado anonimamente) [W. R. Cassels], Londres, 1874, 2 vols.; 6ª ed., 1875; 3º vol. publ. em 1877; ed. rev. das obras completas, 1879.

"Supposed Vaidik Authority for the Burning of Hindu Widows, On the" (H. H. Wilson), em *Journal of the Royal Asiatic Society*, vol. XVI (1854), p. 201-14.

*Sûrya-Siddhânta*. Trad. pelo Rev. Ebenezer Burgess, primeiro missionário na Índia; New Haven, Conn., 1860, iii, 356.

*Sûtra of the Foundation of the Kingdom of Righteousness* (Dhamma-chakka-ppavatana Sutta, "Colocando em movimento a Roda da Lei"). Trad. de Woodward em *Páli Text Series*; também em Christimas Humphrey, *Wisdom of Buddhism*, nº 13; em em *SBE*, XI, ed. por F. Max Müller, 1881.

*Syllabus of Lectures on Natural and Experimental Philosophy, A.* (Thos. Young), Londres, 1802, 8vo.

*Symbolical Language of Ancient Art and Mythology, The* (R. P. Knight). An Inquiry. Nova ed., com intr., acréscimos, notas e um novo índice, pelo Dr. A. Wilder. Nova York, 1876. – Ed. original intitulava-se *An Inquiry into the Symbolical*, etc., Londres, 1818, 8vo; 2ª ed., 1835.

*Symbolik und Mythologie der alten Völker, besonders der Griechen* (Georg. Fr. Creuzer), Leipzig und Darmstadt, 1810-1823, 6 vols. Ver *Religions de l'antiquité*, etc.

*Synopsis Historiôn* (Georgius Cedrênus), ou *Compendium historiarum ab orbe condita ad Isaacum Comnenum* (1057); 1ª ed., de Xylander, Basiléia, 1506, fol., com trad. lat.; de Goar e Fabrot, Paris, 1647, 2 vols., fol; de I. Bekker, Bonn, 1838-1839, 2 vols., 8vo.

*Synopsis theologiae practicae*, etc. (J.-B. Taberna ou Taverne), Douai, 1698, 3 vols.; seis edições em Colônia entre 1700 e 1754.

*System of Logic, A* (J. S. Mill), 8ª ed., 1872, 8vo.

*Système de politique positive ou traité de sociologie* (A. Comte), 1852-1854; trad. ingl. de Bridges, etc., 1875-1879.

# T

*Tables tournantes, du surnaturel en général et des esprits, Des* (A. E. de Gasparin), Paris, 1854, 2 vols.; 2ª ed. (incompleta), Paris, 1888; com retrato do autor. Trad. ingl. como *Science versus Modern Spiritualism*. A Treatise on turning tables, the supernatural in general, and spirits. Trad. por E. W. Robert, com uma introdução do Rev. R. Baird. Nova York, 1857, 2 vols.

*Tablet, British Museum, 562*. Citado por Bunsen em *Egypt's Place in Univ. Hist.*

*Tabulae Primi Mobilis . . . Juxta principia . . . in sua Caelesti Philosophia exposita*, etc. (Placidus de Titis), Batávia, Typis Pauli Frambotti, 1657, 4ᵗᵒ. – Ed. rev. por M. Sibly, Londres, W. Justins, 1789, 8vo. – Trad. ingl. de John Cooper como *Astronomy and Elementary Philosophy*, "corrected from the best Latim editions", Londres, Davis & Dickson, 1814, 8vo.

*Taittirîya-Âranyaka*. Pertence ao *Yajurveda* Negro. Ed. com comentários de Sâyanâchârya por Râjendralâla Mitra, em *Bibl. Ind.*, 1872.

*Taittirîya-Brâhmana*. Pertence ao *Yajurveda* Negro. Ed. com o comentário de Sâyanâchârya por Râjendralâla Mitra, em 3 vols., Asiatic Soc. of Bengal, 1859, 1862, 1890.

*Tales and Traditions of the Russian People* (I. P. Saharoff), Moscou, 1836-1837; 2ª ed., 1837; 3ª ed., São Petersburgo, 1841-1849 [texto russo].

\* *Tales of the Impious Khalif* (Barrachias-Hassan-Oglu).

*Talmud*: incluindo *Midrashim: Berêshîth Rabbah, Hatziha, Rabboth; Mishnayoth: Hagîgâh, Hulin, Nazir, Pirke Aboth, Sanhedrin, Sotah, Torah Khethubim* (Hagiographa); *Yôhânân*. – Consultar *The Babylonian Talmud*. Traduzido sob a editoria de I. Epstein. Londres, Soncino Press, 1935-1948, 34 vols.

*Tanjur*. Ver *Kanjur*.

*Targûm* (pl. Targûmim ou Targûms). Termo aramaico que significa "interpretação". Uma tradução ou paráfrase de algumas porções do Velho Testamento em aramaico de Judéia ou Galiléia (antigamente chamada erroneamente de Caldéia), a maioria deles datando, na sua forma atual, do período geônico, mas parcialmente baseado na tradição oral do período romano pré-cristão. Entre os Targûns importante ainda disponíveis estão: para o *Pentateuco* – o *Targûm de Onkelos*, ou *Targûm Babilônico*, e o *Targûm de Jônatas*, ou Targûm de Jerusalém; para os *Profetas* – o *Targûm de Jônatas ben Uzziel*.

*Tela ignea satanae. Hoc est: Arcani et horribiles judaeorum adversus christum deum et christianam religionem libri anekdotoi* (Joh. Christophorus Wagenseil, ou Wagenseilius), Altdorfi Noricum, 1681, 2 vols., 4to, contendo seis

282

tratados, dos quais o último é "Libellus Toldos Jeschu". Texto com trad. al. em J. S. Eisenmerger, *Entdecktes Judenthum*, Frankfurt, 1700, e Dresden, 1893.

*Templerei oder das innere Wesen des alten und neuen Ordens der Tempelherrn, Die* (W. F. Wilcke), Leipzig, 1826, 1827, 1835; trad. ingl. como *History of the Order of Knights Templar*, Halle, 1860.

*Ten Years with Spiritual Mediums*. An Inquiry concerning the etiology of certain phenomena called spiritual (F. G. Fairfield), Nova York, 1875.

*Textbook of Physiology, General, Special and Practical* (J. H. Bennett), Edimburgo, 1870.

*Thalaba the Destroyer* (R. Southey), 1801.

*Theatrum chemicum* (B. G. Penotus), 1616.

*Theogony* (Pherecydes). Também conhecido como *Theocrasy* e *Heptamuchos*. Uma obra que não chegou até os nossos dias e só é conhecida por antigas autoridades que a citam.

*Theologia moralis . . . nunc pluribus partibus aucta a C. la Croix* (Claude Lacroix), Colônia Agripina, 1707-1714, 9 vols.; também 1773; Montauzon, 1729, e 1757, 2 vols. fol. Principalmente um comentário sobre a *Medulla*, etc., de H. Busenbaum.

*Theologia platonica de immortalitate animae* (M. Ficino), 1482.

`Theologia tripartita universa*, etc. (Richard Arsdekin, ou Archdekin), Dilingae, 1687, fol.; Colônia, 1744.

*Theologiae moralis, Liber*, etc. (A. de Escobar y Mendoza), Lyon, 1650; Veneza, 1650; Bruxelas, 1651; Paris, 1656.

* *Theologumena arithmetica* (Speusippus).

*Theology of Plato. The Six Books of Proclus, The Platonic Successor, On the* (Thos. Taylor), Londres, 1816, 2 vols., em um, 4to.

*Theoretic Aritthmetic in Three Books* (Thos. Taylor). Contém a substância de tudo o que foi escrito sobre esse assunto por Theon de Smyrna, Nichomachus, Iamblichus e Boëthius, Londres, 1816, 8vo.

*Theosophical Path, The*. Art. do Dr. C. J. Ryan: "Precipitation of Astral – Form or – What?", vol. XLIV, janeiro e abril de 1935.

*Theosophist, The*. Um Jornal mensal dedicado à Filosofia Oriental, à Arte, à Literatura e ao Ocultismo. Começou a ser editado em Bombaim, Índia, em outubro de 1879, conduzido originalmente pela própria H. P. Blavatsky. Editado posteriormente em, Adyar, Madras, Índia. *Ainda existe*.

*Theasaurus Liber Magnus vulgo "Liber Adami" appellatus*, etc. (H. Petermann), Leipzig, 1867, 2 vols.

*Thesis propugnata in regio Soc. Jes. Collegio celeberrimae Academiae Cadomensis, die Veneris, 30 Jan., 1693* (Cadomi, 1693).

*S. Thomae Aquinatus theologicae summae compendium* (P. Alagona), Roma, 1619, 1620;

Lyon, 1619; Würzburg e Colônia, 1620; Paris, 1621; Veneza, 1762; Turim, 1891.

* *Thoughts on the Birth and Generation of Things* (F. C. Oetinger).

*Thrice-Great Hermes* (G. R. S. Mead). Londres & Benares, Theos. Publ. House, 1906; 2ª impr., 1949; 3ª impr. (revista), Londres: J. M. Watkins, 1964, 3 vols.

*Timaeus, On the* (Proclo). Trad. por Thos. Taylor, 1820, 2 vols., 4to.

* *Tinnevelly Shanars, The* (E. Lewis).

*Tischreden* (M. Lutero), Eisleben, 1566; Leipzig: Andreas Zeidler, 1700.

*Torah Khethubim*. Ver *Talmud*.

*Tractat de lapide philosophorum sive summa rosarii philosophorum* (Arnolphius Franciscus Lucensis). Em C. von Hellwig, *Fasciculus Unterschiedlicher . . . philosophischen Schriften*, etc., Leipzig e Bremen, 1719.

*Tractatus de transmutatione metallorum*. Ver *Hermes, Books of*.

* *Traditions* (Schopheim).

*Traditions indo-européennes et africaines, Les* (L. Jacolliot), Paris, 1876, 8vo.

*Traité philosophique et physiologique de l' hérédité nouvelle*, etc. (P. Lucas), Paris, 1847-1850, 8vo.

*Transactions of the Society of Biblical Archaeology*, vol. I, 1872, parte i, p. 46 (art. de Geo. Smith). Periódico publ. em Londres, 1872-1893. 9 vols.

*Transcaucasia* (A. von Haxthausen), Leipzig, 1856, 2 vols.

*Tratados históricos . . . de China*, etc. (F. Navarete), Madri, 1676, fol.

*Travels along the Mediterranean . . . during the years 1816-17-18* (R. Richardson), Londres, 1822.

*Travels in Central Asia* (A. Vámbery). Being an Account of a Journey from Teheran across the Turkoman Desert, on the Eastern Shore of the Caspian, to Khiva, Bokhara, and Samarkand, performed in the year 1863, etc. Londres, 1864, 8vo.

*Travels in Georgia, Persia, Armenia, ancient Babylonia . . . during the years 1817, 1818, 1819 and 1820* (R. K. Porter), Londres, 1821-1822, 2 vols., 4to.

*Travels in Timmannee, Kooranko, and Soolima Countries in Western Africa* (A. G. Laing), Londres, 1825.

*Travels to Discover the Source of the Nile, in the years 1768-1773* (J. Bruce), Edimburgo, 1790, 5 vols.; 2ª ed., 1805; 3ª ed., 1813.

*Treatise on Optics, A* (D. Brewster), Londres, 1831.

*Tree and Serpent Worship* (J. Fergusson), Londres, 1873.

*Tripitaka* páli, *Tipitaka*, "Três Cestos"). Escritura principal da Escola Theravâda do Budismo, consistindo do *Vinaya-Pitaka*, ou Regras de Disciplina que governam o Sangha; o *Sutta-*

283

Pitaka, ou Diálogo e Discursos do Buddha, que contêm os cinco *Nikâyas*; e o *Abbidhamma-Pitaka* (lit. "Dhamma Superior"), antes um comentário sobre o *Sutta-Pitaka*. Publicado pela Páli Text Society. – Consultar também *SBE* X, XI, XIII, XVII, XX.

*Trois livres des charmes, sorcelages, ou enchantements* (Leonardo Vairo), Paris, 1583, 8vo. Tradução de Julien Baudon d'Anvers do original latino: *De fascino libri tres*, etc., Paris, Chesneau, 1583, 4to; 22ª ed., Veneza, 1589.

*Trübner's American and Oriental Literary Record*, 16 de outubro de 1869: Conferência de F. Max Müller.

*True Christian Religion*, (E. Swedenborg); contém a teologia universal da Nova Igreja, etc., frad. do latim. 3ª ed., Londres, 1795; 6ª ed., 1837; também 1855.

*True Intellectual System of the Universe, The* (R. Cudworth), Londres, 1668; 2ª ed., 1743; também 1845.

"Truth About H. P. Blavatsky, The" (Vera P. de Zhelihovsky). Ensaio publicado em *Rebus* (Quebra-cabeças), vol. II, 1883.

*Tûzuk-i-Jahangîrî, or, Memoirs of Jahângir*. Trad. por Alexander Roger . . . Ed. por Henry Beveridge (com retrato de Jahângir), Londres, 1909. *Oriental Translation Fund*, Nova Série, vol. 19.

*Types of Mankind: or, Ethnological Researches* (G. R. Gliddon e J. C. Nott), Londres, 1854.

## U

*Über den Buddhaismus in Hochasien und in China* (W. Schott); Conferência pronunciada na Academia Prussiana de Ciências, 1º de fevereiro de 1844. Berlim, 1846, 8vo.

*Über den Willen in der Natur* (A. Schopenhauer). Eine Erörterung der Bestätigungen welche die Philosophie des Verfassers, seit ihrem Auftreten, durch die empirischen Wissenschaften, erhalten hat. Frankfurt a. M., 1836.

*Über die auflösung der Arten durch natürliche Zuchtwahl oder die Zukunft des organischen Reiches mit Rücksicht auf die Cultur Geschichte*. Von einem Unbekannten. Hannover, 1872, v, 72 p. Publicado por Rümpler e atualmente dado como obra de J. Wiegand. Cf. Heinsius, *Allgemeines Bücher-Lexicon*, 1868-1874.

*Über die Grenzen des Natureikenntnis* (Du Bois-Reymond), Leipzig, 1872, 1882, 1898.

*Über die Syympathie* (F. Hufleland), Berlim, 1817.

*Universae theologiae moralis, receptiores absque lite sententiae* (A. de Escobar y Mendoza), Lyon, 1652-1663, 7 vols.

*Universal History, from the Earliest Account of Time, An* (Compiled from original authors), Londres, 1747-1754, 21 vols.

*Universal Prayer, The* (Pope), 1738, fol.

*Universali stirpium natura, De* (J. Costaeus), Turim, 1578.

*Unseen Universe, The* (P. G. Tait & B. Stewart), 4ª ed., Londres, 1876.

*Unseen World and Other Essays, The* (John Fiske), 5ª ed., Boston, 1876.

*Upaveda*, "conhecimento secundário". Nome de um conjunto de escritos subordinados ou anexados aos quatro *Vedas*. Inclui o *Âyurveda* ou ciência da medicina, anexado ao *Rigveda*; o *Dhanurveda* ou ciência da arte de manejar o arco, anexado ao *Yajurveda*; o *Gândharvaveda* ou ciência da música, anexado do *Sâmaveda*; e o *Sthâpatyaveda* ou ciência da arquitetura, anexado ao *Atharvaveda*.

\* *Usa* (Charaka).

## V

*Varietate rerum, De* (G. Cardanus), Basiléia, 1557.

*Vedângas*, lit. "membros dos Vedas". Qualquer uma das seis classes de obras sânscritas escritas no estilo *sûtra*, que incluem a fonética, o metro, a gramática, a etimologia, a cerimônia religiosa e o calendário ritualístico. Pretende-se que elas ensinem a recitar, compreender e a aplicar os textos védicos. – O texto sânscrito está sendo publicado em Bombaim: Tattvavivechaka Press, 1892.

*Vedânta*. Ver *Mîmânsâ*.

*Vedas*. Ver *Atharvaveda, Rigveda, Yajurveda* e *Upaveda*.

"Vedas, On the" (Colebrooke). *Asiatick Researches*, vol. VIII, p. 391-92, ed. 1805.

*Vedic Hymns* (Dîrghatamas). Ver vol. II, tomo II.

*Veil of Isis, The* (W. Winwood Reade). The Mysteries of the Druids. Londres: Chas. J. Skeet, 1861, 250 p.

*Vendîdâd*. Ver *Avesta*.

*Verbo mirifico, De* (J. Reuchlin), Basiléia, 1480, fol.; Colônia, 1532, 8vo; Lugduni, 1552.

*Vérité des miracles opérés à l'intercession de M. de Pâris . . . démontrée contre l'Archevêque de Sens, La* (L. B. Carré de Montgeron), Paris, 1737, 4to.

*Versuch einer pragmatischen Geschichte der Arzneikunde* (K. Sprengel), Halle, 1800, 1821, 1844, 1846.

*Vestiges of the Spirit-History of Man* (S. F. Dunlap), Nova York, 1858, vi, 404.

*Victoria Porcheti adversus impios Hebreos* (Porchetus Salvagus, ou de Salvaticis, ou Salvaticensis), ed. por R. P. A. Justiniani, Paris, 1520, fol.

*Vie de Jésus, La* (E. Renan), Paris, 1863; vol. I de sua *Histoire des origines du Christianisme*, Paris, 1863-1883, 8 vols.

*Vies des Pères des déserts d'Orient, Les* (M. A. Marin), Avignon, 1761.

*Vishnu-Purâna*. Ed. por Jîvânanda Vidyâsâgâra. Calcutá: Sarasvatî Press, 1882. – Trad. por H. H. Wilson. Ed. por Fitzedward Hall. Londres: Trübner & Co., 1864, 1865, 1866, 1868, 1870. Também em *Works by the late H. H. Wilson.*

*Vita di Giordano Bruno da Nola*, etc. (D. Berti), Florença, Milão, 1868.

*Vita e Lettere di Amerigo Vespucci* (A. M. Bandini), Florença, 1868. Com notas de G. Uzielli.

*Vita et morte Moysis libri tres, cum observationibus, De* (G. Gaulmin), 1714.

*Vita Pythagorae, De* (Porfírio), grego e latim, Amsterdã, 1707; ed. Kiessling, Leipzig, 1816.

*Vitis philosophorum libri X, De* (Diogenes Laertius); também conhecido como *De clarorum philosophorum vitis, dogmatibus et apophthegmatibus libri decem.* Editio princeps, Basiléia, 1533, ap. Frobenium; melhor edição moderna: H. Hübner e C. Jacobitz, 1828-1833, 2 vols., com notas críticas. Texto e trad. ingl. como *The Lives and Opinions of Eminents Philosophers*, em *Loeb Class. Libr.*; trad. ingl. apenas, de C. D. Yonge, em *Bohn's Class. Libr.*

*Völker des östlichen Asien, Die* (A. Bastian), Jena, 1866-1871, 8vo.

*Völuspá.* Ver *Edda.*

*Voyage à Martinique*, etc. (J.-B. Thibault de Chanvalon), Paris, 1763, 4to.

*Voyage au pays des éléphants* (L. Jacolliot), Paris, 1876, 12º.

*Voyage aux Indes Orientales* (J. P. Paulin de St. Barthélemy). Trad. do italiano. Paris, 1808, 3 vols. (Original em latim, Roma, 1794, 4to).

*Voyage dans la Basse et la Haute Égypte, pendant les campagnes du général Bonaparte* (D. V. Denon); 4ª ed., Paris, 1803, 3 vols.; trad. ingl., Londres, 1802, 2 vols.

*Voyage dans l'Empire de Maroc et le royaume de Fez fait pendant les années 1790-1791* (Wm. Lemprière); trad. do inglês por de Saint-Suzanne, Paris, 1801, 8vo; original inglês: *A Trour from Gibraltar to Tangier . . . over Mount Atlas to Morocco*, Londres, 1791; 2ª ed., 1793; 3ª ed., 1800.

*Voyage dans l'intérieur de l'Afrique*, etc. (G. T. Mollien), Paris, 1830, 2 vols., também 1840.

*Voyage dans les royaumes de Siam, de Cambodge, de Laos et autres parties centrales de l'Indochine, etc.* (A. H. Mouhot), Paris, 1868; trad. ingl., Londres, 1864.

*Voyage en Indo-Chine et dans l'empire chinois*, etc. (L. de Carné), Paris, 1872.

*Voyages and Travels in the Levant, in the Years 1749-1752, etc.* (F. Hasselquist), trad. ingl, Londres, 1766, 8vo. Obra original intitulada: *Iter Palaestinum el. Resa til Heliga Landet*, publ. por Linné, 1757.

*Voyages, contenant la description des états du Grand Mogol, de l'Hindouism*, etc. (F. Bernier), Amsterdã, 1699, 2 vols.

*Voyages des Pèlerins Bouddhistes* (Stanislas A. Julien); vol. I – *Histoire de la vie de Hiouen-Thsang et de ses voyages dans L'Inde, depuis l'an 629 jusqu'en 645*, par Hoeili et Yen-Thsong; traduite du chinois para Stanislas Julien. Paris, 1853. – Vol. II – *Si-yu-ki. Mémoires sur les contrées occidentales*, traduits du sanskrit en chinois, en l'an 648, par Hiouen-Thsang, et du chinois en français, par S. Julien. Paris, 1857-1858, 2 vols.

O *Si-yu-ki* ou *Ta-T'ang-Si-yu-ki* foi compilado sob a própria supervisão do viajante por ordem do grande Imperador Tai-Tsung.

*Voyages d'Ibn Batoutah* (Muhammad ibn 'Abd Allâh, chamado Ibn Batûtah). Texte arabe accompagné d'une traduction, etc. Paris, 1853-1858, 4 vols., 8vo. – *The Travels of Ibn Batûta*, trad. de S. Lee, 1829, 4to. Oriental Translation Fund.

*Vriddha-Mânava.* O "Antigo Manu" ou uma recensão antiga das *Laws* de Manu.

*Vulgata.* Versão latina das Escrituras, na sua parte principal obra de São Jerônimo, no século IV. O nome foi extraído de traduções latinas antigas da Septuaginta e foi usado pela primeira vez no sentido moderno por Roger Bacon, no século XIII. O Velho Testamento era traduzido diretamente do hebraico com a ajuda da Septuaginta e de outras versões gregas e latinas. Declarado pelo Concílio de Trento, em 1546, como o modelo dos serviços da Igreja Romana. O texto padrão é o do Papa Clemente VII, de 1592. A versão inglesa da Vulgata é conhecida como *Douay Bible*; O Novo Testamento foi publicado em Reims, em 1582; O Velho Testamento em Douay, França, em 1609-1610. Existem várias edições revistas.

# W

*Weise und der Thor, Der* (I. J. Schmidt), São Petersburgo, 1843. Original tibetano e tradução. Ver também *Geschichte der Ost-Mongolen.*

*Westminster Rewiew*: "Septenary Institutions", vol. LIV, outubro de 1850.

*Wheel of the Law, The* (H. Alabaster). Buddhism Illustrated from Siamese Sources by The Modern Buddhist; A Life of Buddha, and an Account of the Phrabat. Londres, 1871. A parte I é chamada "The Modern Buddhist; being the Views of a Siamese Minister of State on His Own and Other Religions".

*Widow-Burning, A Narrative* (H. J. Bushby). Londres, 1855, 8vo.

*Word, The* (Nova York). Mensário editado por H. W. Percival. Nova York: The Theos. Publ. House, vols. I-XXV, outubro de 1904 - setembro de 1917.

*Works* (A. Libavius), Halle, 1600.

*Works of Philo Judaeus, The* (ed. Chas. D. Yonge), trad. do grego. Bohn Eccles. Library, 1854-1855, 4 vols.

*Works of Plato, The* (Thos. Taylor). Fifty-five Dialogues and Twelve Epistles translated from the Greek. Londres, 1804, 5 vols., 8vo.

*Works of Robert Boyle, The* (R. Boyle), Londres, 1744, fol., 5 vols. (ed. por Thos. Birch); 1772, 6 vols.

*Works of Sir William Jones, The*, Londres, 1799, 6 vols.

*Works of the most Reverend Dr. John Tillotson . . . containing Fifty-Four Sermons and Discourses, on Several Occasions, together with The Rule of Faith* (John Tillotson), 3ª ed., Londres, 1701.

*World's Sixteen Crucified Saviors; or Christianity before Christ* (K. Graves), 2ª ed., Boston, 1875.

*Worshin of the Serpent traced throughout the World, The* (J. B. Deane), Londres, 1830; 2ª ed. aum., 1833.

*Wörterbuch der lateinischen Sprache* (Wm. Freund), Leipzig; Hahn, 1834-1840, 4 vols., 8vo (trad. fr. de N-Theil, Paris, 1855-1865, 3 vols.)

# Y

*Yajur-Veda*. "Veda sacrifical". Uma coleção de mantras sagrados, de fórmulas litúrgicas e ri-tualísticas em verso e em prosa. Dividido em duas coleções distintas: a Taittirîya-samhitâ, chamada Krishna ou "negra" porque nele as porções samhitâ e brâhmana estão misturadas; e a Vâjasaneyi-samhitâ chamada śkula ou "branca" porque nele a samhitâ está nitidamente ordenada. Consultar: 1) *Black Yajurveda*. Trad. de A. B. Keith. Cambridge, Mass.: Harvard Univ., 1914. *HSO*, 18, 19; 2) *White Yajurveda*. Trad. de R. T. H. Griffith. Benares: E. J. Lazarus & Co., 1899.

*Yashts*. Ver *Avesta*.

*Yaśna* (F. Spiegel). Ver *Avesta*.

*Yôhânân*. Ver *Talmud*.

# Z

*Zanoni* (E. G. Bulwer-Lytton), 1842.

*Zauber-Bibliothek, oder von Zauberei, Theurgia und Mantik*, etc. (G. C. Horst), Mainz, 1821-1826, 6 partes, 8vo.

*Zend-Avesta, Zoroaster's Lebèndiges Wort*. Trad. do francês de Anquetil por J. F. Kleucher, 1776, 1777, 4$^{to}$. Ver também *Avesta*.

*Zohar* (hebr.: *zôhar*, que significa *esplendor*), referido também como *Midrâsh ha-Zohar* e *Sepher ha-Zohar*. A grande fonte de informações da Teosofia Hebraica. Para uma narrativa mais abrangente, ver vol. VII dos *Collected Writings*, p. 269-71, onde se podem encontrar dados bibliográficos.

*Leia também:*

# A DOUTRINA SECRETA
## A obra clássica de H. P. Blavatsky

*Resumida e comentada*
*por Michael Gomes*

*A Doutrina Secreta*, obra-prima de Helena Bla-vatsky sobre a origem e o desenvolvimento do Universo e da própria humanidade, é possivelmente o livro ocultista mais conhecido e talvez o mais importante já escrito. Sua publicação, em 1888, gerou no Ocidente uma onda de interesse pelas filosofias esotéricas cujos efeitos ainda se fazem sentir na literatura e na filosofia, em tradições religiosas alternativas e estabelecidas, e na cultura popular do mundo inteiro. No entanto, a disponibilidade desse livro sempre se limitou a edições volumosas e caras, o que com certeza contribuiu para limitar o número dos seus leitores.

Agora esta edição em um só volume, resumida e comentada pelo historiador e estudioso da teosofia Michael Gomes, põe as ideias e as principais seções de *A Doutrina Secreta* ao alcance de todos. Gomes fornece uma sondagem crítica dos intrigantes conceitos do livro sobre a gênese da vida e do cosmos, passagens misteriosas que, segundo afir-mou Blavatsky, provêm de uma fonte primeva e consistem no cerne de *A Doutrina Secreta*. Gomes reduz ao essencial as ideias mais importantes do livro acerca do simbolismo, fornecendo também notas e um glossário que esclarecem referências arcanas. Sua introdução histórica e literária lança nova luz sobre algumas das fontes de *A Doutrina Secreta* e sobre a trajetória de sua brilhante e enigmática autora, uma das personagens mais intrigantes da história recente.

Ao mesmo tempo compacta e representativa da obra como um todo, esta nova edição de *A Doutrina Secreta* permite um acesso sem precedentes ao clássico esotérico da era moderna.

EDITORA PENSAMENTO

Impresso por :

gráfica e editora

Tel.:11 2769-9056